제 2 판 머리말

2010년 초판 발간 이후 아주 오랜만에 개정판을 낸다.

이 개정판에서는 우선, 저자가 헌법 I (1999. 7.)과 헌법 II (2000. 3.)를 출판하고 난 후 출판된 10여 종 넘는 헌법교과서들 가운데서 계속해서 출간되고 있는 교과서들의 내용을 검토하여 수록하였다. 다음으로, 2000년대 들어서면서 여러 논문집에서 훌륭한 논문들이 많이 발표되고 있어 그 내용도 가능하면 검토하여 수록하려고 노력하였다. 셋째로, 그리 흔한 경우는 아니지만, 여러 교과서와 논문에서 저자의 생각과는 다르거나 저자의 생각을 오해하는 견해들도 발견되고 있어 가능한 한 그에 대한 저자의 생각을 밝힘과 동시에 저자의 생각에 미숙한 부분이 있었다면 그를 보완 또는 수정하였다. 물론 이는 2000년 이후에 출간된 헌법교과서들과 논문들에 한정된 이야기이다. 2000년 이전에 헌법교과서를 출판한 헌법학계의 선배들로부터는 저자가 헌법학교과서를 출판한 후 어떤 가르침도 받은 바 없다. 이 점에 대해서는 매우 아쉽게 생각하고 있다. 마지막으로, 2010년 이 책의 초판 발간 이후에 내려진 중요한 헌법재판소 결정들과 대법원 판례들도 수록하려고 노력하였다.

형식적으로는 우선, 독자에 따라 본문만 계속해서 읽으려는 독자, 본문과 판례를 함께 읽으려는 독자, 판례만 읽으려는 독자가 있을 수 있어 그들의 편의를 위하여 본문과 구별되게 판례를 음영 처리하였다. 다음으로, 각주를 면밀히 검토하려는 신중한 독자의 경우 예컨대 초판에서는 409쪽에 있는 (각주 920)의 내용을 확인하기 위하여 5쪽까지 되돌아가야 하는 불편함이 있었다. 이러한 불편함을 없애기 위하여 각주를 편별로 일련의 각주 배열에서 쪽마다 각주를 새롭게 배열하는 방법으로 변경하였다.

이러한 여러 가지 이유로 2010년의 초판에 비해 쪽수도 80쪽 이상 늘었다. 이 개정판이 초판에 비해 내용적, 형식적으로 더욱 풍부한 것이 되어 독자들이 우리 헌법의 개별기본권을 이해하는데 도움이 되었으면 한다.

2015. 7.

홍 성 방

머 리 말

헌법은 정치적 선언이다. 헌법은 정치적 과거사에 대한 반성이자 현재와 미래에 대한 청사진이다. 우리의 헌법학은 우리 공동체가 직면하고 있는 여러 가지 문제들에 대한 해결책을 제시해야 한다. 그러기 위해서는 이미 과거가 되어버린(부분적으로는 현실성을 가지고 있기는 하지만 이미 과거에 해결된) 문제들에 대한 해결책으로 제시된 여러 가지 헌법관을 우리 헌법의 해석척도로 그대로 고집할 수는 없다. 달리 표현하자면, 우리의 현실은 여러 가지 헌법관이 성립되는 당시에는 알려져 있지도 않았던 문제들(특히 환경문제와 핵문제와 같은 인류의 사활이 걸린 문제들), 당시에도 알려져 있었지만 현재에는 과거와 다른 형태로 제기되는 문제들(이른바 선진국과 개발도상국 사이에서는 물론 한 국가 내에서도 부유층과 빈곤층 사이에서 발생하는 사회적 정의의 문제) 및 우리에게 특유한 과제들(남북분단의 평화적 해결, 예컨대 점점 늘어가는 다문화가정의 문제)에 대하여 설득력 있는 해결책을 제시할 수 있는 새로운 헌법관을 요구하고 있다.

새로운 헌법관은 이러한 문제와 과제의 해결을 통하여 이루려는 목적을 분명히 해야 한다. 헌법은 국가의 기본법이고 국가는 국민으로 이루어진다. 따라서 국민은 국가의 근간이다(民惟邦本). 국가는 국민 각 개인의 그리고 전체로서의 국민의 '인간의 존엄의 실현'이라는 국민의 공통된 바람을 실현해야 한다. 결국 헌법학은 단순한 조직법에 대한 설명도(법실증주의 헌법관), 적나라한 실력자의 결단을 정당화하는 것도(결단론적 헌법관) 또한 정치적 통합의 법에 대한 기술도(통합론적 헌법관) 아니고, 그렇다고 헌법조문의 해석방법론(이른바 대화이론과 규칙/원칙모델)에 한정된 것도 아니다. 결국 헌법학은 국가공동체 내에서 인간의 존엄을 확보하기 위한 기본법인 헌법에 대한 체계적인 서술이자 논증이라고 할 수 있다.

1989년 헌법재판소가 출범한 후 이제까지 거의 대부분의 헌법적 분쟁들이 유권해석을 통하여 설득력 있게 해결되었다. 그러나 헌법재판소 결정례 중에는 이해하기 힘든 것도 없지는 않다. 세계의 모든 헌법학 관련 서적들을 섭렵한 것은 아니지만 헌법개정의 대상은 성문헌법전의 조항이라는 것이 세계적인 통설인데 관습헌법도 헌법개정의 대상이라고 한 결정, 양심의 개념과 관련하여 협의의 윤리적 양심설과 광의의 사회적 양심설을 오락가락하고 있는 결정들, 청구인의 주장 요지에 대한 검토도 없이 결론을 내린 결정(일반사병 이라크파병 위헌확인 사건)들이 그 대표적 예라고 할 수 있다. 어떻든 헌법에 대한 최종유권해석기관인 헌법재판소의 결정례를 열거하는 것을 헌법학의 본분인 듯 착각하고 있는 책들도 없지 않다. 그렇게 하는 것에 국한되지는 않지만 주로 그렇게 하면서 한국적 헌법학을 운위하는 경우도 있다. 그러나 이로써 헌법학의 실존적 임무를 다한 것으로 볼 수는 없을 것이다.

헌법학도 이론인 이상 다음과 같은 질문으로부터 자유스러울 수는 없을 것으로 생각된다. 이론은 그 이론과 일치하지 않는 실현에 대하여 어느 정도까지 책임을 져야 하는가. 정신적인 것은 도대체 현실적인 사건에 대하여 책임질 수 있는가. 이에 대한 대답은 다음과 같은 것일 수밖에 없다고 생각한다. 현실적인 사건이 정신적인 것의 결과이고 그것이 예견된 것이었다면 책임을 져야 한다. 구름이 흘러갔다고 구름이 존재했던 사실까지 부정할 수는 없다. 법관뿐만 아니라 법학자도 법과 양심에 따라야 한다는 데에는 이론이 있을 수 없다.

따라서 당연한 일이지만, 이 책은 개념의 정확한 사용, 논리의 일관성, 문헌의 정확한 인용과 그리고 우리 실정헌법을 근거로 한 논증에 철저하려고 하였다. 그러다 보니 다른 헌법학 책들과는 달리 많은 각주를 적어놓을 수밖에 없었다. 그리고 경우에 따라서는 헌법의 개괄서로서는 반드시 필요한 것으로 생각되지도 않는 부분들에 대해서도 어느 정도의 양을 할애할 수밖에 없었다. 그러나 주장은 있되 논거가 없는, 또는 논증절차 없이 한두 사람의 대가를 인용하여 그것이 모든 것인 양 결론을 내리는, 그것도 아니면 일정한 원칙 없이 헌법에 관한 다수의 사실을 열거하는 것으로 할 일을 다했다고 치부하는 우리의 부분현실에 대한 반성은 있어야 한다는 것이 저자의 지론이다.

올해부터는 기존의 헌법학 책을 절판하고 박영사에서 책을 내기로 했다. 이 기회에 학생들의 편의를 위해 상, 중, 하 세 권으로 분권하기로 했다. 무거운 책을 들고 다니는 학생들이 안쓰럽기도 했고, 한 학기 동안 헌법 중 일부분만을 공부하는데 헌법 전부에 대한 책이 필요하지도 않을 것이라는 판단에서이다. 참고로 상권은 헌법일반이론과 기본권일반이론, 중권은 개별기본권, 하권은 국가작용과 국가기관에 대한 것임을 밝혀둔다.

지난 11년 동안 책을 출판해 준 현암사 관계자들에게 이 기회에 고마움을 표한다. 또한 이 책의 발간을 선뜻 허락해주신 박영사의 안종만 회장님, 편집·출판과정에서 여러 가지로 도와주신 이구만 부장님과 나경선 과장님, 어느덧 커서 교정과 함께 조언까지 해준 유창이와 경선이 그리고 까다로운 성격의 저자를

불평 없이 내조해 왔으면서도 아직껏 고맙다는 말을 거의 들어본 적 없는 아내
에게도 고맙다는 말을 해야 하겠다.

　　헌법학에 뜻을 둔 지 35년, 점점 '소년은 늙기 쉽고 학문은 이루기 어렵다'
(少年易老學難成)라는 말이 가지는 의미를 실감하고 있다. 동학의 후배들에게 이
말의 뜻을 절감하게 되면 늦을 것이라는 말을 해주어도 될 나이가 되었다. 독자
들이 읽어서 실망하지는 않을 책을 쓰는 것이 언제나 소박한 희망사항이었다.
그러나 그러한 바람이 이루어지기가 어렵다는 것도 잘 안다. 따라서 힘이 닿는
한 언제라도 부족한 부분에 대해서는 고치고 보완하기를 거듭할 생각이다.

2010. 2.

南海 知足 無望軒에서

洪 性 邦

차 례

第 2 章　自由權的 基本權

第 3 章 社會的 基本權

第 4 章　參政權的 基本權

第 6 章　國民의 基本義務

상권 차례

하권 차례

參考文獻

◆國內文獻

계희열, 헌법학(상), 박영사, 2001
계희열, 헌법학(중), 박영사, 2000(또는 2004)
권영성, 헌법학원론, 법문사, 2001(또는 2009)
김철수, 헌법학개론, 박영사, 2001(또는 헌법학신론, 2013)
문홍주, 한국헌법, 해암사, 1987
박일경, 신헌법, 일명사, 1977
성낙인, 헌법학, 법문사, 2014
장영수, 헌법학, 홍문사, 2014
정종섭, 헌법학원론, 박영사, 2014
한동섭, 헌법, 박영사, 1969
한수웅, 헌법학, 법문사, 2014
한태연, 헌법학, 법문사, 1976
허 영, 헌법이론과 헌법, 박영사, 1988
허 영, 한국헌법론, 박영사, 2001(또는 2011)

◆外國文獻

Arndt, Hans-Wolfgang/Rudolf, Walter: Öffentliches Recht, 4. Aufl.(1983)
Badura, Peter: Staatsrecht. Systematische Erläuterung des Grundgesetzes für die Bundesrepublik Deutchland, 1986
Battis, Ulrich/Gusy, Christoph: Einführung in das Staatsrecht, 3. Aufl.(1991)
Haverkate, Görg: Verfassungslehre. Verfassung als Gegenseitigkeitsordnung, 1992
Heller, Hermann: Staatslehre, 1934(6. revidierte Aufl. 1983)
Hesse, Konrad: Grundzüge des Verfassungsrechts der Bundesrepublik Deutschland, 18. Aufl.(1991)
Jellinek, Georg: Allgemeine Staatslehre, 1921(3. Aufl.; 6. Neudruck 1959)
Katz, Alfred: Staatsrecht. Grundkurs im öffentlichen Recht, 12. Aufl.(1994)
Kelsen, Hans: Allgemeine Staatslehre, 1925
Kriele, Martin: Einführung in die Staatslehre. Die geschichtlichen Legitimitätsgrundlagen des demokratischen Verfassungsstaates, 5. Aufl.(1994)
Lepa, Manfred: Der Inhalt der Grundrechte, 4. Aufl.(1981)
Löw, Konrad: Die Grundrechte, 2. Aufl.(1982)

Maunz, Theodor/Zippelius, Reinhold: Deutsches Staatsrecht, 25. Aufl.(1983)

Münch, Ingo von: Grundbegriffe des Staatsrechts I, 1979

Münch, Ingo von: Grundbegriffe des Staatsrechts II, 1976

Pieroth, Bodo/Schlink, Bernhard: Grundrechte. Staatsrecht II, 1985

Schmitt, Carl: Verfassungslehre, 1928(5. unveränderte Aufl. 1970)

Schramm, Theodor: Staatsrecht, Bd. I, 3. Aufl.(1985)

Schramm, Theodor: Staatsrecht, Bd. II, 3. Aufl.(1985)

Schunck, E./De Clerk, H.: Allgemeines Staatsrecht und Staatsrecht des Bundes und der Länder, 11. Aufl.(1983)

Smend, Rudolf: Verfassung und Verfassungsrecht, 1928

Stein, Ekkehart: Staatsrecht, 8. Aufl.(1982)

Stern, Klaus: Das Staatsrecht der Bundesrepublik Deutschland, Bd. I, 2. Aufl. (1984)

Unruh, Georg-Christoph von: Grundkurs öffentliches Recht, 1976

第4編
個別基本權

第 1 章   基本權保障의 理念과 包括的 基本權

第 1 節   人間의 尊嚴과 價値

1. 憲法規定

(1) 人間의 尊嚴을 規定하고 있는 憲法

    헌법은 정치적 선언이다. 따라서 헌법은 정치적 과거사로부터 이해되어야 한다.[1] 1789년 프랑스 국민의회가 자기 나라의 불행의 원인을 인권에 대한 무지와 망각과 침해에서 찾고 있다면(「인간과 시민의 권리선언」 전문), 1949년 독일국민은 자기 나라의 국가적 타락의 원인을 인간의 존엄에 대한 무시로 요약하였다.[2] 이는 독일기본법에만 국한된 현상은 아니다. 제 2 차 세계대전의 발발에 책임이 있는 그 밖의 나라의 헌법들 — 예컨대 1946년의 일본국헌법,[3] 1947년의 이탈리아헌법[4] — 도 인간의 존엄에 대하여 규정하고 있다.[5]

1. 인간의 존엄을 규
정하고 있는 헌법

---

1) Fr. Münch, *Die Menschenwürde als Grundordnung unserer Verfassung*. Akademische Antrittsvorlesung, gehalten am 19. Nov. 1951 in der Rheinischen Friedrich-Wilhelm-Universität zu Bonn, 1952, S. 3.

2) 독일기본법 제 1 조(인간의 존엄의 보호): "① 인간의 존엄은 불가침이다. 이를 존중하고 보호하는 것은 모든 국가권력의 의무이다. ② 따라서 독일국민은 불가침·불가양의 인권을 세계의 모든 인간공동체, 평화 그리고 정의의 기초로서 인정한다. ③ 이하의 기본권은 직접 효력을 갖는 법으로서 입법, 집행 및 사법을 구속한다."

3) 일본국헌법 제13조: "모든 국민은 개인으로서 존중된다. 생명, 자유 및 행복추구에 대한 국민의 권리는 공공의 복지에 반하지 않는 한 입법 기타의 국정에 있어서 최대한도로 존중하여야 한다."

4) 이탈리아헌법 제 2 조(기본적 인권 및 사회적 의무): "공화국은 개인으로서 또는 그 개인의 인격이 발전하는 장(場)인 사회조직체 내에서 침해할 수 없는 인간의 권리를 인정하고 보장하며, 정치적, 경제적 및 사회적인 연대의 필요상 없어서는 안 될 의무의 이행을 요구한다."
    이탈리아헌법 제41조 제 1 항: "경제적인 사적 창의는 자유이다. 그것은 사회적인 이익에 반하거나 또는 안전, 자유, 인간의 존엄에 해를 주는 방법으로 발전시켜서는 안 된다."

5) 그 밖에도 스페인헌법과 그리스헌법이 인간의 존엄에 대한 규정을 두고 있다.
    스페인헌법 제10조 제 1 항: "인간의 존엄, 천부적 불가침권, 인격의 자유로운 발전, 법

(2) 人間의 尊嚴을 規定한 憲法規定의 의미

2. 인간의 존엄을 규정한 헌법규정의 의미: (1) 인간의 존엄이 침해되고 유린된 과거사에 대한 반성이자 미래에 대한 경고, (2) 국가의 존재의의와 헌법의 지향목표의 확인

이러한 헌법의 규정들은 인간의 존엄이 침해되고 유린된 과거사에 대한 반성이자 동시에 미래에 대한 경계를 의미한다. 더 나아가서 이러한 규정들은 국가의 존재의의와 헌법의 지향목표를 확인한 것이다. 이렇듯 헌법에 인간의 존엄이 규정된 것을 가리켜 제 2 차 세계대전 이후의 법의 경향을 '자연법의 실정화'라는 단어로 특징짓기도 한다. 그런가 하면 쾨트겐 *Arnold Köttgen* 같은 학자는 '정신사적 선회'(旋回, geistesgeschichtliche Wendung)를 이야기하기도 한다.[1]

(3) 人間의 尊嚴規定에 影響을 준 문서

3. 인간의 존엄규정에 영향을 준 문서: 1944년 교황 비오 12세의 성탄절메시지

헌법이 인간의 존엄에 대하여 언급하는 것은 제 2 차 세계대전 이후에 비롯된 것은 아니다. 예를 들어 1933년의 포르투갈헌법은 "국가의 책무로서 인간의 존엄"(제 6 조 제 3 항)을 규정했는가 하면, 1937년의 아일랜드 헌법전문은 "개인의 존엄과 자유"(the dignity and freedom of the individual)의 확보를 규정한 바 있다. 그러나 이러한 헌법들이 제 2 차 세계대전 이후의 헌법들에 커다란 영향을 미친 것은 아니다. 제 2 차 세계대전 이후의 국제사회에 결정적인 영향을 미친 문헌으로는 인간과 국가의 관계를 언급하면서 불가결의 인간의 존엄을 강조한 교황 비오 12세(Pius XII.)의 1944년 "정의는 평화를 창조한다"(Gerechtigkeit schafft Frieden)는 제목의 성탄절 메시지[2]로 알려져 있다.[3]

(4) 人間의 尊嚴性規定의 韓國憲法에의 수용

4. 인간의 존엄성규

우리 헌법은 독일기본법의 예를 따라 1962년 12월의 제 3 공화국헌법에서

률과 타인의 권리의 존중은 정치질서 및 사회적 평화의 기본이다."

그리스헌법 제 2 조 제 1 항: "인간의 존엄성을 존중하고 보호함은 국가의 기본적 의무이다."

1) A. Köttgen, "Akademische Lehrfreiheit", in: Göttinger Universitäts-Zeitung, 4. Jg. Nr. 7 vom 8. 4. 1949, S. 1/2, S. 1. *Köttgen*이 사용한 정확한 표현은 '반자유주의적 선회'(antiliberale Wendung)이었다.

2) 이 메시지는 *Texte zur katholischen Soziallehre. Die sozialen Rundschreiben der Päpste und andere kirchliche Dokumente*(Hrsg. v. Bundesverband der Katholischen Arbeit-nehmer Bewegung Deutschllands-KAB), 6. Aufl.(1985), S. 167ff.에 수록되어 있다. 이 메시지에 대한 연구로는 J. Giers, Humanismus und christliche Ordnungsidee nach den Weihnachtsbotschaften Pius' XII, in: H. Schambeck(Hrsg.), *Pius XII. zum Gedächtnis*, 1977, S. 281ff. 참조.

3) Fr. Münch, *Die Menschenwürde als Grundordnung unserer Verfassung*, S. 3 및 S. 13 FN 7에 인용된 문헌 참조.

인간의 존엄성에 대한 규정을 수용하였다. 현행헌법은 제10조에서 "모든 국민은 인간으로서의 존엄과 가치를 가지며, 행복을 추구할 권리를 가진다. 국가는 개인이 가지는 불가침의 기본적 인권을 확인하고 이를 보장할 의무를 진다"고 규정하고 있다.

정의 한국헌법에의 수용: 1962년 제 3 공화국헌법

이 규정과 관련하여 특히 다음과 같은 세 가지가 문제된다. 첫째, 인간의 존엄과 가치란 무엇인가, 둘째, 인간의 존엄과 가치의 헌법적 의미는 무엇인가, 셋째, 인간의 존엄과 가치는 이념으로서만 기능하는가 아니면 구체적 기본권으로서도 기능하는가.

2. 人間의 尊嚴과 價値의 意義

(1) '人間으로서의 尊嚴과 價値'의 概念

1) 학　　설

① 내　　용

'인간의 존엄'을 언급하고 있는 독일기본법과는 달리 우리 헌법 제10조는 '인간으로서의 존엄과 가치'를 이야기하고 있다. 따라서 '존엄과 가치'가 의미하는 바가 무엇인가가 문제된다. 이에 대하여는 학자들마다 각각 상이한 내용들을 들고 있다. 예컨대 "인간의 인격과 그 평가,"[1] "인간의 본질로 간주되는 존귀한 인격주체성"[2] 또는 "인격의 내용을 이루는 윤리적 가치"[3]라고 하는 표현들이 그것이다.

5. 인간의 존엄과 가치규정의 의미에 대한 국내학자들의 견해: (1) 다양한 견해의 존재, (2) 사견 — 우리 헌법은 인간으로서의 존엄을 최고의 가치로 지향한다는 뜻이다

② 사　　견

존엄과 가치라는 표현에 지나치게 연연해 할 필요는 없을 것이다. 왜냐하면 존엄이란 존재개념이 아니라 가치개념이고, 이 규정이 우리 헌법의 가치질서적 성격을 명확하게 해주고 있다는 것 이상의 다른 것을 말하고 있는 것은 아니기 때문이다. 곧 이 규정은 모든 국민은 인간으로서 존엄하기 때문에 가치를 인정받으며, 이러한 가치를 최고의 가치로서 우리 헌법이 지향한다는 이외의 다른 뜻은 없는 것으로 생각된다.[4] 따라서 우리는 존엄의 개념을 해석하는 데 그 방

---

1) 김철수, 헌법학개론, 박영사, 2001, 367쪽.
2) 권영성, 헌법학원론, 법문사, 2001, 356쪽.
3) 허영, 한국헌법론, 박영사, 2001, 313쪽; 계희열, 헌법학(중), 박영사, 2000, 174쪽.
4) E. Stein, *Staatsrecht*, 8. Aufl.(1982), S. 213은 인간의 존엄을 어원학적(語源學的)으로 다음과 같이 설명한다. "여기서 실제로 중요한 것은 어떤 속성의 실체화이다. '존엄'(Würde)

향을 맞추어야 한다.

2) 인간의 존엄을 해석하는 데 있어서의 어려움

6. 인간의 존엄을 해석하는 데 있어서의 어려움: (1) 인간의 존엄의 정신사적 기초의 다양성, (2) 존엄의 개념사적 분석의 곤란성

그러나 존엄을 해석하는 데는 다음과 같은 어려움이 따른다. 우선, 인간의 존엄의 정신사적 기초가 다양하다는 점이다. 특히 그것이 그리스도교적 자연법에 기초를 두고 있는 개념인지 여부가 문제된다. 곧 인간의 존엄에 관한 핵심문제는 그 자체가 대단히 논쟁적인 자연법의 문제와 관련되어 있다는 점에서 그해석이 어렵다. 다음으로, 존엄에 관한 개념표지를 확정하는 데도 어려움이 따른다. 이 개념표지를 확정하기 위해서는 존엄에 관한 개념을 개념사적으로 분석하는 것이 필요하다. 그러나 그러한 분석을 통하여 얻어지는 결론은 가치이고, 그것이 가치인 만큼 그 내용에 관하여 논쟁이 있게 마련이며, 그 결과 그 내용에 대하여 합의하는 데 어려움이 따르게 된다.[1] 따라서 존엄이라는 용어를 언어학적으로 이해할 때 그것은 일의적(一義的)인 것이 될 수 없으며, 주관적·역사적 이해에 따라 달리 파악될 수밖에 없다.[2]

은 형용사 '가치있는'(wert)의 추상명사이며, 따라서 원래는 '가치'(Wert)로서의 속성을 의미한다. 그렇다면 기본법 제1조 제1항은 '가치로서의 인간의 속성은 불가침이다'를 의미한다 할 것이다. 이 속성은 다른 가치를 우선함으로써만 침해될 수 있기 때문에, '인간은 최고의 가치다'라는 선언은 '다른 가치를 우선하는' 가능성을 거부한다."

또 W. Schulz, *Philosophie in der veränderten Welt*, 1972, S. 463ff., 729ff., 781ff.는 독일기본법 제1조에 대하여 다음과 같은 내용의 이야기를 하고 있다. "인간의 존엄은 모든 인간이 고유가치를 지닌다는 데 근거하고 있다. 이러한 고유가치에 대한 확신은 인류사회가 진행되는 과정에서 형성되었고, 고전적 자연법상에서 표현되었다. 기본법은 제1조로써 이러한 자연법사상을 언급하고 있다."

1) M. Kriele, *Theorie der Rechtsgewinnung*, 2. Aufl.(1976), S. 213(홍성방 역, 법발견의 이론, 유로, 2013).

2) E. Stein, *Staatsrecht*, S. 212은 인간의 존엄을 파악할 수 없다고 하며, G. Dürig, Der Grundrechtssatz von der Menschenwürde. Entwurf eines pratikablen Wertsystems der Grundrechte aus Art. 1 in Verbindung mit Art. 19 Abs. II des Grundgesetzes, AöR 81(1956), S. 117ff.(125)는 인간의 존엄은 만일의 경우에는 그 한계가 재판에 의하여 확인되어야만 하는 '불확정개념'이라고 한다. 그런가 하면 N. Luhmann, *Grundrechte als Institution*, 1965, S. 53ff.는 인간의 존엄을 사회학적·기능적으로 파악할 것을 주장한다. 곧 *Luhmann*은 인간의 존엄을 개념정의함에 있어서 중요한 것은 '동일성형성의 능력'(die Leistung der Identitätsbildung)이라고 하고, 인간은 자기 자신이 결정한 '행위'(Verhalten)를 근거로 존엄을 가진다고 한다. 이러한 *Luhmann*의 견해는 인간의 존엄을 형성하는 것은 개인 자신이라는 것을 분명히 하고는 있지만, 의사능력과 행위능력이 결여되어 있기 때문에 동일성을 형성할 수 없는 개인의 인간의 존엄을 근거지을 수 없기 때문에 동의할 수 없다. B. Pieroth/B. Schlink, *Grundrecht. Staatsrecht* II, 1985, S. 88.

3) 인간의 존엄의 최소내용

따라서 다음과 같은 점에서는 인간의 존엄은 절대적 개념이 아니라, 상황에 따라서 변화될 수 있는 개념이다. 곧 "어떤 사정하에서 인간의 존엄이 침해되는가 하는 문제는 일반적으로 말할 수 없다. 그것은 항상 구체적 사례를 고려해서만 확정될 수 있으며,"[1] 무엇이 인간의 존엄에 상응하는가라는 문제는 현재의 인식수준을 근거로 판단되어야지 시간과 관계 없이 항상 어떤 기준을 옳다고 할 수는 없다.[2]

그러나 "인간의 존엄은 바로 인간은 자기책임능력 있는 인격이라는 의미이며 … 인간을 객체로 취급해서는 안 된다는 명제가 인간존엄의 내용"[3]이라는 것만은 확실하다. 칸트의 말을 빌려 표현한다면, 인간의 존엄은 인간이 '자체목적'(Selbstzweck)이 아니라 타인의 '목적을 달성하기 위한 수단'(Mittel zum Zweck)으로 될 때 침해된다.[4] 더 나아가서 인간이 존엄을 가진다는 것은 권력에 의하여 인간이 국가기구의 목적을 달성하기 위한 수단으로 사용되어서는 안 될[5] 뿐만 아니라 전체주의와 산업사회에서 함몰되어서는 안 된다는 것을 뜻한다. 객체 또는 수단이 된다는 것은 결정의 대상이 되는 것, 스스로를 방어할 수 없는 것, 빠져나올 수 없는 것, 치욕을 느끼게 되는 것, 전적으로 쓸모없는 존재로 생각되는 것 등을 가리킨다. 이러한 상황은 당사자는 물론 정상적인 사회평균인의 입장에서도 판단된다. 인간의 존엄이 침해되는 경우를 유형화하는 것은 가능하다.[6] 그러나 인간이 객체로 전락되는 경우를 모두 열거하기는 불가능하며, 그것

---

1) BVerfGE 30, 1, 25(Abhörentscheidung).
2) BVerfGE 45, 187(229) 참조.
3) BVerfGE 45, 187(228); 50, 205(206).
4) 더 나아가서 독일연방헌법재판소는 '도청판결'(Abhör-Urteil)에서 어떤 행위가 인간 멸시의 표현인 경우에만 인간의 존엄은 침해되는 것으로 보았다(BVerfGE 30, 1, 26). 그러나 인간의 존엄이 침해되기 위해서는 (인간을) '멸시하는 취급'(verächtliche Behandlung)이 필요하다는 것은 일반적인 승인을 받지 못했다. 특히 같은 판결에서 소수의견은 (인간을) 멸시하는 취급은 인격적 가치를 무시하려는 의도뿐만 아니라 선의에 의해서도 발생할 수 있고, 그러한 경우에도 인간을 비인격적으로, 곧 객체로 취급해서는 안 된다고 주장하였다 (BVerfGE 30, 1, 39f.).
5) 독일연방행정법원의 초기판결은 이를 "개인은 원칙적으로 국가작용의 대상에 그쳐서는 안 된다"라고 표현하고 있다(BVerwGE 1, 159, 161).
6) 예컨대 W. Maihofer, *Menschenwürde im Rechtsstaat*, 1968, S. 56ff.; A. Podlech, in: *Alternativer Kommentar zum Grundgesetz*, Rdnr. 17ff. zu Art. 1 Abs. 1; B. Pieroth/B. Schlink, *Grundrecht. Staatsrecht* Ⅱ, S. 89ff.는 인간의 존엄이 침해되는 경우를 역사적·체계적으로 다음과 같이 네 가지 영역으로 분류하고 있다. ① 인간의 법적 평등에 대한

7. 인간의 존엄의 최소내용: (1) 인간을 객체로 취급해서는 안 된다. (2) 객체 또는 수단이 된다는 것을 결정하는 것은 당사자 또는 사회평균인이다

은 구체적인 경우를 살펴보아야만 한다. 따라서 일반인의 호기심을 충족시키기 위하여 정신병원을 관람시키거나 기형아를 전시하는 것도 인간을 객체화시키는 예가 된다.[1] 또한 인간의 존엄은 지나친 물질적 궁핍 때문에 인간의 존엄에 걸맞지 않은 생활조건하에서 살지 않으면 안 되는 경우에도 침해된다.[2]

4) 우리 헌법 제10조 1문 전단의 의미

8. 우리 헌법 제10조 1문 전단 "모든 국민은 인간으로서의 존엄과 가치를 가진다" 는 표현의 의미

따라서 우리 헌법의 "모든 국민은 인간으로서의 존엄과 가치를 가진다"는 표현은 모든 국민은 "인간을 비인격적 자연과 구별하여 자기 자신을 의식하고 자기 자신의 결단에 의하여 스스로를 규정하며, 자신과 주변세계를 형성할 능력"[3]의 주체가 된다는 뜻이다. 그리고 인간의 존엄은 모든 구체적 인간의 '잠재적 속성'(potentielle Eigenschaft)으로서[4] 모든 인간에게 평등하게[5] 선존하는 것으로 전제된다.[6]

침해(노예제, 농노제, 인종차별 등), ② 인간의 동일성과 완전성에 대한 침해(고문, 학대, 신체에 대한 형벌 및 유전공학에 의하여 발생하는 여러 가지 문제들), ③ 국가의 권력이 적용됨으로써 발생하는 침해(절차법상의 여러 가지 조치들), ④ 개인적·사회적 보장의 결여로 말미암아 생겨나는 침해(특히 사회보장과 관련된 문제).

1) Fr. Münch, *Die Menschenwürde als Grundordnung unserer Verfassung*, S. 9f. W. Maihofer, *Menschenwürde im Rechtsstaat*, S. 15는 "우리는 다른 사람이 우리를 때리거나 욕하는 것만으로 우리가 인간의 존엄에 걸맞지 않은 취급을 받는다고 생각하지 않는다. 우리는 이러한 매에 대해서 자신을 방어할 수 없거나 욕을 듣는 것 이외의 다른 방법이 없을 때 비로소 인간의 존엄에 걸맞지 않은 취급을 받는다고 생각한다"라고 적고 있다. 그러나 누군가가 다른 사람을 멸시하는 뜻으로 그의 얼굴에 침을 뱉었다면 그에 대하여 그 사람이 방어력을 가지고 있는가 여부와는 관계없이 그것만으로 그 사람의 인간의 존엄이 침해되었다고 보아야 할 것이다.

2) Th. Maunz/R. Zippelius, *Deutsches Staatsrecht*, 25. Aufl.(1983), S. 183.

3) G. Dürig, Maunz/Dürig/Herzog/Scholz, *Grundgesetz-Kommentar*, 31. Lief.(1994), Rdnr. 18 zu Art. 1.

4) G. Dürig, *Maunz/Dürig/Herzog/Scholz, Grundgesetz-Kommentar*, Rdnr. 19 zu Art. 1 Abs. 1.

5) Fr. Münch, *Die Menschenwürde als Grundordnung unserer Verfassung*, S. 8. Th. Schramm, *Staatsrecht*, Bd. Ⅱ, 3. Aufl.(1985)은 인간의 존엄에 대한 개념정의로부터 인간의 존엄은 자유와 평등이라는 두 개의 부분요소를 포함하며(S. 88), 자유와 평등은 개인의 존엄의 유출(流出)일 뿐이며, 타인의 존엄을 존중해야만 실현될 수 있다고 한다(S. 93). M. Kriele, Freiheit und Gleichheit, in: E. Benda/W. Maihofer/H.-J. Vogel(Hrsg.), *Handbuch des Verfassungsrechts*, 1984, S. 129ff.(130)는 인간은 인간이라는 사실로부터 자유에 대한 평등한 청구권을 가진다고 하고, "모든 사람은 자유와 존엄에 대한 평등한 청구권을 가진다"라는 원칙을 제시한다.

6) I. v. Münch(Hg.), *Grundgesetz-Kommentar*, 2. Aufl.(1981), S. 68.

(2) 人格主義的 人間觀의 表現

우리 헌법은 "모든 국민은 인간으로서의 존엄과 가치를 가진다"라는 표현으로써 특정의 인간관(또는 인간상)을 표현하고 있다. 인간을 보는 방법에는 종래 개인주의와 전체주의(또는 집단주의)라는 서로 상반된 견해가 대립되어 있다. 그러나 자기책임능력 있는 인간으로 해석되는 인간의 존엄은 이러한 상반된 인간관을 변증법적으로 지양(止揚, aufheben)한다. 다시금 칸트의 말을 빌린다면, 인간은 '사회적이면서도 비사회적인 존재'(gesellige Ungeselligkeit)로 표현될 수 있다. 그러한 한에서 우리 헌법은 '인간으로서의 존엄과 가치'라는 표현으로써 개인주의와 전체주의라는 양극단을 부정하고 인격주의[1]를 표방하고 있다.

따라서 우리 헌법이 예상하고 있는 인간상은 고립된 인간도 아니고 또한 독립적 지위를 전혀 갖지 못한 인간도 아닌, 인간의 고유한 가치를 유지하면서 사회에 구속되며 사회와 일정한 관계를 가진 인간을 의미한다. 이러한 인간은 자신의 고유한 가치의 주체로서 그리고 동시에 사회공동체의 주체로서 사회공동생활을 책임있게 형성해 나가야 할 자주적 인간을 뜻한다.[2]

> **판례** 〈도로교통법 제118조 위헌확인(기각)〉 "우리 헌법질서가 예정하고 있는 인간상은 '자신이 스스로 선택한 인생관·사회관을 바탕으로 사회공동체 안에서 각자의 생활을 자신의 책임 아래 스스로 결정하고 형성하는 성숙한 민주시민'인 바, 이는 사회와 고립된 주관적 개인이나 공동체의 단순한 구성분자가 아니라, 공동체에 관련되고 공동체에 구속되어 있기는 하지만 그로 인하여 자신의 고유가치를 훼손당하지 아니하고 개인과 공동체의 상호연관 속에서 균형을 잡고 있는 인격체라 할 것이다."(헌재 2003. 10. 30. 2002헌마518 결정)

(3) 人間은 왜 尊嚴한가?

1) 인간의 존엄을 근거짓기 위한 학설

인간의 존엄을 근거짓기 위한 학설로는 구약성서에 근거를 둔 '신의 모상설'(Imago-Dei-Lehre), 이성능력을 부여받고 있는 존재인 인간의 도덕적·자율적

9. 헌법 제10조 1문 전단의 인간관: 인격주의적 인간관의 표현

10. 인간의 존엄을 근거짓기 위한 학설: (1) 신의 모상설, (2)

---

1) H. v. Mangoldt/Fr. Klein, *Das Bonner Grundgesetz*, 2. Aufl.(1966), Anm. Ⅲ 3 zu Art. 2.
2) BVerfGE 4, 7, 15(Investionshilfe-Urteil); 27, 1, 6ff.(Mikrozensus); 30, 1, 39f. (Abhörentscheidung); 30, 173, 194(Mephisto-Urteil). 헌법의 인간상에 대하여 더욱 자세한 것은 U. P. Ramser, *Das Bild des Menschen im neuern Staatsrecht(Die Antinomie des Westens und des Ostens)*, Diss. Zürich, 1958 참조.

인간의 자율성설, (3)
자연과학적 관점

인 자기책임, 곧 인간의 자율성을 근거로 하는 설, 인간 이외의 피조물과 구별되는 인간의 능력(예컨대 언어사용, 도구사용)에서 그 근거를 찾는 자연과학적(경험적·생물학적) 관점 등이 있다.[1]

2) 학설에 대한 검토

11. 인간의 존엄을
근거짓기 위한 학설
에 대한 검토

인간의 존엄을 자연과학적으로 증명하려는 노력은 그 기도와는 달리 모든 인간의 평등한 존엄을 근거지을 수 없다. 예를 들어 언어사용능력으로부터 인간이 다른 피조물보다 존엄하다는 것을 근거지을 수는 있을 것이다. 그러나 언어사용능력은 구체적인 인간마다 다르기 때문에, 언어사용능력을 기준으로 인간의 존엄을 파악한다면, 필연적으로 구체적인 인간은 상이한 존엄을 가진다고 결론내릴 수밖에 없을 것이기 때문이다. 그런가 하면 그리스도교적 자연법론에서는 자명한 그리고 인간의 존엄의 형이상학적·종교적인 기원을 이루는[2] 신의 모상설 또한 현대 세속화된 세계에서 많은 사람들의 동의를 얻어내는 데는 어려움이 있을 것이다.

---

1) 이 문제에 대한 국내 문헌으로는 김용해, 인간존엄성의 철학, 서강대학교출판부, 2015도 참조.

2) 인간의 존엄에 끼친 그리스도교 — 이성이 부여되고 자유로운 의사로 표현되는 존재인 인간이라는 고대의 인간상에 영향을 받은 — 의 영향, 특히 신의 모상설의 영향에 대해서는 대체로 견해가 합치되어 있다. 예컨대 E. Wolf, Die Freiheit und Würde des Menschen, in: *Recht, Staat, Wirtschaft*, Bd. Ⅳ(1953), S. 32ff.; A. Verdroß, Die Würde des Menschen als Grundlage der Menschenrechte, EUGRZ 4(1977), S. 207f.; Chr. Starck, Menschenwürde als Verfassungsgarantie im modernen Staat, JZ 1981, S. 459; E. Benda, Die Menschenwürde, in: E. Benda/W. Maihofer/H.-J. Vogel (Hrsg.), *Handbuch des Verfassungsrechts*, 1984, S. 107ff.(107) 참조.

　M. Kriele, *Befreiung und politische Aufklärung. Plädoyer für die Würde des Menschen*, 1980, S. 53ff.(55)(홍성방 역, 해방과 정치계몽주의, 가톨릭출판사, 1988)는 인간의 존엄의 종교적 기원을 다음과 같이 설명하고 있다. "그리스도교적으로 각인된 전통에 있어서 사람들은 인간의 신의 모상성에 대하여 이야기하였다. 그러나 18세기의 계몽주의자들은 종교국가에 있어서 교회의 지배요구에 반대하여 반교회적인 태도를 취했고, 그들 중 많은 사람들은 자연신론자이거나 무신론자임을 자처하였다. 그러나 그들은 자명하게도 그 시대의 정신적 풍토, 윤리적 그리고 정치적 문화를 각인하였던 생생하게 남아 있는 전통적 윤리 아래서 생활하였다. 인간의 존엄의 이념은 인간에 대한 무조건적인 의무를 신앙화하는 것에서 표명되었다. 18세기의 계몽주의자들에게는 인간의 존엄의 개념 속에 인간은 영원한, 즉 그의 정신성에 있어서 파괴될 수 없는 존재이며, 그의 지상에서의 생명은 지구를 초월하는 의미를 지닌다는 종교적인 회상의 나머지가 함께 진동하고 있었다. 정치계몽주의가 지녔던 것은 이러한 회상 또는 최소한 회상에 대한 회상, 즉 계몽주의자들이 그 마지막 핵심에서 결코 포기하지 않았던 단순한 '앎' 또는 경외와 윤리적 의무론에까지 약화된 형이상학이었다."

3) 인간의 존엄의 근거에 대한 사견

따라서 오늘날은 윤리적 자기결정능력을 인간적·이성적 존재의 존엄의 근거라고 본 칸트의 예에 따라 인간의 존엄을 인간의 윤리적 자율성으로부터 근거짓는 것이 통설의 입장이다. 많이 인용된 빈트리히 *J. M. Wintrich*의 말을 빌려 표현한다면, "인간의 존엄은 본성상 정신적·윤리적 존재로서 자신을 의식하고 자유롭게 자기 스스로를 결정하고, 형성하며, 환경에 영향력을 행사한다"[1]는 데에서 근거지을 수 있다.

12. 인간의 존엄의 근거에 대한 사견: 인간의 윤리적 자율성으로부터 근거짓는 통설의 입장이 타당하다

3. 人間의 尊嚴과 價値의 法的 性格

(1) 學 說

인간의 존엄과 가치의 법적 성격과 관련하여 국내에서는 다음과 같은 견해들이 주장되고 있다. 제 1 설은 인간의 존엄과 가치는 반전체주의적 성격(인격주의의 선택), 근본규범성(국가의 근본질서, 법해석의 최고기준, 헌법개정의 한계), 기본권성(주기본권으로서 포괄적 기본권)을 가진 것이자 전국가적 자연권성을 선언한 것으로 본다.[2] 제 2 설은 이 조항의 규범적 성격을 객관적 헌법원리성, 국법체계상 최고규범성, 기본권제한의 한계규범성, 대국가적 방어권성으로 본다.[3] 제 3 설은 인간의 존엄성규정의 헌법상 의의를 기본권보장의 가치지표제시, 인간으로서의 존엄과 가치 실현수단으로서의 기타 기본권, 헌법질서상 절대불가침의 최고가치, 헌법개정 및 기본권제한의 한계, 모든 국가작용의 기속규범을 든다.[4] 제 4 설은 인간의 존엄과 가치의 법적 성격을 한편으로는 객관적 원리(헌법의 최고구성원리, 헌법의 통제적 원리)로서의 성격을 가지며, 다른 한편으로는 주관적 원리

13. 인간의 존엄의 법적 성격에 관한 학설

---

1) J. M. Wintrich, *Zur Problematik der Grundrechte*, 1957, S. 15. M. Kriele, Freiheit und Gleichheit, in: E. Benda/W. Maihofer/H.-J. Vogel(Hrsg.), *Handbuch des Verfassungsrechts*, 1984, S. 130은 인간의 존엄은 인간의 본성에 있으며, 인간의 개념은 이상적인 인간의 자기실현, 곧 인간이 정당하게 진·선·미·성으로 간주하여 그 실현이 추구할 가치가 있는 인간내부에 놓여 있는 가능성을 지향한다고 한다.

2) 김철수, 헌법학개론, 358-366쪽.

3) 권영성, 헌법학원론, 356-358쪽. 그러나 권영성, 1990년판은 이 규정의 법적 성격을 객관적 헌법원리성과 법체계상 최고규범성으로 보고(399·340쪽), 그 규범적 의미를 반전체주의적 원리, 인간우선의 원리, 국가적·국민적 실천목표, 법의 해석기준, 법의 보충원리, 국가작용의 판단기준, 헌법개정금지사항을 표현하는 것으로 보는 입장을 취했었다.

4) 허영, 한국헌법론, 314·315쪽.

(인격자로서의 정체성을 주장할 권리)의 성격을 갖고 있는 것으로 본다.[1]

(2) 私 見

14. 인간의 존엄의
법적 성격에 관한 사
견: 헌법의 최고구성
원리로서 헌법국가를
구성하고 통제하는
원리로서 기능하며,
헌법국가가 넘을 수
없는 한계를 형성한
다

우리는 보통 헌법은 세계관에 있어서는 중립이나, 가치중립적이지는 않다고 이야기한다. 이렇게 헌법을 가치의 표현으로 볼 때, 인간의 존엄과 가치는 그 최정점에 위치한다. 따라서 인간의 존엄과 가치는 우리 헌법의 가치 질서 내에서 최고의 가치[2]이며, 이 가치를 실현하기 위하여 국가는 존재한다.[3] 그러한 한에서 인간의 존엄과 가치는 헌법의 최고구성원리[4] 또는 헌법에 실정화된 '근본규범'(Grundnorm)[5]이라고 할 수 있다.[6]

---

1) 계희열, 헌법학(중), 177-185쪽.

2) 독일연방헌법재판소와 독일연방법원은 초기에는 인간의 존엄을 주관적 공권으로 이해하였다(BVerfGE 1, 333, 343, 348; BGHZ 13, 334, 338). 그러나 그 후 연방헌법재판소는 "헌법질서 내에서 최고의 법적 가치"로 표현하고 있다(BVerfGE 5, 85(204); 35, 202(221); 50, 166(175).

3) 헤렌힘제 *Herrenchiemsee* 초안에는 독일기본법 제1조는 "국가가 인간을 위해서 존재하지, 인간이 국가를 위해서 존재하는 것은 아니다"(Der Staat ist um des Menschen willen da, nicht der Mensch um des Staates willen)라고 되어 있었다. JöR n.F. Bd. 1(1951), S. 48. 국가가 인간을 위해서 존재하지 인간이 국가를 위해서 존재하는 것은 아니라는 것을 W. Maihofer, *Menschenwürde im Rechtsstaat*, S. 56은 다음과 같이 표현한다. "이러한 헌법원리들의 최종적 전제와 최고의 목표는 인간에게 인간적인 것을 유지하고 발전시키기 위하여 오늘날 포기될 수 없는 조건들, 곧 법치국가 내에서 인간의 개인적 자유와 안전을, 사회국가 내에서 사람들 사이에서 사회적 복지와 정의를 그리고 민주주의 내에서 인간의 정치적 자기입법과 공동결정을 보장하는 데 있다."

4) 독일연방헌법재판소는 Elfes-Urteil에서 "기본법의 모든 규정을 지배하는 지주적(支柱的) 구성원리"(BVerfGE 6, 32, 36), "전체법질서에 대한 원칙규범", "헌법의 가치체계의 중점"(BVerfGE 35, 225), G. Dürig, *Grundgesetz-Kommentar*, Rdnr. 14 zu Art. 1은 "최고의 구성원리"(Th. Schramm, *Staatsrecht*, Bd. Ⅱ, S. 87에 따르면 이 표현은 *Wintrich*가 처음 사용했다고 한다)로, K. Hesse, *Grundzüge des Verfassungsrechts der Bundesrepublik Deutschland*, 18. Aufl. (1991), S. 51(Rdnr. 51)은 "절대적이고 실현방법에 따라 임의대로 처분할 수 없는 새로운 질서의 최고원리"로 표현한다.

5) H. Kelsen, *Allgemeine Staatslehre*, 1925, S. 98f., 249ff.; ders., *Reine Rechtslehre*, 2. Aufl.(1960)(변종필·최희수 옮김, 순수법학, 길안사, 1999), S. 196ff., 228ff.에 따르면 근본규범은 규범질서에 효력을 부여하는 최고의 것으로 전제되어 있는 규범이다. 저자는 근본규범을 규범질서에 효력을 부여하는 최고의 규범이라는 점에서는 켈젠과 견해를 같이하나, 켈젠과는 달리 전제되어 있는 규범이 아니라, 종교적·윤리적으로 입증된 또는 선존하는 규범으로 보고자 한다. '인간의 존엄과 가치'를 이렇게 이해한다면 실정법론자들과 자연법론자들의 생각은 많은 면에서 수렴될 수 있을 것이다.

6) 이 밖에도 인간의 존엄은 다양한 용어로 표현된다. H. C. Nipperdey, Die Würde des Menschen, in: Neumann-Nipperdey-Scheuner, *Die Grundrechte*, Bd. Ⅱ, 1954, S. 1ff.(34), '특별한 서열의 헌법'(Verfassungsrecht überragenden Ranges); Fr. Münch, *Die

'인간의 존엄과 가치'가 헌법의 최고구성원리 또는 헌법에 실정화된 '근본규범'이라는 이야기는 '인간의 존엄과 가치'가 헌법국가를 구성하고 통제하는 원리로서 기능한다는 의미를 갖는다. 우선, 헌법국가를 구성하는 원리로서의 '인간의 존엄과 가치'는 첫째, 국가생활이 지향하여야 할 목적을 분명히 해줌과 동시에 인간의 존엄과 가치를 실현하기 위한, 인간의 존엄과 가치의 필수적 부분인 또는 인간의 존엄과 가치의 구체적 표현인 기본권에 이념적 출발점을 제공한다. 둘째, 국가생활에 기준을 제공한다. 곧 인간의 존엄과 가치는 국가권력에 대해서는 가치적 실천기준이 되고, 국민에 대해서는 그 누구의 존엄성도 침해해서는 안 된다[1]는 의무를 부여하는 행위규범이 된다. 셋째, 국가생활이 가치충족적으로 조정되게 하는 구성원리로서 모든 헌법조항과 법령의 효력이 문제될 때 그에 대한 궁극적인 해석기준이 되며, 헌법조항이나 법령 등 법규범에 흠결이 있는 경우 그 보완의 근거가 된다.

다음으로, '인간의 존엄과 가치'는 헌법국가를 통제하는 원리로서 헌법국가가 넘을 수 없는 한계를 형성한다. 곧 인간의 존엄과 가치는 국가에 의해서든, 다른 개인에 의해서든 또는 공동체에 의해서든 침해될 수 없는 기준을 제시함으로써 기본권제한의 한계가 되며, 더 나아가서는 헌법개정의 한계가 된다.

그러한 한에서 헌법의 최고구성원리 또는 헌법에 실정화된 근본규범인 '인간의 존엄과 가치'는 개인인 인간에게 유리한 방향으로 국가생활의 질서를 형성할 것을 요청하며, 그와는 반대되는 모든 경향, 추세, 노력, 시도들을 저지하는 기속적 성격을 가진다.[2]

Menschenwürde als Grundordnung unserer Verfassung, S. 5, '우리 헌법의 기본요청'(Grundforderung unserer Verfassung); Maunz/Dürig/Herzog/Scholz, *Grundgesetz-Kommentar*, Rdnr. 4 Art. 1 Abs. 1, '객관적 헌법의 최고규범'(oberste Norm des objektiven Verfassungsrechts); W. Maihofer, *Menschenwürde im Rechtsstaat*, S. 35, '실질적 근본규범'(mate-riale Grundnorm); Fr. Klein, Tragweite der Generalklausel im Art. 19 Abs. 4 des Bonner Grundgesetzes, *VVDStRL* Heft 8, S. 67ff.(86ff.), '주기본권'(Haupt-grundrecht).

1) G. Scholz, *Grundgesetz I*, 6. Aufl.(1990), S. 122에 따르면 그러한 한에서 인간은 '인간으로서의 존엄과 가치'를 통하여 자신의 '정태적 실존'(statisches Dasein)을 보호받으며, 나머지 기본권들을 통해서는 '동태적 실존'(dynamisches Dasein)을 보호받는다고 한다.

2) 인간으로서의 존엄과 가치의 법적 성격에 대해서는 김선택, 헌법 제 9 조 제 1 문 전단 「인간으로서의 존엄」의 의미와 법적 성격, 고려대학교 대학원 석사학위논문, 1984 참조.

4. 具體的 權利性 與否

(1) 學說 및 判例

15. 인간의 존엄의 구체적 권리성여부에 대한 입장: (1) 다수설 — 기본권성 인정, (2) 소수설 — 기본권성 부인, (3) 헌재결정 — 기본이념성과 구체적 기본권성을 동시에 인정

1) 학　설

표현이야 어떻든(근본규범성, 국법체계상 최고규범성, 헌법질서상 절대불가침의 최고가치, 헌법이념의 핵심, 최고의 헌법원리 등) 인간의 존엄과 가치가 우리 헌법의 최고원리·최고이념이라는 데에는 의견이 일치하고 있다. 그에 반하여 인간의 존엄과 가치가 이념에 그치는가 아니면 그 자체 구체적인 기본권으로도 기능하는가에 대하여는 견해가 나누어져 있다. 다수설은 인간의 존엄과 가치의 기본권성을 인정하며, 소수설은 구체적 기본권성을 부정한다.[1][2]

인간의 존엄과 가치의 기본권성을 인정하는 다수설은 다시 협의의 인간의

---

1) 허영, 한국헌법론은 자연법적 유래를 부정하지는 않으면서도 우리 사회의 동화적 통합을 강조하면서 기본권성을 부정한다. "제10조의 규정은 자연법적 기본권사상의 구체적인 표현형태라기보다는 우리 헌법상 기본권보장의 원칙적인 '가치지표'가 역시 '인간으로서의 존엄과 가치'를 그 가치적인 핵으로 하는 '자주적 인간'들의 동화적 통합질서를 마련하는 데 있다는 것을 명백히 하고 있는 것이라고 할 것이다. … 결국 우리 헌법상 '인간으로서의 존엄과 가치'가 불가침한 것은 그것이 단순히 자연법적인 가치의 세계에 속하는 것이기 때문만은 아니고, 우리 사회의 가치적인 공감대에 해당하는 '인간으로서의 존엄과 가치'가 존중되고 보호되지 않고는 우리 사회가 동화되고 통합되는 것을 기대할 수 없기 때문"이라고 하면서(314쪽), 인간의 존엄성에 관한 헌법규정이 독자적인 기본권으로서의 성질을 갖느냐를 둘러싼 논쟁은 기본권의 본질과 기능을 실정권설 또는 자연권설에 따라서 이해하는 결과로 빚어진 논쟁이기 때문에 무의미하고 불필요한 것으로 생각한다(315쪽 각주 1).
2) 독일에서도 인간의 존엄을 구체적으로 사법(私法)에까지 영향력을 미치는 절대적·주관적 권리로 보는 H. C. Nipperdey, Die Würde des Menschen, in: Neumann-Nipperdey-Scheuner, *Die Grundrechte*, Bd. Ⅱ, S. 1ff.(11f.)를 제외하고는 인간의 존엄을 구체적 기본권으로 보는 견해는 없다. 또한 I. v. Münch, *Grundbegriffe des Staatsrechts* I, 1979, S. 129는 인간의 존엄은 기본권편에 있으며, 기본법 제79조 제3항은 인간의 존엄의 개정불가능성을 규정하고 있기 때문에 인간의 존엄을 '주기본권'(Hauptgrundrecht)이라 부르고 있다. 그러나 그것은 기본법 초기에 인간의 존엄을 기본법 제79조 제3항에서 기본권이 아닌 '원리'(Grundsatz)로 부른 것과 기본법 제1조 제3항이 이하의 기본권에 대하여 언급한 것을 근거로 강령규정으로 본 견해에 대한 대답이라고 할 것이다. 곧 주기본권이란 보통 이야기되는 주관적 공권이라는 의미에서 기본권은 아니다. E. Stein, *Staatsrecht*, S. 213은 인간의 공통된(공적) 이해관계와 개인적(사적) 이해관계 사이의 분쟁은 인간의 존엄이 아닌 제2조 이하의 기본권들에 의하여 해결되기 때문에 인간의 존엄은 기본권이 아니라고 한다. 그렇기 때문에 독일연방헌법재판소도 휴가 및 휴식여행에 대한 대리통계의 합헌성에 대한 판결(BVerfGE 27, 1ff., 6ff.)에서 주로 기본법 제1조 제1항을 적용한 단 하나의 예외를 제외하고는 제1조 제1항은 다른 규정(주로 제2조 제1항)과 함께만 적용하고 있다.

존엄권으로 보는 견해,[1] 구체적인 기본권을 인정할 수 있는 근거규정으로 보는
견해,[2] 인격자로서의 정체성을 주장할 권리로 보는 견해,[3] 인간의 존엄과 가치
로부터 일반적 행동자유권·자기결정권·일반적 인격권이 도출된다고 보는 견
해,[4] 인간의 존엄성조항에 의하여 보호되는 것은 인간 생존의 절대적인 핵심영
역에 제한된다고 보는 견해[5] 등으로 의견이 나누어져 있다.

---

1) "제10조의 기본권은 인간의 존엄과 가치, 행복추구권을 합하여 포괄적 기본권으로 규정한
　것이며, 또한 주기본권인 동시에 협의에 있어서의 인간의 존엄권과 행복추구권도 보장하고
　있다"고 하는 김철수, 헌법학개론, 364쪽이 대표적이다.

2) 구체적 기본권성을 부정하던 종전의 입장을 바꾸어 "제10조 제 1 문 전단은 간접적(제 2 차
　적)으로는 대국가적 방어권(인격권 등)에 관한 근거규정의 성격도 가지고 있다"고 하는 권
　영성, 헌법학원론, 358쪽이 대표적이다. 다음과 같은 성낙인, 헌법학, 법문사, 2014의 입장
　도 이와 비슷한 입장으로 이해된다. "인간의 존엄과 가치는 '다른 기본권의 이념적 출발
　점'이자 동시에 '기본권보장의 목표'임을 부정할 수는 없다. 하지만 인간의 존엄과 가치는
　기본권으로서의 성격도 아울러 가지고 있다고 보아야 한다(980쪽). … 인간의 존엄과 가치
　를 실현하기 위해서는 필요하지만, 개별기본권의 명문규정상으로나 해석상 인정될 수 없는
　구체적인 기본권을 인정할 수 있는 근거규정으로서 인간의 존엄과 가치의 기본권성을 인
　정하는 것이 헌법 해석상 타당하다(981쪽). … 주관적 공권으로서의 인간의 존엄과 가치는
　일반적 인격권(명예권, 성명권, 초상권)으로 이해할 수 있다(983쪽)."

3) 계희열, 헌법학(중), 185쪽은 "이 존엄성 규정은 구체적 기본권으로서의 성격도 갖는다. 즉
　인간이 그 인격성 때문에 존엄성을 갖는다고 하면, 모든 인간은 인격자로서의 정체성을 주
　장할 권리를 갖는다는 것은 당연하다. 그렇다면 우선 인간은 인간임이 보호되어야 한다.
　따라서 인간의 격을 부정하는, 즉 인간을 동물이나 물건처럼 취급하는 것 또는 물적 재화
　의 가치를 인간의 가치보다 높이 평가하는 것을 배제해 주도록 요구할 권리가 있다. 따라
　서 인간을 단순한 객체로, 즉 수단으로 전락시키는 것을 거부하거나 시정을 요구할 권리가
　있다"고 한다. 다음과 같은 장영수, 헌법학, 홍문사, 2014, 563쪽의 입장도 이 견해와 비슷
　한 것으로 판단된다. 구체적 권리로서의 인간존엄과 관련하여 "존엄권의 침해를 특별히 따
　로 주장하기 위해서는 그러한 개별기본권의 침해로 볼 때와는 무엇인가 달라지는 점이 있
　어야 할 것이다. 이러한 맥락에서 우리가 생각해볼 수 있는 것은 같은 살인이라도 우발적
　인 살인과 인간의 존엄을 침해하는 고문치사를 같이 취급할 것인가의 문제이다. 이를 단지
　형사재판절차를 통한 양형의 문제로만 볼 경우에는 존엄권을 별도로 인정하는 것은 큰 의
　미가 없다. 하지만 만일 존엄권의 침해에 대해서는 보다 강력한 대응(예컨대 공소시효의
　배제)이 가능하게 될 경우, 존엄권을 별도로 인정하는 실익이 분명해질 것이다."

4) 정종섭, 헌법학원론, 박영사, 2014, 412쪽 이하는 인간존엄성의 내용으로서 인간성 부정행
　위의 금지(인간의 물적 취급금지, 인간복제의 금지, 낙태, 안락사)를 들면서 인간존엄성으
　로부터 도출되는 개별적 기본권으로 일반적 행동자유권, 자기결정권, 일반적 인격권(인격
　권, 성명권)을 들고 있다.

5) 한수웅, 헌법학, 법문사, 2014, 524쪽은 인간존엄성의 기본권성과 관련하여 다음과 같이
　이야기한다. "인간존엄성이 불가침적 가치이자 제한될 수 없는 기본권이라면, 이와 같은
　절대적 기본권의 보호범위는 필연적으로 협소하게 확정될 수밖에 없다. 또한, 인간존엄성
　이 헌법개정금지사항이라는 점도 그 보호대상을 좁게 해석해야 한다는 것을 말해주고 있
　다. 따라서 인간존엄성 조항에 의하여 보호되는 것은 인간 생존의 절대적인 핵심영역에 제
　한된다고 보아야 한다. 즉 문화국가에서 금기시되는 침해, 예컨대 고문, 잔혹한 형벌, 노예

2) 판　례

우리 헌법재판소는 인간의 존엄과 가치는 기본원리 내지는 기본이념으로서의 성격과 구체적 기본권으로서의 성격을 동시에 가진 것으로 보고 있다. 한편으로 헌법재판소는 "인간의 존엄과 가치는 다른 헌법규정을 기속하는 최고의 헌법원리이다"[1]라든가, "인간의 존엄과 가치는 개별적 기본권과의 관계에 있어서 목적과 수단의 관계에 있다"[2]라고 하며, 형법 제241조(간통죄)에 대한 합헌 결정에서 "헌법 제10조는 … 모든 기본권보장의 종국적 목적(기본이념)이라고 할 수 있는 인간의 본질이며 고유한 가치인 개인의 인격권과 행복추구권을 보장하고 있다"[3]고 하였다. 그러나 다른 한편으로 헌법재판소는 「정기간행물의 등록 등에 관한 법률」 제16조 제3항·제19조 제3항(정정보도청구권)에 대한 합헌결정에서 "인간의 존엄성에서 유래하는 개인의 일반적 인격권"을 확인하였고,[4] 민법 제764조(명예권침해에 대한 사죄광고)에 대한 일부위헌결정에서 "사죄광고제도는 헌법에서 보장된 인격의 존엄과 가치 및 그를 바탕으로 하는 인격권에도 큰 위해가 된다"고 하였다.[5]

> **판례** 〈「민주화운동 관련자 명예회복 및 보상 등에 관한 법률」 제2조 제1호 등 위헌확인(각하)〉 "헌법 제10조로부터 도출되는 일반적 인격권에는 개인의 명예에 관한 권리도 포함될 수 있으나, '명예'는 사람이나 그 인격에 대한 '사회적 평가', 즉 객관적·외부적 가치평가를 말하는 것이지 단순히 주관적·내면적인 명예감정은 포함되지 않는다."(헌재 2005. 10. 27. 2002헌마425 결정)

제도, 인종적·종교적 차별과 박해 등과 같은 국가행위에 대한 보호를 비롯하여 자기결정 및 인격발현의 불가결한 요건에 대한 중대한 침해(예컨대 최저생계의 박탈, 혼인의 강제)에 대해서만 보호를 제공한다고 보아야 한다. 결국 인간존엄성의 기능이란, 문화국가에서 일반적으로 금기시되는 비인간적인 국가행위의 한계를 정하는 기능, 다시 말하자면 국가공권력이 개인과의 관계에서 더 이상 넘어서는 안 되는 경계선이 어디에 있는가를 정하는 기능이라고 할 수 있다. 인간존엄성 조항은 국가권력으로부터 개인의 자기결정과 인격발현을 위하여 불가결한 최소한의 요건 또는 인간 생존의 절대적 요건을 보호하는 것이다."

1) 헌재 1992. 10. 1. 91헌마31 결정〈불기소처분에 대한 헌법소원(기각)〉.
2) 헌재 1992. 4. 14. 90헌마82 결정〈국가안보법 제19조에 대한 헌법소원(일부위헌)〉.
3) 헌재 1990. 9. 10. 89헌마82 결정〈형법 제241조의 위헌여부에 관한 헌법소원(합헌)〉.
4) 헌재 1991. 9. 16. 89헌마165 결정〈「정기간행물의 등록 등에 관한 법률」 제16조 제3항, 제19조 제3항의 위헌여부에 관한 헌법소원(합헌)〉.
5) 헌재 1991. 4. 1. 89헌마160 결정〈민법 제764조의 위헌여부에 관한 헌법소원(한정위헌)〉.

> **판례**　"이름(姓名)은 특정한 개인을 다른 사람으로부터 식별하는 표지가 됨과 동시에 이를 기초로 사회적 신뢰가 형성되는 등 고도의 사회성을 가지는 일방, 다른 한편 인격의 주체적인 개인의 입장에서는 자기 스스로를 표시하는 인격의 상징으로서의 의미를 가지는 것이고 나아가 이름에서 연유되는 이익들을 침해받지 아니하고 자신의 관리와 처분 아래 둘 수 있는 권리인 성명권의 기초가 되는 것이며, 이러한 성명권은 헌법상의 행복추구권과 인격권의 한 내용을 이루는 것이다."(대법원 2005. 11. 16. 2005스26 결정)

(2) 私　見

1) 기본권의 이념

인간의 존엄과 가치에서 구체적 기본권성을 인정하든 인정하지 않든 인간의 존엄과 가치가 우리 헌법의 최고원리·최고이념이라는 데에는 의견이 일치되어 있다. 인간의 존엄과 가치는 헌법의 최고원리 또는 구성원리로서 모든 기본권을 지배한다.[1] 곧 개별기본권들은 인간의 존엄의 결과로서 나타나며, 인간의 존엄을 보장한다.[2] 인간의 존엄은 모든 기본권의 '효력'(Wirkungskraft)을 강화시키며, 모든 기본권에 윤곽을 부여한다.[3] 그러한 한에서 인간의 존엄과 가치는 모든 기본권[4]의 이념[5]이라고 할 수 있다.

16. 인간의 존엄의 구체적 기본권성여부에 대한 사견: 모든 기본권의 이념이며, 그러한 한에서 구체적인 개별 기본권과 동일시할 수는 없다

---

1) BVerfGE 6, 32(36) 참조.
2) BVerfGE 35, 202(235) 참조.
3) BVerfGE 35, 202(235) 참조.
4) 여기에서 말하는 모든 기본권이란 말 그대로 모든 기본권이다. 따라서 사회적 기본권을 명문화하지 않은 독일기본법하에서도 많은 학자들(O. Bachof, Begriff und Wesen des sozialen Rechtsstaates. Der soziale Rechtsstaat in verwaltungsrechtlicher Sicht, *VVDStRL* Heft 12(1954), S. 37ff.(42); H. C. Nipperdey, Die Würde des Menschen, in: Neumann-Nipperdey-Scheuner, *Die Grundrechte*, Bd. Ⅱ, S. 5f.; W. Maihofer, *Menschenwürde im Rechtsstaat*, S. 36f.)은 의식주와 또한 오늘날에는 교육의 최소한에 대한 청구권은 기본법 제 1 조가 보장하고 있는 많은 청구권 중의 하나일 뿐만 아니라 더 나아가서 자유민주적 국가의 전제이며, 인간의 존엄의 물질적 기초라는 결론을 내리고 있다.
5) 독일에서도 인간의 존엄이 객관적 헌법규범인가 아니면 주관적 공권인가에 대하여 의견이 일치되어 있지 않다. G. Dürig, Maunz/Dürig/Herzog/Scholz, *Grundgesetz-Kommentar*, Rdnr. 4 zu Abs. 1 Art. 1은 인간의 존엄을 '객관적 헌법의 최고규범'(oberste Norm des objektiven Verfassungsrechts)이라고 하며, Th. Maunz/R. Zippelius, *Deutsches Staatsrecht*, S. 181은 '인간의 존엄'의 보장은 '다른 기본권의 이념적 출발점'(ideeller Ausgangspunkt der anderen Grundrechte)이라고 하고 있다. 또한 K. Löw, *Die Grundrechte*, 2. Aufl.(1982), S. 82는 인간의 존엄을 다른 기본권의 최종적 근거가 되는 '규범 중의 규범'(Norm der Normen)이라고 한다.
　E. Benda, *Gefährdungen der Menschenwürde*, 1975, S. 12f.는 "모든 기본권이 인간의

그렇다면 여기에서 우리는 '이념'이라는 용어에 주의할 필요가 있다. 이념이란 옳다고 전제되기 때문에 끝없이 추구해야 할 무엇을 말한다. 그러나 이념은 속성상 현실이 되는 순간 이념성을 잃는다. 곧 이념은 현실일 수가 없다.[1] 따라서 인간의 존엄과 가치를 이념이면서 동시에 현실태(現實態)인 기본권이라고 이야기하는 것은 논리적으로 모순된다고 단정할 수는 없다 하더라도 인간의 존엄과 가치를 개별 기본권과 동일시할 수는 없다. 왜냐하면 인간의 존엄의 불가침성과 개별적 기본권의 제약성은 서로 상반되기 때문이다.[2]

2) 인간의 존엄과 가치가 구체적 권리로 기능하는 경우

① 인간의 존엄과 가치가 구체적 권리로 기능하는 경우

17. 인간의 존엄과

그러나 앞에서도 보았듯이 인간이 타인이나 사회적 집단이나 또는 국가에

존엄을 위하여 필요한 것으로 생각된다는 것, 곧 일반적인 생각에 따르면 모든 기본권은 제1조 제1항으로부터 결과된다는 것은 모든 기본권에 공통된 점이다. 모든 기본권은 인간존엄의 자명(自明)한 부분적 단면(斷面)"이라고 하면서도, Ders., Die Menschenwürde, in: E. Benda/W. Maihofer/H.-J. Vogel(Hrsg.), *Handbuch des Verfassungsrechts*, S. 111은 인간의 존엄은 헌법소원을 통하여 관철할 수 있는 기본권이라고 한다. 이 밖에도 W. Wertenbruch, *Grundgesetz und Menschenwürde*, 1958, S. 163; I. v. Münch, *Grundgesetz-Kommentar*, Rdnr. 27 zu Art. 1; R. Zippelius, in: *Bonner Kommentar*, Rdnr. 31ff.는 인간의 존엄의 구체적 기본권성을 인정한다.

　이 문제에 대하여 연방헌법재판소가 어떤 입장을 취하고 있는가에 대하여도 의견이 일치되어 있지 않다. E. Benda, Die Menschenwürde, in: E. Benda/W. Maihofer/H.-J. Vogel(Hrsg.), *Handbuch des Verfassungsrechts*, S. 111 FN 17에 따르면 연방헌법재판소는 이 문제에 대하여 확실한 대답을 하지 않았다고 한다. 그러나 B. Pieroth/B. Schlink, *Grundrecht. Staatsrecht* Ⅱ, S. 87에 따르면 연방헌법재판소는 초기판결에서부터 인간의 존엄을 기본권으로 파악하였고(BVerfGE 15, 249, 255), 후일의 판례는 "제1조 제1항이 '이하'의 기본권이 아니라는 것은 모든 국가권력의 기본권의 최고구성원리에의 구속을 배제하지 않는다"(BVerfGE 61, 126, 137)라고 함으로써 인간의 존엄을 기본권으로 보고 있다고 한다.

1) 저자는 이념을 이해관계에 바탕을 둔 확신 가운데 정치적·사회적 및 경제적으로 중요한 의미를 지닌 이해관계, 곧 지배, 자유, 부의 획득과 일종의 체념적 방관에 의하여 규정된 확신을 의미하는 이데올로기와는 구별하여 사용한다. 이데올로기에 대하여 자세한 것은 M. Kriele, *Einführung in die Staatslehre*, 5. Aufl.(1994), S. 252ff. 및 그곳에 인용된 문헌 참조.

2) 이와 관련하여 G. Dürig, Maunz/Dürig/Herzog/Scholz, *Grundgesetz-Kommentar*, Rdnr. 29 zu Art. 1은 인간의 존엄은 개인적 명예를 형법을 넘어 확장시키는 것이나 도덕과 예의를 지키는 것보다 더 중요하고 절박한 과제를 가진다고 하고, 인간의 존엄은 (언제 어디서나 아무렇게나 꺼내 쓰는 — 저자의 삽입) '몇 푼짜리 동전'(kleine Münze)이 아니라고 한다. 이 말을 우리 식으로 달리 표현한다면 인간의 존엄은 '약방에 감초'와 같은 것은 아니라고 할 수 있을 것이다. 따라서 독일연방헌법재판소는 기본권체계 내에서 인간의 존엄이 가지는 '핵심기능'(Mittelpunktfunktion)을 강조한다(BVerfGE 35, 202, 225).

의하여 객체로 전락하는 것은 그 예가 한두 가지가 아니다. 따라서 인간으로서의 존엄과 가치의 구체적 표현인 개별기본권들이 비록 그 숫자가 많다고는 하지만 그것들만으로 인간으로서의 존엄과 가치가 완벽하게 보장될 수는 없다. 그렇다면 이러한 사각지대(死角地帶)에 대하여서도 인간으로서의 존엄과 가치는 보장되지 않으면 안 된다. 따라서 인간으로서의 존엄과 가치는 구체적인 기본권에 의하여 보호될 수 없는 인간의 존엄에 대한 침해에 대하여 인간의 존엄을 보호하는 '포괄적 구성요건'(Auffangtatbestand)을 내용으로 한다고는 할 수 있을 것이다. 곧 다음과 같은 경우에는 기본권의 이념으로서의 인간의 존엄과 가치와 다른 헌법조항을 조합하여 또는 그 자체로부터 구체적 권리를 추론해 낼 수 있다고 본다.

가치가 구체적 권리로 기능하는 경우: (1) 원칙 — 인간의 존엄과 가치가 개별기본권만으로 완벽하게 보호될 수 없는 경우, (2) 구체적인 경우 — 인간의 존엄과 가치는 헌법에 열거되지 아니한 권리를 추론하는 근거가 됨과 동시에 최소한의 생활보호청구권, 일반적 보호청구권, 생명권으로 기능한다

판례 〈「국가유공자 등 예우 및 지원에 관한 법률」 제20조 제2항 등 위헌확인 (일부기각, 일부각하)〉 "헌법 제10조에서 규정한 인간의 존엄과 가치는 헌법이념의 핵심으로, 국가는 헌법에 규정된 개별적 기본권을 비롯하여 헌법에 열거되지 아니한 자유와 권리까지도 이를 보장하여야 하며, 이를 통하여 개별 국민이 가지는 인간으로서의 존엄과 가치를 존중하고 확보하여야 한다는 헌법의 기본원리를 선언한 조항이다. 따라서 자유와 권리의 보장은 1차적으로 헌법상 개별적 기본권 규정을 매개로 이루어지지만, 기본권제한에 있어서 인간의 존엄과 가치를 침해한다거나 기본권형성에 있어서 최소한의 필요한 보장조차 규정하지 않음으로써 결과적으로 인간으로서의 존엄과 가치를 훼손한다면, 헌법 제10조에서 규정한 인간의 존엄과 가치에 위반된다고 할 것이다."(헌재 2000. 6. 1. 98헌마216 결정)

② 헌법에 열거되지 아니한 권리

인간으로서의 존엄과 가치는 헌법 제37조 제1항과 결합하여 우리 헌법에 열거되지 아니한 권리를 추론해 내는 근거가 된다.

가. 학　설

인간의 존엄과 가치와 헌법 제37조 제1항과의 관계에 대하여는 헌법 제37조 제1항은 헌법 제10조의 선언적 확인규정이라는 견해(제1설),[1) 헌법 제37조

18. 인간의 존엄과 헌법 제37조 제1항의 상관관계에 대한 학설

1) 김철수, 헌법학개론, 366쪽. 다음과 같은 장영수, 헌법학, 564쪽의 입장도 이러한 입장에 속하는 것으로 분류할 수 있다. "인간의 존엄은 또한 헌법 제37조 제1항에 의해 열거되지 않은 자유와 권리로 인정될 수 있는 것인지의 여부를 판단하기 위한 기준으로서의 기능을 한다. … 생명권처럼 그 중요성이 널리 인정되고 있는 기본권조차도 — 오히려 그 보장이 너무나도 당연한 것으로 여겨졌기 때문에 — 명문화되지 않고 있는 것에서 확인될 수 있듯이, 열거되지 않은 자유와 권리 가운데서도 기본권으로 인정되어야 할 것들, 그리고 명문화된 다른 기본권에 못지않은 비중을 갖고 있는 것들이 있다는 점을 헌법 제37조 제1항이 확인하고 있는 것이다."

제 1 항은 헌법 제10조(인간의 존엄과 가치)를 실현시키기 위한 수단으로 보는 견해(제 2 설),[1] 인간의 존엄과 가치와(나) 행복추구권과 헌법 제37조 제 1 항을 쌍방적 (개별)기본권 창설관계라고 보는 견해(제 3 설)[2] 등 학설의 대립이 있다. 또한 최근에는 헌법에 열거되지 아니한 권리를 추론해 낼 수 있는 근거는 단지 헌법 제10조 제 1 문 후단의 행복추구권이라는 견해(제 4 설)도 주장되고 있다.[3]

그러나 제 1 설은 헌법 제37조 제 1 항이 건국헌법에서부터 지금까지 계속하

---

[1] 허영, 한국헌법론, 319쪽; 권영성, 헌법학원론, 359·360쪽. 그러나 권영성, 1999년판, 341쪽은 헌법 제10조와 헌법 제37조 제 1 항을 상호보완관계로 보았었다.

[2] 계희열, 헌법학(중), 186쪽은 두 규정의 관계를 다음과 같이 설명한다. "존엄성규정이 열거되지 않은 모든 '자유와 권리'를 인식하는 내용적 표지가 되는 반면, 행복추구권은 인격의 자유발현권으로서 열거되지 않은 '자유권'을 인식하는 내용적 표지로 보는 것이 적절하다고 생각된다. 자유권에 관한 한 존엄성규정과 행복추구권이 모두 그 기준이 된다. 이처럼 존엄성규정(또는 행복추구권)과 제37조 제 1 항이 개별적 기본권을 형성하는 관계를 '쌍방적 (개별)기본권 창설관계'라고 부를 수 있을 것이다. 이렇게 볼 때 개별기본권의 열거가 예시적이며 헌법의 기본권 부분이 흠결 없는 완결된 체계가 아니라 개방적인 체계라는 것이 분명해진다."

이러한 입장에 속하는 것으로 분류할 수 있는 것으로 다음과 같은 것이 있다. ① "행복추구권은 독자적인 기본권으로서의 성격과 더불어 다른 기본권과 결합하여 헌법에 열거되지 아니한 새로운 기본권을 도출하는 근거가 된다(991쪽). … 행복추구권은 인간의 존엄과 가치와 불가분의 관계에 있기 때문에 인간의 존엄과 가치와 병렬적인 성격을 갖는 일련의 내용은 행복추구권에도 그대로 타당하다(993쪽)."(성낙인, 헌법학) ② "헌법 제10조는 인간의 존엄과 가치를 정함과 동시에 행복을 추구할 권리를 정하고 있어 이 둘의 관계가 문제가 된다. … 행복추구권도 인간의 삶에서의 제1원리를 이루는 행복추구의 원리에 해당하기 때문에 원리적인 규정이다. 그러나 가치를 정하는 원리 규정에서도 개별적 기본권을 도출할 수 있기 때문에 인간의 존엄과 가치에서 도출되는 개별적 기본권과 행복추구권에서 도출되는 개별적 기본권이 동일할 수 있다. 행복추구권의 보장을 행복추구원리의 보장으로 보면, 특별한 사정이 없는 한 이에서 도출되는 개별적 기본권을 인간의 존엄과 가치 및 행복추구를 함께 근거로 삼는 것이 타당하다. … 따라서 이러한 경우에 도출되는 기본권은 인간의 존엄과 가치에서 도출되는 기본권과 행복추구권에서 도출되는 개별적 기본권을 특별히 구별하여야 할 필요가 없는 한 헌법 제10조와 제37조 제 1 항을 근거로 하여 도출되는 기본권이다(410쪽). … 개별적 기본권은 헌법이 직접 명시하고 있기도 하고, 헌법 제37조 제 1 항에서 도출되기도 하며, 인간의 존엄과 가치 및 행복추구를 정하고 있는 헌법 제10조 제 1 문에서 도출되기도 한다(430쪽)."(정종섭, 헌법학원론)

[3] "행복추구권은 헌법에 구체적으로 규정된 자유권에 의하여 보호될 수 없는 인간의 행위나 법익에 대하여 보충적으로 기본권적 보호를 제공하는 일반적 자유권으로서, 헌법에 열거되지 아니한 자유권을 도출하는 실정법적 근거이다. … 헌법에 열거되지 아니한 자유권을 국민의 주관적 권리로서 보장하는 헌법규정은 단지 헌법 제10조의 행복추구권이며, 반면에 헌법 제37조 제 1 항은 국민의 권리를 직접적으로 보장하는 기본권조항이 아니다. … 헌법 제37조 제 1 항은 '헌법에 명시적으로 규정되지 아니한 자유도 헌법해석을 통하여 보장되어야 한다'는 내용의, 국가에 대한 헌법해석의 지침을 담고 있는 객관적인 규정으로 이해하는 것이 타당하다고 본다."(한수웅, 헌법학, 531쪽)

는 조항인데 반해, 존엄성규정은 1962년 헌법개정 당시 채택한 조항이라는 것을 간과한 설명이며,[1] 제 2 설은 헌법이 행복추구권을 규정하고 있는 의미에 대한 적절한 의미를 부여하지 못하며, 제 3 설은 열거되지 않은 자유와 권리를 분리하여 존엄성규정은 양자 모두에 행복추구권규정은 후자에만 기준이 된다고 하는 설명은 문제가 있으며, 제 4 설은 열거되지 않은 자유권에 대한 설명은 되나 열거되지 않은 권리에 대한 설명이 없다는 점에서 문제가 있다.

나. 사   견

개인적으로는 헌법 제37조 제 1 항 '국민의 자유와 권리는 헌법에 열거되지 아니한 이유로 경시되지 아니한다'는 인간의 존엄과 가치의 실현에 도움이 되는 한 어떤 권리의 실정화 여부와 관계 없이 그것을 보호하겠다는 헌법제정자의 의지를 표명한 것이라고 본다. 그러한 한에서 헌법 제37조 제 1 항은 인간의 존엄을 위하여 반드시 필요하나 인간적 한계 때문에 헌법제정시에 예견하지 못한 권리를 추후에 보완하기 위한 근거규정이며, 제10조의 인간의 존엄과 함께 우리 헌법이 흠결 없는[2] 기본권보장체계를 갖추고 있음을 말해 주고 있는 규정이다.

19. 인간의 존엄과 헌법 제37조 제 1 항의 상관관계에 대한 사견

다만 우리 헌법에 일반적 자유권인 행복추구권이 인간의 존엄이 규정된 후에 헌법에 규정되었기 때문에 열거되지 않은 자유는 행복추구권과 헌법 제37조 제 1 항을 근거로, 열거되지 않은 권리는 인간의 존엄과 가치와 헌법 제37조 제 1 항을 근거로 보완할 수 있다고 해석하여야 할 것이다. 그러나 헌법에 열거되지 않은 자유와 권리 중에는 너무 당연하기 때문에 헌법에 규정하지 않은 경우도 있다. 그러한 권리의 헌법적 근거는 개별적으로 판단하는 것을 원칙으로 하여 가장 연관성 있는 규정으로부터 찾는 것이 바람직할 것이나 그러한 규정을 찾기가 어려운 경우에는 앞에서 제안된 방법을 적용하면 무방하지 않을까 생각한다.

③ 최소한의 생활보호청구권

인간의 존엄과 가치가 구체적으로 침해될 정도로 경제적으로 열악한 지위에 놓이게 될 때, 헌법 제34조에 의한 구체적 입법이 없다 하더라도 이 규정을 근거로 최소한의 생활보호청구권을 인정할 수 있다. 왜냐하면 최소한의 물질적 전제조건이 확보되지 않고는 인간의 존엄과 가치는 공염불(空念佛)에 지나지 않기

20. 최소한의 생활보호청구권의 근거로서의 인간의 존엄과 가치

---

1) 계희열, 헌법학(중), 2004, 207·208쪽.
2) 여기서 사용된 '흠결 없는'이라는 단어는 다음과 같은 맥락에서 사용되었음을 알려둔다. "하나의 법질서는 내용적으로 통일적인(완결된) 것도 아니고 주제에 따라 무흠결인 것도 아니다. 그러나 그것은 소송법을 통하여 보완되고 법을 변경하거나 법을 새롭게 창조할 통일된 가능성이 있기 때문에 기능적으로 완전하다"(F. Müller, *Richterrecht*, 1986, S. 120f. 홍성방 역, 법관법, 유로, 2014, 188쪽 참조).

때문이다.[1]

④ 일반적 보호청구권

21. 일반적 보호청구권으로서 기능하는 인간의 존엄과 가치

인간으로서의 존엄과 가치는 일반적 보호청구권으로서 기능한다. 헌법 제10조 제 2 문에 따라 국가는 '개인이 가지는 불가침의 기본적 인권을 확인하고 이를 보장할 의무'를 지기 때문에 국가는 인간으로서의 존엄과 가치를 침해하지 않을 의무를 진다. 또한 이러한 의무는 사회는 물론 어떤 개인에 의하여 다른 개인의 인간으로서의 존엄과 가치가 침해되지 않도록 감시하고 침해된 경우에는 그 침해를 배제하여야 할 의무를 포함한다.[2]

이러한 국가적 보호의무, 즉 기본권보호의무의 헌법적 근거에 대하여 객관적 가치질서로서의 기본권, 즉 기본권의 객관적 내용이 기본권보호의무의 헌법적 근거라거나 법치국가원리가 헌법적 근거라는 견해가 있다. 그러나 기본권보호의무의 헌법적 근거와 헌법이론적 근거는 구별해야 하며, 그러한 한에서 기본권의 객관적 내용이나 법치국가원리는 기본권보호의무의 헌법이론적 근거로 이야기할 수는 있으나 그 헌법적 근거로 들기에는 문제가 있다 할 것이다. 그러한 한에서 기본권보호의무의 헌법적 근거는 헌법 제10조 제 2 문으로 보아야 할 것이다.

> **판례** 〈민법 제 3 조 등 위헌소원(합헌, 각하)〉 "우리 헌법은 제10조 제 2 문에서 "국가는 개인이 가지는 불가침의 기본적 인권을 확인하고 이를 보장할 의무를 진다"라고 규정함으로써 국가의 적극적인 기본권보호의무를 선언하고 있는바, 이러한 국가의 기본권보호의무 선언은 국가가 국민과의 관계에서 국민의 기본권보호를 위해 노력하여야 할 의무가 있다는 의미뿐만 아니라 국가가 사인 상호간의 관계를 규율하는 사법(私法)질서를 형성하는 경우에도 헌법상 기본권이 존중되고

---

1) 인간의 존엄이라는 표현이 헌법문서에 최초로 규정된 것은 바이마르헌법 제151조 제 1 항 제 1 문에서이다. 동조항에 따르면 "경제생활의 질서는 모든 이에게 '인간의 존엄에 맞는 생활'(menschenwürdiges Dasein)을 보장하려는 목적을 가진 정의의 여러 원칙에 상응하지 않으면 안 된다"라고 되어 있다. H. Spiegelberg, Human Dignity, in: Gotesky-Laszolo(ed.), *Human Dignity*, 1970, p. 42는 이 규정의 수용배경을 다음과 같이 설명하고 있다. "인간의 존엄이라는 표현이 독일의 헌법정치에 등장한 것은 19세기 중엽 이후이다. 그 무렵에 인간의 존엄은 노동운동의 투쟁개념으로서 사용되었다. 곧 그것은 인간의 생활조건으로서 물질적 전제의 보장을 요구하는 용어였다. 이 투쟁의 결과가 바이마르헌법 제151조 제 1 항의 제정이다."

2) 우리 헌법재판소는 피해자를 치사하고 도주한 뺑소니운전사를 사형·무기 또는 10년 이상의 징역으로 가중처벌을 하는 「특정범죄 가중처벌 등에 관한 법률」 제 5 조의3 제 2 항 제 1 호에 대한 헌법소원심판에서 "이 조항은 지나치게 과중하고 가혹한 법정형을 규정한 것으로서 헌법 제10조의 인간으로서의 존엄과 가치를 보장할 국가의 의무에 반한다"고 하였다(헌재 1992. 4. 28. 90헌바24 결정).

보호되도록 할 의무가 있다는 것을 천명한 것이다.

그런데 국민의 기본권에 대한 국가의 적극적 보호의무는 궁극적으로 입법자의 입법행위를 통하여 비로소 실현될 수 있는 것이기 때문에, 입법자의 입법행위를 매개로 하지 아니하고 단순히 기본권이 존재한다는 것만으로 헌법상 광범위한 방어적 기능을 갖게 되는 기본권의 소극적 방어권으로서의 측면과 근본적인 차이가 있다.

국가가 소극적 방어권으로서의 기본권을 제한하는 경우 그 제한은 헌법 제37조 제2항에 따라 국가안전보장·질서유지 또는 공공복리를 위하여 필요한 경우에 한하고, 자유와 권리의 본질적인 내용을 침해할 수는 없으며 그 형식은 법률에 의하여야 하고 그 침해범위도 필요최소한도에 그쳐야 한다. 그러나 국가가 적극적으로 국민의 기본권을 보장하기 위한 제반조치를 취할 의무를 부담하는 경우에는 설사 그 보호의 정도가 국민이 바라는 이상적인 수준에 미치지 못한다고 하여 언제나 헌법에 위반되는 것으로 보기 어렵다. 국가의 기본권보호의무의 이행은 입법자의 입법을 통하여 비로소 구체화되는 것이고, 국가가 그 보호의무를 어떻게 어느 정도로 이행할 것인지는 입법자가 제반사정을 고려하여 입법정책적으로 판단하여야 하는 입법재량의 범위에 속하는 것이기 때문이다.

물론 입법자가 기본권 보호의무를 최대한 실현하는 것이 이상적이지만, 그러한 이상적 기준이 헌법재판소가 위헌 여부를 판단하는 심사기준이 될 수는 없으며, 헌법재판소는 권력분립의 관점에서 소위 "과소보호금지원칙"을, 즉 국가가 국민의 기본권 보호를 위하여 적어도 적절하고 효율적인 최소한의 보호조치를 취했는가를 기준으로 심사하게 된다. 따라서 입법부작위나 불완전한 입법에 의한 기본권의 침해는 입법자의 보호의무에 대한 명백한 위반이 있는 경우에만 인정될 수 있다. 다시 말하면 국가가 국민의 법익을 보호하기 위하여 아무런 보호조치를 취하지 않았든지 아니면 취한 조치가 법익을 보호하기에 명백하게 부적합하거나 불충분한 경우에 한하여 헌법재판소는 국가의 보호의무의 위반을 확인할 수 있을 뿐이다(헌재 1997. 1. 16. 90헌마110, 판례집 9-1, 90, 120-123 참조)."(헌재 2008. 7. 31. 2004헌바81 결정)

판례 〈교통사고처리특례법 제4조 제1항 등 위헌확인(위헌)〉 "기본권 보호의무란 기본권적 법익을 기본권주체인 사인에 의한 위법한 침해 또는 침해의 위험으로부터 보호하여야 하는 국가의 의무를 말하며, 주로 사인인 제3자에 의한 개인의 생명이나 신체의 훼손에서 문제되는데, 이는 타인에 의하여 개인의 신체나 생명 등 법익이 국가의 보호의무 없이는 무력화될 정도의 상황에서만 적용될 수 있다."(헌재 2009. 2. 26. 2005헌마764 등 병합결정)

판례 〈「대한민국과 일본국간의 재산 및 청구권에 관한 문제의 해결과 경제협력에 관한 협정」 제3조 부작위 위헌확인(인용＝위헌확인)〉 "인간의 존엄성은 최고

의 헌법적 가치이자 국가목표규범으로서 모든 국가기관을 구속하며, 그리하여 국가는 인간존엄성을 실현해야 할 의무와 과제를 안게 됨을 의미한다. 따라서 인간의 존엄성은 '국가권력의 한계'로서 국가에 의한 침해로부터 보호받을 개인의 방어권일 뿐 아니라, '국가권력의 과제'로서 국민이 제3자에 의하여 인간존엄성을 위협받을 때 국가는 이를 보호할 의무를 분담한다."(헌재 2011. 8. 30. 2006헌마 788 결정)

이러한 국가적 보호의무에 대응하여 개인에게는 보호청구권이 생겨난다. 이 보호청구권은 소구(訴求)할 수 있는 주관적 공권이라는 의미에서 진정한 기본권이자[1] 동시에 객관적 헌법규범이다.

⑤ 생 명 권

가. 생명권일반

(i) 생명권의 헌법적 근거

a. 학 설

22. 생명권의 헌법적 근거에 대한 학설

인간의 존엄은 생명권으로서 기능한다. 우리 헌법에는 독일기본법,[2] 일본국헌법[3] 등에서와 같이 생명권에 대한 명문규정이 없음에도 불구하고 생명권이 헌법상의 권리라고 하는 데에는 이견이 없다. 그러나 생명권의 헌법적 근거에 대해서는 헌법 제10조 인간의 존엄과 가치로 보는 견해,[4] 헌법 제10조, 제12조 제1항, 제37조 제1항으로 보는 견해,[5] 제12조로 보는 견해,[6] 헌법 제10조와 헌법

---

1) E. Benda, *Gefährdungen der Menschenwürde*, S. 12.
2) 독일기본법 제2조 제2항: "누구든지 생명권과 신체를 훼손당하지 않을 권리를 가진다. 신체의 자유는 불가침이다. 이 권리들은 법률에 근거하여서만 침해될 수 있다."
3) 일본국헌법 제13조: "모든 국민은 개인으로서 존중된다. 생명, 자유 및 행복추구에 대한 국민의 권리는 공공의 복지에 반하지 않는 한 입법 기타의 국정에 있어서 최대한도로 존중하여야 한다."
4) 김철수, 헌법학개론, 372쪽. 또한 생명권과 관련해서는 한지혜, 헌법상 생명권의 연구, 서강대학교 대학원 박사학위청구논문, 2010도 참조.
5) 권영성, 헌법학원론, 387쪽; 정종섭, 헌법학원론, 476쪽.
6) 허영, 한국헌법론, 335쪽. "왜냐하면 신체의 자유는 당연히 생명의 자유를 전제로 한다고 할 수 있기 때문"이라고 하는 최대권, 헌법학, 박영사, 2001, 244쪽도 참조. 한수웅, 헌법학, 596쪽은 "신체의 자유가 개인의 생명과 건강을 전제로 하고 있다는 점에서, 그리고 생명권, 신체불가침권 및 신체의 자유가 인신의 보호에 기여하는 기본권이라는 공통점을 가지고 있다는 점에서, 생명권과 신체를 훼손당하지 아니할 권리는 그 성질에 있어서 가장 인접한 권리인 제12조의 '신체의 자유'에 헌법적 근거를 두면서, 인간존엄성과의 연관관계에서 신체의 자유로부터 도출되는 기본권이다."고 하면서 같은 쪽 (각주 4)에서는 "기본권으로서 '인간존엄성의 보장'은 그 불가침성으로 인하여 절대적으로 보호되는 기본권인 반면, 생명권이나 신체불가침권의 경우에는 제한이 가능하므로, 생명권과 신체불가침권의 직접적인 헌법적 근거는 절대적 기본권인 '인간존엄성'이 아니라 제한이 가능한 '신체의 자

제12조로 보는 견해,[1] 제37조 제 1 항으로 보는 견해[2] 등 견해의 차이가 있다.

　　b. 학설에 대한 검토와 사견

　　앞에서 인간의 존엄을 헌법의 최고가치라 한 것은 어디까지나 생명을 전제하고 한 이야기이다. 곧 생명과 절연된 인간이란 생각할 수 없다. 논리적인 순서대로 이야기한다면「인간의 생명 → 인간의 존엄 → 개별기본권」이라고 이야기하는 것이 옳다. 그렇다면 개별기본권으로부터 생명권을 근거짓는 것은 논리적으로 모순이 있다. 또한 우리 헌법제정자가 생명권을 예견하지 못했다고 볼 수도 없다. 따라서 헌법제정시에 예견하지 못한 권리를 추후에 보완하기 위한 근거규정인 제37조 제 1 항으로부터 생명권을 근거지으려는 시도도 그리 타당해 보이지는 않는다.

　　결국 생명권은 '존엄한 인간존재의 근원'이며, '선험적이고 자연법적인 권리로서 헌법에 규정된 모든 기본권의 전제'라고 할 수밖에 없을 것이다. 따라서 생명권의 헌법적 근거는 헌법 제10조의 인간으로서의 존엄과 가치라고 해야 할 것이다.

> **판례** "생명은 한 번 잃으면 영원히 회복할 수 없고, 이 세상 무엇과도 바꿀 수 없는 절대적 존재이며, 한 사람의 생명은 고귀하고 전 지구보다 무겁고 또 귀중

유'이다. 한편, 헌법에 명시적으로 규정되지 아니한 기본권인 생명권과 신체불가침의 헌법적 근거는 일반적 자유권인 행복추구권에서 찾는 것도 가능하지만, 인신을 보호하는 기본권인 신체의 자유에서 찾는 것이 보다 타당하다"고 한다.

1) 성낙인, 헌법학, 1032쪽은 "생명권의 헌법적 근거는 헌법 제10조 인간의 존엄성에서 비롯될 뿐만 아니라 생명은 인간의 신체의 안전과 자유의 본원적 기초이므로 인신의 안전과 자유를 규정한 헌법 제12조를 그 근거로 삼을 수도 있다"고 한다.
2) 계희열, 헌법학(中), 239쪽은 "제10조의 존엄권은 사자도 그 주체가 되는 경우가 있다는 점을 고려할 때 생명권의 근거로 보는 것은 적당치 않다. 인간의 생명은 육체적 존재(제12조 제 1 항)를 전제하기는 하지만 그 자체가 직접 생명권을 보장한다고 볼 수 없기 때문에 제37조 제 1 항을 그 근거로 보는 것이 타당하다"고 한다. 그러나 2004년판 270쪽에서는 "우리 헌법은 제37조 제 1 항에서 열거되지 않은 자유와 권리의 보호를 명시적으로 규정하고 있기 때문에 제37조 제 1 항을 생명권의 헌법적 근거로 보는 것이 타당하다. 다만 제37조 제 1 항에는 열거되지 않은 자유와 권리를 인식할 수 있는 내용의 표지가 규정되어 있지 않기 때문에 헌법의 최고구성원리인 제10조의 존엄권규정이 이를 인식하는 내용적 표지로서 제37조 제 1 항과 더불어 생명권의 헌법적 근거가 된다고 보는 것이 타당하다고 생각한다"고 한다.
　장영수, 헌법학, 595쪽도 "인간의 존엄이 개별기본권으로 구체화되는 것으로 보고, 그러한 구체화를 명문화된 개별기본권에 의한 경우와 그렇지 않은 경우(즉 헌법 제37조 제 1 항에 해당되는 열거되지 않은 기본권에 의한 경우)로 크게 나누어 볼 때, 생명권을 비롯한 명문화되지 않은 기본권은 헌법 제37조 제 1 항의 열거되지 않은 기본권에 의해 보장되는 것으로 보는 것이 타당할 것이다"라고 한다.

23. 생명권의 헌법적 근거에 대한 학설의 검토와 사견: 생명권의 헌법적 근거는 헌법의 인간으로서의 존엄과 가치이다

하고 엄숙한 것이며, 존엄한 인간존재의 근원이다."(대법원 1963. 2. 28. 62도241 판결; 1967. 9. 19. 67도988 판결)

> **판례** 〈형법 제250조 등 위헌소원(일부합헌·일부각하)〉 "인간의 생명은 고귀하고, 이 세상에서 무엇과도 바꿀 수 없는 존엄한 인간존재의 근원이다. 이러한 생명에 대한 권리는 비록 헌법에 명문의 규정이 없다 하더라도 인간의 생존본능과 존재목적에 바탕을 둔 선험적이고 자연법적인 권리로서 헌법에 규정된 모든 기본권의 전제로서 기능하는 기본권 중의 기본권이라 할 것이다."(헌재 1996. 11. 28. 95헌바1 결정)

(ii) 생명의 개념, 생명의 시기, 생명권의 내용

24. 생명의 개념, 생명의 시기, 생명권의 내용

생명이란 죽음[1]에 대한 반대되는 인간의 '육체적 존재형식'(körperliche Daseinsform — *Dürig*의 표현)을 말한다. 생명이 언제 시작되는가에 대하여는 자연과학적으로 결정된다. 독일연방헌법재판소는 생명의 기원을 수태 후 14일이 지난 태아부터라고 보고 있다.[2] 따라서 수태 후 14일이 지난 태아부터 사망시까지 인간은 생명권을 가지며, 이러한 생명에는 법적으로 등가성(等價性)이 인정된다. 생명권은 죽음과 함께 끝나며, 죽을 권리를 포함하지 않는다. 따라서 자살할 권리를 생명권으로부터 추론할 수는 없다.[3] 생명권은 국가를 포함하는 타인으로부터 생명을 방어하는 방어권과 국가에 대한 생명보호청구권 및 포기불가성을 내용으로 한다.

> **판례** "인간의 생명은 잉태된 때부터 시작되는 것이고 회임된 태아는 새로운 존재와 인격의 근원으로서 존엄과 가치를 지니므로 그 자신이 이를 인식하고 있는지 또 스스로를 방어할 수 있는지에 관계없이 침해되지 않도록 보호되어야 한다 함이 헌법 아래에서 국민 일반이 지니는 건전한 도의적 감정과 합치한다."(대법원 1985. 6. 11. 84도1958 판결)

---

1) 계희열, 헌법학(중), 2004, 270쪽은 '아직은 생명이 아닌 것'(noch nicht Leben)과 '죽음' (Tod)으로 표현한다.
2) BVerfGE 39, 1(37).
　　발생학적으로는 수정 후 자궁에 착상할 때까지를 초기 배아 또는 '전배아'(pre-embryo 또는 zygote), 그때부터(대략 수정 후 14일 이후부터) 56일 까지를 '배아'(embryo), 다시 그때부터 출생할 때까지를 '태아'(fetus)라고 부른다. 그러나 법적으로는 자궁에 착상한 때로부터 태아로 본다. 연구의 허용 여부가 문제되는 배아연구는 초기 배아의 단계, 즉 수정 후 원시선이 생기는 대략 14일 전후까지의 생명체를 대상으로 한다.
3) B. Pieroth/B. Schlink, *Grundrecht Staatsrecht* Ⅱ, S. 101.

판례 〈민법 제 3 조 등 위헌소원(합헌, 각하)〉 "태아는 수정란이 자궁에 착상한 때로부터 낙태죄의 객체로 되는데 착상은 통상 수정 후 14일 경에 이루어지는 것 … 모든 인간은 헌법상 생명권의 주체가 되며, 형성 중의 생명인 태아에게도 생명에 대한 권리가 인정되어야 한다. 따라서 태아도 헌법상 생명권의 주체가 되며, 국가는 헌법 제10조에 따라 태아의 생명을 보호할 의무가 있다."(헌재 2008. 7. 31. 2004헌바81 결정)

판례 〈「생명윤리 및 안전에 관한 법률」 제13조 제 1 항 등 위헌확인(기각, 각하)〉 "존엄한 인간 존재와 그 근원으로서의 생명 가치를 고려할 때 출생 전 형성 중의 생명에 대해서는 일정한 예외적인 경우 기본권 주체성이 긍정될 수 있다. 헌법재판소도 형성 중의 생명인 태아에 대하여 헌법상 생명권의 주체가 되며, 국가는 헌법 제10조에 따라 태아의 생명을 보호할 의무가 있음을 밝힌 바 있다(헌재 2008. 7. 31. 2004헌바81, 판례집 20-2상, 91, 101 참조). 다만, 출생 전 형성 중의 생명에 대해서 헌법적 보호의 필요성이 크고 일정한 경우 그 기본권 주체성이 긍정된다고 하더라도, 어느 시점부터 기본권 주체성이 인정되는지, 또 어떤 기본권에 대해 기본권 주체성이 인정되는지는 생명의 근원에 대한 생물학적 인식을 비롯한 자연과학·기술 발전의 성과와 그에 터 잡은 헌법의 해석으로부터 도출되는 규범적 요청을 고려하여 판단하여야 할 것이다. … 초기배아들에 해당하는 청구인 1, 2의 경우 헌법상 기본권 주체성을 인정할 수 있을 것인지에 대해 살피건대, 청구인 1, 2가 수정이 된 배아라는 점에서 형성 중인 생명의 첫걸음을 떼었다고 볼 여지가 있기는 하나 아직 모체에 착상되거나 원시선이 나타나지 않은 이상 현재의 자연과학적 인식 수준에서 독립된 인간과 배아 간의 개체적 연속성을 확정하기 어렵다고 봄이 일반적이라는 점, 배아의 경우 현재의 과학기술 수준에서 모태 속에서 수용될 때 비로소 독립적인 인간으로의 성장가능성을 기대할 수 있다는 점, 수정 후 착상 전의 배아가 인간으로 인식된다거나 그와 같이 취급하여야 할 필요성이 있다는 사회적 승인이 존재한다고 보기 어려운 점 등을 종합적으로 고려할 때, 초기배아에 대한 국가의 보호필요성이 있음은 별론으로 하고, 청구인 1, 2의 기본권 주체성을 인정하기 어렵다. … 다만, 오늘날 생명공학 등의 발전과정에 비추어 인간의 존엄과 가치가 갖는 헌법적 가치질서로서의 성격을 고려할 때 인간으로 발전할 잠재성을 갖고 있는 초기배아라는 원시생명체에 대하여도 위와 같은 헌법적 가치가 소홀히 취급되지 않도록 노력해야 할 국가의 보호의무가 있음을 인정하지 않을 수 없다 할 것이다."(헌재 2010. 5. 27. 2005헌마346 결정)

판례 〈형법 제270조 제 1 항 위헌소원(합헌)〉 "인간의 생명은 고귀하고, 이 세상에서 무엇과도 바꿀 수 없는 존엄한 인간 존재의 근원이다. 이러한 생명에 대한 권리, 즉 생명권은 비록 헌법에 명문의 규정이 없다 하더라도 인간의 생존본 능과 존재목적에 바탕을 둔 선험적이고 자연법적인 권리로서 헌법에 규정된 모든 기본권의 전제로서 기능하는 기본권 중의 기본권이다(헌재 1996. 11. 28. 95헌바1, 판례집 8-2, 537, 545 참조). 모든 인간은 헌법상 생명권의 주체가 되고, 인간으로서 형성되어 가는 단계의 생명인 태아에게도 생명에 대한 권리가 인정되어야 한다. 태아가 비록 그 생명의 유지를 위하여 모(母)에게 의존해야 하지만, 그 자체로 모(母)와 별개의 생명체이고 특별한 사정이 없는 한 인간으로 성장할 가능성이 크기 때문이다(헌재 2008. 7. 31. 2004헌바81, 판례집 20-2상, 91, 101 참조). 태아도 헌법상 생명권의 주체이고, 따라서 그 성장 상태가 보호 여부의 기준이 되어서는 안될 것이다.

헌법이 태아의 생명을 보호하는 것은 그것이 인간으로 될 예정인 생명체라는 이유 때문이지, 그것이 독립하여 생존할 능력이 있다거나 사고능력, 자아인식 등 정신적 능력이 있는 생명체라는 이유 때문이 아니다. 그러므로 태아가 독자적 생존능력을 갖추었는지 여부를 그에 대한 낙태 허용의 판단 기준으로 삼을 수는 없다. 인간이면 누구나 신체적 조건이나 발달 상태 등과 관계없이 동등하게 생명 보호의 주체가 되는 것과 마찬가지로, 태아도 성장 상태와 관계없이 생명권의 주체로서 마땅히 보호를 받아야 한다. 특히 의학의 비약적 발전으로 태아가 모태를 떠난 상태에서의 생존 가능성이 점점 높아지고 있는 현실과 그 성장 속도 역시 태아에 따라 다른 현실을 감안하면, 임신 후 몇 주가 경과하였는지 또는 생물학적 분화 단계를 기준으로 보호의 정도를 달리할 것은 아니다.

다만 수정란이 자궁에 착상하는 것은 수정 후 14일 경에 이루어지고, 그 이후부터 태아는 낙태죄의 객체로 되는데, 수정이 되었다고 하여 수정란이 정상적으로 자궁에 착상할 가능성이 아주 높은 것은 아니며, 그 단계에서는 임신 여부를 확인하기도 어려우므로, 자궁에 착상하기 이전 단계의 수정란을 그 이후의 태아와 동일하게 취급하지 아니하는 것은 그 나름의 합리성이 인정될 수 있다. 또한 진통시부터는 태아가 산모로부터 독립하여 생존이 가능하므로 그 때를 기준으로 사람으로 취급하는 것도 합리적이라고 할 것이다. 그러나 위에서 본 바와 같이 태아도 그 성장 상태를 막론하고 생명권의 주체로서 보호받아야 하는 존재라는 점에서 수정란이 자궁에 착상한 이후부터 출산하기 이전까지의 태아를 성장 단계에 따라 구분하여 보호의 정도를 달리하는 것은 정당화될 수 없다."(헌재 2012. 8.23. 2010헌바402 결정)

나. 생명권과 관련된 구체적 문제들

25. 생명권과 관련된
구체적 문제들

생명권과 관련하여 특히 임신중절과 사형제도 및 안락사가 문제된다.

(i) 태아의 생명권과 임신중절

a. 태아의 생명권

생명 및 인간으로서의 존엄과 가치는 연령이나 지적 인식능력과는 무관하므로, 태아는 생명권과 인간으로서의 존엄과 가치를 향유한다.[1] 따라서 임신중절은 태아의 생명권과 인간으로서의 존엄과 가치를 침해하는 것으로 허용될 수 없다. 그러나 예외적으로 태아의 생명권과 모의 생명권이 충돌하는 경우에는 구체적인 경우를 따져 임신중절이 허용되는 경우가 있을 수 있으며,[2] 이는 기본권의 충돌에 대한 일반이론으로 해결되어야 할 문제이다.

26. 태아의 생명권과 임신중절

b. 모자보건법의 낙태정당화사유

그러나 모자보건법 제14조 제 1 항은 태아의 생명권과 임부의 생명·신체·인격권이 충돌하는 경우에 대하여 그 해결방안으로서 낙태를 허용할 정당화사유로서 (i) 본인 또는 배우자가 대통령령이 정하는 우생학적 또는 유전학적 정신장애나 신체질환이 있는 경우, (ii) 본인 또는 배우자가 대통령령이 정하는 전염성질환이 있는 경우, (iii) 강간 또는 준강간에 의하여 임신된 경우, (iv) 법률상 혼인할 수 없는 혈족 또는 인척간에 임신된 경우, (v) 임신의 지속이 보건의학적 이유로 모체의 건강을 심히 해하고 있거나 해할 우려가 있는 경우의 5가지 사유를 들고 있다.

27. 모자보건법의 낙태정당화사유

c. 모자보건법의 낙태정당화사유에 대한 사견

모자보건법 제14조에서 낙태를 허용할 정당화사유로서 열거하고 있는 사항은 지나치게 광범위하다. 또한 동조항은 경우에 따라서는 변형된 형태의 우생학적 단종시술을 허용하고 있고(제 1 호, 제 2 호), 경우에 따라서는 생명에 대한 사회적 평가를 하고 있다. 더 나아가서 비교형량의 대상이 될 수 있는 권리(태아의 생명권과 임부의 생명권)와 비교형량의 대상이 될 수 없는 권리(태아의 생명권과 임부의 신체·인격권[3])를 비교하고 있다(제 2 호·제 3 호·제 4 호). 따라서 동조항은 위

28. 모자보건법의 낙태정당화사유에 대한 사견

---

1) "인간의 생명이 존재하는 곳에는 존엄이 따른다. 생명의 주체가 이러한 존엄을 의식하는가 여부와 이러한 존엄을 스스로 지킬 수 있는가 여부는 중요하지 않다. 인간의 존엄을 근거짓는 데는 처음부터 인간적 존재 속에 내재하는 잠재적 능력으로 충분하다"(BVerfGE 39, 1, 41).

2) 우리 대법원은 모자보건법 제 8 조 제 1 항 제 5 호의 낙태허용을 "임신의 지속이 모체의 생명과 건강에 심각한 위험을 초래하게 되어 모체의 생명과 건강만이라도 구하기 위하여는 인공임신중절수술이 부득이하다고 인정되는 경우"로 엄격하게 해석하고 있다(대법원 1985. 6. 11. 84도1958 판결).

3) 이 문제에 대하여는 미국의 판례와 독일의 판례가 극단적인 대조를 보이고 있다. 미국에서는 태아의 생명권에 대하여 임부의 privacy권을 우월시하여 임신기의 3분의 1 기간 내에 임산부의 동의를 얻어 의사가 임신중절을 한 것에 대해 처벌하는 것을 기본권침해로 본 판결이 있다(Roe v. Wade, 410 U.S. 113(1973). 곧 미연방대법원은 3개월 이내의 임신중절은 privacy권으로서 보호되고 있기 때문에 주정부가 개입할 수 없고 오로지 임산부와 의사의 자율에 맡겨야 한다고 하였다.

헌의 소지가 있다고 할 것이다.

(ii) 생명권의 박탈과 사형제도

29. 사형제도에 대한
견해들: (1) 판례 —
합헌, (2) 학설 — 합
헌, (3) 사견 — 위헌

사형제도와 관련하여 미연방대법원은 Furman v. Georgia 판결(1972)에서 사형은 형벌로서 인간의 존엄성에 반하는 잔혹하고 이상한 형벌로서 위헌이라고 하였고, 독일기본법은 제102조에서 명문으로 사형을 폐지하고 있다. 그러나 우리 헌법은 사형제도를 폐지한 여러 나라들과는 달리 여전히 사형제도를 존치시키고 있다(제110조 제 4 항 단서).

a. 판 례

판례는 우리나라의 실정과 국민의 도덕감정, 질서유지와 공공복리를 이유로 들어 사형제도를 위헌이 아니라고 한다. 사형제도와 관련하여 대법원은 "우리나라의 실정과 도덕적 감정을 고려해서 질서유지와 공공복리를 위해서 사형은 위헌이 아니다"라는 입장을 취하고 있으면서도,[1] 사형이라는 극단적인 형벌은 매우 엄격한 요건에 따라 예외적으로만 인정되어야 한다고 한다.[2]

> **판례** "우리 법이 사형제도를 두고 있지만, 사형은 사람의 목숨을 빼앗는 마지막 형벌이므로, 사형의 선고는 범행에 대한 책임의 정도와 형벌의 목적에 비추어 그것이 정당화될 수 있는 특별한 사정이 있는 경우에만 허용되어야 하고, 따라서 사형을 선고함에 있어서는 범인의 연령, 직업과 경력, 성행, 지능, 교육정도, 성장 과정, 가족관계, 전과의 유무, 피해자와의 관계, 범행의 동기, 사전계획의 유무, 준비의 정도, 수단과 방법, 잔인하고 포악한 정도, 결과의 중대성, 피해자의 수와 피해감정, 범행 후의 심정과 태도, 반성과 가책의 유무, 피해회복의 정도, 재범의 우려 등 양형의 조건이 되는 모든 사항을 참작하여 위와 같은 특별한 사정이 있음을 명확하게 밝혀야 한다."(대법원 2002. 2. 8. 2001도6425 판결)

그러나 둘째 단계의 3개월에는 개인의 privacy권과 임산부의 건강을 보호하기 위한 주의 정당한 이익이 형량되어야 하며, 마지막 단계에 있어서는 태아의 생명을 보호하기 위한 주의 이익이 개인의 privacy권보다 우월하다고 판시하였다. 이 판결은 Planned Parenthood of Southeastern Pennsylvania v. Casey, 112 S. Ct. 2791(1992)에서 일부 변경되었다. 이 판결에 따르면 주는 여자의 선택권에 중대한 부담을 주지 않는 한 낙태를 규제할 수 있다고 한다.

그러나 독일연방헌법재판소는 제 1 차 낙태판결에서 임신 후 12주 이내의 의사에 의한 동의낙태를 무조건 처벌할 수 없는 것으로 규정한 형법 제218조a를 위헌으로 판시하였다 (BVerfGE 39, 1ff.). 그러나 동 재판소는 동·서독이 통일된 이후에 내려진 제 2 차 낙태판결에서 낙태에 대한 형사처벌이 실효성이 없다는 판단하에 의사 등 전문가와의 상담을 거쳐서 임신 후 12주 이내의 낙태를 허용하는 것이 가능하다는 선으로 후퇴하였다(BVerfGE 88, 203, 263ff.).

1) 대법원 1992. 8. 14. 92도1086 판결.
2) 대법원 2002. 2. 8. 2001도6425 판결.

헌법재판소도 사형이 최소한 동가치의 다른 생명 또는 공익을 보호하기 위한 불가피한 예외적인 경우에만 적용되는 한 사형제도는 합헌이라는 입장을 취하고 있다. 그리고 2010. 2. 25. 2008헌가23 결정에서도 합헌 5인, 위헌 4인의 의견으로 사형제도에 대하여 합헌결정을 내렸으나, 사실상 입법을 통해 사형제도를 규정하고 있는 형법 제41조를 개폐할 것을 요청하고 있다.[1]

> **판례** 〈형법 제250조 등 위헌소원(일부합헌·일부각하)〉 "결국 모든 인간의 생명은 자연적 존재로서 동등한 가치를 갖는다고 할 것이나 그 동등한 가치가 서로 충돌하게 되거나 생명의 침해에 못지 아니한 중대한 공익을 침해하는 등의 경우에는 국민의 생명·재산 등을 보호할 책임이 있는 국가는 어떠한 생명 또는 법익이 보호되어야 할 것인지 그 규준을 제시할 수 있는 것이다. 인간의 생명을 부정하는 등의 범죄행위에 대한 불법적 효과로서 지극히 한정적인 경우에만 부과되는 사형은 죽음에 대한 인간의 본능적인 공포심과 응보욕구가 서로 맞물려 고안된 '필요악'으로서 불가피하게 선택된 것이며 지금도 여전히 기능하고 있다는 점에서 정당화될 수 있다. 따라서 사형은 이러한 측면에서 헌법상의 비례의 원칙에 반하지 아니한다 할 것이고, 적어도 우리의 현행 헌법이 스스로 예상하고 있는 형벌의 한 종류이기도 하므로 아직은 우리의 헌법질서에 반하는 것이라고는 판단되지 아니한다."(헌재 1996. 11. 28. 95헌바1 결정)

---

1) 재판관 민형기의 보충의견: "현행 헌법질서 내에서의 사형제 자체의 존재 이유 및 필요성은 인정될 수 있으나, 사형의 오·남용 소지와 그에 따른 폐해를 최대한 불식시키고, 잔혹하고도 비이성적이라거나 목적 달성에 필요한 정도를 넘는 과도한 형벌이라는 지적을 면할 수 있도록, 그 적용 대상과 범위를 최소화하는 것이 필요하며, 원칙적으로 사형 대상 범죄는 인간의 생명을 고의적으로 침해하는 범죄나 생명의 침해를 수반할 개연성이 매우 높거나 흉악한 범죄로 인해 치사의 결과에 이른 범죄, 전쟁의 승패나 국가안보와 직접 관련된 범죄 등으로 한정되어야 한다. 입법자는 외국의 입법례 등을 참고하여 국민적 합의를 바탕으로 사형제 전반에 걸친 문제점을 개선하고 필요한 경우 문제가 되는 법률이나 법률조항을 폐지하는 등의 노력을 게을리 하여서는 아니 될 것이다."
재판관 송두환의 보충의견: "인간의 존엄성 및 인간 생명의 존엄한 가치를 선명하기 위하여, 역설적으로 그 파괴자인 인간의 생명을 박탈하는 것이 불가피한 예외적 상황도 있을 수 있으므로, 반인륜적인 범죄에 대비하여 사형을 규정한 것으로 한정적으로 이해하는 한 사형제도가 헌법 제10조에 반한다고 볼 수 없고, 반인륜적인 범죄에 대한 법정형 범위에 사형을 포함시킨 것 자체를 '생명권을 공동화한 것'이라고 평가하기 어려우므로 자유와 권리의 본질적인 내용을 침해한 것으로 볼 수 없다. 근본적인 문제는 사형제도 자체에 있는 것이 아니라 사형제도의 남용 및 오용에 있으므로, 형벌조항들을 전면적으로 재검토하여 사형이 선택될 수 있는 범죄의 종류를 반인륜적으로 타인의 생명을 해치는 극악범죄로 한정하고, 사회적, 국가적 법익에만 관련된 각종 범죄의 경우 등에는 법정형에서 사형을 삭제하며, 전체 사법절차가 엄격하고 신중한 적법절차에 의하여 진행되고 '잔혹하고 이상한 형벌' 또는 인간의 존엄성을 무시하거나 해하는 형벌이 되지 않도록 수사 및 재판, 형의 집행 등 모든 절차를 세심하게 다듬고 정비하여야 할 것이다."

b. 학   설

또한 학설도 헌법재판소의 소수의견과 견해를 같이하여 사형제도를 죄수의 생명권의 본질적 내용의 침해로 보아 위헌이라는 소수설[1]을 제외하고는 사형제 도를 합헌이라고 보고 있다. 외국의 판결을 인용하여 다른 생명을 부정하는 불법행위에 대해서만 예외적으로 사형제도를 허용하여야 한다거나,[2] 생명권이 보호되는 헌법질서 내에서는 '사형이란 특정의 생명의 희생 위에 이루어지는 형사정책적 실험'에 불과할 수도 있다는 것을 인정하면서도 사형선고는 생명권의 관점에서 매우 신중한 검토 후에 지극히 예외적으로만 행해져야 할 것[3]이라고 하는 견해가 그것이다.

c. 사   견

종교적 · 신학적[4] · 윤리적[5] 논거를 도외시하더라도 사형제도가 합헌이라고 하는 헌법재판소의 견해를 빌어 생명권을 '존엄한 인간존재의 근원'이며, '선험적이고 자연법적인 권리로서 헌법에 규정된 모든 기본권의 전제'라고 한다면 사형제도는 인간으로서의 존엄과 가치와 생명권과 정면으로 모순된다. 전제를 무시해 버리면 전제 위에 성립한 모든 체계는 무너져 버리기 때문이다. 또한 생명권이 보호되는 헌법질서 내에서는 이른바 '보호가치 없는 생명', '생존가치 없는 생명'이라는 개념이 정책결정의 동인(動因)이 되어서는 아니 된다면,[6] 지극히 예외적인 경우라도 사형선고를 내릴 수는 없다고 하여야 할 것이다.

(iii) 안락사와 죽을 권리

a. 안 락 사

30. 안락사의 종류 및 개념

'안락사'(Euthanasie, Sterbehilfe)는 협의의 안락사(적극적 안락사), 도태(적 안

---

1) 김철수, 헌법학개론, 382쪽; 계희열, 헌법학(중), 246쪽은 사형제도는 원칙적으로 위헌이라고 한다.

2) 권영성, 헌법학원론, 388쪽.

3) 허영, 한국헌법론, 336쪽.

4) 신학적 관점에서 사형제도의 문제점을 다루고 있는 문헌으로는 김정우, 사형과 인간의 존엄성 — 사형제도의 폐지를 위한 신학적 변론 — 대구효성가톨릭대학교 가톨릭 사상연구소, 1996 참조.

5) 사형제도를 반대하는 생각은 하나 둘이 아니다. 예컨대 18세기 후반 대표적 계몽사상가 중 하나인 볼테르 *François Marie Arouet Voltaire*(1694-1778)는 「철학사전」(*Das Philo-sophische Taschenwörterbuch*, 1764)에서 사형제도의 모순성을 다음과 같이 지적하고 있다. "인간이 어머니의 뱃속에 있을 때의 식물상태와 최초의 유년시대의 상태인 순수한 동물상태에서 이성(理性)이 성숙하기 시작하는 상태에 이르기까지는 20년을 필요로 한다. 인간의 구조를 조금이라도 알기 위해서는 30세기를 필요로 했다. 그 혼(魂)에 관해서 무엇인가 알기 위해서는 영원을 필요로 할 것이다. 인간을 죽이는 데는 순간을 필요로 하는데."

6) 허영, 한국헌법론, 334 · 335쪽.

락)사 및 존엄사로 나누어진다. 협의의 안락사는 회생가능성이 없는 환자의 생명을 의료인이 고통이 없는 방법으로 단절하는 것을 말하고, 도태(적 안락)사란 사회적으로 생존할 가치가 없다고 인정되는 자에 대한 인위적인 생명단절행위를 가리키며, 존엄사는 회생의 가망이 없는 불치의 병으로 빈사상태에 빠진 환자에 대하여 본인의 직접적 의사에 의하거나 본인이 무의식인 경우에는 보호자의 의사에 따라 인간다운 죽음을 맞이할 수 있도록 인위적으로 생명을 단축시키는 행위를 말한다.

b. 안락사 인정여부

학설은 협의의 안락사[1]와 도태(적 안락)사에 대하여는 살인으로 보아 불허하는 입장을, 존엄사에 대하여는 찬·반 견해가 나누어져 있다. 그러나 생명권은 포기불가성을 그 내용으로 하므로 존엄사 또한 인정되지 않으며, 안락사란 명칭은 정확하게는 안락살(安樂殺)로 그 명칭이 바뀌어야 한다고 생각한다.

31. 안락사 인정여부

> **판례** 〈입법부작위 위헌확인(각하)〉 "비록 연명치료 중단에 관한 결정 및 그 실행이 환자의 생명단축을 초래한다 하더라도 이를 생명에 대한 임의적 처분으로서 자살이라고 평가할 수 없고, 오히려 인위적인 신체침해 행위에서 벗어나서 자신의 생명을 자연적인 상태에 맡기고자 하는 것으로서 인간의 존엄과 가치에 부합한다 할 것이다. 그렇다면 환자가 장차 죽음에 임박한 상태에 이를 경우에 대비하여 미리 의료인 등에게 연명치료 거부 또는 중단에 관한 의사를 밝히는 등의 방법으로 죽음에 임박한 상태에서 인간으로서의 존엄과 가치를 지키기 위하여 연명치료의 거부 또는 중단을 결정할 수 있다 할 것이고, 위 결정은 헌법상 기본권인 자기결정권의 한 내용으로서 보장된다 할 것이다."(헌재 2009. 11. 26. 2008헌마385 결정)

5. 人間의 尊嚴과 價値의 主體

(1) 自 然 人

인간으로서의 존엄과 가치의 주체는 내·외국인을 불문하는 자연인이다. 여기서 말하는 인간은 '지정육(知情肉＝知靈肉)의 합일체'(Leib-Seele-Geist-Einheit)로서의 인간이기 때문에, 법인은 주체가 될 수 없다. 인간으로서의 존엄과 가치는 연령과 지적 성숙도, 의사와 능력과는 무관하다. 따라서 미성년자, 정신병자, 범

32. 인간으로서의 존엄과 가치의 주체: 태아를 포함하는 모든 자연인

---

1) 대법원 1957. 7. 26. 4290형상126 판결.

죄인, 기형아, 태아, 이른바 식물인간을 막론하고 인간으로서의 존엄과 가치의 주체가 된다.

> **판례** 〈「청소년의 성보호에 관한 법률」제20조 제2항 제1호 등 위헌제청(합헌·각하)〉 "이러한 권리는 타고난 용모나 재능, 학력, 빈부, 성별 등을 가리지 않으며, 심지어 범죄인에게까지도 한 인간으로서 가지는 기본적인 존엄과 가치는 존중되고 보장되어야 하는 것이다."(헌재 2003. 6. 26. 2002헌가14 결정)

(2) 人間의 死體

1) 학 설

33. 인간의 사체의 인간으로서의 존엄과 가치의 주체성 인정 여부: (1) 학설 ─ 부인, (2) 사견 ─ 부인

인간의 사체에 인간으로서의 존엄과 가치의 주체성을 인정할 것인가에 대해서는 견해가 나누어져 있다. 제1설은 원칙적으로는 생자(生者)에게만 인정되나 사자(死者)에 대해서는 가족관계와의 관련하에서 제한적으로 인정된다고 한다.[1] 제2설은 인간의 시체는 인격주체성이 결여되어 있기 때문에 원칙적으로 주체성을 부정하고, 다만 시체를 산업용으로 이용하는 것과 같은 경우에는 예외적으로 인정한다.[2] 제3설은 인간은 육체-심령-정신의 통합체인데, 사자는 육체밖에 없으니 시체에 인간으로서의 존엄과 가치를 인정하는 것은 무리라고 본다.[3]

2) 사 견

기본권향유능력과 민법상의 권리능력은 반드시 일치하지는 않으며, 법적 의무에 따른 보호객체가 되기 위해서는 반드시 권리주체일 필요는 없다. 더 나아가서 사망한 자를 인간으로서의 존엄과 가치에 합당하게 매장하고 사후의 평온을 보장하는 것은 모든 문화와 종교에 공통된다. 정확하게 말하면 인간의 사체와 관련해서 문제되는 것은 인간으로서의 존엄과 가치의 주체성 여부가 아니라 인간으로서의 존엄과 가치에 대한 국가의 보호의무 및 객관적 가치와 관련된 것이다. 이러한 보호의무는 특히 해부, 장기이식 등에서 문제되며, 그러한 경우에 인간으로서의 존엄과 가치에 합당하게 모든 과정이 이루어져야 한다.

---

1) 김철수, 헌법학개론, 369쪽.
2) 권영성, 헌법학원론, 342쪽.
3) 허영, 현행헌법 제8조를 논함, 고시계(1975. 4), 84쪽; 계희열, 헌법학(중), 188쪽.

6. 人間으로서의 尊嚴과 價値의 效力

인간으로서의 존엄과 가치는 대국가적 효력과 대사인적 효력을 모두 갖는다. 그러나 이러한 효력은 인간으로서의 존엄과 가치가 기본권이기 때문에 인정되는 것이 아니라, 그것이 우리 헌법의 최고구성원리이기 때문에 인정되는 것이다.

34. 인간으로서의 존엄과 가치의 효력

7. 人間으로서의 尊嚴과 價値의 制限

(1) 學　說

제37조 제 2 항(국민의 모든 자유와 권리는 … 법률로써 제한할 수 있으며)의 문언상 법률로 제한할 수 있다는 견해[1]와 인간의 존엄은 제37조 제 2 항에 따라 기본권을 제한하는 경우 그 최후적 한계로서 기능할 뿐만 아니라 기본권의 본질적 내용을 이루기 때문에 제한할 수 없다고 보아야 할 것이라는 견해[2]가 대립되어 있다.

35. 인간으로서의 존엄과 가치의 제한에 대한 학설

(2) 私　見

인간으로서의 존엄과 가치는 기본권이 아니라 기본권의 이념이다. 따라서 헌법 제37조 제 2 항이 말하는 '모든 자유와 권리'에는 인간의 존엄과 가치는 포함되지 않는다. 그러므로 이 경우에는 제한될 수 없다.

36. 인간으로서의 존엄과 가치의 제한에 대한 사견

그러나 인간의 존엄이 구체적 기본권으로 기능하는 경우에는 그것이 제37조 제 2 항이 들고 있는 '모든 자유와 권리'에 해당되며, 따라서 논리적으로는 제한될 가능성을 인정할 수는 있을 것이다. 예컨대 인간의 존엄에 대한 보호청구권은 국가의 존립과 자유민주적 기본질서를 보호하기 위한 조치에 의한 제한을 감수하지 않으면 안 된다.[3] 그러나 생명권은 기본권 중의 기본권이며 최소한의 생활보호청구권은 인간다운 생활을 할 권리의 본질적 내용에 속하는 것이므로 법률로써도 제한할 수 없다고 보아야 할 것이다.

---

1) 김철수, 헌법학개론, 381쪽.
2) 허영, 한국헌법론, 317·318쪽; 계희열, 헌법학(중), 190쪽은 인간의 존엄과 가치는 최고의 헌법가치이며 기본권적 가치체계에 있어서 최고의 가치이기 때문에 어떠한 경우에도 제한될 수 없다고 한다.
3) BVerfGE 30, 1(26f.).

판례 〈「6·25전쟁 중 적후방지역작전 수행공로자에 대한 군복무인정 및 보상 등에 관한 법률」 제 2 조 제 1 호 중 동년 4월 사이에 부분 등 위헌소원(합헌)〉
"헌법 제10조에서 규정한 인간의 존엄과 가치는 헌법이념의 핵심이고, 국가는 헌법에 규정된 개별적 기본권을 비롯하여 헌법에 열거되지 아니한 자유와 권리까지도 보장하여야 하며, 이를 통하여 개별 국민이 가지는 인간으로서의 존엄과 가치를 존중하고 확보하여야 함을 의미한다. 자유와 권리의 보장은 1차적으로는 헌법상 개별적 기본권규정을 매개로 이루어지지만, 어떠한 법률이 기본권제한에 있어서 인간의 존엄과 가치를 침해한다거나 기본권형성에 있어서 최소한의 필요한 보장조차 규정하지 않음으로써 결과적으로 인간으로서의 존엄과 가치를 훼손한다면 이러한 법률은 헌법 제10조에서 규정한 인간의 존엄과 가치에 위반되는 것이다."
(헌재 2008. 10. 30. 2006헌바35 결정)

판례 〈형법 제41조 등 위헌제청(합헌, 각하)〉 "우리 헌법은 절대적 기본권을 명문으로 인정하고 있지 아니하며, 헌법 제37조 제 2 항에 따라 국민의 모든 자유와 권리는 국가안전보장·질서유지 또는 공공복리를 위하여 필요한 경우에 한하여 법률로써 제한할 수 있는바, 이는 생명권의 경우에도 예외라고 보기 어렵다. 헌법상 생명권에 대한 제한이 가능하다는 점은 생명권 그 자체의 속성으로부터도 도출된다. 즉, 어느 개인의 생명권에 대한 보호가 곧 다른 개인의 생명권에 대한 제한이 될 수밖에 없거나, 특정한 인간에 대한 생명권의 제한이 다수 국민의 생명에 대한 급박한 위험의 보호라는 매우 중대한 공익을 위하여 불가피한 긴급한 경우에는 생명권에 대한 제한도 용인할 수밖에 없을 것이며, 이렇게 매우 예외적인 상황에서 국가는 부득이하게 생명의 가치에 대한 법적인 평가를 할 수밖에 없다. 이와 같이 생명의 가치에 대한 법적 평가가 허용될 수밖에 없는 예외적이고 불가피한 경우에는 생명권도 헌법 제37조 제 2 항의 기본권 제한에 관한 법률유보의 대상이 될 수 있으며, 이러한 경우에는 생명의 박탈이 곧 생명권에 대한 본질적 내용의 침해라고 바로 말할 수는 없을 것이다.
　다만, 이러한 법률유보는 생명권이 다른 생명권과 충돌하거나 그에 못지 않은 매우 중대한 공익과 충돌하여 그에 대한 법적인 평가가 허용되지 않으면 안 되는 긴급하고 불가피한 경우에 한정되는 것이라는 점에서 이에 관한 비례의 원칙은 매우 엄격하게 적용되어야 할 것이며, 결코 입법재량이 넓게 인정될 수 없다. 그리고 만약 이러한 예외적인 경우가 아니라면 생명권의 제한은 곧 법적인 평가가 허용되지 아니하는 생명의 박탈을 의미하므로 헌법에 위반되는 것이라고 할 수밖에 없다."(헌재 2010. 2. 25. 2008헌가23 결정)

第 2 節　幸福追求權

1. 憲法規定, 由來 및 基本權體系上의 問題點

(1) 憲法規定과 그 由來

우리 헌법은 제10조 제 1 문에서 「모든 국민은 인간으로서의 존엄과 가치를 가지며, 행복을 추구할 권리를 가진다」고 하여 인간으로서의 존엄과 가치 외에도 행복추구권을 규정하고 있다.

이 규정은 인간의 생명권·자유권·행복추구권을 인권의 핵심으로 보는 로크 *J. Locke*의 사상적 영향을 받은 미국의 헌법문서[1]에서 유래된 것으로 알려져 있다. 그러나 세계 각국의 현행헌법 중에는 우리 헌법과 일본국헌법을 제외하고는 행복추구권을 규정하고 있는 예가 거의 없다.

> 37. 행복추구권규정의 유래

(2) 幸福追求權規定의 수용배경

우리 헌법은 1980년 10월의 제 5 공화국헌법에서 행복추구권을 처음으로 수용하였고, 현행헌법에도 그대로 계속되고 있다. 1962년 12월의 제 3 공화국헌법은 제 8 조에 「모든 국민은 인간으로서의 존엄과 가치를 가지며, 이를 위하여 국가는 국민의 기본적 인권을 최대한으로 보장할 의무를 진다」라는 간결한 조문만을 두고 있었다. 그러나 이 규정이 너무 간결하고 추상적이기 때문에 실제의 헌법해석이나 입법 및 법제운영면에 크게 기여하지 못하고 있다는 것이 당시 학계의 일반적인 견해이었다. 따라서 1980년 헌법개정 초안작성시 이 규정에 생명권, 인격권, 행복추구권 등을 추가하여 좀더 구체화시킬 필요성이 있다는 것이 지적되었다.[2] 이 규정의 구체화여부와 관련하여 구체화하자는 의견,[3] 법치국가

> 38. 행복추구권규정의 수용배경

---

1) 예컨대 1776년 6월 12일의 버지니아권리장전 제 1 조는 "생명, 자유, 재산에 대한 권리와 행복, 안전을 추구하는 권리"를 선언하고 있고, 1776년의 미국독립선언서 제 2 절에서는 인간의 천부불가양의 권리로서, "생명, 자유 및 행복을 추구하는 권리"가 있음을 선언하고 있다. 그러나 정작 미연방헌법에는 행복추구권에 대한 언급이 없다.

2) 헌법연구반 보고서, 법제처, 1980년 3월, 78쪽.

3) "첫째, 이 규정은 기본권의 기본원리적 규정으로서 근대헌법사상의 자연법적 이념을 확인하여 헌법의 기본가치를 명시하는 것이라고 해석하고 있다. 따라서 이 규정이 너무 간결한 추상적 규정이기 때문에 이 조문이 지닌 본래의 의미가 적절히 인식되고 있지 못해서 실제의 헌법해석이나 입법 및 법제운영면에서 크게 기여하지 못하고 있다. 둘째, 국민의 인권보장에의 소망, 인격에의 의지를 참작하고 새로이 변모된 사회상황, 정치상황에서 인권규정의 보완을 꾀할 수 있다. 셋째, 추상적이고 간결한 규정이 의례적, 강령적인 것에 그

를 추가하자는 의견,[1] 그대로 두자는 의견[2]이 거론되었고, 여러 가지 안이 제시되었다.[3] 그러나 제8차개헌 당시 헌법개정안 심의과정에서 국회안 존중이라는 그 당시의 분위기로 인하여 국회안에 큰 모순이 있거나 부당한 것이 없으면 그대로 채택하기로 한 헌법개정안요강작성소위원회의 태도로 인하여 현행헌법과 같은 형태로 규정되었다.[4]

(3) 幸福追求權規定을 수용한 데 대한 학계의 견해 및 사견

39. 행복추구권규정

행복추구권을 수용한 데 대해서는 찬성보다는 비판의 목소리가 높다.[5] 개인

처버리는 것을 시정함과 아울러 기본권의 보장을 보다 실효적이게 할 수 있다." 헌법연구반 보고서, 법제처, 1980년 3월, 77쪽.

1) "첫째, 현행헌법에는 우리나라의 법치국가성에 관한 규정이 없으므로 명시할 필요가 있다. 둘째, 서독기본법과 같이 「민주적·사회적 법치국가」를 규정하거나, 터키헌법 제10조 제2항과 같이 기본권의 보호와 성격의 일반규정에서 규정할 수도 있다. 따라서 우리 헌법도 기본권 보장의무와 함께 규정할 수 있다." 헌법연구반 보고서, 법제처, 1980년 3월, 77·78쪽.

2) 첫째, 개별기본권조항에서 이를 규정하고 있으므로 굳이 기본원리규정에서 구체화할 필요성이 없다. 둘째, 구체적 규정을 두더라도 실효적 규정이 될 수 없다. 헌법연구반 보고서, 법제처, 1980년 3월, 78쪽.

3) (가) 공화당안: 현규정에 「행복을 추구할 권리」를 삽입함.
   (나) 신민당안: 현규정대로 함.
   (다) 6인시안: 생명권, 인격권, 행동자유권, 행복추구권, 알고 읽고 들을 권리를 추가하고 사회단체나 개인으로부터의 침해금지조항을 신설함 등이 제안되었다. 헌법연구반 보고서, 법제처, 1980년 3월, 78쪽.

4) 문홍주, 제6공화국 한국헌법, 해암사, 1988, 212·213쪽 참조.

5) 문홍주, 제6공화국 한국헌법, 212쪽은 "이것은 제8차개헌 당시 헌법개정심의에서 국회특위안과 공화당안을 채택한 것인데, 이론상 명쾌하지 못하며, 제9차개헌에서는 제8차개헌안을 답습하고 있다. 제5공화국헌법 초안작성 당시에 6인연구반안에서와 같이 항을 달리하여 제1항에 인간의 존엄과 가치를 가진다고 선언하고 제2항에 이를 구체화하는 내용의 기본권, 곧 '모든 국민은 생명의 권리, 인격의 권리, 행동자유의 권리 및 행복추구의 권리를 가진다'라고 규정함이 타당하였다"라고 하고 있고, 권영성, 헌법학원론, 360쪽은 "1980년 헌법에서부터 행복추구권이 규정됨으로써 기본권의 체계와 구조에 혼란을 초래하고 있다"고 하고, 같은 쪽 각주 1에서는 "1980년 헌법에서의 행복추구조항의 신설은 한국헌법의 전체계에 비추어보거나, 행복추구권의 실체가 애매한 것이라는 점 등을 감안할 때, 인기만을 위한 개헌시안들의 무책임성과 무지의 일면을 드러낸 좋은 일례"라고 하며, 허영, 한국헌법론, 318쪽은 "이 규정은 1980년 우리 헌법에 들어온 이후 오늘날까지 그 내용의 불명확성 때문에 많은 불필요한 논란을 불러일으키고 있다. … 생각건대 행복추구에 관한 우리 헌법규정은 비교헌법적으로 볼 때 외국에 그 선례가 없는 것은 아니지만 우리 헌법규정 중에서 체계적으로 가장 문제가 있는 규정이다. 너무나 당연한 규정을 선언함으로써 오히려 불필요한 의문만을 생기게 한다"고 한다. 그런가 하면 김선택, 행복추구권, 고시연구(1993년 10월), 351쪽 이하(351쪽)는 행복추구권의 헌법적 수용을 "한국헌법상의 기본권질서에 대한 특별한 성찰없이 이루어진 것으로 보인다"고 한다.

적으로는 새로운 항을 신설하여 인격권을 규정하고, 그 대신 다의적이고 불명확한 행복추구권을 삭제하는 것이 바람직하다고 생각한다.[1] 그러나 행복추구권이 헌법에 규정된 이상 그것은 법적 개념이며, 따라서 행복추구권 규정을 헌법과 기본권의 전체계와 조화될 수 있는 방향으로 해석하고 그 내용을 명확히 하는 것은 헌법학의 임무라고 할 수 있다.[2]

을 수용한 데 대한 학계의 견해 및 사견

2. 幸福追求權의 槪念

행복이란 매우 다의적이고 주관적이며 상대적인 개념이다. 그러나 일반적으로 행복추구권이란 고통이 없는 상태나 만족감을 느낄 수 있는 상태를 실현하는 권리로 개념정의된다.[3] 행복은 공적·사적인 행복은 물론 물질적·정신적인 행복도 포함하는 개념이다.

그러나 이렇게 막연하게 행복을 개념정의한다면 행복추구권은 "모든 국민의 당위적인 삶의 지표를 분명히 밝혀 놓은 것"[4]이 될 수밖에 없어서 그 법적 의

40. 행복추구권의 개념

---

1) 독일 기본법과 같이 생명권을 규정하자는 견해도 있을 수 있으며, 생명권을 규정한다면 해석학의 부담은 그만큼 줄어들 것이다. 그러나 특히 두 가지 이유에서 생명권은 규정하지 않아도 된다고 생각한다. 첫째, 독일에서 생명권을 명문화한 것은 독일의 특유한 사정 때문이라는 점이다. 곧 독일은 나치정권하에서 국가적 조치로서 역사상 유례 없는 생존할 가치 없는 생명에 대한 부정, 고문, 단종시술 및 대량학살 등이 자행되었기 때문에 그에 대한 반작용으로 생명권을 규정할 필요가 있었다. 둘째, 생명권을 규정하지 않더라도 인간으로서의 존엄과 가치는 생명을 전제하며, 인간으로서의 존엄과 가치로부터 생명권을 추론할 수 있다.

2) 이와 같은 주장은 김운용, 행복추구권의 해석, 고시연구(1988년 12월), 58쪽 이하(59쪽)가 처음으로 한 것으로 알고 있다. 그에 따르면 "이 행복추구권이 헌법에 신설될 당시에 그의 의도했던 바라든지 또는 그것이 담고 있는 의미같은 것이 불분명하더라도 지금 이 시점에서 그것이 크게 문제될 것은 없을 것이다. 설령 아무런 의도나 의미도 없이 단순히 장식 목적만을 위하여 헌법규정으로 신설되었다고 하더라도 우리는 이 행복추구권이 헌법조항으로 규정되어 있는 만큼 그의 해석을 포기할 수는 없는 일이다. 오히려 우리는 현재의 우리의 안목을 가지고서 이 조항이 헌법체계 속에서 차지하는 위치를 파악해 내야 하는 한편, 그의 뜻을 체계적으로 풀이해 내야 하고 또 이를 이론적으로 새로이 구성해야 할 부담을 안고 있는 것이다"라고 한다. 이러한 생각에 김선택, 행복추구권이 동조하였고, 권영성, 헌법학원론, 360쪽도 동의하고 있다.

3) 이는 헌재 1997. 7. 16. 95헌가6 등 병합결정〈민법 제809조 제 1 항 위헌제청(헌법불합치)〉의 소수의견(이재화, 조승형 재판관)에서 서술된 개념이다. 권영성, 헌법학원론, 361쪽은 행복추구권을 "안락하고 만족스러운 삶을 추구할 수 있는 권리"로 정의하고 있다.

4) 허영, 한국헌법론, 319쪽. 다음과 같은 정종섭, 헌법학원론, 427쪽의 표현도 같은 의미로 이해될 수 있다. "헌법 제10조 제 1 문에서 정하고 있는 내용은 행복의 구체적인 의미나 내용을 정하고 있는 것이 아니라, 모든 국민은 행복을 추구하는 존재라는 것과 '행복의 추

미가 부인되거나 최소화될 수밖에 없게 될 수밖에 없고, 그 내용의 불명확성 때문에 해석론적으로 접근하는 것이 대단히 어렵게 된다. 따라서 불명확한 내용을 좀 더 명확하게 할 필요가 있다.

그 내용의 불명확성을 좀 더 명확하기 위해서는 행복추구를 좀 더 자세하게 서술하거나[1] 또는 행복추구권의 성립사를 확인하는[2] 방법이 있을 수 있다. 그러나 전자의 방법은 전적으로 주관성을 배제할 수 없다는 이유 때문에 후자의 방법이 좀 더 논리적으로 객관적인 설득력을 가진다고 할 수 있다.

독일기본법 제2조 제1항은 표현상으로는 고전적 헌법들에서 전례를 찾아볼 수 없으나, 실제로는 1776년 버지니아 권리장전 제1조(행복과 안전을 추구할 권리), 1789년 프랑스 인권선언 제4조(타인을 해하지 않는 한 모든 것을 할 수 있는 권리)에 표현되어 있는 원칙적인 자유추정에 해당하는 자유로운 인격발현권을 규정하고 있다.[3] 그렇다면 우리 헌법에 규정되어 있는 행복추구권은 표현상으로는 미국과 같은 형태를 취하고 있으나 내용상으로는 독일과 같은 형태라고 판단되고, 그러한 한에서 행복추구권은 인격의 자유로운 발현권을 의미한다 하겠다.[4]

구'에 반대되는 그 어떤 것(예: 불행 또는 고통의 강요)도 금지한다는 것을 헌법적 수준에서 정하고 있는 것이다. 이러한 행복은 삶의 모든 영역에서 추구되는 것이다. 따라서 헌법 제10조가 정하고 있는 행복을 정신적 행복이라든가 경제적 행복이라는 것으로 그 의미를 정하는 것은 의미가 없을 뿐 아니라, '행복의 추구'의 의미를 축소하거나 왜곡하는 것이기도 하다."

1) 이 방법은 계희열, 헌법학(중), 2004, 205쪽이 취하고 있다. "행복의 개념은 상대적, 주관적, 다의적일 수밖에 없다. 결국 행복이란 생활환경이나 조건도 중요하지만 그 안에 살고 있는 개인에 따라 다를 수밖에 없다. 즉 행복이란 각자의 인격에 따라 다르다. 여기서 행복의 내용은 각자의 인격과 밀접한 관계를 갖고 있음을 확인할 수 있다.
   '행복추구권'이란 각자가 행복이라고 생각하는 바를 얻기 위해 자유롭게 노력하고 행동할 권리라고 할 수 있다. 여기서 자유로운 행동이란 결코 동물적 행동이 아니라 인간으로서의 행동, 즉 인격적 행동을 말한다. 결국 행복추구권이란 인격에 따라 상이할 수밖에 없는 행복을 인격적 행동을 통해 얻으려는 권리, 즉 인격의 자유로운 발전과 실현의 권리라고 할 수 있다. 행복추구권이란 인격의 자유발현권(Recht auf freie Entfaltung der Persönlichkeit)에 대한 또 다른 표현이라고 볼 수 있다."
2) 한수웅, 헌법학, 529쪽이 이 방법을 사용하고 있다.
3) 다른 많은 문헌들 중 특히 H. Dreier(hrsg.), *Grundgesetz Kommentar*, Bd. I, 1996, Rdnrn. 4ff.와 그곳에 인용된 문헌 참조.
4) 그러한 한에서 행복추구권의 내용을 행복추구의 보장(불행의 배제, 행복의 내용 강제 금지, 행복추구의 여건 조성)으로 볼(정종섭, 헌법학원론, 431쪽) 소지는 처음부터 배제된다.

3. 幸福追求權의 主體

모든 자연인, 곧 국민과 외국인[1]에게 주체성이 인정된다. 법인의 주체성 여부의 문제는 행복추구권의 내용이 무엇인가에 따라 대답이 달라질 것이다. 그러나 행복추구권의 내용을 일반적 인격권이라 하고, 일반적 인격권 속에는 일반적 행동의 자유가 포함되는 것으로 이해한다면, 그러한 한에서는 법인도 일반적 행동의 자유의 주체가 된다고 할 수 있을 것이다.

41. 행복추구권의
주체 — 자연인

> 판례 〈방송법 제100조 제 1 항 제 1 호 위헌제청(위헌)〉 "법인도 법인의 목적과 사회적 기능에 비추어 볼 때 그 성질에 반하지 않는 범위 내에서 인격권의 한 내용인 사회적 신용이나 명예 등의 주체가 될 수 있고 법인이 이러한 사회적 신용이나 명예 유지 내지 법인격의 자유로운 발현을 위하여 의사결정이나 행동을 어떻게 할 것인지를 자율적으로 결정하는 것도 법인의 인격권의 한 내용을 이룬다고 할 것이다."(헌재 2012. 8. 23. 2009헌가27 결정)

4. 幸福追求權의 法的 性格

(1) 槪   觀

행복추구권의 법적 성격과 관련하여 행복추구권이 자연권적 권리이고 포괄적 권리라는 데에는 널리 의견이 일치되고 있는 듯하다. 그러나 세부적인 점에서는 서로 다른 다양한 견해들이 제시되고 있다.

42. 행복추구권의 법적 성격과 관련하여 일치되어 있는 견해 — 자연권적 권리이고 포괄적 권리이다

(2) 學   說

제 1 설은 행복추구권을 독립된 기본권으로 보지 않고 인간으로서의 존엄과 가치와 행복추구권을 하나의 기본권으로 이해한다. 이 견해에 따르면 "제10조의 기본권은 인간의 존엄과 가치, 행복추구권을 합하여 포괄적 기본권으로서 규정한 것이며, 또한 주기본권인 동시에 협의에 있어서의 인간의 존엄과 행복추구권도 함께 보장하고 있다고 보아야 할 것이다. 그리고 헌법 제11조에서 제36조까지의 기본권은 주기본권의 세분화이며, 제37조 제 1 항의 '국민의 자유와 권리는 헌법에 열거되지 아니한 이유로 경시되지 아니한다'라는 규정은 이 주기본권의

43. 행복추구권의 법적 성격과 관련된 학설

---

1) 독일연방헌법재판소는 자유로운 인격발현권을 일반적 인권으로 보아 독일 내의 외국인들에게도 주체성을 인정하였다(BVerfGE 35, 282, 399; 49, 168, 180).

존재를 전제한 것이라고 보아야 할 것"이라고 한다.[1]

　　제2설은 행복추구권의 본질을 포괄적 기본권으로 보아 기본권전반에 대한 총칙적 규정으로 이해한다. 곧 이 견해에 따르면 "물질적 풍요와 정신적 만족의 동시적 충족을 행복으로 이해하고 행복추구권의 성격을 포괄적 기본권으로 이해한다면, 행복추구권은 자유권으로서의 성격과 사회적 기본권으로서의 성격을 아울러 가지는 것이므로 기본권전반에 관한 총칙적 규정으로 보아야 한다"고 한다. 그러한 한에서 행복추구권은 주관적 공권성, 자연권성, 포괄적 권리성, 양면적 권리성을 가진다고 한다.[2]

　　제3설은 "행복추구는 기본권의 문제로 다루어지기보다는 인간의 본능의 문제로 다루어져야 할 사항이기 때문에 처음부터 규범화의 대상이 될 수도 없다 … 행복추구권은 독자적인 기본권을 보장했다고 하기보다는 … 모든 국민의 당위적인 삶의 지표를 분명히 밝혀 놓은 것"[3]이라고 하면서 '인간의 존엄과 가치'가 갖는 윤리규범적 성격과 실천규범적 성격을 강조하는 것이라고 하여 행복추구권의 법규범성 자체를 부정한다.

　　제4설은 행복추구권의 구체적 기본권성을 부정하고,[4] 행복추구권을 자유권을 위한 일반원칙조항으로 본다. 이 견해에 따르면 행복추구권은 자유권을 위한 원칙조항으로서 사회적 기본권을 위한 일반원칙조항인 '인간다운 생활을 할 권리'(헌법 제34조 제1항)와 함께, 다시금 '인간의 존엄과 가치'라는 최고의 이념을 지향하는 수단으로서의 위치에 놓인다고 한다.[5]

　　제5설은 우선, 각 학설의 문제점을 비판적으로 검토하고 있다. 그에 따르면 제1설은 인간으로서의 존엄과 가치와 행복추구가 각기 다른 개념이라는 것을 간과했다고 한다. 곧 "인간으로서의 존엄과 가치가 '인격자'(Person)의 정태적 존재양상을 보호하는 데(그가 어떻게 있느냐, Wie ist sie) 반하여, 행복추구권은 그의 동태적 행동양식을 보호한다는(그가 어떻게 행동하느냐, Wie handelt sie) 점에서

---

1) 김철수, 헌법학개론, 364쪽.
2) 권영성, 헌법학원론, 361·362쪽.
3) 허영, 한국헌법론, 319쪽.
4) 김운용, '행복추구권의 해석', 61·62쪽.
5) 김운용, '행복추구권의 해석', 64쪽.
　　한수웅, 헌법학, 633쪽은 행복추구권을 "일반적 자유권으로서, 헌법에 열거되지 아니한 자유권을 도출하는 실정법적 근거로", 634쪽 (주 13)에서는 "헌법은 제34조에 '인간다운 생활을 할 권리'를 사회적 기본권에 관한 일반조항으로서 명시적으로 규정하고 있다"고 하여 이와 비슷한 견해를 표시하고 있다.

구별할 수 있다.[1] 즉 인간으로서의 존엄과 가치는 '자기보존'(Selbsterhaltung)과 행복추구권은 '자기발현'(Selbstentfaltung)과 각각 상응한다"는 것이다.[2][3] 제 3 설은 "실정헌법조문에 오로지 윤리적인 요청만이 규정되어 있다고 보는 것은 '법학의 실존적인 임무인 해석'을 다하지 못한 것"이 된다.[4] 제 4 설의 문제점은 "기본권보장의 최고이념으로 인정되는 인간으로서의 존엄과 가치 아래에 그와 구분되는 별도의 자유권 보장이념(행복추구권)과 사회적 기본권 보장이념(인간다운 생활을 할 권리)을 인정하는 것은 불필요한 중복일 뿐만 아니라, 구분되는 두 쌍의 이념들(즉 인간으로서의 존엄과 가치와 행복추구권 및 인간으로서의 존엄과 가치와 인간다운 생활을 할 권리) 상호간에 원치 않는 갈등을 야기할 수 있고, 이는 바로 최고이념인 인간으로서의 존엄과 가치의 실현에 장애요소로 작용할 수도 있다"고 한다.[5]

　　제 5 설은 이러한 비판적 검토 후에 행복추구권의 법적 성격을 일반적 인격

---

1) 인간의 존엄과 인격발현권의 차이를 이런 점에서 보는 것은 독일에서는 보통 행해지고 있다. 그 한 예로서 I. v. Münch, *Grundbegriffe des Staatsrechts* I, S. 131은 인간의 존엄은 인간의 '정태적 존재'(das statistische Dasein), 곧 '정적 실존'(die ruhende Existenz)과 관련되어 있음에 반하여, 인격발현권은 '동태적 행위'(das dynamische Handel), '창조적 활동'(die schöpferische Betätigung)을 표현하고 있다는 점에서 구별된다고 한다. 또한 G. Scholz, *Grundgesetz* I 도 참조. 그러나 다른 견해도 있다. 예컨대 E. Stein, *Staatsrecht*, S. 212는 인간의 존엄과 인격발현권은 동일한 것을 의미하나, 다만 인간의 존엄이 개인에게 주관적 권리를 부여하지 않는 객관적 헌법규범임에 반하여, 인격발현권은 진정한 기본권이라는 점에서 구별된다고 한다.

2) 김선택, '행복추구권', 354쪽.

3) 물론 김선택, '행복추구권', 353쪽은 제 2 설에 대해서도 다음과 같이 문제점을 지적하고 있다. "한국헌법은 불문의 기본권적 권리의 인정을 위하여 원용할 수 있는 특별규정으로서 헌법 제37조 제 1 항을 두고 있다. 행복추구권에서 위 다수설이 주장하는 바와 같이 같은 형태의 포괄적 기본권성을 인정하여야 한다고 고집한다면 행복추구권이거나 헌법 제37조 제 1 항이거나 둘 중의 하나가 불필요한 규정이 되지 않을 수 없다. 그러므로 한편에서 헌법상의 한 조항(여기에서는 제10조)에서 모권(포괄적 기본권)을 인정하면서 동시에 다른 한편에서 다른 조항(여기에서는 제37조 제 1 항)에서도 포괄적 기본권을 찾는 것은 자기모순이 될 것이다. 행복추구권과 헌법에 열거되지 아니한 권리 두 조항의 관련성에 대한 명석한 해명 없이는 이 주장은 설득력을 가지기 어렵다고 본다." 그러나 이러한 문제의 지적은 제 2 설이 "행복추구권과 기타의 기본권들 사이에 '일반법과 특별법의 관계'가 성립한다. 따라서 행복추구권은 열거된 기본권이 존재하지 아니하거나 존재한다 하더라도 그것이 최소한 당해사안에 적용가능한 것이 아닌 경우에 한해서 문제된다"라는 해석을 전제로 한 비판이다. 그러나 제 2 설은 이제는 더 이상 그러한 주장을 하고 있지 않다. 그 대신 제 2 설은 인간의 존엄과 가치의 내용과 행복추구권의 내용을 거의 같은 것으로 보고 있다.

4) 김선택, '행복추구권', 352쪽.

5) 김선택, '행복추구권', 352·353쪽.

권[1]과 무규정적이고 비정형적인 광범한 자유행동권[2] 및 객관적·법적 성격을 가지며 제37조 제 1 항의 헌법에 열거되지 아니한 권리를 인정하는 실질적 기준의 역할을 하는 포괄규범으로 요약한다.[3]

---

1) 김선택, '행복추구권', 356쪽은 일반적 인격권을 인간으로서의 존엄과 가치와 결합된 행복추구권이라고 표현하고, 우리 헌법의 인간으로서의 존엄과 가치와 행복추구권은 기본법 제 1 조 제 1 항(인간의 존엄)과 동 제 2 조 제 1 항(인격의 자유발현권)과 유사한 관계에 있다고 한다. 그런 연후에 일반적 인격권의 보호영역을 H-U. Erichsen, Allgemeine Handlungsfreiheit, in: J. Isensee/P. Kirchhof(Hg.), *Handbuch des Staatsrechts der Bundesrepublik Deutschland*, Bd. IV, 1989, S. 1185ff.(1209, Rdnr. 55)가 독일연방헌법재판소의 결정례를 정리한 부분에 따라 ① 사적인 생활형성의 불가침적 핵심영역인 고도로 내면적인 개인영역, ② 사적 영역의 온전성, ③ 일반대중 속에서 자기자신의 표현에 관한 자유로운 처분, 특히 그가 하지 아니하였거나 또는 그런 식으로 하지 아니한 진술을 그가 한 것으로 덮어씌우는 데 대한 보호 및 반론권, ④ 개인적 명예, ⑤ 재사회화에 대한 수형자의 권리, ⑥ 정보보호 요구권, 정보에 대한 자기결정권, 즉 개인적인 정보(자료)의 무제한 한 수집, 보존, 이용 및 그 정보의 타인에의 교부에 대한 보호, ⑦ 타율적인 재정적 부담으로부터의 자유를 소개하고 있다.

2) 김선택, '행복추구권'은 행복추구를 기본법 제 2 조 제 1 항의 인격의 자유로운 발현권보다 광의로 이해하며(357쪽), 행복추구의 개념을 미리 확정적으로 규정하려고 노력하기보다는 기본권 보호체계의 의의 — 흠결 없는 (국민생활)의 기본권적 보호 — 를 중심으로 생각하여 개개인이 가지고 있는 행복, 행복추구의 관념을 최대한으로 존중하여야 할 것이라고 한다. 그러나 행복추구라는 개념에서 알 수 있는 것처럼 아직 기본권적 보호영역 내에 등장하지 않은 모든 개별적 행동들을 행복추구권의 구성요건에 포섭할 수는 없기 때문에 결국 행복추구권규정의 보호영역의 한 카테고리로서의 일반적 행동의 자유는 행복추구라는 광범위한 개념하에 포섭될 수 있는 무규정적이고 비정형적인 넓은 범위의 행동을 보호하는 것이라고 한다(358쪽). 계희열; 헌법학(중), 192-194쪽도 기본적으로 이 견해에 동조하고 있다.

3) 김선택, '행복추구권', 359쪽은 이 경우 행복추구권은 단지 포괄기능만을 나타내는 것으로 해석하여 이러한 영역에서 행복추구권은 포괄규범으로서 객관적·법적 작용을 한다고 한다.

성낙인, 헌법학, 991쪽도 "행복추구권은 독자적인 기본권으로서의 성격과 더불어 다른 기본권과 결합하여 헌법에 열거되지 아니한 새로운 기본권을 도출하는 근거가 되기도 한다"고 한다.

이에 대하여 행복추구권의 법적 성격을 국가와 국민간의 관계를 지배하는 지배원리이자 기본권을 보장함에 있어 상위에 존재하는 이념이고 기본가치이며 근본원리로 보는 견해도 있다(정종섭, 헌법학원론, 430쪽). "행복의 추구는 그 속성에 있어 자기결정과 같이 인간으로서의 존엄과 가치를 가지는 인간의 존재와 삶에 본질적으로 내포되어 있는 요소이다. 행복추구원리는 자기결정원리와 함께 인간의 삶에 있어 가장 근본적인 제 1 원리로서의 성격을 가지는 것이고, 인간에게 인정되는 자유와 권리는 모두 이를 실현하기 위한 것이다. 따라서 행복추구원리는 자기결정원리와 같이 국가와 국민간의 관계를 지배하는 원리일 뿐만 아니라 국민의 기본권을 보장함에 있어 상위에 존재하는 이념이고 기본가치이며 근본원리이다. 이는 본질상 개별적인 권리와 달리 포괄적이고 총체적인 가치이므로 구체적 권리로 존재하는 것이 아니라, 개별적인 권리를 창출하고 작용하게 하는 원리로 존재한다. 이와 같이 행복추구권은 권리를 뜻하는 '권'이라는 표현에도 불구하고 직접 행사할 수 없는 성질의 것이므로 이의 침해에 대하여 권리구제절차를 통하여 주장할 수 없다.

(3) 學說에 대한 檢討

44. 행복추구권의 법적 성격에 관한 학설의 검토

제 5 설이 적절히 지적하고 있다시피 행복추구권의 법적 성격에 대한 여러 가지 학설들은 많은 문제점을 가지고 있다. 제 1 설은 헌법의 명문규정을 무시하고 있다. 또한 제 1 설은 제 5 설이 적절히 지적하는 바와 같이 인간으로서의 존엄과 가치와 행복추구가 서로 다른 개념이라는 것을 간과하고 있다. 제 1 설은 인간의 존엄과 행복추구가 불가분의 관계가 있다는 것을 강조하나, 불가분의 관계에 있기는 인간의 존엄과 그 밖의 기본권들도 마찬가지이다.

제 2 설은 행복추구권을 기본권전반에 대한 총칙적 규정으로 본다. 그러한 한에서 행복추구권을 자유권을 위한 일반원칙조항으로 보는 제 4 설과 같은 문제는 발생하지 않는다. 그러나 제 5 설이 제 4 설에 대하여 적절히 지적한 바를 약간 바꾸어 이야기한다면 기본권보장의 최고이념으로 인정되는 인간으로서의 존엄과 가치 아래에 그와 구별되는 별도의 기본권전반에 대한 총칙적 규정을 인정한다는 것은 불필요한 중복[1]이라고 할 수 있다. 더 나아가서 제 2 설은 행복추구

행복추구권을 개별적 기본권과 같이 구체적 권리라고 보면, 헌법상의 개별적 기본권은 명시할 필요가 없어진다. 기본권의 침해에 해당하는 모든 것을 행복추구권의 침해라고 주장하는 것으로 충분하기 때문이다. 행복의 추구가 침해되는 경우에는 구체적인 영역과 사항에 해당하는 개별적 기본권의 침해를 주장할 수 있을 뿐이다. 이런 개별적 기본권은 헌법이 직접 명시하고 있기도 하고, 헌법 제37조 제 1 항에서 도출되기도 하며, 인간의 존엄과 가치 및 행복추구를 정하고 있는 헌법 제10조 제 1 문에서 도출되기도 한다."

이와 비슷하지만 약간 구별되는 견해로는 행복추구권의 법적 성격 및 헌법적 의미를 헌법적 가치이자 기본권, 헌법에 열거되지 아니한 자유권의 실정법적 근거, 일반적·보충적 자유권으로 요약하는 견해도 있다(한수웅, 헌법학, 528쪽 이하).

1) 그러나 제 5 설이 제 4 설에 대한 다음과 같은 문제지적, 곧 "구분되는 두 쌍의 이념들(즉 인간으로서의 존엄과 가치와 행복추구권 및 인간으로서의 존엄과 가치와 인간다운 생활을 할 권리) 상호간에 원치 않는 갈등을 야기할 수 있고, 이는 바로 최고이념인 인간으로서의 존엄과 가치의 실현에 장애요소로 작용할 수 있다"는 지적은 제 4 설을 약간 오해한 듯하다. 왜냐하면 제 4 설은 행복추구권과 인간다운 생활을 할 권리가 각각 자유권과 사회권의 원칙조항으로서 인간으로서의 존엄과 가치의 실현에 봉사한다는 뜻으로 이해되기 때문이다. 설혹 필자가 제 4 설을 오해한 것이고 제 5 설이 제 4 설을 정확히 이해한 것이라 하더라도 제 5 설의 주장에 대해서는 다음과 같은 점을 적어 두고 싶다. 첫째, 두 쌍의 이념들(즉 인간으로서의 존엄과 가치와 행복추구권 및 인간으로서의 존엄과 가치 및 인간다운 생활을 할 권리) 상호간에는 원치 않는 갈등이 생겨나지 않는다. 원치 않는 갈등이 생겨날 수 있는 경우는 (제 4 설이 자유권의 일반원칙조항이라고 부르는) 행복추구권과 (제 4 설이 사회권의 일반원칙조항이라고 부르는) 인간다운 생활을 할 권리 상호간에 한정된다. 둘째, 자유와 평등의 긴장관계 또는 자유권과 사회권의 긴장·갈등관계로 표현되는 이 문제는 인간의 존엄을 최고이념으로 삼는 헌법질서 내에서는 이제는 더 이상 자유권과 사회권의 긴장·갈등·대립의 문제가 아니라 인간의 존엄을 실현하기 위하여 부자유를 극복하는 과정

권은 자유권으로서의 성격과 사회적 기본권으로서의 성격을 아울러 가지므로 기본권전반에 대한 총칙적 규정으로 보아야 한다고 한다. 그러나 자유권적 성격과 사회권적 성격을 동시에 가지는 기본권은 행복추구권에 한정된 것은 아니다. 따라서 제2설과 같은 주장을 하기 위해서는 행복추구권만이 기본권전반에 대한 총칙적 규정이 되어야 하는 설득력 있는 근거를 제시해야 할 것이다. 더구나 제2설은 인간의 존엄과 행복추구권을 전자는 객관적 헌법원리, 후자는 기본권규정에 대한 총칙적 규정으로 보면서도 인간의 존엄으로부터도 행복추구권으로부터도 거의 같은 내용을 들고 있다. 곧 "헌법 제37조 제1항의 '헌법에 열거되지 아니한 자유와 권리로서 경시되어서는 아니 될 자유와 권리'라 함은 헌법 제10조의 '인간으로서의 존엄과 가치'를 누리기 위하여 필요한 것임에도 불구하고 헌법에 규정되지 아니한 모든 자유와 권리를 말한다. 이를테면 생명권·일반적 행동자유권·평화적 생존권·휴식권·수면권·일조권 등도 그것이 인간으로서의 존엄과 가치를 누리기 위하여 필요한 것이므로 제37조 제1항에서 말하는 헌법에 열거되지 아니한 자유와 권리에 해당하고 따라서 헌법상 보장된다"고 하고 있고,[1] "행복추구권을 포괄적 기본권으로 이해하게 되면 그 내용도 다양한 것이 될 수밖에 없다. 따라서 그 구체적인 내용을 남김 없이 망라한다는 것은 거의 불가능하다. 그러나 행복추구권의 주요내용으로는 헌법에 열거된 기본권으로서 행복추구의 수단이 될 수 있는 개별적 기본권 외에 헌법에 열거되지 아니한 생명권·신체를 훼손당하지 아니할 권리·자유로운 활동과 인격발현에 관한 권리(인격권)·평화적 생존권·휴식권·수면권·일조권·스포츠권 등을 들 수 있다"[2]고 한다.

제3설은 법학의 과제를 오인 내지 해태하고 있다. 철학적·윤리학적 대상과 관점은 법이론과 법해석 및 법의 근거부여에 커다란 역할을 한다.[3] 그뿐만 아니라, 윤리적 사항이라도 그것이 법에 실정화된 된 이상 그것은 법이다. 실정헌법의 규정을 법규범이 아니라 윤리규범이라고 하는 태도는 제3설의 주장자

에서 양자를 조화시키는 문제로 취급된다. 곧 이 문제는 "자유권이냐, 사회권이냐"라는 식의 양자택일의 문제가 아니라, 자유와 평등을 얼마만큼씩 보장하면 양자를 극대화시킬 수 있는가라는 문제(Th. Tomandl, *Der Einbau der sozialen Grundrechte in das positive Recht*, 1967, S. 11)로 다루어진다.

1) 권영성, 1999년판, 340·341쪽. 2001년 판에서는 삭제되었음.

2) 권영성, 헌법학원론, 363쪽.

3) 예컨대 R. Alexy, *Theorie der Grundrechte*, 1985, S. 159f. 참조. 물론 법과 윤리의 관계를 부정하는 입장이 없는 것은 아니다. 예컨대 M. Weber, *Wirtschaft und Gesellschaft*, 1921와 H. Kelsen, *Hauptprobleme der Staatslehre*, 1911; ders., *Reine Rechtslehre*, 2. Aufl.(1960)가 그에 대한 대표적 예이다.

스스로가 극구 부정하는 법실증주의적 사고와 일맥상통하는 바 있다. 법학의 임무는 법을 해석하는 것이 전부는 아닐지라도 가장 핵심적인 것이다.

제4설에 대해서는 우선 제4설이 말하는 일반원칙조항이 뜻하는 바가 분명하지 않다는 점을 지적할 수 있다. 제4설이 '인간의 존엄과 가치'를 최고의 이념이라 부르는 것에 미루어볼 때 제4설은 기본권의 구조를「기본권의 최고이념 → 일반원칙조항(또는 기본권의 최고이념이 세분화된 이념) → 개별기본권」이라는 도식으로 생각하는 듯하다. 행복을 공적·사적인 행복은 물론 물질적·정신적 행복을 포함하는 것으로 이해하는 경우 행복추구권을 자유권을 위한 일반원칙조항으로만 볼 수 있겠는가라는 문제는 도외시하더라도 제4설을 취하는 경우 다음과 같은 문제는 풀리지 않는다. 어떤 기본권(여기서는 행복추구권)은 일반원칙조항이고 어떤 기본권(여기서는 개별자유권)은 일반원칙조항일 수 없는가. 또 제4설을 재해석하여 행복추구권은 구체적 기본권이 아니기 때문에 일반원칙조항으로 해석한다 하더라도 제4설이 사회권적 기본권의 일반원칙조항으로 부르고 있는 인간다운 생활을 할 권리는 구체적 기본권이지 않은가. 더 나아가서 인간다운 생활을 할 권리를 일반원칙조항이라고 하더라도 일반원칙을 포함하고 있는 구체적 기본권(여기서는 인간다운 생활을 할 권리)과 그렇지 않은 구체적 기본권(여기서는 개별사회권)을 어떻게 구별해야 하는가.

제5설은 행복추구권의 성격을 인격권과 일반적 행동자유권과 포괄규범으로 이해한다. 그러나 인격권과 일반적 행동자유권이란 행복추구권의 내용으로서 이야기될 수 있는 것이지 행복추구권의 법적 성격은 아니라고 할 수 있다. 결국 제5설은 행복추구권의 법적 성격으로서 제37조 제1항의 헌법에 열거되지 아니한 권리를 인정하는 실질적 기준의 역할을 하는 포괄규범성을 들고 있다. 그리고 포괄규범으로서의 행복추구권과 결합된 헌법에 열거되지 아니한 권리에 속하는 것 중에서 가장 중요한 것으로는 아마도 한국헌법에 특별한 규정이 없는 생명권을 들 수 있을 것이다[1]라고 하여 행복추구권에 종래 여러 학설들이 인간으로서의 존엄과 가치에 부여하던 지위를 부여하고 있다.

그러나 제5설은 다른 견해들이 무시하거나 의식하지도 않았던 문제제기에도 불구하고[2] 행복추구권과 헌법에 열거되지 아니한 권리조항의 관련은 어떻게

---

1) 김선택, '행복추구권', 360쪽.
2) 김선택, '행복추구권', 355쪽은 행복추구권과 관련하여 다음과 같은 문제를 제기하고 있다. "불확정적이고 모호한 개념인 행복추구권이 구체화 가능한가, 행복추구권이 독자적인 기본권으로서 기능할 수 있을 만큼 그 사항적 구성요건 '행복추구'로써 기본권보호영역의 윤곽이 확인될 수 있는가, '행복추구권'은 주관적 권리의 형태로 규정되었음에도 불구하고 한

이해될 수 있는가라는 문제에만 집착한 나머지 적확하게 스스로 부정하는[1] 또 하나의 이념성을 행복추구권에 인정하는 결론에 이르지 않았는가라는 생각이 든다. 「제5설의 행복추구권의 포괄규범성＝제37조 제1항의 헌법에 열거되지 아니한 권리를 인정하는 실질적 기준의 역할을 하는 행복추구권의 포괄규범성＝행복추구권의 이념성」으로 이해한 것이 저자의 오역(誤譯)일 수도 있다. 그러나 그 경우에도 구체적 기본권인 행복추구권이 제37조의 헌법에 열거되지 아니한 권리를 인정하는 실질적 기준이 된다는 결론을 유지하기 위해서는 그에 설득력 있는 논증이 따라야 할 것이다.

　　더 나아가서 제5설은 행복추구권의 내용을 인격권과 일반적 행동자유권으로 이해하고 있다. 곧 제5설은 행복추구권 내에서 정태적 존재양상을 보호하는 인격권과 동태적 양상을 보호하는 일반적 행동의 자유를 함께 보고 있다. 이것은 제1설을 비판하면서 제1설의 결론을 받아들이는 결과가 된다. 왜냐하면 인격권을 좁게 이해하면 인격권은 '사적 영역'(Eigensphäre)과 '비밀영역'(Geheimsphäre)에 대한 보호청구권이기 때문이다.

(4) 私　見

45. 행복추구권의 법
적 성격에 대한 사견

　　그 위치라든가 또는 다른 많은 명확한 표현을 놓아 두고 하필이면 다의적이고 주관적이며 상대적인 개념인 행복이라는 말을 사용한 것은 문제가 있다는데에는 저자로서도 다수의 학자들과 의견을 같이한다. 그러나 행복추구권의 헌법수용과정에서 행복추구권이 인간존엄성조항을 구체화할 필요성에서 규정된 것이라는 사실[2]과 제5설도 잘 지적하고 있듯이 그것이 권리로서 규정되어 있다

────────

국헌법상 기본권의 이념적 출발점에 지나지 않는 것인가, 이 규정이 인간으로서의 존엄과 가치와 결합된 채 기본권목록의 모두(冒頭)에 한 문장으로 규정되어 있다는 그 외적 체계로부터 어떤 결론이 도출될 수 있는가."

1) 김선택, '행복추구권', 355쪽은 행복추구권의 이념성을 다음과 같은 이유에서 부정하고 있다. 첫째, 헌법의 최고가치로 인정되는 인간의 존엄과 가치가 기타의 이념과의 관련 속에서 상호조화되도록 이해되어야 한다는 요청에 시달리게 되어, 기본권해석에 대해서나 국가기관의 활동에 미쳐야 하는 그 최고가치로서의 이념적 작용이 약화될 우려가 있다. 둘째, 행복추구권은 헌법 자체 내에 벌써 권리로서 규정되어 있다. 따라서 행복추구에서 인간으로서의 존엄과 가치에서보다 더 구체적인 법적 내용을 찾아야 할 것이 요청된다.

2) M. Kriele, *Einführung in die Staatslehre*, S. 11f.는 헌법의 어떤 규정을 이해하는 데 역사적 고찰이 갖는 중요성을 다음과 같이 강조하고 있다. "특히 법학도의 관심을 끄는 것은 국법상의 여러 제도를 어떻게 하면 보다 깊이 이해할 수 있는가 하는 점이다. 그러기 위해서는 사비니 *Savigny*가 일찍이 설파한 바와 같이 우선 여러 제도의 역사적 근원을 추급(追及)해 보는 것이 좋다. 민사법상의 제도의 경우보다는 공법상의 제도의 경우에 더욱 그러하다. 제도를 이해하는 최선의 방법은 그 제도가 정착되고 진가를 발휘했던 역사적 상황

는 사실은 부정할 수 없다. 이러한 사실로부터 행복추구권은 이념이 아니라[1] 개별기본권일 수밖에 없다는 결론을 내릴 수 있다. 그러한 한에서 행복추구권은 소극적·방어적 권리인 동시에 적극적·능동적 성격을 갖는 복합적 권리로서[2] 일반적 자유권인 동시에 객관법적 질서로서의 성격도 갖는다.[3]

> **판례** 〈「국가유공자 예우 등에 관한 법률」 제 9 조 본문 위헌제청(합헌)〉 "헌법 제10조의 행복추구권은 국민이 행복을 추구하기 위하여 필요한 급부를 국가에게 적극적으로 요구할 수 있는 것을 내용으로 하는 것이 아니라, 국민이 행복을 추구하기 위한 활동을 국가권력의 간섭 없이 자유롭게 할 수 있다는 포괄적인 의미의 자유권으로서의 성격을 가진다."(헌재 1995. 7. 21. 93헌가14 결정)

5. 幸福追求權의 內容

(1) 學說과 判例

행복추구권의 법적 성격에서 부분적으로 살펴보았지만 학설은 행복추구권의 내용으로서 여러 가지를 들고 있다. 그러나 여러 학설이 행복추구권의 내용으

46. 행복추구권의 내용과 관련된 학설·판례

> 을 살펴보는 일이다. 그 제도의 배후에는 어떠한 목적과 이해관계, 그리고 세력이 존재하고 있었는가? 이들이 교정하고자 했던 병폐와 해악은 어떤 것이었는가? 이와 대립-항쟁관계에 있던 세력과의 이해관계는 무엇이었나? 당시 이들의 지지기반이 되었던 정당성부여의 근거들은 사정이 달라진 오늘날에 있어서도 타당성을 가지고 있는가? 이들에 대한 현실적인 대안(代案)이 있었다면 그것은 무엇일까? 이러한 제도들의 의미, 그것이 겪었던 시련, 이러한 제도들의 안정성이나 위기에 관하여 역사적 경험이 가르쳐주는 것은 무엇인가? 이들에 대한 해석 그리고 경우에 따라서는 이들에 대한 개혁의 필요성에 관하여 이로부터 배울 수 있는 것은 무엇인가?"

1) 이는 행복추구권의 법적 성격을 '국가와 국민간의 관계를 지배하는 지배원리이자 기본권을 보장함에 있어 상위에 존재하는 이념이고 기본가치이며 근본원리'로 보는 견해(정종섭, 헌법학원론, 430쪽)와 헌법적 가치로 보는 견해(한수웅, 헌법학, 528쪽)에도 해당된다.
2) 독일연방헌법재판소는 '자유로운 인격발현권'을 일반적 행동의 자유뿐만 아니라 그러한 자유에 포함된 권한을 보장하는 주관적 공권이라 한다(BVerfGE 35, 202, 221). 그리고 이러한 견해는 독일의 통설적 입장이기도 하다. 이렇게 인격발현권을 일반적 행동의 자유로 보는 것은 '기본법제정회의'(Das Parlamentarische Rat)의 초안에서는 인격발현권이 '모든 사람은 원하는 것을 할 수도 있고 하지 않을 수도 있다'(Jeder kann tun und lassen was er will)였으나 그것이 지나치게 '품위없게'(salopp) 들린다는 이유로 현재와 같은 상태로 수정되었다는 것을 생각하면 명백하다. 소수의 반대의견에 대해서는 G. Dürig, *Gundgesetz-Kommentar*, Rdnr. 5 zu Art. 2 참조.
3) 계희열, 헌법학(중), 2004, 223쪽. 그러나 221쪽에서는 "인격의 자유발현권은 모든 자유권 보장의 목적이며 이념"이라고 하면서, (각주 25)에서는 행복추구권이 모든 자유권적 기본권의 이념이라는 점에서 김운용 교수의 견해와 유사하나 행복추구권의 구체적 기본권성을 부인하는 그의 견해와는 다르다고 하여 저자와는 견해를 달리한다.

서 들고 있는 것들은 제5설이 들고 있는 것을 제외하고는 자체 모순적인 것들로 여기에서는 다룰 필요가 없는 것으로 생각된다. 그러한 한에서 제5설과 우리 판례가 행복추구권의 내용으로서 들고 있는 내용을 간추리고 최근 행복추구권의 내용으로서 일반적 행동의 자유와 일반적 인격권을 들고 있는 견해(편의상 새로운 학설이라 한다)[1]를 소개하고 검토한 후 개인적인 생각을 말하기로 한다.

　　제5설은 행복추구권의 내용으로서 인격권, 일반적 행동의 자유, 생명권을 들고 있다.

　　헌법재판소는 행복추구권에 일반적 행동자유권[2]과 개성의 자유로운 발현권이 함축되어 있고[3] 행복추구권으로부터 자기결정권이 파생되는 것으로[4] 본다. 또한 헌법재판소는 행복추구권을 포괄적 권리와 구체적 권리의 양측면을 모두 가진 것으로 넓게 보고 있다. 그러나 대법원은 행복추구권의 내용으로서 만나고 싶은 사람을 만날 권리,[5] 일시오락의 정도에 불과한 도박행위를 할 수 있는 권리,[6] 자신이 먹고 싶은 음식이나 마시고 싶은 음료수를 자유롭게 선택할 권리[7]를 들고 있어 행복추구권을 일반적 행동자유권으로 보고 있다.

> **판례** 〈군검찰관의 공소권 행사에 관한 헌법소원(인용)〉 "군검찰관이 자의(恣意)로 기소유예처분에 이른 것은 헌법 제10조 소정의 행복추구권을 침해한 것"이다 (헌재 1989. 10. 27. 89헌마56 결정).

---

1) 성낙인, 헌법학, 994쪽 이하는 헌법재판소와 견해를 같이하여 행복추구권의 내용으로 일반적 행동자유권, 개성의 자유로운 발현권, 자기결정권을 든다.
2) 일반적 행동자유권을 행복추구권의 내용으로 보는 것이 대체적인 헌법재판소의 입장이다. 그러나 헌재 2002. 1. 31. 2001헌바43 결정에서는 일반적 행동의 자유를 헌법 제37조 제1항의 헌법에 열거되지 아니한 자유와 권리로 본 바 있다.
3) 헌법재판소는「화재로 인한 재해보상과 보험가입에 관한 법률」제5조 제1항의 위헌여부에 관한 헌법소원심판에서 "행복추구권에는 일반적 행동자유권과 개성의 자유로운 발현권이 함축되어 있으며, 이러한 일반적 행동자유권으로부터 사법상 계약자유의 원칙이 도출된다"고 하였다(헌재 1991. 6. 3. 89헌마204 결정).
4) "개인의 인격권·행복추구권에는 개인의 자기운명결정권이 전제되는 것이고, 이 자기운명결정권에는 성행위 여부 및 그 상대방을 결정할 수 있는 성적자기결정권이 또한 포함되어 있으며 간통죄의 규정이 개인의 성적자기결정권을 제한하는 것임은 틀림없다"고 한 형법 제241조(간통죄)의 위헌여부에 관한 헌법소원심판(헌재 1990. 9. 10. 89헌마82 결정), 주세법 제38조 제7항 등(소주판매 구역제한 — 자도소주 100분의 50 구입명령)에 대한 위헌결정(헌재 1996. 12. 26. 96헌가18 결정) 및 "자신이 마실 물을 선택할 자유, 수돗물 대신 먹는 샘물을 음용수로 이용할 자유는 헌법 제10조에 규정된 행복추구권의 내용을 이룬다"고 결정한 구먹는물관리법 제28조 제1항에 대한 합헌결정(헌재 1998. 12. 24. 98헌가1 결정).
5) 대법원 1992. 5. 8. 91누7552 판결.
6) 대법원 1983. 3. 22. 82도2157 판결.
7) 대법원 1994. 3. 8. 92누1728 판결.

판례 〈「화재로 인한 재해보상과 보험가입에 관한 법률」 제 5 조 제 1 항의 위헌 여부에 관한 헌법소원(일부위헌)〉 "행복추구권은 개별적·구체적 권리가 아니라 인간의 존엄과 가치의 유지를 위해 필요한 모든 자유와 권리를 내용으로 하는 포괄적 권리이다."(헌재 1991. 6. 3. 89헌마204 결정)

판례 〈「국가유공자 예우 등에 관한 법률」 제 9 조 본문 위헌제청(합헌)〉 "헌법 제10조의 행복추구권은 국민이 행복을 추구하기 위하여 필요한 급부를 국가에게 적극적으로 요구할 수 있는 것을 내용으로 하는 것이 아니라, 국민이 행복을 추구하기 위한 활동을 국가권력의 간섭 없이 자유롭게 할 수 있다는 포괄적인 의미의 자유권으로서의 성격을 가진다."(헌재 1995. 7. 21. 93헌가14 결정)

판례 〈민법 제847조 제 1 항 위헌제청 등(헌법불합치)〉 "헌법 제10조는 모든 국민은 인간으로서의 존엄과 가치를 가지며 행복을 추구할 권리가 있다고 규정하고 있는바, 이로써 모든 국민은 그의 존엄한 인격권을 바탕으로 하여 자율적으로 자신의 생활영역을 형성해 나갈 수 있는 권리를 가지는 것이다. 그런데 이 사건의 경우 친생부인의 소의 제척기간을 일률적으로 자의 출생을 안 날로부터 1년으로 규정함으로써 부가 자의 친생자 여부에 대한 의심도 가지기 전에 그 제척기간이 경과하여 버려 결과적으로 부로 하여금 혈연관계가 없는 친자관계를 부인할 수 있는 기회를 극단적으로 제한하고 또 자의 출생 후 1년이 지나서 비로서 그의 자가 아님을 알게 된 부로 하여금 당사자의 의사에 반하면서까지 친생부인권을 상실하게 하는 것이다. 이는 인간이 가지는 보편적 감정에도 반할 뿐 아니라 자유로운 의사에 따라 친자관계를 부인하고자 하는 부의 가정생활과 신분관계에서 누려야 할 인격권 및 행복추구권을 침해하고 있는 것이다."(헌재 1997. 3. 27. 95헌가 14 등 병합 결정)

판례 〈「가정의례에 관한 법률」 제 4 조 제 1 항 제 1 호 위헌확인(위헌, 일부각하)〉 "결혼식 등의 당사자가 자신을 축하하러 온 하객들에게 주류와 음식을 접대하는 행위는 인류의 오래된 보편적 사회생활의 한 모습으로서 개인의 일반적인 행동의 자유영역에 속하는 행위이므로, 이는 헌법 제37조 제 1 항에 의하여 경시되지 아니하는 기본권이며, 헌법 제10조가 정하고 있는 행복추구권에 포함되는 일반적 행동자유권으로서 보호되어야 할 기본권이다."(헌재 1998. 10. 15. 98헌마168 결정)

판례 〈도로교통법 제118조 위헌확인(기각)〉 "일반적 행동자유권에는 적극적으로 자유롭게 행동을 하는 것은 물론 소극적으로 행동을 하지 않을 자유 즉, 부작위의 자유도 포함되며, 포괄적인 의미의 자유권으로서 일반조항적인 성격을 가진다(헌재 1991. 6. 3. 89헌마204, 판례집 3, 268, 276; 헌재 1995. 7. 21. 93헌가14, 판례집 7-2, 1, 32; 헌재 1997. 11. 27. 97헌바10, 판례집 9-2, 651, 673; 헌재 2000. 6. 1. 98헌마216, 판례집 12-1, 622, 648). 즉 일반적 행동자유권은 모든 행위를 할 자유와 행위를 하지 않을 자유로 가치 있는 행동만 그 보호영역으로 하는 것은 아닌 것으로, 그 보호영역에는 개인의 생활방식과 취미에 관한 사항도 포함되며, 여기에는 위험한 스포츠를 즐길 권리와 같은 위험한 생활방식으로 살아갈 권리도 포함된다."(헌재 2003. 10. 30. 2002헌마518 결정)

제 5 설과 판례의 가장 커다란 차이점은 제 5 설이 인간으로서의 존엄과 가치에 대하여는 헌법의 최고가치인 이념성만을 인정하고 행복추구권에는 포괄적 권리성을 인정함으로써 행복추구권에 인격권, 일반적 행동자유권, 생명권이 포함되는 것으로 이해함에 반하여, 판례는 인간의 존엄으로서의 가치에 기본원리 내지는 기본이념으로서의 성격과 구체적 기본권으로서의 성격을 동시에 인정함으로써 인간으로서의 존엄과 가치가 가지는 기본원리 내지는 기본이념으로서의 성격으로부터는 생명권을, 구체적 기본권성으로부터는 (일반적) 인격권을, 행복추구권으로부터는 일반적 행동자유권과 개성의 자유로운 발현권이 포함되는 것으로 보는 점에 있다.[1]

(2) 새로운 학설

최근 들어 제 5 설과 헌법재판소와 대체적인 내용은 같이하면서 행복추구권의 내용으로 일반적 행동의 자유와 일반적 인격권을 들고 있는 견해가 주장되고 있다. 그리고 여기에는 논거를 달리하는 두 가지 견해가 있다.

---

1) 독일연방헌법재판소는 인간의 존엄(기본법 제 1 조 제 1 항)과 자유로운 인격발현권(기본법 제 2 조 제 1 항)으로부터 인격권을(BVerfGE 27, 6, 350f.; 32, 379; 34, 245f.; 47, 73; 49, 298; 54, 153), 자유로운 인격발현권(기본법 제 2 조 제 1 항)으로부터는 일반적 행동의 자유를 끌어낸다. 그리고 인격권의 보호법익으로서는 사적 영역, 비밀영역, 내적 영역(BVerfGE 54, 153), 개인적 명예, 자신의 사진과 자신이 한 말에 대한 권리(BVerfGE 34, 246), 자신의 인격을 설명하는 데 대한 처분권(BVerfGE 35, 220), 자신이 서명하지 않은 표현으로부터 자유로울 권리(BVerfGE 34, 282f.; 54, 148ff.; 54, 208ff.), '반론권'(Recht auf Gegendarstellung)(BVerfGE 63, 131, 142f.), 형무소수감자의 재사회화권(BVerfGE 35, 202, 235f.), 형사절차와 기타의 절차에서 자신의 의사에 반하여 강제받지 않을 권리(BVerfGE 38, 105, 114f.) 등을 든다.

1) 제1설

첫 번째 견해는 다음과 같이 이야기한다. "인간은 그 인격성 때문에 존엄성을 가진다고 하면, 모든 인간이 그 정체성을 주장할 권리를 갖는다는 것은 당연하다. 그렇다면 존엄권의 내용으로서 우선 인간은 인간임이 보호되어야 한다. 따라서 인격을 부정하는 …"[1]이라고 하여 인간의 존엄과 가치의 보호내용을 인격권으로 보고, 행복추구권의 내용을 일반적 인격권과 일반적 행동의 자유로 보면서[2] 행복추구권의 한 내용으로 들고 있는 일반적 인격권을 다음과 같이 설명한다. "행복추구권을 인격의 자유발현권이라고 볼 때 행복추구권은 우선 제10조 제1문 전단의 '인간으로서의 존엄과 가치'와의 관련을 기초로 하여 좁은 범위의 개인적 인격영역에 관계되는 '일반적 인격권'을 그 내용으로 한다. 인간의 존엄과 가치의 보장이 인간의 제한된 영역과 관련하여서만 인격권을 인정할 수 있는데 반해 인격의 자유로운 발현을 위한 보다 넓은 영역은 독자적인 기본권으로 구성되는 행복추구권의 보호 아래 놓이게 된다. 한편, 일반적 인격권은 인간의 존엄과 가치와도 관련을 맺고 있다. 왜냐하면 일반적 인격권은 인간의 존엄성과 마찬가지로 개인을 행위와 관련하여서가 아니라 주체성에 있어서 보호하기 때문이다."[3] 그리고 일반적 인격권을 자결, 자기유지, 자기표현에 대한 권리로 나누어 설명한다.[4]

그렇다면 인격권＝인간의 제한된 영역과 관련하여서만 인정할 수 있는 인격권(인간으로서의 존엄과 가치의 내용인 인격권)＋(좁은 범위의 개인적 인격영역에 관계되는) 일반적 인격권(인격의 자유로운 발현을 위한 보다 넓은 영역을 내용으로 하는 인격권＝자결, 자기유지, 자기표현에 대한 권리, 행복추구권의 내용인 인격권)으로 되고, 행복추구권＝인격의 자유발현권＝일반적 인격권＋일반적 행동의 자유(구체적 기본권)이면서 동시에 모든 자유권보장의 목적이며 이념[5]이 되는 것으로 해석할 수 있다. 그 경우 이러한 견해는 인격권으로 포괄할 수 없는 인격권의 영역이 발생하는 것을 방지할 수 없을 뿐만 아니라(물론 '인간의 제한된 영역과 관련하여서만 인정할 수 있는 인격권'의 범위를 어떻게 잡느냐에 따라 포괄할 수 없는 영역이 줄어들기는 하겠지만 '인간의 제한된 영역과 관련하여서만 인정할 수 있는 인격권'이라는 표

1) 계희열, 헌법학(중), 2004, 198쪽.
2) 계희열, 헌법학(중), 2004, 216쪽 이하.
3) 계희열, 헌법학(중), 2004, 216·217쪽.
4) 계희열, 헌법학(중), 2004, 218쪽.
5) 계희열, 헌법학(중), 2004, 221쪽.

현을 사용한 이상 범위의 확대에는 한계가 있을 것이기 때문에) 더 나아가서 인간의 존엄과 가치에도 부여하지 않았던 이념성(객관적 헌법원리이자 주관적 권리로서의 존엄권)[1]을 행복추구권에 부여하게 되는 문제를 발생시키게 된다. 더 나아가서 앞에서 행한 제 4 설에 대한 문제지적은 이러한 견해에 대해서도 그대로 적용될 것이다.

2) 제 2 설

두 번째 견해는 다음과 같이 이야기한다. "헌법 제10조 전문 후단의 행복추구권으로부터 인간존엄성과의 연관관계에서 '일반적 인격권'이 도출된다. 이로써 행복추구권은 인간존엄성과의 연관관계를 통하여 그 보장내용에 있어서 일반적 인격권으로 구체화되고 강화되었다.[2] … 가령, 일반적 인격권은 행복추구권에 의하여 보장되는 것으로 그 일차적이고 직접적인 근거를 행복추구권에 두고 있다. 다만, 일반적 인격권은 사생활의 보호를 비롯하여 '인간의 존엄성과 밀접한 연관관계를 보이는 자유로운 인격발현의 기본조건'을 포괄적으로 보호하고자 하는 것이고 개인에게 독자적인 인격형성을 위한 자율적 영역이 보장되지 않는다면 인간의 존엄성은 실현될 수 없으므로, 이러한 의미에서 인간존엄성과 밀접한 연관관계에 있는 것이다. 따라서 행복추구권은 인간존엄성과의 연관관계에서 그 보장내용에 있어서 일반적 인격권으로 구체화되고 강화되었다. 요컨대, 일반적 인격권의 일차적이고 주된 헌법적 근거는 인간존엄성조항이 아니라 행복추구권인 것이다.[3] … 자유권이 '개인의 행위를 보호하는 기본권'과 '개인의 상태를 보호하는 기본권'으로 구성되어 있는 것과 마찬가지로, '일반적 자유권'으로서 행복추구권도 적극적인 행위를 통하여 인격을 발현할 수 있는 자유인 '일반적 행동자유권'과 개인이 인격을 자유롭게 발현하고 유지할 수 있는 조건이나 상태를 보장하는 '일반적 인격권'을 그 구성요소로 한다. 즉, 인격의 자유로운 발현은 그의 기본조건으로서, '인간의 행위에 대한 보호'와 '인간의 사실적·법적 존재 또는 상태에 대한 보호'라는 이중적인 보호를 필요로 하는 것이다. 따라서 행복추구권은 인격발현의 적극적인 요소인 '일반적 행동의 자유'와 인격발현의 소극적 요소로서 '일반적 인격권'을 그 보장내용으로 하고 있다."[4]

이제까지의 논의를 정리하면 행복추구권(버지니아 권리장전 제 1 조) = 자유를

---

1) 계희열, 헌법학(중), 200쪽 이하.
2) 한수웅, 헌법학, 521쪽.
3) 한수웅, 헌법학, 526쪽, 각주 1).
4) 한수웅, 헌법학, 532쪽.

타인을 해하지 않는 한 모든 것을 할 수 있는 권리'(프랑스 인권선언 제 4 조) = 일
반적 행동의 자유(일반적 자유추정) = '모든 사람은 원하는 것을 할 수도 있고 하
지 않을 수도 있다'(Jeder kann tun und lassen, was er will, 독일 기본법제정회의 초
안) = 자유로운 인격발현권(독일기본법 제 2 조 제 1 항) = 행복추구권(한국헌법 제10조
제 1 항 제 2 문) → 행복추구권으로부터 일반적 인격권 도출(제 2 설의 주장자) = 자
유로운 인격발현권으로부터 일반적 인격권 도출 = 일반적 행동의 자유로부터 일
반적 인격권 도출 = '개인의 행위를 보호하는 기본권'으로부터 '개인의 상태를 보
호하는 기본권' 도출이라는 도식이 성립하기 때문에, "인격의 자유로운 발현은
그의 기본조건으로서, '인간의 행위에 대한 보호'와 '인간의 사실적 · 법적 존재
또는 상태에 대한 보호'라는 이중적인 보호를 필요로 하는 것이다. 따라서 행복
추구권은 인격발현의 적극적인 요소인 '일반적 행동의 자유'와 인격발현의 소극
적 요소로서 '일반적 인격권'을 그 보장내용으로 하고 있다"라는 결론은 위의
도식과는 논리적으로 일치하지 않는다.

(3) 私   見

이미 앞에서 보았듯이 개인적으로는 인간으로서의 존엄과 가치는 개별 기본
권과 관련해서는 이념으로서만 작용하며, 이 이념은 헌법에 규정된 개별기본권
으로 구체화되며, 헌법 제37조 제 1 항의 헌법에 열거되지 아니한 권리의 실질적
기준으로서 작용한다고 생각한다. 따라서 생명권은 행복추구권이 아닌 인간으로
서의 존엄과 가치로부터 추론해야 한다고 생각한다(판례와 동일한 점, 제 5 설과의
차이점). 그러나 인격권과 인격발현권(판례에 따르면 일반적 행동자유권과 자기결정
권, 제 5 설에 따르면 비정형적이고 무규정적인 광범위한 자유행동권을 말하는 일반적 행동
자유권)[1]은 행복추구권의 내용이라고 생각한다(제 5 설과 동일한 점, 판례와의 차이

47. 행복추구권의 법
적 성격에 대한 사
견: 일반적 인격권

---

1) 독일에서는 기본법 초기에 H. v. Mangoldt/Klein, *Das Bonner Grundgesetz*, Bd. 1, Anm.
  IV 2a zu Art. 2에 의하여 기본법 제 2 조 제 1 항의 인격발현권은 기본권이 아니라 '기본적
  헌법원리이자 기본법 제정자의 기본결단'이라는 견해가 주장되었다. 그런가 하면 현재까지
  도 H. Peters, Die freie Entfaltung der Persönlichkeit als Verfassungsziel, in: *Festschrift
  für Laun*, 1953, S. 669ff.; ders., *Das Recht auf freie Entfaltung der Persönlichkeitsrecht
  in der höchstrichterlichen Rechtsprechung*, 1963; K. Hesse, *Grundzüge des Verfassungs-
  rechts der Bundesrepublik Deutschland*, Rdnr. 425ff.(S. 173ff.)는 기본법 제 2 조 제 1 항
  은 좁은 생활영역, 물론 순정신적 · 윤리적 발전에 한정되지는 않은 생활영역에 대한 보장
  이라는 이른바 '인격핵심이론'(Persönlichkeitskerntheorie)을 주장하고 있다.
    그러나 통설과 판례는 Elfes-Urteil(BVerfGE 6, 32, 36ff.) 이후 독일기본법 제 2 조 제 1
  항의 인격발현권을 일반적 행동의 자유를 기본권적으로 보장한 것으로 보고 있다. 곧 동
  제 2 항의 "모든 사람은 … 하지 않는 한, 인격의 자유로운 발현권을 갖는다"(Jeder hat das

점). 곧 개인적으로는 학설과 판례에서 인격권, 인격발현권, 일반적 행동자유권, 자기결정권, 비정형적이고 무규정적인 행동자유권 등을 '일반적 인격권'이라는 말로 부르고, 이러한 '일반적 인격권'을 행복추구권의 구체적 내용으로 보고자 한다.[1] 왜냐하면 예를 들어 종교의 자유의 내용이 신앙의 자유, 종교적 행위의 자유, 종교적 결사·집회의 자유, 종교교육의 자유 등이라면, 일반적 인격권의 내용은 협의의 인격권(사적 영역과 비밀 영역에 대한 보호청구권)과 인격발현권(일반적 행동의 자유)이라고 할 수 있기 때문이다. 곧 「행복추구권＝인격권＋일반적 행동의 자유＋생명권」(제5설) 또는 「행복추구권＝일반적 행동자유권＋모기본권」(헌법재판소)으로 보는 것보다 「행복추구권＝일반적 인격권＝협의의 인격권＋인격발현권(일반적 행동의 자유)」이라고 보는 것이 논리적이기 때문이다.

(4) 具體的 內容과 適用

1) 내 용

48. 일반적 인격권의 유형

일반적 인격권은 세 가지 유형으로 나누어진다. 제1유형은 인격의 발전을 목적으로 하는 권리, 곧 행위의 자유와 행동의 자유 등을 중심으로 한다.[2] 제2유

Recht auf die freie Entfaltung seiner Persönlichkeit, soweit er nicht …)를 "모든 사람은 … 하지 않는 한, 원하는 것을 할 수도 있고 하지 않을 수도 있다"(Jeder kann tun und lassen was er will, soweit er nicht …) 또는 "모든 사람은 타인에게 해가 되지 않고 헌법적 질서나 도덕률에 반하지 않는 모든 것을 할 자유가 있다"(Jedermann hat die Freiheit, alles zu tun, was anderen nicht schadet und nicht gegen die verfassungsmäßige Ordnung oder das Sittengesetz verstößt)로 해석하고 있다. Elfes-Urteil 외에도 Mitfahrerzentralen(BVerfGE 17, 306, 313f.), Tonbandaufnahmen(BVerfGE 34, 238, 245ff.) 참조. 더 나아가서 연방헌법재판소는 기본법 제2조 제1항은 합헌적 질서에 의하여 근거되지 않은 국가적 강제를 통하여 불이익을 받지 않을 일반적인 기본권적 청구권을 보장하고 있다고 한다(BVerfGE 44, 59, 68f.).

1) '일반적 인격권'이란 용어의 사용에 대해서는 제4설에 대한 제5설의 비판, 곧 인격권이라는 것이 인격자의 정태적 존재양상을 보호하는 데 대하여, 인격발현권이 인격자의 동태적 행동양식을 보호하는 것이므로 문제가 있을 수 있지 않느냐는 문제제기가 있을 수 있다. 그러나 종교의 자유, 양심의 자유 등에 정태적 존재양상과 동태적 행동양식이 동시에 포함되어 있는 것처럼, 정태적 존재양상과 동태적 행동양식은 논리적·개념적으로는 구별되나 현실세계에서는 구별되지 않는다. 정확하게 말하면 정태적 존재양상이 동태적 행동양식으로 나타날 때 또는 정태적 존재양상과 동태적 행동양식이 타인에 의하여 침해될 때 보호하는 것이 현실세계에서 기본권의 보호영역과 관련하여 중요하다고 할 수 있다.

2) "일반적 인격권은 인격의 자유로운 발현의 한 요소를 포함하며, 이 요소는 피보호영역을 존중할 것을 요청하는 권리로서 인격발현의 적극적 요소, 곧 일반적 행동의 자유와는 대조된다." P. Badura, *Staatsrecht. Systematische Erläuterungen des Grundgesetzes für die Bundesrepublik Deutschland*, 1986, S. 88.

형은 인격에 관한 권리, 곧 '생존'(Dasein)의 보호, 정신의 보호, 의사의 보호, 감정·정신 생활의 보호 등을 내용으로 한다. 제3유형은 개성에 대한 권리, 이른바 인격의 영역, 곧 '개인적 영역'(Individualsphäre), '사적 영역'(Privatsphäre), '비밀영역'(Geheimsphäre)의 보호, 성명, 명예, 초상, '개인의 특성'(Charakterbild), 대화, 저작, '사생활비밀분야'(Geheimbereich) 등으로 나누어진다.

특히, 제3유형인 인격의 영역 가운데 ① 개인영역은 개인적인 생활과 창조적 활동을 전개할 수 있는 정적과 평온의 영역이다. 이 영역은 피해자에게 치욕, 당혹, 고통을 느끼게 하는 개인적 영역을 누설했을 경우에 침해된다. ② 사적 영역은 직장, 친지, 가족, 친척, 인근에 같이 일상생활하는 생활영역을 말한다. ③ 비밀영역은 각자가 비밀유지의 이익이 있을 때의 모든 경우를 말한다.[1]

2) 적 용

이렇듯 행복추구권의 내용은 대단히 '포괄적'이다(Auffanggrundrecht: 자유권의 경우 잔여사안포섭기본권).[2] 그러나 행복추구권의 내용이 포괄적이라는 것은 그것이 다른 개별기본권의 내용이 구체화되어 있고 특정되어 있는 데 비해 일반적이라는 의미이지, 헌법재판소가 말하듯이 "인간의 존엄과 가치의 유지를 위해 필요한 모든 자유와 권리를 내용으로 한다"[3]는 의미는 아니다. 그러한 한에서 예컨대 헌법재판소가 군검찰관의 공소권행사에 관한 헌법소원에서 "나아가 검찰관이 명백한 무혐의 불기소처분을 하여야 할 사안인데도 경솔하게 범죄의 충분한 혐의가 있다고 보아 기소유예처분을 하면 차라리 공소제기되어 헌법 제27조 소정의 재판을 받을 권리의 행사에 의하여 무죄판결을 받아 완전히 혐의를 벗고

49. 행복추구권의 적용: 행복추구권의 내용은 포괄적이다. 따라서 행복추구권은 어떤 사안이 개별 기본권의 규율대상이 아닌 경우에 비로소 적용된다

---

1) 이상의 일반적 인격권의 내용은 H. Hubmann, *Das Persönlichkeitsrecht*, 2. Aufl.(1967), S. 175ff.에 따랐다. 그러나 H.-C. Nipperdey, *Die Grundrechte*, Bd. 4, 1962, S. 837ff.는 인격발현권을 일반적 인격권에 포함시키지 않는다. 니퍼다이는 일반적 인격권의 구체적 내용인 개별적 인권으로서 성명권, 초상권, 명예권, 혈연권, 비밀보호영역, 감정적·정신적 내면생활의 완전성을 존중받을 권리를 들고 있다.

2) '포괄적 기본권'(Auffanggrundrecht)이란 용어는 다의적으로 사용되고 있다. 그러나 본서에서는 어떤 행위가 다른 기본권의 보호영역에 의하여 포섭되지 않는 경우에 적용되는 기본권(I. v. Münch, *Grundbegriffe des Staatsrechts* Ⅰ, S. 131) 또는 개별기본권의 보호영역에 의하여 보호되는 한 그것이 적용되지 않는 기본권(B. Pieroth/B. Schlink, *Grundrecht Staatsrecht* Ⅱ, S. 94)이란 의미로 사용한다. 곧 개별기본권에 대한 일반적 기본권이라는 의미로 사용한다.

3) 헌재 1991. 6. 3. 89헌마204 결정. 이전에 독일에서는 기본법 제2조 제1항의 인격발현권을 '모기본권'(Muttergrundrecht), 곧 그로부터 모든 기본권이 추론되는 방향지시적 대전제로 이해하는 견해가 없었던 것은 아니다. 그러나 이제는 모든 기본권의 평형이라는 데에서 출발하고 있다.

그 혐의사실에 대해서는 앞으로 재론 못하게 하는 길만 막아 버리는 결과가 되어 공소를 제기한 것보다 더 불리할 수 있으며, 더 나아가 보면 공소제기에 충분한 혐의가 있다고 인정한 기소유예처분이 유죄판결에 준하는 취급을 받아 법률적·사실적 측면에서 사회생활에 유형, 무형의 불이익과 불편을 주는 것이 실상이라면 어느모로 보아도 혐의 없고 무고함에 의심 없는 사안에 대해 군검찰관이 자의로 기소유예처분에 이른 것은 헌법 제10조 소정의 행복추구권을 침해한 것으로 봄이 상당할 것이다"[1]라는 논증은 문제가 있다.

예컨대 헌법 제17조의 사생활의 비밀과 자유, 제12조의 신체의 자유와 같이 개별 기본권규정(자유권규정)에 광의의 인격권의 내용이 규정되어 있는 경우가 있을 수 있다. 그 경우에는 '특별법우선의 원칙'(lex specialis derogat lex generalis)에 따라 개별기본권이 적용되고 일반적 인격권, 곧 행복추구권은 적용되지 않는다. 곧 제10조의 행복추구권은 검토대상인 사안이 개별(자유)기본권의 규율대상이 아닌 경우에 비로소 적용된다.[2]

> **판례** 〈상호신용금고법 제37조의3 제 1 항 등 위헌제청(한정위헌)〉 "행복추구권은 다른 개별적 기본권이 적용되지 않는 경우에 한하여 보충적으로 적용되는 기본권으로서, 이 사건에서 기본권으로서 결사의 자유나 재산권이 고려되는 경우에는 그 적용이 배제된다고 보아야 한다."(헌재 2002. 8. 29. 2001헌가26 등 병합결정)

그러나 행복추구권은 일반적 자유권이기 때문에 자유권 이외의 기본권과의 관계에서도 보충 적용되어야 하는지에 대해서는 자세한 검토가 필요하다고 본다. 개인적으로는 이 문제는 기본권경합이론에 의해서 대답되어야 하기 때문에 이에 대해서 소극적일 수밖에 없다. 그러한 한에서 다음과 같은 판례는 행복추구권과 공무담임권이 경합되는 경우에 행복추구권 침해여부를 판단할 필요가 없다고 한 점에서, 즉 '불행'을 '행복'의 반대로 해석했으나 행복추구권=일반적 인격권+일반적 행동의 자유라는 점에서 '청구인들이 주장하는 불행이란 결국

---

1) 헌재 1989. 10. 27. 89헌마56 결정〈군검찰관의 공소권행사에 관한 헌법소원(인용=취소)〉.

2) BVerfGE 5, 52(57); 9, 343; 60, 229 참조. 이와 관련하여 장영수, 헌법학, 569쪽은 "행복추구권의 성질에 비추어 볼 때에는 보충적 보장이 적합하지만, 이렇게 볼 때에는 헌법 제37조 제 1 항에 의해 행복추구권이 설 자리가 없게 된다는 것이 가장 큰 문제라고 할 수 있다"고 하고 같은 쪽 (각주 23)은 "그것이 또한 현재까지도 행복추구권이 헌법체계 내에서 특별한 역할을 하지 못하고 있다고 평가받는 이유이기도 하다"라고 한다. 그러나 정확하게는 일반적 자유권으로서 행복추구권이 보충 적용되는 한에서는 헌법 제37조 제 1 항은 적용되지 않는다고 보아야 한다.

교원직 상실에서 연유하는 것에 불과하다'를 '교원직 상실에서 일반적 인격권과 일반적 행동의 자유에 대한 침해가 비롯되었는지'를 등치시킬 수 있는지가 의심된다는 점에서 재고되어야 할 것으로 보인다.

> **판례** 〈교육공무원법 제47조 제1항 위헌확인(일부각하, 일부기각) "행복추구권은 다른 기본권에 대한 보충적 기본권으로서의 성격을 지니므로, 공무담임권이라는 우선적으로 적용되는 기본권이 존재하여(청구인들이 주장하는 불행이란 결국 교원직 상실에서 연유하는 것에 불과하다) 그 침해 여부를 판단하는 이상, 행복추구권 침해 여부를 판단할 필요가 없다."(헌재 2000. 12. 14. 99헌마112 등 병합 결정)

6. 幸福追求權의 效力

행복추구권은 대국가적 효력과 대사인적 효력을 아울러 가진다.

50. 행복추구권의 효력

7. 幸福追求權의 限界와 制限

행복추구권, 특히 그 중에서도 일반적 행동자유권은 남용되어서는 안 된다. 곧 일반적 행동자유권은 타인의 권리나 도덕률 및 헌법질서를 침해해서는 안 된다는 한계를 가진다. 우선, 타인의 권리라 함은 헌법의 범위 내에서 법질서에 의하여 인정되고 보호받는 권리영역만을 말하고 모든 임의적 이해관계를 뜻하지는 않는다.[1] 다음으로, 도덕률이라 함은 예컨대 형법이나 민법 제2조, 민법 제103조에 표현된 성문법상의 도덕률은 물론 불문법상의 도덕률을 포함한다.[2] 도덕률은 달리 '건전한 국민정서'(gesundes Volksempfinden)[3] 또는 공동체 내의 지배적 '사회윤리관'(sozialethische Vorstellungen)[4]으로 표현할 수도 있다.[5] 끝으

51. 행복추구권의 한계

---

1) Schmidt-Bleibtreu/Klein, *Kommtar zum Grundgesetz*, 5. Aufl.(1980), S. 160, Anm. 13. zu Art. 2. 참조.
2) 또한 자신의 생명을 스스로 포기하는 자살도 도덕률에 의하여 허용되지 않는다(BGHSt, JZ 1954, S. 639ff.).
3) G. Dürig, *Grundgesetz-Kommentar*, Rdnr. 16 zu Art. 2, FN 3. 참조.
4) Th. Maunz/R. Zippelius, *Deutsches Staatsrecht*, S. 187.
5) 독일연방노동법원은 이를 도덕적인 명령과 도덕적으로 대표될 수 있는 것에 대한 공동체의 공통된 기본확신이라고 하며(BAG, NJW 1976, S. 1958＝MDR 1976, S. 875), 독일연방헌법재판소는 '공인된 종교공동체'(öffentliche Religionsgesellschaften), 특히 양대 그리스도 신앙공동체의 교리가 도덕률에 대한 척도를 제공할 수 있다고 한다(BVerfGE 6, 389,

로, 헌법질서라 함은 실질적·형식적으로 합헌적인 규범의 전체를 말한다.[1][2]

> **판례** 〈영화법 제26조 등 위헌확인(기각)〉 "헌법이 보장하는 행복추구권이 공동체의 이익과 무관하게 무제한의 경제적 이익의 도모를 보장하는 것이라고 볼 수 없다."(헌재 1995. 7. 21. 94헌마125 결정)

> **판례** 〈민법 제809조 제 1 항 위헌제청(헌법불합치)〉 "행복추구권이라 할지라도 반사회적 내지 반자연적 행위를 금지하는 규범이나 전통문화로 인식되어 온 국민의 법감정에 반하여 이를 남용할 수 없음은 물론 타인의 행복추구권을 침해하거나 방해할 수 없음은 너무나 당연하다고 할 것이며 적어도 국민의 의사에 정면으로 반하지 아니하는 한 전통·관습에 반한 행복추구권을 추구할 수는 없다고 할 것이다."(헌재 1997. 7. 16. 95헌가6 등 병합결정).

52. 행복추구권의 제한

행복추구권이 반사회적·반국가적인 형태로 나타나는 경우에는 헌법 제37조 제 2 항에 의하여 제한될 수 있다.[3] 제한되는 경우에도 그 본질적 내용은 제한될 수 없다.

> **판례** 〈「풍속영업의 규제에 관한 법률」 제 3 조 제 5 호 등 위헌확인(일부기각, 일부각하)〉 "행복추구권도 국가안전보장·질서유지 또는 공공복리를 위하여 제한될 수 있는 것이므로, 목적의 정당성, 방법의 적정성 등의 요건을 갖추고 있는 위 조항들이 청구인이나 18세 미만의 청소년들의 행복추구권을 침해한 것이라고 할 수 없다."(헌재 1996. 2. 29. 94헌마13 결정)

---

435). 도덕률에 대하여 더 자세한 것은 G. Erbel, *Das Sittengesetz als Schranke der Grundrechte*, 1970; Chr. Starck, Das "Sittengesetz" als Schranke der freien Entfaltung der Persönlichkeit, *Festschrift für W. Geiger*, 1974, S. 259ff. 참조.

1) BVerfGE 6, 32(37f.). "개별 기본권주체들의 행동의 자유는 사회공동생활을 보호하기 위하여 입법자가 일반적으로 추측할 수 있는 그리고 인격의 고유성이 손상되지 않는 한계 내에서 설정하고 전제한 제약을 받는다"(BVerfGE 50, 256, 262).

2) 헌법질서의 개념이 매우 포괄적이기 때문에 타인의 권리와 도덕률을 통한 일반적 행동의 자유의 제한은 적용될 여지가 없으며, 이 두 가지는 '있으나 마나한 존재'(Schatten-dasein)라는 견해도 있다. M. Lepa, *Der Inhalt der Grundrechte*, 4. Aufl.(1981), S. 51. 헌법질서에 대하여 더 자세한 것은 E. Hesse, *Die Bindung des Gesetzgebers an das Grundrecht des Art. 2 I GG bei der Verwirklichung einer verfassungsmäßigen Ordnung*, 1968 참조.

3) 한수웅, 헌법학, 525쪽도 "행복추구권은 개별자유권이 적용되지 않는 경우에 비로소 적용되는 보충적·일반적 자유권으로서 헌법 제37조 제 2 항에 의하여 공익상의 사유로 제한될 수 있는 것"이라고 한다.

8. 幸福追求權의 侵害와 救濟

(1) 侵   害

행복추구권은 국가나 사인에 의하여 침해될 수 있다. 판례는 다음과 같은 경우에 행복추구권이 침해된 것으로 보았다. 여성으로서의 성적 수치심을 자극하는 방법으로 신체적·정신적 고통을 가하는 것,[1] 범죄혐의가 없음이 명백한 사안에 대하여 검찰관이 자의적이고 타협적으로 기소유예처분을 한 경우,[2] 당연히 의심을 갖고 조사해야 할 중요한 사항에 대하여 필요한 조사를 현저히 소홀히 하고, 피의사실을 인정할 수 있는 증거가 될 수 없다는 사실을 인식하고도 자의적인 증거 판단에 의하여 청구인에 대하여 기소유예처분을 한 것,[3] 18세 미만자의 당구장 출입을 금지한 것.[4]

53. 행복추구권에 대한 침해

(2) 救   濟

국가나 사인에 의하여 침해 또는 방해를 받을 때에는 이를 이유로 침해행위배제청구권이나 예방청구권에 의해 구제받을 수 있으며, 손해배상청구도 가능하다. 그 밖에도 청원권, 재판청구권, 헌법소원권 행사 등을 통하여 구제받을 수 있다.

54. 행복추구권의 침해에 대한 구제

第 3 節 平等의 原理와 平等權

1. 沿革 및 憲法規定

(1) 平等思想의 展開와 憲法에의 受容

1) 평등사상의 전개

평등사상의 연원은 고대 그리스사상(특히 아리스토텔레스 *Aristoteles*)과 중세

55. 평등사상의 전개

---

1) 대법원 1988. 1. 29. 86모58 판결.
2) 헌재 1989. 10. 27. 89헌마56 결정〈군검찰관의 공소권행사에 관한 헌법소원(취소의 인용)〉.
3) 헌재 1993. 3. 11. 92헌마191 결정〈기소유예처분취소(취소의 인용)〉.
4) 헌재 1993. 5. 13. 92헌마80 결정〈「체육시설의 설치·이용에 관한 법률 시행규칙」 제 5 조에 대한 헌법소원(위헌)〉. 그 밖에도 대법원은 생수의 국내시판을 불허하는 보사부고시는 헌법상 보장된 직업의 자유와 행복추구권 그리고 환경권을 침해하는 것이므로 무효라 하였다(대법원 1994. 3. 8. 92누1728 판결).

그리스도교의 '신 앞의 평등'에서 찾아볼 수 있다. '신 앞의 평등'이 봉건사회에 있어서의 신분적·계급적 권력지배를 부정하고 인간의 본성에 따른 생래적(生來的)인 자유와 평등을 주장한 17·18세기의 근대 합리주의적 자연법사상의 영향을 받아 '법(률) 앞의 평등의 원칙'(der Grundsatz der Gleichheit vor dem Gesetz)으로 발전하였다.[1]

2) 평등원칙이 근대헌법에 규정되기 위한 전제

56. 평등원칙이 근대 헌법에 규정되기 위한 전제

그러나 근대국가에 있어서의 평등의 원칙은 그 출발에 있어서 시민계급의 정치적 해방의 요청에서 모든 특권계급을 철폐할 것을 내용으로 했으며, 그러한 한에서 하나의 항의적·도전적 개념을 의미하였다.[2] 따라서 평등의 원칙이 헌법에 규정되기 위해서는 18세기에 다음과 같은 근대국가의 두 가지 요청이 관철되기를 기다려야 했다. 첫째, 모든 시민이 국가조직과 통치에 참가해야 한다. 따라서 평등은 처음에는 정치적 평등에서 시작되었다. 둘째, 국가기관은 국민을 신분에 따라 차별하지 않는 법률을 제정하여 평등하게 적용해야 한다.

3) 평등원칙의 헌법상 실정화

57. 평등원칙의 헌법상 실정화

1776년의 버지니아 권리장전은 모든 인간은 생래(生來)부터 평등하다는 것을 처음으로 실정화한 헌법문서로 알려져 있다. 자연법적 평등을 실정법적으로 선언하는 이러한 전통은 미국 독립선언문과 여러 주의 헌법들, 프랑스 인권선언 및 1791년 프랑스헌법에 계승되었다.[3]

그러나 평등의 원리가 오늘날과 같은 형태, 곧 '법(률) 앞의 평등'으로 규정된 것은 1793년 프랑스헌법 제3조가 처음이었다.[4] 그 이후 법(률) 앞의 평등은 19세기의 대부분의 헌법에 규정되게 되었다.[5]

4) 현대의 평등사상

58. 현대의 평등사상

근대의 평등사상이 만인의 평등과 신분적·계급적 인간해방을 내용으로 하

---

[1] E. Kaufmann, Die Gleichheit vor dem Gesetz im Sinne des Art. 109 der Reichs-verfassung, in: *VVDStRL* Heft 3(1926), S. 2ff.(4).

[2] H. P. Ipsen, Gleichheit, in: Neumann-Nipperdey-Scheuner, *Die Grundrechte*, Bd. II, 1954, S. 111ff.(115).

[3] 1791년 9월 3일의 프랑스헌법 제1조 1문: "인간은 자유로운 존재로서 태어나고 존재하며 권리에 있어서 평등하다"(Les hommes naissent et demeurent libres et égaux en droits).

[4] 1793년 7월 24일 프랑스헌법 제3조: "모든 인간은 본래 그리고 법률 앞에 평등하다" (Tous les hommes sont égaux par la nature et devant la loi).

[5] 독일의 경우는 프랑크푸르트헌법 제137조에서 차별금지의 형태로 수용하였다.

는 정치적 평등에 치중하였다면, 현대의 평등사상은 이러한 정치적 평등 외에도 사회현실 속의 구체적 불평등을 제거하고 경제적 약자를 해방시켜 모든 사람에게 인간다운 생활을 보장하려는 경제적 평등의 실현에 주력하고 있다. 바이마르 헌법은 사회국가원리에 입각한 실질적 의미의 평등을 처음으로 규정한 헌법으로 이해되고 있다.

(2) 憲法規定

우리 헌법은 제11조 제 1 항 제 1 문에서 "모든 국민은 법 앞에 평등하다"라고 하여 평등원리를 선언하고, 동 제 2 문에서는 "누구든지 성별·종교 또는 사회적 신분에 의하여 정치적·경제적·사회적·문화적 생활의 모든 영역에 있어서 차별을 받지 아니한다"라고 하여 차별금지사유와 차별금지영역을 예시하고 있다. 그런가 하면 동 제 2 항은 사회적 특수계급을 금지하고, 동 제 3 항은 영전일대의 원칙을 규정하고 있다.

59. 우리 헌법의 평등규정: 제11조

이 밖에도 헌법전문은 "… 정치·경제·사회·문화의 모든 영역에 있어서 각인의 기회를 균등히 하고 … 국민생활의 균등한 향상을 기할 것"을 선언하고 있고, 제31조 제 1 항은 교육의 기회균등을, 제32조 제 4 항은 여자의 근로에 대한 부당한 차별금지를, 제36조 제 1 항은 혼인과 가족생활에 있어서 양성의 평등을, 제41조 제 1 항과 제67조 제 1 항은 국민의 보통·평등·직접·비밀선거를, 제116조 제 1 항은 선거운동에 대한 균등한 기회보장을 규정하고 있다. 또한 제119조와 제123조도 간접적으로 평등을 언급한 규정으로 볼 수 있다.

2. 平等規定의 法的 性格

제11조의 평등규정은 평등의 원리와 일반적 평등권을 동시에 규정하고 있는 것으로 이해된다.

60. 평등규정의 법적 성격: 평등원리＋일반적 평등권

판례 〈「소속촉진 등에 관한 특례법」 제 6 조의 위헌심판(부분위헌)〉 "헌법 제11조 제 1 항의 '모든 국민은 법 앞에 평등하다'는 규정은 기회균등 또는 평등의 원칙을 선언하고 있는바, 평등의 원칙은 국민의 기본권보장에 관한 우리 헌법의 최고원리로서 국가가 입법을 하거나 법을 해석 및 집행함에 있어 따라야 할 기준인 동시에, 국가에 대하여 합리적 이유 없이 불평등한 대우를 하지 말 것과 평등한 대우를 요구할 수 있는 모든 국민의 권리로서 국민의 기본권 중의 기본권인 것이다."(헌재 1989. 1. 25. 88헌가7 결정)

(1) 平等의 原理

61. 평등원리: (1) 전
체법질서의 원칙규
범, (2) 헌법상 모든
보장의 당위적 상태
규정＝헌법상의 최고
이념을 실현함에 있
어 따라야 할 방법상
의 지침제공, (3) 정
치적 영역에서는 민
주국가의 구성원리로
기능하며, 모든 생활
영역에서 기회균등을
요구할 수 있는 근거

평등규정은 모든 국가생활영역과 모든 기본권에(헌법에 열거된 기본권은 물론 헌법에 열거되지 않은 자유와 권리에도) 적용되고 보장되고 있다. 곧 모든 국가생활영역과 모든 기본권은 평등의 원리를 토대로 하고 있다. 평등의 원리는 정의라는 객관적 원리의 표현이며, 우리 법질서의 기본명제라고 할 수 있다.[1] 이렇게 국가생활과 법질서에서 가지는 평등원리의 불가결성 때문에[2] 평등의 원리는 우리 법질서 내에서 인간의 존엄과 비슷한 지위를 가진다고 할 수 있다.[3] 따라서 평등의 원리는 모든 국가활동의 척도가 되며, 우리 헌법의 가치체계의 한 지주(支柱)임과 동시에 전체 법질서의 원칙규범이다. 그렇기 때문에 평등의 원리는 헌법의 핵심요소로서 헌법개정이 불가능하다.[4] 또한 평등의 원리는 헌법재판의 심사기준이 되는 통제규범으로서 자의적인 입법의 금지기준을 의미한다.

> **판례** 〈교통사고처리특례법 제14조 등에 대한 헌법소원 등(일부각하, 일부기각)〉
> "평등원칙은 행위규범으로서 입법자에게, 객관적으로 같은 것은 같게 다른 것은 다르게, 규범의 대상을 실질적으로 평등하게 규율할 것을 요구하고 있다. 그러나 헌법재판소의 심사기준이 되는 통제규범으로서의 평등원칙은 단지 자의적인 입법의 기준만을 의미하게 되므로 헌법재판소는 입법자의 결정에서 차별을 정당화할 수 있는 합리적인 이유를 찾아볼 수 없는 경우에만 평등원칙의 위반을 선언하게 된다. 즉 헌법에 따른 입법자의 평등실현의무는 헌법재판소에 대하여는 단지 자의금지원칙으로 그 의미가 한정축소된다. 따라서 헌법재판소가 행하는 규범에 대한 심사는 그것이 가장 합리적이고 타당한 수단인가에 있지 아니하고 단지 입법자의 정치적 형성이 헌법적 한계 내에 머물고 있는가 하는 것에 국한시켜야 하

---

1) 독일연방헌법재판소는 기본법 제3조 제1항의 일반적 평등의 원칙은 헌법에 의하여 인정된 초실정적 법원리이며(BVerfGE 1, 208, 243), 객관적 정의원리의 한 요소이자 기본법을 지배하는 법치국가원리의 한 요소일 뿐만 아니라(BVerfGE 21, 353, 373), 불문의 자명한 헌법원리로서 모든 법영역에 적용된다(BVerfGE 35, 263, 272)고 한다. 곧 기본법의 헌법적 기본질서는 자유와 평등은 국가질서의 '지속적 기본가치'(dauernde Grundwerte)라는 생각을 기초로 하고 있다(BVerfGE 2, 12). 인간의 존엄과 자유는 모든 인간에게 귀속하며, 그러한 한에서 모든 인간은 평등하기 때문에, 모든 시민을 평등하게 취급하라는 원리는 자유민주주의에서는 자명의 요청이다(BVerfGE 5, 205). 그러므로 법(률) 앞의 평등은 제3조에 성문화된 헌법이 아니라 하더라도 초실정적 법원리에 근거한 우리 헌법질서의 구성부분에 속한다(BVerfGE 1, 233).

2) Th. Schramm, *Statsrecht*, Bd. Ⅱ, S. 116.

3) Th. Maunz/R. Zippelius, *Deutsches Staatsrecht*, S. 211.

4) 독일연방헌법재판소는 평등의 원리를 '초실정법적 법원칙'이라고 한다(BVerfGE 1, 208, 233; 23, 98, 106f.; 84, 90, 121).

며, 그럼으로써 입법자의 형성의 자유와 민주국가의 권력분립적 기능질서가 보장
될 수 있다."(헌재 1997. 1. 16. 90헌마110 등 병합결정)

그러나 엄밀하게 말한다면 평등 자체는 중립적인 개념이다. 평등이라는 중
립적 개념이 의미를 가지기 위해서는 한편으로는 평등은 '무엇에 있어서의 평
등', '평등한 무엇'과 같이 어떤 실체와 결합되어야만 한다. 그러나 다른 한편으
로는 어떤 실체는 평등과 결부되지 않을 때에는 그 의미를 잃게 된다. 곧 인간
의 존엄, 자유, 권리가 보장된다고 하더라도 그것이 평등한 인간의 존엄, 평등한
자유, 평등한 권리가 아닌 한 그러한 보장은 전혀 무의미하다. 따라서 평등의
원리는 우리 헌법상의 모든 보장의 당위적 상태를 규정하며, 인간의 존엄과의
관계에서는 인간의 존엄이라는 헌법의 최고이념을 실현함에 있어서 따라야 할
방법상의 지침을 제공한다.[1]

평등의 원리가 정치적 영역에 적용되는 경우 그것은 민주국가의 구성원리로
서 기능하게 된다. 오늘날 평등한 선거권, 평등한 투표권, 평등한 공무담당권 등
으로 구체화되는 평등의 원리가 부정된다면 민주적 정치질서의 형성은 불가능하
다고 하지 않을 수 없다.[2] 또한 평등의 원리는 모든 생활영역에서 기회의 균등
을 요구할 수 있는 근거가 된다. 특히 현대 사회국가에서는 사회적 평등을 요구
하고, 국가적 급부에 평등하게 참여할 수 있는 근거가 된다.[3]

(2) 一般的 平等權

그런가 하면 일반적 평등권은 국가권력에 의하여 그의 자연의 평등을 침해   62. 일반등권
받지 않는 것과 국가에 대하여 평등한 취급을 할 것을 요구하는 것을 내용으로
하는 개인적 공권[4](방어권)으로서 불평등한 입법에 대하여는 위헌법률심판을, 불
평등한 행정처분[5]과 재판에 대하여는 행정쟁송과 상소를 할 수 있게 하는 근거

---

1) Fr. Münch, *Die Menschenwürde als Grundordnung unserer Verfassung*, S. 8. "인간의 존엄
　은 평등에 대하여 대전제, 곧 더욱 고차원의 보호규정으로 나타난다." Th. Schramm, *Statsrecht*,
　Bd. Ⅱ, S. 123, "평등을 통하여 인간의 독자성, 자기책임성 및 존엄이 확보되어야 한다."
2) 한태연, 헌법학, 법문사, 1985, 912쪽.
3) Th. Schramm, *Statsrecht*, Bd. Ⅱ, S. 123. "일반적 평등사상은 적극적·실질적으로는 사회
　적 기본권과 사회국가원리에 표현된다."
4) G. Leibhoz, *Gleichheit vor dem Gesetz*, 1. Aufl.(1925), 2. Aufl.(1959), S. 115ff., 242ff.;
　Th. Maunz/R. Zippelius, *Deutsches Staatsrecht*, S. 211.
5) 행정처분과 관련해서 평등의 원리는 침해행정과 급부행정(특히 그 중에서도 예외적 승인,
　조세감면, 장려금지급 등과 같은 수익적 행정행위의 발급)에 있어서 재량권행사를 제약하
　는 원리로 작용한다.

조항이 된다. 또한 평등권에 대한 침해는 헌법소원의 대상이 된다.

> **판례** 〈불기소처분에 대한 헌법소원(기각)〉 "검사의 불기소처분이 자의적으로 행사된 경우에 그 피해자는 헌법 제11조에 규정된 평등권과 헌법 제27조 제2항에 규정된 재판절차진술권이 각각 침해되었음을 이유로 헌법소원심판을 청구할 수 있다."(헌재 1992. 7. 23. 91헌마209 결정)

3. '法 앞에 平等'의 主體

(1) '法 앞에 平等'의 主體

63. 법 앞에 평등의 주체

'법 앞에 평등'은 자연인뿐만 아니라 법인과 법인격 없는 단체에게도 주체성이 인정된다는 데에 대하여는 의견이 일치되어 있다.

(2) 外國人의 主體性 與否

1) 학 설

64. 법 앞의 평등의 주체에 외국인이 포함되는가 여부에 관한 학설

그러나 외국인에게 주체성이 인정되는가라는 문제와 관련해서는 부정설(법실증주의자), 제한적 긍정설, 상황적 제한설 등 학설의 대립이 있다. 국내에서는 평등규정에 대한 외국인의 주체성을 전적으로 부정하는 견해는 없는 것으로 보인다. 다만 외국인에게 어떤 근거와 어떤 범위에서 평등권이 인정되는가를 설명함에 있어서는 견해가 나누어져 있다.

제1설은 평등권은 인간의 권리이므로 외국인에게도 적용되나, 국제법의 규정에 따라 호혜주의의 원칙에 의해 약간의 제한이 따르는 경우가 있다고 한다.[1]

제2설은 외국인에게도 원칙적으로 평등의 원칙이 적용되어 외국인도 평등권의 주체가 되는 것으로 보나, 한국국민이 아니고는 누릴 수 없는 정치적 기본권과 같은 공권과 일정한 사법상의 권리는 외국인에게 인정되지 아니한다고 하고, 그러나 외국인에 대하여 적용되는 평등조항의 구체적 범위는 국제법과 상호주의원칙에 따라 결정된다고 한다.[2]

제3설은 평등권이 기본권실현의 방법적 기초로서의 의미와 기능을 가지며 기회균등과 자의금지를 그 내용으로 하는 것이라면 국내거주 외국인도 원칙적으

---

1) 김철수, 헌법학개론, 403쪽.
2) 권영성, 헌법학원론, 376쪽.

로 평등권의 주체가 된다고 이해하고, 다만 평등권의 내용과 의미에 관한 구체적인 해석을 통해서 상황에 따라 외국인의 평등권을 제한하는 것은 가능하다고 한다.[1]

2) 학설에 대한 검토

이렇게 국내학설들은 전제는 다르지만 같은 결론(외국인의 원칙적 평등조항 주체성, 예외적 제한성)을 내리고 있다. 그리고 이러한 결론은 옳은 것으로 보인다.

그러나 제 2 설처럼 외국인에 대하여 적용되는 평등조항의 구체적 범위를 국제법과 상호주의원칙에 따라 결정된다고 하면서도 정치적 기본권과 일정한 사법상의 권리를 처음부터 외국인에게 적용되지 아니한다고 제외시키는 것은 논리적으로 모순이라고 생각한다. 호혜주의를 '네가 무엇을 해 주면, 나도 무엇을 해 주겠다'라고 해석하는 한, 외국에서 어떤 개별평등권을 그곳에 거주하는 우리 국민에게 인정하는 경우 우리도 우리 나라에 거주하는 그 외국인에게 그 개별평등권을 부정할 수는 없을 것이며, 그것은 정치적 기본권이라고 하여 예외가 될 수 없을 것이기 때문이다.

제 3 설이 평등권이 기본권실현의 방법적 기초로서의 의미와 기능을 가지며 기회균등과 자의금지를 그 내용으로 하는 것이기 때문에 외국인에게 원칙적으로 평등권의 주체성이 인정된다는 주장은 그리 설득력이 있는 것처럼 들리지는 않는다. 왜냐하면 어떤 기본권이 어떤 의미와 어떤 기능, 어떤 내용을 가진다는 것이 반드시 그 기본권의 주체성을 결정하는 데 결정적인 것은 아니기 때문이다. 제 3 설의 주장자가 다른 곳에서 주장하는 것처럼 '같은 것'과 '같지 않은 것', '같이 취급할 사항'과 '다르게 취급할 사항'을 결정하는 것은 입법권자의 자유이며, 평등권이 기본권실현의 방법적 기초로서의 의미와 기능을 가지며 기회균등과 자의금지를 내용으로 하고 있기 때문에 국민이 아닌 외국인에게 평등권의 주체성을 부정하는 것이 곧 정의의 관점에서 자의적이라고 평가될 수는 없다. 객관적으로 볼 때 국민은 우리 국적의 소지자로서 우리 국적을 가지지 않은 외국인과는 달리 생활공동체 겸 위험공동체, 곧 운명공동체에 속하기 때문에[2] 국민과 외국인은 객관적으로 다른 것이며, 그렇기 때문에 객관적으로 다른 것을 같게 취급한다면 오히려 그것이 정의에 반하는 자의적인 것이 될 것이다.

65. 법 앞에 평등의 주체에 외국인이 포함되는가 여부에 관한 학설의 검토

---

1) 허영, 한국헌법론, 323·324쪽; 정종섭, 헌법학원론, 437쪽.
2) J. Isensee, Die staatsrechtliche Stellung der Ausländer in der Bundesrepublik Deutschland, *VVDStRL* Heft 32(1974), S. 49ff.(93); Chr. Tomuschat, *Zur politischen Betätigung der Ausländer in der Bundesrepublik Deutschland*, 1968, S. 60.

외국인에게 국민과 마찬가지로 평등권을 인정하려면 국민과 외국인이 같다는 점에서 출발해야 된다. 그렇다면 외국인도 국민과 같이 인간이며, 인간인 한 자연법적 인권의 실정법적 표현인 인간의 존엄을 가지고 있고, 이러한 인간의 존엄의 실현에 평등권이 방법상의 지침을 제공하기 때문에 국민과 마찬가지로 외국인도 원칙적으로 평등권조항의 주체가 되어야 한다는 순으로 논리적인 추론을 하여야 할 것이다. 이미 여러 곳에서 반복한 바 있지만 인간의 존엄과 가치가 우리 헌법의 최고이념이지 정치적 통합이 우리 헌법의 궁극목적은 아닌 것이다. 그러한 한에서 제 3 설의 입장은 수단과 목적, 대전제와 소전제를 혼동하고 있다.

3) 사　견

66. 법 앞에 평등의 주체에 외국인이 포함되는가 여부에 대한 사견

　앞에서 '법 앞의 평등'은 인간의 존엄이라는 헌법의 최고이념을 실현하기 위한 방법상의 지침을 제공하는 평등의 원리와 국가권력에 의하여 그의 자연의 평등을 침해받지 않는 것을 내용으로 하는 개인적 공권으로서의 성격을 병유하고 있다고 하였다. 그러한 한에서 외국인에게 '법 앞에 평등'의 주체성을 부인하기는 어렵다고 본다. 그러나 개별평등권은 호혜주의 원칙에 따라 제한될 수 있다고 본다.

> **판례** 〈「재외동포의 출입국과 법적 지위에 관한 법률」제 2 조 제 2 호 위헌확인 (헌법불합치)〉 "우리 재판소는, 헌법재판소법 제68조 제 1 항 소정의 헌법소원은 기본권을 침해받은 자만이 청구할 수 있고, 여기서 기본권을 침해받은 자만이 헌법소원을 청구할 수 있다는 것은 곧 기본권의 주체라야만 헌법소원을 청구할 수 있고 기본권의 주체가 아닌 자는 헌법소원을 청구할 수 없다고 한 다음, '국민' 또는 국민과 유사한 지위에 있는 '외국인'은 기본권의 주체가 될 수 있다 판시하여(헌재 1994. 12. 29. 93헌마120, 판례집 6-2, 477, 480) 원칙적으로 외국인의 기본권 주체성을 인정하였다. 청구인들이 침해되었다고 주장하는 인간의 존엄과 가치, 행복추구권은 대체로 '인간의 권리'로서 외국인도 주체가 될 수 있다고 보아야 하고, 평등권도 인간의 권리로서 참정권 등에 대한 성질상의 제한 및 상호주의에 따른 제한이 있을 수 있을 뿐이다. 이 사건에서 청구인들이 주장하는 바는 대한민국 국민과의 관계가 아닌, 외국국적의 동포들 사이에 재외동포법의 수혜대상에서 차별하는 것이 평등권 침해라는 것으로서 성질상 위와 같은 제한을 받는 것이 아니고 상호주의가 문제되는 것도 아니므로, 청구인들에게 기본권주체성을 인정함에 아무런 문제가 없다."(헌재 2001. 11. 29. 99헌마494 결정)

4. 平等規定의 內容: '法 앞에 平等'

(1) 法의 意味

'법 앞에 평등'에서 말하는 법은 국회의 의결을 거친 형식적 의미의 법률에 한하는 것이 아니라 실질적 의미의 법을 말한다. 그러한 한에서 제11조 제 1 항의 법은 성문법과 불문법은 물론 자연법까지를 포함한다.

67. 법 앞에 평등에서 '법'의 의미: 실질적 의미의 법

(2) 平等의 意味

1) 상대적 평등

논리적으로 볼 때 시간과 장소를 초월한 절대적 평등은 개념 자체에서 성립될 수 없다. 평등은 상이한 여러 대상이 똑같다고 하는 '동일성'(Identität)과는 다르다. 상이한 여러 대상을 평등하게 취급하는 것은 특정의 '표지'(Merkmal) 또는 특정의 기준에 따라서만 가능하다.[1]

68. 법 앞에 평등에서 '평등'의 의미: 상대적 평등

법 앞에서의 평등은 상대적 평등을 말한다. 곧 법적 평등이라고 함은 종교적인 절대적 무차별 또는 수학적·기계적인 절대적 평등을 뜻하는 것이 아니라, 사실상의 평등은 평등하게, 반대로 사실상의 불평등은 그 '특질적 사실'(eigenartete Tatbestände)에 따라서 불평등하게 법적으로 취급되어야 한다는 상대적 평등을 뜻한다.

> **판례** "헌법 제 9 조에서 말하는 법 앞에서의 평등의 취지는 모든 국민을 절대적으로 평등하게 대우하여야 한다는 것은 아니고 불합리한 차별대우를 금지한다는 취지이다."(대법원 1966. 3. 29. 65누69 판결)

이 때 주의할 점은 상대적 평등의 관념이 불평등한 것을 불평등하게 법적으로 취급한다는 의미는 모든 국가기관에게 '사실에 반하여'(tatbestandswidrig) '자의적으로'(willkürlich) 취급할 것을 금지하는 것을 말한다는 점이다. 특수한 사실의 차이를 자의적으로 무시하여 기계적 평등을 실현한다는 것은 오히려 불평등을 강제하는 결과가 되기 때문이다. 따라서 상대적 평등이라는 것은 합리적 차별을 인정한다는 것과 같다.

---

1) K. Hesse, *Grundzüge des Verfassungsrechts der Bundesrepublik Deutschland*, Rdnr. 432f.

> **판례** 〈「금융기관의 연체대출금에 관한 특별조치법」 제 5 조의 2의 위헌심판(위헌)〉
> "헌법 제11조 제 1 항의 평등의 원칙은 결코 일체의 차별대우를 부정하는 절대적 평등을 의미하는 것이 아니라 법의 적용이나 입법에 있어서 불합리한 조건에 의한 차별을 하여서는 안 된다는 상대적 평등을 의미한다."(헌재 1989. 5. 24. 89헌가37 등 병합결정)

> **판례** 〈토지수용법 제46조 제 2 항의 위헌여부에 관한 헌법소원(합헌)〉 "헌법이 보장하는 평등의 원칙은 개인의 기본권신장이나 제도의 개혁에 있어 법적 가치의 상향적 실현을 보편화하기 위한 것이지 불균형의 제거만을 목적으로 한 나머지 하향식 균등까지 수용하고자 하는 것은 결코 아니다."(헌재 1990. 6. 25. 89헌마107 결정)

> **판례** 〈상속세 및 증여세법 제73조 제 1 항 중 증여세납부세액이 1천만 원을 초과하는 경우 부분 위헌소원(합헌)〉 "평등의 원칙은 본질적으로 같은 것은 같게, 본질적으로 다른 것은 다르게 취급할 것을 요구한다. 그렇지만 이러한 평등은 일체의 차별적 대우를 부정하는 절대적 평등을 의미하는 것이 아니라 입법과 법의 적용에 있어서 합리적인 근거가 없는 차별을 배제하는 상대적 평등을 뜻하고 따라서 합리적 근거가 있는 차별은 평등의 원칙에 반하는 것이 아니다(헌재 2001. 6. 28. 99헌마516, 판례집 13-1, 1393, 1406)."(헌재 2007. 5. 31. 2006헌바49 결정)

2) 합리적 차별과 불합리한 차별의 기준

① 학　설

69. 합리적 차별과 불합리한 차별의 기준에 대한 학설대립: 인간존엄성설, 입법목적설

이렇게 평등을 상대적 평등으로 이해하는 경우에 합리적 차별과 불합리한 차별의 기준에 대해서는 인간존엄성설과 입법목적설이 대립되어 있다. 인간존엄성설은 독일 연방헌법재판소[1]와 헤세 *Hesse*[2] 등이 주장하고 있다. 그에 따르면 인간의 존엄이라는 인격주의이념에 적합한가 위반되는가를 차별 여부의 판단기준으로 삼아야 한다고 한다. 그에 반하여 미국과 일본의 판례와 라이프홀츠 *G. Leibholz*[3]가 주장하는 입법목적설에 따르면 차별이 정당한 입법목적을 달성하기 위하여 불가피하고 또 그것이 사회통념상 적정한 것인가 아닌가를 합리적 차별 여부의 판단기준으로 삼아야 한다고 한다.

---

1) BVerfGE 2, 12.
2) K. Hesse, Der Gleichheitsgrundsatz im Staatsrecht, AöR Bd. 77(1951/52), S. 167ff.
3) G. Leibholz, *Gleichheit vor dem Gesetz*, S. 76, 196.

② 각국 판례의 입장

어떻든 독일에서는 '자의의 금지'(Willkürverbot)를,[1] 미국에서는 '합리성' (reasonableness)을[2] 그 기준으로 들고 있으며, 스위스 연방대법원은 평등은 정의

70. 합리적 차별과 불합리한 차별의 기

---

1) "이성적인, 사물의 본성으로부터 나오는 또는 그 밖에 객관적으로 명백한 근거를 찾을 수 없는 경우, 따라서 정의사상을 지향하는 고찰방법에 있어서 그 규율이 자의적인 것으로 표현될 수밖에 없는" 경우(BVerfGE 1, 14, 52). 또한 BVerfGE 65, 141(148); 74, 182 (200) 도 참조.

　　독일연방헌법재판소의 합리적 차별과 불합리한 차별을 구별하는 기준은 1951. 10. 23. 결정의 어떤 법률규정이 합리적 근거를 결여하고 있음이 명백한가 여부만을 기준으로 판단하는, 즉 헌법재판소가 일반적으로 어떤 법률규정이 입법자가 추구하는 목적을 달성하기에 적합한 것인가 여부를 확인하는 것으로 끝나는 '자의금지 정식'(Willkürverbot, BVerfGE 1, 14, 52)에서, 일반적 평등원칙의 구체화로서 전통적인 자의금지 정식 외에 더욱 엄격한 비례성의 심사기준을 적용하는 1980. 10. 7. 결정의 이른바 '새로운 정식'(die neue Formel, BVerfGE 55, 72ff.)으로, 그리고 생활사태의 불평등대우라 하더라도 당사자가 자신의 행동을 통해서 불평등대우의 법적 효과를 회피할 수 없을 때에는 인적 평등의 문제와 마찬가지로 엄격한 비례성의 심사기준을 적용하는 1993. 1. 26. 결정의 '최신의 정식'(BVerfGE 88, 87ff.)으로 세분화되고 있다(자세한 것은 헌법 제11조 제 1 항 제 1 문의 규범프로그램을 '일반적 자의금지의 원칙'과 '일반적 평등대우의 원칙'으로 구별하고 다시 '일반적 평등대우의 원칙'을 그 효력영역에서 인간의 존엄성과 인격의 평등을 내용으로 하는 핵심영역(Kernbereich, 기초적 평등의 영역, Egalitärbereich)과 사회적 관련성을 띠는 주변영역(Randbereich)으로, 주변영역을 작용영역(Auswirkbereich, 객관적 생활관계를 입법자가 불평등하게 대우할 경우 개인이 스스로 극복할 수 없는 불이익이 발생하는 영역)과 자의영역(Willkürbereich, 입법자가 불평등대우를 하더라도 당사자의 지력에 의한 회피가능성이 있는 영역)으로 구분한 후, 그 각각에 따라 다른 통제를 해야 한다고 하는 김주환, 입법자의 평등에의 구속과 그에 대한 통제, 헌법논총 제11집(2000), 헌법재판소, 431쪽 이하, 특히 445-464쪽 참조).

2) 미연방대법원의 평등에 대한 사법심사기준은 합리성기준에서 워렌 *Warren*법원시대의 2중심사기준으로 그리고 버거 *Burger*법원의 3중심사기준으로 발전하고 있다.

　　1. 합리성기준은 입법적 분류와 이에 따른 차별대우가 법률의 목적과 관련하여 합리성이 있으면 이를 합헌으로 보는 전통적 기준을 의미한다. 이 기준에 따르면 ① 주의회에 광범위한 재량을 인정하고 입법에 의한 차별에 합리적 기초가 없거나 순전히 자의적인 경우만 금지되며, ② 다소간 합리적 기초를 가진 차별은 단지 수학적 정확성을 가지고 있지 아니하거나 실제로 그 결과가 약간 불평등하여도 평등보호조항에 위반되는 것이 아니며, ③ 차별의 합리성을 지지하는 사실이 입법시에 존재하였음이 추정되며, ④ 그러한 차별의 위헌성을 주장하는 자가 그 차별이 합리적 기준에 의해서가 아니라 자의적이라는 사실을 입증하여야 한다고 한다. 이 심사기준에 대하여는 입법의 합헌성을 추정하며 정부의 재량을 너무 넓게 인정하여 남녀평등에 대한 헌법적 보호기능을 제대로 수행하지 못했다는 비판이 있다.

　　2. 2중심사기준은 평등문제를 2원화시켜 '회의적 차별'(suspect classification: 인종, 출신국, 종교에 주로 적용)이나 '기본적 권익'(fundamental interests: 기본적 인권으로서 헌법상 보장되어 있는 권리와 투표권, 항소권, 주간(州間)통행권 등)에 해당하는 사항에 대하여는 엄격심사기준을, 사회경제적 입법에 대하여는 최소한의 합리성기준을 적용하는 방법이다. 엄격심사기준이 적용되는 경우에는 입법이 합헌이기 위해서는 단순히 입법목적과 차

를 뜻하고 정의에 반하는 것은 자의라고 한다.

우리 헌법재판소는 합리성과 자의금지, 정의와 형평 등을 그 기준으로 들고, 합리적 차별 여부는 ① 인간의 존엄성존중이라는 헌법의 최고원리와, ② 정당한 입법목적의 달성, ③ 수단의 적정성이라는 세 가지 복합적 요소를 기준으로 판단하여야 한다고 한다.[1] 또한 헌법재판소는 통제규범으로서의 평등원칙에

별간에 합리적 관련성만을 요구하는 것이 아니라 입법목적이 긴요한 것이어야 하고 그 목적을 달성하기 위해 그 차별이 필수적이어야 한다.

3. 2중심사기준은 두 가지 기준을 적용하여 엄격심사의 경우 거의 위헌판결을 하고, 최소한의 합리성심사를 하는 경우에는 거의 합헌판결을 하는 결과를 가져왔다. 따라서 *Burger*법원에 와서는 Craig v. Boren 사건(1976) 이래 2중심사기준 외에 중간심사기준을 더하여 3중심사기준이 적용되게 되며, 이는 렌퀴스트 *Rehnquist*법원에서도 유지되고 있다.

중간심사기준은 남녀, 적서문제에 있어서 차별을 하는 입법의 합헌여부를 결정함에 있어 ① 그 법이 중요한 통치목적을 증진시키고 있는가, ② 그러한 차별대우가 그 목적수행에 실질적 관련을 가지는가라는 기준에 따라 판단한다. 이는 합법적 통치목적과 합리적 관련성을 입증해야 하는 합리적 기준보다는 심사기준이 엄격하고, 긴요한 목적과 필수적 관련성을 입증해야 하는 엄격심사기준보다는 완화된 기준을 의미한다. 이러한 중간심사기준의 채택은 여성차별에 대한 미연방대법원의 적극적 자세를 보여주는 것이다. 평등규정과 관련된 미국의 합헌성판단기준에 대하여는 문홍주, 제6공화국 한국헌법, 233쪽 이하; 서주실, 합리적 차별기준에 관한 연구, 고시계(1984년 1월), 14쪽 이하; 김문현, 헌법상의 남녀평등, 고시연구(1995년 1월), 133쪽 이하(특히 139-141쪽); 안경환, '평등권 — 미국헌법을 중심으로', 「기본권의 개념과 범위에 관한 연구」(헌법재판연구 제6권), 헌법재판소, 1995, 37쪽 이하; 이우영, 미국 연방대법원의 위헌심사기준으로서의 '이중 기준', 헌법실무연구 제9권, 박영사, 2008, 317쪽 이하 참조.

또 박경신, 자도소주 구입명령판결에 대한 평석, 헌법실무연구 제1권(2000), 171쪽 이하(202쪽)는 다음과 같이 말하고 있다. "미국에서는 이성적 근거심사를 기본으로 하고(이 원칙이 입법자의 형성의 자유를 표명한다) 다음과 같은 세 가지 상황에서 심사강도를 높이는 것으로 확인되고 있다. ① fundamental right나 fundamental interest가 관련되어 있지 않았다 하더라도 국가가 사람들을 자의적으로 구분하는가, 또는 자의적인 개연성이 보이는가, 즉 Suspect Classification이 존재할 때, ② 자의적인 개연성이 보이지는 않더라도 차별의 방법(차별이 무엇인가를 국민들에게 불평등하게 나누어주는 거라면 나누어주는 그 무엇)이 매우 중요한 것일 경우, 즉 Fundamental Interest를 가지고 차별할 때, ③ 차별의 기준이 Fundamental right를 행사했는가일 때(Shapiro v. Thompson), 또 같은 말로 Fundamental Right를 제한할 때."

[1] 헌재 1994. 2. 24. 92헌마43 결정; 〈형법 제35조 등 위헌소원(일부각하, 일부합헌)〉 "형법 제35조가 누범에 대하여 형을 가중한다고 해서 그것이 인간의 존엄성존중이라는 헌법의 이념에 반하는 것도 아니며, 누범을 가중하여 처벌하는 것은 사회방위, 범죄의 특별예방 및 일반예방, 더 나아가 사회의 안녕질서의 목적을 달성하기 위한 수단이기도 한 것이므로 이는 합리적 근거 있는 차별이어서 헌법상의 평등의 원칙에 위배되지 아니한다"(헌재 1995. 2. 23. 93헌마43 결정). 그런가 하면 헌법재판소는 '차별목적의 정당성·필요성에 있어서나 그 수단의 적정성에 있어서 합리적 근거가 있어야 한다'(헌재 1989. 5. 24. 89헌가 37 등 병합결정)고 하고, 더 나아가 차별수단의 적정성에 보태어 '피해의 최소성, 법익형평성 등을 아울러 고려하여야 한다'(헌재 1992. 6. 26. 91헌가8 등 병합결정)고 하면서 차

대해서는 사법자제적인 태도를 취하고 있으며,[1] 최근에는 독일연방헌법재판소의 '최신의 정식'(das neueste Formel)[2] 의 영향을 받아 입법자가 평등원칙에 위반했는가 여부에 대한 심사를 엄격한 심사척도와 완화된 심사척도로 단계화하고 있다. 이때 엄격한 심사를 한다는 것은 자의금지원칙에 따른 심사, 즉 합리적 이유의 유무를 심사하는 것에 그치지 아니하고 비례성원칙에 따른 심사, 즉 차별취급의 목적과 수단간에 엄격한 비례관계가 성립하는지를 기준으로 한 심사를 행함을 의미한다.

> **판례** 〈「국가유공자 예우 등에 관한 법률」 제70조 등 위헌소원(위헌, 합헌)〉
> "평등위반 여부를 심사함에 있어 엄격한 심사척도에 의할 것인지, 완화된 심사척도에 의할 것인지는 입법자에게 인정되는 입법형성권의 정도에 따라 달라지게 될 것이다. 차별적 취급으로 인하여 관련 기본권에 대한 중대한 제한을 초래하게 된다면 입법형성권은 축소되어 보다 엄격한 심사척도가 적용되어야 할 것이다. 그런데 가산점제도는 헌법 제25조에 의하여 보장된 공무담임권이라는 기본권의 행사에 중대한 제약을 초래하는 것이다(가산점제도가 민간기업에 실시될 경우 헌법 제15조가 보장하는 직업선택의 자유가 문제될 것이다). 따라서 가산점제도에 대하여는 엄격한 심사척도가 적용되어야 한다."(헌재 1999. 12. 23. 98헌바33 결정)

> **판례** 〈「제대군인 지원에 관한 법률」 제8조 제1항 등 위헌확인(위헌)〉 "헌법에서 특별히 평등을 요구하고 있는 경우 엄격한 심사척도가 적용될 수 있다. 헌

별수단이 신중하게 다루어져야 한다는 것을 요구하고 있으며, 자의적인 차별의 금지도 받아들이고 있다(헌재 1993. 7. 29. 89헌마31 결정; 헌재 1989. 9. 8. 88헌가6 결정).

1) 헌재 1997. 1. 16. 90헌마110 등 병합결정〈교통사고처리특례법 제4조 등에 대한 헌법소원 등(일부각하, 일부기각)〉.

2) '최신의 정식'에 따르면 일반적 평등원칙은 규율대상과 차별기준에 따라서 각각 단순한 자의금지로부터 비례성의 요청에 이르기까지 입법자를 구속하는 다양한 한계가 도출된다고 한다. 곧 입법자가 개별적 평등원칙에서 언급되고 있는 차별금지의 표지들과 유사한 표지들을 근거로 인적 집단을 불평등 대우하는 경우에는 원칙적으로 엄격한 구속을 받게 된다. 그리고 인적 집단의 불평등대우가 소수의 차별로 이르게 될 위험성이 크면 클수록 그리고 사람이나 사태의 불평등대우가 기본권적으로 보호된 자유의 행사에 불리한 영향을 미치면 미칠수록, 입법자의 형성의 자유는 그만큼 더 축소된다. 이와 같은 경우에 헌법재판소는 그와 같은 차별을 정당화할 수 있을 정도의 속성과 비중을 지니는 근거들이 존재하는가 여부를 엄격하게 심사한다. 이에 반해서 동일한 규범수반자의 서로 다른 행위에 대하여 규율맥락에 따라서 각각 서로 다른 법적 효과를 부여하는 경우에는 당사자가 어느 정도로 자신의 행동을 통해서 그 차별을 회피할 수 있는가에 따라서 입법자의 형성의 자유가 결정된다. 당사자의 자력에 의한 회피가능성이 인정되는 경우에는 헌법재판소는 전통적인 자의금지를 심사기준으로 적용한다. BVerfGE 88, 5(12); 88, 87(96f.) 참조.

법이 스스로 차별의 근거로 삼아서는 아니 되는 기준을 제시하거나 차별을 금지하고 있는 영역을 제시하고 있다면 그러한 기준을 근거로 한 차별이나 그러한 영역에서의 차별에 대하여 엄격하게 심사하는 것이 정당화된다. 다음으로 차별적 취급으로 인하여 관련기본권에 중대한 제한을 초래하게 된다면 입법형성권은 축소되어 보다 엄격한 심사척도가 적용되어야 할 것이다."(헌재 1999. 12. 23. 98헌마363 결정)

판례 〈상속세 및 증여세법 제73조 제 1 항 중 증여세납부세액이 1천만 원을 초과하는 경우 부분 위헌소원(합헌)〉 "평등원칙 심사는 차별근거와 규율영역의 특성 등에 따라 그 심사의 강도를 달리한다. 즉, 입법자의 형성의 자유와 민주국가의 권력분립적 기능질서를 보장하는 차원에서, 일반적으로 헌법재판소의 심사기준이 되는 통제규범으로서의 평등원칙은 단지 자의적인 입법의 금지만을 의미한다. 그러므로 헌법재판소는 입법자의 결정에서 차별을 정당화할 수 있는 합리적인 이유를 찾아볼 수 없는 때에만 평등원칙의 위반을 선언하게 된다(헌재 1997. 1. 16. 90헌마110 등, 판례집 9-1, 90, 115 참조).

그러나 헌법에서 특별히 평등을 요구하고 있는 경우, 다시 말하여 헌법이 직접 차별의 근거로 삼아서는 안 되는 기준이나 차별을 특히 금지하는 영역을 제시하는 경우에는 그러한 기준을 근거로 한 차별이나 그러한 영역에서의 차별에 대하여 엄격히 심사하여야 하며, 차별적 취급으로 인하여 관련 기본권에 대한 중대한 제한이 초래되는 경우에도 엄격한 심사척도를 적용하여야 한다(헌재 1999. 12. 23. 98헌마363, 판례집 11-2, 770, 787-788 참조). 여기서 엄격히 심사를 한다는 것은 단지 차별의 합리적 이유의 유무만을 확인하는 정도를 넘어, 차별의 이유와 차별 간의 상관관계에 대해서, 즉 비교대상 간의 사실상의 차이의 성질 및 비중 또는 입법목적(차별목적)의 비중과 차별의 정도에 적정한 균형관계가 이루어져 있는지에 대해서도 심사함을 의미한다(헌재 2001. 2. 22. 2000헌마25, 판례집 13-1, 386, 403; 헌재 2003. 6. 26. 2002헌가14, 판례집 15-1, 624, 657 등 참조)." (헌재 2007. 5. 31. 2006헌바49 결정)

③ 그 밖의 기준들

71. 합리적 차별과

이 밖에도 여러 가지 기준이 제시되고 있다.[1] 그러나 어떠한 조치가 자의이

---

1) K. Hesse, *Grundzüge des Verfassungsrechts der Bundesrepublik Deutschland*, Rdnr. 433은 구별의 표지가 입법목적과 관련하여 본질적인가 여부를, E. Stein, *Staatsrecht*, S. 245f.는 차별기준이 헌법에 적합한가, 차별목적이 헌법에 적합한가, 차별기준이 차별목적에 적합한가라는 세 가지 기준을, 김문현, '헌법상의 남녀평등', 136쪽은 사실상 차이가 존재할 것, 이러한 차이에 따른 차별적 대우가 정당한 입법목적에 기초한 것일 것, 그러한 입법목적을 달성하기 위하여 차별적 대우가 필요할 것, 차별대우의 정도의 태양이 적정한 범위 내의 것일 것 등을 들고 있다.

냐(비합리적이냐)하는 문제는 그 조치의 주관적 동기를 떠나서 객관적으로 그 자의의 실질적 내용을 그 표준으로 하지 않으면 안 된다.[1] 뿐만 아니라 어떠한 사태를 평등하게 취급해야 할 것이냐 아니냐 하는 문제는 그 사태를 측정하는 여러 가지 기준에 있어서 그 기준이 과연 그 사태에 대한 본질적 규준이냐 여부에 따라서 결정되게 된다. 따라서 사태의 측정에 있어서 그 사태에 본질적 규준이 아닌 다른 기준에 의하여 그 사태를 취급했을 때에는 그것은 자의의 개념에 해당된다.[2] 그 일례로 어떠한 사태의 판단에 있어서 인간을 그 본질적 규준으로 할 때에는 자국인과 외국인의 구별이 없지만, 한국인을 규준으로 할 때에는 자국인과 외국인에 대한 불평등한 취급이 가능하다고 하겠다.

불합리한 차별에 대한 그 밖의 기준

④ 상대적 평등의 의미

결국 법적 평등이 상대적 평등을 의미한다는 것은 개인의 연령·성별 또는 직업 기타 특별한 대인관계 등을 고려하여 정의·도덕·합목적성 등의 요청에 따라서 합리적으로 차별하는 것까지를 금하는 것은 아니라고 해석된다.[3] 그러나 정치적 영역에서는 절대적 평등이, 사회적·경제적·문화적 영역에서는 상대적 평등이 더 강조될 수는 있을 것이다.

72. 상대적 평등의 의미: 합리적 차별까지를 금하는 것은 아니다

3) '역평등'(reverse equality)과 '역차별'(reverse discrimination)의 문제

역평등이란 특히 취업과 교육분야에서 유색인과 여성 등 경제적·사회적 약자에 대하여 1972년의 Executive Order 11375에 근거하여 국가가 '우선적 처우'(preferential treatment)나 '적극적 조처'(affirmative action)를 함으로써 실질적 평등을 기하려는 평등의 현대적 경향을 말한다. 과부에게는 재산세를 면제해 주면서 처를 잃은 남자에게는 이를 면제해 주지 않는 법률을 합헌으로 본 미연방대법원의 칸(Kahn v. Shevin, 416 U.S.351, 1974년) 사건이 그 예이다.

73. 역평등

그러나 이는 상대적으로 백인이나 남성에게 불평등을 초래하게 되는 역차별

74. 역차별

---

1) G. Leibholz, *Grundgesetz-Kommentar*, 3. Aufl. S. 65.
2) K. Hesse, *Grundzüge des Verfassungsrechts der Bundesrepublik Deutschland*, S. 185.
3) 이러한 견지에서 1967년 2월 28일자 대법원판결은 강간죄의 객체를 부녀만으로 규정한 형법조항을 합헌으로 보고 있다. "왜냐하면 헌법의 평등조항은 구체적 인간으로서의 차이로 인한 일반사회의 관념상 합리적인 차별까지를 금하는 것은 아니고, 형법 제297조는 사회적·도덕적인 견지에서 피해자인 부녀를 보호하자는 것이기 때문이다. 즉 강간죄에 있어서 그 객체를 부녀로 한 것은 남녀의 생리적·육체적 차이에 의하여 강간이 남성에 의하여 감행되는 것을 보통으로 하는 실정에 비추어 사회도덕적 견지에서 피해자인 부녀를 보호하자는 것이고, 이로 인하여 일반사회관념상 합리적 근거로 특권을 부녀에게만 부여하고 남성에게 불이익을 주었다고 할 수 없다." 그러나 2012. 12. 18. 형법개정으로 강간죄의 객체는 '사람'으로 규정되었다.

의 문제(Regents of University of California v. Bakke, 1978)를 불러일으키고 있다.

4) 법정립상의 평등과 법적용상의 평등

① 독일의 경우

75. 평등규정의 구속력에 대한 독일헌법들의 입장

바이마르헌법 제109조 제1문은 '모든 독일인은 법률 앞에 평등하다'(Alle Deutschen sind vor dem Gesetz gleich)라고 규정하고 있었기 때문에 '법률 앞에'(vor dem Gesetz)라는 표현의 규범적 의미와 관련하여 법적용평등설(입법자비구속설)[1]과 법내용평등설(입법자구속설)[2]이 대립되어 있었다. 전자의 주장은 '법률 앞에 평등'에서 법률은 법률제정자에 의하여 제정되는 것이기 때문에 입법자를 구속할 수 없다는 것이었고, 후자의 견해는 '법률'(Gesetz)이 '법'(Recht)에 합치되는 한에서만 정당하다고 볼 수 있기 때문에 법률제정자인 입법자를 구속할 수밖에 없다는 것이었다. 그러나 1925년[3]을 전후해서 평등규정은 모든 국가권력을 기속한다는 것이 통설이 되었다.[4]

본기본법 제3조 제2항은 '모든 인간은 법률 앞에 평등하다'(Alle Menschen sind vor dem Gesetz gleich)라고 하여 '법률 앞에'(vor dem Gesetz)라는 표현을 답습하고 있다. 그러나 동 제1조 제3항은 '이하의 기본권은 직접 효력을 갖는 법으로서 입법, 집행 및 사법을 구속한다'고 하여 이 문제를 입법적으로 해결하였다.[5]

---

1) G. Anschütz, *Die Verfassung des Deutschen Reiches*, 14. Aufl.(1933), S. 522ff.; R. Thoma, *Handbuch des Deutschen Staatsrechts* Ⅱ, 1932, S. 151ff.

2) G. Leibholz, *Gleichheit vor dem Gesetz*, S. 82.

3) H. Triepel, *Goldbilanzenverordnung und Vorzugsaktien*, 1924, S. 26ff.; G. Leibholz, *Gleichheit vor dem Gesetz*, S. 34; E. Kaufmann, Die Gleichheit vor dem Gesetz im Sinne des Art. 9 der Reichsverfassung, *VVDStRL* Heft 3(1927), S. 5f.

4) 법적용평등설과 법내용평등설의 대립은 바이마르헌법하의 독일에만 한정된 현상이었다고 할 수 있다. 왜냐하면 스위스와 미국에서는 훨씬 이전부터 평등조항은 모든 국가권력을 기속하는 것으로 이해되었기 때문이다. 스위스의 판례와 통설은 1847년 이후부터 동헌법 제4조 "모든 스위스인은 법률 앞에 평등하다"라는 규정을 전체 법질서를 지배하는 원칙으로 해석하고, 동조항의 표현과 관계 없이 입법, 행정, 사법을 구속하는 것으로 간주하였으며 (W. Burckhardt, *Kommentar der schweizerischen Bundesverfassung*, 1931, S. 25), 미국에서는 '평등한 법의 보호'(equal protection of law)와 '법의 평등'(equality of law)의 근거가 되는 1789년 연방수정헌법의 '정당한 법의 절차'(due process of law)조항이 입법도 구속하는 것으로 보고 있다.

5) 그러나 K. Doehring, *Staatsrecht der Bundesrepublik Deutschland*, 1976, S. 276은 평등규정이 입법자까지도 구속할 수 있다는 해석은 위헌법률심사제도 때문에 가능하게 되었다고 한다. 왜냐하면 법문에 충실한 해석은 오랜 전통을 가진 것이며, 이 전통을 따르면 '법률 앞에 평등'에서 '법률'이 중요한 역할을 하며, 그러한 한에서는 입법자는 평등조항의 구

② 평등규정의 구속력에 대한 우리 헌법의 태도

우리 헌법에는 독일 기본법 제 1 조 제 3 항과 같은 규정이 없지만, 제10조 제 2 문의 해석상 기본권이 모든 국가권력을 구속한다는 데에는 이견이 없다. 더 나아가서 제11조 제 1 항 제 1 문은 '모든 국민은 법 앞에 평등하다'고 규정하여 '법률 앞에 평등'이 아닌 '법 앞에 평등'이란 표현을 사용하고 있다. 뿐만 아니라 우리 헌법은 의회만능주의와 법실증주의에 대한 불신의 표현으로서 위헌법률 심사제도를 확립해 놓고 있다(제111조). 따라서 법 앞에서의 평등은 입법·사법·행정 등 모든 국가권력을 구속하는 것이며, 그것은 법정립(法定立)에 있어서의 평등(=법률의 평등, 법내용의 평등)과 법적용(法適用)에 있어서의 평등의 양자를 의미한다.[1][2]

판례 〈「특정범죄 가중처벌 등에 관한 법률」 제 5 조의3 제 2 항 제 1 호에 대한 헌법소원(위헌)〉 "우리 헌법이 선언하고 있는 인간의 존엄성과 법 앞의 평등은 행정부나 사법부에 의한 법적용상의 평등만을 의미하는 것이 아니고, 입법권자에게 정의와 형평의 원칙에 합당하게 합헌적으로 법률을 제정하도록 하는 것을 명하는 법내용상의 평등을 의미하고 있기 때문에 그 입법내용이 정의와 형평에 반하거나 자의적으로 이루어진 경우에는 평등권 등을 본질적으로 침해한 입법권의 행사로서 위헌성을 면하기 어렵다."(헌재 1992. 4. 28. 90헌바24 결정)

③ 평등규정과 입법권자의 형성의 자유

'공정한 기준'(gerechte Kriterien)에 따라 같은 것과 같지 않은 것, 같이 취급할 사항과 다르게 취급하여야 할 사항을 결정하는 것은 입법권자의 형성의 자유에 속한다. 그리고 이러한 입법권자의 형성의 자유는 가능하면 존중되어야 한다.

그러나 이러한 입법권자의 형성의 자유는 그 입법내용이 정의와 형평에 반하거나 자의적으로 이루어져서는 안 된다는 한계가 있다. 곧 법률은 헌법과 '법'(Recht)에 합치되지 않으면 안 된다. 예컨대 입법권자가 평등권을 침해했는지의 여부는 단순히 제정법률의 형식적 요건이나 내용은 물론 법률의 실질적인 내용

속을 받지 않을 것이라는 것이다.
1) 판례: "법 앞에서의 평등의 원칙은 법을 적용함에 있어서뿐만 아니라 입법을 함에 있어서도 불합리한 차별을 하여서는 아니 된다는 것을 뜻한다"(헌재 1989. 5. 24. 89헌가37·96 병합결정).
2) 그러나 법 앞에 평등은 불법에 있어서의 평등을 의미하지는 않는다. 예컨대 어떤 형사범도 다른 형사범이 처벌받지 않는다는 것을 근거로 자신에 대한 형벌의 면제를 요구할 수는 없으며, 형벌이 과해질 어떤 행위가 형벌을 받지 않았다고 해서 같은 평가를 받는 행위가 무죄라고 주장할 수는 없다(BVerfGE 50, 142, 166 참조).

76. 평등규정의 구속력에 대한 우리 헌법의 태도

77. 평등규정과 입법권자의 형성의 자유

을 기준으로 판단해야 하기 때문에, 법률이 형식면에서는 차별대우를 금지하는 것으로 규정하고 있지만, 그 법률의 집행 내지 적용과정에서 차별대우가 불가피하게 되는 경우에는 그것 역시 평등권을 침해한 입법권의 행사라고 평가할 수 있을 것이다.[1]

> **판례** 〈국적법 제 2 조 제 1 항 제 1 호 위헌제청(헌법불합치, 각하)〉 "헌법 제11조 제 1 항이 규정하고 있는 평등원칙은 법치국가질서의 근본요청으로서 모든 국가기관에게 법을 적용함에 있어서 정당한 근거 없이 개인이나 일정한 인적 집단을 불평등하게 대우하는 것을 금지한다. 따라서 모든 사람은 평등하게 법규범을 통해서 의무를 부담하고 권리를 부여받으며, 반대로 모든 공권력주체에 대해서는 일정한 사람들에게 유리하거나 불리하게 법을 적용하거나 적용하지 않는 것이 금지된다. 그러나 헌법 제11조 제 1 항의 규범적 의미는 이와 같은 '법 적용의 평등'에서 끝나지 않고, 더 나아가 입법자에 대해서도 그가 입법을 통해서 권리와 의무를 분배함에 있어서 적용할 가치평가의 기준을 정당화할 것을 요구하는 '법 제정의 평등'을 포함한다. 따라서 평등원칙은 입법자가 법률을 제정함에 있어서 법적 효과를 달리 부여하기 위하여 선택한 차별의 기준이 객관적으로 정당화될 수 없을 때에는 그 기준을 법적 차별의 근거로 삼는 것을 금지한다. 이때 입법자가 헌법 제11조 제 1 항의 평등원칙에 어느 정도로 구속되는가는 그 규율대상과 차별기준의 특성을 고려하여 구체적으로 결정된다."(헌재 2000. 8. 31. 97헌가12 결정)

5. 平等規定의 適用

(1) 差別禁止事由

78. 우리 헌법상 차별금지사유

평등규정의 적용에 관하여 제11조 제 1 항 제 2 문은 구체적으로 중요한 사항을 예시하고 있다. 그에 따르면 차별의 이유로 해서는 안 되는 사항은 성별·종교·사회적 신분이다. 그렇다고 해서 본 조항의 예시에서 누락된 사항을 차별의 이유로 해도 좋다는 취지는 아니다. 본 조항에 열거되어 있지 아니한 중요한 사항으로는 인습·정치적 신조·학력·출신지역 등이 있으며, 이를 이유로 한 차별도 용인될 수 없다.[2]

---

1) BVerfGE 8, 64; Th. Maunz/R. Zippelius, *Deutsches Staatsrecht*, S. 213f.; 허영, 한국헌법론, 326쪽 참조.
2) 헌법재판소는 헌법 제11조 제 1 항이 예시하고 있는 '성별·종교 또는 사회적 신분'은 민주제의 기본요소에 해당되고 동 사유에 의한 차별취급은 통상 허용할 수 없는 것으로 인정되어 합리적인 근거가 없는 차별로 인정되기 때문에 합헌이라고 주장하는 측이 합리적 차

　　성별을 차별금지사유로 삼아서는 안 된다는 것은 구체적으로 남녀평등을 선언한 것이다. 따라서 남녀의 성에 관한 가치판단에 의한 차별은 금지된다.[1] 그러나 남녀의 생리·능력에 따른 차이에 따라 차별하는 것은 합리적인 것으로 인정된다. 따라서 예컨대 남자에게만 병역의 의무를 지우는 것, 여성에게만 생리휴가를 주거나 특별히 근로보호를 하는 것 등은 합리적인 것으로 헌법상 허용된다 할 것이다.

> **판례** "여성전용직종으로 보이는 전화교환원의 정년을 43세로 제한한 한국전기통신공사의 인사규정은 근로기준법 제 5 조의 남녀차별금지규정에 해당하므로 무효이다."(대법원 1988. 12. 27. 85다카657 판결)

　　종교를 차별금지사유로 삼아서는 안 된다는 것은 종교평등을 선언한 것이다. 특정종교의 신앙 또는 신앙의 유무에 의한 차별대우는 인권사에서 예나 지금이나 중대한 문제가 되고 있다. 따라서 종교의 차이에 따른 차별금지가 특히 요청된다. 종교평등은 종교의 자유의 내용이 되기도 한다. 종교를 이유로 한 차별은 이른바 경향기업에서의 근무관계라든가 종교단체에서 운영하는 사립학교에서 문제된다.

　　사회적 신분은 출생에 의한 선천적 신분(귀화인, 전과자의 자손, 존·비속 관계[2])뿐만 아니라, 후천적으로 사회적 평가를 수반하면서 장기간 차지하고 있는 지위도 포함한다. 구체적으로는 귀화인, 전과자, 공무원, 파산자, 노동자, 교원, 농민, 상인, 학생, 변호사[3] 등이 사회적 신분에 해당된다. 그러나 이른바 형법상

별취급이라는 점을 입증하여야 하나, 그 밖의 사유에 의한 차별취급에 관하여는 대의민주기관의 입법행위는 합헌으로 추정되고, 차별취급 또한 합리성의 추정을 받게되는 것인바, 이 사건에서의 쟁점인 선거권 '연령'은 위 예시사항 중 '사회적 신분'으로 볼 수도 없으므로 18-19세 국민들에 대한 선거권 연령제한이 위헌이라고 주장하는 청구인들이 합리성이 결여된 차별취급이라는 점을 논증할 책임이 있다고 하였다.
1) 독일연방헌법재판소는 양성평등은 비록 어떤 규정이 이성적이고 객관적으로 근거지어진 것이라 하더라도 그것이 남성을 특히 우대하는 규정인 한 그러한 규정을 허용하지 않는다고 한다(BVerfGE 15, 337(344). 미연방대법원은 '남성의 입학을 배제하는 주립간호대학의 입학정책은 평등원칙을 위반한 것'이라 하였다(Mississippi University for Women v. Hogan 1982).
2) 헌법재판소는 상속세법 제29조의4의 제 2 항에 대한 위헌심판사건에서 배우자 및 직계존·비속 사이의 부담부증여에 대한 증여세과세가액산정에 있어 수증자가 부담할 채무액을 비공제하는 것은 증여당사자의 특수한 신분관계가 있다는 이유로 차별한 것이므로 위헌이라고 하였다(헌재 1992. 2. 25. 90헌가69 등 병합결정).
3) 헌법재판소는 "변호사강제주의가 변호사라는 사회적 신분에 의한 헌법재판권행사의 차별

신분(상습도박죄, 누범가중, 업무상횡령죄, 업무상 과실치사상죄)으로 형이 가중되는 경우는 사회적 신분에 의한 차별이 아니다.

> **판례** 〈형법 제35조 등 위헌소원(일부각하, 일부합헌)〉 "누범을 가중처벌하는 것은 전범에 대한 형벌의 경고적 기능을 무시하고 다시 범죄를 저질렀다는 점에서 비난가능성이 많고, 누범이 증가하고 있다는 현실에서 사회방위, 범죄의 특별예방 및 일반예방이라는 형벌목적에 비추어 보아, 형법 제35조가 누범에 대하여 형을 가중한다고 해서 그것이 인간의 존엄성 존중이라는 헌법의 이념에 반하는 것도 아니며, 누범을 가중하여 처벌하는 것은 사회방위, 범죄의 특별예방 및 일반예방, 더 나아가 사회의 질서유지의 목적을 달성하기 위한 수단이기도 하는 것이므로 이는 합리적 근거 있는 차별이어서 헌법상의 평등의 원칙에 위배되지 아니한다." (헌재 1995. 2. 23. 93헌바43 결정)

> **판례** 〈형법 제259조 제 2 항 위헌소원(합헌)〉 "비속의 직계존속에 대한 존경과 사랑은 봉건적 가족제도의 유산이라기보다는 우리 사회윤리의 본질적 구성부분을 이루고 있는 가치질서로서, 특히 유교적 사상을 기반으로 전통적 문화를 계승·발전시켜 온 우리나라의 경우는 더욱 그러한 것이 현실인 이상, '비속'이라는 지위에 의한 가중처벌의 이유와 그 정도의 타당성 등에 비추어 그 차별적 취급에는 합리적 근거가 있으므로, 이 사건 법률조항은 헌법 제11조 제 1 항의 평등원칙에 반한다고 할 수 없다."(헌재 2002. 3. 28. 2000헌바53 결정)

(2) 差別禁止領域

79. 우리 헌법상 차별금지영역: 모든 영역

헌법 제11조 제 1 항 제 2 문은 차별금지영역으로서 정치적·경제적·사회적 그리고 문화적 모든 영역을 들고 있다. 정치적 영역에서의 차별금지는 참정권의 차별금지, 곧 선거권·공무담임권·피선거권·국민투표권 등에서의 평등을 의미한다.[1] 경제적 영역에서의 차별금지는 조세의 부담, 재산의 수용, 기타 고용·임

일지라도 그 합리성이 결여된 것이라고는 볼 수 없고, 무자격자의 경우에는 국선대리인제도를 두고 있으므로 변호사강제주의는 평등권에 위배된다고 볼 수 없다"고 하였다(헌재 1990. 9. 3. 89헌마120 등 병합결정).

1) 우리 헌법재판소는 정당추천후보자와 무소속후보자의 기탁금을 1 : 2로 한 것은 평등권위반, 정당후보자에게 정당연설회를 허용하고 2종의 소형인쇄물을 더 배부할 수 있도록 한 것은 평등권위반으로 보았으며(92헌마37), 투표의 평가가치와 관련하여 "이번에는 평균인구수 상하 50%의 편차를 기준으로 위헌 여부를 판단하기로 하나 앞으로 상당한 기간이 지난 후에는 인구편차가 상하 $33\frac{1}{3}$% 또는 그 미만의 기준에 따라 위헌 여부를 판단하여야 할 것"이라고 하였다〈헌재 2001. 10. 25. 2000헌마92 등 병합결정(헌법불합치)〉.

금과 같은 국민의 경제활동에서 차별되지 아니한다는 것을 의미한다.[1] 사회적
영역에 있어서의 차별금지는 거주, 이전, 공공시설의 이용 및 혼인과 가정생활
등의 영역에 있어서의 차별금지를 가리킨다. 문화적 영역에 있어서의 차별금지
란 교육을 받을 권리, 학문, 예술, 기타 문화활동 등의 영역에서의 차별금지를
가리킨다. 다만 헌법 제34조 제 1 항의 규정에 따라 교육에 있어서 능력에 의한
차별은 허용된다.

> **판례** 〈「소송촉진 등에 관한 법률」 제 6 조의 위헌심판(부분위헌)〉 "국가를 상대
> 로 한 재산권의 청구에 관하여는 가집행선고를 할 수 없다는 규정은 합리적 근거
> 없이 헌법 제11조의 평등의 원칙을 위배한 것으로 위헌이다."(헌재 1989. 1. 25.
> 88헌가7 결정)

> **판례** 〈연체대출금에 관한 경매절차에서 법원의 경락허가결정에 대하여 항고하고
> 자 하는 자에게 경락대금의 절반을 공탁하도록 한 「금융기관의 연체대출금에 관한
> 특별조치법」 제 5 조의2에 대한 위헌심판〉 "금융기관인 은행에게는 아무런 제한
> 조건 없이 항고를 허락하면서, 금융기관으로부터 돈을 빌린 자(채무자)에게는 상
> 당금액의 공탁을 명하고 있는 것은 합리적 이유 없이 은행을 우대한 것으로 위헌
> 이다."(헌재 1989. 5. 24. 89헌가37 결정)

> **판례** 〈상속세법 제32조의2의 위헌(일부인용)〉 "조세평등주의는 헌법 제11조 제
> 1 항에 의한 평등의 원칙 또는 차별금지의 원칙의 조세법적 표현이라고 할 수 있
> 다. 따라서 국가는 조세입법을 함에 있어서 조세의 부담이 공평하게 국민들 사이
> 에 배분되도록 법을 제정하여야 할 뿐 아니라, 조세법의 해석·적용에 있어서도
> 모든 국민을 평등하게 취급하여야 할 의무를 진다. 이러한 조세평등주의의 이념
> 을 실현하기 위한 법제도의 하나가 바로 국세기본법 제14조에 규정된 실질과세의
> 원칙이라고 할 수 있다. 또한 이러한 조세평등주의는 정의의 이념에 따라 평등한
> 것은 평등하게 그리고 불평등한 것은 불평등하게 취급함으로써 조세법의 입법과
> 정이나 집행과정에서 조세정의를 실현하려는 원칙이라고 할 수 있다."(헌재 1989.
> 7. 21. 89헌마38 결정; 헌재 1990. 9. 3. 89헌가95 결정; 헌재 1992. 12. 24. 90헌바
> 21 결정)

---

1) 미연방대법원은 ① 가난한 자가 상소비용이 없어 상소할 수 없는 경우에 상소비용의 면제
   를 거부한 것을 평등조항위반이라고 하였고(Griffin v. Illinois, 1956), ② 빈곤 때문에 변
   호인을 선임하지 못해 변호인의 변론을 듣지 못한 채 결정되는 것과 부유하기 때문에 우
   수한 변호인을 선임하여 변호인의 변론을 듣고 결정하는 것과의 사이에는 헌법상 평등보
   호에 위반된다(Douglas v. California, 1963)고 하였다.

판례 〈변호사법 제10조 제2항에 대한 위헌심판(위헌)〉　"변호사법 제10조는 재직 기간에 따른 차별로 위헌이다."(헌재 1989. 11. 20. 89헌가102 결정)

판례 〈토지수용법 제46조 제2항의 위헌여부에 관한 헌법소원(합헌)〉　"기준시가에 의한 보상규정(구 토지수용법 제46조 제2항)은 기준시가고시지역의 토지소유자와 고시하지 않은 지역의 토지소유자를 차별하는 것은 합리적 이유가 있는 차별이므로 평등에 반하지 않는다."(헌재 1990. 6. 25. 89헌마107 결정)

판례 〈교육공무원법 제11조 제1항에 대한 헌법소원(위헌, 일부각하)〉　"교육공무원법 제11조 제1항은 교사신규채용시 국·공립교육대학 및 사범대학졸업자에게 우선권을 주고 있으므로 위헌이다."(헌재 1990. 10. 8. 89헌마89 결정)

판례 〈교육법 제8조의2에 관한 위헌심판(합헌)〉　"중학교의무교육을 대통령이 정하는 바에 따라 순차적으로 실시하도록 규정한 교육법 제8조의2는 중학교의무무상교육을 전면적으로 실시할 때에 따르는 국가의 재정적 부담을 고려한 것이라는 점에서 합리적 근거를 찾을 수 있기 때문에 평등의 원칙에 위반되지 않는다."(헌재 1991. 2. 11. 90헌가27 결정)

판례 〈사립학교법 제55조, 제58조 제1항 제4호에 관한 위헌심판(합헌)〉 "교원 지위에 관한 규정(사립학교법 제55조·제58조 제1항 제4호)은 국민적 합의를 배경으로 한 입법기관의 권한에 위임하고 있는 헌법조항에 따라 규정된 것으로서, 사립학교교원은 근로3권의 행사에 있어서 일반근로자의 경우와 달리 취급하여야 할 합리적 이유가 있으며, 또한 공립학교교원에게 적용되는 교육공무원법 및 국가공무원법의 관계규정보다 반드시 불합리한 규정으로도 볼 수 없기 때문에 평등원칙에 위반되지 않는다."(헌재 1991. 7. 22. 89헌가106 결정)

판례 〈1994학년도 신입생선발입시안에 대한 헌법소원(기각)〉　"서울대학교가 1994학년도 신입생선발입시안에서 제2외국어 선택과목 중 일본어를 제외시킨 대신에 모든 고등학교에서 가르치고 있는 한문을 선택과목으로 채택하였을 뿐만 아니라 1994학년도 입학고사요강을 적어도 2년간의 준비기간을 두고 발표하였기 때문에, 일본어를 배우고 있는 1·2학년 학생들로 하여금 2·3년 후에 서울대입학시험을 치르는 데 있어서 그다지 지장이 없도록 배려하고 있으므로 일본어를 입시과목에서 배제하였다고 해서 그것이 갖는 교육의 기회균등이 침해되었다고 볼 수 없다."(헌재 1992. 10. 1. 92헌마68 등 병합결정)

판례 〈공권력행사로 인한 재산권침해에 대한 헌법소원(위헌)〉 "국제그룹해체를 위한 공권력행사는 법률상 무권한의 자의적인 공권력행사였으므로 평등원칙의 파생원칙인 자의금지원칙에 위반된다."(헌재 1993. 7. 29. 89헌마31 결정)

판례 〈민법 제809조 제 1 항 위헌제청(헌법불합치)〉 "헌법 제36조 제 1 항은 '혼인과 가족생활은 개인의 존엄과 양성의 평등을 기초로 성립되고 유지되어야 하며, 국가는 이를 보장한다'고 규정하고 있는바, 이는 혼인제도와 가족제도에 관한 헌법원리를 규정한 것으로서 혼인제도와 가족제도는 인간의 존엄성존중과 민주주의 원리에 따라 규정되어야 함을 천명한 것이라 볼 수 있다. 따라서 혼인에 있어서도 개인의 존엄과 양성의 본질적 평등의 바탕 위에서 모든 국민은 스스로 혼인을 할 것인가 하지 않을 것인가를 결정할 수 있고 혼인을 함에 있어서도 그 시기는 물론 상대방을 자유로이 선택할 수 있는 것이며, 이러한 결정에 따라 혼인과 가족생활을 유지할 수 있고, 국가는 이를 보장해야 하는 것이다."(헌재 1997. 7. 16. 95헌가6 등 병합결정)

판례 〈「금융실명거래 및 비밀보장에 관한 법률」 부칙 제12조 위헌확인(기각)〉 "조세평등주의가 요구하는 담세능력에 따른 과세의 원칙(또는 응능부담의 원칙)은 한편으로 동일한 소득은 원칙적으로 동일하게 과세될 것을 요청하며(이른바 '수평적 조세정의'), 다른 한편으로 소득이 다른 사람들간의 공평한 조세부담의 배분을 요청한다(이른바 '수직적 조세정의')."(헌재 1999. 11. 25. 98헌마55 결정)

판례 〈「제대군인 지원에 관한 법률」 제 8 조 제 1 항 등 위헌확인(위헌)〉 "헌법 제25조의 공무담임권 조항은 모든 국민이 누구나 그 능력과 적성에 따라 공직에 취임할 수 있는 균등한 기회를 보장함을 내용으로 한다. 따라서 공직자선발에 관하여 능력주의에 바탕한 선발기준을 마련하지 아니하고 해당 공직이 요구하는 직무수행능력과 무관한 요소를 기준으로 삼는 것은 국민의 공직취임권을 침해하는 것이 된다. 그런데 제대군인 지원이라는 입법목적은 예외적으로 능력주의를 제한할 수 있는 정당한 근거가 되지 못하는데도 불구하고 가산점제도는 능력주의에 기초하지 아니하고 '현역복무를 감당할 수 있을 정도로 신체가 건강한가'와 같은 불합리한 기준으로 장애인 등의 공직취임권을 지나치게 제약하는 것으로서 헌법 제25조에 위배되고, 이로 인하여 청구인의 공무담임권이 침해된다."(헌재 1999. 12. 23. 98헌바33 결정)

6. 平等規定의 效力

80. 평등조항의 효력

대국가적 효력과 간접적 대사인적 효력이 인정된다.

> **판례** 〈검사의 공소권행사에 관한 헌법소원(인용)〉 "범죄의 피해자인 고소인은 헌법 제11조 제 1 항에서 보장된 모든 국민의 평등권에 의하여 국가기관인 검사에 대하여 차별 없는 성실한 직무수행을 요구할 권리와 헌법 제27조 제 5 항에서 보장된 재판절차진술권이 있으므로, 검사가 어느 고소사건의 수사를 현저히 소홀히 하는 등 잘못 다룬 끝에 불기소처분하였다면, 이는 검사가 검찰권의 행사에 있어 그 고소인을 차별대우하여 평등권을 침해하고 또한 재판절차진술권을 침해한 것이라고 아니할 수 없을 것이다."(헌재 1989. 7. 14. 89헌마10 결정)[1]

> **판례** 〈입법부작위 위헌확인(각하)〉 "평등원칙은 원칙적으로 입법자에게 헌법적으로 아무런 구체적인 입법의무를 부과하지 않고, 다만, 입법자가 평등원칙에 반하는 일정 내용의 입법을 하게 되면, 이로써 피해를 입게 된 자는 직접 당해 법률조항을 대상으로 하여 평등원칙의 위반여부를 다툴 수 있을 뿐이기 때문이다(헌재 1996. 11. 28. 93헌마258, 판례집 8-2, 636, 646 참조)."(헌재 2003. 1. 30. 2002헌마358 결정)

> **판례** "사적 단체를 포함하여 사회공동체 내에서 개인이 성별에 따른 불합리한 차별을 받지 아니하고 자신의 희망과 소양에 따라 다양한 사회적·경제적 활동을 영위하는 것은 그 인격권 실현의 본질적 부분에 해당하므로 평등권이라는 기본권의 침해도 민법 제750조의 일반규정을 통하여 사법상 보호되는 인격적 법익침해의 형태로 구체화되어 논하여질 수 있고, 그 위법성 인정을 위하여 반드시 사인 간의 평등권 보호에 관한 별개의 입법이 있어야만 하는 것은 아니다."(대법원 2011. 1. 27. 2009다19864 판결)

81. 우리 헌법상 평등원리의 구현형태: (1) 특권제도 금지: 특수계급제부인, 영전일대의 원칙, (2) 개별적 평등권

7. 우리 憲法上 平等原理의 具現形態

(1) 特權制度의 禁止

1) 특권제도의 금지

82. 특권계급제의 부인

헌법 제11조 제 2 항은 "사회적 특수계급의 제도는 인정되지 아니하며, 어떠

---

[1] 이 결정 이후 일관된 헌법재판소의 입장.

한 형태로도 이를 창설할 수 없다"고 하여 특수계급제를 부인하고 있다. 이는 고래의 반상(班常)계급제도를 타파하기 위한 것이다. 그러나 영전에 따르는 연금 등의 보훈제도나 전직 대통령에 대한 예우는 사회적 특수계급제도에 해당하지 아니한다.

2) 영전일대의 원칙

헌법 제11조 제3항은 "훈장 등의 영전은 이를 받은 자에게만 효력이 있고, 어떠한 특권도 이에 따르지 아니한다"고 하여 영전일대의 원칙을 규정하고 있다. 이는 영전의 세습 등을 방지하여 그로 말미암은 특권을 부인하려는 것이다. 따라서 국가유공자의 자손에게 공무원특별승진을 하게 하거나 처벌을 면제하거나 조세를 감면하는 것은 위헌이 될 것이다. 그러나 훈장에 수반되는 연금이나 유족에 대한 보훈까지 금지되지는 않는다. 공무원이 외국정부로부터 영예나 증여를 받을 경우에는 대통령의 허가를 얻어야 한다(국가공무원법 제62조).

83. 영전일대의 원칙

> **판례** 〈「국가유공자 예우 등에 관한 법률 시행령」 제23조 위헌확인(기각)〉
> "우리 헌법 제11조 제3항은 '훈장 등의 영전은 이를 받은 자에게만 효력이 있고 어떠한 특권도 이에 따르지 아니한다'고 규정하고 있는바, 이를 같은 조 제1항 및 제2항의 규정과 관련하여 풀이하면 이는 이른바 영전일대의 원칙을 천명한 것으로서 영전의 세습을 금지함으로써 특수계급의 발생을 예방하려는 것이라 볼 수 있다. 따라서 이 법에 의한 독립유공자나 그 유족에게 국가보은적 견지에서 서훈의 등급에 따라 부가연금을 차등지급하는 것은 위 헌법조항에 위배된다고 할 수 없다."(헌재 1997. 6. 26. 94헌마52 결정)

(2) 個別的 平等規定

이 밖에도 우리 헌법은 여러 조항에서 개별적 평등권들을 규정하고 있다. 능력에 따른 교육의 기회균등(제31조 제1항), 근로관계에서 여성에 대한 차별금지(제32조 제4항),[1] 혼인과 가족생활에서 양성의 평등(제36조 제1항)을, 평등선거

84. 개별적 평등규정

---

1) 특히 근로관계에 있어서 여성에 대한 부당한 차별을 금지하기 위하여 여러 가지 법률이 시행되고 있다. 근로기준법은 사용자가 남녀근로자를 차별하는 것을 금지하고 있다(법 제5조). 그런가 하면 고용에 있어서 남녀의 평등한 기회 및 대우를 보장하는 한편 모성(母性)을 보호하고 직업능력을 개발하여 근로여성의 지위를 향상시키고 복리를 증진시키기 위하여 남녀고용평등법이 제정되어 있다. 동법은 ① 사업주는 직원의 모집과 채용시에 여성에게도 남성과 동등한 기회를 제공하기 위하여 신체적 조건이나 미혼조건 등을 제시하거나 요구할 수 없게 하고(법 제5조, 제6조 제2항), ② 동일가치의 노동에 대하여는 동

의 원칙(제41조 제 1 항, 제67조 제 1 항)과 선거운동의 기회균등보장(제116조 제 1 항), 경제적 복지의 평등(제119조 2항, 제123조 2항)을 규정한 것들이 그 예에 속한다.

판례 〈소득세법 제61조 위헌소원(위헌)〉 "헌법 제36조 제 1 항은 "혼인과 가족생활은 개인의 존엄과 양성의 평등을 기초로 성립되고 유지되어야 하며, 국가는 이를 보장한다"라고 규정하고 있는데, 헌법 제36조 제 1 항은 혼인과 가족생활을 스스로 결정하고 형성할 수 있는 자유를 기본권으로서 보장하고, 혼인과 가족에 대한 제도를 보장한다. 그리고 헌법 제36조 제 1 항은 혼인과 가족에 관련되는 공법 및 사법의 모든 영역에 영향을 미치는 헌법원리 내지 원칙규범으로서의 성격도 가지는데, 이는 적극적으로는 적절한 조치를 통해서 혼인과 가족을 지원하고 제삼자에 의한 침해 앞에서 혼인과 가족을 보호해야 할 국가의 과제를 포함하며, 소극적으로는 불이익을 야기하는 제한조치를 통해서 혼인과 가족을 차별하는 것을 금지해야 할 국가의 의무를 포함한다. 이러한 헌법원리로부터 도출되는 차별금지명령은 헌법 제11조 제 1 항에서 보장되는 평등원칙을 혼인과 가족생활영역에서 더욱 더 구체화함으로써 혼인과 가족을 부당한 차별로부터 특별히 더 보호하려는 목적을 가진다. 이 때 특정한 법률조항이 혼인한 자를 불리하게 하는 차별취급은 중대한 합리적 근거가 존재하여 헌법상 정당화되는 경우에만 헌법 제36조 제 1 항에 위배되지 아니한다."(헌재 2002. 8. 29. 2001헌바82 결정)

---

8. 平等規定의 制限

(1) 憲法規定에 의한 制限

85. 헌법규정에 의한 평등권제한

우리 헌법은 여러 가지 이유에서 헌법 스스로가 '법 앞에 평등'에 대한 예외를 인정하거나 개별평등권을 제한하고 있다.[1]

헌법 스스로가 '법 앞의 평등'에 대한 예외를 규정하거나 개별평등권을 제

일임금을 지급하며(법 제 6 조의2), ③ 교육·배치 및 승진에 있어 혼인, 임신, 출산 또는 여성임을 이유로 차별대우를 못하게 하고(법 제 7 조), ④ 정년 및 해고에 있어서도 여성임을 이유로 차별을 못하게 하고 있으며(법 제 8 조), ⑤ 관할구역 내의 분쟁의 조정과 근로여성의 취업촉진 및 고용평등에 관한 사항 등을 협의하기 위하여 노동행정기관에 고용평등위원회를 설치하여 그 조정안을 수락하도록 권고할 수 있게 하고 있다(법 제16-18조). 더 나아가서 「남녀차별금지 및 구제에 관한 법률」은 직장 내에서 성희롱예방교육을 실시하고 성희롱가해자를 징계하도록 하고 있다.

1) 허영, 한국헌법론, 333쪽은 그러한 경우로서 특별한 신분관계의 원활한 기능, 직업공무원제도의 특수성 감안, 정당국가에서 필요로 하는 정당활동의 보호, 헌법기관의 통치기능의 순조로운 행사, 또는 사회정책적인 관점을 들고 있다.

한한 경우로는 ① 정당의 특권(제 8 조 제3·제 4 항), ② 대통령의 형사상 특권(제 84조), ③ 국회의원의 불체포특권(제44조)과 면책특권(제45조), ④ 공무원과 방위 산업체 근로자의 근로 3 권 제한(제33조 제2·제 3 항), ⑤ 군인·군무원의 국가배상 청구권의 제한(제29조 제 2 항), ⑥ 군사법원에 의한 재판(제27조 제 2 항), ⑦ 현역 군인의 문관임용제한(제86조 제 3 항, 제87조 제 4 항), ⑧ 국가유공자의 우선취업기 회보장(제32조 제 6 항) 등이 있다.

> **판례** 〈국가공무원법 제66조에 대한 헌법소원(합헌)〉 "국가공무원법 제66조 제 1 항이 사실상 노무에 종사하는 공무원에 대하여서만 근로 3 권을 보장하고 그 이 외의 공무원에 대하여는 근로 3 권의 행사를 제한함으로써 일반근로자 또는 사실 상 노무에 종사하는 공무원의 경우와 달리 취급하는 것은 헌법 제33조 제 2 항에 그 근거를 두고 있을 뿐 아니라 합리적인 이유가 있다 할 것이므로 헌법상 평등 의 원칙에 위반되는 것이 아니다."(헌재 1992. 4. 28. 90헌바27 등 병합결정)

> **판례** 〈「국가유공자 예우 등에 관한 법률」 제 4 조 등에 관한 헌법소원(일부기각, 일부각하)〉 "「국가유공자 예우 등에 관한 법률」 제 4 조 제 1 항 제12호 소정의 국가유공자인 공상(公傷)공무원에 국·공립학교교원만을 포함시키고 사립학교교원 을 포함시키지 아니한 것은 보훈대상의 범위·내용 등에 관한 입법자의 입법형성 의 자유에 속하는 입법정책문제로서 합리적인 근거와 이유 있는 차별이므로 청구 인의 평등권을 침해하였다고 볼 수 없다."(헌재 1994. 6. 30. 91헌마161 결정)

(2) 法律規定에 의한 制限(제37조 제 2 항)

1) 학설의 대립

평등규정의 제한과 관련하여 제37조 제 2 항에 의한 제한은 평등의 원칙에 대한 법률상의 제한이라는 견해[1]와 "형식논리적으로는 평등권도 기본권인 만큼 다른 기본권과 마찬가지로 헌법 제37조 제 2 항에 의하여 법률로써 제한할 수 있다. 그러나 평등권은 기본권실현의 방법적 기초로서의 성격과 기능을 가지기 때문에 그 제한의 의미와 효과가 다른 기본권에서와는 다르다"는 견해[2]가 대립 되고 있다.

86. 법률규정에 의한 평등권제한에 관한 학설

---

1) 권영성, 헌법학원론, 380쪽.
2) 허영, 한국헌법론, 332·333쪽.

2) 사   견

87. 법률규정에 의한
평등권제한에 대한
사견

우리 헌법 제11조에 규정된 "법 앞에 평등"은 평등의 원리와 평등권을 규정하고 있다. 그러한 한에서 헌법 제37조의 규정에 의하여 제한되는 것은 평등의 원리가 아니라 평등의 원리가 구체화·세분화된 개별적인 평등권이라 할 것이다.

그에 반하여 평등의 원리는 법률유보의 적용을 받지 않는다.[1) 왜냐하면 평등의 원리는 법정립과정에서 입법자 스스로를 구속하기 때문이다. 따라서 평등의 원리는 그 원리의 세분화·구체화의 경우에만 법률에 의한 규제가 인정된다. 그것은 법률에 의하여 불평등한 규정을 한다는 것은 그 자체가 이미 평등의 원리에 대한 위배를 의미하기 때문이다.[2)

3) 개별적 평등권이 제한되는 경우

88. 법률규정에 의하
여 개별적 평등권이
제한되는 구체적 경
우

개별적 평등권이 제한되는 경우로는 ① 공무원법에 규정된 공무원의 정당가입금지, 정치활동제한, 주거지제한, ② 군사관계법에 규정된 군인·군무원의 영내거주, 정치활동제한, ③「형의 집행 및 수용자의 처우에 관한 법률」에 규정된 재소자에 대한 서신검열·교화 등 통신과 신체의 자유에 대한 제한, ④ 국가공무원법·공직선거법 등에 규정된 일정범위의 전과자에 대한 공무담임권제한, ⑤ 출입국관리법에 의한 외국인의 체류와 출국의 제한, ⑥ 교육법에 규정된 피교육자에 대한 평등권제한 등이 있다.

(3) 緊急命令 등에 의한 制限(제76조)

89. 긴급명령 등에
의한 평등권제한

평등의 원칙에 대하여 법률유보의 적용이 배제되기 때문에 계엄 또는 비상조치와 같은 국가긴급권이 행사되는 경우에도 평등의 원리만은 그 효력이 정지되지 않는다.[3) 그것은 이러한 경우에도 계엄령에 의한 포고나 비상조치와 같은

---

1) H. P. Ipsen, Gleichheit, in: Neumann-Nipperdey-Scheuner, *Die Grundrechte*, Bd. Ⅱ, S. 129.

2) 한태연, 헌법학, 918쪽. "따라서 근로기준법에 의한 소년에 대한 임금의 차별, 선거법에 있어서의 미성년자와 금치산자에 대한 선거권의 불인정, 복권되지 아니한 자에 대한 선거권의 박탈과 같은 것은 다만 평등의 원칙의 적용에 있어서의 그 세분화의 경우이지, 결코 평등의 원칙 그 자체에 대한 법률의 유보를 의미하지 않는다. 또한 동일한 이유에서 재산권에 대한 수용·사용·제한과 같은 경우에는, 여기에 대한 충분한 보상을 할 것이 요청된다. 그것은 이러한 경우에 있어서의 충분한 보상만이 다른 사람과 그 재산적 평형이 유지되기 때문이다."

3) H. P. Ipsen, Gleichheit, in: Neumann-Nipperdey-Scheuner, *Die Grundrechte*, Bd. Ⅱ,

조치는 언제나 평등의 원리와 양립될 수 있기 때문이다.[1]

　따라서 긴급명령 등에 의하여 제한될 수 있는 것은 헌법 제11조의 평등의 원리가 아니라, 평등의 원리가 구체화·세분화된 개별평등권에 한정된다.

S. 132.
1) 한태연, 헌법학, 918쪽.

第2章 自由權的 基本權

第1節 概 觀

1. 自由權을 처음 規定한 憲法文書

90. 자유권을 처음
규정한 헌법문서:
1215년 대헌장 제39
조

우리 헌법 제12조에서 제23조에 걸쳐 규정되어 있는 기본권을 보통 자유권
적 기본권 또는 줄여서 자유권이라 부른다. 자유권은 1215년 영국의 대헌장 제
39조에서 신체의 자유의 형태로 처음 헌법문서에 등장하였으며, 인권발달사에서
는 제1세대 인권을 이룬다.

2. 自由權의 一次的 機能

91. 자유권의 일차적
기능: 방어권

자유권은 원래 국가권력의 침해로부터 개인의 자유영역을 보호하는 데 그
목표가 있었다. 따라서 자유권은 일차적으로 방어권으로서 기능한다. 자유권이
방어권으로 기능한다는 말은 자유권은 국가의 소극적인 부작위를 요구할 수 있
는 권리이지, 적극적으로 국가의 작위를 요청할 수 있는 권리가 아니라는 의미
이다. 또한 자유권은 좁은 의미의 기본권, 곧 주관적 공권이다. 또한 자유권은
객관적인 가치질서로서의 성격도 가지고 있다.

3. 自由權의 本質

92. 자유권의 본질:
전국가적 자연권을
확인하고 선언한 것

자유권의 본질에 관하여는 견해가 나누어져 있다. 자연법론자들은 헌법의
자유권보장은 국가에 의한 자유권의 창설이 아니라 국가가 전국가적 자연권을
확인하고 선언한 것을 의미한다고 한다. 그에 반하여 법실증주의자들은 자유권
의 자연권성을 부정하고 자유권을 헌법이나 법률에 의하여 창설된 권리로 보아
국가 내에서의 자유를 보장한 것으로 해석한다. 우리 헌법은 제10조 제2문에서

"국가는 개인이 가지는 불가침의 기본적 인권을 확인하고 이를 보장할 의무를
진다"고 하고 있고, 제37조 제 1 항에서 "국민의 자유와 권리는 헌법에 열거되지
아니한 이유로 경시되지 아니한다"고 규정하고 있다. 이는 자유권의 자연권성을
인정한 것이다.[1]

4. 自由權의 主體

자유권은 자연법상의 인권을 성문화한 것이기 때문에 내·외국인을 불문하
고 모든 자연인에게 그 주체성이 인정된다. 법인의 경우에는 사회적·경제적 자
유권 또는 언론·출판의 자유권의 경우에 한하여 주체성이 인정된다. 또한 자유
권은 대국가적 효력과 일반적으로 간접적 대사인적 효력이 인정된다.

93. 자유권의 주체:
모든 자연인/자유권
의 효력: 대국가적
효력과 간접적 대사
인적 효력

5. 自由權의 性格變化

프랑스 인권선언에서 신성불가침의 재산권을 보장한 것이라든지 미국수정헌
법 제 1 조의 절대적 자유권에서 보듯이 자유권은 절대적인 것으로 간주되었다.
그러나 사회적 기본권의 등장과 더불어 자유권과 사회권의 조화를 위하여 재산
권의 의무성이 강조되는 데에서 보듯이 자유권 만능주의는 후퇴하기 시작하였
다. 따라서 자유권은 내심의 자유와 같은 절대적 자유권을 제외하고는 헌법 제
37조 제 2 항에 따라 제한될 수 있는 권리이다.

94. 자유권의 성격변
화: 절대적 권리에서
상대적 권리로

---

1) 경우에 따라서는 자유권 내에서 우열이 논해지는 경우가 있다. 예컨대 김철수, 헌법학개론,
   448쪽은 다음과 같이 설명하고 있다. "자유권의 중심은 경제적·사회적 자유에서 정신적
   자유로 옮겨 가고 있다. 정신적 자유 중에서도 양심·사상의 외부적 표현인 언론·출판·
   집회·결사의 자유가 정치적 자유의 전제로서 중요시되고 있다. 즉 선거의 자유, 정당활동
   의 자유 등 정치적 자유를 누릴 수 있게 하는 기반으로 인정되고 있다. 정신적 자유는 인
   간의 존엄과 가치·행복추구권을 보장하기 위해서도 필수적인 만큼 오늘날 정신적 자유의
   우월이 논해지기도 한다."
   그러나 모든 자유권은 어떤 자유권이 다른 기본권과의 관계에서 상하관계, 우월관계에
   있다고 할 수 없다. 곧 모든 자유권은 원칙적으로 동등한 지위에 있다. 이는 기본권의 충
   돌이 어떻게 해결되는가를 보면 알 수 있다.

6. 自由權의 分類方法

(1) 學　說

95. 자유권의 분류방법: 성격에 따른 분류, 내용에 따른 분류

　자유권은 여러 가지 방법으로 분류된다. 학자에 따라 용어상으로는 차이가 있으나 국내에서는 성격에 따라 고립된 개인의 자유권(신체의 자유, 신앙과 양심의 자유, 주거와 신서(信書)의 불가침, 사생활의 비밀과 자유 등)과 공동생활을 전제로 한 자유권(언론·출판의 자유, 집회·결사의 자유, 선교의 자유, 강학의 자유 등)으로 분류하는 방법과 내용에 따라 인신의 자유권(생명권, 신체를 훼손당하지 않을 권리, 신체의 자유), 사생활자유권(사생활의 비밀과 자유, 주거의 자유, 거주·이전의 자유, 통신의 자유), 정신적 자유권(양심의 자유, 종교의 자유, 언론·출판의 자유, 집회·결사의 자유, 학문과 예술의 자유), 경제적 자유권(재산권, 직업선택의 자유, 소비자의 권리) 등으로 분류하는 방법이 일반화되어 있다.[1] 최근에는 보장내용에 따라 자유권적 기본권을 구분하는 견해도 소개되고 있다.[2]

(2) 私　見

96. 자유권에 대한 일반적 분류방법의 문제점

　그러나 고립된 개인의 자유권과 공동생활을 전제로 한 자유권의 분류는 우리 헌법상의 인간상(人間像)과 모순된다. 내용에 따라 자유권을 분류하는 방법도 그것들이 서로 중복되는 부분에 대한 정확한 설명을 해줄 수는 없다. 따라서 본

---

1) 김철수, 헌법학개론, 447쪽 이하; 권영성, 헌법학원론, 384쪽 이하 참조. 성낙인, 헌법학, 1028쪽 이하는 인신의 안전과 자유(생명권, 신체를 훼손당하지 않을 권리, 신체의 자유), 정신의 안전과 자유(양심의 자유, 종교의 자유, 학문의 자유, 예술의 자유, 언론·출판의 자유, 알 권리, 집회·결사의 자유), 사생활의 안전과 자유(주거의 자유, 사생활의 비밀과 자유, 통신의 자유), 사회·경제적 안전과 자유(거주·이전의 자유, 직업(선택)의 자유, 재산권으로, 정종섭, 헌법학원론, 475쪽 이하는 생명 및 인신의 자유(생명권, 인신을 훼손당하지 않을 권리, 신체의 자유), 정신적 자유(양심의 자유, 종교의 자유, 학문의 자유, 예술의 자유, 언론·출판의 자유, 집회·결사의 자유), 사생활 및 정보의 자유(주거의 자유, 사생활의 비밀과 자유, 통신의 비밀과 자유, 정보의 자유), 사회·경제적 자유(거주·이전의 자유, 직업의 자유, 재산권, 단결권·단체교섭권·단체행동권)로, 장영수, 헌법학, 613쪽 이하는 사생활영역의 보호(사생활 비밀과 자유, 주거의 자유, 통신의 비밀), 정신적 자유권(종교의 자유, 양심의 자유, 사상의 자유, 언론의 자유, 집회의 자유, 결사의 자유, 학문의 자유, 예술의 자유), 경제적 기본권(재산권, 거주·이전의 자유, 직업의 자유, 소비자의 권리)으로 나눈다.
2) 예컨대 한수웅, 헌법학, 593쪽 이하는 자유권을 주관적 행위가능성과 객관적 보호법익을 보장하는 자유권(법익의 불가침성을 보호하는 기본권, 행위가능성을 보호하는 기본권, 행위와 법익을 보호하는 기본권) 또는 자유로운 인격발현의 조건인 인간의 상태와 행위를 보호하는 기본권으로 구분하고 있다. 그러나 구체적으로는 개별적인 자유권을 헌법조문의 순으로 설명하고 있다(596쪽 이하).

서에서는 이러한 분류를 따르지 않고 개별적인 자유권을 헌법조문의 순서에 따라 서술해 나가는 방법을 취하기로 한다.

第 2 節 身體의 自由

1. 憲法規定 및 意義

(1) 憲法規定

우리 헌법은 제12조 제 1 항 제 1 문에서 "모든 국민은 신체의 자유를 가진다"고 하여 신체의 자유를 규정하고 있다. 그리고 신체의 자유를 철저히 보장하기 위하여 제12조 제 1 항 제 2 문에서부터 제 7 항에 걸쳐 죄형법정주의(법률유보)와 적법절차의 원리(제 1 항 제 2 문), 고문·불리한 진술강요금지(제 2 항), 사전영장제도(제 3 항), 변호인의 조력을 받을 권리(제 4 항), 체포·구속의 이유고지 및 변호인의 조력을 받을 권리의 고지(제 5 항), 구속적부심사제도(제 6 항), 자백의 증거능력제한(제 7 항) 등을 규정하고 있다. 더 나아가서 우리 헌법은 제13조에서 형벌불소급의 원칙과 일사부재리의 원칙(제 1 항) 및 연좌제(連坐制)의 금지(제 3 항)를 규정하고 있으며, 재판을 받을 권리와 형사피고인의 무죄추정권(제27조 제 1 항, 제 4 항) 그리고 형사보상청구권(제28조)도 보장하고 있다.

97. 신체의 자유와
관련된 헌법규정:
헌법 제12조

(2) 意義 및 沿革

1) 의   의

이렇듯 우리 헌법이 개별기본권의 맨 앞에서 신체의 자유에 대하여 자세하게 규정하고 있는 것은 신체의 자유가 모든 기본권의 원형이자 모든 자유의 근원이며 최소한의 자유이기 때문이다. 신체의 자유가 존재하지 않는 경우 인간은 끊임없이 위협에 직면하게 된다. 곧 자의에 의하여 체포되거나 형사소추를 당하지 않을 권리가 보장되지 않는 경우 그 내용이 정신적인 것이든, 정치적인 것이든 또는 종교적인 것이든 일체의 의사표시나 행동에는 개인적 자유의 상실이라는 값비싼 대가가 뒤따르게 된다. 그렇게 되면 인간은 공포 때문에 입을 다물게 되며, 그 결과 인간의 존엄은 상처를 입게 된다.[1]

98. 신체의 자유의
의의

---

1) M. Kriele, *Einführung in die Staatslehre*, S. 133.

2) 연　혁

신체의 자유는 1215년의 영국의 대헌장에 최초로 보장되고 1679년의 인신
보호령과 1689년의 권리장전에서 확인된 후 현재는 신체의 자유를 보장하고 있
지 않은 헌법은 거의 찾아볼 수 없다.

99. 신체의 자유의
연혁

2. 身體의 自由

(1) 身體의 自由의 概念

신체의 자유란 좁은 의미에서는 법률에 의하지 아니하고는 신체적 행동의
자유를 제한받지 않을 자유, 곧 자의(恣意)에 의한 체포나 형사소추에 의하여 신
체적 구속을 받지 아니하는 것을 내용으로 하는 자유로 이해된다. 그러나 이 자
유는 생물학적·신체적 의미의 건강과 정신적·영혼적 의미의 건강이라는 의미
에서 신체안전의 자유[1]를 포함하는 것으로 넓게 이해된다.[2] 달리 표현하자면 신
체안전의 자유는 '신체의 완전성'(die körperliche Integrität)을 훼손당하지 않을 자
유로 표현할 수 있으며, 불임(不姙)으로부터의 자유, 고통으로부터의 자유, 신체
의 일부분에 대한 훼손으로부터의 자유,[3] 신체적 건강에 대한 침해로부터의 자
유를 포함한다.[4] 헌법재판소도 신체의 자유는 신체의 안전성과 신체활동의 임의

100. 신체의 자유(광
의) = 신체적 행동의
자유(협의) + 신체안
전의 자유

---

1) 권영성, 헌법학원론, 392쪽은 이 부분을 신체를 훼손당하지 아니할 자유라는 제목하에서
　설명하면서, "신체를 훼손당하지 아니할 권리를 의미하기 때문에 보건에 관하여 국가의 보
　호를 받을 권리(제36조 제 3 항)에 우선한다"고 한다. 그러나 신체안전의 자유는 일차적으
　로 소극적으로 신체의 안전성을 침해당하지 않을 권리로 방어권적 기본권이며(자유권), 헌
　법 제36조 제 3 항의 보건권은 국가에 대하여 건강을 증진시킬 수 있는 여러 가지 조치를
　요구하는 적극적 급부청구권(사회권)이다. 그러한 한에서 이 두 기본권 사이에 선후문제는
　생기지 않는다.
2) 그 밖에도 다수설은 신체의 자유에는 생명권이 포함된다고 한다. 한동섭, 헌법, 1971, 127
　쪽; 문홍주, 제 6 공화국 한국헌법, 242쪽; 권영성, 헌법학원론, 386쪽 이하; 허영, 한국헌
　법론, 334쪽. 그러나 생명권은 인간의 존엄에 전제되는 것이므로 인간의 존엄으로부터 추
　론하는 것이 합리적일 것이다.
3) 신체를 훼손당하지 않을 권리의 헌법적 근거에 대해서는 제10조의 행복추구권에서 그 근
　거를 찾는 견해(김철수, 헌법학개론, 367·368쪽), 제12조의 제 1 항의 신체의 자유에 내포
　된 것으로 보는 견해(허영, 한국헌법론, 336쪽), 제12조 제 1 항과 제37조 제 1 항에서 찾는
　견해(권영성, 헌법학원론, 372·373쪽) 및 제37조 제 1 항을 근거로 보는 견해(계희열, 헌법
　학(중), 250쪽) 등 견해가 대립되어 있다. 그러나 개인적으로는 신체의 자유를 본문과 같
　이 이해하는 경우에 신체를 훼손당하지 않을 권리의 헌법적 근거는 헌법 제12조 제 1 항일
　수밖에 없다고 생각한다.
4) 독일연방헌법재판소는 기본법 제 2 조 제 1 항 제 1 문(생명권과 신체를 훼손당하지 않을 권

성·자율성을 내용으로 한다고 한다.

> **판례** 〈형사소송법 제331조 단서규정에 대한 위헌심판(위헌)〉 "헌법 제12조 제1항 전문에서 '모든 국민은 신체의 자유를 가진다'라고 규정하여 신체의 자유를 보장하고 있는 것은, 신체의 안전성이 외부로부터의 물리적인 힘이나 정신적인 위협으로부터 침해당하지 않을 자유와 신체활동을 임의적이고 자율적으로 할 수 있는 자유를 말하는 것이다."(헌재 1992. 12. 24. 92헌가8 결정)

(2) 身體의 自由의 主體

신체의 자유의 주체는 자연인에 한정된다.

101. 신체의 자유의 주체: 모든 자연인

(3) 身體의 自由의 內容

우리 헌법 제12조 제 1 항 제 2 문은 신체적 행동의 자유의 내용으로서 불법적인 체포·구속·압수·수색·심문·처벌·보안처분·강제노역의 금지를 예로 들고 있다. 이는 헌법상의 문언에 따라 다시 법률에 의하지 않은 체포·구속·압수·수색·심문으로부터의 신체의 자유[1]와 법률과 적법한 절차에 의하지 않은 처벌·보안처분·강제노역으로부터의 신체의 자유로 나누어진다.[2] 또 제12조 제1항 제 2 문에 규정되어 있지 않고 제12조 제 2 항 전단에 규정되어 있지만 고문을 받지 않을 권리도 신체의 자유를 신체안전의 자유와 신체자율의 자유를 포함하는 것으로 이해하는 한 신체의 자유의 한 내용으로 이해하여야 할 것이다.

102. 헌법에 규정된 신체의 자유의 내용

리)에는 고통으로부터의 보호가 포함된다고 한다(BVerfGE 56, 54, 75). 그 밖에도 독일에서는 인간실험, 강제거세수술, 강제불임시술, 강제접종과 혈중알콜농도를 검사하기 위한 혈액채취, 행형절차에서의 두발과 수염의 형태변경 등을 신체를 훼손당하지 않을 권리를 침해하는 것으로 보고 있다. 그러나 군대에서 머리를 짧게 깎는 것은 신체를 훼손당하지 않을 권리로 보호되지 않는다고 하였다.

　또한 신체안전의 자유로부터 체벌을 받지 않을 권리가 학생이나 미성년자에게 보장된다. 따라서 학교에서의 체벌과 피보호미성년자에 대한 보호자의 체벌은 그것이 구체적인 경우에 교육목적을 고려할 때 필요불가결의 경우에만 인정된다 할 것이다. 그 밖의 가정폭력은 어떠한 경우에도 신체의 자유를 침해하는 것이라 할 것이다.

1) 박일경, 제 6 공화국 신헌법, 법경출판사, 1990, 247쪽은 이를 협의의 신체의 자유라고 한다.
2) 그러나 헌법 제12조 제 3 항 본문은 "체포·구속·압수 또는 수색을 할 때에는 적법한 절차에 따라 검사의 신청에 의하여 법관이 발부한 영장을 제시하여야 한다"고 규정하고 있기 때문에 체포·구속·압수·수색도 법률과 적법한 절차에 따라야만 한다. 그러한 한에서 제12조 제 1 항 제 2 문의 '법률에 의하지 아니하고는'이라는 표현과 '법률과 적법한 절차에 의하지 아니하고는'이라는 표현은 차이가 없다.

판례 "피의자가 경찰수사단계에서 고문에 의한 자백을 하고 그 임의성 없는 심리 상태가 검사의 피의자신문시까지 계속되었다고 인정되는 경우에는, 피의자신문시에 자백강요사실이 없었다 할지라도 검찰자백의 임의성을 부정하여야 한다." (대법원 1992. 11. 24. 92도2409 판결)

103. 신체의 자유에 대한 제한

우선, 법률에 규정된 경우에만 할 수 있는 신체의 자유에 대한 제한으로는 체포·구속·압수·수색·심문이 있다. 체포라 함은 실력으로 일정기간 동안 신체의 자유를 구속하여 일정한 장소에 인치(引致)하는 행위를 말하며, 구속이라 함은 실력으로 일정한 장소에 유치하고 그 장소 밖으로 나가는 것을 금지함을 말한다. 구속은 구인과 구금을 포함하는 개념이다. 그리고 압수란 소지품을 강제로 취득하는 것을 말하고, 수색이란 사람이나 물건을 발견하기 위하여 신체, 물건 또는 장소에 대하여 행하는 강제적 검색을 말한다. 그러나 본조항에서 말하는 압수와 수색은 직접 신체에 대한 것만을 말한다. 가택에 대한 압수·수색은 헌법 제16조의 적용을 받는다. 또 심문이란 구두 또는 서면에 의한 사실의 진술, 곧 답변의 강요를 말한다. 따라서 호의적인 답신은 심문에는 포함되지 아니한다. 심문받지 않을 권리는 신체의 자유의 내용이라기보다는 오히려 침묵의 자유의 내용에 가깝다. 그러나 심문을 위하여 소환을 받고 출석하는 경우에는 신체의 자유와 간접적인 관계가 있다.

다음으로, 법률과 적법한 절차에 따라서만 할 수 있는 신체의 자유에 대한 제한으로는 처벌·보안처분·강제노역이 있다. 처벌이라 함은 형사상의 처벌만을 의미하는 것이 아니라 본인에게 불이익 또는 고통을 주는 일체의 제재를 말한다. 따라서 처벌에는 질서벌(행정상·민법상·소송상의 의무의 해태에 대하여 과하는 과태료)과 집행벌(행정상의 의무의 이행을 강제하기 위하여 과하는 벌)도 포함된다. 보안처분이란 사회적으로 위험한 행위를 할 우려가 있는 자를 사회로부터 격리하여 그 위험성을 교정하는 것을 목적으로 하는 범죄예방처분을 말한다. 그 예로는 소년법에 의한 보호처분(보호감호·치료감호·보호관찰), 보안관찰법에 의한 보안관찰처분과 치료감호법에 의한 치료감호 등이 있다. 소년법에 의한 보호처분은 위법한 범죄행위를 전제로 하여 법원의 판결로써 결정됨에 반하여, 그 밖의 법에 의한 처분은 범죄행위를 요건으로 하지 아니하고 행정기관이 행정처분의 형식으로 결정한다. 강제노역이란 본인의 의사에 반하는 강제적인 노동력의 제공을 말한다.

판례 〈사회보호법 제 5 조의 위헌심판(위헌)〉 "형벌은 본질적으로 과거의 범죄행위에 대한 윤리적·도덕적·규범적 비난의 체현이므로 반드시 책임을 전제로 하며, 책임의 양을 넘을 수 없는 제약을 받는다. 보안처분, 특히 보호감호처분은 형벌의 이러한 책임종속성으로 인하여 책임능력이 없어서 형벌을 과함이 불가능하거나, 책임의 비례에 따른 제약 때문에 형벌만으로는 행위자의 장래의 재범에 대한 위험성을 제거하기에 충분하지 못한 경우에 사회방위와 행위자의 사회복귀의 목적을 달성하기 위하여 특별히 고안된 것이다. 헌법은 1972. 12. 27. 개정헌법 이래 보안처분제도를 헌법상의 제도로 수용하여 왔으므로 헌법의 규정에 따라 어떠한 형태의 보안처분제도를 마련하느냐의 문제는 헌법에 위반되지 아니하는 한 오로지 입법권자의 형성의 자유에 속한다. 따라서 보호감호와 형벌은 비록 다같이 신체의 자유를 박탈하는 수용처분이라는 점에서 집행상 뚜렷한 구분이 되지 않는다고 하더라도 그 본질, 추구하는 목적과 기능이 전혀 다른 별개의 제도이므로 형벌과 보호감호를 서로 병과하여 선고한다 하여 헌법 제13조 제 1 항에 정한 이중처벌금지의 원칙에 위반되는 것은 아니다."(헌재 1989. 7. 14. 88헌가5 등 병합결정)[1]

판례 〈보안관찰법 제 2 조 등 위헌소원(일부위헌, 일부각하)〉 "보안처분은 형벌만으로는 행위자의 장래의 재범에 대한 위험성을 제거하기에 충분하지 못한 경우에 사회방위와 행위자의 사회복귀의 목적을 달성하기 위하여 고안된 특별예방적 목적 처분으로, 헌법은 1972. 12. 27. 개정헌법 이래 보안처분제도를 헌법상의 제도로 수용하여 왔으므로 헌법의 규정에 따라 어떠한 형태의 보안처분제도를 마련하느냐의 문제는 헌법에 위반되지 아니하는 한 오로지 입법권자의 형성의 자유에 속한다."(헌재 1997. 11. 27. 92헌바28 결정)

(4) 身體의 自由의 效力

신체의 자유에는 대국가적 효력과 간접적 대사인적 효력이 인정된다.

104. 신체의 자유의 효력

(5) 身體의 自由의 制限과 限界

신체의 자유는 여러 가지 방식으로 제한된다. 예컨대, 신체의 자유는 대통령의 긴급명령(제76조) 또는 비상계엄이 선포된 경우(제77조 제 3 항) 제한될 수 있다. 또한 특별관계에 있는 사람은 해당 법률에 의하여 신체의 자유가 제한된다.

그러나 신체의 자유가 제한되는 일반적인 경우는 헌법 제37조 제 2 항에 따

105. 신체의 자유의 제한과 한계

---

1) 또한 헌재 1991. 4. 1. 89헌마17 등 병합결정〈사회보호법 위반 여부에 관한 헌법소원(기각)〉 참조.

라 국가안전보장·질서유지 또는 공공복리를 위하여 필요한 경우 법률에 의하여
제한되는 경우이다. 신체의 자유를 제한하는 대표적인 법률로는 형법, 형사소송
법, 국가보안법 등이 있다. 물론 이 경우에도 신체의 자유의 본질적 내용이 침
해되어서는 안 된다.

> **판례** 〈신체과잉수색행위 위헌확인(인용)〉 "신체의 자유는 헌법상 모든 기본권
> 보장의 종국적 목적이자 기본이념이라 할 수 있는 인간의 존엄과 가치에 밀접하
> 게 관련되어 있으므로 그 침해 여부는 헌법 제37조 제2항에 따라 엄격하게 심
> 사되어야 한다. 따라서 수용시설 내의 안전과 질서를 유지하기 위하여 일부 제한
> 이 불가피하더라도, 그 본질적인 내용을 침해하거나 목적의 정당성, 방법의 적정
> 성, 피해의 최소성 및 법익의 균형성 등을 의미하는 과잉금지의 원칙에 위배되어
> 서는 아니 되는 것이다."(헌재 2002. 7. 18. 2000헌마327 결정)[1)]

> **판례** 〈접견불허처분 등 위헌확인(위헌, 기각)〉 "실외운동은 구금되어 있는 수험
> 자의 신체적·정신적 건강유지를 위한 최소한의 기본적 요청이라고 할 수 있는
> 데, 금지처분을 받은 수형자는 일반 독거수용자에 비하여 접견, 서신수발, 전화통
> 화, 집필, 작업, 신문·도서열람, 라디오청취, 텔레비전 시청 등이 금지되어(행형
> 법 시행령 제145조 제2항 본문) 외부세계와의 교통이 단절된 상태에 있게 되며,
> 환기가 잘 안 되는 1평 남짓한 징벌실에 최장 2개월 동안 수용된다는 점을 고려
> 할 때, 금지수형자에 대하여 일체의 운동을 금지하는 것은 수형자의 신체적 건강
> 뿐만 아니라 정신적 건강을 해칠 위험성이 현저히 높다. 따라서 금지 처분을 받
> 은 수형자에 대한 절대적인 운동의 금지는 징벌의 목적을 고려하더라도 그 수단
> 과 방법에 있어서 필요한 최소한도의 범위를 벗어난 것으로서, 수형자의 헌법 제
> 10조의 인간의 존엄과 가치 및 신체의 안전성이 훼손당하지 아니할 자유를 포함
> 하는 제12조의 신체의 자유를 침해하는 정도에 이르렀다고 판단된다."(헌재
> 2004. 12. 16. 2002헌마478 결정)

---

1) 또한 헌재 2003. 12. 18. 2000헌마173 결정〈계구사용행위 위헌확인(인용)〉 참조.

3. 身體의 自由의 實效的 保障을 위한 制度들

(1) 身體의 自由를 실효적으로 保障하기 위한 여러 制度들의 體系化

1) 학　설

신체의 자유를 실효성 있게 보장하기 위한 여러 제도들을 합리적으로 체계화하려는 시도가 행해지고 있다. 이러한 시도와 관련하여 크게 두 가지 견해가 주장되고 있다. 제 1 설은 신체의 자유의 체계를 신체의 자유의 실체적 보장, 신체의 자유의 절차적 보장, 형사피의자·피고인의 권리로 3분한다. 다시 이 견해는 세부적인 점에서는 의견을 달리하는 두 가지 견해로 나누어진다.[1] 제 2 설은 신체의 자유의 체계를 인신보호를 위한 헌법상의 기속원리와 인신보호를 위한 사법절차적 기본권으로 나눈다.[2]

106. 신체의 자유를 실효적으로 보장하기 위한 여러 제도들의 체계화시도

2) 학설에 대한 검토

그러나 이러한 체계화의 시도는 그다지 설득력있는 것으로 보이지 않는다. 그 이유를 몇 가지만 들어 보기로 한다. 우선, 이러한 시도들은 재판을 받을 권

107. 신체의 자유를 실효적으로 보장하기 위한 여러 제도들의 체계화시도에 대한 비판적 검토

---

1) 김철수, 헌법학개론, 466쪽 이하는 ① 신체의 자유의 실체적 보장으로서 죄형법정주의의 선언, 일사부재리의 원칙과 이중처벌금지의 원칙, 보안처분과 강제노역, 친족의 행위로 인한 불이익처우금지를, ② 신체의 자유의 절차적 보장으로서 법률주의에 의한 보장, 적법절차에 의한 보장, 영장제도에 의한 보장, 구속이유와 변호인조력청구권의 고지를 받을 권리, 체포·구속적부심사제도에 의한 보장, 변호인의 도움을 받을 권리를, ③ 형사피의자·형사피고인의 권리로서 불법한 체포·구속 등으로부터의 자유권과 불법·부정절차에 의한 처벌에서의 자유권, 구속이유와 변호인조력청구권의 고지를 받을 권리, 체포·구속적부심사청구권, 무죄추정권, 고문을 받지 아니할 자유권과 진술거부권, 변호인의 도움을 받을 권리, 신속한 공개재판을 받을 권리, 형사보상청구권, 국가배상권을 들고 있다.

　그에 반하여 권영성, 헌법학원론, 376쪽 이하는 ① 신체의 자유의 실체적 보장으로서 신체의 자유에 관한 법률주의, 죄형법정주의, 일사부재리의 원칙, 연좌제의 금지를, ② 신체의 자유의 절차적 보장으로서 적법절차의 원칙과 영장주의를, ③ 형사피의자·형사 피고인의 권리로서 무죄추정의 원칙, 자백의 증거능력제한 및 증명력제한의 원칙, 고문을 받지 아니할 권리, 체포·구속이유 등을 고지받을 권리, 진술거부권, 변호인의 조력을 받을 권리, 체포·구속적부심사청구권, 형사기록의 열람·복사청구권, 신속한 공개재판을 받을 권리, 형사보상청구권을 들고 있다.

2) 허영, 한국헌법론, 335쪽 이하는 ① 인신보호를 위한 헌법상의 기속원리로서 적법절차원리, 죄형법정주의, 이중처벌의 금지, 사전영장주의, 연좌제금지, 자백의 증거능력제한, 유죄확정시까지 무죄추정원칙을, ② 인신보호를 위한 사법절차적 기본권으로서 고문을 받지 아니할 권리 및 불리한 진술거부권, 영장제시요구권, 변호인의 도움을 받을 권리, 체포·구속시 이유와 권리를 고지받을 권리, 체포·구속적부심사청구권, 합법적인 재판을 받을 권리, 형사보상청구권을 들고 있다.

리와 형사보상청구권 등은 신체의 자유뿐만 아니라 다른 기본권의 보장을 위해서도 적용되며, 이들은 독립된 기본권이라는 점을 간과하고 있다.

　다음으로, 제1설은 신체의 자유의 체계를 실체적 보장과 절차적 보장 및 형사피의자·형사피고인의 권리로 나누고 있다. 그러나 형사피의자·피고인의 권리는 (재판을 받을 권리와 형사보상청구권을 제외하고는) 좁은 의미에서는 형사피의자·형사피고인이라는 특별한 처지에 있는 자들의 권리이기도 하지만, 신체의 자유라는 커다란 측면에서 보면 신체의 자유를 절차적으로 보장하기 위한 것으로 보는 것이 설득력 있을 것이다.

　셋째로, 제2설이 인신보호를 위한 헌법상의 기속원리와 인신보호를 위한 사법절차적 기본권을 나누고 있는 구분이 불명확하다는 것을 들 수 있다. 제2설은 인신보호를 위한 헌법상의 기속원리를 인신보호를 위해서 입법권자를 비롯한 국가권력이 반드시 존중해야 하는 원리라고 이해하고 있다. 그렇다면 예컨대 제2설이 인신보호를 위한 헌법상의 기속원리로 들고 있는 자백의 증거능력제한과 인신보호를 위한 사법절차적 권리로 들고 있는 고문을 받지 아니할 권리 사이에 명확한 차이가 성립되어야 한다. 그러나 그러한 차이는 보이지 않는다. 오히려 고문을 금지하기 위하여 자백의 증거능력을 제한하는 것이 아닌가 생각한다.

3) 사　견

108. 신체의 자유를 실효적으로 보장하기 위한 여러 제도들의 체계화에 대한 사견: 실체법적 규정과 절차법적 규정으로 분류

　따라서 신체의 자유의 실효적 보장을 위한 제도는 제12조 제2항 후단에서부터 제13조까지의 규정과 제27조 제3항 제2문의 지체없이 공개재판을 받을 형사피고인의 권리 및 제27조 제4항의 유죄확정시까지 무죄추정의 원칙에 한정하여 설명하는 것이 타당하다고 할 수 있다. 이들 규정은 신체의 자유를 보장하기 위한 실체법적 규정과 절차법적 규정으로 나눌 수 있다. 이 중에서 실체법적 규정으로 가장 핵심적인 것은 죄형법정주의이며, 절차법적 규정으로 중요한 것은 적법절차의 원리, 사전영장주의 그리고 구속적부심사제도로 볼 수 있다. 신체의 자유를 보장하기 위한 실체법적 규정들은 주로 대륙법계에서 유래한 것이며,[1] 절차법적 규정들은 주로 영미법계에서 유래한 것으로 알려져 있다.

---

　1) 예컨대 1789년의 프랑스인권선언은 이탈리아의 형사법학자 베카리아 *Cesare Beccaria*의 「범죄와 형벌」(1764)의 영향을 받아 신체의 자유와 관련하여 ① 법률에 의하지 않은 소추·체포·구금의 금지(제7조), ② 죄형법정주의(제8조: 법률은 엄밀·명백히 필요한 형벌만을 정해야 하며, 누구도 범죄에 앞서서 제정·공포되고 또 적법하게 적용하는 법률에 의하지 아니하고는 처벌될 수 없다), ③ 유죄선고시까지 무죄추정의 원칙(제9조) 등을 규

(2) 罪刑法定主義

1) 헌법규정 및 의의

① 헌법규정

우리 헌법은 제12조 제 1 항 제 2 문에서 "누구든지 법률에 의하지 아니하고는 … 받지 아니한다"고 하고, 제13조 제 1 항 전단에서 "모든 국민은 행위시의 법률에 의하여 범죄를 구성하지 아니하는 행위로 소추되지 아니하며 …"라 하여 '죄형법정주의'(nulla poena sine lege)를 규정하고 있다.

109. 죄형법정주의에 대한 헌법규정

② 죄형법정주의의 의의

이처럼 헌법이 죄형법정주의를 규정하고 있는 이유는 무엇이 처벌될 행위인가를 국민이 알 수 있도록 예측가능한 형식으로 미리 규정하도록 하여 개인의 법적 안정성을 보호하고, 성문의 형벌법규체계를 확립하여 국가형벌권의 자의적 행사로부터 개인의 자유와 권리를 보장하기 위한 것이다.

110. 헌법상 죄형법정주의의 의의

> **판례** 〈「복표발행·현상 기타 사행행위 단속법」 제 9 조 및 제 5 조에 관한 위헌심판(부분위헌)〉 "'법률이 없으면 범죄도 없고 형벌도 없다'라는 말로 표현되는 죄형법정주의는 이미 제정된 정의로운 법률에 의하지 아니하고는 처벌되지 아니한다는 원칙으로서 이는 무엇이 처벌될 행위인가를 국민이 예측가능한 형식으로 정하도록 하여 개인의 법적 안전성을 보호하고 성문의 형벌법규에 의한 실정법질서를 확립하여 국가형벌권의 자유주의, 권력분립, 법치주의 및 국민주권의 원리에 입각한 것으로서 무엇이 범죄이며 그에 대한 형벌이 어떠한 것인가는 반드시 국민의 대표로 구성된 입법부가 제정한 법률로써 정하여야 한다는 원칙이다. 죄형법정주의를 천명한 헌법 제12조 제 1 항 후단이나 제13조 제 1 항 전단에서 말하는 '법률'도 입법부에서 제정한 형식적 의미의 법률을 의미하는 것임은 물론이다. 그런데 아무리 권력분립이나 법치주의가 민주정치의 원리라 하더라도 현대국가의 사회적 기능증대와 사회현상의 복잡화에 따라 국민의 권력·의무에 관한 사항이

정하였다. 프랑스인권선언에 이은 프랑스형사소송법은 고문을 불법화하고 각종의 잔혹한 형벌을 폐지하였다.

독일기본법은 신체의 자유와 관련하여 제 2 조 제 2 항에서 신체를 훼손당하지 않을 권리와 신체의 자유를, 제103조에서 법정진술권(제 1 항), 죄형법정주의(제 2 항), 일사부재리의 원칙(제 3 항)을, 제104조에서 신체의 자유의 제한에 대한 법률주의와 고문금지(제 1 항), 자유박탈에 대한 법관의 결정(제 2 항), 구속적부심사제도(제 3 항), 자유박탈에 대한 가족 등에의 고지의무(제 3 항)를 규정하고 있다. 기본법은 유죄확정시까지 무죄추정권은 명문화하지 않고 있으나, 그것은 불문의 헌법원칙으로 인정되고 있다. B. Pieroth/B. Schlink, *Grundrecht. Staatsrecht* Ⅱ, S. 110f. 참조.

라 하여 모두 입법부에서 제정한 법률만으로 다 정할 수는 없는 것이기 때문에 예외적으로 행정부에서 제정한 명령에 위임하는 것을 허용하지 않을 수 없다. 그러나 법률의 위임은 반드시 구체적이고 개별적으로 한정된 사항에 대하여 행해져야 한다. 그렇지 아니하고 일반적이고 포괄적인 위임을 한다면 이는 사실상 입법권을 백지위임하는 것이나 다름없어 의회입법의 원칙이나 법치주의를 부인하는 것이 되고 행정권의 부당한 자의와 기본권 행사에 대한 무제한적 침해를 초래할 위험이 있기 때문이다. 우리 헌법 제75조도 '대통령은 법률에서 구체적으로 범위를 정하여 위임받은 사항 … 에 관하여 대통령령을 발할 수 있다'라고 규정하여 위임입법의 근거와 아울러 그 범위와 한계를 제시하고 있는데 '법률에서 구체적으로 범위를 정하여 위임받은 사항'이라 함은 법률에 이미 대통령령으로 규정될 내용 및 범위의 기본사항이 구체적으로 규정되어 있어서 누구라도 당해 법률로부터 대통령령에 규정될 내용의 대강을 예측할 수 있어야 함을 의미한다. 그리고 위임입법에 관한 헌법 제75조는 처벌법규에도 적용되는 것이지만 처벌법규의 위임은 특히 긴급한 필요가 있거나 미리 법률로써 자세히 정할 수 없는 부득이한 사정이 있는 경우에 한정되어야 하고, 이 경우에도 법률에서 범죄의 구성요건은 처벌대상인 행위가 어떠한 것일 것이라고 이를 예측할 수 있을 정도로 구체적으로 정하고 형벌의 종류 및 그 상한과 폭을 명백히 규정하여야 한다."(헌재 1991. 7. 8. 91헌가4 결정)

죄형법정주의는 신체의 자유를 보장하는 것으로만 볼 수는 없다. 왜냐하면 죄형법정주의는 신체의 자유를 제한하는 징역·금고 이외에 사형·재산형·공민권제한(자격상실·자격정지)에도 적용되기 때문이다. 그러나 형벌 중에는 생명형을 제외하고는 징역·금고가 가장 중대하고 또 통상적이기도 하므로 헌법은 신체의 자유권을 규정하는 제12조에서 죄형법정주의를 규정한 것이다.[1]

2) 죄형법정주의의 파생원칙

111. 죄형법정주의의 파생원칙: 형벌법의 법률주의, 형벌의 성문법주의, 형벌의 소급법금지, 유추해석금지, 절대적 부정기형의 금지, 명확성의 원칙

죄형법정주의는 "법률 없으면 범죄없고, 법률 없으면 형벌없다"라는 표현으로 요약될 수 있다. 이러한 죄형법정주의는 형벌을 정하는 성문법은 반드시 의회에서 제정된 법률이어야 한다는 형벌법의 법률주의, 형벌에 관하여는 일반적으로 관습법을 배척하고 성문법의 규정에만 의하게 하는 형법의 성문법주의(관습형법의 금지), 형벌에 관한 규정은 그 법률 제정 이전의 행위에 소급적용할 수 없다는 형법의 '소급법'(ex post facto Law) 금지(형벌불소급의 원칙), 법률에 규정이 없는 사항에 대하여 그것과 유사한 성질을 가지는 사항에 관한 법률 또는 법

---

1) 박일경, 제6공화국 신헌법, 252쪽.

률조항을 적용하는 유추해석 금지, 자유형에 대한 선고형의 기간을 재판에서 확정하지 아니하고 행형의 경과에 따라 결정하는 절대적 부정기형의 금지, 명확성의 원칙으로 구성되어 있다.

> **판례** 〈국토이용관리법 제21조의3 제 1 항·제31조의2의 위헌심판(합헌)〉 "죄형법정주의는 범죄와 형벌이 법률로 정하여져야 함을 의미하는 것으로 이러한 죄형법정주의에서 파생되는 명확성의 원칙은 누구나 법률이 처벌하고자 하는 행위가 무엇이며 그에 대한 형벌이 어떠한 것인지를 예견할 수 있고 그에 따라 자신의 행위를 결정지을 수 있도록 구성요건이 명확할 것을 의미하는 것이다. … 다소 광범위하고 어느 정도의 범위에서는 법관의 보충적인 해석을 필요로 하는 개념을 사용하여 규정하였다고 하더라도 그 적용단계에서 다의적으로 해석될 우려가 없는 이상 그 점만으로 헌법이 요구하는 명확성의 요구에 배치된다고는 보기 어렵다." (헌재 1989. 12. 22. 88헌가13 결정)

3) 죄형법정주의와 관련된 몇 가지 문제

① 벌칙규정의 위임문제

죄형법정주의는 벌칙규정이 형식적 의미의 법률일 것을 요구한다. 그러나 개별적이고 구체적인 사항을 모두 법률이 규정할 수는 없는 일이다. 여기에서 벌칙규정의 하급명령 등에의 위임의 문제가 발생한다.

이 때 일반적·포괄적 위임은 형벌법의 법률주의에 위배되기 때문에 허용되지 않는다. 그러나 모법이 처벌대상이 되는 행위를 규정함에 있어 그 구체적인 원칙을 제시하고 형벌의 종류와 상한과 폭 등에 대한 명확한 기준을 제시하여 위임하는 것은 허용된다. 반면에 법률에 전혀 근거가 없는 경우에 하위명령 등에서 벌칙을 정하는 것은 위헌이 된다.[1]

112. 벌칙규정의 위임: 모법이 명확한 기준을 제시하여 위임하는 경우에만 허용된다

> **판례** 〈전기통신사업법 제 4 조 제 2 항 등 위헌소원(합헌, 각하)〉 "범죄와 형벌에 관한 사항에 있어서도 위임입법의 근거와 한계에 관한 헌법 제75조 및 제95조는 적용되는 것이고, 다만 법률에 의한 처벌법규의 위임은 그 요건과 범위가 보다 엄격하게 제한적으로 적용되어야 한다. 따라서 형벌법규의 위임을 하기 위해서는 특히 긴급한 필요가 있거나 미리 법률로써 자세히 정할 수 없는 부득이한 사정이

---

1) 헌법재판소는 「복표발행·현상 기타 사행행위 단속법」 제 9 조는 처벌대상행위를 추상적·포괄적으로 각령(閣令)에 위임하여 죄형법정주의에 위배된다는 이유로 위헌선언하였고, 건축법 제 1 조, 제79조 제 4 호와 「특정범죄 가중처벌 등에 관한 법률」 제 4 조 제 1 항 등도 같은 이유에서 위헌결정되었다.

있는 경우에 한정되어야 하며, 이러한 경우에도 범죄의 구성요건은 처벌대상행위
가 어떠한 것이라고 예측할 수 있을 정도로 법률에서 구체적으로 규정하여야 하
되, 위임입법의 위와 같은 예측가능성의 유무를 판단함에 있어서는 당해 특정 조
항 하나만을 가지고 판단할 것이 아니고 관련 법조항 전체를 유기적·체계적으로
종합하여 판단하여야 한다."(헌재 2007. 7. 26. 2005헌바100 결정)

판례 〈「특정경제범죄 가중처벌 등에 관한 법률」 제4조 제1항 등 위헌소원(합헌)〉
"헌법 제75조는 위임입법의 필요성을 인정하면서 동시에 그 범위와 한계를 정하
고 있다. 즉 법률의 대통령령에 대한 위임은 반드시 구체적·개별적으로 한정된
사항에 대하여 행하여져야 하고 일반적·포괄적인 위임을 하여서는 아니 된다.
특히 우리 헌법 제12조 및 제13조에서 천명하고 있는 죄형법정주의 원칙상 처벌
법규에 관한 위임입법은 특히 긴급한 필요가 있거나 미리 법률로써 자세히 정할
수 없는 부득이한 사정이 있는 경우에 수권법률에 처벌대상인 행위가 어떠한 것
일 거라고 예측할 수 있을 정도로 구체적으로 규정되고 형벌의 종류 및 그 상한
과 폭이 명백하여야만 죄형법정주의에 반하지 않는다."(헌재 2007. 7. 26. 2006헌바
12 결정)[1]

법률의 위임이 있을 때에는 지방자치단체는 조례위반에 대한 제재로서 벌칙
을 정할 수 있으며(지방자치법 제15조 단서),[2] 행정질서벌에 해당하는 과태료는
죄형법정주의의 규율대상이 아니다.[3]

② 소급입법에 의한 형벌의 강화와 공소시효연장

113. 소급입법에 의
한 형벌의 강화는 금
지되나, 공소시효의
연장은 허용된다

헌법 제13조 제2항은 참정권을 제한하거나 재산권을 박탈하는 소급입법을
금지하고 있다. 죄형법정주의의 정신상 소급입법에 의하여 형벌을 강화하는 것도
금지된다고 보아야 한다.[4] 그러나 공소시효를 연장하는 것은 새롭게 형벌을 과
하거나 형벌을 강화하는 것이 아니므로 소급효금지원칙에 반하지 않는다.[5]

---

1) 그 밖에도 헌재 1991. 7. 8. 91헌가4 결정〈「복표발행, 현상 기타 사행행위 단속법」 제9조
 및 제5조에 관한 위헌심판(위헌)〉; 헌재 1997. 5. 29. 94헌바22 결정〈건축법 제78조 제1
 항 등 위헌소원(위헌)〉; 헌재 1997. 9. 25. 96헌가16 결정〈건축법 제79조 제4호 중 '제26
 조의 규정에 위반한 자' 부분 위헌제청(위헌)〉; 헌재 1998. 3. 26. 96헌가20 결정〈노동조합
 법 제46조의3 위헌제청(위헌)〉 및 대법원 1972. 9. 12. 72도1137 판결 참고.
2) 대법원은 형벌을 규정한 지방의회의 조례(「경상북도 의회에서의 증언 감정 등에 관한 조
 례안」 제12조 내지 제14조)를 지방자치법 제15조 단서 및 죄형법정주의를 선언한 헌법 제
 12조 제1항을 위반하였다 하여 위헌선언하였다(대법원 1995. 6. 30. 93추83 판결).
3) 헌재 1998. 5. 28. 96헌바83 결정〈「부동산 등기 특별조치법」 제11조 위헌소원(합헌)〉.
4) 허영, 한국헌법론, 343쪽.
5) 헌재 1996. 2. 16. 96헌가2 등 병합결정〈「5·18 민주화운동 등에 관한 특별법」 제2조 위헌
 제청 등(합헌)〉. 이 결정에 대하여 자세한 것은 허영, 5·18불기소처분의 헌법이론적 문제

(3) 適法節次의 原理

1) 헌법규정 및 연혁

① 헌법규정

우리 헌법은 제12조 제 1 항 제 2 문에서 "누구든지 … 법률과 적법한 절차에 의하지 아니하고는 처벌·보안처분 또는 강제노역을 받지 아니한다"고 하고, 제 12조 제 3 항은 "체포·구속·압수 또는 수색을 할 때에는 적법한 절차에 따라 …"라고 하여 신체의 자유와 관련하여 적법절차의 원리를 보장하고 있다.

114. 적법절차원리에 대한 헌법규정

② 연　　혁

'적법절차의 원리'(due process of law)는 영국의 대헌장에서 기원하는 것으로 알려져 있다. 그러나 due process of law라는 명시적 표현을 사용한 최초의 문서는 1355년의 에드워드 3세의 제정법 제29조였다. 그 후 적법절차의 원리는 코크 *Edward Coke*가 기초한 권리청원을 거쳐 미국수정헌법 제 5 조(1791년)와 제14조 제 1 항(1868년)에서 정착되었다.[1] 우리 헌법에는 구속이유고지(제12조 제 5 항), 형사피의자의 형사보상청구권(제28조)과 더불어 현행헌법(제 9 차 개헌)에서 최초로 규정되었다.

115. 적법절차원리의 기원과 전개

2) 개념, 내용 및 기능

① 개　　념

이렇듯 적법절차원리는 수백 년간에 걸쳐 점진적으로 형성·확대되어 왔으므로 이를 한 마디로 정의하는 것은 거의 불가능에 가깝다. 그러나 이 원리는 가장 추상적인 의미에서 '자유와 정의의 기본원리'라고 부를 수 있을 것이다.[2]

116. 적법절차원리의 개념 — 자유와 정의 의 기본원리

점, 「5·18 법적 책임과 역사적 책임」 이대출판부, 1995, 85쪽 이하; 서주실, 죄형법정주의와 소급입법금지 — 5·18특별법과 관련하여, 고시계(1996년 4월), 15쪽 이하 참조.

1) 미국수정헌법 제 5 조: "누구든지 대배심에 의한 고발 또는 기소가 없으면 사형에 해당하는 죄 또는 기타의 파렴치죄에 관하여 심리를 받지 아니한다. 다만, 육군 또는 해군에서 또는 전시사변에 복무중의 의용군에서 발생한 사건에 관하여는 예외로 한다. 누구든지 동일한 행위에 관하여 재차 생명이나 신체에 대한 위험을 받지 아니하며 어떠한 형사사건에 있어서도 자기에게 불리한 증언을 강요받지 아니한다. 누구든지 적법절차에 의하지 아니하고는 생명, 자유 또는 재산을 박탈당하지 아니하며 또 정당한 보상없이 그 사유재산을 공공의 목적을 위하여 수용당하지 아니한다."

　미국수정헌법 제14조 제 1 항 제 3 문: "어떠한 주도 적법절차에 의하지 아니하고는 어떠한 사람으로부터도 생명, 자유 또는 재산을 박탈할 수 없으며, 그 지배권 내에 있는 어떠한 사람에 대하여도 법률에 의한 평등한 보호를 거부하지 못한다."

2) John Marshall Harlan, Dissenting opinion in Hurtado v. California(110 U. S. 546, 1884).

② 내   용

적법절차의 원리는 공권력에 의한 국민의 자유와 권리침해는 반드시 실체법상 또는 절차법상 합리적이고 정당하다고 인정되는 절차에 의하여야 할 것을 요구한다.[1] 따라서 형식적 의미의 법률에 정한 것이라면 어떠한 내용의 절차에 의하더라도 무방하다는 의미는 아니다.

> **판례** 〈형사소송법 제331조 단서규정에 대한 위헌심판(위헌)〉 "헌법상 규정된 적법절차의 원칙은 형식적 의미의 절차뿐만 아니라 실체적 내용이 합리성과 정당성을 갖춘 것이어야 한다는 실질적 의미로 확대해석해야 한다. … 우리 헌법재판소의 판례에서도 이 적법절차의 원칙은 법률의 위헌여부에 관한 심사기준으로서 그 적용대상을 형사소송절차에 국한하지 않고 모든 국가작용 특히 입법작용 전반에 대하여 문제된 법률의 실체적 내용이 합리성과 정당성을 갖추고 있는지 여부를 판단하는 기준으로서 적용되고 있음을 보여주고 있다."(헌재 1992. 12. 24. 92헌가8 결정)

"법률과 적법한 절차"에서 '법률'은 형식적 의미의 법률만을 의미한다.[2] 그러나 적법절차의 '법'은 실정법 외에도 법의 실질 내지 이념인 정의, 윤리, 사회상규 등을 포함한다. 절차는 원래 권리의 실질적 내용을 실현하기 위하여 채택하여야 할 수단적·기술적 순서나 방법을 말하지만, 적법한 절차에서의 절차는 특히 고지·청문·변명 등 방어기회의 제공절차를 말한다. 우리 헌법재판소는 적법절차를 절차의 적법성뿐만 아니라 절차의 적정성까지를 보장하는 것이라고 한다.[3][4]

---

1) 권영성, 헌법학원론, 401쪽에 따르면 미국의 판례는 적법절차의 핵심내용으로 ① 개인의 자유와 권리에 영향을 미치는 국가적 행위에 대하여 관계국가기관이 정당한 권한을 가질 것, ② 입법의 절차는 물론 법률의 내용도 구체적이고 명확할 것, ③ 상대방에게 고지·청문의 기회가 제공될 것, ④ 변호인의 조력을 받을 권리와 유리한 증인의 강제 소환 등이 보장될 것, ⑤ 판정기관이 공정하게 구성될 것, ⑥ 권리·의무의 판정은 정의의 원칙과 헌법의 기본이념에 합치하고 자의적인 것이 아닐 것 등을 강조하고 있다고 한다.
2) 그러나 법률유보의 원칙은 국가비상시와 법률의 위임이 있는 경우에는 예외가 있을 수 있다. 문홍주, 제 6 공화국 한국헌법, 243쪽.
3) 헌재 1993. 7. 29. 90헌바35 결정(「반국가행위자의 처벌에 관한 특별조치법」 제 5 조 등 및 헌법재판소법 제41조 등에 대한 헌법소원(위헌)〉.
4) 허영, 한국헌법론, 339·340쪽에 따르면 미국에서 적법절차조항은 인권보호와 관련하여 다음과 같은 기능을 한다고 한다. ① 행정절차에도 공정한 고지 및 청문절차가 반드시 보장되어야 한다. ② 헌법상 보장된 국민의 권리가 행정작용에 의해서 침해된 경우에는 그에 대한 사법적 심사가 반드시 이루어져야 한다. ③ 형사절차에서는 변호인의 도움을 받을 권리, 공판절차에서의 반대신문권 등이 제한당하지 아니하고, 경찰수사과정에서도 구금기간의 부당한 장기화는 허용되지 아니한다. ④ 적법절차는 단순히 절차적 차원의 적정성만

③ 기   능

적법절차의 원리는 첫째, 모든 국가작용을 지배하는 헌법적 원리라는 점에
서 입법작용의 제한원리에 그치는 과잉입법금지와는 구별되며, 둘째, 법률이 정
당성을 가지고 있는가를 판단하는 위헌법률심판의 심사기준이 된다.

118. 적법절차의 기
능: 모든 국가작용을
지배하는 헌법적 원
리, 위헌법률심판의
심사기준

> **판례** 〈형사소송법 제331조 단서 규정에 대한 위헌심판(위헌)〉 "헌법 제12조 제
> 3 항 본문은 동조 제 1 항과 함께 적법절차원리의 일반조항에 해당하는 것으로서,
> 형사절차상의 영역에 한정되지 않고 입법·행정 등 국가의 모든 공권력의 작용에
> 는 절차상의 적법성뿐만 아니라 법률의 실체적 내용도 합리성과 정당성을 갖춘
> 실체적인 적법성이 있어야 한다는 적법절차의 원칙을 헌법의 기본원리로 명시한
> 것이다."(헌재 1992. 12. 24. 92헌가8 결정)

> **판례** 〈「산업입지 및 개발에 관한 법률」 제11조 제 1 항 등 위헌소원(합헌)〉
> "헌법 제12조 제 1 항 및 제 3 항에 규정된 적법절차의 원칙은 일반적 헌법원리로
> 서 모든 공권력의 행사에 적용되는바, 이는 절차적 적법성뿐만 아니라 절차의 적
> 정성까지 보장되어야 한다는 뜻으로 이해된다. 즉 형식적인 절차뿐만 아니라 실
> 체적 법률내용이 합리성과 정당성을 갖춘 것이어야 한다는 실질적인 의미로 확대
> 해석되고 있다. 나아가 우리 헌법재판소는 이 적법절차의 원칙의 적용범위를 형
> 사소송절차에 국한하지 않고 모든 국가작용에 대하여 문제된 법률의 실체적 내용
> 이 합리성과 정당성을 갖추고 있는지 여부를 판단하는 기준으로 적용된다고 판시
> 함으로써 … "(헌재 2007. 4. 26. 2006헌바10 결정)

3) 적   용

헌법은 법률과 적법한 절차에 의하여야 할 사항으로 처벌·보안처분·강제
노역을 들고 있다. 그러나 처벌·보안처분·강제노역은 예시적인 것에 지나지 않
으며, 적법절차에 의하지 아니하고는 신체적·정신적 그리고 재산상 불이익이
되는 일체의 제재를 받지 않는다고 해석하여야 한다. 곧 적법절차의 원리는 모
든 기본권에 적용되며, 형사절차뿐만 아니라 행정절차에도 적용된다.

적법절차를 위반한 공권력에 대하여는 헌법소원을 제기할 수 있다.

119. 적법절차원리의
적용범위

> **판례** 〈국회의원선거법 제33조·제34조의 위헌심판(위헌 = 헌법불합치)〉 "그 법
> 률이 정치적 타협에 의하여 국민의 정치적 참여를 부당하게 제한하거나 불합리

을 요구하는 것이 아니고, 적용된 법률의 내용이 합리적이고 정당한 법이어야 한다는 실체
적 차원의 적정성까지를 그 내용으로 한다.

한 선거법을 제정하는 것은 적법절차의 원칙에 반하고 … 각종 선거과정에 있어서 정치적 표현의 자유나 입후보자의 선택의 자유 그리고 입후보자의 자유와 기회균등을 제한하거나 박탈하는 선거법상의 규정까지 당연한 것이라고 하여 임의로 제정하는 것은 적법절차의 원칙에 반하는 입법형성이라 아니할 수 없다."(헌재 1989. 9. 8. 88헌가6 결정)

판례 〈변호사법 제15조에 대한 위헌심판(위헌)〉 형사사건으로 공소제기된 변호사에 대해 법무부장관이 그 업무의 정지를 명할 수 있게 한 규정은 "징계절차에 있어서와 같이 당해 변호사가 자기에게 유리한 사실을 진술하거나 필요한 증거를 제출할 수 있는 청문의 기회가 보장되지 아니하며, 이러한 의미에서 적법절차가 존중되지 않으므로 위헌이다."(헌재 1990. 11. 19. 90헌가48 결정)

판례 〈변호사법 제15조에 대한 위헌심판(위헌)〉 "형사처벌 아닌 불이익처분의 경우에도 적법절차 원칙이 적용된다."(헌재 1990. 11. 19. 90헌가48 결정)

판례 〈형사소송법 제221조의2 위헌심판(위헌)〉 "법관이 법정에서 직접 신문도 하기 전에 이루어진 증인신문은 피고인에 대해 근거없는 심증을 갖게 할 우려가 있으므로 이는 결국 법관의 독립성과 적법절차의 원칙을 해치게 되므로 위헌이다."(헌재 1996. 12. 26. 94헌바1 결정)

판례 〈「소송촉진 등에 관한 특례법」 제23조 위헌소원(위헌)〉 "자기에게 아무런 책임 없는 사유로 출석하지 못한 피고인에 대하여 별다른 증거조사도 없이 곧바로 유죄 판결을 선고할 수 있도록 한 것은 그 절차의 내용이 심히 적정치 못한 경우로서 헌법 제12조 제 1 항 후문의 적법절차원칙에 반한다."(헌재 1998. 7. 16. 97헌바22 결정)

판례 〈형사소송법 제221조의3 제 1 항 등 위헌소원(합헌, 각하)〉 "헌법 제12조 제 1 항 후문이 보안처분을 처벌 또는 강제노역과 나란히 열거하고 있다는 규정의 형식에 비추어 보거나 보안처분이 처벌 또는 강제노역에 버금가는 중대한 기본권 제한을 수반한다는 그 내용에 비추어 보거나 보안처분에도 적법절차의 원칙이 적용되어야 함은 당연한 것이다. 다만 보안처분에도 다양한 형태와 내용이 존재하므로 각 보안처분에 적용되어야 할 적법절차의 범위 내지 한계에는 차이가 있어야 할 것이다."(헌재 2005. 2. 3. 2003헌바1 결정)

(4) 事前令狀主義

1) 헌법규정 및 연혁

① 헌법규정

헌법 제12조 제 3 항은 "체포·구속 … 에는 적법한 절차에 따라 검사의 신청에 의하여 법관이 발부한 영장을 제시하여야 한다"고 하여 사전영장주의를 규정하고 있다(제16조 참조).

120. 사전영장주의에 대한 헌법규정: 헌법 제12조 제 3 항

② 연　　혁

사전영장제도는 1679년의 '인신보호령' *Habeas Corpus Act*[1]에서 유래한다. 우리 법제사에서 사전영장제도는 1948년 군정법령 제176호(형사소송법의 개정)에 의하여 도입되었다. 따라서 이 제도는 제헌 당시 이미 보장되었던 것이다.

121. 사전영장주의의 연혁: 1679년의 인신보호령에서 유래

2) 사전영장주의의 원칙

① 사전영장주의의 개념

사전영장주의란 수사기관이 형사절차와 관련하여 체포·구속·압수·수색 등의 강제처분을 함에 있어 검사의 신청에 의하여 법관이 발부한 영장을 사전에 제시하여야 한다는 원칙을 말한다.

122. 사전영장주의의 개념

> **판례** 〈형사소송법 제70조 제 1 항 위헌소원 등(합헌)〉 "형사절차에 있어서의 영장주의란 체포·구속·압수 등의 강제처분을 함에 있어서는 사법권 독립에 의하여 그 신분이 보장되는 법관이 발부한 영장에 의하지 않으면 아니 된다는 원칙이다. 따라서 영장주의의 본질은 신체의 자유를 침해하는 강제처분을 함에 있어서는 중립적인 법관이 구체적 판단을 거쳐 발부한 영장에 의하여야만 한다는 데에 있다. 헌법 제12조 제 3 항이 영장의 발부에 관하여 "검사의 신청"에 의할 것을 규정한 취지는 모든 영장의 발부에 검사의 신청이 필요하다는 데에 있는 것이 아니라, 수사 단계에서 영장의 발부를 신청할 수 있는 자를 검사로 한정함으로써 검사 아닌 다른 수사기관의 영장신청에서 오는 인권유린의 폐해를 방지하고자 함에 있다."(헌재 1997. 3. 27. 96헌바28 등 병합결정)

---

1) Habeas corpus는 인신(人身)을 법관의 면전에 제출하라(bring the body before the court)라는 뜻을 가진 라틴어이다. 인신보호영장을 규정한 최초의 국회제정법은 1679년의 '인신보호령'(Habeas Corpus Act)이다. 그 후 그 내용을 보충하는 인신보호법이 1816년, 1862년에 제정되었다. 이들을 통칭하여 '인신보호법'(Habeas Corpus Acts)이라 한다.

② 인신보호영장의 의의

123. 인신보호영장의 의의

　원래 인신보호영장은 타인의 인신을 구속하고 있는 자에 대하여 일정한 목적, 곧 그 구속의 적부를 심사하기 위하여 피구속자의 인신을 법원 또는 법관의 면전에 제출할 것을 명하는 '영장'(writ)이며, 법관 또는 법원은 인신구속의 이유와 절차의 적부를 심사하고 만일 그것이 부당한 때에는 즉시 석방하도록 하였다. 곧 사전영장주의는 체포·구속의 필요성 유무를 공정하고 독립적 지위를 가진 사법기관으로 하여금 판단하게 함으로써 수사기관에 의한 체포·구속의 남용을 방지하려는 데 그 의의가 있다.

③ 체포·구속영장의 기재사항

124. 체포·구속영장의 기재사항

　피의자체포와 피고인구속의 경우에 체포·구속영장에는 "피의자·피고인의 성명, 주거, 죄명, 공소사실의 요지, 인치구금할 장소, 발부연월일, 유효기간과 그 기간을 경과하면 집행에 착수하지 못하며 영장을 반환하여야 할 취지를 기재"하여야 한다(형사소송법 제75조, 제200조의5).

④ 체포·구속의 이유고지 및 변호인의 조력을 받을 권리의 고지

125. 체포·구속의 이유고지 및 변호인의 조력을 받을 권리의 고지

　인신을 체포·구금하기 위하여 영장을 제시할 때에 영장을 집행하는 공무원은 반드시 법관의 영장에 의하여 체포·구금을 받은 자는 변호인의 조력을 받을 권리가 있고, 인신구속에 관한 적부의 심사를 법원에 청구할 권리를 가진다는 취지를 피구속자에게 고지하여야 한다(제12조 제 4 항 제 1 문, 제12조 제 5 항 제 1 문).[1] 이렇듯 즉시 변호인의 조력을 받을 권리와 인신구속에 관한 적부의 심사를 법원에 청구하는 권리를 체포 또는 구금과 동시에 피구속자에게 인정하기 때문에 인신보호영장제도는 신체의 자유를 보장하는 가장 중추적인 제도라 할 수 있다.[2]

3) 사전영장주의의 예외

126. 사전영장주의의 예외

　현행범인 경우와 장기 3년 이상의 형에 해당하는 죄를 범하고 도피 또는 증거인멸의 염려가 있는 자의 경우(제12조 제 3 항 단서)에는 사전영장주의원칙이

---

1) 형사소송법은 체포·구속의 경우에 피의자·피고인에게 범죄사실의 요지, 구속의 이유와 변호인을 선임할 수 있음을 말하고 변명할 기회를 준 후가 아니면 구속할 수 없게 하고 있다(형사소송법 제200조의2). 이는 미연방헌법 수정 제 5 조(자기부죄거부의 특권)를 근거로 하여 Miranda v. Arizona사건(383 U. S. 436, 1966) 판결에서 확립된 *Miranda*원칙을 받아들인 것이라 볼 수 있다. 또한 형사송법은 체포한 피의자를 구속하고자 할 때에는 체포한 때부터 48시간 이내에 구속영장을 청구하여야 하고, 그 기간 내에 구속영장을 청구하지 아니하면 피의자를 즉시 석방하도록 하고 있다(형사소송법 제200조의2 제 1 항, 제 2 항, 제 5 항).

2) 한동섭, 헌법, 130쪽.

적용되지 않는다. 또한 비상계엄이 선포된 때에는 영장제도에 대하여 특별한 조치를 할 수 있다(제77조 제3항). 그러나 비상계엄하에서 영장주의에 제한을 가하는 경우에도 법관에 의한 영장제도 자체를 전면적으로 배제할 수는 없다.

> **판례** "비상계엄선포 중에도 검사는 영장을 발부할 수 없다. 계엄법 제13조에 규정한 특별조치가 헌법 제9조 제2항에 명시한 규정에 위반하여 법관의 영장 없이 체포·구금·수색할 수 있음을 포함한 것이라고 논할 근거가 없다."(헌위 4286. 10. 8. 4286헌위2 결정)

구체적으로는 피의자의 긴급체포, 현행범 및 준현행범의 체포, 공무소에 대한 조회, 법원의 신체검사, 공판정에서의 인신구속(이상 대인적인 것), 공판정에서의 압수수색, 법원에 의한 검증, 인신구속의 경우 압수·수색·검증, 임의 제출물 등의 압수(이상 대물적인 것)의 경우에는 사전영장주의가 배제된다. 또한 사전영장주의는 형사사법의 발동에 대한 규정이기 때문에, 행정상의 즉시강제수단으로서 강제격리·강제수용 등의 처분에는 법관의 영장이 필요하지 않다는 것이 통설의 입장이다. 그러나 행정상의 즉시강제의 목적과 형사사법의 목적이 경합할 경우에는 영장주의가 적용되어야 한다.

4) 별건체포·구속

① 별건체포·구속의 개념

별건체포·구속이라 함은 중대한 사건(예컨대 살인사건)에 관하여 체포 또는 구속영장을 청구할 정도의 증거를 수집할 수 없는 경우, 이미 증거가 수집된 별도의 경미한 사건(예컨대 폭력사범)으로 체포 또는 구속영장을 발부받아 체포나 구속을 하는 수사방법을 말한다.

127. 별건체포·구속의 개념

② 별건체포·구속의 위헌성

별건체포·구속은 첫째, 수사의 주목적인 본 건(중대사건)에 관한 법관의 사전심사가 회피되어 영장주의의 존재의의를 상실하게 하므로 헌법 제12조 제3항에 위배되고, 둘째, 체포·구속의 이유가 본 건에 관하여 고지되지 아니하므로 헌법 제12조 제5항에 위반되며, 셋째, 그것이 자백을 얻기 위한 부당한 수단으로 이용된 경우에는 헌법 제12조 제2항의 고문금지조항에 위반되고, 넷째, 전체적으로 절차가 공정하지 못하고 부당한 것이라는 의미에서 헌법 제12조 제1항 제2문의 적법절차조항에도 위반된다.[1]

128. 별건체포·구속의 위헌성

---

1) 권영성, 헌법학원론, 408·409쪽.

(5) 拘束適否審査制度

1) 헌법규정 및 연혁

① 헌법규정

129. 구속적부심사제도에 대한 헌법규정 — 헌법 제12조 제 6 항

헌법 제12조 제 6 항은 "누구든지 체포 또는 구속을 당한 때에는 적부의 심사를 법원에 청구할 권리를 가진다"고 하여 체포·구속적부심사제도를 채택하고 있다.

② 연　혁

130. 구속적부심사제도의 기원 및 전개

구속적부심사제도는 영미법계통의 인권보장제도의 하나이다 . 그 기원은 불확실하나 1215년의 대헌장 이전으로 추측되며, 그 후 1679년에 '인신보호령' *Habeas Corpus Act*에 규정되었고, 이것이 다시 미국헌법에 계승되어 세계각국의 헌법으로 확대되었다.[1] 우리나라에는 1948년 사전영장주의와 함께 군정법령 제176호로 도입되었고, 건국헌법에서 채택되었으나 1972년 헌법에서 삭제되었다가 1980년 헌법에서 부활되었다.

2) 의　의

① 개　념

131. 구속적부심사제도의 개념

체포·구속적부심사제도는 체포·구속을 받은 피의자 또는 변호인 등이 그 적부의 심사를 법원에 청구할 경우, 법관이 즉시 피의자와 변호인이 출석한 공개법정에서 체포 또는 구속의 이유를 밝히도록 하고, 체포 또는 구속의 이유가 부당하거나 적법한 것이 아닐 때에는 법관이 직권으로 피의자를 석방하는 제도를 말한다.[2]

② 의　의

132. 구속적부심사제도의 의의

체포·구속적부심사청구권은 인신보호영장제도의 가장 핵심적인 부분으로, 범죄수사 또는 형사소추상의 필요를 이유로 국가권력(특히 행정권)에 의한 인신구속의 남용을 방지하기 위한 것이다. 그와 동시에 체포·구금된 자에게 그 체

---

1) 문홍주, 제 6 공화국 한국헌법, 247쪽.
2) 이 밖에도 형사소송법은 "1. 죄증을 인멸할 염려가 있다고 믿을 만한 충분한 이유가 있는 때, 2. 피해자, 당해사건의 재판에 필요한 사실을 알고 있다고 인정되는 자 또는 그 친족의 생명·신체나 재산에 해를 가하거나 가할 염려가 있다고 믿을 만한 충분한 이유가 있는 때"(동 제214조의2 제 4 항)를 제외하고는 법원으로 하여금 구속된 피의자에 대하여 피의자의 출석을 보증할 만한 보증금의 납입을 조건으로 그 석방을 명하는 결정(보석결정)을 할 수 있게 하고 있다.

포·구속의 이유와 절차가 적법한 것이었는가에 대한 여부를 구속과 동시에 법
원에 대하여 청구할 수 있도록 하는 의의를 가진다.

> **판례** 〈형사소송법 제214조의2 제 1 항 위헌소원(헌법불합치)〉 "헌법 제12조 제
> 6 항의 규정은 우리 헌법이 헌법적 차원에서 일정한 권리를 인정하는 것으로서
> 입법자가 법률로써 이러한 권리행사의 주체를 임의로 제한할 수는 없다. 이러한
> '체포·구속적부심사청구권'의 경우 원칙적으로 국가기관 등에 대하여 특정한 행
> 위를 요구하거나 국가의 보호를 요구하는 절차적 기본권(청구권적 기본권)이기 때
> 문에 본질적으로 제도적 보장의 성격을 강하게 띠고 있다."(헌재 2004. 3. 25. 2002
> 헌바104 결정)

3) 구체적 내용

① 청구대상과 청구권자

모든 범죄에 대하여 체포 또는 구속된 피의자, 그의 변호인, 법정대리인,
배우자, 직계친족, 형제자매, 호주, 가족, 동거인, 고용주는 체포·구속적부심사
권을 행사할 수 있다(형사소송법 제214조의2 제 1 항). 피고인에게는 심사청구권이
인정되지 아니한다.

<small>133. 구속적부심사의 청구대상과 청구권자</small>

② 심사기관과 심사절차

판사가 1인인 지방법원지원의 경우를 제외하고는 영장을 발부한 법관은 체
포·구속적부심사의 심문·조사·결정에 관여할 수 없다(형사소송법 제214조의2
제12항).

<small>134. 구속적부심사기관과 심사절차</small>

체포·구속심사를 청구받은 법원은 지체 없이 체포 또는 구속된 피의자를
심문하고 수사관계서류와 증거물을 조사하여 청구가 이유 없다고 인정한 때에는
결정으로써 기각하고, 이유가 있다고 인정한 때에는 결정으로써 체포 또는 구속
된 피의자의 석방을 명하여야 한다(형사소송법 제214조의2 제 4 항). 석방된 피의자
가 도망하거나 증거를 인멸하는 경우를 제외하고는 동일범죄사실을 이유로 다시
체포하거나 다시 구속할 수 없다(형사소송법 제214조의3).[1]

③ 심사내용

체포·구속적부의 심사는 영장발부의 요식과 절차에 관한 형식적 사항은 물

<small>135. 구속적부심사내용</small>

---

1) 법원의 보석결정으로 석방된 피의자도 ① 도망한 때, ② 죄증을 인멸할 염려가 있는 때,
③ 출석요구에 응하지 아니한 때, ④ 법원이 정한 조건을 위반한 때가 아니면 다시 체포
또는 구속하지 못한다.

론 체포·구속사유의 타당성과 적법성에 관한 실질적 사항까지를 심사한다. 체포·구속적부 여부의 판단은 적부심사시를 기준으로 한다.[1]

④ 불복제도

136. 구속적부심사에 대한 불복은 불인정

법원의 체포·구속적부심사의 결정에 대하여는 검사나 피의자 모두 항고할 수 없다.

(6) 身體의 自由에 대한 그 밖의 保障

137. 신체의 자유를 보장하기 위한 그 밖의 제도

이 밖에도 신체의 자유를 보장하기 위하여 불리한 진술금지(제12조 제 2 항),[2] 변호인의 조력을 받을 권리·예외적인 경우의 국선변호인제도(제12조 제 4 항),[3] 구속이유 등의 고지(제12조 제 5 항), 자백의 증거능력제한(제12조 제 7 항),[4] 일사부

---

1) 권영성, 헌법학원론, 411쪽.

2) 불리한 진술거부권은 묵비권이라고도 하며, 영미법상의 '자기부죄(自己負罪)거부특권' (privilege against self-incrimination)을 규정한 것이라고 할 수 있다. 여기서 불리한 진술이라 함은 ① 유죄판결의 기초가 될 사실과 양형에 있어서 불리하게 될 사실을 말하며, 자기에게 불리한 진술이라 함은 형사피의자 또는 피고인으로서뿐만 아니라 증인으로서의 진술중 자기에게 불리한 진술을 포함한다(형사소송법 제148조 참조). 그러나 단순히 자기의 명예와 성실성에 손상을 가져온다든가 또는 행정상의 처분을 받을 우려가 있는 사실에 대해서는 진술거부권이 없다. ② 자기에게 불리한 진술이기 때문에 제 3 자가 형사상 불리한 것에 대해서는 진술거부권이 없다. 그러나 법률은 공익상 또는 도의상 일정한 친족을 위하여 또는 신의상 일정한 직업에 종사하는 자에 대하여 그 범위를 다소 확대하고 있다 (형사소송법 제147-149조). ③ 진술은 심문에 대한 답변만을 말하고, 서류 등의 제출은 이에 포함되지 않는다. ④ 진술은 형사절차뿐만 아니라 행정절차·국회에서의 질문 등 모든 심문절차에 적용된다. 불리한 진술거부권은 예컨대 진술의 강요, 거짓말탐지기의 사용, 법률상의 기록·보고의무의 강제 등에 의하여 침해된다.

3) 변호인의 조력을 받을 권리가 엄격한 의미에서의 소송절차가 아니고 그 전단계인 수사단계에서도 변호인의 조력을 받을 수 있게 함으로써 피의자의 정당한 권리를 보호하려는 것이라면, 국선변호인제도는 빈곤 기타의 사정으로 변호인을 구할 수 없는 자에게 국가가 변호인을 붙여줌으로써 형사피고인의 정당한 권리를 보호하려는 것이다. 따라서 국선변호인제도는 공소제기 이후의 소송절차에서만 인정된다. 형사소송법 제283조는 국선변호인을 선정하여야 하는 경우로 다음을 들고 있다. ① 피고인이 미성년자인 때, ② 피고인이 70세 이상의 자인 때, ③ 피고인이 농아자인 때, ④ 피고인이 심신장애의 의심 있는 자인 때, ⑤ 피고인이 빈곤 기타 사유로 변호인을 선임할 수 없는 경우로서 피고인의 청구가 있는 때(이상 형사소송법 제33조), ⑥ 사형, 무기 또는 단기 3년 이상의 징역이나 금고에 해당하는 사건의 경우(형사소송법 제282조).

4) 이는 '불법의 과실도 불법'이라는 미국의 판례(Weeks v. United States, 232 U.S. 383, 1914; United States v. Jeffers, 342 U.S. 481, 1951; Kremern et al. v. United States, 353 U.S. 346, 1957; Mapp v. Ohio, 367 U.S. 643, 1961)에서 확립된 원칙과 비슷하다. 이들 판결에 대하여 좀더 자세한 것은 김효전, 헌법과 형사절차의 원리 — 미국의 헌법판례와 한·일판례 — , 고시연구(1994년 11월), 41쪽 이하(특히 42-46쪽) 참조.

재리의 원칙(ne bis in idem, 제13조 제 1 항 후단),[1][2] 연좌제금지(제13조 제 3 항),[3] 지체없이 공개재판을 받을 형사피고인의 권리(제27조 제 3 항 제 2 문), 유죄확정시까지 무죄추정을 받을 형사피고인의 권리(제27조 제 4 항) 등이 규정되어 있다.

> **판례**　"증인으로 선서한 이상 진실대로 진술한다면 자신의 범죄를 시인하는 진술을 하는 것이 되고 증인을 거부하는 것은 자기의 범죄를 암시하는 것이 되어 증인에게 사실대로의 진술을 기대할 수 없다고 하더라도 소송법상 이러한 처지의 증인에게는 증인을 거부할 수 있는 권리를 인정하여 위증죄로부터의 탈출구를 마련하고 있는 만큼 적법행위의 기대가능성이 없다고 할 수 없으므로 선서한 증인이 증언거부권을 포기하고 허위의 진술을 하였다면 위증죄의 처벌을 면할 수 없다"
> (대법원 1987. 7. 7. 86도1724 판결)

> **판례**　〈변호사법 제15조에 대한 위헌심판(위헌)〉　"공소제기가 된 피고인이라도 확정판결이 있기까지는 원칙적으로 죄가 없는 자에 준하여 취급하여야 하고 불이익을 입혀서는 안 된다고 할 것으로, 가사 그 불이익을 입힌다 하여도 필요한 최

---

1) 일사부재리의 원칙은 엄격하게 말하면 영미법에서 말하는 '이중위험'(double jeopardy)의 금지와는 약간 다르다. 일사부재리는 유죄·무죄의 판결 또는 면소의 판결이 있은 다음에는 동일사건에 대하여 다시 공소를 제기하여 심판을 구하지 못하는 것을 말한다. 그에 반하여 이중위험의 금지는 피고인을 동일범죄에 대하여 이중으로 형사절차에 의한 처벌을 받을 위험에 두는 것을 금지하는 것으로서 검사의 상소도 이중위험이 된다. 정당하게 지방법원에서 무죄판결을 받았을 때에는 상소는 인정되지 아니한다. 그러나 피고인이 자신을 유리하게 하기 위하여 상소하는 것은 이 권리를 포기한 것으로 볼 수 있기 때문에 무방하다. 문홍주, 제 6 공화국 한국헌법, 251쪽, 각주 1.

2) "헌법 제13조 제 1 항이 정한 '이중처벌금지의 원칙'은 동일한 범죄행위에 대하여 국가가 형벌권을 거듭 행사할 수 없도록 함으로써 국민의 기본권 특히 신체의 자유를 보장하기 위한 것이다. 따라서 그 '처벌'은 원칙적으로 범죄에 대한 국가의 형벌권 실행으로서의 과벌을 의미하는 것이고, 국가가 행하는 일체의 제재나 불이익처분을 모두 그에 포함된다고 할 수는 없다"(헌재 1994. 6. 30. 92헌마38 결정). "형벌과 보호감호를 서로 병과하여 선고한다 하여 이중처벌금지의 원칙에 위반되는 것은 아니다"〈사회보호법 제 5 조의 위헌심판 — 헌재 1989. 7. 14. 88헌가5 등 병합결정(위헌)〉. 형벌의 집행을 받은 사람에게 보안관찰처분을 하는 것은 이중처벌이 아니다(헌재 1997. 11. 27. 92헌바28 결정 참조). "형법 제35조 제 1 항이 누범을 가중처벌하는 것은 전범에 대하여 형벌을 받았음에도 다시 범행을 하였다는 데 있는 것이지, 전범에 대하여 처벌을 받았음에도 다시 범행을 하는 경우에는 전범도 후범과 일괄하여 다시 처벌한다는 것은 아님이 명백하다. 따라서 누범에 대하여 형을 가중하는 것이 헌법상의 일사부재리의 원칙에 위배하여 피고인의 기본권을 침해하는 것이라고는 볼 수 없다"(헌재 1995. 2. 23. 93헌마43 결정).

3) 연좌제의 금지는 신체의 자유와는 직접적인 관련이 없다. 그러나 자기책임에 따르는 행위가 아닌 본인 이외의 행위로 말미암아 신체의 자유에 대한 불리한 처우를 받는다는 것은 이에 대한 중대한 제한이 될 수 있으므로 신체의 자유보장과 관계가 있는 경우가 많을 것이다. 문홍주, 제 6 공화국 한국헌법, 252쪽.

소제한에 그치도록 비례의 원칙이 존중되어야 한다는 것이 헌법 제27조 제 4 항의
무죄추정의 원칙이며, 여기의 불이익에는 형사절차상의 불이익뿐만 아니라 그 밖
의 기본권제한과 같은 처분에 의한 불이익도 포함된다고 할 것이다."(헌재 1990.
11. 19. 90헌가48 결정)

판례 〈수사기관의 기본권침해에 대한 헌법소원(각하)〉 "헌법상 변호인과의 접견
교통권은 체포 또는 구속을 당한 피의자·피고인 자신에게만 한정되는 신체적 자
유에 관한 기본권이고, 변호인 자신의 구속된 피의자·피고인과의 접견교통권은
헌법상 권리라고 말할 수 없으며, 단지 형사소송법 제34조에 의하여 비로소 보장
되는 권리임에 그친다."(헌재 1991. 7. 8. 89헌마181 결정)

판례 〈변호인의 조력을 받을 권리에 대한 헌법소원(위헌확인, 부분위헌)〉 "무죄
추정의 원칙은 언제나 불리한 처지에 놓여 인권이 유린되기 쉬운 피의자, 피고인
의 지위를 옹호하여 형사절차에 그들의 불이익을 필요한 최소한에 그치게 하자는
것으로서 인간의 존엄성 존중을 궁극의 목표로 하고 있는 헌법이념에서 나온 것
이다. 이 무죄추정의 원칙으로 인하여 불구속수사, 불구속재판을 원칙으로 하고
예외적으로 피의자 또는 피고인이 도망할 우려가 있거나 증거를 인멸할 우려가
있는 때에 한하여 구속수사 또는 구속재판이 인정될 따름이다."(헌재 1992. 1.
28. 91헌마111 결정)

판례 〈변호사법 제15조에 대한 위헌심판(위헌)〉 "공소제기가 된 피고인이라도
확정판결이 있기까지는 원칙적으로 죄가 없는 자에 준하여 취급하여야 하고 불이
익을 입혀서는 안 된다고 할 것으로, 가사 그 불이익을 입힌다 하여도 필요한 최
소제한에 그치도록 비례의 원칙이 존중되어야 한다는 것이 헌법 제27조 제 4 항의
무죄추정의 원칙이며, 여기의 불이익에는 형사절차상의 불이익뿐만 아니라 그 밖
의 기본권제한과 같은 처분에 의한 불이익도 포함된다고 할 것이다."(헌재 1990.
11. 19. 90헌가48 결정)

판례 〈서신검열 등 위헌확인(일부인용 = 위헌확인, 일부각하, 일부기각, 일부한정
위헌)〉 "헌법 제12조 제 4 항 본문은 신체구속을 당한 사람에 대하여 변호인의
조력을 받을 권리를 규정하고 있는바, 이를 위하여서는 신체구속을 당한 사람에
게 변호인과 충분한 교통접견을 허용함은 물론 교통내용에 대하여 비밀이 보장되
고 부당한 간섭이 없어야 하는 것이며, 이러한 취지는 접견의 경우뿐만이 아니라
변호인과 미결수용자 사이의 서신에도 적용되며 그 비밀이 보장되어야 할 것이
다. 다만, 미결수용자와 변호인 사이의 서신으로서 그 비밀을 보장하기 위해서는

첫째, 교도소측에서 상대방이 변호인이라는 사실을 확인할 수 있어야 하고, 둘째, 서신을 통하여 마약 등 소지금지품의 반입을 도모한다든가 그 내용에 도주·증거인멸·수용 시설의 규율과 질서의 파괴·기타 형벌법규에 저촉되는 내용이 기재되어 있다고 의심할 만한 합리적인 이유가 있는 경우가 아니어야 한다."(헌재 1995. 7. 21. 92헌마144 결정)

판례 〈도로교통법 제41조 제 2 항 등 위헌제청(합헌)〉 "헌법 제12조 제 2 항은 진술거부권을 보장하고 있으나, 여기에 '진술'이라 함은 생각이나 지식, 경험사실을 정신작용의 일환인 언어를 통하여 표출하는 것을 의미하는 데 반해, 도로교통법 제41조 제22항에 규정된 음주측정은 호흡측정기에 입을 대고, 호흡을 불어넣음으로써 신체의 물리적, 사실적 상태를 그대로 드러내는 행위에 불과하므로 이를 두고 '진술'이라 할 수 없고, 따라서 주취운전의 혐의자에게 호흡측정기에 의한 주취여부의 측정에 응할 것을 요구하고 이에 불응할 경우 처벌한다고 하여도 이는 형사상 불리한 '진술'을 강요하는 것에 해당한다고 할 수 없으므로 헌법 제12조 제 2 항의 진술거부권조항에 위배되지 않는다."(헌재 1997. 3. 27. 96헌가11 결정)

판례 〈통신의 자유침해 등 위헌확인(일부각하, 일부기각)〉 "형사절차가 종료되어 교정시설에 수용중인 수형자는 원칙적으로 변호인의 조력을 받을 권리의 주체가 될 수 없다. 다만 수형자의 경우에도 재심절차 등에는 변호인 선임을 위한 일반적인 교통·통신이 보장될 수도 있다."(헌재 1998. 8. 27. 96헌마398 결정)

판례 〈「독점규제 및 공정거래에 관한 법률」 제27조 위헌소원(위헌)〉 "공정거래위원회의 고발조치 등으로 장차 형사절차 내에서 진술을 해야 할 행위자에게 사전에 이와 같은 법위반사실의 공표를 하게 하는 것은 형사절차 내에서 법위반사실을 부인하고자 하는 행위자의 입장을 모순에 빠뜨려 소송수행을 심리적으로 위축시키거나, 법원으로 하여금 공정거래위원회 조사결과의 신뢰성 여부에 대한 불합리한 예단을 촉발할 소지가 있고 이는 장차 진행될 형사절차에도 영향을 미칠 수 있다. 결국 법위반사실의 공표명령은 공소제기조차 되지 아니하고 단지 고발만 이루어진 수사의 초기단계에서 아직 법원의 유무죄에 대한 판단이 가려지지 아니하였는데도 관련 행위자를 유죄로 추정하는 불이익한 처분이 된다."(헌재 2002. 1. 31. 2001헌바43 결정)

판례 〈군사법원법 제242조 제 1 항 등 위헌확인(위헌)〉 "무죄추정의 원칙은 증거법에 국한된 것이 아니라 수사절차에서 공판절차에 이르기까지 형사절차의 전과정을 지배하는 지도원리로서 인신의 구속 자체를 제한하는 원리로 작용한다. 신체의 자유를 최대한으로 보장하려는 헌법정신, 특히 무죄추정의 원칙으로 인하여 수사와 재판은 불구속을 원칙으로 한다. 그러므로 구속은 예외적으로 구속 이외의 방법에 의하여서는 범죄에 대한 효과적인 투쟁이 불가능하여 형사소송의 목적을 달성할 수 없다고 인정되는 경우에 한하여 최후의 수단으로만 사용되어야 하며 구속수사 또는 구속재판이 허용될 경우라도 그 구속기간은 가능한 최소한에 그쳐야 한다."(헌재 2003. 11. 27. 2002헌마193 결정)

第3節 居住·移轉의 自由

1. 憲法規定 및 沿革

(1) 憲法規定

138. 거주·이전의 자유에 대한 헌법규정 — 헌법 제14조

헌법 제14조는 "모든 국민은 거주·이전의 자유를 가진다"라 하여 거주·이전의 자유를 보장하고 있다.

(2) 국가이념사와 居住·移轉의 自由

139. 국가이념사와 거주·이전의 자유

국가이념사에서 거주·이전의 자유의 가장 핵심적 내용은 출국의 자유였다. 누구든지 자신의 자유로운 결정에 따라 국가권력에 복종하여야 한다는 사회계약사상은 자신이 살고 있는 정치체제에 만족하지 않는 자는 그 국가를 떠날 권리를 가져야 한다는 결론을 내리게 하였다.[1] 예컨대 푸펜도르프 *Samuel Pufendorf*는 신민은 저항권을 가지지는 않으나 출국할 권리를 가진다고 말하고 있다.

(3) 居住·移轉의 自由의 헌법사적 의의

140. 거주·이전의 자유의 헌법사적 의의

거주·이전의 자유는 헌법사적으로는 'cuius regio, eius religio'('지배자가 나라의 종교를 결정한다' 또는 '영지 내에서는 영주가 주민의 종교를 정한다')원칙의 법적 극복을 뜻한다.[2] 1555년 9월 25일의 아우구스부르크 *Augusburg* 협정에 따르면 영주는 자신의 영토 내에 살고 있는 신민의 종교(가톨릭교와 루터의 신교파 중 어느 하나)를 결정할 수 있었던(ius reformandi) 반면, 이러한 영주의 명에 따르기를 원하지 않는 자는 영토를 떠날 수 있었고 또한 떠나지 않으면 안 되었다(ius

---

1) Th. Maunz/R. Zippelius, *Deutsches Staatsrecht*, S. 207.
2) A. Katz, *Staatsrecht*, 12. Aufl.(1994), S. 365.

emigrationis).[1] 종교와 관련된 출국의 자유는 1648년 베스트팔렌 *Westfalen* 강화
조약에서 재확인되었다.[2]

(4) 居住·移轉의 自由의 현대적 기능

이렇게 거주·이전의 자유는 처음에는 종교와 관련하여 문제되었으나, 경
제과정이 자본주의화됨에 따라 경제와 관련하여 문제가 되기 시작하였다. 곧
거주·이전의 자유는 시민사회를 실현하는 과정에서 경제적 자유로 바뀌게
되었다. 거주·이전의 자유는 독일의 국내법상으로는 1867년부터 명문으로 보
장되었다.[3] 거주·이전의 자유는 1919년 바이마르헌법에서 최초로 명문화하
였다.

141. 거주·이전의 자유의 현대적 기능

2. 居住·移轉의 自由의 主體

(1) 居住·移轉의 自由의 主體

자연인인 국민과 법인에게 주체성이 인정된다. 외국인의 경우에는 입국의
자유는 제한되나, 출국의 자유는 허용된다는 것이 다수설의 입장이다.[4] 그러나
정확하게 이야기한다면 외국인의 입국의 자유는 호혜주의원칙에 따라 해결될 문
제이다.

142. 거주·이전의 자유의 주체

(2) 脫北住民의 入國의 問題

1) 학   설

① 내   용

우리나라의 특수한 사정 때문에 북한주민, 특히 북한이탈주민이 우리 영
역 내로 들어오는 것을 어떻게 설명하여야 하는가라는 문제가 제기된다. 이에
대하여 "대한민국의 영토에 속하면서도(제3조) 우리 통치권이 미치지 않는 북

143. 탈북주민의 입국문제에 대한 학설과 그에 대한 검토

---

1) S. Joachim Stephani, *Institutiones iuris canonici*, 2. Aufl(Frankfurt an der Oder? 1612, 1. Aufl. 1604), Kap. 7. Nr. 52.

2) K. Löw, *Die Grundrechte*, S. 381.

3) G.-Chr. v. Unruh, *Grundkurs Öffentliches Recht*, 1976, S. 97.

4) 이 문제와 관련하여 일본의 판례는 출국은 자유이나 입국은 국제관습법상 부자유라고 한
   다. "외국인이 일본국에 입국하는 것에 대하여는 헌법상 규정이 없기 때문에 국제관습법상
   외국인의 입국의 허부(許否)는 당해 국가의 자유재량에 의하여 결정할 수 있는 것이다"
   (最高裁判所 昭 32. 6. 19.).

한지역에서 우리의 통치지역으로 들어오는 것도 여기에 포함시켜야 하리라고 본다. 따라서 귀순용사와 월남 북한시민은 '입국의 자유'에 의한 보호를 받는다"고 하여 북한주민의 거주·이전의 자유의 주체성을 인정해야 한다는 견해가 있다.[1]

② 검   토

그러나 이 문제에 관한 유일한 언급인 이 견해는 그리 설득력을 가지는 것으로 보이지 않는다. 왜냐하면 이 견해의 주장자는 다른 곳에서 "북한을 하나의 실체적인 통치집단으로 인정하고, 북한지역까지도 대한민국의 영토로 보려는 경직되고 비현실적인 냉전시대의 사고에서 하루 속히 탈피할 필요가 있다"고 하여[2] 북한을 우리 영토로 보고 있지 않기 때문이다. 그러한 한에서 위 견해는 자체 모순적이다. 더구나 기본권의 주체여부는 영토의 문제가 아니라 국적의 문제에 속한다.[3]

2) 사   견

144. 탈북주민의 입국문제에 대한 사견: 정치적 망명권의 행사로 처리하는 것이 바람직

북한지역[4]을 우리 영토로 보지 않는 한 또한 북한주민을 우리 민족이기는 하나 우리 국민으로 보지 않는 한, 북한이탈주민이 우리 영역 내로 들어오는 것을 입국의 자유의 행사로 설명할 수는 없다. 북한이탈주민이 우리 통치영역에 들어오는 것을 입국의 자유의 행사로 설명하기보다는 오히려 정치적 망명권의 행사나 경제적 난민의 입국으로 이해하는 것이 타당할 것이다.[5] 그리고 북한주

---

1) 허영, 한국헌법론, 440쪽. 정종섭, 헌법학원론, 679쪽도 북한주민이 국적취득과는 무관하게 대한민국 영토 내에 살고 있는 주민이라는 것을 이유로 북한주민의 거주·이전의 자유와 입국권을 인정한다. "북한정부는 주권국가로서의 외국이 아니고 우리의 영토를 불법으로 점령하고 있는 단체이고, 북한의 주민은 북한정부의 국적법에 따라 북한의 국적을 취득했다고 하더라도 북한정부의 사실상의 통치력에 의하여 대한민국 국적법에 따른 국적을 취득할 수 없으므로 대한민국의 국적법에 따른 국적취득을 따질 여지가 없이 대한민국이라는 영토 내에 살고 있는 주민이라고 할 것이다. 따라서 북한의 주민은 대한민국 헌법상의 거주·이전의 자유의 주체가 되며(제한은 별도의 문제이다) 해외에서 대한민국 영역 내로 입국할 수 있는 권리를 가진다고 할 것이다."

2) 허영, 한국헌법론, 182쪽.

3) 거주·이전의 자유는 과거부터 국적과 관련하여 논의되었다. 그리고 이미 오래 전부터 '체류권'(Aufenthaltsrecht)은 국적의 본질적 내용으로 간주되었다. P. Laband, *Das Staatsrecht des Deutschen Reiches*, 5. Aufl. Bd. I, S. 153.

4) 북한지역에 대해서는 홍성방, 헌법학(上), 제 1 편 제 4 장 제 3 절 3. 참조.

5) 예외적으로 국적법 제 2 조 제 1 항 제 1 호(출생한 당시에 부 또는 모가 대한민국의 국민인 자), 2호(출생하기 전에 부가 사망한 때에는 그 사망한 당시 부가 대한민국의 국민이었던 자)에 해당되는 자가 불가피한 사정으로 북한에 남아 있었고 그러한 자가 북한을 탈출하여 우리 영역 내에 들어왔다면 그것은 입국의 자유의 행사로 볼 수 있을 것이다.

민도 우리와 같은 민족이라는 점을 고려하여 북한이탈주민을 「북한이탈주민의
보호 및 정착지원에 관한 법률」에 의하여 보호하는 것은 이 문제와는 별개의 문
제라 할 것이다.

3. 居住·移轉의 自由의 槪念 및 內容

(1) 槪　念

1) 거주·이전의 자유의 개념

거주·이전의 자유라 함은 국가권력의 간섭을 받지 아니하고 자유롭게 자신
의 거주지와 체류지를 결정할 수 있는 자유를 말한다. 원래 거주지는 생활의 근
거지를, 체류지는 일시적으로 머무는 장소를 의미한다. 그러나 헌법이 보호하는
거주·이전은 특정의 목적과 결부된 것만을 뜻하지는 않는다.

145. 거주·이전의
자유의 개념

2) 거주·이전의 자유와 신체의 자유의 관계 및 구별

거주·이전의 자유는 신체의 자유와 밀접한 관계가 있고 부분적으로 중첩되
는 부분도 있다. 그러나 신체의 자유에 거주·이전의 자유가 포함된다고 표현하
는 것은 지나친 주장일 것이다.[1] 오히려 거주·이전의 자유는 국민에게 자유로
운 생활형성의 전제를 보장하려는 것임에 반하여, 신체의 자유는 국가의 수사권
발동으로부터 신체활동의 자유를 보장하려는 것이기 때문에 그 기능이 다르다고
보아야 할 것이다.[2] 따라서 거주·이전의 자유와 신체의 자유는 보호법익이 다
르며, 양자는 구별되어야 한다.

146. 거주·이전의
자유와 신체의 자유
의 관계 및 구별

(2) 內　容

거주·이전의 자유는 국내거주·이전의 자유, 국외거주·이전(해외이주·해외

147. 거주·이전의
자유의 내용

국적과 관련하여 "이 기본법에서 말하는 독일인이란 법률에 달리 규정이 없는 한, 독일
국적을 가진 자이거나, 1937년 12월 31일 현재 독일국영역 내의 독일혈통을 가진 망명자,
피추방자 또는 그 배우자나 비속으로 받아들여진 자이다"(기본법 제116조 제1항)라고 규
정한 서독에서는 통독 전 동독인이 기본법의 효력범위 내에, 곧 서독 내에 입국한 때부터
독일인에게 인정되는 기본권(여기서는 거주·이전의 자유)을 행사할 수 있는 것으로 이해
하였다. K. Doehring, *Staatsrecht der Bundesrepublik Deutschland*, S. 319 참조.

1) B. Pieroth, Das Grundrecht der Freizügigkeit, JuS 1985, S. 81ff.
2) 허영, 한국헌법론, 437쪽.

여행·귀국의 자유)의 자유[1][2] 및 국적이탈[3]·변경의 자유를 내용으로 한다.

　　그러나 무국적의 자유는 인정되지 아니한다. 왜냐하면 무국적의 발생을 방지하는 것이 오늘날 국제적으로 인정되고 있는 국적입법상의 원칙이기 때문이다.[4] 따라서 국적박탈은 허용되지 아니한다.[5] 또한 탈세의 목적 또는 병역기피의 목적으로 국적을 변경하는 것은 거주·이전의 자유에 의하여 보호되지 아니한다.[6]

> **판례** 〈구 지방의회의원선거법 제181조 제 2 호 등 위헌소원(합헌)〉 "거주·이전의 자유가 국민에게 그가 선택할 직업 내지 그가 취임할 공직을 그가 선택하는 임의의 장소에서 자유롭게 행사할 수 있는 권리까지 보장하는 것"은 아니다. (헌재 1995. 4. 20. 92헌바29 결정)

4. 居住·移轉의 自由의 效力

148. 거주·이전의
자유의 효력

　　거주·이전의 자유에는 대국가적 효력과 대사인적 효력이 인정된다.

---

1) 헌법재판소는 「1980년 해직공무원의 보상 등에 관한 특별조치법」 제 2 조 제 5 항 단서의 이민 등의 경우 그 사유발생일까지만 보상을 하도록 한 규정에 대한 헌법소원심판에서 "헌법상 거주·이전의 자유 속에 국외이주의 자유가 포함된다고 하여도 특조법 제 2 조 제 5 항은 그 자체 청구인이나 대한민국 국민 누구에게도 거주·이전의 자유를 제한하는 것이라거나 국외이주를 제한하는 규정이 아니므로, 동 조항에 따른 보상의 차별이 있더라도 동 규정이 헌법상 재외국민의 평등권을 침해하였다고 할 수 없는 것과 마찬가지로 거주·이전의 자유를 침해한 것이라고 할 수 없다고 하였다(헌재 1993. 12. 23. 89헌마189 결정).
2) 독일기본법의 경우 제16조에서 "모든 독일인은 전 연방영역 내에서 이전의 자유를 누린다"라고 규정하고 있기 때문에, 출국의 자유는 동 제 2 조의 인격발현권으로부터 파생되는 일반적 행동의 자유에 의해서 보장되는 것으로 이해하고 있다(BVerfGE 2, 266, 273; 6, 32, 34ff.; 8, 95, 97).
3) 국적이탈의 자유는 거주·이전의 자유의 하나에 해당한다(대법원 2000. 12. 22. 99두2826 판결; 헌재 2004. 10. 28. 2003헌가18 결정〈출입국관리법 제 4 조 제 1 항 제 4 호 위헌심판 (위헌)〉).
4) 한동섭, 헌법, 136쪽; 김철수, 헌법학개론, 516쪽.
5) 예컨대 독일기본법 제16조 제 1 항은 "독일인의 국적은 박탈당하지 아니한다. 국적의 상실은 법률에 근거하여서만 행해지고, 이로 인하여 당사자가 무국적이 되지 않는 때에만 당사자의 의사에 반하여 국적이 상실될 수 있다"고 규정하고 있다.
6) 허영, 한국헌법론, 441쪽. 대법원은 병역의무자에 대한 해외여행허가제도와 귀국보증제도는 헌법과 병역법이 정하는 병역의무를 성실히 이행하게 하기 위한 불가피한 병역법상의 조치로 본다(대법원 1990. 6. 22. 90마310 판결).

5. 居住·移轉의 自由의 制限과 限界

(1) 居住·移轉의 自由를 制限하는 法律

1) 거주·이전의 자유의 제한

거주·이전의 자유는 국가안전보장·질서유지 또는 공공복리를 위하여 제한될 수 있다(제37조 제2항 전단). 구체적으로는 위생상·풍속상·형사상·치안상·군사상 등의 필요에 의하여 제한되고 있다.

149. 거주·이전의 자유의 제한

2) 거주·이전의 자유를 제한하는 법률

국가안보를 이유로 거주·이전의 자유를 제한하는 법으로는 계엄사령관의 특별조치를 규정하고 있는 계엄법(제9조), 해군·공군기지 및 군사시설에의 출입을 제한하거나 강제퇴거를 규정하고 있는 해군기지법(제7조)·공군기지법(제15조)·군사시설보호법(제5조) 등이 있다. 질서유지를 이유로 거주·이전의 자유를 제한하는 법으로는 형사피고인의 주거를 제한하는 형사소송법(제101조 제1항), 보호조치 등을 규정하고 있는 경찰관직무집행법(제4조), 보호조치·보호처분을 규정하고 있는 소년법(제32조), 치료감호를 규정하고 있는 치료감호법(제16조 이하), 보안관찰처분을 규정하고 있는 보안관찰법(제4조), 소방상 강제처분을 규정하고 있는 소방법(제55조) 등이 있다. 공공복리를 이유로 거주·이전의 자유를 제한하는 법으로는 환자·중독자의 강제수용 및 치료를 규정하고 있는 전염병예방법(제37조), 「마약류관리에 관한 법률」(제40조), 전염병방지를 위한 조치를 규정하고 있는 검역법(제11조), 결핵환자나 그 보균자의 입원 등을 규정하고 있는 결핵예방법(제25조) 등이 있다.

150. 거주·이전의 자유를 제한하는 법률

이 밖에도 민법 제914조는 친권자의 거소지정권을 규정하고 있고, 「남북교류협력에 관한 법률」 제9조는 북한지역을 왕래함에 있어 통일부장관의 승인을 받도록 하고 있으며, 국가보안법 제6조는 반국가단체의 지배하에 있는 지역에의 잠입·탈출죄를 규정하고 있다.[1] 또한 출입국관리법은 여권을 소지하지 않은 자의 출국을 허용하지 않으며(제3조), 여권법은 대한민국의 이익이나 공공의 안전을 현저히 해할 상당한 이유가 있다고 인정되는 자에 대한 여권발급을 금지할

---

[1] 이 조항의 합헌여부에 대하여는 견해가 나누어져 있으나, 헌법재판소는 국가보안법 제6조를 헌법에 위배되지 않는다고 한다(헌재 1997. 1. 16. 92헌바6 등 병합결정)〈국가보안법위헌소원(한정합헌, 합헌)〉. 또한 대법원은 외국인이 북한의 지령을 받아 북한에 간 것은 국가보안법상의 지령탈출죄에 해당한다고 한다(대법원 1997. 11. 20. 97도2021 판결).

수 있다고 규정하고 있다(제 8 조 제 1 항 제 5 호).[1]

(2) 居住·移轉의 自由關聯 憲法裁判所決定例

151. 거주·이전의
자유관련 헌법재판소
결정례

　　헌법재판소는 한약업사의 허가 및 영업행위에 대하여 지역적 제한을 가한 내용의 약사법 제37조 제 2 항은 오로지 국민보건의 유지·향상이라는 공공의 복리를 위하여 마련된 것이고, 그 제한의 정도 또한 목적을 달성하기 위하여 적정한 것이라 할 것이므로 헌법 제11조의 평등의 원칙에 위배된다거나 헌법 제14조의 거주·이전의 자유 및 헌법 제15조의 직업선택의 자유 등 기본권을 침해하는 것으로 볼 수 없어 헌법에 위반되지 아니한다고 하였다.[2] 그리고 대법원[3]과 헌법재판소[4]는 대도시의 인구집중을 억제하고 공해방지를 위하여 등록세를 중과세하고 있는 지방세법 제138조는 합헌이라 하였다. 그러나 헌법 제37조 제 2 항에 규정된 이외의 사항, 예컨대 정책적 이유로 거주·이전의 자유를 제한하는 입법은 위헌의 소지가 있다 할 것이다.[5]

(3) 制限의 限界

152. 거주·이전의
자유의 제한의 한계

　　거주·이전의 자유를 제한하는 경우에도 그 본질적 내용은 침해할 수 없다(제37조 제 2 항 후단). 따라서 거주·이전에 대한 허가제를 규정하는 법률은 인정

---

1) 이 규정에 대하여 김철수, 헌법학개론, 518쪽; 권영성, 헌법학원론, 440쪽은 위헌의 소지가 있다고 한다.

2) 헌재 1991. 9. 16. 89헌마231 결정〈약사법 제37조 제 2 항의 위헌 여부에 관한 헌법소원(합헌)〉. 그 밖에도 헌법재판소는 거주지를 기준으로 중·고등학교 입학을 제한하는 교육법 시행령 제71조(헌재 1995. 2. 23. 91헌마204 결정)〈교육법 시행령 제71조 등에 대한 헌법소원(기각)〉와 지방자치단체장의 피선거권 자격요건으로서 90일 이상 관할구역 내에 주민등록이 되어 있을 것을 요구하는 공직선거법 제16조 제 3 항(헌재 1996. 6. 26. 96헌마200 결정)〈「공직선거 및 선거부정 방지법」 제16조 제 3 항 위헌확인(기각)〉 등은 거주·이전의 자유를 침해하지 않는다고 하여 합헌결정하였다.

3) 대법원 1985. 5. 14. 85누1 판결.

4) 헌재 1996. 3. 28. 94헌바42 결정〈지방세법 제138조 제 1 항 제 3 호 위헌소원(합헌)〉.

5) 이 문제와 관련하여 학설은 견해가 대립되어 있다. 한동섭, 헌법, 136·137쪽은 거주·이전의 자유에는 개별적 법률유보가 규정되어 있지 않기 때문에 거주·이전의 자유에 대한 제한은 제37조 제 2 항에 의한 제한만이 가능하며 정책적인 제약은 인정되지 않는다고 하며, 허영, 한국헌법론, 442쪽은 "서울의 인구집중을 막기 위하여 서울전입을 막는 입법은 그 입법내용에 따라서는 과잉금지의 원칙을 어기는 거주·이전의 자유에 대한 침해가 될 수도 있다"고 하고, "거주·이전의 자유를 제한하지 않는 기본권우호적인 다른 방법으로 인구집중을 막아보려는 정책적인 노력이 선행되어야 할 뿐만 아니라, 더욱이 인구집중의 원인이 국가의 정책적인 잘못에 기인한다면 우선 그 정책적인 잘못부터 바로잡는 것이 '방법의 적합성'과 '최소침해성'의 관점에서 바람직하다"고 한다.

될 수 없다.

> **판례** 〈지방세법 제138조 제1항 제3호 위헌소원(합헌)〉 "구 지방세법 제138
> 조 제1항 제3호가 법인의 대도시 내의 부동산등기에 대하여 통상세율의 5배를
> 규정하고 있다 하더라도 그것이 대도시 내에서 업무용부동산을 취득할 정도의 재
> 정능력을 갖춘 법인의 담세능력을 일반적으로 또는 절대적으로 초과하는 것이어
> 서 그 때문에 법인이 대도시 내에서 향유하여야 할 직업수행의 자유나 거주·이
> 전의 자유가 형해화(形骸化)할 정도에 이르러 그 본질적인 내용이 침해되었다고
> 볼 수 없다."(헌재 1996. 3. 28. 94헌바42 결정)

第 4 節　職業選擇의 自由

1. 憲法規定 및 沿革

(1) 憲法規定

헌법 제15조는 "모든 국민은 직업선택의 자유를 가진다"고 하여 개인의 사
회적·경제적 생활의 기초가 되는 직업의 자유를 보장하고 있다.

153. 직업선택의 자
유에 대한 헌법규정
— 헌법 제15조

(2) 沿　革

직업의 자유는 봉건시대에는 신분제도에 의하여 중대한 제한을 받았으며,
근대 초의 전제국가에서는 중상주의가 국민의 직업선택 내지 영업의 자유를 제
약하였다. 직업의 자유를 최초로 선언한 문서로는 중농학파의 영향을 받아 근로
에의 권리와 직업의 자유를 선언한 1776년 2월의 길드(=동업조합)폐지에 관한
프랑스 루이 14세의 칙령을 들 수 있다.[1] 그러나 직업의 자유를 처음으로 규정
한 헌법은 1919년 바이마르 헌법 제111조이다.[2]

154. 직업선택의 자
유의 연혁

---

1) P. Krause, Die Entwicklung der sozialen Grundrechte, in: G. Birtsch(Hrsg.), *Grund-
und Freiheitsrechte im Wandel von Gesellschaft und Geschichte. Beiträge zur
geschichtliche Grund- und Freiheitsrechte vom Anfang des Mittelalters bis zur
Revolution von 1848*, 1981, S. 402ff.(403). 그러나 권형준, 직업선택의 자유, 고시계
(1995. 7.), 84쪽 이하(85쪽)는 직업선택의 자유를 최초로 실정법에 규정한 것은 프랑스의
1791년 3월 2일의 명령이라고 한다. E. Stein, *Staatsrecht*, S. 176에 따르면 독일에서는
1869년의 북독일연맹의 영업법(Gewerbeordnung)에 의하여 처음으로 직업선택의 자유가
법률적 차원에서 보장되기 시작했다고 한다.
2) 우리가 직업의 자유의 최초의 명문화라고 부르는 바이마르헌법 제111조의 부분은 '모든

우리 헌법은 1962년의 제 5 차 개정헌법(제 3 공화국헌법)에서 처음으로 직업선택의 자유를 규정하였다.[1] 직업선택의 자유가 명문으로 규정되기 이전에도 판례[2]와 학설은 직업의 자유가 보장된다는 데 대하여는 이견이 없었다.

2. 職業選擇의 自由의 意義 및 法的 性格

(1) 意　　義

1) 개　　념

155. 직업선택의 자유의 개념

직업선택의 자유는 인간이 생활을 유지·영위하기 위하여 그가 원하는 바에 따라 직업을 선택하고 선택한 직업에 종사할 수 있는 자유를 말한다.[3]

2) 의　　의

156. 직업선택의 자유의 의의

이 자유는 삶의 보람이요 생활의 터전인 직업을 개인의 창의와 자유로운 의사에 따라 선택하게 함으로써 자유로운 인격의 발전에 이바지하게 하는 한편 자유주의적 경제·사회질서의 요소가 되는 기본적 인권이다.[4] 그러한 한에서 직업선택의 자유는 행복추구권의 한 내용인 인격발현권을 구체화한다. 따라서 직업선택의 자유와 행복추구권은 특별법과 일반법의 관계에 있다.[5]

(2) 法的 性格

157. 직업선택의 자

직업의 자유는 자유민주적 헌법질서 내에서 개성신장의 수단으로서 주관적

생업을 영위할 권리'(das Recht, … jeden Nahrungszweig zu betreiben)라는 부분이다. 똑같은 표현이 1849년 프랑크푸르트헌법 제133조에서도 발견된다. 그러나 프랑크푸르트헌법은 실제로 효력을 가진 적이 없기 때문에 보통 직업의 자유는 바이마르헌법에서 처음으로 규정되었다고 이야기하고 있다.

1) 직업선택의 자유는 바이마르헌법(제111조), 독일기본법(제12조), 스위스헌법(제31-33조), 노르웨이헌법(제110조), 인도헌법(제22조), 일본헌법(제12조), 브라질헌법(제141조) 등에서 보장되고 있다. 그러나 미국, 이탈리아, 중국 등은 직업선택의 자유에 대하여 명문의 규정을 두고 있지 않다. 명문규정을 두고 있는 경우에도 그 유형은 ① 거주·이전의 자유와 동일한 조문에서 규정하고 있는 국가(바이마르공화국, 일본), ② 독립된 규정을 두고 있는 국가(독일, 우리나라), ③ 명문의 규정은 두고 있으나 특수한 국가체제 때문에 유명무실한 국가(구소련) 등이 있다.

2) 예컨대 대법원은 "재산권규정과 포괄적 기본권규정에 의하여 영업의 자유는 헌법상 국민에게 보장된 자유의 범위에 포함된다"고 판시하였다(대법원 1963. 8. 22. 64누97 판결).

3) 헌재 1990. 10. 15. 89헌마178 결정〈「법무사법 시행규칙」에 대한 헌법소원(위헌)〉.

4) 헌재 1989. 11. 20. 89헌가102 결정〈변호사법 제10조 제 2 항에 대한 위헌심판(위헌)〉.

5) BVerfGE 22, 114(120); 30, 292(334, 355f.) 참조.

공권(방어권)으로서의 성격을 갖는다.[1] 왜냐하면 직업의 자유는 개인이 삶을 형 유의 법적 성격
성해 나가는 한 부분이며, 사유재산제를 기본으로 하는 사회에서 개인이 창의와
능력을 발휘하여 자유로운 인격의 발현을 기하는 데 없어서는 안 되는 자유이기
때문이다.[2]

그런가 하면 직업의 자유는 국가의 형성요소로서 객관법적 질서의 성격도
갖는다.[3] 곧 국가의 사회질서와 경제질서는 국민 개개인이 선택한 직업의 수행
에 의하여 형성되기 때문에 직업의 자유는 사회적 시장경제질서의 불가결한 요
소로서 객관적 가치질서로서의 기능도 갖는다.[4]

> **판례** 〈영화법 제26조 등 위헌확인(기각)〉 "직업의 자유는 각자의 생활의 기본
> 적 수요를 충족시키는 방편이 되고 또한 개성신장의 바탕이 된다는 점에서 주관
> 적 공권의 성격이 두드러진 것이기는 하나, 다른 한편으로는 국민 개개인이 선택
> 한 직업의 수행에 의하여 국가의 사회질서와 경제질서가 형성된다는 점에서 사회
> 적 시장경제질서라고 하는 객관적 법질서의 구성요소이기도 하다."(헌재 1995. 7.
> 21. 94헌마125 결정)

3. 職業選擇의 自由의 主體

(1) 學　說

통설은 직업선택의 자유를 원칙적으로 자연인인 국민과 사법인에 한정시키 158. 직업선택의 자
유의 주체에 대한 학
설
고 있다. 이에 대해서 모든 기본권주체는 그 기본권능력의 범위 내에서 직업의
자유의 주체가 된다고 보는 것이 합리적이라는 소수설이 있다.[5]

---

1) 장영수, 헌법학, 773쪽은 직업자유의 실질적 보장을 위하여 국가의 적극적 활동이 요구되
　는 경우가 많으므로 직업의 자유는 전통적인 자유권의 측면뿐만 아니라 사회권적 측면까
　지 포함하는 것으로 확장되는 경향을 보이고 있다고 한다.
2) K. Hesse, *Grundzüge des Verfassungsrechts der Bundesrepublik Deutschland*, Rdnr.
　419(S. 171).
3) K. Hesse, *Grundzüge des Verfassungsrechts der Bundesrepublik Deutschland*, Rdnr.
　419(S. 171); Th. Maunz/R. Zippelius, *Deutsches Staatsrecht*, S. 249.
4) 직업선택의 자유의 이중적 성격은 다수설과 판례에서 모두 받아들여지고 있다. 헌재 1989.
　11. 20. 89헌가102 결정〈변호사법 제10조 제 2 항에 대한 위헌심판(위헌)〉; 헌재 1990. 10.
　15. 89헌마178 결정〈「법무사법 시행규칙」에 대한 헌법소원(위헌)〉; 헌재 1996. 8. 29. 94헌마
　113 결정〈「지가공시 및 토지 등의 평가에 관한 법률 시행령」 제30조 등 위헌확인(기각)〉;
　헌재 1997. 4. 24. 95헌마273 결정〈「행정사법 시행령」 제 2 조 제 3 호 위헌확인(기각)〉.
5) 허영, 한국헌법론, 445쪽.

> 판례 〈지방세법 제138조 제 1 항 제 3 호 위헌소원(합헌)〉 "법인도 성질상 법인이 누릴 수 있는 기본권의 주체가 되고(헌법재판소 1991. 6. 3. 선고, 90헌마56 결정 참조), 위 조항에 규정되어 있는 법인의 설립이나 지점 등의 설치, 활동거점의 이전(이하 "설립 등"이라 한다) 등은 법인이 그 존립이나 통상적인 활동을 위하여 필연적으로 요구되는 기본적인 행위유형들이라고 할 것이므로 이를 제한하는 것은 결국 헌법상 법인에게 보장된 직업수행의 자유와 거주·이전의 자유를 제한하는 것인가의 문제로 귀결된다. 살피건대 위 조항은 대도시내에서의 법인의 설립 등 행위를 직접적으로 제한하는 내용의 규정이라고 볼 수 없고, 다만 법인이 대도시내에서 설립 등의 목적을 위하여 취득하는 부동산등기에 대하여 통상보다 높은 세율의 등록세를 부과함으로써 대도시내에서의 법인의 설립등 행위가 억제될 것을 기대하는 범위내에서 사실상 법인의 그러한 행위의 자유가 간접적으로 제한되는 측면이 있을 뿐이다. 따라서 어떠한 법인이라고 위 조항이 정하는 중과세의 부담을 감수하기만 한다면 자유롭게 대도시내에서 설립 등 행위를 할 수 있고 또한 그에 필요한 부동산등기도 할 수 있는 것이므로, 위 조항이 법인의 대도시내 부동산등기에 대하여 통상세율의 5배를 규정하고 있다 하더라도 그것이 대도시내에서 업무용 부동산을 취득할 정도의 재정능력을 갖춘 법인의 담세능력을 일반적으로 또는 절대적으로 초과하는 것이어서 그때문에 법인이 대도시내에서 향유하여야 할 직업수행의 자유나 거주·이전의 자유가 형해화할 정도에 이르러 그 본질적인 내용이 침해되었다고 볼 수 없다."(헌재 1996. 3. 28. 94헌바42 결정)

(2) 私　見

159. 직업선택의 자유의 주체에 대한 사견

　　개인적으로는 직업의 자유는 외국인에게도 그 주체성이 인정되나, 호혜주의적 입장에서 제한되는 경우가 있다고 생각한다. 도선법(제 6 조 제 1호), 광업법(제10조의2) 등에는 외국인의 직업의 자유를 제한하고 있다.

> 판례 〈「외국인근로자의 고용 등에 관한 법률」제25조 제 4 항 등 위헌확인 등(기각)〉 "직업선택의 자유 중 이 사건에서 문제되는 직장선택의 자유는 인간의 존엄과 가치 및 행복추구권과도 밀접한 관련을 가지는 만큼 단순히 국민의 권리가 아닌 인간의 권리로 보아야 할 것이므로 권리의 성질상 참정권, 사회권적 기본권, 입국의 자유 등과 같이 외국인의 기본권주체성을 전면적으로 부정할 수는 없고, 외국인도 제한적으로라도 직장선택의 자유를 향유할 수 있다."(헌재 2011. 9. 29. 2007헌마1083 결정)

4. 職業選擇의 自由의 內容

(1) 職業의 槪念

직업은 사람이 생활을 유지하기 위해서 필요한 정신적·물질적 수단을 획득하기 위하여 행하는 계속적인 활동을 말한다. 직업은 공공에 해가 되지 않는 것이어야 한다.[1]

160. 직업의 개념

따라서 어떤 활동이 직업으로 인정받고 헌법에 의하여 보호받기 위해서는 생활의 기초를 형성하고 필요한 활동이어야 하고, 일정기간 계속되는 활동이어야 하며, 법공동체의 가치관에 의하여 허용된 활동이어야 한다.[2] 그러나 직업이기 위해서 반드시 어떤 활동이 실제로 생계를 보장할 수 있는 활동이어야만 하는 것은 아니며, 일시적 또는 임시적인 활동을 반드시 배제하는 것은 아니다.[3][4]

> **판례** 〈「체육시설의 설치·이용에 관한 법률 시행규칙」(문화체육부령) 제5조에 대한 헌법소원〉 "직업이란 생활의 기본적 수요를 충족시키기 위한 계속적인 활동, 즉 총체적이며 경제적 성질을 가지는 모든 소득활동을 의미하며, 이러한 활동인 한 그 종류나 성질을 불문한다."(헌재 1993. 5. 13. 92헌마80 결정; 헌재 1997. 3. 27. 94헌마196 등 병합결정)

(2) 職業選擇의 自由의 內容

헌법 제15조는 "직업선택의 자유"라고 하여 제한된 개념을 사용하고 있다. 그러나 그러한 표현에도 불구하고 헌법 제15조는 직업의 자유를 보장하는 것으로 이해하여야 한다. 왜냐하면 직업선택은 직업행사를 전제로 하기 때문이다. 곧 직업에의 종사를 보장하지 않는 직업선택은 그 자체 무의미하기 때문이다. 결국 직업선택의 자유는 좁은 의미의 직업선택의 자유와 직업행사의 자유를 포

161. 직업선택의 자유(광의) = 직업선택의 자유(협의) + 직업행사의 자유

---

1) 대법원은 이적표현물의 복사행위를 함에 있어서 의뢰자로부터 대가를 받았다 하여 그와 같은 행위를 직업선택의 자유로 볼 수 없다고 한다(대법원 1990. 7. 24. 89도251 판결).
2) 독일연방헌법재판소는 허용된 활동일 것을 강조하나(BVerfGE 14, 19, 22; 32, 311, 316), 독일연방행정법원은 어떤 활동이 금지된 것이라든지 형벌의 대상이라든지는 중요하지 않으며 법공동체의 가치관에 의하여 일반적으로 사회에 해가 되는 것으로 간주되는 것은 처음부터 기본법 제12조 제1항의 보호대상에서 제외된다고 한다(BVerwGE 22, 286, 288ff.).
3) Th. Maunz/R. Zippelius, *Deutsches Staatsrecht*, S. 250; M. Gubelt, Berufsfreiheit, in: I. v. Münch (Hrsg.), *Grundgesetz-Kommentar*, 2. Aufl.(1981), S. 473ff.(477f.).
4) 국내에서는 직업의 개념적 요소로서 생활수단성, 계속성, 공공무해성이 이야기되고 있다. 허영, 한국헌법론, 444쪽; 권영성, 헌법학원론, 526쪽.

함하는 개념이다. 또한 헌법 제15조는 누구도 특정의 직업을 선택하고 종사할 것을 강제받지 않는다는 의미에서 '소극적 직업의 자유'(negative Berufsfreiheit)[1]와 국가는 모든 사람이 특정의 직업을 선택하고 행사하는 데 법적인 장애를 만들어서는 안 된다는 의미에서 '적극적 직업의 자유'(positive Berufsfreiheit)를 보장한다.[2]

따라서 헌법 제15조의 자유는 직업선택의 자유와 그 직업행사의 자유(영업의 자유)[3][4]를 그 주요내용으로 하며, 이에는 전직(轉職)의 자유 및 무직업의 자유,[5] 또한 겸직의 자유와 경쟁의 자유[6]가 포함된다.[7]

---

1) BVerfGE 58, 358(364).
2) G. Scholz, *Grundgesetz* I, S. 182.
3) 영업의 자유는 '헌법상 보장된 자유'이다. 대법원 1981. 1. 27. 79누443 판결; 대법원 1963. 8. 31. 63누101 판결 참조.
4) 권형준, '직업선택의 자유', 91쪽은 영업의 자유를 다음과 같이 설명하고 있다. 일반적으로 영업은 개인생활의 기초를 이루는 계속적·독립적·수익적 활동, 곧 생업을 영위하는 자유를 말한다. 영업은 협의로도 광의로도 이해할 수 있다. 영업을 협의로 이해하면 영업의 자유는 영업을 할 수 있는 자유를 의미한다. 협의의 영업의 자유는 개업의 자유와 영업의 유지·존속의 자유 및 폐업의 자유를 포함하는 개인적 성격이 강한 자유이다. 그에 반하여 광의의 영업의 자유는 협의의 영업의 자유 이외에 현재 영업을 하고 있는 자가 임의로 그 영업활동을 할 수 있는 자유를 의미하며, 구체적으로는 자본과 상품의 생산·거래·처분의 자유를 내포하게 된다. 따라서 광의의 영업의 자유는 직업선택의 자유라기보다 오히려 재산권보장에 따른 경제적 활동의 자유의 한 내용이라고 볼 수 있다.
   그러나 영업의 자유를 협의의 영업의 자유와 영업활동의 자유로 나누고, 협의의 영업의 자유는 직업선택의 자유의 한 내용으로 보고 영업활동의 자유는 재산권보장에 따른 경제적 활동의 자유의 한 내용으로 보는 것은 그다지 설득력을 가지는 것으로 생각되지는 않는다. 왜냐하면 영업의 자유와 영업활동의 자유를 나눈다고 하더라도 양자는 모두 활동자체를 보호함에 반하여, 재산권은 영업의 자유와 영업활동의 자유에 의하여 획득된 것, 곧 활동의 결과를 보호하기 때문이다(BVerfGE 30, 335 참조). 그러나 고권적인 조치가 영업상의 목적으로 사용되는 이미 획득된 생산수단과 관련된다면, 곧 생산수단의 사용을 제한하는 직업행사에 대한 규율의 경우에는 직업선택의 자유와 재산권이 경합하게 될 것이다. 이러한 경우에는 직업행사에 대한 규율이 동시에 직업활동에 사용되는 물적 재화의 객관적 기초에 대한 침해인가를 검토해야 할 것이다. 그렇지 않은 경우에는 직업선택의 자유만이 판단의 기초가 된다. 물론 의심스러운 경우에는 생산수단의 사용에 대한 침해는 직업선택의 자유와 재산권을 침해하는 것으로 보아야 한다.
5) 직업선택의 자유가 무직업의 자유를 포함하느냐와 관련하여 찬반이 나누어지고 있다. 근로의 의무를 윤리적 의무로 보는 다수설은 무직업의 자유를 당연히 포함한다고 하는 데 반하여, 근로의 의무를 법적 의무로 보는 소수설(김철수, 헌법학개론, 507쪽)은 헌법에 근로의 의무가 정해져 있는 이상 무위도식하는 무직업의 자유는 원칙적으로 인정되지 않는다고 한다.
6) 경제정책적 관점에서 자유경쟁이 부분적으로 제한되거나 조정되는 예외적 경우를 제외하고는, 직업선택의 자유는 자유경쟁의 원칙을 전제로 하기 때문에 특정인이나 특정기업에 의한 특정의 직업·직종·기업의 독점은 직업선택의 자유와 양립될 수 없다. 권영성, 헌법학원론, 533쪽 참조.
7) 허영, 한국헌법론, 446쪽은 직업의 자유는 직업에 관한 포괄적인 자유와 권리를 내용으로

판례 "공중목욕탕영업법에 분포의 적정에 관한 규정이 없는 한, 분포의 적정이라는 이유로 보장된 영업의 자유가 시행세칙에 의하여 제한될 수 없다."(대법원 1963. 8. 22. 63누97 판결)

판례 〈「법무사법 시행규칙」에 대한 헌법소원(위헌)〉 "직업선택의 자유에는 직업결정의 자유, 직업종사(직업수행)의 자유, 전직의 자유 등이 포함된다."(헌재 1990. 10. 15. 89헌마178 결정)

판례 〈「법무사법 시행규칙」에 대한 헌법소원(위헌)〉 "법무사법 시행규칙에서 법무사시험의 실시여부를 법원행정처장의 재량사항으로 규정하여 상위법인 법무사법에 의하여 모든 국민에게 부여된 법무사자격취득의 기회를 박탈하고 법무사업을 법원·검찰청 등의 퇴직공무원에게 독점시키는 것은 국민의 평등권과 직업선택의 자유를 침해한 것이다."(헌재 1990. 10. 15. 89헌마178 결정)

한다고 하고, 그 구체적 내용으로서 직업선택의 자유, 직업교육장선택의 자유, 직업행사의 자유, 직장선택의 자유를 들고 있다.

직업교육장 선택의 자유를 직업의 자유의 내용으로 보는 견해가 늘어나고 있다. 예컨대 계희열, 헌법학(중), 2004, 512쪽은 '넓은 의미의 직업선택의 자유라 할 수 있다'고 하고, 정종섭, 헌법학원론, 687쪽은 "직업교육을 행하는 교육장을 선택할 자유는 직업선택의 자유와 밀접한 관련을 가진다"고 하고, 장영수, 헌법학, 774쪽은 "원하는 직업을 위하여 필요한 직업교육을 받을 자유는 직업의 자유의 필수적인 내용이 되는 것이다. … 직업교육의 자유는 직업교육을 받기 위한 교육기관을 자유롭게 선택할 수 있는 자유를 포함한다"고 하며, 한수웅, 헌법학, 657쪽은 "직업교육을 받을 장소를 선택하는 가능성은 직업교육 후의 직업선택과 밀접한 관계에 있기 때문에, 원하는 직업에 종사하기 위하여 필요한 전문지식을 습득하거나 자격을 취득하는 직업교육장을 자유롭게 선택할 수 있는 권리(직업교육장선택의 자유)도 직업선택의 자유에 포함된다"고 한다.

그러나 우리 헌법은 독일기본법 제12조 제 1 항(모든 독일인은 직업, 직장 및 직업교육장을 자유로이 선택할 권리를 가진다)처럼 직업의 자유와 직업교육장선택의 자유를 함께 규정하고 있지 않고, 직업선택의 자유(제15조)와 교육을 받을 권리(제31조)를 분리하여 규정하고 있다. 그러한 한에서 직업교육장선택의 자유는 직업의 자유에서 설명하기보다 교육을 받을 권리의 한 내용으로 설명하는 것이 더욱 합리적이라고 생각한다.

독일에서는 독일기본법 제12조(직업의 자유)를 '통일적(하나의) 기본권'(einheitliches Grundrecht)으로 해석하고 있다. 이것은 제12조 제 1 항 제 2 문이 "직업행사는 법률에 의하여 또는 법률에 근거하여 규제될 수 있다"고 규정하여 규제(제한)할 수 있는 것은 직업의 자유 중 직업행사의 자유에 한정되고 직업·직장·직업교육장을 선택하는 자유는 제한할 수 없는 것 같은 표현을 하고 있음에도 불구하고 직업행사뿐만 아니라 직업선택의 자유 등도 제한할 수 있다는 것을 나타내기 위한 표현, 곧 직업선택의 자유와 직업행사의 자유는 분리해서 생각할 수 없다는 것을 나타내기 위한 표현이라는 것을 참고로 덧붙여 둔다.

> **판례** 〈주세법 제38조의7 등에 대한 위헌제청(위헌)〉 "경쟁의 자유는 기본권의 주체가 직업의 자유를 실제로 행사하는 데에서 나오는 결과이므로 당연히 직업의 자유에 의하여 보장되고, 다른 기업과의 경쟁에서 국가의 간섭이나 방해를 받지 않고 기업활동을 할 수 있는 자유를 의미한다."(헌재 1996. 12. 26. 96헌가18 결정)

> **판례** 〈행정사법 제35조 제1항 제1호 등 위헌확인(일부위헌, 일부기각)〉 "직업선택의 자유는 누구든지 자기가 선택한 직업에 종사하여 이를 영위하고 언제든지 임의로 그것을 바꿀 수 있는 자유와 여러 개의 직업을 선택하여 동시에 함께 행사할 수 있는 자유, 즉 겸직의 자유도 가질 수 있다는 것이다."(헌재 1997. 4. 24. 95헌마90 결정)

> **판례** 〈관세법 제186조 제1항 위헌확인(기각)〉 "헌법 제15조에 의한 직업선택의 자유는 자신의 원하는 직업을 자유롭게 선택하는 좁은 의미의 직업선택의 자유와 그가 선택한 직업을 자기가 원하는 방식으로 자유롭게 수행할 수 있는 직업수행의 자유(영업의 자유)를 포함하는 직업의 자유를 뜻한다."(헌재 1998. 3. 26. 97헌마194 결정)

(3) 職業의 自由와 營業의 自由의 相互關係

1) 학 설

162. 직업의 자유와 영업의 자유의 상호관계에 대한 학설

직업의 자유와 영업의 자유의 상호관계에 대하여는 견해가 나누어져 있다. 다수설과 판례는 영업의 자유는 직업수행의 자유의 일환으로 당연히 직업의 자유에 포함된다고 본다. 그에 반하여 소수설은 직업의 자유의 주체가 자연인인 경우에는 영업은 직업의 한 형태이므로 당연히 직업의 자유의 내용으로 간주될 수 있으나, 법인이 직업의 자유의 주체인 때에는 법인의 기능상 당연히 영업의 자유를 의미하는 것으로 본다.[1]

---

1) 허영, 한국헌법론, 445쪽. 예컨대 K. Löw, *Die Grundrechte*, S. 187은 연방헌법재판소의 판결(BVerfGE 50, 290, 363)을 따라 기본법 제12조 제1항(직업의 자유)이 기업에 적용되면 그것은 원칙적으로 기업을 자유롭게 창업하고 경영한다는 의미에서 '기업(자)의 자유'(Un-ternehmerfreiheit)라 하고, 이러한 기업의 자유는 기본법 제12조 제1항에 의하여 보호된다고 설명하고 있다. 그러나 이때의 Unternehmen을 '영업'(Gewerbe)이라고 옮길 수 있을지는 의심스럽다. 더 나아가서 기업을 영업으로 옮길 수 있다고 하더라도 그 내용은 결국 창업(직업의 선택)과 경영(직업의 수행)은 결국 직업의 자유와 같은 내용이 될 것이다.

> **판례** "헌법 제15조는 기본적 인권의 하나로서 직업선택의 자유를 보장하고 있
> 는데, 이 규정에 의하여 보장되는 자유 가운데에는 본래의 의미에서의 직업선택
> 의 자유뿐만 아니라 선택한 직업에 종사하면서 그 활동의 내용·태양 등에 관하
> 여도 원칙적으로 자유로이 결정할 수 있는 직업활동의 자유도 포함된다고 할 것
> 이다."(대법원 1994. 3. 8. 92누1728 판결)

2) 사   견

개인적으로는 다수설이 설득력 있다고 생각한다. 왜냐하면 법인은 그 기관
에 의하여 행동하며, 기관의 행위는 자연인의 행위와 구별할 수 없기 때문이다.
다만 법인은 특정목적을 수행하기 위하여 설립되는 것이라는 속성상 무직업의
자유는 누릴 수 없다고 보아야 할 것이다.

163. 직업의 자유와
영업의 자유의 상호
관계에 대한 사견

5. 職業選擇의 自由의 效力

대국가적 효력과 간접적 대사인적 효력이 인정된다. 그러나 대법원은 영업
상 자유의 대사인적 효력을 일반적으로 인정하지 않는다.

164. 직업선택의 자
유의 효력

> **판례** "피고가 사단법인 대한환경위생협회 서울지부 미용분과위원회에서 협정한
> 요금 및 공휴일을 준수함과 동시에 종업원의 유인고용을 하지 않을 것을 약정하
> 고 위 사항을 위반할 때에는 위약금 10,000원을 원고에게 지급한다는 내용의 약
> 정은 피고의 영업상 활동의 자유를 일방적으로 제한함에 그치는 것이므로 이와
> 같은 영업상 자유의 제한에 관한 협정을 무기한 허용함은 피고의 법률상 지위에
> 중대한 제한을 주는 것으로서 이와 같은 약정은 제한을 받는 자가 언제든지 일방
> 적으로 해약할 수 있다."(대법원 1964. 5. 19. 63다915 판결)

6. 職業選擇의 自由의 制限 및 限界

(1) 制   限

내심의 자유로서의 성격을 갖는 직업결정의 자유를 제외하고는 직업의 자유
는 제37조 제 2 항에 의하여 제한될 수 있다.[1]

165. 직업선택의 자
유의 제한

---

1) 직업선택의 자유는 경제적 생활영역에서의 자유이며, 경제적 활동의 권리는 사회국가원리
   에 따라 상당한 정도로 제약될 필요성이 예견된다. 따라서 입법론으로서는 직업선택의 자

예컨대 국가안전보장을 위하여 방위산업물자생산자는 산업통상자원부장관이 지정하며(방위사업법 제35조), 화약류의 제조·판매 등에는 허가가 있어야 한다(총포·도검·화약류등단속법 제5조·제7조). 질서유지를 위하여 허가를 받아야 숙박업·음식점영업·공중목욕탕영업·광업·수산업·은행업·직업소개업·고물상영업을 할 수 있으며, 의사·치과의사·간호사·조산원·약사 등은 자격이나 면허가 요구된다.

> **판례** "식품영업에 관하여 당국의 허가를 받도록 규정한 식품위생법 제22조 제1항의 규정이 헌법 제10조의 행복추구권조항, 제11조 제1항의 평등권조항, 제15조의 직업선택의 자유조항에 위배된 위헌규정이라고 할 수 없다."(대법원 1990. 10. 16. 90도1649 판결)

> **판례** 〈약사법 제37조 제2항에 대한 합헌결정 — 한약업사의 허가 및 영업행위에 대한 지역적 제한규정의 위헌여부〉 "한약업사의 허가 및 영업행위에 대하여 지역적 제한을 가한 내용의 약사법 제37조 제2항은 체계상 한약업사의 지위는 약사가 없는 한지에서 약사업무의 일부를 수행하는 보충적 직종에 속하는 것이므로 한약사가 영업지제한의 규제를 받는 것이 그의 거주이전의 자유 또는 직업선택의 자유를 제한하는 것이거나 평등의 원칙에 위배되지 않는다."(헌재 1991. 9. 16. 90헌마231 결정)

> **판례** 〈「법무사법 시행규칙」 제35조 제4항에 대한 헌법소원(기각)〉 "법무사의 사무원총수(법무사포함)를 5인 초과할 수 없도록 한 것은, 법무사직원의 업무의 공공적 성격이 크며(업무수행의 특수성), 업무수행과 관련하여 부정과 부담이 개입할 가능성이 높은 바, 이와 같은 문제점을 해결하기 위한 수단으로 인원수를 제한한 것이 반드시 적절한 방법이라고는 할 수 없으나 선택된 수단이 현저하게 불합리하고 불공정한 것이 아니라면 입법재량에 속하는 것으로 볼 것이므로 합헌이다."(헌재 1996. 4. 25. 95헌마331 결정)

(2) 職業의 自由의 制限에 대한 段階理論

1) 내   용

166. 직업의 자유의

이른바 '3단계이론'(Drei-Stufen-Theorie)이란 독일연방헌법재판소가 1958년

_____

유에 대한 특별한 법률유보를 규정하는 것이 바람직하다는 견해가 있다. 한동섭, 헌법, 138쪽.

6월 11일의 이른바 '약국판결'(Apotheken-Urteil)[1]에서 발전시킨 이론으로 직업의 자유를 제한함에 있어서는 직업의 자유를 직업행사의 자유와 직업선택의 자유로 구분하여 방법상 그 침해의 진지성이 적은 방법부터 선택하여 단계순으로 적용하여야 한다는 이론이다. 결국 이 이론은 기본권제한과 관련된 비례의 원칙, 특히 최소침해의 원칙을 직업의 자유의 제한에 적용한 것이라고 할 수 있다. 우리 헌법재판소도 이 이론을 수용하고 있다.

제한에 대한 단계이론의 내용

> **판례** 〈「법무사법 시행규칙」에 대한 헌법소원〉 "그 제한의 범위 및 한계에 관하여 일반적으로 보면, 선택된 직업의 행사를 제한하는 것은 직업의 선택을 제한하는 것보다는 개성신장에 대한 침해의 진지성이 적다고 할 것이므로 직업선택에 대한 제한은 직업행사에 대한 제한보다 더 엄격한 제약을 받는다 할 것이고, 나아가 직업선택의 자유를 제한하는 경우에도 그 제한의 사유가 기본권주체에 일정한 자격을 이유로 하는 주관적 사유를 이유로 하는 경우보다도 기본권주체와는 전혀 무관하여 그 스스로는 요건을 충족시킬 수 없는 객관적 사유를 이유로 하는 경우에는 직업의 자유에 대한 진지성이 가장 크다 할 것이므로, 매우 엄격한 요건을 갖춘 경우에만 이를 허용할 수 있다 할 것이다."(헌재 1990. 10. 15. 89헌마178 결정).

> **판례** 〈「체육시설의 설치·이용에 관한 법률 시행규칙」 제5조에 대한 헌법소원 — 일명 당구장사건〉 "직업결정의 자유나 전직의 자유에 비하여 직업종사에 대하여는 상대적으로 더욱 넓은 법률상의 규제가 가능하다."(헌재 1993. 5. 13. 92헌마80 결정)

2) 구체적 단계

① 이론적 근거

독일연방헌법재판소는 직업의 자유의 제한과 관련하여 직업행사의 자유에 대한 보호는 비례의 원칙에 합치되지 않는 자의적인 규정을 방어하는 데 그치고 있는 반면,[2] 직업선택의 자유는 특히 중요한 사회적 이익을 보호하기 위해 필요한 경우에만 허용된다고 한다. 이렇게 직업행사의 자유의 제한보다 직업선택의 자유의 제한에 더욱 까다로운 조건을 요구하는 것은 직업선택의 자유가 직업행사의 자유에 비하여 더욱 개인의 인격과 밀접한 관계에 있기 때문이다.[3] 연방헌

167. 직업의 자유를 제한하는 단계이론의 이론적 근거

---

1) BVerfGE 7, 377(405ff.).
2) BVerfGE 30, 292(316); 46, 246(256f.).
3) E. Stein, *Staatsrecht*, S. 179 참조.

법재판소는 구체적으로 다음과 같은 세 가지 단계를 제시하면서 우려되는 위험이 전단계의 수단에 의해서는 극복될 수 없다는 것이 고도로 개연성 있는 것으로 입증될 수 있는 경우에만 입법자는 다음 단계로 넘어가도 된다고 한다.

② 제 1 단계(직업행사의 자유제한)

168. 직업의 자유제한의 제 1 단계: 직업행사의 자유제한

　직업의 자유에 대한 제한이 불가피한 경우에도 직업선택의 자유보다 더욱 침해가 경미한 직업행사의 자유를 제한하는 방법으로 해야 한다. 직업행사의 자유는 국가안전보장·질서유지·공공복리를 이성적으로 고려하여 그에 대한 제한이 합목적적인 것으로 판단된다면 제한될 수 있다. 이 경우에 적합성, 필요성, 최소성의 요건을 충족시켜야 한다. 백화점의 바겐세일 횟수제한, 택시의 합승행위금지, 택시의 격일제 영업제도, 유흥업소 및 음식점의 영업시간제한 등이 그 예이다.

> **판례** 〈「풍속영업의 규제에 관한 법률」제 3 조 제 5 호 등에 대한 합헌결정 — 노래연습장에 18세 미만자의 출입을 금지하는 법령의 위헌여부〉 "노래연습장에 18세 미만자의 출입금지는 직업행사자유, 평등권 침해가 아니며, 이와 더불어 18세 미만 청소년들의 행복추구권 침해가 아니다."(헌재 1996. 2. 29. 94헌마13 결정)

③ 제 2 단계(주관적 사유에 의한 직업선택의 자유제한)

169. 직업의 자유제한의 제 2 단계: 주관적 사유에 의한 직업선택의 자유제한

　직업에 일정한 전문성과 기술성 등을 요건으로 함으로써 개인의 주관적 사유를 이유로 직업선택의 자유를 제한하는 방법이다. 이 경우에도 목적과 수단의 합리적 비례의 원칙이 지켜져야 한다. 법조인이 되고자 하는 자에게 일정한 국가시험에의 합격을 요구하는 것을 그 예로 들 수 있다. 주관적 사유에 의한 직업선택의 자유제한은 제37조 제 2 항의 국가안전보장·질서유지·공공복리를 위해서뿐만 아니라, 입법자가 경제정책적·사회정책적 이유에서 사회적 이익으로 고양시킨 목적을 위해서도 행해질 수 있다는 점에서 제37조 제 2 항에 열거된 목적을 달성하기 위해서만 행해질 수 있는 객관적 사유에 의한 직업선택의 자유의 제한과 구별된다.[1]

---

1) 독일에서는 국민의 건강과 같이 일반적으로 인정되고 공동체의 그때마다의 정치와는 무관한 이익을 '절대적인'(absolute) 사회적 가치라 부르고, 그때마다의 정책적 목적을 수행하기 위해서 입법자가 사회적 가치로 고양시킨 것을 '상대적인'(relative) 사회적 가치로 부르기도 한다. 이러한 구별은 주관적 사유에 의한 직업선택의 자유는 절대적인 사회적 가치와 상대적인 사회적 가치를 보호하기 위해서 행해질 수 있음에 반하여, 객관적 사유에 의한 직업선택의 자유의 제한은 절대적인 사회적 가치를 보호하기 위해서만 행해질 수 있다는 구별을 가능하게 한다. 예컨대 E. Stein, *Staatsrecht*, S. 180 참조.

> **판례** 〈「사법시험법 시행령」제 4 조 제 3 항 등 위헌확인 등(기각, 각하)〉 "영어대체시험제도는 법조직역이 갖는 공공성과 전문성을 감안하여 그 직업수행에 필요한 학식과 능력에 대한 최소한의 요건을 규정하는 소위 '주관적 전제조건'에 관한 것이다. 한편, 입법부 내지 입법부로부터 위임을 받은 행정부가 일정한 전문분야에 관한 자격제도를 마련함에 있어서는 그 내용이 명백히 불합리하고 불공정하지 않은 한 원칙적으로 입법부 내지 입법부로부터 위임을 받은 행정부에게 광범위한 형성의 자유가 인정되는 것이다."(헌재 2007. 4. 26. 2003헌마947 등 병합결정)

④ 제 3 단계(객관적 사유에 의한 직업선택의 자유제한)

개인의 자격과는 관계없이 국가안전보장·질서유지·공공복리 같은 객관적 사유를 이유로 직업선택의 자유를 제한하는 방법이다. 예컨대 이 제한은 특정직업의 허용여부를 그 필요성의 관점에서 판단하기 때문에 경우에 따라서는(곧 필요성이 없는 경우에는) 직업선택의 자유 자체가 인정되지 않는 경우가 있다. 이처럼 이 제한은 직업의 자유에 대한 중대한 제한이기 때문에 공공의 이익에 대한 명백하고 현존하는 위험을 방지하기 위하여 불가피한 경우에만 허용되며,[1] 침해가 가장 적은 방법으로 목적달성을 추구해야 한다. 일정한 업종에 대한 적정분포, 기존업체보호, 동일업종의 숫자제한 등에 따른 영업허가제·영업지정제·영업특허제, 군수산업의 투자 등에 대한 제한 등이 그 예에 속한다.

170. 직업의 자유제한의 제 3 단계: 객관적 사유에 의한 직업선택의 자유제한

> **판례** 〈경비업법 제 7 조 제 8 항 등 위헌확인(위헌)〉 "이 사건 법률조항은 청구인들과 같이 경비업을 경영하고 있는 자들이나 다른 업종을 경영하면서 새로이 경비업에 진출하고자 하는 자들로 하여금 경비업을 전문으로 하는 별개의 법인을 설립하지 않는 한 경비업과 그밖의 업종간에 택일하도록 법으로 강제하고 있다. 이와 같이 당사자의 능력이나 자격과 상관없는 객관적 사유에 의한 제한은 월등하게 중요한 공익을 위하여 명백하고 확실한 위험을 방지하기 위한 경우에만 정당화될 수 있고, 따라서 헌법재판소가 이 사건을 심사함에 있어서는 헌법 제37조 제 2 항이 요구하는바 과잉금지의 원칙, 즉 엄격한 비례의 원칙이 그 심사척도가 된다."(헌재 2002. 4. 25. 2001헌마614 결정)

> **판례** 〈의료법 제61조 제 1 항 중 「장애인복지법」에 따른 시각장애인 중 부분 위헌확인(기각)〉 "이 사건 법률조항은 시각장애인에게 삶의 보람을 얻게 하고 인

---

1) 헌법재판소는 "이러한 제한은 월등하게 중요한 공익을 위하여 명백하고 확실한 위험을 방지하기 위한 경우에만 정당화될 수 있다고 보아야 한다"고 한다(〈헌재 2002. 4. 25. 2001헌마614 결정〉 경비업법 제 7 조 제 8 항 등 위헌확인(위헌)).

간다운 생활을 할 권리를 실현시키려는 데에 그 목적이 있으므로 입법목적이 정당하고, 다른 직종에 비해 공간이동과 기동성을 거의 요구하지 않을 뿐더러 촉각이 발달한 시각장애인이 영위하기에 용이한 안마업의 특성 등에 비추어 시각장애인에게 안마업을 독점시킴으로써 그들의 생계를 지원하고 직업활동에 참여할 수 있는 기회를 제공하는 이 사건 법률조항의 경우 이러한 입법목적을 달성하는 데 적절한 수단임을 인정할 수 있다. 나아가 시각장애인에 대한 복지정책이 미흡한 현실에서 안마사가 시각장애인이 선택할 수 있는 거의 유일한 직업이라는 점, 안마사 직역을 비시각장애인에게 허용할 경우 시각장애인의 생계를 보장하기 위한 다른 대안이 충분하지 않다는 점, 시각장애인은 역사적으로 교육, 고용 등 일상생활에서 차별을 받아온 소수자로서 실질적인 평등을 구현하기 위해서 이들을 우대하는 조치를 취할 필요가 있는 점 등에 비추어 최소침해성원칙에 반하지 아니하고, 이 사건 법률조항으로 인해 얻게 되는 시각장애인의 생존권 등 공익과 그로 인해 잃게 되는 일반국민의 직업선택의 자유 등 사익을 비교해 보더라도, 공익과 사익 사이에 법익 불균형이 발생한다고 단정할 수도 없다."(헌재 2008. 10. 30. 2006헌마1098 결정)

3) 단계이론에 대한 평가

171. 직업의 자유제한에 대한 단계이론의 평가

3단계이론을 실제의 사례에 적용하기에는 많은 어려움이 따른다. 특히 다음과 같은 두 가지 어려움을 들 수 있다. 우선, 직업선택과 직업행사의 구별이 그렇게 명확하지 않다는 점이다.[1] 그리고 이러한 구별은 직업을 어떻게 볼 것인가와 밀접한 관계가 있다. 다음으로, 단계이론의 적용에는 매우 불확정적인 개념들이 사용되며, 이러한 불확정적 개념들은 폭넓은 해석의 여지와 결정의 여지를 허용한다는 점이다. 따라서 단계이론은 겉으로 보기에는 단순·명확한 것 같지만, 실제로는 직업을 제한하는 규정들이 과연 허용될 수 있는 것인가에 대하여 확실한 예측을 하기가 매우 어렵다. 예컨대 공공복리를 근거로 일정한 업종의 적정분포를 정하는 규정은 과연 어떤 기준에서 허용여부가 결정되어야 할 것인가라는 문제가 그것이다.

그러나 3단계이론은 개인의 인격의 발현과 더불어 자유주의적 경제질서·사회질서의 초석이 되는 직업의 자유의 제한에 대한 한계를 제시함으로써 직업의 자유에 대한 제한은 최소침해의 원칙에 따라 행해져야 한다는 것을 분명히 해주었다는 점에서 그 의미를 발견할 수 있을 것이다.[2]

1) 독일어에 따를 때 '직업선택'(Berufswahl)과 '직업행사'(Berufsausübung) 사이에는 시간적으로 '취직'(Berufsaufnahme, Berufszugang)이 있다. 이때 취직을 직업선택과 직업행사 중 어느 것으로 볼 것인가 하는 문제가 그 예이다.
2) 3단계이론의 실질적 의미를 한수웅, 헌법재판의 한계 및 심사기준, 헌법논총 제8집, 헌법재판소, 1997, 185쪽 이하(237쪽)는 "비례의 원칙이란 통일적인 기준에 의한 심사과정에서

판례 〈「기부금품 모집 금지법」 제 3 조 등 위헌제청(위헌)〉 "입법자는 공익실현을 위하여 기본권을 제한하는 경우에도 입법목적을 실현하기에 적합한 여러 수단 중에서 되도록 국민의 기본권을 가장 존중하고 기본권을 최소로 침해하는 수단을 선택해야 한다. 기본권을 제한하는 규정은 기본권행사의 '방법'에 관한 규정과 기본권 행사의 '여부'에 관한 규정으로 구분할 수 있다. 침해의 최소성의 관점에서, 입법자는 그가 의도하는 공익을 달성하기 위하여 우선 기본권을 보다 적게 제한하는 단계인 기본권행사의 '방법'에 관한 규제로써 공익을 실현할 수 있는가를 시도하고 이러한 방법으로는 공익달성이 어렵다고 판단되는 경우에 비로소 그 다음 단계인 기본권행사의 '여부'에 관한 규제를 선택해야 한다."(헌재 1998. 5. 28. 96헌가5 결정)

(3) '國家留保'(Staatsvorbehalt)의 問題 — 公務員數의 制限과 職業選擇의 自由

1) 공무원 수의 제한과 직업선택의 자유

공무원이란 직업은 일반회사원에 비하여 고액의 보수를 보장하지 않는다. 그러나 공무원이라는 직업은 일반회사원이나 자유직업에 비하여 안정성이 보장되기[1] 때문에 많은 사람들이 공무원이 되기를 희망한다. 그러나 공무원이 되기를 바라는 사람이 모두 공무원이 될 수 있는 것은 아니다. 공무원의 숫자를 정하는 권한은 전적으로 국가에 유보되어 있기 때문이다. 국가유보와 관련하여 그것이 직업선택의 자유와 조화될 수 있는가라는 문제가 제기된다.

172. 공무원 수의 제한과 직업선택의 자유

2) 공무원 수의 제한과 직업선택의 자유에 대한 판례와 학설

① 판 례

이 문제에 대하여 독일연방행정법원은 직업선택의 자유를 규정하고 있는 기본법 제12조 제 1 항은 본질상 '국가적 직업'(die staatlichen Berufe)에는 적용되지 않는다고 하였다.[2] 그에 반하여 독일연방헌법재판소는 앞에서 본 약국판결에서 국가적 직업도 기본법 제12조 제 1 항에 해당하나, 이러한 직업에 대해서는 직업

173. 공무원 수의 제한과 직업선택의 자유에 대한 판례와 학설

침해된 법익의 의미, 규율영역의 특성, 확실한 판단을 내릴 수 있는 현실적 가능성 등의 실체적 관점에 따라 입법자의 입증책임의 정도와 헌법재판소에 의한 심사의 정도가 달라진다는 것을 밝힌데 있다"고 한다.

1) 이를 독일의 공무원사회에서는 다음과 같은 말로 표현한다. "국가라는 자켓은 좁지만 따뜻하다"(Der Wams des Staates ist zwar eng, aber warm).

2) BVerwGE 2, 85; 4, 250.

공무원제도를 규정하고 있는 기본법 제33조가 기본법 제12조에 대한 특별규정으로 우선 적용된다고 한다.[1] 그러나 약국판결에서는 어떤 전제하에서 어떤 직업을 '공무'(öffentlicher Dienst)로 볼 것인가에 대하여는 언급하지 않았다.

② 학 설

이 문제에 대하여 학설은 양분되어 있다. 제1설은 단계이론에 따라 객관적 사유에 따라 직업선택의 자유를 제한할 수 있는 경우에 국가유보를 인정한다. 그에 반하여 제2설은 국가는 사회에 대하여 '내적 주권'(innere Souveränität)을 가지며, 정치적 재량에 따라 어떤 영역을 택하여 그것을 국가조직을 통하여 해결하는가를 결정하는 '권한을 스스로 결정할 수 있는 권한'(Kompetenz-Kompetenz)을 가진다고 한다.[2] 연방헌법재판소는 두 번째 견해를 받아들이고 있다.[3]

174. 공무원 수의 제한과 직업선택의 자유에 대한 사견

결국 다음과 같이 이야기할 수 있다. 어떤 활동이 고권적 수단을 통해서만 해결될 수 있고, 그러한 활동이 사적 개인의 생활의 기초를 창출해 내고 유지하는 데 기여한다는 직업의 개념에 적합하지 않다면, 그러한 활동은 직업선택의 자유의 보호영역에 속하지 않는다. 그리고 이러한 활동은 직업공무원제도에 의하여 규율되어야 하며, 이러한 영역은 국가유보의 영역에 속한다. 그에 따라 국가는 현재의 필요에 따라 공무원 수를 정할 수 있으며, 이는 직업선택의 자유를 보장한 헌법 제15조와 모순되지 않는다.

(4) 制限의 限界

175. 직업선택의 자유의 제한의 한계

제한하는 경우에도 비례의 원칙을 지켜야 하며, 직업선택의 자유의 본질적 내용을 침해해서는 안 된다.

> **판례** 〈변호사법 제15조에 대한 위헌심판(위헌)〉 "형사사건으로 공소가 제기된 변호사에 대하여 법무부장관이 업무정지를 명할 수 있도록 규정한 변호사법 제15조는 직업선택의 자유를 제한함에 있어서 제한을 위해 선택된 요건이 제도의 당위성이나 목적에 적합하지 않을 뿐만 아니라 그 처분주체와 절차가 기본권제한을 최소화하기 위한 수단을 따르지 아니하였으며 그 제한의 정도 또한 과잉하다 할 것으로서 헌법 제37조 제2항의 비례의 원칙에 어긋난 직업선택의 자유의 제한이고 … 위헌이다."(헌재 1990. 11. 19. 90헌가48 결정)

---

1) BVerfGE 7, 397f.
2) 이 견해는 H.-H. Rupp, Das Grundrecht der Berufsfreiheit, NJW 1965, S. 993ff. (996)이 처음 주장한 것으로 알려져 있다.
3) BVerfGE 17, 371(379); 21, 245 참조.

판례 〈주세법 제38조의7 등에 대한 위헌제청(위헌)〉 "기본권인 직업행사의 자유를 제한하는 법률이 헌법에 저촉되지 아니하기 위하여는 그 기본권의 침해가 합리적이고 이성적인 공익상의 이유로 정당화할 수 있어야 한다. 물론 입법자는 경제정책의 목표와 그 목표를 달성하기 위하여 적합한 수단을 결정하는 데 있어서 광범위한 형성의 자유가 부여되고, 또한 경제정책적 조정장치를 통하여 시장경제의 자유로운 힘의 대결을 수정할 수 있다. 그러나 자유로운 직업행사에 대한 침해는 그 침해가 공익상의 충분한 이유로 정당화되고 또한 비례의 원칙을 준수하여야 비로소 직업의 자유와 조화될 수 있다. 즉 입법자가 선택한 수단이 의도하는 입법목적을 달성하기에 적합해야 하고, 입법목적을 달성하기 위하여 똑같이 효율적인 수단 중에서 기본권을 되도록 적게 침해하는 수단을 사용하여야 하며, 침해의 정도와 공익의 비중을 전반적으로 비교형량하여 양자 사이에 적정한 비례관계가 이루어져야 한다."(헌재 1996. 12. 26. 96헌가18 결정)

판례 〈약사법 부칙 제4조 제2항 위헌소원〉 "약사라는 직업에 있어서 한약의 조제라는 활동은 약사직의 본질적인 구성부분으로서의 의미를 갖기보다는 예외적이고 부수적인 의미를 갖고 있었다고 하여야 할 것이다. 그리고 많은 약사들에게는 양약의 조제가 그 직업활동의 주요내용을 이루었고, 한약의 조제는 양약의 조제에 부수되는 활동에 지나지 않았다. 이러한 사정은 청구인처럼 약사자격을 가지고서 양약은 취급하지 않고 전적으로 한약의 조제만을 하여 온 경우에도 마찬가지이다. 물론 이 사건 법률조항에 의하여 청구인과 같은 자들이 앞으로는 약사자격만으로는 한약조제의 직업활동을 과거와 같이 영위할 수 없게 된다. 그러나 그렇다고 하더라도 그러한 직업활동의 내용은 약사의 통상적인 직업활동으로부터 벗어나는 예외적인 것에 지나지 않으며, 그들은 어느 때라도 아무런 제약 없이 약사들의 본래의 주된 활동인 이른바 '양'약사라는 직업을 재개할 수 있기 때문에 이 사건 법률조항으로 인하여 그들의 본연의 직업활동의 가능성이 모두 박탈되는 것도 아니다. 따라서 이 사건 법률조항은 직업의 자유의 본질적 내용을 침해하고 있다고 할 수는 없다."(헌재 1997. 11. 27. 97헌바10 결정)[1]

판례 〈직업안정법 제33조 등 위헌소원〉 "근로자공급사업은 그 성질상 사인이 영리를 목적으로 운영할 경우 근로자의 안전 및 보건상의 위험, 근로조건의 저하, 공중도덕상 해로운 직종에의 유입, 미성년자에 대한 착취, 근로자에 대한 중간착취, 강제근로, 인권침해, 약취·유인 및 인신매매 등 부작용이 초래될 가능성이 매우 크므로 근로자공급사업을 노동부장관의 허가를 받은 자만이 행할 수 있

---

1) 그 밖에도 헌재 1995. 2. 23. 93헌가1 결정 참조.

도록 제한하는 것은 직업선택의 자유의 본질적인 내용을 침해하는 것으로 볼 수는 없다."(헌재 1998. 11. 26. 97헌바31 결정)

第5節 住居의 自由

1. 憲法規定 및 沿革

(1) 憲法規定

176. 주거의 자유에 대한 헌법규정 ─ 헌법 제16조

헌법 제16조는 "모든 국민은 주거의 자유를 침해받지 아니한다. 주거에 대한 압수나 수색을 할 때에는 검사의 신청에 의하여 법관이 발부한 영장을 제시하여야 한다"고 하여 주거의 자유와 영장주의를 규정하고 있다.

(2) 沿   革

177. 주거의 자유의 연혁

주거의 평온과 불가침은 로마법과 영국의 보통법상의 주거존중사상에서 그 근원을 찾을 수 있다. 주거의 자유는 미연방수정헌법 제4조(1791)에서 처음으로 규정되었다. 유럽에서는 1831년의 벨기에헌법에서 처음으로 규정되었고, 독일의 경우는 벨커 *Carl Welcker*[1]의 영향으로 프랑크푸르트헌법에서 처음으로 규정되었다.[2]

2. 住居의 自由의 意義 및 法的 性格

(1) 意   義

178. 주거의 자유의 의의

주거의 자유는 전통적으로 자유주의사상의 산물이다. 주거의 자유는 인격적 생활영역이 아닌 물적 생활영역을 보호하고 있지만, 그 의미는 역사적 발전과정에서 시민의 자유로운 인격발현권[3]과 그의 사적 영역을 존중하라는 헌법의 명령과 관련해서만 이해될 수 있다. 곧 주거의 자유는 개인에게 인간의 존엄을 고려하여 그리고 개인의 자유로운 발전을 위하여 '기초적인 생활공간'(elementarer

---

1) C. Welcker, Artikel "Hausfrieden, Hausrecht, Hausfriedensbruch, Haussuchung", in: *Staatslexikon*, 2. Aufl.(Hrsg. v. C. v. Rotteck u. C. Welcker, Bd. 6(1847), S. 510ff.

2) E. Stein, *Staatsrecht*, S. 234 · 235.

3) P. Dagtogliou, in: *Bonner Kommentar zum Grundgesetz*, Art. 13 Rdnr. 5ff.

Lebensraum)을 보장한다.[1] 따라서 주거의 자유는 개인이 방해받지 않고, 남에게 관찰되지 않고, 자기의 마음에 드는 것을 하거나 하지 않는 '공간적 완전성' (räumliche Integrität), 곧 인격의 발현을 방해받지 않는 매개체로서의 공간 또는 사생활의 비밀과 자유의 공간적 차원을 보호하려는 데 그 의의가 있다.[2] 그러한 한에서 주거의 자유는 행복추구권에 대하여 특별법적 지위를 갖는다.[3]

(2) 法的 性格

주거의 자유는 방어권으로서, 주거의 자유의 주체에게 주거에 대한 침해를 배제할 수 있는 권리를 준다. 또한 주거의 자유는 다른 모든 기본권과 마찬가지로 객관법적 질서로서의 성격도 갖는다.

179. 주거의 자유의 법적 성격

3. 住居의 自由의 主體

자연인에게만 주체성이 인정되며, 법인에게는 주체성이 인정되지 아니한다는 것이 통설의 입장이다.[4] 회사·공장·학교 등의 복합시설물은 사장·공장장·학교장 등 생활공간의 장이 주체가 되며, 주택·숙박시설의 객실 등의 경우는 입주자·투숙객 등의 현실적인 거주자가 주체가 된다.

180. 주거의 자유의 주체

4. 住居의 自由의 內容

(1) 住居의 概念

주거란 현재의 거주여부와는 관계 없이 원칙적으로 공간적으로 외부와 구획된 모든 사적인 생활공간을 말한다.[5] 주거는 반드시 가옥에 한정되지 않으며 널리 생활이나 업무를 위해 사용되는 모든 시설을 의미한다. 따라서 주거에는 거

181. 주거의 개념

---

1) BVerfGE 32, 54, 71ff.; 42, 212(219); 51, 97(110).
2) BVerfGE 75, 318, 326ff. 허영, 한국헌법론, 364쪽은 "인간의 '사생활공간'에 대한 보호가 우선 선행되지 않고는 '사생활의 내용'에 대한 보호도 기대하기가 어렵기 때문에 주거의 자유는 사생활의 비밀과 자유를 지키기 위한 불가결의 기초라고 볼 수 있다"고 한다.
3) 독일연방헌법재판소는 특히 기본법 제 1 조 제 1 항(인간의 존엄)과 제 2 조 제 1 항(인격발현권)과의 관계에서 주거의 불가침을 특별법이라고 한다(BVerfGE 51, 97, 105).
4) 독일연방헌법재판소는 법인도 정당한 주거의 '점유자'(Inhaber)인 한, 법인에게도 주거의 자유의 주체성을 인정한다. BVerfGE 32, 54(72); 42, 212(219); 44, 353(371).
5) BVerfGE 32, 54.

주용의 주택 외에 회사, 공장, 학교, 작업장, 지하실, 정원 등도 포함된다. 또한 주거는 생활이나 업무를 위해서 사용되는 한 시간적 장단을 가리지 않는다. 따라서 일시적 생활을 위한 천막, 보트, 자동차, 숙박시설의 객실 등도 주거에 포함된다. 그러나 음식점이나 상점 등과 같이 일반의 출입이 허용되어 있는 장소는 영업시간 중에는 주거로 보기 힘들다.

(2) 住居의 自由의 內容

1) 주거의 자유

182. 주거의 자유의 내용

주거의 자유는 사적인 생활공간을 권원 없는 침해로부터 보호하는 것을 내용으로 한다. 따라서 거주자나 점유자의 명시적·묵시적·추정적 동의 없이 그의 사적인 생활공간에 들어가는 것은 주거의 자유에 대한 침해가 된다.

판례는 다음의 경우에 주거침입죄를 인정하였다. ① 대리시험자의 시험장 입실의 경우,[1] ② 타인의 처와 간통할 목적으로 그 처의 동의하에 주거에 들어간 경우,[2] ③ 일반인이 대학강의실을 출입하는 경우,[3] ④ 점유할 권원이 없는 자가 점유한 건물이라 하더라도 법적 절차를 따르지 않고 소유자가 들어간 경우,[4] 주거의 자유 — 최소한 이 기본권의 행사 — 는 포기할 수도 있다.[5]

> **판례** "타인의 처와 간통이나 강간행위를 할 목적으로 그 처의 동의하에 타인의 주거에 들어간 경우에 일반적으로 본부(本夫)가 그 자가 들어갈 것을 용인할 의사가 없음은 물론이므로 그 본부의 주거에 대한 침입의 죄책을 면할 수는 없는 것이다"(대법원 1958. 5. 23. 1958형상117 판결)

> **판례** "우리 헌법은 주거의 자유를 보장하고 형법 기타 법률로써 가사 정당한 권원에 의한 주거가 아니라 하더라도 그 주거로서의 안전을 보호하였다. 그러므로 민법에서 인정하는 주위토지통행권을 행사함에 있어서도 위와 같은 기본적 인권의 하나인 주거의 자유와 안전은 통행권행사의 이유로서도 침해할 수 없다." (대법원 1962. 6. 21. 62아3 판결)

---

1) 대법원 1967. 12. 19. 69도1289 판결.
2) 대법원 1958. 5. 23. 1958형상117 판결.
3) 대법원 1992. 9. 25. 92도1520 판결.
4) 대법원 1962. 6. 21. 62아3 판결.
5) E. Pappermann, Unverletzlichkeit der Wohnung, in: I. v. Münch(Hrsg.), *Grundgesetz-Kommentar*, Art. 13. Rdnr. 15; M. Lepa, *Der Inhalt der Grundrechte*, S. 218.

2) 영장주의

① 원　칙

주거에 대한 압수나 수색에는 정당한 이유가 있고 검사의 신청에 따라 법관이 발부한 영장을 필요로 한다(제16조 제 2 문). 정당한 이유란 침입·압수·수색의 구체적 필요성을 뜻한다. 헌법 제16조 제 2 문에는 적법절차가 명시되어 있지 않으나, 주거에 대한 압수·수색도 적법한 절차에 따라야 한다. 영장에는 압수할 물건과 수색할 장소가 명시되어야 한다(형사소송법 제114조 제 1 항). 따라서 여러 개의 압수나 수색을 포괄적으로 허가하는 이른바 일반영장은 허용되지 않는다.

> **판례** "수사기관이 압수·수색에 착수하면서 그 장소의 관리책임자에게 영장을 제시하였다고 하더라도, 물건을 소지하고 있는 다른 사람으로부터 이를 압수하고자 하는 때에는 그 사람에게 따로 영장을 제시하여야 한다."(대법원 2009. 3. 12. 2008도763 판결)

압수나 수색의 대상은 소지품과 그 밖에 우편물·서류·회의록·경리장부 등 그 자의 점유에 속하는 물건이다.[1]

일반적으로 압수란 소지품을 강제로 취득하는 것을 말하고, 수색이란 사람이나 물건을 발견하기 위하여 신체, 물건 또는 장소에 대하여 행하는 강제적 검색을 말한다. 그러나 여기서 말하는 수색이란 주거에서 거주자나 점유자가 공개하고 싶지 않은 것, 외부에서 알 수 없는 것, 은닉된 것, 비밀로 하고 싶은 것을 찾아내기 위한 국가기관의 계획적이고 강제적인 주거에 대한 검색을 말하는 것[2]으로 이해하는 것이 정확할 것이다.

② 영장주의의 적용범위

영장주의는 형사소송법상의 압수·수색뿐만 아니라 행정상 즉시강제와 사법상(司法上)의 목적에도 적용된다.

특히 행정상의 목적을 위한 주거의 침해에 영장주의가 적용되는가와 관련하여 영장필요설, 영장불요설, 절충설 등 견해가 나뉘어 있다. 그러나 주거침해가 언제나 주거에 대한 압수나 수색을 목적으로 하는 것은 아니다. 따라서 가택수색에 해당하지 않는 경우, 예컨대 행정공무원이 경찰, 소방, 위생, 세무, 영업감

183. 주거의 자유와 영장주의: 원칙

184. 주거의 자유와 영장주의: 적용범위

[1] 김철수, 헌법학개론, 537쪽; 권영성, 헌법학원론, 437쪽.
[2] BVerfGE 47, 31(47) 참조.

독 등의 목적으로 개인의 주거에 들어가는 것은 그것이 법률에 근거가 있고, 그 행위가 행정상의 목적달성을 위해서 꼭 필요한 합리적인 범위 내의 일이라고 평가될 수 있는 경우에는 주거의 자유에 대한 침해라고 볼 수 없다.[1]

또한 민사소송법상의 강제집행절차에 따라 집행관에 의해서 강제집행이 실시되고 집행관이 그의 강제력사용권(민사소송법 제496조)에 의해서 주거에 대한 압수나 수색을 하는 경우도 영장주의의 위반은 아니다. 왜냐하면 집행판결이나 집행문에는 이미 주거에 대한 압수나 수색을 허용하는 법관의 의사가 포함되어 있다고 보아야 하기 때문이다.[2]

③ 예　　외

185. 주거의 자유와 영장주의: 예외

현행범인을 체포하거나 구속영장을 집행하거나 긴급체포를 할 때에는(형사소송법 제200조의3) 합리적인 범위 내에서 영장 없이 주거에 대한 압수나 수색을 하는 것이 허용된다.

5. 住居의 自由의 效力

186. 주거의 자유의 효력

주거의 자유에 대해서는 대국가적 효력과 간접적 대사인적 효력이 인정된다.[3]

6. 住居의 自由의 制限

187. 주거의 자유의 제한

제37조 제 2 항에 따라 제한될 수 있다. 구체적인 경우로는 다음과 같은 것을 들 수 있다. ① 형사소송법상의 대물적 강제처분이나 대인적 강제처분을 위한 경우(형사소송법 제106조 이하), ② 풍수해가 발생하였거나 발생할 우려가 있는 경우(자연재해대책법 제25조), ③ 전염병예방을 위한 경우(전염병예방법 제42조), ④ 형사소송법상 현장검증의 경우(형사소송법 제119조), ⑤ 그 밖에 우편법 제 5 조 제 1 항, 국제징수법 제26조, 근로기준법 제103조 제 1 항, 경찰관직무집행법 제 7 조, 소방법 제 5 조·제59조 등에 주거의 자유를 제한할 수 있는 경우가 규정되어 있다.

---

1) 허영, 한국헌법론, 365쪽.
2) 허영, 한국헌법론, 365쪽.
3) 독일에서는 주거의 불가침은 대국가적 효력만을 가진다고 한다.

第 6 節 私生活의 秘密과 自由

1. 憲法規定 및 沿革

(1) 憲法規定

헌법 제17조는 "모든 국민은 사생활의 비밀과 자유를 침해받지 아니한다"고 하여 사생활의 비밀과 자유를 보장하고 있다.

188. 사생활의 비밀 과 자유에 대한 헌법 규정 — 헌법 제17조

(2) 沿   革

이 권리는 비교적 새로운 권리로 '프라이버시권'(The Right to Privacy)이라고 도 하며, 주로 미국에서 판례를 통하여 형성·발전되었다. 원래 영·미의 '보통 법'(Common Law)에서는 명예훼손이나 불법행위 등과 같은 여러 가지 법적 의제 로써 사생활을 보호하기는 하였지만, 그것은 소극적인 것이었다.

189. 사생활의 비밀 과 자유권의 전개

이러한 소극적 태도에 대하여 1890년에 워렌과 브란다이스는 정면으로 프 라이버시권을 인정할 것을 강조하면서, 프라이버시권을 '혼자 있게 내버려두라는 개인의 일반적 권리'(the more general right of the individual to be let alone)로 정 의하였다.[1] 1891년에 뉴욕주 하급법원에서 프라이버시권을 처음으로 인정하였 고,[2] 1905년에는 조지아주 최고법원에서 받아들여져 그 후 각급법원의 판례에 영향을 미쳤다. 그러나 1960년에는 프라이버시권에 대하여 부정적인 논문이 발 표되었고,[3] 이를 계기로 이 권리의 존부 및 본질에 관한 논의가 활발하게 진행 되었다. 1965년 미연방대법원은 이 권리를 연방수정헌법 제 1 조(언론·출판의 자 유 등)·제 3 조(병사사영금지)·제 4 조(체포·수색·압수금지)·제 9 조(열거되지 아니한 기본권)·제14조(적법절차) 등에서 추론되는 미연방헌법상의 독립된 권리라는 것 을 처음으로 인정하였다.[4] 일본의 경우도 학설과 판례가 동헌법 제13조의 "생 명·자유 및 행복추구권" 속에 프라이버시권이 포함되어 있는 것으로 본다.[5]

---

1) Warren/Brandies, The Right to Privacy, 4 Harvard Law Review 193, 1890, p. 193.
2) Mackenzie v. Mineral Springs Co., 18 N.Y. Supp. 240(1891).
3) Prosser, 'Privacy', 48 California Law Review, 383, 1960.
4) Griswold v. Conneticut 381 U.S. 479. 이 사건에서 피임도구의 사용은 부부 사이의 프라 이버시권으로서 수정 제14조의 보호를 받는다고 판시하였다.
5) 프라이버시권과 관련된 외국, 특히 미국과 일본의 판례에 대하여는 김효전, 프라이버시의 권리에 관한 판례, 고시계(1982년 5월), 57쪽 이하 참조.

우리 헌법은 제 8 차개정헌법(제 5 공화국헌법)에서 이 권리를 처음으로 규정하였다.[1]

2. 私生活의 秘密과 自由의 主體

190. 사생활의 비밀과 자유권의 주체

원칙적으로 자연인만이 주체가 되며, 법인은 주체성이 부정된다는 견해가 있다.[2] 그러나 법인 등도 명예의 주체가 될 수 있으므로 그 명예가 훼손되거나 명칭·상호 등이 타인에 의하여 영리의 목적으로 이용당하는 경우에는 권리의 침해를 인정할 필요가 있다.[3] 그러한 한에서 제한적으로 법인에게도 주체성이 인정되어야 한다. 판례도 법인의 경우 그 명예가 훼손된 경우에 주체성을 인정한 바 있다.[4]

3. 私生活의 秘密과 自由의 內容

(1) 槪念 및 法的 性格

1) 개   념

191. 사생활의 비밀과 자유권의 개념

사생활의 비밀과 자유권은 개인이 자기의사에 반하여 사생활의 영역이 관념적으로 침입되거나 공표되지 않는 권리와 자기 또는 자기의 지배하에 있는 자의 정보가 타인에 의하여 취득·개시될 정도를 결정할 수 있는 권리를 말한다.

> **판례** 〈도로교통법 제18조 위헌확인(기각)〉 "사생활의 비밀은 사생활영역을 들여다보는 것에 대한 보호를 제공하는 기본권이며, 사생활의 자유는 국가가 사생활의 자유로운 형성을 방해하거나 금지하는 것에 대한 보호를 의미한다. 구체적으로 사생활의 비밀과 자유가 보호하는 것은 개인의 내밀한 내용의 비밀을 유지할 권리, 개인이 자신의 사생활의 불가침을 보장받을 수 있는 권리, 개인의 양심영역이나 성적 영역과 같은 내밀한 영역에 대한 보호, 인격적인 감정세계의 존중의 권리와 정신적인 내면생활이 침해받지 아니할 권리 등이다."(헌재 2003. 10. 30. 2002헌마518 결정)

---

1) 명문으로 프라이버시권을 규정한 입법례로는 1978년의 스페인헌법 제18조가 있다. 동조는 "명예·개인 및 가족의 프라이버시 그리고 초상에 대한 권리는 보장된다"고 규정하고 있다.
2) 김철수, 헌법학개론, 541쪽.
3) 권영성, 헌법학원론, 425쪽.
4) 판례: 종중발행의 대동보에서 원고종중의 시조의 계보를 누락한 것은 원고종중의 명예를 훼손한 것이다(대법원 1990. 2. 27. 89다카12775 판결).

2) 보호법익

사생활이란 공적 생활·사회생활과 구별되는 개인생활을 의미한다. 이는 원래 타인과의 교제 또는 공적 관심에서 물러난 상태, 곧 '은거'(seclusion)를 의미하며, 이는 또한 한 사람의 인격의 성역(聖域)에 해당된다. 결국 사생활의 비밀과 자유권의 보호법익은 일반적 인격권 가운데 인격발현권을 제외한 부분, 곧 협의의 인격권의 영역과 많은 부분에서 중첩된다. 따라서 이 권리는 헌법 제10조의 행복추구권에 대해서 특별법적 성격을 가진다.[1]

192. 사생활의 비밀과 자유권의 보호법익

3) 법적 성격

이 권리는 초기에는 소극적 권리로 이해되었으나, 현재는 적극적인 측면도 함께 강조되고 있다.[2] 우리 대법원도 같은 입장을 취하고 있다.[3]

193. 사생활의 비밀과 자유권의 법적 성격

---

1) 권영성, 헌법학원론, 424쪽은 "현행헌법상 인격권은 제10조의 인간의 존엄성존중조항, 제17조의 사생활의 비밀과 자유조항, 제37조 제 1 항의 헌법에 열거되지 아니한 자유와 권리의 존중조항 등을 근거로 하여 보장된다고 할 수 있다. 따라서 사생활의 비밀과 자유는 인격권의 범주에 속하는 권리라고 할 수 있다. 결국 헌법 제17조의 사생활의 비밀과 자유 ≤프라이버시권<인격권이라는 공식이 성립한다"고 하면서 다른 한편으로는 행복추구권의 주요내용 중의 하나로서 자유로운 활동과 인격발현에 관한 권리(인격권)를 들고 있다(363쪽). 그런가 하면 '사생활의 비밀과 자유의 불가침은 인간의 존엄성존중의 구체적인 내용이 되는 인격의 자유로운 발현과 법적 안정성을 보호법익으로 한다'(424쪽)고 한다. 결국 이렇듯 장황한 설명은 이미 행복추구권에서도 살펴보았듯이 인간의 존엄과 가치, 행복추구권, 헌법에 열거되지 아니한 권리의 상호간의 관계에 대한 불명료성에서 오는 것으로 보인다. 이러한 태도는 사안에 조금이라도 관련 되는 것으로 인정되는 기본권이라면 무조건 헌법재판의 근거로 보는 헌법재판소의 관행을 기본권적 보호범위의 획정이라는 관점과 헌법판단의 경제성이라는 측면에서 문제가 있다고 지적(321쪽)하면서 스스로는 그 문제점을 다시금 되풀이하고 있는 것이다.

2) 예컨대 A. Miller, *The Assault on Privacy*, 1971은 "프라이버시권의 기본적 속성은 자기와 관련된 정보의 전파를 통제하는 능력 — 사회적 제관계와 개인의 자유를 유지하는 데 불가결한 지배력"이라고 한다. 또한 W. M. Beaney, *The Right to Privacy and American Law, Law and Contemporary Problems*, 1966, P. 254는 프라이버시권을 적극적으로 정의하여 "정보주체(또는 자료의 당사자 data subject)가 자기에 관한 정보의 전파를 통제하는 권리"라 한다.

3) 김철수, 헌법학개론, 540쪽은 이 권리를 소극적 권리로 보고, 정보에 대한 자기결정권은 헌법 제10조에서 보장된다고 하며, 헌법재판소재판관 김양균은 헌재 1990. 9. 10. 89헌마82 결정〈형법 제241조의 위헌여부에 관한 헌법소원(합헌)〉에 대한 반대의견에서 이 권리를 사생활의 은폐권이라고 보고 있다. 그러나 김철수, 헌법학개론, 542-545쪽은 사생활의 비밀과 자유의 내용으로서 비밀영역에 대한 권리·사적 영역의 존중에 대한 권리·내밀영역에 대한 권리·인격적인 감정세계의 존중의 권리와 정신적인 내면생활의 무상성에 관한 권리(이상 소극적 권리 — 저자의 삽입) 외에도 Computer사회에 있어서의 정보의 권리와 비밀(공적 부분과 사적 부분의 보호, 자기정보기록에 관한 컨트롤권, 일정한 정보의 입력의

> **판례** "이들 헌법규정은(헌법 제10조와 헌법 제17조를 말함 ─ 저자의 삽입) 개인의 사생활 활동이 타인으로부터 침해되거나 사생활이 함부로 공개되지 아니할 소극적인 권리는 물론, 오늘날 고도로 정보화된 현대사회에서 자신에 대한 정보를 자율적으로 통제할 수 있는 적극적인 권리까지도 보장하려는 데에 그 취지가 있는 것으로 해석된다."(대법원 1998. 7. 24. 96다42789 판결)

(2) 具體的 內容

1) 사생활의 비밀과 자유권의 구체적 내용

194. 사생활의 비밀과 자유권의 구체적 내용: 사생활비밀의 불가침, 사생활자유의 불가침, 자기정보통제권

이 권리는 구체적으로는 사생활비밀의 불가침, 사생활자유의 불가침, 자기정보통제권을 내용으로 한다. 사생활비밀의 불가침과 사생활자유의 불가침이 이 권리의 전통적·소극적 내용에 해당된다면, 자기정보통제권은 인적 자료의 수집·처리·활용이 고도로 발달되어 개인의 사생활이 소멸 직전에 놓여 있는 현대의 정보사회, 이른바 '발가벗은 사회'(Naked Society ─ V. Packard의 표현)에서 문제가 된 이 권리의 적극적 내용이라 할 수 있다.

2) 사생활비밀의 불가침

195. 사생활비밀의 불가침

첫째, 사생활의 비밀에 대한 불가침은 사적 사항, 명예나 신용, 인격적 징표가 도청, 비밀녹음, 비밀촬영, 초상도용 등으로 사생활을 본인의 의사에 반하여 파악되는 것과, 파악된 사생활의 내용이 공개되는 것을 금지한다는 것을 포함한다. 사생활의 공개는 본인의 자율적인 결정에 맡겨져야 하며, 이를 본인의 의사에 반하여 공개하는 것은 사생활의 비밀에 대한 침해가 된다. 본인의 의사에 반한다는 것은 명시적 의사에 반하는 것은 물론 본인이 싫어할 것으로 판단되는 것을 강행하는 경우도 포함된다.

> **판례** "사생활과 관련된 사항의 공개가 사생활의 비밀을 침해하는 것으로서 위법하다고 하기 위하여는, 적어도 그 공표된 사항이 일반인의 감수성을 기준으로 하여 그 개인의 입장에 섰을 때 공개되기를 바라지 않을 것에 해당한다고 인정되고 아울러 일반인에게 아직 알려지지 않은 것으로서 그것이 공개됨으로써 그 개인이 불쾌감이나 불안감을 가질 사항 등에 해당하여야 한다."(대법원 2006. 12. 22. 2006다15922 판결)

금지, 개인정보시스템설치의 허가제, 기록시스템의 존재와 성격의 고시, 자기기록에 대한 access권)을 들고 있어 논리적 모순을 범하고 있다. 권영성, 헌법학원론, 425쪽은 이 권리의 법적 성격을 인격권의 일종, 자유권의 일종, 일신전속적 권리, 청구권적 성격으로 보고 있다.

3) 사생활자유의 불가침

둘째, 사생활의 자유에 대한 불가침은 평온한 사생활의 유지, 자신이 원하는 방식의 사생활을 적극적으로 형성하고 전개하는 것, 사생활의 자율성을 방해 또는 간섭받지 않을 것 등을 포함한다.

196. 사생활자유의 불가침

> **판례** 〈공직선거법 제93조 제1항 위헌소원(합헌)〉 "'사생활의 자유'란 사회공동체의 일반적인 생활규범의 범위 내에서 사생활을 자유롭게 형성해 나가고 그 설계 및 내용에 대해서 외부로부터의 간섭을 받지 아니할 권리이며, 사생활과 관련된 사사로운 자신만의 영역이 본인의 의사에 반해서 타인에게 알려지지 않도록 할 수 있는 권리인 '사생활의 비밀'과 함께 헌법상 보장되고 있는 것이다."(헌재 2001. 8. 30. 99헌바92 등 병합결정)

4) 자기정보통제권

셋째, 자기정보통제권은 자기에 관한 정보를 누가 어떤 목적으로 보유하고 있으며, 누구에게 정보를 제공했으며, 그 정보가 정확·적절한 것인가 등에 대하여 통제하는 것, 곧 자기정보열람청구권, 자기정보정정청구권, 개인정보사용중지·삭제청구권을 내용으로 한다.

197. 자기정보통제권

헌법재판소는 자기정보통제권을 개인정보자기결정권이라고 부르면서, 이를 독자적인 기본권으로서 헌법에 명시되지 않은 기본권에 해당한다고 한다.

> **판례** 〈「정기간행물의 등록에 관한 법률」 제16조 제3항, 제19조 제3항의 위헌여부에 관한 헌법소원 — 정정보도청구권과 언론의 자유에 대한 위헌여부〉 "정기간행물의 등록 등에 관한 법률상의 정정보도청구권은 정기간행물의 보도에 의하여 인격권 등의 침해를 받은 자가 반론의 게재를 요구할 수 있는 권리, 즉 이른바 반론권을 뜻하는 것으로서, 헌법상 보장된 인격권·사생활의 비밀과 자유에 그 바탕을 둔 것이며, 나아가 피해자에게 반박의 기회를 허용함으로써 언론보도의 공정성과 객관성을 향상시켜 제도로서의 언론보장을 더욱 충실하게 할 수 있다는 뜻도 함께 지닌다."(헌재 1991. 9. 16. 89헌마165 결정)

> **판례** 〈주민등록법 제17조의8 등 위헌확인 등(기각, 각하)〉 "개인정보자기결정권의 헌법상 근거로는 헌법 제17조의 사생활의 비밀과 자유, 헌법 제10조 제1문의 인간의 존엄과 가치 및 행복추구권에 근거를 둔 일반적 인격권 또는 위 조문들과 동시에 우리 헌법의 자유민주적 기본질서 규정 또는 국민주권원리와 민주주의원

리 등을 고려할 수 있으나, 개인정보자기결정권으로 보호하려는 내용을 위 각 기
본권들 및 헌법원리들 중 일부에 완전히 포섭시키는 것은 불가능하다고 할 것이
므로, 그 헌법적 근거를 굳이 어느 한두 개에 국한시키는 것은 바람직하지 않은
것으로 보이고, 오히려 개인정보자기결정권은 이들을 이념적 기초로 하는 독자적
기본권으로서 헌법에 명시되지 아니한 기본권이라고 보아야 할 것이다."(헌재
2005. 5. 26. 99헌마513 등 병합결정)

우리나라에서도 1995년 1월부터 개인정보의 보호를 위하여 「공공기관의 개
인정보보호에 관한 법률」이 시행되고 있다. 이 법률은 공공기관이 컴퓨터에 의
하여 개인정보를 취급함에 있어 준수할 사항들을 규정하고 있으며(법 제8조-제
11조), 공공기관 외의 개인 또는 단체도 컴퓨터를 사용하여 개인정보를 처리함에
있어 공공기관의 예에 준하여 개인정보를 위한 조치를 강구할 것을 규정하고 있
다(법 제22조).

4. 私生活의 秘密과 自由의 效力

198. 사생활의 비밀
과 자유권의 효력

사생활의 비밀과 자유권에 대하여는 대국가적 효력과 간접적 대사인적 효력
이 인정된다. 따라서 공권력에 의해서 이 권리가 침해되면 법률·명령의 위헌심
사, 헌법소원, 청원, 손해배상청구, 관계공무원의 징계 등을 통하여 구제받을 수
있다. 사인에 의하여 이 권리가 침해되면 불법행위로 인한 손해배상청구권과 기
타 구제조치권이 성립한다. 다만 가족·친지 간에는 합리적인 한도 내에서 예외
가 인정된다.[1]

5. 私生活의 秘密과 自由의 限界와 制限

(1) 限   界

199. 사생활의 비밀
과 자유권의 한계

우선, 사생활침해의 의도가 없는 경미한 사생활침해에 대해서는 수인해야
한다. 예컨대 국가가 행정상 반드시 필요한 여러 가지 국민의 신상에 관한 인적
사항(성명·연령·가족관계·주소·직업·종교·재산정도 등)을 물어보는 것은 사생활
에 대한 침해라 할 수 없고, 국민은 그를 수인해야 한다.

다음으로, 국민의 알 권리와 관련하여 사생활의 비밀과 자유가 한계를 가지

---

1) 권영성, 헌법학원론, 431쪽.

는 경우가 있다. 이와 관련하여 권리포기이론, '공익'(public interests)이론, '공적
인물'(public figure)이론 등이 있다. 권리포기이론은 예컨대 자살자의 경우와 같
이 일정한 조건하에서 사생활의 비밀과 자유를 포기한 것으로 간주한다. 공익이
론은 보도적 가치, 교육적 가치, 계몽적 가치 등 공익적 가치가 있는 사실을 알
리는 것은 사생활의 비밀과 자유에 대한 침해가 아니라고 한다. 여기에는 공정
한 해설, 범죄인의 체포·구금, 공중의 보건과 안전, 사이비종교, 범죄피해자의
공개 등이 포함된다. 공적 인물이론은 연예인, 운동선수, 정치인 등 사회적 유명
인의 경우에는 일반인에 비해 사생활이 공개되는 것을 수인해야 할 경우가 많다
고 한다.

판례 "형사상이나 민사상으로 타인의 명예를 훼손하는 행위를 한 경우에도 그
것이 공공의 이해에 관한 사항으로서 그 목적이 오로지 공공의 이익을 위한 것일
때에는 진실한 사실이라는 증명이 있으면 위 행위에 위법성이 없으며, 또한 그
증명이 없더라도 행위자가 그것을 진실이라고 믿을 상당한 이유가 있는 경우에는
위법성이 없다."(대법원 1988. 10. 11. 85다카29 판결. 또한 대법원 1993. 6. 22. 92
도3160 판결 참조)

판례 "… 그러나 국민의 정보욕구 또는 알 권리를 충족시키기 위하여 정치인
등에 관한 정보가 폭넓게 공개되어야 한다 할지라도 … 남녀의 성적인 교섭에 관
한 사항은 인간의 자유의 최종적이고 불가침한 부분으로서 … 그에 관한 무단공개
와 폭로는 인격적 모멸과 성적 파멸을 초래케 할 수 있다는 점에서 절대적인
보호를 베푸는 것이 제국의 일반적인 법적 규율이다."(부산고법 1992. 6. 17. 92노
215 판결)

판례 "공적 인물에 대하여는 사생활의 비밀과 자유가 일정한 범위 내에서 제한
되어 그 사생활의 공개가 면책되는 경우도 있을 수 있으나, 이는 공적 인물은 통
상인에 비하여 일반 국민의 알 권리의 대상이 되고 그 공개가 공공의 이익이 된
다는 데 근거한 것이므로, 일반 국민의 알 권리와는 무관하게 국가기관이 평소의
동향을 감시할 목적으로 개인의 정보를 비밀리에 수집한 경우에는 그 대상자가
공적 이유만으로 면책될 수 없다."(대법원 1998. 7. 24. 96다42789 판결)

판례 〈불기소처분취소(기각)〉 "신문보도의 명예훼손적 표현의 피해자가 공적인
물인지 아니면 사인인지, 그 표현이 공적인 관심사안에 관한 것인지 순수한 사적

인 영역에 속하는 사안인지의 여부에 따라 헌법적 심사기준에는 차이가 있어야 한다. 객관적으로 국민이 알아야 할 공공성·사회성을 갖춘 사실은 민주제의 토대인 여론형성이나 공개토론에 기여하므로 형사제재로 인하여 이러한 사안의 게재를 주저하게 만들어서는 안 된다."(헌재 1999. 6. 24. 97헌마265 결정)

(2) 制　限

200. 사생활의 비밀과 자유의 제한

사생활의 비밀과 자유는 헌법 제37조 제 2 항에 따라 국가안전보장·질서유지 또는 공공복리를 위하여 법률로써 제한될 수 있으며, 대통령의 긴급명령에 의해서도 제한될 수 있다. 그러나 제한하는 경우에도 그 본질적 내용은 침해할 수 없다.

第 7 節　通信의 自由

1. 憲法規定 및 沿革

(1) 憲法規定

201. 통신의 자유에 대한 헌법규정 및 연혁

우리 헌법 제18조는 "모든 국민은 통신의 비밀을 침해받지 아니한다"고 하여 통신의 자유를 보장하고 있다.

(2) 沿　革

신서의 비밀에 대한 불가침을 최초로 규정한 헌법은 1831년의 벨기에 헌법이나, 일반적인 통신의 자유는 1919년 바이마르 헌법이 최초로 규정한 것으로 알려져 있다.[1]

---

1) 그러나 Th. Maunz/R. Zippelius, *Deutsches Staatsrecht*는 고전적 자유주의의 관념세계에서 유래하며, 19세기의 헌법문서들에서 이미 찾아볼 수 있는 두 가지 기본권이 사적 생활영역을 보호한다고 하고(S. 204), 서신·우편·전신의 비밀보호와 주거의 불가침을 설명하고 있다(S. 205, 206).

2. 通信의 自由의 機能 및 法的 性格

(1) 機　能

통신의 자유는 사생활의 비밀을 보장하고 개인의 인격을 보호하는 기능과 사회구성원 사이에 의사소통이 원활하게 이루어질 수 있도록 하는 기능을 한다.

202. 통신의 자유의 기능

> **판례** 〈통신비밀보호법 제10조 제 1 항 등 위헌소원(합헌)〉 "헌법 제18조에서는 '모든 국민은 통신의 비밀을 침해받지 아니한다'라고 규정하여 통신의 비밀보호를 그 핵심내용으로 하는 통신의 자유를 기본권으로 보장하고 있다. 통신의 자유를 기본권으로서 보장하는 것은 사적 영역에 속하는 개인간의 의사소통을 사생활의 일부로서 보장하겠다는 취지에서 비롯된 것이라 할 것이다. 그런데 개인과 개인 간의 관계를 전제로 하는 통신은 다른 사생활의 영역과 비교해 볼 때 국가에 의한 침해의 가능성이 매우 큰 영역이라 할 수 있다. 왜냐하면 오늘날 개인과 개인 간의 사적인 의사소통은 공간적인 거리로 인해 우편이나 전기통신을 통하여 이루어지는 경우가 많은데, 이러한 우편이나 전기통신의 운영이 전통적으로 국가독점에서 출발하였기 때문이다. 사생활의 비밀과 자유에 포섭될 수 있는 사적 영역에 속하는 통신의 자유를 헌법이 별개의 조항을 통해서 기본권으로 보호하고 있는 이유는, 이와 같이 국가에 의한 침해의 가능성이 여타의 사적 영역보다 큰 때문이라고 할 수 있다."(헌재 2001. 3. 21. 2000헌바25 결정)

(2) 法的 性格

헌법 제18조는 고전적 자유권을 보장한 것이다. 그러나 헌법 제18조에서 통신제도라는 제도적 보장이 함께 있는 것으로 보는 견해도 있다.[1] 통신의 자유는 개별적인 경우에 포기할 수 있으며, 행복추구권에 대해서는 특별규정으로서의 성격을 가진다.

203. 통신의 자유의 법적 성격

3. 通信의 自由의 主體

자연인과 법인 모두에게 주체성이 인정된다. 특히 서신의 경우에는 수신인과 송신인 모두가 그 주체가 된다.[2] 또한 서신 이외의 우편물이나 전기통신을

204. 통신의 자유의 주체

---

[1] 한동섭, 헌법, 141쪽; A. Katz, *Staatsrecht*, S. 362; P. Badura, *Staatsrecht*, S. 94.

[2] M. Lepa, *Der Inhalt der Grundrechte*, S. 173; A. Katz, *Staatsrecht*, S. 363. 또한 BVerwGE 6, 299, (300f.); BVerfGE 67, 157(171f.) 참조.

이용하는 경우에는 개별시민은 우체국이나 전기통신회사에 대하여, 개별시민과 우체국 및 전기통신회사는 국가기관에 대하여 이 자유를 주장할 수 있다.[1]

4. 通信의 自由의 內容

(1) 槪　念

205. 통신의 자유의
개념

　통신의 자유란 개인이나 법인이 그 의사나 정보를 우편물이나 전기통신 등의 수단에 의하여 전달 또는 교환하는 경우에 그 내용이 본인의 의사에 반하여 공개되지 아니할 자유를 의미한다. 통신이라고 함은 신서·전신·전화 기타의 우편물 등 통신기관을 통하여 수수(授受)되는 일체의 의사전달수단과 물품을 말한다.

(2) 通信의 秘密의 不可侵

206. 통신의 비밀의
불가침: 열람금지, 누
설금지, 정보금지

　통신의 비밀의 불가침이란 첫째, 통신내용의 불법적 개봉을 금지하는 것뿐만 아니라 통신이 발신자로부터 통신기관에 탁송되어 수신자에게 도달되기까지 그 비밀을 인지하는 것을 금지한다(열람금지). 둘째, 통신업무로 알게 된 사실을 남에게 알리는 것을 금지한다(누설금지). 셋째, 통신업무내용을 정보활동의 목적에 제공하거나 제공받으려는 행위를 금지한다(정보금지). 엽서의 내용은 누구나 볼 수 있는 상태에 있다 하더라도 그 내용은 비밀이 보장되어야 하고, 누가 누구에게 통신을 하였다는 사실도 누설되어서는 안 된다.

(3) 電氣通信盜聽의 禁止

1) 도청의 개념과 종류

207. 도청의 개념과
종류

　통신의 자유와 관련하여 특히 도청이 문제되고 있다. 도청이라 함은 불법적으로 다른 사람의 전기통신의 내용을 해독하는 것, 곧 불법적 청취를 말한다. 도청은 유권기관이 관계법률에 따라 합법적으로 당사자의 동의없이 전자장치·기계장치 등을 사용하여 통신의 음향·문언·부호·영상을 청취하거나 공독(共讀)하여 그 내용을 지득 또는 해득하거나 전기통신의 송·수신을 방해하는 합법적 청취인 감청과는 구별된다. 도청에는 전화도청과 전화와 관계없이 도청기구를 사용하여 대화를 듣거나 녹음하는 두 가지 경우가 있다. 전화도청은 통신의

---

1) M. Lepa, *Der Inhalt der Grundrechte*, S. 173·174 참조.

비밀과 관계되고, 후자는 사생활의 비밀과 관계된다. 도청으로부터 통신의 자유를 보호하기 위하여 전기통신기본법, 전기통신사업법, 통신비밀보호법 등이 제정되어 있다.

2) 전기통신의 개념과 도청의 금지

전기통신이란 유선, 무선, 광선 기타의 전자적 방식에 의하여 부호, 문언, 음향 또는 영상을 송신하거나 수신하는 것을 말한다(전기통신기본법 제 2 조). 누구든지 전기통신사업자가 취급 중에 있는 통신의 비밀을 침해하거나 누설해서는 안 된다(전기통신사업법 제54조). 다만 전기통신을 이용하는 자는 공공의 안녕질서 또는 미풍양속을 해하는 내용의 통신을 해서는 안 된다(전기통신기본법 제53조). 전화에 대한 도청은 금지된다. 누구든지 통신비밀보호법과 형사소송법 또는 군사법원법의 규정에 의하지 아니하고는 우편물의 검열 또는 전기통신의 감청을 하거나 공개되지 아니한 타인간의 대화를 청취하지 못한다(통신비밀보호법 제 3 조).

208. 전기통신의 개념과 도청의 금지

3) 전화의 역탐지와 전화번호통보제도의 합헌성

전화에 의한 협박죄의 현행범을 체포하기 위해 발신장소를 역탐지하는 것이나, 범인으로부터의 전화를 녹음하는 것과 관련하여 위헌설과 합헌설이 나뉘어 있다. 그러나 전화의 역탐지는 현행범인의 체포에 필요하기 때문에, 발신자전화번호통보(안내)제도는 폭력전화와 같은 범죄행위를 방지하고 선의의 피해자에 대하여 사생활의 평온이라는 인권을 보장하여 줄 필요가 있기 때문에 필요하다고 생각한다.[1] 통신보호비밀보호법도 전화에 의한 폭언·협박·희롱 등으로부터 수신인을 보호하기 위하여 전기통신사업법의 규정에 의한 전기통신사업자는 대통령령이 정하는 바에 의하여 수신인의 요구가 있는 때에는 송신인의 전화번호를 수신인에게 알려줄 수 있다(법 제13조, 동시행령 제21조)고 규정하고 있다.

209. 전화의 역탐지와 전화번호통보제도의 합헌성

5. 通信의 自由의 效力

통신의 자유에는 대국가적 효력과 간접적 대사인적 효력이 모두 인정된다. 따라서 통신비밀보호법 제 4 조는 불법검열에 의하여 취득한 우편물이나 그 내용 및 불법감청에 의하여 취득 또는 채록된 전기통신의 내용은 재판 또는 징계절차

210. 통신의 자유의 효력

---

1) 김철수, 헌법학개론, 550쪽; 권영성, 헌법학원론, 444·445쪽.

에서 증거로 사용할 수 없다고 규정하고 있다. 또한 사인이 특히 부당하고 위법하게 타인의 통신의 비밀을 침해하는 경우에는 형법상의 비밀침해죄(제316조)로 처벌받거나 민법상 불법행위의 책임을 지게 된다.

6. 通信의 自由의 限界 및 制限

(1) 限   界

211. 통신의 자유의 한계

통신의 자유는 합법적이고 정당한 통신만을 보호한다. 따라서 허가 없이 행해지는 무선통신은 보호받을 수 없다. 또한 통신을 통한 범죄행위도 통신의 자유에 의하여 보호받을 수 없다. 따라서 통신업무에 종사하는 공무원이 통신물을 통신업무상 필요한 검사의 목적으로 검토하는 것은 통신의 자유에 대한 제한이 아니며, 통신업무를 취급하다가 우연히 범죄사실을 알게 된 경우에 그 사실을 수사기관에 알리더라도 그것은 통신의 자유에 대한 침해가 아니다.

(2) 制   限

1) 통신의 자유의 제한

212. 통신의 자유의 제한

통신의 자유는 헌법 제37조 제 2 항에 따라 국가안전보장·질서유지 및 공공복리를 위하여 법률로써 제한될 수 있으며, 대통령의 긴급명령에 의해서도 제한될 수 있다.

> **판례** "… 통신의 자유 등은 헌법이 보장하는 권리이긴 하나 무제한한 것이 아니라 헌법 제37조 제 2 항에 의하여 … 제한할 수 있는 것이므로 국가보안법규정의 입법목적과 적용한계를 자유와 권리의 본질적 내용을 침해하지 않는 한도 내에서 이를 제한할 수 있다."(대법원 1993. 9. 28. 93도1730 판결)

2) 통신의 자유를 제한·금지하는 법률

213. 통신의 자유를 제한·금지하는 법률

통신의 자유를 제한하거나 금지하는 법률조항으로는 다음과 같은 것들이 있다. ① 통신비밀보호법 제 5 조·제 6 조는 우편물검열, 전기통신감청, 대화를 녹음·청취할 수 있는 절차를 규정하고 있다. 이 때 대통령령이 정하는 정보수사기관의 장이 일반범죄를 수사하기 위해서는 2개월 이내를 기한으로 검사가 신청하고 법원의 허가가 필요하며(제 6 조), 국가안보를 위해서는 4개월 이내를 기한으로 검사가 신청하고 내국인의 경우에는 고등법원 수석부장판사의 허가가, 외국인의 경우에는 대통령의 승인을 필요로 한다(제 7 조). ② 국가보안법 제 8 조는 반국가단체와의 통신을 금하고 있다.[1] ③ 전파법 제80조는 「대한민국헌법」 또는 「대한민국헌법」에 따라 설치된 국가기관을 폭력으로 파괴할 것을 주장하는 통신을 금하고 있다. ④ 「채무자회생 및 파산에 관한 법률」 제484조 제 2 항은 파산관재인에게 파산자의 우편물·전보 그 밖의 운송물을 열어볼 수 있게 하고 있다. ⑤ 형사소송법 제107조는 법원은 일정한 우편물을 압수할 수 있도록 하고 있으며, 「형의 집행 및 수용자의 처우에 관한 법률」 제43조 제 4 항 단서는 일정한 사유가 있는 경우에 서신검열을 할 수 있도록 하고 있다. ⑥ 그 밖에도 관세법은 신서 이외의 수출입우편물에 대한 검사를 규정하고 있다.

그러나 통신의 자유의 본질적 내용은 침해할 수 없다.

판례 〈구 행형법 제62조에 대한 위헌결정 — 미결수용자와 변호인 아닌 자 및 변호사와의 서신검열의 위헌성〉 "미결수용자의 일반인에 대한 서신은 그 검열이 필요하고 허용되나, 변호인에 대한 서신에 대하여는 특별한 사정이 없는 한 이를 허용하여서는 안 될 것이다. 그러므로 변호인과의 서신을 검열한 것은 위헌이며, 위 검열행위의 법적 근거가 되고 있는 행형법 제62조는 위헌이다. 다만, 미결수용자와 변호인 사이의 서신으로서 그 비밀을 보장받기 위하여는, 첫째, 교도소측에서 상대방이 변호인이라는 사실을 확인할 수 있어야 하고, 둘째, 서신을 통하여 마약 등 소지금지품의 반입을 도모한다든가 그 내용에 도주·증거인멸·수용시설의 규율과 질서의 파괴·기타 형벌법령에 저촉되는 내용이 기재되어 있다고 의심할 만한 합리적인 이유가 있는 경우가 아니어야 한다."(헌재 1995. 7. 21. 92헌마144 결정)[2]

---

1) 헌법재판소는 국가보안법 제 8 조 제 1 항의 통신회합죄를 "그 적용범위를 축소제한하면 헌법합치적 해석이 되고 그 위헌성은 제거될 것"이라고 하여 한정합헌 결정을 내렸다(헌재 1997. 1. 16. 92헌바6 등 병합결정). 대법원은 재북한 가족과의 단순한 안부에 관한 서신의 교환은 특별한 사정이 없는 한 반공법위반이 아니라고 판시한 바 있다(대법원 1972. 3. 28. 72도227 판결).
2) 또한 헌재 1998. 8. 27. 96헌마398 결정(통신의 자유 침해 등 위헌확인심판결정)도 참조.

第 8 節 良心의 自由

1. 憲法規定 및 沿革

214. 양심의 자유에
대한 헌법규정 — 헌
법 제19조
215. 양심의 자유의
연혁

헌법 제19조는 "모든 국민은 양심의 자유를 가진다"고 하여 양심의 자유를 보장하고 있다.

양심의 자유는 발효되지는 못했으나 이미 1647/1649년의 영국 인민협약에서 규정되었다.[1] 양심의 자유는 연혁적으로 볼 때 종교적인 신앙적 양심을 의미하는 것이었다. 그러므로 버지니아권리장전에서 보듯이 근대적 헌법은 양심의 자유를 종교의 자유에 포함시켜 보장하는 것을 통례로 하였다.[2] 독일의 경우[3] 1850년 프로이센 헌법에서 '신앙과 양심'(Glauben und Gewissen)의 형태로 규정된 예에서 보듯이, 19세기 독일헌법들에서는 아직도 양심의 자유와 종교의 자유는 밀접한 연관이 있었고, 양심의 자유를 종교의 자유의 하부형태로 보았다.[4] 양심의 자유는 1919년 바이마르 헌법 제135조 제 1 항에서 처음으로 독립된 기본권(신앙의 자유와 양심의 자유 Glaubens-und Gewissensfreiheit)으로 규정되었다.[5]

우리 건국헌법은 신앙과 양심을 동일조항에 규정하였으나, 제 3 공화국 헌법 이후 신앙과 양심을 별도로 규정하기 시작하였다.

2. 良心의 自由의 法的 性格

216. 양심의 자유의

일반적으로 양심의 자유는 종교의 자유, 학문·예술의 자유와 함께 이른바

---

1) R. Zippelius, *Bonner Kommentar*, 1989, Rdnr. 17 zu Art. 4.
2) 버지니아 권리장전 제16조: "종교 또는 우리가 창조주에게 바쳐야 하는 경외심 그리고 우리가 경외심을 표현하는 방법은 이성과 확신을 통해서만 결정될 수 있고 강제나 폭력을 통해서 결정될 수는 없다. 그러므로 모든 인간은 그 양심의 목소리에 상응하여 평등하게 자유롭게 종교를 행사할 권리가 있다. 서로간에 그리스도교적 관용과 사랑과 자선을 베푸는 것은 모든 이의 공통된 의무이다."
3) 독일에서는 양심의 자유가 최초로 규정된 세속적인 개인의 자유라고 한다. E.-W. Böckenförde, Das Grundrecht der Gewissensfreiheit, *VVDStRL* Heft 28(1970), S. 33ff.(37).
4) H. Bethge, Gewissensfreiheit, in: J. Isensee/P. Kirchhof(Hrsg.), *Handbuch des Staatsrechts*, Bd. VI, 1989, S. 436ff.(437f.).
5) 독일헌법사에서 '신앙의 자유와 양심의 자유'(Glaubens- und Gewissensfreiheit)라는 표현이 처음 사용된 것은 1848/49년의 프랑크푸르트헌법이었다. 그러나 19세기에는 양심의 자유는 망각되었다가 1919년 바이마르헌법에서 다시 규정됨으로써 의미를 얻었다고 한다. E. Stein, *Staatsrecht*, S. 229 참조.

내심의 자유에 속하며, 행동의 자유에 선행하는 정신적 자유의 모체를 이루고 있다고 이야기된다. 법적 성격

　그러나 엄격히 말한다면 양심의 자유는 종교의 자유, 학문·예술의 자유에 비해 더욱 순수한 내심의 자유로서 종교의 자유, 학문·예술의 자유의 전제가 된다고 볼 수 있다. 왜냐하면 인간의 내심작용을 외부에 발표하는 자유는 언론·출판의 자유이고, 사상·양심의 내용이 학문적 체계 또는 예술적 가치성을 가질 때에는 학문의 자유, 예술의 자유가 되며, 또 그것이 종교적 성격을 가질 때에는 종교적 자유라고 할 수 있기 때문이다.[1] 그러한 한에서 양심의 자유는 정신적 자유의 근원을 이루는 기본권(개인적 공권)일 뿐만 아니라 국가적 헌법질서의 기초를 이루는 기본적 요소(객관적 법규범)이며,[2] 인간의 존엄의 특수한 표현이자[3] 동시에 정신적 영역에서 관용의 원칙이 표출된 것[4]이라 할 수 있다. 따라서 양심의 자유를 '초특급기본권'(Supergrundrecht)이라 부르는 학자도 있다.[5]

3. 良心의 自由의 主體

　양심의 자유의 주체는 원칙적으로 자연인에 한정된다. 미성년자가 언제부터 양심의 자유를 독립적으로 행사할 수 있는가 하는 문제는 해당 미성년자의 정신적 성숙도와 부모의 친권(교육권)을 함께 고려하여 결정된다. 217. 양심의 자유의
주체

4. 良心의 自由의 內容

(1) 良心의 槪念

1) 양심의 개념

　대철학자 칸트조차도 "저 하늘에 반짝이는 별과 가슴 속에서 울려오는 양심의 소리(도덕률, der bestirnte Himmel über mir und des Moralisch Geistes in mir)" 218. 양심의 개념

---

1) 한동섭, 헌법, 142쪽.
2) H. Bethge, Gewissensfreiheit, in: Isensee/P. Kirchhof(Hrsg.), *Handbuch des Staatsrechts*, Bd. Ⅵ. S. 436. E. W. Böckenförde, Die Gewissensfreiheit, *VVDStRL* 28(1970), S. 33ff.(65) 는 오늘날의 법치국가적 헌법에서 양심의 자유는 더 이상 자유권이 허용되는 출발점이 아니라 자유권의 완결이라고 한다.
3) BverfGE 33, 23(28f.).
4) BVerwGE 47, 330(355).
5) R. Herzog, *Grundgesetz-Kommentar*, Rdnr. 136 zu Art. 4.

를 신비로 표현하였듯이 양심을 정확하게 개념정의하기는 어렵다. 그러나 일단 양심을 "인간의 내면에 원래부터 존재하는 옳고 그름에 대한 확신과 이로부터 나오는 의무부과, 곧 특정의 행동을 하거나 하지 못하도록 하는 것,"[1] 곧 가치와 비가치에 대한 주관적 의식으로 정의할 수 있을 것이다.

2) 양심의 개념에 대한 학설

219. 양심의 개념에 대한 학설

양심의 개념과 관련하여 협의의 (윤리적) 양심설과 광의의 (사회적) 양심설이 대립되어 있다. 윤리적 양심설은 양심을 좁게 이해하여 내심의 자유 중 특히 윤리적 성질을 가지는 면에 한정시키고자 한다.[2] 그에 반하여 사회적 양심설은 양심의 자유는 내심의 자유이며, 윤리적인 면에 한정시킬 필요가 없다고 한다. 후자가 국내다수설의 입장이다. 헌법재판소는 종전에는 광의의 사회적 양심설의 입장을 취하였으나, 최근에는 협의의 윤리적 양심설을 취하고 있는 것으로 생각된다.[3]

> **판례** 〈민법 제764조의 위헌 여부에 관한 헌법소원(일부위헌)〉 "헌법 제19조는 '모든 국민은 양심의 자유를 가진다'라고 하여 양심의 자유를 기본권의 하나로 보장하고 있는바, 여기의 양심이란 세계관·인생관·주의·신조 등은 물론, 이에 이르지 아니하여도 보다 널리 개인의 인격형성에 관계되는 내심에 있어서의 가치적·윤리적 판단도 포함된다고 볼 것이다. 그러므로 양심의 자유에는 널리 사물의 시시비비나 선악과 같은 윤리적 판단에 국가가 개입해서는 안 되는 내심적 자유는 물론, 이와 같은 윤리적 판단은 국가권력에 의하여 외부에 표명하도록 강제받지 않는 자유 즉 윤리적 판단사항에 관한 침묵의 자유까지 포괄한다고 할 것이다. 이와 같이 해석하는 것이 다른 나라의 헌법과 달리 양심의 자유를 신앙의 자유와도 구별하고 사상의 자유에 포함시키지 않은 채 별개의 조항으로 독립시킨 우리 헌법의 취지에 부합할 것이다."(헌재 1991. 4. 1. 89헌마160 결정)

---

1) BVerwGE 7, 242(246). 독일연방헌법재판소도 비슷한 정의를 내리고 있다. "양심상의 결정이란 모든 진지한 윤리적 판단, 곧 선과 악에 대한 판단을 말하며, 개인은 특정상황에서 이 판단에 절대적으로 따를 의무를 진다고 내적으로 체험하기 때문에 심각한 양심상의 갈등 없이 이 판단에 반하는 행동을 할 수 없는 것을 말한다"(BVerfGE 12, 45(55); 48, 127(173). 양심의 개념에 대하여 더욱 자세한 것은 A. Podlech, Der Gewissensbegriff im Rechtsstaat, AöR 88(1963), S. 195ff. 참조.

2) 허영, 한국헌법론, 378쪽은 "양심은 옳고 바른 것을 추구하는 윤리적·도덕적 마음가짐으로서 인간의 윤리적·도덕적 내심영역의 문제이기 때문에 단순한 사유·의견·사상·확신 등과는 다르다"고 한다.

3) 곧 헌법재판소는 양심을 「독점규제 및 공정거래에 관한 법률」 제27조 위헌소원결정(헌재 2002. 1. 31. 2001헌바43 결정)에서는 "인간의 윤리적 내심영역"으로 표현하였고, 준법서약제 등 위헌확인·가석방심사 등에 관한 규칙 제14조 제2항 위헌확인결정(헌재 2002. 4. 25. 98헌마425 등 병합결정)에서는 "내심에서 우러나오는 윤리적 확신"으로 표현하였다.

3) 양심의 개념에 대한 사견

220. 양심의 개념에
대한 사견

사상과 양심을 별도로 규정하고 있는 헌법[1]의 경우에는 양심을 국한시켜 해석할 필요가 있을 것이며,[2] 그러한 경우에는 양심은 윤리적 차원의 내심작용, 사상은 논리적 차원의 형이상학적 사유체계로 구분하는 것이[3] 옳을지도 모른다. 그러나 우리 헌법은 사상의 자유를 따로 보장한 특별규정이 없다. 따라서 우리 헌법은 사상과 양심을 모두 인간의 내심작용, 곧 세계관·인생관·주의·신조 등을 의미하는 것으로 보아 양자를 일체로 보았다고 생각된다. 그러한 경우에도 윤리적 확신을 빼고 양심에 대하여 이야기할 수 없음은 물론이다.[4]

(2) 良心의 自由의 具體的 內容

1) 양심의 자유의 구체적 내용

① 학　　설

221. 양심의 자유의
내용에 대한 학설 및
판례

양심의 자유의 내용에 대해서는 견해가 나뉘어 있다. 제1설은 양심형성의 자유와 양심유지의 자유(침묵의 자유, 양심추지의 금지, 양심에 반하는 행위를 강제당하지 않을 자유)를 그 내용으로 본다.[5] 제2설은 양심결정의 자유와 침묵의 자유(양심추지의 금지, 양심에 반하는 행위의 금지)를 그 내용으로 본다.[6] 제3설은 양심형성 및 결정의 자유, 양심을 지키는 자유(침묵의 자유, 양심추지의 금지, 양심에 반하는 작위의무로부터의 해방), 양심실현의 자유를 그 내용으로 본다.[7] 제4설은 양

---

1) 예컨대 독일 본기본법 제4조 제1항: "신앙의 자유와 양심의 자유 그리고 종교적 고백의 자유와 세계관적 고백의 자유는 불가침이다."

2) 예컨대 E. Stein, *Staatsrecht*, S. 229는 양심을 '윤리적으로 의무가 부과된'(sittlich gesollte) 행동에 대한 개인의 확신이라고 정의하고, 윤리적 의무부과는 고차원적 힘과 심오한 존재에 대한 관점에 대한 인간의 관계로부터 결론되며, 그러한 한에서 양심의 자유는 신앙의 자유의 특수형태라고 한다. 그러나 K. Hesse, *Grundzüge des Verfassungsrechts der Bundesrepublik Deutschland*, S. 158(Rdnr. 383)은 양심을 신앙보다 넓은 개념으로 이해한다. 또한 Th. Maunz/R. Zippelius, *Deutsches Staatsrecht*, S. 190은 양심을 도덕적으로 특정행위를 할 의무가 있다는 의식으로 정의한다.

3) R. Herzog, *Grundgesetz-Kommentar*, Rdnr. 125. *Herzog*는 다른 곳(Rdnr. 130)에서 양심의 자유는 특수한 형태의 사상의 자유라고 한다.

4) R. Herzog, *Grundgesetz-Kommentar*, Rdnr. 124.

5) 김철수, 헌법학개론, 547쪽 이하.

6) 권영성, 헌법학원론, 452쪽; 장영수, 헌법학, 650쪽 이하.

7) 허영, 한국헌법론, 380쪽 이하는 양심의 자유의 내용으로서 양심형성 및 결정의 자유, 양심을 지키는 자유, 양심실현의 자유의 셋을 들고, 양심을 지키는 자유를 인간의 내면세계에서 형성·결정된 양심의 표명을 직접·간접으로 강요당하지 않는 자유라고 정의한다. 그

심의 형성(또는 양심의 결정)의 자유와 양심의 활동의 자유(양심활동의 소극적 자유 ＝침묵의 자유와 양심의 추지금지를 포함하는 양심을 표명하도록 강제당하지 않을 자유) 와 양심에 반하는 행동을 강제당하지 않을 자유, 양심활동의 적극적 자유를 그 내용으로 본다.[1] 헌법재판소는 제3설과 견해를 같이 한다.

> **판례** 〈구 국가보안법 제10조 위헌소원(합헌)〉 "헌법 제19조가 보호하고 있는 양심의 자유는 양심형성의 자유와 양심적 결정의 자유를 포함하는 내심적 자유 (forum internum)뿐만 아니라, 양심적 결정을 외부로 표현하고 실현할 수 있는 양심실현의 자유(forum exterium)를 포함한다고 할 수 있다. 내심적 자유, 즉 양 심형성의 자유와 양심적 결정의 자유는 내심에 머무르는 한 절대적 자유라고 할 수 있지만, 양심실현의 자유는 타인의 기본권이나 다른 헌법적 질서와 저촉되는 경우 헌법 제37조 제2항에 따라 국가안전보장·질서유지 또는 공공복리를 위하 여 법률에 의하여 제한될 수 있는 상대적 자유라고 할 수 있다. 그리고 양심실현 은 적극적인 작위의 방법으로도 실현될 수 있지만 소극적인 부작위에 의해서도 그 실현이 가능하다 할 것이다. 그런데 이 사건 심판대상 법률조항이 규정한 불 고지죄는 국가의 존립과 안전에 저해가 되는 타인의 범행에 관한 객관적 사실을 고지할 의무를 부과할 뿐이고 개인의 세계관·인생관·주의·신조 등이나 내심에 있어서의 윤리적 판단을 그 고지의 대상으로 하는 것은 아니므로 양심의 자유 특 히 침묵의 자유를 직접적으로 침해하는 것이라고 볼 수 없을 뿐만 아니라 국가의 존립·안전에 저해가 되는 죄를 범한 자라는 사실을 알고서도 그것이 본인의 양 심이나 사상에 비추어 범죄가 되지 아니한다거나 이를 수사기관 또는 정보기관에 고지하는 것이 양심이나 사상에 어긋난다는 등의 이유로 고지하지 아니하는 것은 결국 부작위에 의한 양심실현 즉 내심의 의사를 외부에 표현하거나 실현하는 행

런 후 양심을 특히 언어에 의해서 표명하도록 강요당하지 않는 자유를 침묵의 자유로, 양 심을 일정한 행동에 의해 간접적으로 표명하도록(예컨대 십자가밟기) 강요당하지 않는 자 유를 양심추지의 금지로 이해하고, 여기에 양심에 반하는 작위 의무로부터의 해방을 더하 여 양심을 지키는 자유의 내용으로 보고 있다.

양심의 형성(결정)의 자유, 양심유지의 자유, 양심표현의 자유를 양심의 자유의 내용으 로 들고 있는 성낙인, 헌법학, 1089쪽도 이러한 입장에 속하며, 양심의 자유의 내용을 양 심형성의 자유와 양심활동의 자유〈소극적 양심활동의 자유(양심을 표명하도록 강제당하지 아니할 자유, 양심에 반하는 행동을 강제당하지 아니할 자유)＋적극적 양심활동의 자유)로 보는 정종섭, 헌법학원론, 552쪽 이하도 이러한 견해의 변형이라 할 수 있다. 또 한수웅, 헌법학도 양심의 자유의 구체적 보장내용은 개인의 내면세계에서 양심상의 결정을 형성하 고 내리는 자유(양심형성의 자유), 내적으로 형성된 양심을 보유하고 유지하는 자유(양심 유지의 자유) 및 양심을 외부세계에서 실현하고 관철하는 자유(양심실현의 자유)로 구분할 수 있다고 하면서(702쪽) 양심실현의 자유는 헌법이 개인의 양심과 관련하여 보장하고자 하는 핵심적 영역이라고 한다(706쪽).

1) 계희열, 헌법학(중), 291-297쪽.

위가 되는 것이고 이는 이미 순수한 내심의 영역을 벗어난 것이므로 이에 대하여는 필요한 경우 법률에 의한 제한이 가능하다 할 것이다. 그리고 여러 가지 국내의 정세의 변화에도 불구하고 남·북한의 정치·군사적 대결이나 긴장관계가 여전히 존재하고 있는 우리의 현실, 불고지죄가 보호하고자 하는 국가의 존립·안전이라는 법익의 중요성, 범인의 친족에 대한 형사처벌에 있어서의 특례설정 등 제반사정에 비추어 볼 때 이 사건 심판대상 법률조항이 양심의 자유를 제한하고 있다 하더라도 그것이 헌법 제37조 제 2 항이 정한 과잉금지의 원칙이나 기본권의 본질적 내용에 대한 침해금지의 원칙에 위반된 것이라고 볼 수 없다. 그러므로 이 사건 심판대상 법률조항은 양심의 자유를 침해한 것이라고 할 수 없다."(헌재 1998. 7. 16. 96헌바35 결정)

② 학설에 대한 검토

제 1 설은 침묵의 자유와 양심추지의 금지가 서로 다른 개념이라는 것을 혼동하고 있다. 왜냐하면 침묵의 자유는 양심을 언어에 의하여 표명하도록 강제당하지 않을 자유이지만, 양심추지의 금지는 양심을 십자가밟기와 같은 간접적인 방법으로 행동에 의하여 표현하도록 강제당하지 않을 자유이기 때문이다. 제 2 설은 양심유지의 자유와 침묵의 자유를 동일시하는 잘못을 범하고 있다. 그런가 하면 제 3 설이 양심의 자유 속에 양심실현의 자유를 포함시키는 것은 문제가 있다고 생각한다.

222. 양심의 자유의 내용에 대한 학설검토

③ 사   견

양심의 자유의 보호법익과 그 핵심은 양심의 불가침의 보장에 있다. 그 보장은 양심의 존재와 양심의 기능을 침해받지 않는 것을 전제로 한다. 이러한 전제하에서 개인적으로는 양심의 자유는 양심형성(양심결정)의 자유, 양심유지의 자유를 그 내용으로 하며, 양심유지의 자유는 양심을 언어(침묵의 자유[1])나 행동(양

223. 양심의 자유의 내용에 대한 사견: 양심의 자유=양심형성의 자유+양심유지의 자유

---

1) 대법원은 전향의사를 묻는 구 사회안전법 제 7 조 제 1 호를 양심유지의 자유에 대한 침해가 아니라고 한다. "헌법이 보장하는 양심의 자유는 정신적인 자유로서 어떠한 사상 감정을 가지고 있더라도 그것이 내심에 머무르는 한 절대적인 자유이므로 제한할 수 없는 것이나, 그와 같은 내심의 사상을 문제로 삼은 것이 아니라 보안처분대상자가 지니고 있는 공산주의사상은 그의 경력전과내용, 출소 후의 제반 행상 등에 비추어 그 내심의 영역을 벗어나 현저한 반사회성의 징표를 나타내고 있다고 볼 때, 구 사회안전법(1989. 6. 16. 법률 제4132호에 의해 '보안관찰법'이란 명칭으로 전문 개정되기 전의 것) 제 7 조 제 1 호가 보안처분의 면제요건으로 '반공정신이 확립되었을 것'을 규정하고 있다거나 보안처분기간의 갱신여부를 결정함에 있어 처분대상자의 신념이나 사상을 신문하고 전향의 의사를 확인하는 것은 그 대상자가 같은 법 제 6 조 제 1 항 소정의 '죄를 다시 범할 현저한 위험성'의 유무를 판단하기 위한 자료를 수정하는 과정에 불과할 뿐 전향의 의사를 강요하는 것이 아니므로 이를 두고 양심의 자유를 보장한 헌법규정에 반한다고 볼 수 없다"(대법원 1997. 6. 13. 96다56115 판결).

심추지의 금지)으로 표명하도록 강제당하지 않을 자유 및 양심에 반하는 행동을 강제당하지 않을 자유를 포함한다고 생각한다.

> **판례** "일기에 반국가단체를 이롭게 하는 내용을 썼다고 하더라도 외부와의 관련 사항이 수반되지 않는 경우에는 처벌할 수 없다."(대법원 1974. 12. 9. 73도3392 판결)

> **판례** 〈민법 제764조의 위헌 여부에 관한 헌법소원(일부위헌)〉 "양심의 자유에는 널리 사물의 시시비비나 선악과 같은 윤리적 판단에 국가가 개입해서는 안 되는 내심적 자유는 물론, 이와 같은 윤리적 판단을 국가권력에 의하여 외부에 표명하도록 강제받지 않을 자유 즉 윤리적 판단사항에 관한 침묵의 자유까지 포괄한다고 할 것이다. 이와 같이 해석하는 것이 다른 나라의 헌법과 달리 양심의 자유를 신앙의 자유와도 구별하고 사상의 자유에 포함시키지 않은 채 별개의 조항으로 독립시킨 우리 헌법의 취지에 부합할 것이다."(헌재 1991. 4. 1. 89헌마160 결정)

양심의 자유와 관련하여 구체적으로는 다음과 같은 것이 문제된다.

2) 침묵의 자유

① 침묵의 자유의 개념

224. 침묵의 자유의 개념

침묵의 자유는 형성된 양심을 언어로 외부에 표명하도록 강제되지 아니하는 자유이다. 통설과 헌법재판소는 양심 및 사상의 자유에 침묵의 자유가 포함되어 있는 것으로 본다.

이러한 전향제도에 대하여 한상범, 신앙·양심의 자유와 일제잔재문제, 월간고시(1992년 10월), 74쪽 이하는 "전향제도는 권력기관에 의한 사상·양심의 개조랄까 정치신조의 포기를 강제하는 것이기 때문에 사상의 자유에 대한 난폭한 유린"(81쪽)이라고 하며, 다른 곳에서는 국가보안법의 이적적 표현행위에 대한 처벌조항(제7조)이 사상·양심의 자유를 억제하는 악법조항이라는 이유를 다음과 같이 간추리고 있다. "먼저 국가(권력)가 사상·신조의 심판자로 임함으로써 권력이 내심이나 세계관에 간섭·침해하여 자유를 유린하게 된다. 다음으로 정치적 반대파를 탄압하는 구실로 표현행위가 비위에 거슬리면 단속한다. 이는 보안법의 가장 심각한 문제이다. 세 번째로 보안법의 각 조항은 아무리 헌법재판소가 '한정합헌'(1990년 4월 2일자 국가보안법 제7조에 대한 한정합헌 결정. 89헌마113을 가리킴 — 저자)의 법리를 내세워도 악용될 수 있고 실제로 각 조항에 따라서는 남용의 소지가 많다. 특히 법조문이 모호하거나 막연한 추상규정이기 때문에 얼마든지 확대해석으로 남용될 수 있다. 그 밖에 보안법은 남북교류시대의 현실에 맞지 않고 있다. 나아가서 불고지죄와 같은 윤리성을 의심하게 되는 조문까지도 있다"(83쪽).

판례 〈보안관찰법 제 2 조 등 위헌소원(합헌)〉 "양심의 자유에는 널리 사물의 시시비비나 선악과 같은 윤리적 판단에 국가가 개입해서는 아니 되는 내심적 자유는 물론 이와 같은 윤리적 판단을 국가권력에 의하여 외부에 표명하도록 강제받지 아니할 자유까지 포괄한다. 이 법상의 보안관찰처분은 보안관찰처분대상자의 내심의 작용을 문제삼는 것이 아니라, 보안처분관찰대상자가 보안관찰해당범죄를 다시 저지를 위험성이 내심의 영역을 벗어나 외부에 표출되는 경우에 재범의 방지를 위하여 내려지는 특별예방적 목적의 처분이므로, 이 법상의 보안관찰처분이 양심의 자유를 보장한 헌법규정에 위반된다고 할 수 없다."(헌재 1997. 11. 27. 92헌바28 결정)

② 침묵의 자유와 묵비권의 구별

그러나 침묵의 자유는 사실에 관한 지식 또는 기술적 지식의 진술을 거부하는 자유까지를 포함하는 것은 아니다. 이 점에서 침묵의 자유는 형사소송법상의 묵비권과 구별된다. 따라서 소송법상 증인 또는 감정인에게 증언·감정할 것을 강제하는 것은 침묵의 자유를 침해하는 것이 아니다. 또한 신문기자의 취재원에 관한 진술거부권도 알고 있는 사실에 대한 진술거부인 점에서 양심의 자유의 한 내용인 침묵의 자유에 의하여 보장받지는 못한다.

225. 침묵의 자유와 묵비권의 구별

3) 양심의 자유와 사죄광고

① 사죄광고의 위헌 여부에 관한 학설

양심의 자유와 관련하여 사죄광고의 합헌성 여부가 문제된다. 이 문제와 관련하여 위헌설과 합헌설이 대립되어 있는데, 위헌설이 다수설이다. 위헌설은 단순한 사죄광고를 명하는 판결은 합헌이지만, 양심에 비추어 승복할 수 없다고 하는 경우에 판결을 강제집행하는 것은 양심의 자유를 침해하는 것으로 본다. 합헌설은 사죄광고의 강제는 헌법 제19조의 문제와 관계없기 때문에 합헌이라고 보며, 이 경우 세계관 등의 표명은 강제하는 것이 되는 것이 아니고, 단순히 가해자가 자기의사에 반하여 어쩔 수 없이 명령에 따르는 것에 지나지 않다고 한다. 하급심판결은 소수설과 견해를 같이 하나,[1] 헌법재판소는 다수설과 의견을 같이 한다.

226. 사죄광고의 위헌여부에 관한 학설

---

1) 서울민사지법은 불법행위의 원상회복처분으로서 사죄광고의 게재를 요구하는 것은 "그것이 단순히 사실의 진상을 밝히고 사과한다는 정도의 것인 이상 양심의 자유를 침해하는 것으로 볼 수 없다"(서울민사지법 1969. 6. 20. 68가1886 판결)고 하였다.

> **판례** 〈민법 제764조의 위헌 여부에 관한 헌법소원(일부위헌)〉 "민법 제764조의
> 명예회복에 적당한 처분에 사죄광고를 포함시켜 법원의 판결로 사죄광고를 명하
> 는 것은 타인의 명예를 훼손하여 비행을 저질렀다고 믿지 않는 자에게 본심에 반
> 하여 사죄의 의사표시를 강요하는 것이어서 양심도 아닌 것이 양심인 것처럼 표
> 현할 것의 강제로 인간양심의 왜곡과 굴절로서 침묵의 자유의 파생인 양심에 반
> 하는 행위의 강제금지에 저촉되는 것이며, 따라서 양심의 자유의 제약이고 인격
> 권에도 큰 위해가 된다."(헌재 1991. 4. 1. 89헌마160 결정)

② 사죄광고의 합헌성 여부에 관한 사건

227. 사죄광고의 합
헌성 여부에 관한 사
건: 양심의 자유를
침해하여 위헌

법원은 법률상의 의무가 되는 사항을 판결로써 명할 수는 있다. 그러나 사
죄의 표시는 행위자가 자신의 행위를 종교상, 도덕상 또는 신조상으로 잘못이라
고 판단한 후에만 가능하다. 따라서 개인에 대하여 그의 본심에 반한 사리의 시
비 또는 선악의 판단을 외부에 표시하게 하거나 본심에 없는 사과를 강제하는
것은 명백히 양심의 자유를 침해하는 것이라고 본다.

4) 良心의 自由와 執銃拒否 · 國旗에 대한 敬禮拒否

① 양심적 집총거부에 대한 학설

228. 양심적 집총거
부에 대한 학설

양심의 자유와 관련하여 양심적 집총거부와 국기에 대한 경례거부가 문제된
다. 양심적 집총거부와 관련하여 긍정설과 부정설이 대립되어 있다. 긍정설은
집총이 자신의 양심상의 절대악이라고 판단되어 거부할 때에 그 양심결정은 양
심의 자유에 의하여 보호되어야 한다고 본다. 부정설은 실정법상 명문규정이 없
고 헌법상 국방의무가 있다는 이유로 부정한다.

② 양심적 집총거부에 대한 각국 판례의 입장

229. 양심적 집총거
부에 대한 각국 판례
의 입장

우리 대법원은 부정설과 견해를 같이하고 있다. 미연방대법원은 전쟁일반이
아니라 특정전쟁, 예컨대 월남전쟁만을 반대하는 자에게는 양심적 병역거부를
부인하였고,[1] "누구도 양심에 반하여 집총병역을 강제받지 아니한다"는 명문규
정을 두고 있는 본기본법하에서도 독일연방헌법재판소는 "특정한 전쟁, 특정한
방식, 특정한 조건이나 특정한 무기로 하는 전쟁을 거부하는 상황조건부 병역거
부는 기본법 제 4 조 제 3 항에 의하여 보호되지 않는다"고 하여 상황조건부 병역
거부를 부인하고 있고,[2] 병역거부의 경우에는 대체의무를 사후적으로 부과하고

---

1) United States v. Gillete, 401 U.S. 437(1971).
2) BVerfGE 12, 45.

있으며, 대체의무에 대한 거부는 허용되지 않는 것으로 본다.[1]

> **판례** 종교의 교리를 내세워 법률이 규정한 병역의무를 거부하는 것과 같은 이른바 양심결정상의 자유는 헌법에서 보장한 종교와 양심의 자유에 속하는 것이 아니다.(대법원 1955. 12. 21. 55도894 판결)[2]

③ 양심적 집총거부에 대한 사견

그러나 이 문제는 양심적 집총거부라는 포괄적 문제로 다룰 것이 아니라, 전시나 준전시 또는 국가비상사태하에 사람을 죽이는 전제로서의 집총이냐 아니면 평화시에 단순한 병역의무이행의 일환으로서의 집총이냐를 구분해서 그 해결책을 달리하여야 할 것이다. 전자의 경우에는 양심상의 결정에 우위를 부여하는 것이 이상적이지만 현실적으로는 그것이 불가능할 것이다.[3] 그러나 후자의 경우에는 양심상의 결정이 후퇴되어야 할 것으로 생각된다.

230. 양심적 집총거부에 대한 사견

④ 양심의 자유와 국기에 대한 경례거부

국기에 대한 경례거부와 관련하여 우리 대법원은 국기에 대한 경례를 종교상의 우상숭배라 하여 거부한 학칙위반학생의 제적처분은 정당하다고 판시한 바 있다.[4] 미국의 판례는 국기에 대한 경례거부를 인정하고 있다.

231. 양심의 자유와 국기에 대한 경례거부

> **판례** "김해여자고등학교는 1950. 5. 16자 총제430호 국무총리의 국기에 대한 경례통첩과 이에 의한 문교부의 국기에 대한 예절에 관한 지시 및 1973년도 고등학교 학생교련교육 지침서에 따라 국기에 대한 예절은 '국기에 대한 경례'의 구령으로 시작되어 경례방법은 제복 제모를 착용한 학생들은 기수경례를 하도록 되어 있는데 위 학교의 학생인 원고들이 나라의 상징인 국기의 존엄성에 대한 경례를 우상숭배로 단정하고 그 경례를 거부한 것은 국기예절에 관한 위 학교의 교육방침에 위배되는 행위라고 보아 퇴학처분한 징계처분은 적법하다."(대법원 1976. 4. 27. 75누249 판결)

---

1) BVerfGE 19, 135(138); 27, 127(131ff.); 27, 191(202ff.) 참조.

2) 이 판결 이래 대법원의 일관된 입장.

3) 독일의 경우 전시에 양심상의 이유로 전투를 거부하는 문제에 대해서 H. J. Korte, *Der Kriegsdienstverweigernde Soldat*, Diss. Mainz 1972, S. 310은 부정적인 태도를 취하고 있다. 그러나 독일연방헌법재판소는 이 문제에 대하여 확실한 태도를 밝히지 않고 있다. BVerfGE 12, 45(57f.).

4) 대법원 1959. 12. 4. 4292형상625 판결. 또한 대법원 1976. 4. 27. 75누249 판결 참조.

5) 良心의 自由에 良心實現의 自由(양심활동의 적극적 자유)가 포함되는가

① 학   설

이 문제와 관련해서는 부정설, 긍정설, 절충설 등 견해의 대립이 있다. 부정설은 양심의 자유의 내용을 인간의 내면적 자유에 국한시켜 양심의 결정을 행동으로 표현하는 것을 제외한다. 긍정설은 양심실현의 자유가 양심의 자유에서 제외된다면 양심의 자유를 헌법상 보장하는 의의가 축소된다는 것을 이유로 널리 양심실현의 자유를 포함시킨다.[1] 절충설은 양심의 자유에 적극적 행동의 자유까지 포함되는 것은 아니지만 부작위에 의한 양심의 실현은 포함된다고 본다. 양심의 자유에 양심실현의 자유를 포함된다고 하는 긍정설이 국내 다수설의 입장이다.

232. 양심의 자유에
양심실현의 자유포함
여부에 대한 학설과
판례

② 판   례

헌법재판소는 양심을 실현하는 자유를 포함시키나,[2] 대법원은 보안사의 민간인정치사찰을 폭로하기 위한 양심선언을 위하여 부대를 빠져나간 경우를 군무이탈죄로 벌하고 있다.[3]

> **판례** "기록에 비추어 볼 때 원심이, 거시증거에 의하여 피고인의 위 이탈동기에 관하여 피고인이 위 분실에서 위 "혁노맹"사건 수사에 협조하면서 현실과 타협해 가는 자신의 모습에 대한 인간적인 좌절감과 동료에 대한 배신감을 만회하여야겠다는 생각 등으로 개인적으로는 도저히 더 이상의 부대생활을 할 수 없어 보안사의 민간인에 대한 정치사찰을 폭로한다는 명목으로 위 분실을 빠져 나가 부대를 이탈한 사실을 인정하고, 피고인이 이 사건 양심선언을 하기 위한 목적은 이 사건 군무이탈을 하게 된 여러 동기 가운데 하나를 이루는 데 불과하다고 판단한 것은 수긍할 수 있는바, 피고인이 군무를 기피할 목적으로 부대에서 이탈하였음이 위와 같이 인정되고 있는 이 사건에서 피고인의 군무이탈동기가 위 원심 판시와 같다면 그 동기나 목적, 부대이탈 후의 피고인의 행적 등 기록에 나타난 제반 사정에 비추어 볼 때 군무기피를 목적으로 한 피고인의 이 사건 부대이탈행위가 자기 또는 타인의 법익에 대한 현재의 부당한 침해를 방위하기 위한 행위로서 사회적으로 상당하여 형법 제21조에 정한 정당방위에 해당한다거나 같은 법 제20조에 정한 사회통념상 허용될 수 있는 정당행위에 해당한다고 볼 수는 없을 것이다."(대법원 1993. 6. 8. 93도766 판결)

---

1) 허영, 한국헌법론, 383쪽.
2) 헌재 1998. 7. 16. 96헌바35 결정.
3) 대법원 1993. 6. 8. 93도766 판결.

판례 〈구 국가보안법 제10조 위헌소원(합헌)〉 "헌법 제19조가 보호하고 있는 양심의 자유는 양심형성의 자유와 양심적 결정의 자유를 포함하는 내심적 자유 (forum internum)뿐만 아니라, 양심적 결정을 외부로 표현하고 실현할 수 있는 양심실현의 자유(forum externum)를 포함한다고 할 수 있다. 내심적 자유, 즉 양심형성의 자유와 양심적 결정의 자유는 내심에 머무르는 한 절대적 자유라고 할 수 있지만, 양심실현의 자유는 타인의 기본권이나 다른 헌법적 질서와 저촉되는 경우 헌법 제37조 제 2 항에 따라 국가안전보장·질서유지 또는 공공복리를 위하여 법률에 의하여 제한될 수 있는 상대적 자유라고 할 수 있다."(헌재 1998. 7. 16. 96헌바35 결정)

판례 〈병역법 제88조 제 1 항 제 1 호 위헌제청(합헌)〉 "(1) 개인이 법률에 의하여 양심실현의 자유를 침해당했다고 주장하는 경우는 법률이 국민 누구에게나 적용되는 법적 의무를 부과하면서 자신의 고유한 윤리적 갈등상황을 특별히 배려해주지 않는다는 것, 즉 개인의 양심상의 갈등상황을 고려하는 의무면제규정이나 대체의무규정과 같은 특례규정을 두고 있지 않다는 것을 문제삼는 경우이다. 국가가 양심실현의 자유를 보장하는가의 문제는 법공동체가 개인의 양심을 존중하는 방법을 통하여 양심상의 갈등을 덜어줄 가능성을 가지고 있는가의 여부에 관한 문제이다. 결국 양심실현의 자유의 보장문제는 '국가가 민주적 공동체의 다수결정과 달리 생각하고 달리 행동하고자 하는 소수의 국민을 어떻게 배려하는가'의 문제, 소수에 대한 국가적·사회적 관용의 문제이며, '국가가 자신의 존립과 법질서를 유지하면서도 또한 개인의 양심도 보호하는 대안을 제시할 수 있는가'의 문제, 소수에 대한 국가적·사회적 관용의 문제이며, '국가가 자신의 존립과 법질서를 유지하면서도 또한 개인의 양심도 보호하는 대안을 제시할 수 있는가'의 문제이다. 양심의 자유는 일차적으로 입법자에 대한 요청으로서 가능하면 양심의 자유가 보장될 수 있도록 법질서를 형성해야 할 의무를 부과하는 기본권이다. 법적 의무와 개인의 양심이 충돌하는 경우 법적 의무의 부과를 통하여 달성하고자 하는 공익의 실현과 법질서를 위태롭게 함이 없이 법적 의무를 대체하는 다른 가능성이나 법적 의무의 개별적 면제와 같은 대안을 제시함으로써 양심상의 갈등이 제거될 수 있다면, 입법자는 이와 같은 방법을 통하여 개인의 양심과 국가 법질서의 충돌가능성을 최소화해야 할 의무가 있다.

(2) 따라서 이 사건 법률조항이 양심의 자유를 침해하는지의 문제는 '입법자가 양심의 자유를 고려하는 예외규정을 두더라도 병역의무의 부과를 통하여 실현하려는 공익을 달성할 수 있는지'의 여부를 판단하는 문제이다. 입법자가 공익이나 법질서를 저해함이 없이 대안을 제시할 수 있음에도 대안을 제시하지 않는다면, 이는 일방적으로 양심의 자유에 대한 희생을 강요하는 것이 되어 위헌이라 할 수 있다. 그런데 양심의 자유를 주장하는 자에 대하여 아무런 대체의무의 부과 없이

국민 모두에게 적용되는 의무로부터 면제하는 것은 헌법상 허용되지 않는 특권을 부여하는 것과 같다. 그러므로 양심의 자유가 국민의 의무로부터의 예외를 요청한다면, 국가적 관용과 예외의 허용이 소수의 특권이 되지 않도록 국가는 가능하면 다른 대체의무의 부과를 통하여 이러한 불평등적 요소를 상쇄해야 한다. 병역의무와 관련하여 의무부과의 불평등적 요소를 가능하면 제거하면서도 개인의 양심을 고려하는 수단, 즉 양심과 병역의무라는 상충하는 법익을 이상적으로 조화시키는 방안으로서 대체적 민간복무제(이하 '대체복무제'라 한다)가 고려된다. 대체복무제란 양심적 병역거부자로 하여금 국가기관, 공공단체, 사회복지시설 등에서 공익적 업무에 종사케 함으로써 군복무를 갈음하는 제도를 말하는데, 현재 실제로 다수의 국가에서 헌법상 또는 법률상의 근거에 의하여 이 제도를 도입하여 병역의무와 양심 간의 갈등상황을 해결하고 있다.

(3) 그렇다면 이 사건 법률조항의 위헌여부는 '입법자가 대체복무제도의 도입을 통하여 병역의무에 대한 예외를 허용하더라도 국가안보란 공익을 효율적으로 달성할 수 있는지'에 관한 판단의 문제로 귀결된다."(헌재 2004. 8. 26. 2002헌가1 결정)

③ 사 견

233. 양심의 자유에 양심실현의 자유 포함여부에 대한 사견

개인적으로는 양심의 자유에는 양심실현의 자유가 포함되지 않는다고 생각한다. 그 이유는 두 가지로 간추릴 수 있다. 우선, 우리 헌법은 양심을 실현하는 여러 가지 기본권을 별도로 규정하고 있으며, 이러한 기본권들에 의하여 보호받지 못하는 양심의 표현은 거의 없으리라 생각된다.[1]

다음으로, 양심실현의 자유를 인정하여 서로 다른 양심을 가진 사람들이 제각기 양심상의 결정을 적극적으로 표명하고 실현하는 경우 다른 법익과 충돌할 수 있고 타인의 권리를 침해할 수도 있다. 그러한 일이 극단으로 치닫는 경우 초개인적인 객관적 질서 대신에 우리 헌법의 인간상과 그에 기초한 인격주의에 반하며 우리 헌법이 추구하는 것과는 반대되는 주관주의가 원칙으로 되고 '유아주의'(唯我主義, Solipsismus)와 무정부상태가 나타날 수도 있다.[2] 그렇게 되면 양

---

1) 다음과 같은 설명도 같은 취지로 이해된다. "개인의 양심은 다양한 형태로 실현될 수 있다. 중요한 것은 어떤 경우이든 양심의 실현은 다른 기본권에 의해 보호되는 영역과 중첩되고 있다는 것이다. 이렇게 볼 때, 양심실현의 자유를 인정하는 것은 항상 다른 기본권과 경합된다. 즉 모든 개별 기본권 자체가 양심에 따른 기본권행사를 전제하는 것으로 이해될 수 있기 때문이다. 따라서 양심실현의 자유를 별도로 인정하는 것은 실익이 없다"(장영수, 헌법학, 652쪽).

2) R. Zippelius, *Bonner Kommentar*, Rdnr. 45.
"신앙의 자유와 양심의 자유 그리고 종교적 고백의 자유와 세계관적 고백의 자유는 불가침이다"(본기본법 제4조 제1항)라고 규정하고 있는 독일에서도 양심의 자유에 양심실

심실현의 자유는 본래의 취지대로 보장될 수 없을 것이고, 양심의 자유의 빈틈 없는 보호를 위해서 양심실현의 자유를 보장해야 한다는 주장과는 반대로 오히려 양심결정의 자유와 양심유지의 자유마저도 위태로워질 수 있다.

5. 良心의 自由의 效力

양심의 자유에는 대국가적 효력과 간접적 대사인적 효력이 인정된다.

234. 양심의 자유의 효력

현의 자유가 포함되는가에 대하여 긍정설과 부정설이 대립되어 있다. 긍정설은 양심의 자유에 양심실현의 자유가 포함되지 않는다면 양심의 자유는 공전(空轉, leerlaufend)될 것이라고 한다. 긍정설은 '내심영역'(forum internum)에 대해서는 보호가 필요없다는 N. Luhman, Die Gewissensfreiheit und das Gewissen, AöR 90(1965), S. 257ff.(258)과 내심영역에 한정된 양심의 자유는 합리적인 의미를 가질 수 없을 것이라는 E. Stein, *Gewissensfreiheit in der Demokratie*, 1971, S. 51 및 I. v. Münch, in: I. v. Münch, *Grundgesetz-Kommentar*, Rdnr. 22, 27 Zu Art. 4; U. Preuß, in: *Kommentar zum Grundgesetz für die Bundesrepublik Deutschaland*(Reihe Alternativkommentare), Art. 4 Abs. 1, 2, Rdnr. 41; E.-W. Böckenförde, Das Recht der Gewissensfreiheit, VVDStRL Heft 28(1970), S. 51 등에 의하여 주장되고 있다.

그에 반하여 부정설은 R. Zippelius, *Bonner Kommentar*, Rdnr. 44("Sollten mit der Glaubens-und Gewissensfreiheit grundsätzlich-vorbehaltlich immanenter Grundrechtsschranken-alle Verwirklichunen der Glaubens-und Gewissensentscheidungen gewährleistet sein, dann wären die in Art. 4 aufgeführten Betätigungsformen (Bekenntnis, Religionsausübung, Kriegsdienstverweigerung) bloße Spezifizierungen jener generellen Freiheit, die im Grunde entbehrlich wären"); R. Thoma, Über die Grundrechte im Grundgesetz für die Bundesrepublik Deutschland, in: H. Wanderleb(Hrsg.), *Recht, Staat, Wirtschaft*, Bd. 3, 1951, S. 9(18f.); R. Herzog, in: Maunz/Dürig/Herzog/Scholz, *Grundgesetz-Kommentar*, Rdnr. 66 zu Art. 4(이 부분은 한수웅, 헌법 제19조의 양심의 자유, 헌법논총 제12집 (2001), 387쪽 이하, 405쪽 (각주 32)는 "홍성방, 양심의 자유, 고시연구 2000. 1., 주 38) 에서 양심의 자유의 보호를 행위영역에 확대하는 것을 부정하는 학자로서 Böckenförde 교수와 Zippelius 교수를 들고 있으나, Böckenförde 교수는 처음부터 이를 긍정하였고, Zippelius 교수는 BK Art. 4 Rn. 44f., 57에서 그의 견해를 변경하였다고 볼 수 있다"는 지적을 토대로 하여 재검토된 부분이다.); G. V. Freihalter, *Gewissensfreiheit*, 1973, S. 131ff. 및 본기본법 제4조 제2항은 명시적으로 종교행사를 방해받지 않을 자유를 규정하고 있기 때문에 그에 대한 반대해석으로 양심의 자유는 양심실현의 자유를 보장하고 있지 않다고 주장하는 J. A. Frowein, Diskussionsbeitrag, *VVDStRL* Heft 28(1970), S. 139 등에 의하여 주장되고 있다. 독일연방헌법재판소는 양심의 자유에 양심실현의 자유가 포함되는 것으로 이해하고 있다. BVerfGE 12, 1(3f.); 12, 45(53f.); 24, 236(245); 32, 98(106); 33, 23(28) 등 참조.

6. 良心의 自由의 限界 및 制限

(1) 學 說

235. 양심의 자유의
한계 및 제한에 대한
학설

양심의 자유가 어떠한 경우에 어느 정도로 보장되는가에 관해서는 내재적
한계설, 절대적 보장설, 내면적 무한계설 등 세 가지 견해가 나뉘어 있다. 내재
적 한계설은 양심이 외부에 표명되지 아니하고 내심의 작용으로 머물러 있는 경
우에도 일정한 제한이 따른다고 한다. 절대적 보장설은 양심이 내심의 작용으로
머물러 있는 경우는 물론 외부에 표명되는 경우에도 제한을 받지 않는다고 한
다. 내면적 무한계설은 양심이 외부에 표명되면 일정한 제한에 따르지만, 내심
의 작용으로 머물러 있는 이상 제한을 받지 않는다고 한다. 내면적 무한계설이
국내 다수설의 입장이다.

판례 "헌법이 보장한 양심의 자유는 정신적인 자유로서 어떠한 사상·감정을
가지고 있더라도 그것이 내심에 머무르는 한 절대적인 자유이므로 제한할 수 없
는 것이다."(대법원 1984. 1. 24. 83누163 판결)

판례 "헌법이 보장하는 양심의 자유는 정신적인 자유로서 어떠한 사상·감정을
가지고 있더라도 그것이 내심에 머무르는 한 절대적인 자유이므로 제한할 수 없
는 것이나, 그와 같은 내심의 사상을 문제로 삼는 것이 아니라 보안처분 대상자
가 지니고 있는 공산주의 사상은 그의 경력·전과내용·출소후의 제반 행상 등에
비추어 그 내심의 영역을 벗어나 현저한 반사회성의 징표를 나타내고 있다고 볼
때, 구 사회안전법(1989. 6. 16. 법률 제4132호에 의해 '보안관찰법'이란 명칭으로
전문개정되기 전의 것) 제7조 제1호가 보안처분의 면제요건으로 '반공정신이
확립되었을 것'을 규정하고 있다거나 보안처분기간의 갱신 여부를 결정함에 있어
처분 대상자의 신념이나 사상을 신문하고 전향의 의사를 확인하는 것은 그 대상
자가 같은 법 제6조 제1항 소정의 '죄를 다시 범할 현저한 위험성'의 유무를
판단하기 위한 자료를 수집하는 과정에 불과할 뿐 전향의 의사를 강요하는 것
이 아니므로 이를 두고 양심의 자유를 보장한 헌법규정에 반한다고 볼 수 없다."
(대법원 1997. 6. 13. 96다56115 판결)

판례 〈보안관찰법 제2조 등 위헌소원(합헌, 각하)〉 "헌법이 보장한 양심의 자
유는 정신적인 자유로서 어떠한 사상·감정을 가지고 있다고 하더라도 그것이 내
심에 머무르는 한 절대적인 자유이므로 제한할 수 없는 것이나, 보안관찰법상의

보안관찰처분은 보안관찰처분대상자의 내심의 작용을 문제삼는 것이 아니라, 보안관찰처분대상자가 보안관찰해당범죄를 다시 저지를 위험성이 내심의 영역을 벗어나 외부에 표출되는 경우에 재범의 방지를 위하여 내려지는 특별예방적 목적의 처분이므로, 양심의 자유를 보장한 헌법규정에 위반된다고 할 수 없다."(헌재 1997. 11. 27. 92헌바28 결정)

(2) 私　見

1) 내재적 한계에 따른 제한

양심형성의 자유와 양심유지의 자유 중 침묵의 자유 및 양심추지금지는 인간의 내면적 정신에 한정된 문제로서 제한될 수 없는 절대적 자유에 속한다.[1] 이러한 절대적 자유는 내재적 한계의 일반이론에 따라 제한된다. 구체적으로는 타인의 생명, 건강, 양심의 자유, 신앙의 자유, 언론의 자유 등이 양심의 자유의 내재적 한계로 이야기될 수 있을 것이다.[2]

236. 양심의 자유, 양심추지의 금지: 내재적 한계의 이론에 따라 제한

판례 "헌법이 보장한 양심의 자유는 정신적인 자유로서 어떠한 사상·감정을 가지고 있더라도 그것이 내심에 머무르는 한 절대적인 자유이므로 제한할 수 없는 것이나, 그와 같은 내심의 사상을 문제삼은 것이 아니라, 보안처분대상자가 그동안 반국가단체에 관여한 경력과 그로 인한 전과내용·출소 후의 제반행상 등에 비추어 그가 가지고 있는 공산주의사상은 내심의 영역을 벗어나 현저한 반사회성의 징표를 나타내고 있다고 보아, 이를 사회안전법 소정의 특정범죄를 다시 범할 위험성여부에 관한 판단의 자유로 삼은 것에 불과한 경우에는 그러한 판단

---

1) 이에 대하여 한수웅, 헌법학, 706쪽은 양심의 자유는 양심실현의 자유를 포함하며, 양심실현의 자유는 헌법이 개인의 양심과 관련하여 보장하고자 하는 '핵심적 영역'이라고 한다. 일반적으로 기본권의 내용과 관련하여 '핵심적'이라는 말은 '본질적'이라는 말과 동일시된다. 그렇다면 이 표현은 양심실현의 자유는 양심의 자유의 본질적 내용으로서 제한될 수 없다는 이야기가 될 것이다.

그렇기 때문에 이러한 주장을 하는 학자는 "비례의 원칙을 통하여 기본권제한의 정도와 한계를 확정하려는 작업은 양심의 자유의 본질에 비추어 독특한 형태를 가진다. 양심의 자유의 경우에는 법익교량을 통하여 양심의 자유와 공익을 조화와 균형의 상태로 이루어 양 법익을 함께 실현하는 것이 아니라, 단지 '양심의 자유'와 '공익' 중 양자택일, 즉 양심에 반하는 작위나 부작위를 법질서에 의하여 '강요받는지 아니면 강요받지 않는지'의 문제가 있을 뿐이다"(709쪽)라고 하고 헌법적 질서의 일부분으로서 양심실현의 자유의 보장문제를 법익교량의 특수성과 양심실현의 자유의 (구현)방법을 양심의 갈등을 해소할 수 있는 대안의 존부, 양심의 자유를 고려해야 할 입법자의 의무, 양심의 자유를 고려해야 할 법적용기관의 의무의 순으로 서술하면서 대단히 많은 양의 지면을 할애하고 있다(708-716쪽).

2) 예컨대 Th. Maunz/R. Zippelius, *Deutsches Staatsrecht*, S. 190f.

이 양심의 자유를 보장한 헌법규정에 위반된다고 할 수 없다."(대법원 1984. 1. 24. 83누163 판결)

2) 법률에 의한 제한과 계엄 및 긴급명령에 의한 제한

237. 양심 및 사상에 반하는 행위를 강요 당하지 않을 자유: 헌법 제37조 2항과 계엄 및 긴급명령에 따라 제한가능

그러나 양심 및 사상에 반하는 행위를 강요당하지 않을 자유는 제37조 제2항과 계엄 및 긴급명령에 따라 제한이 가능하다고 생각한다.

> **판례** 사상의 자유도 그것이 순수한 내심의 상태에서 벗어나 반국가단체를 이롭게 하는 외부적인 형태로 나타난 경우에는 그 한계를 넘은 것이다.(대법원 1986. 11. 11. 86도1786 판결)

> **판례** 양심의 자유는 헌법이 보장하는 기본적 권리이긴 하나 무제한적인 것이 아니기 때문에 헌법 제37조 제2항에 의하여 국가안전보장·질서유지 또는 공공복리를 위하여 필요한 경우에는 양심의 자유의 본질적 내용을 침해하지 않는 한도 내에서 제한할 수 있다.(대법원 1993. 9. 28. 93도1730 판결)

> **판례** 〈구 국가보안법 제10조 위헌소원(합헌)〉 "헌법 제19조가 보호하고 있는 양심의 자유는 양심형성의 자유와 양심적 결정의 자유를 포함하는 내심적 자유(forum internum)뿐만 아니라, 양심적 결정을 외부로 표현하고 실현할 수 있는 양심실현의 자유(forum exterium)를 포함한다고 할 수 있다. 내심적 자유, 즉 양심형성의 자유와 양심적 결정의 자유는 내심에 머무르는 한 절대적 자유라고 할 수 있지만, 양심실현의 자유는 타인의 기본권이나 다른 헌법적 질서와 저촉되는 경우 헌법 제37조 제2항에 따라 국가안전보장·질서유지 또는 공공복리를 위하여 법률에 의하여 제한될 수 있는 상대적 자유라고 할 수 있다."(헌재 1998. 7. 16. 96헌바35 결정)

> **판례** 〈병역법 제88조 제1항 제1호 위헌심판(합헌)〉 "양심의 자유의 경우 비례의 원칙을 통하여 양심의 자유를 공익과 교량하고 공익을 실현하기 위하여 양심을 상대화하는 것은 양심의 자유의 본질과 부합될 수 없다. 양심상의 결정이 법익교량 과정에서 공익에 부합하는 상태로 축소되거나 그 내용에 있어서 왜곡·굴절된다면, 이는 이미 '양심'이 아니다. … 따라서 양심의 자유의 경우에는 법익교량을 통하여 양심의 자유와 공익을 조화와 균형의 상태로 이루어 양 법익을 함께 실현하는 것이 아니라, 단지 '양심의 자유'와 '공익' 중 양자택일, 즉 양심에 반하는 작위나 부작위를 법질서에 의하여 '강요받는가 아니면 강요받지 않는가'의 문제가 있을 뿐이다."(헌재 2004. 8. 26. 2002헌가1 결정)

그러나 이 자유는 다른 어떤 자유보다 더욱 순수한 내심의 자유이기 때문에 국가기관이 적극적으로 제한을 가한다면 이 자유는 무의미해지게 된다. 따라서 이 자유에 대한 국가권력의 관여는 불가피한 최소한에 그쳐야만 한다. 그러한 한에서 이 자유에 대한 제한은 국가안전보장이나 질서유지라는 소극적 목적을 위해서만 가능하고, 공공복리라는 적극적 목적의 실현을 위해서는 가능하지 않다고 본다. 그리고 국가안전보장과 질서유지를 위하여 이 자유를 제한하는 경우에도 그 성질에 비추어 개별적·구체적으로 제한의 가능성과 범위를 결정해야 하지만, 다른 정신적 자유보다도 한층 협소하여야 할 것이다.

> **판례** "일기란 작성자가 보고 듣고 느낀 자기의 생활체험을 자신만이 간직하기 위해서 작성되는 자신의 생활기록으로, 원래가 작성자 자신에 대한 것이고 타인에 대하여 작성되는 것이 아니므로, 특히 작성자가 타인에게 보이기 위하여 또는 타인이 볼 수 있는 상황하에서 작성하였다는 등의 특별한 사정이 있거나 혹은 작성된 일기를 일부러 타인이 인식할 수 있는 상태에 놓는 등 어느 정도 외부와의 관련사항이 수반되는 등의 특별한 사정이 없는 한 그 내용이 반공법 제4조 제1항에 해당되는 사실이라고 하더라도 처벌할 수 없다."(대법원 1975. 12. 9. 73도3392 판결)

第 9 節　宗敎의 自由

1. 憲法規定 및 沿革

헌법 제20조는 "① 모든 국민은 종교의 자유를 가진다. ② 국교는 인정되지 아니하며, 종교와 정치는 분리된다"고 하여 종교의 자유와 정교분리를 규정하고 있다.

종교의 자유는 1647/1649년 영국의 '인민협약'(Agreement of the People)에서 최초로 규정된 것으로 알려져 있다.

238. 종교의 자유에 대한 헌법규정 — 헌법 제20조

239. 종교의 자유의 연혁

2. 宗敎의 自由의 法的 性格

240. 종교의 자유의
법적 성격

　　종교의 자유는 일차적으로 국민에게 소극적 지위를 보장하는 주관적 공권으로서 국가권력에 대한 개인의 방어권이다. 따라서 국가가 인간의 종교적 영역에 간섭·금지하는 것은 허용되지 않는다. 그 밖에도 종교의 자유는 객관적 가치결정을 포함하고 있는 객관적 법규범이기도 하다. 또한 종교의 자유는 행복추구권에 대하여 특별법적 지위를 가진다.

　　정교분리는 제도적 보장이다(통설). 그러나 국교의 부인과 정교분리를 실질적 권력분립으로 보는 학자도 있다(Kägi).

3. 宗敎의 自由의 主體

241. 종교의 자유의
주체

　　종교의 자유는 자연인에게 주체성이 인정된다. 그러나 미성년자의 종교의 자유의 주체성 여부는 해당 미성년자의 정신적 성숙도와 부모의 친권(교육권)을 함께 고려하여 결정되어야 한다. 종교단체에는 선교와 예배의 자유에 대한 주체성이 인정된다.

4. 宗敎의 自由의 內容

(1) 宗敎의 槪念

242. 종교의 자유의
개념

　　종교란 신과 피안의 세계에 대한 우주관적(형이상학적) 확신을 의미한다.[1] 종교는 신과 피안과 관련된다는 점에서 그렇지 않은 사상과 구별된다. 또한 종교는 초과학적이라는 점에서 비과학적인 미신과는 구별된다. 또한 종교는 신앙적 양심의 표현으로서 신앙 이외의 것까지를 포함하는 양심보다는 좁은 개념이다.[2]

---

1) BVerfGE 12, 54 참조.
2) 허영, 한국헌법론, 389쪽은 "또 인간의 양심이 신앙적인 색체를 띨 때, 그것은 종교적인 양심이라고 볼 수 있지만 순수한 양심은 옳고 바른 것을 추구하는 윤리적·도덕적 마음가짐을 뜻하기 때문에 신과 피안에 대한 내적인 확신을 그 내용으로 하는 종교와는 다르다"고 하여 종교와 양심을 구별한다. 그러나 종교와 양심은 모두 의무부과를 그 주요내용으로 한다는 점에서 같은 면이 있으며, 종교를 갖지 않은 사람도 종교가 명하는 교리상의 의무와 상관 없이 양심으로부터 우러나오는 의무감을 느낀다는 점에서 양심은 종교보다는 넓은 개념으로 이해하고, 종교는 양심의 특수한 형태로 이해하는 것이 설득력 있다고 생각한다.

(2) 宗教의 自由의 內容

243. 종교의 자유의 내용

종교의 자유는 신앙의 자유, 종교적 행위의 자유, 종교적 결사·집회의 자유, 종교교육의 자유를 내용으로 하며, 적극적인 측면과 소극적인 측면을 모두 포함한다. 신앙의 자유는 종교에 관한 일체의 내심작용을 보호한다. 따라서 신앙의 자유는 구체적으로는 신앙선택의 자유, 신앙변경의 자유, 신앙고백의 자유 및 무신앙의 자유를 포함한다. 종교적 행위의 자유는 종교의식과 종교선전의 자유를 말한다. 종교적 결사의 자유는 헌법 제21조의 집회·결사의 자유에 대하여 특별법적 지위를 가지며 일반적 집회·결사보다 한층 더 광범위한 보호를 받는다. 따라서 「집회 및 시위에 관한 법률」은 종교집회에 대하여는 옥외집회 및 시위의 신고제 등의 규정을 적용하지 않는다고 명시하고 있다(법 제13조). 종교의 자유는 종교교육의 자유를 포함한다. 따라서 사립학교에서의 종교교육은 허용되며, 방해받지 아니한다. 국·공립학교에서는 일반적인 종교교육은 허용되나, 특정의 종교교육은 금지된다(교육법 제6조 제2항).

판례 "정식절차를 밟은 위임목사가 아닌 자가 당회의 결의에 반하여 설교와 예배 인도를 한 경우라 할지라도 그가 그 교파의 교사로서 그 교의를 신봉하는 신도 약 350여 명 앞에서 그 교지에 따라 설교와 예배인도를 한 것이라면 다른 특별한 사정이 없는 한 그 설교와 예배인도는 형법상 보호를 받을 가치가 있고 이러한 설교와 예배인도의 평온한 수행에 지장을 주는 행위를 하면 형법 제158조의 설교 또는 예배방해죄가 성립한다."(대법원 1971. 9. 28. 71도1465 판결)·

또한 허영, 한국헌법론, 389쪽은 "결국 종교의 자유는 절대자에 대한 귀의 또는 신과 피안에 대한 내적인 확신의 자유이기 때문에 기본권의 역사상 가장 오래된 기본권에 속한다"고 하고 있다. 물론 종교의 자유와 양심의 자유는 역사적으로는 '원기본권'(Urgrundrechte)으로, 철학적으로는 '핵심기본권'(Schüsselgrundrechte)으로 그리고 정치적으로는 국가와 사회의 상태를 "점검하는 기본권"(Testgrundrechte)으로 이해되기도 한다. A. Katz, Staatsrecht, S. 330 참조. 저자는 무엇이 가장 오래된 기본권인가에 대해서는 다른 곳에서 이야기한 바 있다. 따라서 허영, 한국헌법론, 389쪽의 주장이 기본권을 어떻게 이해하는가는 별개의 문제로 치더라도 이러한 주장이 양심의 자유와 종교의 자유를 구별하는 부분에서 이야기되고 있기 때문에, 곧 양심의 자유보다 종교의 자유가 더 먼저 문제되었다는 주장으로 이해되기 때문에, 다음과 같은 P. Badura, Staatsrecht, S. 111f.의 생각을 소개하는 것이 필요하리라고 생각된다. "도덕적 심급(審級 Instanz)으로서의 양심은 한계상황에서 강제적 척도로, 곧 도덕적 가치와 의무의 '최후의 공리'(nicht weiter auflösbares Axiom)로서 또는 자신의 '정체성'(Identität)을 인격적으로 근거짓는 기초로서 개인적으로 경험될 수 있다. 양심은 그리스도 이전 세계의 '윤리학'(Sittenlehre)에서 이미 이러한 의미로 인식되었고 그 후 그리스도교의 '도덕론'(Morallehre)에서 인정받았으며, 결국에는 르네상스 이후 근대의 개인주의에서 공권력과 또한 교회와 갈등상황에 처한 경우 우위를 주장하는 개인적 결정원리로 효력을 가지게 되었다."

판례 "가. 소위 권징재판은 원고와 같은 종교단체가 그 교리를 확립하고 단체 및 신앙상의 질서를 유지하기 위하여 목사 등 교역자나 교인에게 그 헌법 소정의 범죄(종교상의 비위)가 있는 경우에 종교상의 방법에 따라 징계제재하는 종교단체 내부에서의 규제에 지나지 아니하고 그것이 교직자나 교인개인의 특정한 권리의무에 관한 법률관계를 규율하는 것이 아님이 명백하므로 그 재판기관에서 한 권징재판 자체는 소위 법률상의 쟁송의 대상이 될 수 없다.

　　나. 교회 대표자의 지위에 관하여 소송상 그 대표권을 부인하면서 그 전제로 권징재판의 무효를 다투고 있는 경우에 있어서는 그 유·무효를 가려 보아야 할 것인데 이때에 있어서도 그 권징재판이 교회헌법에 정한 적법한 재판기관에서 내려진 것이 아니라는 등 특별한 사정이 없는 한 교회헌법 규정에 따라 다툴 수 없는 이른바 확정된 권징재판을 무효라고 단정할 수 없다."(대법원 1984. 7. 24. 83다카2065 판결)

판례 종교교육 및 종교지도자 양성은 구헌법(1980년 헌법) 제19조에 규정된 종교의 자유의 한 내용으로서 보장되지만, 그것이 학교라는 교육기관의 형태를 취할 때에는 교육기관 등을 정비하여 국민의 교육을 받을 권리를 실질적으로 보장하고자 하는 교육제도 등에 관한 법률주의에 관한 위 헌법 제29조 제1항·제6항의 규정 및 이에 기한 교육법상의 각 규정들에 의한 규제를 받게 된다.(대법원 1989. 9. 26. 87도519 판결. 또한 대법원 1992. 12. 22. 92도1742 판결 참조)

판례 "종교의 자유에는 자기가 신봉하는 종교를 선전하고 새로운 신자를 규합하기 위한 선교의 자유가 포함되는바, 종교적 선전, 타종교에 대한 비판 등은 동시에 표현의 자유의 보호대상이 되는 것이나, 그 경우 종교의 자유에 관한 헌법 제20조 제1항은 표현의 자유에 관한 헌법 제21조 제1항에 대하여 특별규정의 성격을 갖는다 할 것이므로 종교적 목적을 위한 언론·출판의 경우에는 그 밖의 일반적인 언론·출판에 비하여 보다 고도의 보장을 받게 된다. … 다른 종교나 종교집단을 비판할 권리는 최대한 보장받아야 할 것인데, 그로 인하여 타인의 명예 등 인격권을 침해하는 경우에 종교의 자유보장과 개인의 명예보호라는 두 법익을 어떻게 조정할 것인지는, 그 비판행위로 얻어지는 이익, 가치와 공표가 이루어진 범위의 광협, 그 표현방법 등 그 비판행위 자체에 관한 제반사정을 감안함과 동시에 그 비판에 의하여 훼손되거나 훼손될 수 있는 타인의 명예침해의 정도를 비교·고려하여 결정하여야 한다."(대법원 1996. 9. 6. 96다19246 판결)

> **판례** "어느 교단이 그 산하 단체로 하여금 다른 교단 소속 목사의 주장의 이단성 여부에 관해 연구하게 한 후 그 결과를 책자에 게재하여 배포한 경우, 비록 그 공표 내용 중에 그 목사의 교리와 주장을 비판하고 그 명예를 침해하는 내용이 포함되어 있다고 할지라도, 이는 신앙의 본질적 내용으로서 최대한 보장받아야 할 종교적 비판의 표현 행위로서 그 안에 다소 과장되거나 부적절한 표현이 있다 하더라도 중요한 부분에 있어서 진실에 합치할 뿐만 아니라 자기 교단의 교리 보호와 그 산하 지도자들 및 신자들의 신앙 보호를 위하여 주로 그들을 상대로 주의를 촉구하는 취지에서 공표한 것이므로 위법성이 없다."(대법원 1997. 8. 29. 97다19755 판결)

> **판례** "사립대학은 종교교육 내지 종교선전을 위하여 학생들의 신앙을 가지지 않을 자유를 침해하지 않는 범위 내에서 학생들로 하여금 일정한 내용의 종교교육을 받을 것을 졸업요건으로 하는 학칙을 제정할 수 있다."(대법원 1998. 11. 10. 96다37268 판결)

(3) 政敎分離의 原則

1) 개   념

정교분리의 원칙이란 국가는 국민의 세속적인 생활에만 관여하고 국민의 신앙생활은 국민의 자율에 맡겨 개입하지 않는다는 원칙이다. 곧 정교분리의 원칙이란 국가의 종교적 중립성을 의미한다.

244. 정교분리원칙의 개념

2) 내   용

정교분리원칙은 국교의 부인, 국가에 의한 종교교육·종교활동의 금지, 종교의 정치관여금지·정치의 종교간섭금지 및 국가에 의한 특정종교우대와 차별금지를 그 내용으로 한다.

245. 정교분리원칙의 내용

종교의 자유는 반드시 국교의 부인을 필연적으로 포함하지는 않는다. 예컨대 그 나라에 특유한 사정 때문에 국교를 가지고 있는 영국, 스페인, 포르투갈과 같은 국가에서도 종교의 자유는 인정되고 있다. 그러나 종교의 자유를 명실상부하게 보장하기 위해서는 국교는 부인되어야 한다. 왜냐하면 국교제도는 국가의 종교화 또는 정치와 종교의 결합을 가져오며, 그렇게 되면 특정종교를 우대하고 다른 종교에 불이익을 가하는 등 종교평등의 원칙이 무의미해지기 때문이다. 또한 종교의 자유는 역사적으로는 국교에 대한 반항과 투쟁의 결과로 쟁취된 것이었다.

　　종교가 정치에 간섭하거나 종교단체가 정치활동을 하는 것은 정교분리의 원칙상 인정되지 않는다. 그러나 신자가 소속종교단체의 통제나 지시를 받음이 없이 개인적 차원에서 정치활동을 하거나 소속종교단체와는 별도로 같은 종교를 믿는 신자들이 결사를 조직하여 정치활동을 하는 것은 허용된다.

　　마지막으로, 정교분리의 원칙상 국가는 특정종교를 우대하거나 차별할 수 없다. 모든 종교에 대하여 동일한 재정적 지원을 하는 것도 무종교의 자유를 고려할 때 부당한 대우에 해당된다.

판례 "공군참모총장이 전 공군을 지휘·감독할 지위에서 수하의 장병들을 상대로 단결심의 함양과 조직의 유지·관리를 위하여 계몽적인 차원에서 군종장교로 하여금 교계에 널리 알려진 특정 종교에 대한 비판적 정보를 담은 책자를 발행·배포하게 한 행위가 특별한 사정이 없는 한 정교분리의 원칙에 위반하는 위법한 직무집행에 해당하지 않는다."(대법원 2007. 4. 26. 2006다87903 판결)

판례 "오늘날 종교적인 의식 또는 행사가 사회공동체의 문화적인 현상으로 자리 잡고 있으므로 어떤 의식, 행사, 유형물 등이 비록 종교적인 의식, 행사 또는 상징에서 유래되었다고 하더라도 그것이 이미 우리 사회공동체 구성원들 사이에서 관습화된 문화요소로 인식되고 받아들여질 정도에 이르렀다면, 이는 정교분리원칙이 적용되는 종교의 영역이 아니라 헌법적 보호가치를 지닌 문화의 의미를 갖게 된다. 그러므로 이와 같이 이미 문화적 가치로 성숙한 종교적인 의식, 행사, 유형물에 대한 국가 등의 지원은 일정 범위 내에서 전통문화의 계승·발전이라는 문화국가원리에 부합하며 정교분리원칙에 위배되지 않는다."(대법원 2009. 5. 28. 2008두16933 판결)

판례 〈「기반시설 부담금에 관한 법률」 제8조 제1항 등 위헌소원 등(합헌, 각하)〉 "국가가 오로지 종교만을 이유로 일반적이고 중립적인 법률에 따른 의무를 면제하거나 부과하는 입법을 한다면, 그러한 법률의 주요한 효과는 종교를 장려하거나 금지하는 것이 될 것이어서 헌법 제20조 제2항과 배치된다. 모든 종교를 동등하게 보호하거나 우대하는 조치도 무종교의 자유를 고려하면 헌법이 규정하고 있는 종교와 정치의 분리원칙에 어긋난다."(헌재 2010. 2. 25. 2007헌바131 등 병합결정)

5. 宗敎의 自由의 效力

종교의 자유에는 대국가적 효력과 간접적 대사인적 효력이 인정된다. 그러나 교단이 그 구성원에 대하여 교단의 교율(敎律)에 따르게 하거나 합법적인 한계 내에서 교율위반에 대하여 징계권을 행사하는 것은 허용된다.

246. 종교의 자유의 효력

판례 "피고(기독교 대한성결교회)의 장로면직 및 출교처분이 종교단체의 교리를 확립하고 단체 및 신앙상의 질서를 유지하기 위하여 교인으로서 비위가 있는 자에게 종교적인 방법으로 징계·제재한 종교단체 내의 규제에 불과하고 그것이 교인 개개인의 특정한 권리·의무에 관계되는 법률관계를 규율하는 것이라고 볼 수 없다면 확인소송의 대상이 될 수 없고 이 같은 판단은 평등권 등의 헌법상 규정에 위배되지 아니한다."(대법원 1980. 10. 11. 83다223 판결)

판례 종교단체의 권징결의는 교인으로서 비위가 있는 자에게 종교적인 방법으로 징계·제재하는 종교단체 내부의 규제에 지나지 아니하므로 이는 사법심사의 대상이 되지 아니한다(대법원 1981. 9. 22. 81다276 판결).

판례 "종교활동은 헌법상 종교의 자유와 정교분리의 원칙에 의하여 국가의 간섭으로부터 그 자유가 보장되어 있다. 따라서 국가기관인 법원으로서도 종교단체 내부관계에 관한 사항에 대하여는 그것이 일반 국민으로서의 권리의무나 법률관계를 규율하는 것이 아닌 이상 원칙적으로 실체적인 심리·판단을 하지 아니함으로써 당해 종교단체의 자율권을 보장하여야 한다."(대법원 2011. 10. 27. 2009다32386 판결)

6. 宗敎의 自由의 限界 및 制限

종교의 자유 중 신앙의 자유는 내면적 자유로서 절대적 자유권에 속한다.[1]
그러나 종교의 자유 중 신앙의 자유를 제외한 신앙실현의 자유는 제37조 제 2 항에 따라 제한될 수 있다. 제한하는 경우에도 그 본질적 내용을 침해할 수 없음은 물론이다.

247. 종교의 자유의 한계 및 제한

---

1) 이는 통설과 판례의 입장이다. 대법원 1956. 3. 30. 4288행상21 판결.

> 판례 "종교의 자유는 인간의 정신세계에 기초를 둔 것으로서 인간의 내적 자유인 신앙의 자유를 의미하는 한도 내에서는 밖으로 표현되지 아니한 양심의 자유에 있어서와 같이 제한할 수 없는 것이지만 그것이 종교적 행위로 표출되는 경우에 있어서는 대외적 행위의 자유이기 때문에 질서유지를 위하여 당연히 제한을 받아야 하며 공공복리를 위하여서는 법률로써 이를 제한할 수도 있다."(대법원 1995. 4. 28. 95도250 판결)[1]

> 판례 〈제42회 사법시험 제1차시험 시행일자 위헌확인(기각)〉 "일요일에 예배행사 참석과 기도, 봉사행위 이외의 다른 업무를 일체 금지한다는 교리에 위반하지 않으면 사법시험 응시가 불가능하게 되어 청구인의 종교적 확신에 반하는 행위를 강요하는 결과가 된다는 것이므로 그 점에서 종교적 행위의 자유에 제한이 될 수 있다. 생각건대, 종교적 행위의 자유는 신앙의 자유와는 달리 절대적 자유가 아니다. 따라서 질서유지, 공공복리 등을 위하여 제한할 수 있는 것이다. … 사법시험 제1차 시험시행일을 일요일로 정하여 공고한 것은 국가공무원법 제35조에 의하여 다수 국민의 편의를 위한 것이므로 이로 인하여 청구인의 종교의 자유가 어느 정도 제한된다 하더라도 이는 공공의 복리를 위한 부득이한 제한으로 보아야 할 것이고 그 정도를 보더라도 비례의 원칙에 벗어난 것으로 볼 수 없고 청구인의 종교의 자유의 본질적 내용을 침해한 것으로 볼 수 없다. … 또한 기독교 문화를 사회적 배경으로 하고 있는 구미 제국과는 달리 우리나라에서는 일요일은 특별한 종교의 종교의식일이 아니라 일반적인 공휴일로 보아야 할 것이고 앞서 본 여러 사정을 참작한다면 … 청구인이 신봉하는 종교를 다른 종교에 비하여 불합리하게 차별대우하는 것으로 볼 수도 없다."(헌재 2001. 9. 27. 2000헌마159 결정)

第10節   言論·出版의 自由

1. 憲法規定 및 沿革

(1) 憲法規定

248. 언론·출판의 자유에 대한 헌법규정 — 헌법 제21조

우리 헌법 제21조는 다음과 같은 네 개항을 두어 언론·출판의 자유를 보장하고 있다. "① 모든 국민은 언론·출판의 자유 … 를 가진다. ② 언론·출판에 대한 허가나 검열과 집회·결사에 대한 허가는 인정되지 아니한다. ③ 통신·방송의 시설기준과 신문의 기능을 보장하기 위하여 필요한 사항은 법률로 정한다.

---

1) 또한 대법원 1982. 7. 13. 82도1219 판결; 대법원 1997. 6. 27. 97도508 판결도 참조.

④ 언론·출판은 타인의 명예나 권리 또는 공중도덕이나 사회윤리를 침해하여서는 아니 된다. 언론·출판이 타인의 명예나 권리를 침해한 때에는 피해자는 이에 대한 피해의 배상을 청구할 수 있다."

(2) 沿　革

언론·출판의 자유는 영국에서 밀턴 *John Milton*(Areopagitica, 1644) 등의 투쟁을 통하여 1647/1649년의 '인민협약'(Agreement of the People)[1]에서 선언되고, 1695년의 '검열법'(The Licensing Act)의 폐지로 확보되었다. 그 후 1776년 버지니아 권리장전 제12조(언론·출판의 자유를 제한하는 것은 전제적 정부라 할 수 있다), 1791년의 미국수정헌법 제 1 조(연방의회는 … 언론·출판의 자유를 제한하거나 평온한 집회권, 청원권을 침해하는 법률을 제정해서는 안 된다)에서는 법률로도 제한할 수 없는 절대적 자유권으로 규정하였으며, 1789년 프랑스 인권선언 제11조는 표현의 자유를 '인간의 가장 귀중한 권리의 하나'로 규정하였다. 그런가 하면 제 2 차 세계대전 중인 1941년 1월 6일 미국대통령 루즈벨트 *Roosevelt*가 국회에 보낸 교서(教書)에서 열거한 4대 자유 중 언론 및 출판의 자유를 제 1 의 자유로서 맨 처음에 들고 있다.[2]

249. 언론·출판의
자유의 연혁

2. 言論·出版의 自由의 意義 및 機能

(1) 意　義

언론·출판의 자유는 사상·양심 및 지식·경험을 표현하는 자유를 말한다. 따라서 이 자유를 표현의 자유라고도 한다. 이 자유는 양심의 자유, 종교의 자유, 학문과 예술의 자유 등 내심의 자유를 행위로서 외부에 표현하는 자유이기 때문에 '외면적 정신활동의 자유'라고 할 수 있다. 곧 이 자유는 내심적 정신활동의 연장선상에 있다. 그러나 이 자유의 의의는 자신의 의사를 표현하는 자유를 보호하는 데 그치는 것이 아니다. 이 자유는 고립된 개인이 아니라 사회 내

250. 언론·출판의
자유의 의의

---

1) 인민협약은 청교도혁명의 진행과정에서 '진정한 민주주의'를 외치면서 국민주권과 보통선거제를 요구한 '수평파'(Levellers)운동의 요구를 문서화한 것이다. 인민협약은 1647년 10월 군부의회에 제출되고 1649년 1월 수정·보완된 형태로 의회에 상정되었지만 크롬웰 *O. Cromwell*이 이끄는 군부에 의해서 부정되었다.

2) "In the future days, which we seek to make secure, we look forward for a world founded upon four essential freedoms. The first is freedom of speech and expression -everywhere in the world." — President Roosevelt to Congress, January 6, 1941.

에서 개인과 개인의 관계를 연결해 주는 '정신적 의사소통의 자유'(die Freiheit der geistigen Kommunikation — *E. Stein*의 표현)로서 자신의 의사를 타인에게 전달하는 역할을 수행한다.[1] 인간이 인간인 것이 타인과의 관계에서 비롯되는 것이라면, 언론·출판의 자유는 이러한 관계를 가능하게 하는 전제가 된다.

> **판례** 〈군사기밀보호법 제 6 조 등에 대한 위헌심판(한정합헌)〉 "의사표현의 자유란 자기의 사상이나 의견의 자유로운 표명(발표의 자유)과 그것을 전파할 자유(전달의 자유)를 의미한다."(헌재 1992. 2. 25. 89헌가104 결정)

(2) 機　　能

251. 언론·출판의 자유의 기능

　　언론·출판의 자유는 역사적으로는 근대국가의 성립에 있어서 국가권력 내지 군주권력에 대한 제한의 기초이론으로서 자유국가 성립에 커다란 역할을 하였다.

　　그러나 언론·출판의 자유는 자유민주국가에서는 다른 기능을 수행하고 있다. 민주주의는 국민주권을 핵심으로 한다. 국민주권은 선거에 의하여 행사되며, 이는 표현의 자유를 전제로 한다. 곧 민주정치에 있어서 국정에 관한 표현의 자유는 국정을 보고 듣고 말하고 비판하는 자유이기 때문에 민주정치의 생명선으로 여겨지고 있다. 곧 언론·출판의 자유는 국민의사를 형성하는 민주주의의 구성원리로서 기능하고 있다. 또한 언론·출판의 자유는 사회 내에서 인간의 인격이 직접적으로 표현된 것이기도 하다.[2][3]

> **판례** 〈군사기밀보호법 제 6 조 등에 대한 위헌심판(한정합헌)〉 "언론·출판의 자유 보장은 개인의 자유로운 인격발전을 이룩하고, 인간의 존엄을 유지시켜 주며, 국민 주권을 실현시켜 주는 역할을 한다."(헌재 1992. 2. 25. 89헌가104 결정)

---

1) 언론·출판의 자유가 갖는 이러한 측면을 1789년 프랑스 인권선언 제11조 제 1 문 "libre commnication des pensées et des opinions"(사상과 의견의 자유로운 소통)이라고 잘 표현하고 있다.

2) BVerfGE 7, 198(208).

3) 김철수, 헌법학개론, 607쪽에 따르면 *Emerson*은 표현의 자유의 기능으로서 ① 개인의 인격의 형성과 전개, ② 입헌민주주의의 유지·운영, ③ 진리에의 도달, ④ 사회의 안정과 변화간의 균형을 들고 있다고 한다. 허영, 한국헌법론, 511·512쪽은 언론·출판의 자유의 헌법상 의의와 기능을 인간의 존엄성에 필요한 개성신장의 수단, 사회통합을 위한 여론형성의 촉진수단, 민주적 통치질서의 전제조건의 셋으로 간추리고 있다.

3. 言論·出版의 自由의 法的 性格

언론·출판의 자유의 법적 성격에 대하여는 개인적 자유권설, 제도적 보장설이 대립되어 있다. 그러나 통설은 이 두 가지 성격을 병유하고 있다고 본다. 언론·출판의 자유는 개인의 주관적 공권임과 동시에 자유언론제도[1]를 보장하고 있다. 그 밖에도 언론·출판의 자유는 근대헌법의 불가결의 요소로서 객관적인 법질서를 의미한다.[2]

언론·출판의 자유는 행복추구권에 대해서는 특별법적 성격을 가지나, 예컨대 종교의 자유나 학문의 자유, 예술의 자유에 대해서는 일반법적 성격을 가진다.

252. 언론·출판의 자유의 법적 성격

4. 言論·出版의 自由의 主體

모든 자연인에게 주체성이 인정되며, 법인에게는 보도의 자유에 대한 주체성이 인정된다.

253. 언론·출판의 자유의 주체

5. 言論·出版의 自由의 內容

언론·출판의 자유는 의사표현의 자유·정보의 자유(알 권리)·보도의 자유·access권을 내용으로 한다.

254. 언론·출판의 자유의 내용: 의사표현의 자유, 정보의 자유, 보도의 자유, access권

> **판례** 〈공권력에 의한 재산권침해에 대한 헌법소원(일부인용, 일부기각)〉 "표현의 자유는 전통적으로는 사상 또는 의견의 자유로운 표명(발표의 자유)과 그것을 전파할 자유(전달의 자유)를 의미하는 것으로서 인간으로서의 존엄과 가치를 유지하고 행복을 추구하며 국민주권을 실현하는 데 필수불가결한 것으로 오늘날 민주국가에서 국민이 갖는 가장 중요한 기본권의 하나로 인식되고 있는 것이다. … 그런데, 사상 또는 의견의 자유로운 의사의 형성은 충분한 정보에의 접근이 보장됨으로써 비로소 가능한 것이며, 다른 한편으로 자유로운 표명은 (정보의) 자유로운 수용 또는 접수와 불가분의 관계에 있다고 할 것이다. 그러한 의미에서 헌법재판소는 일찍이 정보에의 접근·수집·처리의 자유, 즉 알 권리도 표현의 자유에 당연히 포함되는 것이다."(헌재 1992. 2. 25. 89헌가104 결정)

---

1) BVerfGE 20, 162(175).
2) BVerfGE 7, 198(208) - Lüth-Urteil.

(1) 意思表現의 自由

1) 개 념

① 의사표현의 자유의 개념

255. 의사표현의 자유의 개념

의사표현의 자유란 사상·양심 및 지식·경험 등과 관련된 자신의 의사를 언론·출판에 의하여 외부에 표현하고 전달하며, 자신의 의사표명을 통해서 여론형성에 참여할 수 있는 자유를 말한다.

> 판례 〈「정보통신망 이용촉진 및 정보보호 등에 관한 법률」 제44조의5 제1항 제2호 등 위헌확인(위헌)〉 "헌법 제21조 제1항에서 보장하고 있는 표현의 자유는 사상 또는 의견의 자유로운 표명(발표의 자유)과 그것을 전파할 자유(전달의 자유)를 의미하는 것으로서, 그러한 의사의 '자유로운' 표명과 전파의 자유에는 자신의 신원을 누구에게도 밝히지 아니한 채 익명 또는 가명으로 자신의 사상이나 견해를 표명하고 전파할 익명표현의 자유도 포함된다."(헌재 2012. 8. 23. 2010헌마47 등 병합결정)

② 의사의 개념에 대한 학설

256. 의사의 개념에 대한 학설

의사표현의 자유에서 말하는 의사의 개념과 관련하여 의사의 개념을 좁게 해석하여 합리적이고 평가적인 사고의 과정을 거친 '평가적 의사'만을 의사로 보려는 평가적 의사설[1]과 단순한 사실의 전달까지도 의사에 포함시키려는 사실전달포함설[2]이 대립되어 있다.

③ 의사의 개념에 대한 사견

257. 의사의 개념에 대한 사견: 의사를 넓게 이해하여야 한다

개인적으로는 의사를 넓게 해석하는 것이 옳다고 생각한다. 그 이유는 첫째, 평가적인 의사와 단순한 사실의 전달을 확연하게 구별하는 것이 쉽지 않기 때문이다.[3] 둘째, 인식론적 근거에서 ― 특히 일반대중이 관심을 가지는 과정, 곧 시대사적 사건에서는 ― '평가를 수반하지 않는'(wertungsfreie) 사실전달이란 존재하지 않기 때문이다. 셋째, 어떤 사실에 대한 주장은 일반대중이 공적 의사를 형성하는 데 결정적 역할을 하기 때문이다.[4] 넷째, 의사를 단순한 사실의 전

---

1) 독일의 다수설과 판례의 입장(BVerfGE 7, 125, 133; 33, 1, 14; 61, 1, 8; 65, 1, 41); 허영, 한국헌법론, 525쪽의 입장.
2) E. Stein, *Staatsrecht*, S. 108; R. Herzog, *Grundgesetz-Kommentar*, Rdnr. 55 zu Art. 5 Abs. 1, 2.
3) 따라서 독일연방법원은 단순한 사실의 전달이라 하더라도 평가적 의사와 관련이 있다면 의사표현의 자유의 범위 내에 포함시켜 보호하고자 한다. BGH, NJW 1966, S. 245 참조.
4) E. Stein, *Staatsrecht*, S. 108.

달까지도 포함하는 것으로 이해하여야 의사표현의 자유를 흠결 없이 보호해 줄 수 있기 때문이다. 평가적 의사설을 주장하는 입장에서는 단순한 사실의 전달은 보도의 자유에 의하여 보호되기 때문에 의사표현의 자유에서는 평가적 의사만을 보호하는 것으로 이해하는 것이 합리적이라고 한다.[1] 그러나 이 주장은 보도기관의 사실전달만을 고려의 대상으로 한정했다는 문제점이 있다. 따라서 이 주장은 사인에 의한 사실전달을 보호해 줄 수 없게 될 것이다. 달리 말하자면 평가적 의사설을 취하는 경우 사인에 의한 사실전달을 보도의 자유에 포함시키지 않는 한 그것을 보호해 줄 수 없다. 왜냐하면 일반적인 표현대로 그리고 평가적 의사설을 주장하는 입장의 표현대로 보도의 자유를 매스컴의 자유로 정의하는 한 사인에 의한 사실전달을 일반적인 의미에서 보도라 부를 수는 없을 것이기 때문이다. 따라서 진실이 아닌 사실전달, 왜곡된 설명, 사실의 왜곡, 진실이 아닌 보도, 잘못된 인용[2]이 아닌 한 그것이 평가적인 것이든 또는 사실전달이든 의사표현의 자유에 의하여 보호되는 것으로 보아야 할 것이다.

2) 언론·출판의 뜻

언론이라고 함은 구두(口頭)에 의한 표현을, 출판이라고 함은 인쇄물에 의한 표현을 말한다. 표현의 자유는 내심(內心)을 외부에 표현하는 자유이므로 언론·출판이라고 할 때의 언론·출판은 사상·양심 및 지식·경험을 표현하는 수단을 모두 의미한다. 예컨대 미국에서는 '상징적 표현'(symbolic expression)까지 표현의 자유의 내용이 된다고 한다. 상징적 표현이란 일정한 사상, 의견을 언어와 문서에 의하지 않고 행동으로 표시하여(예컨대 경찰관에게 사살된 자의 관을 메고 무언의(침묵의) 행진을 하는 것처럼)다른 사람에게 전달하는 것을 말한다.[3]

258. 언론·출판의 뜻

---

1) 허영, 한국헌법론, 525쪽; 허영, 헌법이론과 헌법, 박영사, 1995, 658쪽.

2) BVerfGE 54, 208(219) 참조.

3) 미연방대법원은 상징적 표현과 관련하여 1968년부터 1971년까지 4년간에 걸쳐 4개의 사건을 심판하였다. O'Brien사건, Tinker사건, Street사건, Cohen사건이 그것이다. O'Brien사건은 오브라이언과 그 동료 3명이 1966년 3월 31일 베트남전쟁에 반대하는 표현으로 자신들의 병역등록카드를 법원계단에서 소각한 사건이다. Tinker v. Des Moines 학구사건은 1965년 12월 흑색완장을 착용하고 단식함으로써 베트남전쟁에 반대한 사건이다. Street v. New York사건은 1966년 6월 6일 *Meredith*가 저격당했을 때 그를 보호하지 못했다고 하여 성조기를 노상에서 소각한 사건이다. Cohen v. Cailfornia사건은 1968년 4월 26일 Cohen이 베트남전쟁에 대한 반대표현으로 "징병철회"라고 쓴 상의를 입고 법원복도를 다닌 사건이다. 이러한 사건에서 보듯이 상징적 표현은 이를 현상학적으로 파악할 때 법의 위반자 또는 불복종행위로서 현체제에 대한 비판 또는 정부와 그 정책에 대한 항의의 형태로 나타나기도 한다. 따라서 상징적 표현을 '상징적 항의'(symbolic protest)라고도 한다. I. R. Kaufman, The Medium, the Message and the First Amendment, 45 New York

판례 〈교과서 국정제 및 검·인정제 위헌 여부 — 교육법 제157조 제 1 항의 위헌 여부〉 "첫째, 교사의 수업권은 학생의 교육을 받을 권리를 위해 제한될 수 있으므로 교과서 검·인정제도가 교사의 학문의 자유를 침해하는 것이 아니다. 둘째, 연구결과를 일반저작물로 출판하는 것 자체는 금지하는 것이 아니고 출판물을 교과서로 사용할 수 없도록 하는 것뿐이므로 출판의 자유를 침해하는 것이 아니다. 셋째, 학생들의 수학권의 내실 있는 보장과 교육 내용의 객관성·전문성 등에 대한 국가의 책임을 완수하기 위해서는 국가가 교과용도서의 발행에 관여할 수밖에 없는 것이므로 교과서 검·인정제도는 합헌이다."(헌재 1992. 11. 12. 89헌마88 결정)

판례 〈「음반에 관한 법률」제 3 조 등에 대한 헌법소원〉 "언론·출판의 자유의 내용 중 의사표현·전파의 자유에 있어서 의사표현 또는 전파의 매개체는 어떠한 형태이건 가능하며, 그 제한이 없다. 즉 담화·연설·토론·연극·방송·음악·영화·가요 등과 문서·소설·시가·도화·사진·조각·서화 등 모든 형상의 의사표현 또는 의사전파의 매개체를 포함한다. 그러므로 음반 및 비디오물도 의사형성적 작용을 하는 한 의사의 표현·전파의 형식의 하나로 인정되며, 이러한 작용을 하는 음반 및 비디오물의 제작은 언론·출판의 자유에 의해서도 보호된다."(헌재 1993. 5. 13. 91헌바17 결정)

판례 〈「옥외광고물 등 관리법」제 3 조 위헌소원(합헌)〉 "광고물도 사상·지식·정보 등을 불특정다수인에게 전파하는 것으로서 언론·출판의 자유에 의한 보호 대상이다."(헌재 1998. 2. 27. 96헌바2 결정)

판례 〈「정보통신망 이용촉진 및 정보보호 등에 관한 법률」제44조의5 제 1 항 제 2 호 등 위헌확인(위헌)〉 "이 사건 법령조항들이 표방하는 건전한 인터넷 문화의 조성 등 입법목적은, 인터넷 주소 등의 추적 및 확인, 당해 정보의 삭제·임시조치, 손해배상, 형사처벌 등 인터넷 이용자의 표현의 자유나 개인정보자기결정권을 제약하지 않는 다른 수단에 의해서도 충분히 달성할 수 있음에도, 인터넷의 특성을 고려하지 아니한 채 본인확인제의 적용범위를 광범위하게 정하여 법집행자에게 자의적인 집행의 여지를 부여하고, 목적달성에 필요한 범위를 넘는 과도한 기본권 제한을 하고 있으므로 침해의 최소성이 인정되지 아니한다. … 나아가 본인확인제 시행 이후에 명예훼손, 모욕, 비방의 정보의 게시가 표현의 자유의 사전 제한을 정당화할 정도로 의미 있게 감소하였다는 증거를 찾아볼 수 없는 반

University Law Review, 761, 764(1970).

면에, 게시판 이용자의 표현의 자유를 사전에 제한하여 의사표현 자체를 위축시킴으로써 자유로운 여론의 형성을 방해하고, 본인확인제의 적용을 받지 않는 정보통신망상의 새로운 의사소통수단과 경쟁하여야 하는 게시판 운영자에게 업무상 불리한 제한을 가하며, 게시판 이용자의 개인정보가 외부로 유출되거나 부당하게 이용될 가능성이 증가하게 되었는바, 이러한 인터넷게시판 이용자 및 정보통신서비스 제공자의 불이익은 본인확인제가 달성하려는 공익보다 결코 더 작다고 할 수 없으므로, 법익의 균형성도 인정되지 않는다."(헌재 2012. 8. 23. 2010헌마47 결정)

(2) 알 權利(열독의 자유, 정보의 자유)

1) 알 권리의 개념

'알 권리'(right to know)는 신문, 방송, TV와 같은 일반적으로 접근할 수 있는 정보원으로부터 의사형성에 필요한 정보를 자유롭게 수집하고, 수집된 정보를 취사·선택할 수 있는 권리를 말한다.

독일기본법 제 5 조 제 1 항 제 1 문은 알 권리를 명문으로 규정하고 있으나,[1] 우리나라에서는 1996년 말 「공공기관의 정보공개에 관한 법률」이 제정되어 국민의 알 권리를 법률차원에서 보호하고 있다.

259. 알 권리의 개념

2) 알 권리의 법적 성격·근거·내용

알 권리는 자유권(정보수집, 취재활동에 대한 침해배제요구)과 청구권(정보공개청구)의 성격을 동시에 가지고 있으며, 그 법적 근거는 헌법 제21조이다.[2] 헌법재판소는 알 권리의 헌법적 근거를 처음에는 헌법 제21조와 제10조로 보다가 나중에는 헌법 제21조로 보는 입장으로 견해를 바꾸었다. 알 권리는 정보수집권과 정보공개청구권을 내용으로 하며, 구체적인 권리이다.

260. 알 권리의 법적
성격·근거·내용

> **판례** 〈공권력에 의한 재산권침해에 대한 헌법소원(인용 = 위헌확인, 기각)〉
> "알 권리는 간섭배제라는 소극적인 측면의 자유권적 성격과 정보의 공개라는 적극적인 측면의 청구권적 성격을 아울러 가진다고 본다면 전자에 관한 알 권리의

---

1) 독일기본법 제 5 조 제 1 항 제 1 문: "누구든지 말, 글 그리고 그림으로써 자유로이 의사를 표현하고 전파하며 일반적으로 접근할 수 있는 정보원으로부터 방해를 받지 않고 정보를 얻을 권리를 가진다."
2) 김철수, 헌법학개론, 622쪽은 알 권리(정보의 자유)의 근거를 헌법 제10조에서 찾고 있으며, 권영성, 헌법학원론, 469쪽은 헌법 제21조 제 1 항, 제 1 조, 제10조, 제34조 제 1 항 등에서 그 근거를 찾고 있다.

헌법적 근거는 헌법 제10조에서 찾아야 할 것이다. 후자의 성격, 즉 청구권적 성격에 관한 근거는 현행 헌법의 청구권규정들 중에 그 직접적 근거규정을 찾을 수 없으므로 포괄적 기본권규정인 헌법 제10조에서 찾아야 하기 때문이다.”(헌재 1989. 9. 4. 88헌마22 결정)

판례 〈공권력에 의한 재산권침해에 대한 헌법소원(일부인용, 일부기각)〉 “우리 나라는 헌법 제21조에 언론·출판의 자유, 즉 표현의 자유를 규정하고 있는데, 이 자유는 … 오늘날 민주국가에서 국민이 갖는 가장 중요한 기본권의 하나로 인식되고 있는 것이다. 그런데 사상 또는 의견의 자유로운 표명은 자유로운 의사의 형성을 전제로 하는데, 자유로운 의사의 형성은 충분한 정보에의 접근이 보장됨으로써 비로소 가능한 것이며, 다른 한편으로 자유로운 표명은 자유로운 수용 또는 접수와 불가분의 관계에 있다고 할 것이다. 그러한 의미에서 접근·수집·처리의 자유, 즉 ‘알 권리’는 표현의 자유에 당연히 포함되는 것으로 보아야 하는 것이다.” (헌재 1989. 9. 4. 88헌마22 결정)[1]

판례 〈기록등사신청에 대한 헌법소원(인용＝취소)〉 “정보에의 접근·수집·처리의 자유, 즉 “알 권리”는 표현의 자유와 표리일체의 관계에 있으며 자유권적 성질과 청구권적 성질을 공유하는 것이다. 자유권적 성질은 일반적으로 정보에 접근하고 수집·처리함에 있어서 국가권력의 방해를 받지 아니한다는 것을 말하며, 청구권적 성질을 의사형성이나 여론 형성에 필요한 정보를 적극적으로 수집하고 수집을 방해하는 방해제거를 청구할 수 있다는 것을 의미하는 바 이는 정보수집권 또는 정보공개청구권으로 나타난다. 나아가 현대 사회가 고도의 정보화사회로 이행해감에 따라 “알 권리”는 한편으로 생활권적 성질까지도 획득해 나가고 있다. 이러한 “알 권리”는 표현의 자유에 당연히 포함되는 것으로 보아야 하며 인권에 관한 세계선언 제19조도 “알 권리”를 명시적으로 보장하고 있다.

헌법상 입법의 공개(제50조 제 1 항), 재판의 공개(제109조)와는 달리 행정의 공개에 대하여서는 명문규정을 두고 있지 않지만 “알 권리”의 생성기반을 살펴볼 때 이 권리의 핵심은 정부가 보유하고 있는 정보에 대한 국민의 “알 권리”, 즉 국민의 정부에 대한 일반적 정보공개를 구할 권리(청구권적 기본권)라고 할 것이며, 이러한 “알 권리”의 실현은 법률의 제정이 뒤따라 이를 구체화시키는 것이 충실하고도 바람직하지만, 그러한 법률이 제정되어 있지 않다고 하더라도 불가능한 것은 아니고 헌법 제21조에 의해 직접 보장될 수 있다고 하는 것이 헌법재판소의 확립된 판례인 것이다(위 결정 참조).

이러한 “알 권리”의 보장의 범위와 한계는 헌법 제21조 제 4 항, 제37조 제 2

---

1) 또한 헌재 1991. 5. 13. 90헌마133 결정〈기록등사신청에 대한 헌법소원(인용＝취소)〉; 헌재 1992. 2. 25. 89헌가104 결정〈군사기밀보호법 제 6 조 등에 대한 위헌심판(한정합헌)〉도 참조.

항에 의해 제한이 가능하고 장차는 법률에 의하여 그 구체적인 내용이 규정되겠지만, "알 권리"에 대한 제한의 정도는 청구인에게 이해관계가 있고 타인의 기본권을 침해하지 않으면서 동시에 공익실현에 장애가 되지 않는다면 가급적 널리 인정하여야 할 것이고 적어도 직접의 이해관계가 있는 자에 대하여는 특단의 사정이 없는 한 의무적으로 공개하여야 한다고 할 것이다(위 결정 참조).

위와 같이 해석하는 것이 헌법 제21조에 규정된 표현의 자유의 한 내용인 국민의 "알 권리"를 충실히 보호하는 것이라고 할 것이며 이는 국민주권주의(헌법 제 1 조), 인간의 존엄과 가치(제10조), 인간다운 생활을 할 권리(제34조 제 1 항)도 아울러 신장시키는 결과가 된다고 할 것이다."(헌재 1991. 5. 13. 90헌마133 결정)

판례 〈기록등사신청에 대한 헌법소원(취소의 인용)〉 "알 권리의 실현은 법률의 제정이 뒤따라 이를 구체화하는 것이 충실하고도 바람직하지만, 그러한 법률이 제정되어 있지 않다고 하더라도 불가능한 것은 아니고 헌법 제21조에 의해 직접 보장될 수 있다고 하는 것이 헌법재판소의 확립된 판례인 것이다."(헌재 1991. 5. 13. 90헌마133 결정)[1)]

판례 "청주시의회가 제정한 '행정정보공개조례'는 법령에 근거 없이 제정된 것이어서 법령에 위반한 것이라는 청주시장의 주장은 이유가 없어 동 조례는 유효하다."(대법원 1992. 6. 23. 92추17 판결)

판례 〈지세명기장 열람거부 등 위헌확인(기각)〉 "국가 또는 지방자치단체의 기관이 보관하고 있는 문서 등에 관하여 이해관계 있는 국민이 공개를 요구함에도 정당한 이유 없이 이에 응하지 아니하거나 거부하는 것은 당해 국민의 알 권리를 침해하는 것이다."(헌재 1994. 8. 31. 93헌마174 결정)

알 권리는 최대한 보장되어야 한다. 그러나 예컨대 국가기밀의 경우처럼 정보의 비공개의 공익이 알 권리보다 큰 경우에는 이를 존중하여야 하므로, 알 권리를 근거로 하여 국가기관에게 모든 정보의 공개를 요구할 수는 없다. 그러나 저속한 간행물의 출판을 전면금지시키고 출판사의 등록을 취소시킬 수 있도록 한 것은 성인의 알 권리를 침해하여 위헌이다.[2)]

261. 알 권리에 대한 침해

---

1) 또한 헌재 1989. 9. 4. 88헌마22 결정〈검사의 공소권행사에 관한 헌법소원(기각, 각하)〉; 헌재 1992. 2. 25. 89헌가104 결정〈군사기밀보호법 제 6 조 등에 대한 위헌심판(한정합헌)〉도 참조.

2) 헌재 1998. 4. 30. 95헌가16 결정〈「출판사 및 인쇄소의 등록에 관한 법률」 제 5 조의2 제 5 호 등 위헌제청(위헌, 합헌)〉.

판례 "간첩죄에 있어서 국가기밀이란 순전한 의미에서의 국가기밀에만 국한할 것이 아니고 정치·경제·사회·문화 등 각 방면에 걸쳐서 대한민국의 국방정책상 북한에 알리지 아니하거나 확인되지 아니함이 이익이 되는 모든 기밀사항을 포함하고, 지령에 의하여 민심동요를 파악·수집하는 것도 이에 해당되며, 그 탐지·수집의 대상이 우리 국민의 해외교포사회에 대한 정보여서 그 기밀사항이 국외에 존재한다고 하여도 위의 국가기밀에 포함된다."(대법원 1988. 11. 8. 88도1630 판결)

판례 〈공권력에 의한 재산권침해에 대한 헌법소원(일부인용, 일부기각)〉 "알 권리에 대한 제한의 정도는 청구인에게 이해관계가 있고 공익에 장해가 되지 않는다면 널리 인정해야 할 것으로 생각하며, 적어도 직접의 이해관계가 있는 자에 대하여서는 의무적으로 공개하여야 한다."(헌재 1989. 9. 4. 88헌마22 결정)

판례 〈군사기밀보호법 제6조 등에 대한 위헌심판(한정합헌)〉 "군사비밀의 범위는 국민의 표현의 자유 내지 알 권리의 대상영역을 최대한 넓혀줄 수 있도록 필요한 최소한도에 한정되어야 할 것이며, 따라서 군사기밀보호법 제6조, 제7조, 제10조는 동법 제2조 제1항의 군사상의 비밀이 비공지의 사실로서 적법절차에 따라 군사기밀로서의 표지를 갖추고 그 누설이 국가의 안전보장에 명백한 위헌을 초래한다고 볼 만큼의 실질가치를 지닌 것으로 인정되는 경우에 한하여 적용된다 할 것이므로 그러한 해석하에 헌법에 위반되지 아니한다."(헌재 1992. 2. 25. 89헌가104 결정)

판례 〈「교육관련기관의 정보공개에 관한 특례법」 제3조 제2항 등 위헌확인(기각, 각하)〉 "정보의 공개를 통해 일방의 알 권리를 충족한다는 것은 정보를 공개당하는 타방 정보주체의 사생활의 비밀과 자유 및 개인정보 자기결정권이 제한된다는 것을 의미하므로 알 권리를 무제한적으로 보장할 수는 없다. … 개인정보 보호의 정도는 개인정보의 성격, 정보수집의 목적, 정보의 이용형태, 정보처리 방식 등을 감안하여 당해 정보처리의 위험성에 따라 구체적으로 결정되어야 한다. 예컨대, 사상이나 신조에 관한 정보, 범죄나 전과사실, 병력 등과 같이 그 자체로 개인의 내밀한 영역을 드러내는 민감한 개인정보의 경우에는 그 수집 내지 보유만으로 기본권 침해의 가능성이 크기 때문에 공개·활용에 있어서도 특별히 강화된 보호를 필요로 한다."(헌재 2011. 12. 29. 2010헌마293 결정)

(3) 報道의 自由

1) 보도의 자유의 개념·내용·법적 성격·주체

표현의 자유에는 사고, 판단, 결단에 의한 의사발표의 자유는 물론이고 지득(知得)한 사실을 일반에게 보도하는 자유가 포함된다. 보도의 자유는 매스컴의 자유를 말하나, 보도는 주로 신문, 통신 기타의 보도기관의 임무이므로 보도의 자유를 신문의 자유라고도 한다. 신문의 자유에는 편집의 자유와 언론기관설립의 자유가 포함된다. 신문의 자유는 일차적으로 제도적 보장으로서의 성격을 가진다. 그러나 이러한 신문의 제도적 보장은 개인의 주관적 권리의 토대가 된다. 따라서 신문에 종사하는 개인들 — 신문사에서 종사하는 출판자, 편집인, 편집진, 기자, 경리담당자[1]와 광고담당자[2] — 은 신문의 자유를 원용할 수 있다.

262. 보도의 자유의 개념·내용·법적 성격·주체

2) 보도기관의 기능

보도기관은 보도를 통하여 '정보를 제공하는 기능'(Informationsfunktion)을 할 뿐만 아니라 사회에서 일어나는 사건들에 대하여 사람들이 의견을 형성할 수 있도록 도와주고 그럼으로써 수많은 개별적인 의견들을 하나의 커다란 의견의 흐름으로 종합시킴으로써 사회의 '통합을 촉진하는 기능'(Integrationsfunktion)을 한다. 또한 보도기관은 국가권력의 행사를 감시함으로써 국가에 대해서는 '통제기능'(Kontrollfunktion)을 행사한다. 이러한 기능들을 행하기 때문에 보도기관은 공공성을 가진다고 할 수 있다.

263. 보도기관의 기능 — 정보제공기능, 사회통합촉진기능, 통제기능

3) 보도의 자유와 취재의 자유

① 일 반 론

정확한 내용의 보도를 위해서는 자유로운 취재 활동을 전제로 할 것이나 지득한 사실을 전달하는 보도와 적극적으로 사실을 탐지하는 취재는 차원을 달리한다. 따라서 보도의 자유에는 취재의 자유가 당연히 포함되는 것은 아니다(다수설). 그러나 헌법이 공개해야 할 것을 규정한 사항에 대하여는(예컨대 국회의사 또는 재판의 공개) 합리적인 방법에 의한 취재의 자유가 인정되어 있다.

264. 보도의 자유는 당연히 취재의 자유를 포함하지는 않는다

② 취재원에 대한 진술거부권 인정 여부

취재의 자유와 관련하여 취재원에 대한 진술거부권이 인정되는가의 여부가

265. 취제원에 대한

---

1) BVerfGE 25, 296(304).
2) BVerfGE 64, 108(114f.).

진술거부권 인정여부

문제된다. 이 문제에 대하여는 부정설과 긍정설이 대립되어 있다. 부정설은 언론기관의 공공성에도 불구하고 특권으로 인정할 수 없다는 견해로, 공정한 재판작용의 이익을 더 중시하는 입장이라 할 수 있다(다수설). 긍정설은 취재의 자유에는 취재원묵비권이 당연히 포함된다고 보며, 이는 신문의 진실보도, 중점보도의 불가결한 전제가 되기 때문이라고 한다.[1]

이 문제에 대하여 미국과 일본의 판례는 공정하고 효과적인 법집행이라는 공공이익을 더욱 중시하여 원칙적으로 취재원에 대한 묵비권을 인정하지 않는 입장이며,[2] 다만 최근에는 양 법익을 형량하여 결정해야 한다는 태도를 보이고 있다.[3] 독일연방헌법재판소는 취재원묵비권을 취재의 자유의 본질적인 내용으로서 인정한다.[4]

4) 보도의 자유와 privacy권

266. 보도의 자유와 privacy권

보도의 자유와 privacy권의 충돌이 문제된다. privacy권은 비교적 새로운 권리로 '가만히 있게 하는 권리'(right to be let alone)라고도 한다. 이 권리는 개인이 자기 의사에 반하여 사생활의 영역이 관념적으로 침입되거나 공표되지 않을 권리를 의미한다. 오늘날 통속적인 신문, 주간지, 잡지, TV 등에서 자기의 의사에 반하여 사생활이 공표되는 일이 종종 있다. 이러한 경우에는 신문은 공공의 생활과 직접적인 관계가 없는 사생활에 대한 사항에 대하여는 본인의 동의 없이 개입할 수 없는 것이기 때문에, 보도의 내용이 수인(受忍)의 한도를 넘으면 사생활의 침입이 되어 사후 처벌을 받게 된다. 그러나 공인(公人)의 경우에는 privacy권은 어느 정도 제한된다. 또한 누구든지 상대방을 저하시킬 목적으로 공연히 사실을 적시하여 고의로 발언하는 것은 불법행위가 된다.

> **판례** 〈불기소처분취소(기각)〉 "언론매체의 명예훼손적 표현에 위에서 본 실정법을 해석·적용할 때에는 언론의 자유와 명예보호라는 상반되는 헌법상의 두 권리의 조정과정에서 다음과 같은 사정을 고려하여야 한다. 즉, 당해 표현으로 인한 피해자가 공적 인물인지 아니면 사인(私人)인지, 그 표현이 공적인 관심사안에 관한 것인지 사적인 영역에 속하는 사안인지, 피해자가 당해 명예훼손적 표현의 위험을 자초한 것인지, 그 표현이 객관적으로 국민이 알아야 할 공공성·사회

---

1) 허영, 한국헌법론, 530쪽.
2) 예컨대 미국의 경우 Branzburg v. Hayes et al., Judges, 408 U.S. 665(1972)를, 일본의 경우는 石井記者事件判決, 最高裁判所 昭和 27(1952). 8. 6.
3) 博多驛필름事件判決 — 最高裁判所 昭和 44(1969). 11. 26.
4) BVerfGE 8, 5; 10, 118(121); 12, 205(260); 36, 193(204).

성을 갖춘 사실(알 권리)로서 여론형성이나 공개토론에 기여하는 것인지 등을 종합하여 구체적인 표현내용과 방식에 따라 상반되는 두 권리를 유형적으로 형량한 비례관계를 따져 언론의 자유에 대한 한계설정을 할 필요가 있는 것이다. 그리고 이때 공적 인물의 공적 활동에 관한 명예훼손적 표현이 문제된 경우 형법상 명예훼손규정의 해석기준으로서는 첫째, 명예훼손적 표현이 진실한 사실이라는 입증이 없어도 행위자가 진실한 것으로 오인하고 행위를 한 경우, 그 오인에 정당한 이유가 있는 때에는 명예훼손죄는 성립되지 않는 것으로 해석하여야 한다. 둘째, 형법 제310조 소정의 '오로지 공공의 이익에 관한 때에'라는 요건은 언론의 자유를 보장한다는 관점에서 그 적용범위를 넓혀야 한다. 셋째, 형법 제309조 소정의 '비방할 목적'은 그 폭을 좁히는 제한된 해석이 필요하다. 법관은 엄격한 증거로써 입증이 되는 경우에 한하여 행위자의 비방 목적을 인정하여야 한다."(헌재 1999. 6. 24. 97헌마265 결정)

(4) access권(언론기관접근권)

1) access권의 등장배경

오늘날 매스 미디어는 거대한 언론기업에 독점화·집중화되어 있다. 이에 따라 출판·전파 미디어의 소유권자가 어떤 사실을, 또한 사실의 어떤 부분을 그리고 어떤 사상을 국민에 전달하느냐를 결정하게 되었다. 그 결과 표현자와 표현을 받는 자 사이에 분리현상 또는 이해의 불일치현상이 나타나며, 매스미디어는 권력을 통제하는 데서 스스로 권력자로 되는 현상까지 발생하게 되었다.

따라서 현대사회에서는 '사적 정부'(private government)라고도 부를 수 있는 언론기업에 의하여 국민의 언론자유가 사실상 박탈되는 지경에 이르게 되었다. 곧 국민이 희망하는 선(善)이 '사상의 자유시장'(marketplace of ideas)[1]을 통하여 올바르게 이루어질 수 있다는 생각은 존재할 자리가 없게 된 것이다. 이에 일반 국민, 특히 소수의견을 가지는 국민은 국가의 힘을 빌어서라도 스스로의 의견을 표명하고 의견발표의 광장과 반론의 기회를 확보하기 위하여 대량 전달수단인 매스미디어에 어떤 형태로든지 접근·이용할 수 있는 권리를 보장해야 할 필요가 생겨나게 되었다. access권은 언론·출판의 자유와 관련하여 국민·언론 대 국가권력이라는 2중구조가 국민, 언론, 국가권력 이라는 3중구조로의 변화과정에서 발생한 권리라 할 수 있다.[2]

267. access권의 등장배경

---

1) 진실이 궁극적으로 우위를 차지하게 된다. 곧 금압(禁壓) 없는 사상의 자유시장을 유지하는 것이 미연방수정헌법 제1조의 목적이라는 것을 Red Lion Broad Casting Co. v. FCC 395 U.S. 367, 390(1969) 사건에서 *White* 판사는 밝히고 있다.

2) access권은 1962년 3월 케네디 대통령의 소비자보호교서에서 주장한 네 가지 권리, 곧 '안

2) access권의 개념·내용

268. access권의 개
념·내용

access권이란 좁은 의미로 자기와 관계 있는 보도에 대한 반론 또는 해명의 기회를 요구할 수 있는 반론권 및 해명권과 넓은 의미로 자신의 의사표현을 위하여 이용할 수 있는 권리를 말한다.[1] 이 권리는 고전적인 언론의 자유가 국가권력의 부작위를 청구하는 의미에서 자유권이라면, 국가권력의 발동을 요구하고 그 실현을 적극적으로 요구하는 청구권으로, 반론권(반론보도청구권)[2]과 의견광고권을 내용으로 한다.

> **판례** 〈「정기간행물의 등록 등에 관한 법률」제16조 제3항, 제19조 제3항의 위헌 여부에 관한 헌법소원(합헌)〉 "반론보도청구권은 사실적 보도에 의한 피해자가 그 보도내용에 대해 반박의 내용을 게재해줄 것을 청구할 수 있는 반론권을 입법화한 것이지 보도내용의 진실여부를 따지거나 허위보도의 정정을 청구하기 위한 것이 아니다.
>
> 언론의 자유와 인격권의 충돌에 관하여 영국이나 미국에서는 전통적으로 언론에 의한 인격권의 침해에 대하여 엄중한 손해배상책임을 지우는 방법에 의하여 그 해결책을 찾았다. 프랑스에서는 1789년의 시민혁명을 계기로 국가에 의한 검

전권'(right to safety), '정보를 받을 권리'(right to be informed), '선택권'(right to choose), '의견이 청취될 권리'(right to be heard) 중 의견이 청취될 권리와 같은 관련을 가진다. acess권에 이론적 실마리를 제공한 것은 보통 J. A. Barron, Access to the Press — A New First Amendment Right, 80 Harvard Law Review(1967)로 알려져 있다.

1) 허영, 한국헌법론, 533쪽. 그러나 access권을 다음과 같이 설명하는 경우도 있다. "access 권에는 일반적 access권과 한정적 access권이 있다. 일반적 access권(general right of access)이란 공적으로 중요한 논쟁적 쟁점에 관해 다른 관점을 가지는 대변인이 같은 media를 통하여 이와 대조를 이루는 관점을 제시하고자 이전에 발표된 것에 대하여 반론하기 위하여 동일 TV나 radio에 access하는 권리라고 한다. 한정적 access권(limited right of access)이란 대통령이 TV나 radio시간을 요구하고 이를 사용하여 국민에게 호소하고, 거기서 제기된 논쟁적 쟁점에 관하여 이와 대조를 이루는 관점의 야당대변인이 반박하기 위하여 같은 media의 방송시간을 요구하는 것이라고 말하여진다." 김철수, 헌법학개론, 615쪽. 또한 헌법재판관 이시윤과 김양균은 1993. 7. 29. 92헌바48 결정〈남북교류협력에 관한 법률 제3조 위헌소원〉의 반대의견에서 '국민의 헌법재판에 접근권, 즉 액세스(access) 권'이라는 표현을 사용한 바도 있다.

2) 정정보도청구권의 법적 성격과 관련하여 정정보도청구권제도는 반론권제도와는 성격이 다르다는 견해가 있었다(양건, '반론권행사의 실제', 언론중재, 1982년 여음, 57쪽). 그러나 대법원이 현행법상의 정정보도청구권이 반론권임을 명백히 밝히고, 원보도의 오보나 허보인 여부는 이 권리를 행사하는 요건으로서 고려될 수 없다고 판단하고(대법원 1986. 1. 28. 85다카1973 판결), 헌법재판소가 이를 확인함으로써〈헌재 1991. 9. 16. 89헌마165 결정 = 「정기간행물의 등록 등에 관한 법률」제16조 제3항, 제19조 제3항의 위헌여부에 관한 헌법소원(합헌)〉 해결되었다.

열제도가 폐지되자 언론의 자유의 남용에 따른 피해가 심각한 사회문제로 대두되고 민·형사상의 일반구제절차만으로는 개인의 인격권의 보호가 불충분하다고 인식되게 되었다. 그리하여 프랑스는 1822. 3. 25. 출판법 제11조에서 모든 신문 또는 정기간행물의 소유자 또는 편집자는 피해자로부터 반론이 있을 때에는 반론의 수리일로 부터 3일 이내에, 만일 3일 이내에 발행되지 않을 때에는 다음호에 무료로 반론을 게재할 것을 규정하여 이른바 반론권을 입법화하였다. 한편 독일에서는 프랑스의 반론권제도를 본받아 제정된 1874년의 제국언론법이 정기간행물에 관청 또는 개인에 관한 사실이 보도되었을 경우에 이해관계인은 책임편집자에게 사실적 주장에 대한 '정정'을 청구할 수 있게 하였는데, 그 성질은 언론기관의 고의, 과실 등 주관적 요건을 따지지 아니하며, 보도된 사실적 주장의 내용이 진실에 반하는지의 여부도 묻지 않는 점에서 위의 '정정'이라는 용어는 그 후 '반박권' 또는 '반론권'으로 바뀌어 현재에 이르고 있다. 이와 같은 반론권제도를 받아들인 나라들의 법제는 오늘날 크게 프랑스형과 독일형의 두 가지로 나뉜다. 프랑스형의 반론권은 사실상의 주장은 물론 논평·비판 등의 의견이나 가치판단에 대하여서도 반론을 허용하여 반론권의 범위를 넓게 인정하는데 반하여 독일형의 경우는 사실적 주장에 대하여서만 반론을 허용하여 반론권의 범위를 좁게 해석하는 것이 다르다.

「정기간행물의 등록 등에 관한 법률」제16조 및 방송법 제91조에 규정한 정정보도청구권은 정기간행물이나 방송에 공표된 사실적 주장에 의하여 피해를 받은 사람이 발행인이나 편집인 또는 방송국의 장이나 편성책임자에 대하여 그 피해자의 사실적 진술과 이를 명백히 전달하는 데 필요한 설명을 게재 또는 방송하여 줄 것을 요구할 수 있는 권리이다. 즉, 위 법률조항은 비록 그 표제 및 법문 가운데 "정정"이라는 표현을 쓰고 있기는 하나 그 내용을 보면 명칭과는 달리 위에서 본 독일의 예에 따라 언론기관의 사실적 보도에 의한 피해자가 그 보도내용에 대한 반박의 내용을 게재해 줄 것을 청구할 수 있는 권리인 이른바 "반론권"을 입법화한 것이다. 따라서 여기서 말하는 정정보도청구는 그 보도내용의 진실 여부를 따지거나 허위 보도의 정정을 청구하기 위한 것이 아니다. 이와 같이 반론권으로서의 정정보도청구권이 인정되는 취지로는 다음의 두 가지를 들 수 있다. 첫째, 언론기관이 특정인의 일반적 인격권을 침해한 경우 피해를 받은 개인에게도 신속·적절하고 대등한 방어수단이 주어져야 함이 마땅하며, 특히 공격내용과 동일한 효과를 갖게끔 보도된 매체 자체를 통하여 방어주장의 기회를 보장하는 반론권제도가 적절하고 형평의 원칙에도 잘 부합할 수 있다는 점이다. 둘째, 독자로서는 언론기관이 시간적 제약 아래 일방적으로 수집공급하는 정보에만 의존하기보다는 상대방의 반대주장까지 들어야 비로소 올바른 판단을 내릴 수 있기 때문에 이 제도는 진실발견과 올바른 여론형성을 위하여 중요한 기여를 할 수 있게 된다는 점이다."(헌재 1991. 9. 16. 89헌마165 결정)

3) 반론보도청구권의 행사방법과 절차

269. 반론보도청구권
의 행사방법과 절차

　　반론보도청구권의 행사방법과 절차 등에 대하여는 「언론중재 및 피해구제 등에 관한 법률」에서 정정보도청구권(동법 제14조, 제15조), 반론보도청구권(동법 제16조) 및 추후보도청구권(동법 제17조)의 형태로 자세하게 규정하고 있다.

　　① 정정보도청구권: 사실에 관한 언론보도 등이 진실하지 아니함으로 인하여 피해를 입은 자는 해당 언론보도 등이 있음을 안 날로부터 3개월 이내에(단, 해당 언론보도 등이 있은 후 6개월 이내에) 그 언론보도 등의 내용에 관한 정정보도를 언론사·인터넷뉴스서비스 사업자 및 인터넷 멀티미디어 방송사업자에게 청구할 수 있다. 이러한 청구에는 언론사 등의 고의·과실이나 위법성을 요하지 않는다(동법 제14조).

　　② 반론보도청구권: 사실적 주장에 관한 언론보도 등으로 인하여 피해를 입은 자는 그 보도내용에 관한 반론보도를 언론사 등에 청구할 수 있다(동법 제16조 제1항). 이는 보도내용에 대한 반박의 기회를 줌으로써 당사자의 입장을 밝힐 수 있도록 하고, 언론보도의 객관성과 공정성을 확보하고자 하는 것이다. 따라서 반론보도청구권을 행사하기 위해서는 언론사 등의 고의·과실이나 위법을 요하지 않으며, 보도내용의 진실 여부도 문제되지 않는다(동법 제16조 제2항).

　　③ 추후보도청구권: 언론 등에 의하여 범죄혐의가 있거나 형사상의 조치를 받았다고 보도 또는 공표된 자는 그에 대한 형사절차가 무죄판결 또는 이와 동등한 형태로 종결된 때에는 그 사실을 안 날로부터 3개월 이내에 언론사 등에 이 사실에 관한 추후보도의 게재를 청구할 수 있으며, 이러한 추후보도에는 청구인의 명예나 권리회복에 필요한 설명 또는 해명이 포함되어야 한다(동법 제17조 제1항, 제2항). 추후보도청구권에 관하여는 정정보도청구권에 관한 규정을 준용하지만, 특별한 사정이 있는 경우를 제외하고는 이 법의 규정에 의한 정정보도청구권이나 반론보도청구권의 행사에 영향을 미치지 아니한다(동법 제17조 제3항, 제4항).

판례 "반론보도청구사건에 있어서 반론의 대상으로 삼는 언론보도의 내용에 언론사의 단순한 의견은 포함되지 아니한다."(대법원 2006. 2. 10. 2002다49040 판결)

판례 "반론보도청구인이 스스로 반론보도청구의 내용이 허위임을 알면서도 청구하는 경우는 반론보도청구권을 남용하는 것으로 헌법적 보호 밖에 있는 것이어서 반론보도청구권을 행사할 정당한 이익이 없다고 할 것이다. 반론제도가 본래 반론보도내용의 진실 여부를 요건으로 하지 않는 것이어서 허위반론의 위험을 감수하는 것은 불가피하다 하더라도 반론보도청구인에게 거짓말할 권리까지 부여하는 것은 아니다. 반론보도청구인 스스로 허위임을 인식한 반론보도내용을 게재하는 것은 반론보도청구권이 가지는 피해자의 권리구제라는 주관적 의미나 올바른 여론의 형성이라는 객관적 제도로서의 의미 어느 것에도 기여하지 못하여 반론보도청구권을 인정한 헌법적 취지에도 부합되지 않는 것으로서 이를 정당화할 아무런 이익이 존재하지 아니하는 반면, 이러한 반론으로부터 자유로울 언론기관의 이익은 그만큼 크다고 할 수 있기 때문에 상충하는 이익 사이의 조화로운 해결책을 찾는다면 위와 같이 허위임을 인식한 반론보도청구는 마땅히 배제되어야 할 것이다."(대법원 2006. 11. 23. 2004다50747 판결)

판례 "반론보도청구권이 인간의 존엄과 가치 및 행복추구권을 규정한 헌법 제10조, 사생활의 비밀과 자유를 규정한 헌법 제17조, 언론·출판의 자유를 규정한 헌법 제21조 제1항, 언론·출판의 자유의 한계와 책임을 규정한 제21조 제4항 등의 헌법적 요청에 뿌리를 두고 있으며, 원보도의 내용이 허위임을 요건으로 하지 않고, 나아가 반론보도의 내용도 반드시 진실임을 증명할 필요가 없으며, 이에 따라 반론보도의 내용이 허위일 위험성은 불가피하게 뒤따르게 되지만 이는 반론보도청구권을 인정하는 취지에 비추어 감수하여야 하는 위험이고, 반론보도청구를 인용한 재판에 대한 불복절차에서 심리한 결과 반론보도가 기각되었어야 함이 판명된 경우에는 취소재판의 내용을 보도하고 반론보도 및 취소재판 보도에 소요되는 비용의 배상을 명하는 제도가 마련되어 있는 점 등을 모두 종합하여 보면, 반론보도 재판에 대한 집행정지는 반론보도 거부사유의 존재에 관한 새로운 증거가 발견되는 등의 특별한 사정이 있는 경우에 한하여 예외적으로 인정되어야 한다."(대법원 2009. 1. 15. 2008그193 결정)

4) access권의 행사와 규범조화적 해석

access권은 언론기관의 보도의 자유와 충돌할 수 있고 의견광고의 행사는 언론기관의 영업의 자유와 충돌할 수 있으므로 헌법을 규범조화적으로 해석하여 양자의 균형 있는 조화가 요구된다.[1][2]

270. access권의 행사와 규범조화적 해석

---

1) 헌재 1991. 9. 16. 89헌마165 결정〈「정기간행물의 등록 등에 관한 법률」 제16조 제3항, 제19조 제3항의 위헌여부에 관한 헌법소원(합헌)〉.

2) 이에 대해서는 다음과 같은 반론이 있다. "그러나 반론권과 대중매체가 가지는 언론의 자유의 문제는 엄밀한 의미에서 보자면 이와 같은 기본권 충돌문제는 아니라고 생각된다. 왜냐하면 기본권의 충돌은 일반적으로 서로 다른 기본권 간의 충돌을 대상으로 하는 것인데 반하여, 반론권과 대중매체의 언론의 자유 사이의 충돌은 의사표현의 자유라는 동일한 기

6. 言論·出版의 自由의 效力

271. 언론·출판의
자유의 효력

대국가적 효력과 간접적 대사인적 효력이 인정된다(다수설).[1] 그러나 대법원은 언론·출판의 자유의 대사인적 효력에 대하여 부정적 입장을 취하고 있다.

판례 "사업장 내에서의 기업질서를 유지하기 위하여 사용자의 허가 없이 사업장 내에서 유인물을 배포한 근로자를 징계할 수 있도록 한 취업규칙의 규정이 언론의 자유를 보장한 헌법조항에 위반하여 무효라고 할 수 없다."(대법원 1997. 7. 11. 95다55900 판결)

7. 言論·出版의 自由의 責任

(1) 憲法 제21조 제 4 항 제 1 문의 法的 性格과 效力

272. 헌법 제21조 제
4 항 제 1 문의 법적
성격과 효력

헌법 제21조 제 4 항 제 1 문은 "언론·출판은 타인의 명예나 권리 또는 공중도덕이나 사회윤리를 침해하여서는 아니 된다"고 규정하고 있다. 이 규정의 성격을 내재적 한계로 보는 견해도 있으나,[2] 이 규정은 헌법에 의한 기본권제한이며,[3] 언론·출판의 책임을 강조한 규정으로 보아야 할 것이다. 이 조항은 우리

본권 내부의 문제이기 때문이다. 그렇다면 여기에서는 단순한 이익형량이나 규범조화적 해석 등이 하나의 지침이 될 수는 없을 것이다. 오히려 이 문제의 해결을 위해서는 대중매체의 언론의 자유가 갖는 의미와 국민의 반론권이 갖는 의미를 분석하여 그 중 어느 것이 표현의 자유라는 기본권에서 더 본질적인 내용을 이루는가를 밝혀 내는 것이 필요하다. 그리고 그러한 것을 전제로 해서만 비로소 기본권 충돌시에 사용되는 이익형량의 방법이나 규범조화적 해석의 방법이 원용될 수 있을 것이다.

이런 점들에 비추어 볼 때 반론권의 인정 여부나 반론권과 대중매체의 언론자유 사이의 관계는 단순한 피해 구제라는 차원에서 논의되어서는 안 되고 누구의 언론의 자유가 최우선적으로 고려되어야 하는가 하는 언론자유의 궁극 주체 문제까지 포괄하는 차원을 바라보아야 하며 그 대답은 자못 명쾌하다. 대중매체가 그야말로 '매체'(media)로서 기능해야 하는 것이라면 언론 자유의 궁극적 주체는 일반 국민이 될 수밖에 없고 양자의 이익형량에서 승리자는 이미 결정되어 있기 때문이다"(김종서, '정정보도청구제도의 문제점과 대안', 헌법논총 제5집, 1994, 483쪽 이하, 496쪽).

1) 허영, 한국헌법론, 253쪽은 직접적 대사인적 효력을 갖는다고 한다. 성낙인, 헌법학, 1131쪽도 헌법 제21조 제 4 항에 의거하여 직접 적용된다고 본다.

2) 권영성, 헌법학원론, 330쪽.

3) 그러나 계희열, 헌법학(중), 117·118쪽은 개별적 가중법률유보로 본다. 한수웅, 헌법학, 763쪽은 "제21조 제 4 항은 표현의 자유에 대한 제한을 정당화하는 특정한 법익을 명시적으로 언급함으로써 제37조 제 2 항의 일반적 법률유보를 표현의 자유와 관련하여 구체화하는 규정으로 이해해야 한다. 표현의 자유는 제21조 제 4 항에 언급된 3가지 법익의 보호를

헌법이 이례적으로 대사인적 효력을 명문으로 인정한 규정이라는 견해도 있다.[1]

> **판례** 〈「음반에 관한 법률」 제 3 조 등에 대한 헌법소원(한정위헌)〉 "헌법은 위와 같이 언론·출판의 자유를 강력히 보호하려는 한편, 헌법 제21조 제 4 항에서 언론·출판은 타인의 명예나 권리 또는 공중도덕이나 사회윤리를 침해하여서는 아니 된다고 규정하여 언론·출판의 자유의 한계를 규정하였다. 따라서 언론·출판의 자유는 이러한 헌법 제21조 제 4 항에 의한 제한과 국가안전보장, 질서유지 또는 공공복리를 위한 헌법 제37조 제 2 항에 의한 제한이 위에서 본 과잉금지의 원칙에 반하지 않는 범위 내에서 가능하다."(헌재 1993. 5. 13. 91헌바17 결정)

> **판례** 〈불기소처분취소(기각)〉 "개인의 기본권인 언론의 자유와 타인의 인격권인 명예는 모두 인간으로서의 존엄과 가치, 행복추구권에 그 뿌리를 두고 있으므로 두 권리의 우열은 쉽사리 단정할 성질의 것이 아니다. 그러나 자기의 사상과 의견표현에 아무런 제한도 받지 않고 타인의 인격권인 명예를 함부로 침해할 수 있다고 한다면 언론의 자유는 자기모순에서 헤어나지 못하므로, 헌법은 언론·출판의 자유는 보장하되 명예보호와의 관계에서 제한을 받는 것을 분명히 한 것이다."(헌재 1999. 6. 24. 97헌마265 결정)

> **판례** 〈「정보통신망 이용촉진 및 정보보호 등에 관한 법률」 제65조 제 1 항 제 2 호 위헌소원(합헌, 각하)〉 "헌법 제21조 제 4 항은 '언론·출판은 타인의 명예나 권리 또는 공중도덕이나 사회윤리를 침해하여서는 아니된다'고 규정하고 있는바, 이는 언론·출판의 자유에 따르는 책임과 의무를 강조하는 동시에 언론·출판의 자유

이유로 해서만 제한될 수 있는 것이 아니라 원칙적으로 그 외의 공익상의 사유로도 제한될 수 있으나, 헌법은 제21조 제 4 항에서 표현의 자유와 전형적으로 충돌할 수 있기 때문에 특별히 보호의 필요성이 있는 법익을 구체적으로 언급함으로써 그 보호의 필요성을 강조하고 있는 것이다." 즉 가중적 법률유보가 아니라고 한다.

1) 허영, 한국헌법론, 253쪽. 정종섭, 헌법학원론은 원칙적으로 이와 견해를 같이 하면서도 다음과 같이 약간은 특색 있는 견해를 주장하고 있다. "헌법상 제21조 제 4 항은 언론·출판의 자유를 행사함에 있어 발생할 수 있는 사인간의 이익충돌에 대하여 헌법이 직접 정하고 있는 것이지만, 이는 헌법 제37조 제 2 항에 의해서도 당연히 인정되는 것을 강조하여 명기한 것이다(611쪽). … 또한 헌법 제21조 제 4 항의 사유는 일반적 법률유보에 관한 헌법 제37조 제 2 항의 기본권 제한 목적의 일부에 지나지 않고, 언론·출판의 자유는 헌법 제21조 제 4 항의 사유에 한정하여 제한되는 것이 아니라 헌법 제37조 제 2 항이 정하는 목적에 의해서도 제한될 수 있으므로, 헌법 제21조 제 4 항은 우리 헌법구조상 개별적 헌법유보(헌법직접적 제한)로서 기능하지 못한다. 따라서 헌법 제21조 제 4 항은 언론·출판의 자유의 한계를 강조하는 당연한 내용을 정하고 있는 주의적인 규정에 지나지 않는다고 할 것이다. 헌법입법의 기술로 볼 때에는 헌법 제37조 제 2 항이 있는 이상 이는 사족에 불과하므로 삭제하여도 무방하다(612쪽)."

에 대한 제한의 요건을 명시한 규정으로 볼 것이고, 헌법상 표현의 자유의 보호영역의 한계를 설정한 것이라고는 볼 수 없다."(헌재 2009. 5. 28. 2006헌바109 결정)

(2) 言論·出版의 自由의 責任

273. 언론·출판의
자유의 책임

　　언론·출판이 타인의 명예나 권리를 침해한 경우에는 민법상의 불법행위를 구성하여 피해자는 불법행위로 인한 손해배상을 청구할 수 있으며(민법 제750·751조 참조), 타인의 명예에 대한 침해는 경우에 따라서는 형법상의 명예훼손 등에 의한 형사책임까지를 져야 할 수도 있다(형법 제33장 명예에 관한 죄 참조). 그러나 명예훼손의 행위가 진실이고 오로지 공공의 이익만을 위한 것인 경우에는 면책된다(형법 제310조). 다만 출판물이나 방송에 의한 명예훼손의 경우에는 면책되지 않는다.[1][2]

> **판례** "선거에 관한 허위사실을 취재해서 방송했다면 입후보하려는 자의 명예를 훼손한 죄에 해당한다."(서울고법 1973. 4. 23. 73고합91 판결)

> **판례** "신문 등 언론매체가 개인의 명예를 훼손하는 행위를 한 경우에도 그것이 공공의 이해에 관한 사항으로서 그 목적이 오로지 공공의 이익을 위한 것일 때에는 그 기사 등 보도내용의 진실성이 증명되거나 그 증명이 없더라도 행위자가 그것을 진실이라고 믿을 만한 상당한 이유가 있는 경우에는 위법성이 없다."(대법원 1996. 5. 8. 94다33828 판결)

> **판례** "공공의 이해에 관련된 사항에서 정당 상호간의 정책, 정견, 다른 정당 및 그 소속 정치인들의 행태 등에 대한 비판, 이와 직접적으로 관련된 각종 정치적 쟁점이나 관여 인물, 단체 등에 대한 문제의 제기 등 정당의 정치적 주장에 관하여는 그것이 어느 정도의 단정적인 어법 사용에 의해 수사적으로 과장 표현된 경

---

1) 대법원 1986. 10. 14. 86도1603 판결.
2) 독일에서는 표현의 자유와 명예권을 조화시키기 위한 일반원칙으로 '상호교차효이론'(Wechsel-wirkungslehre)을 발전시키고 있다. 이 이론은 표현의 자유의 한계를 이루는 개인적 명예권이 다른 한편으로는 표현의 자유라는 기본권에 의해서 제약받음으로써 두 기본권이 서로 제약하는 원리로 기능한다고 한다(BVerfGE 42, 143, 150). 이 이론은 동시에 표현의 자유와 개인적 명예권이 서로를 제약하는 원리로서 기능하는 경우에도 표현의 자유는 자유민주국가에 있어서 가치설정적 의미를 가진다는 것을 특히 고려할 것을 강조한다. 학자에 따라서는 이 이론을 '그네이론'(Schaukel-Theorie)이라고 부르기도 한다(*H. H. Klein, W. Schmitt-Glaeser*). 그러나 이 이론은 아직까지 실제사건에서 구체적 문제를 해결할 수 있는 실용적 기준을 제시하지는 못하고 있다.

우라고 하더라도 구체적 정황의 뒷받침 없이 악의적이거나 현저히 상당성을 잃은 공격이 아닌 한 쉽게 그 책임을 추궁하여서는 아니 된다고 할 것이다."(대법원 2007. 11. 30. 2005다40906 판결)

판례 "신문기사의 명예훼손 여부를 판단함에 있어서는 제목이 본문의 내용으로부터 현저히 일탈하고 있어 그 자체만으로 별개의 독립된 기사로 보지 않을 수 없는 경우 등과 같은 특별한 사정이 없는 한 제목만을 따로 떼어 본문과 별개로 다루어서는 아니 되고, 제목과 본문을 포함한 기사 전체의 취지를 전체적으로 파악하여야 할 것이다."(대법원 2009. 1. 30. 2006다60908 판결)

판례 "특히 정부 또는 국가기관의 정책결정이나 업무수행과 관련된 사항은 항상 국민의 감시와 비판의 대상이 되어야 하는 것이고, 이러한 감시와 비판은 이를 주요 임무로 하는 언론보도의 자유가 충분히 보장될 때에 비로소 정상적으로 수행될 수 있으며, 정부 또는 국가기관은 형법상 명예훼손죄의 피해자가 될 수 없으므로, 정부 또는 국가기관의 정책결정 또는 업무수행과 관련된 사항을 주된 내용으로 하는 언론보도로 인하여 그 정책결정이나 업무수행에 관여한 공직자에 대한 사회적 평가가 다소 저하될 수 있다고 하더라도, 그 보도의 내용이 공직자 개인에 대한 악의적이거나 심히 경솔한 공격으로서 현저히 상당성을 잃은 것으로 평가되지 않는 한, 그 보도로 인하여 곧바로 공직자 개인에 대한 명예훼손이 된다고 할 수 없다(대법원 2003. 7. 22. 선고 2002다62494 판결, 대법원 2006. 5. 12. 선고 2004다35199 판결 등 참조)."(대법원 2011. 9. 2. 2010도17237 판결)

판례 〈기소유예처분취소(인용 = 취소)〉 "개인의 명예훼손적 표현에 이 사건 근거조항과 같은 명예훼손 관련 실정법을 해석·적용할 때에는 표현의 자유와 명예의 보호라는 상반되는 두 기본권의 조정 과정에 다음과 같은 사정을 고려하여야 한다. 즉, 당해 표현으로 인한 피해자가 공적 인물인지 아니면 사인(私人)인지, 그 표현이 공적인 관심 사안에 관한 것인지 순수한 사적인 영역에 속하는 사안인지, 피해자가 당해 명예훼손적 표현의 위험을 자초(自招)한 것인지, 그 표현이 객관적으로 국민이 알아야 할 공공성·사회성을 갖춘 사실(알권리)로서 여론형성이나 공개토론에 기여하는 것인지 등을 종합하여 구체적인 표현 내용과 방식에 따라 상반되는 두 권리를 유형적으로 형량한 비례관계를 따져 표현의 자유에 대한 한계 설정을 할 필요가 있는 것이다. 공적 인물과 사인, 공적인 관심 사안과 사적인 영역에 속하는 사안 간에는 심사기준에 차이를 두어야 하고, 더욱이 이 사건과 같은 공적 인물의 공적 활동에 대한 명예훼손적 표현은 그 제한이 더 완화되어야 하는 등 개별사례에서의 이익형량에 따라 그 결론도 달라지게 된다(헌재

1999. 6. 24. 97헌마265, 판례집 11-1, 768, 777 참조).

다만, 공인 내지 공적인 관심 사안에 관한 표현이라 할지라도 무제한 허용되는 것은 아니다. 일상적인 수준으로 허용되는 과장의 범위를 넘어서는 명백한 허위사실로서 개인에 대한 악의적이거나 현저히 상당성을 잃은 공격은 명예훼손으로 처벌될 수 있다. 공적 토론의 장은 개인의 의견과 그에 대한 다른 사람의 비판을 서로 주고받음으로써 형성되는 것인데, 지나치게 개인을 비방하는 표현은 그 개인의 인격권을 침해하는 동시에 여론형성이나 공개토론의 공정성을 해침으로써 정치적 의사형성을 저해하게 되므로, 이러한 표현에 대해서는 표현의 자유가 제한될 수 있어야 한다.

공직자의 특정정책에 대해 비판적인 언론보도와 같은 경우 표현의 자유가 폭넓게 보호된다고 볼 수 있다. 정부 또는 국가기관의 정책결정이나 업무수행과 관련된 사항은 항상 국민의 감시와 비판의 대상이 되어야 하고, 이러한 감시와 비판은 이를 주요 임무로 하는 언론보도의 자유가 충분히 보장될 때에 비로소 정상적으로 수행될 수 있으며, 정부 또는 국가기관은 형법상 명예훼손죄의 피해자가 될 수 없으므로, 정부 또는 국가기관의 정책결정 또는 업무수행과 관련된 사항을 주된 내용으로 하는 언론보도 등으로 인하여 그 정책결정이나 업무수행에 관여한 공직자에 대한 사회적 평가가 다소 저하될 수 있다고 하더라도, 그 보도의 내용이 공직자 개인에 대한 악의적이거나 심히 경솔한 공격으로서 현저히 상당성을 잃은 것으로 평가되지 않는 한, 그 보도로 인하여 곧바로 공직자 개인에 대한 명예훼손이 된다고 할 수 없다(대법원 2011. 9. 2. 선고 2010도17237 판결 참조).

공직자의 공무집행과 직접적인 관련이 없는 개인적인 사생활에 관한 사실이라도 일정한 경우 공적인 관심 사안에 해당할 수 있다. 공직자의 자질·도덕성·청렴성에 관한 사실은 그 내용이 개인적인 사생활에 관한 것이라 할지라도 순수한 사생활의 영역에 있다고 보기 어렵다. 일정한 범위의 공직자 및 공직후보자는 재산과 병역사항 등을 공개하고 있고(공직자윤리법 제10조, 제10조의2, 공직자등의 병역사항 신고 및 공개에 관한 법률 제10조), 공직선거 후보자의 경우에는 재산, 병역사항, 소득세·재산세·종합부동산세의 납부 및 체납사실, 범죄경력, 정규학력에 관한 서류를 제출하도록 하고 있다(공직선거법 제49조 제 4 항). 이러한 사실은 공직자 등의 사회적 활동에 대한 비판 내지 평가의 한 자료가 될 수 있고, 업무집행의 내용에 따라서는 업무와 관련이 있을 수도 있으므로, 이에 대한 문제제기 내지 비판은 허용되어야 한다."(헌재 2013. 12. 26. 2009헌마747 결정)

공중도덕이나 사회윤리를 침해하는 언론·출판행위의 대표적인 것은 음란문서의 제작·판매 등이다. 음란성의 기준은 작품전체와의 관련에서 동시대의 통상인에 대한 효과를 고려하여 판단하여야 할 것이다. 공중도덕·사회윤리를 침해한 방송국에 대해서는 방송위원회가 그 제재 등을 행하고 있다.

8. 言論·出版의 自由의 制限

(1) 法律에 의한 制限

헌법 제37조 제 2 항에 따라 제한될 수 있다. 언론·출판의 자유를 제한하는 법률로는 「신문 등의 진흥에 관한 법률」, 방송법, 군사기밀보호법, 군사시설보호법, 「출판문화산업 진흥법」 등이 있다.

(2) 非常戒嚴에 의한 制限

대통령은 헌법 제76조에 따라 법률의 효력을 가지는 긴급명령을 발할 수 있고, 이 긴급명령에 의해 언론·출판의 자유는 제한될 수 있다. 또한 헌법 제77조 제 3 항에 따라 비상계엄이 선포된 때에는 언론·출판의 자유에 대하여 특별한 조치로서 검열 등 사전통제를 받게 된다.

(3) 制限基準에 관한 理論

언론·출판의 자유를 국가안전보장·질서유지·공공복리를 위하여 법률로 제한하는 경우에도 본질적 내용은 침해될 수 없다. 더 나아가서 기본권제한의 일반원칙을 지켜야 한다. 그 밖에도 언론·출판이 갖는 중요성 때문에 다음과 같은 제한기준들이 제시되어 있다.

1) 사전제한금지

헌법 제21조 제 2 항은 "언론·출판에 대한 허가나 검열 … 인정되지 아니한다"고 하고 있다.

① 허가제금지

헌법 제21조 제 2 항의 규정상 언론·출판에 대한 허가제는 일체 허용되지 않는다. 그러나 헌법 제21조 제 3 항은 "통신·방송의 시설기준과 신문의 기능을 보장하기 위하여 필요한 사항은 법률로 정한다"고 규정하고 있기 때문에 국가안전보장·질서유지·공공복리를 위하여 어느 정도의 제한이 있을 수 있다. 그러나 그러한 제한이 실질적으로 허가제와 같은 것이라면 그것은 제21조 제 2 항의 규정에 배치되어 위헌이 될 것이다.

274. 언론·출판의 자유의 제한

275. 언론·출판에 대한 사전제한금지: 허가제 금지, 검열제 금지

276. 언론·출판에 대한 허가제는 일체 허용되지 않는다

② 검열제금지

일찍이 밀턴은 1644년 Areopagitica에서 다음과 같은 이유에서 사전검열을 반대한 바 있다. 첫째, 출판물이 햇빛을 보기도 전에 재판을 받는다. 둘째, 무과실의 검열관은 있을 수 없다. 셋째, 국민이 알아도 무방한 것과 안 될 것을 당국이 선별한다는 것은 저자뿐만이 아니라 국민에 대한 모욕이다.

이러한 생각은 '사전억제금지이론'(the ban on prior restraints)으로 구성되었다. 사전억제금지이론은 개인이 정보나 사상을 발표하기 전에 국가기관이 그 내용을 사전에 심사·선별하여 일정한 범위 내에서 표현을 저지하는 행위, 곧 '검열'(censorship, Zensur)의 금지를 의미한다. 이러한 사전검열금지제도는 바이마르 시대의 판례와 통설을 통하여 확립되었다.[1][2]

판례 〈「정기간행물의 등록 등에 관한 법률」제10조 제1항 등에 대한 헌법소원(합헌)〉 "납본제는 사전검열이 아니다. 헌법재판소는 정기간행물의 등록 등에 관한 법률 제10조 제1항의 납본제도는 문화정책적인 필요성에 따라 도서관진흥법과 국회도서관법에 규정된 납본제도와는 별개로 언론의 건전한 발전과 정기간행물 출판문화의 건전한 향상을 도모하기 위하여 정기간행물을 효율적으로 관리하고 외형적인 질서를 유지하려는 데 그 목적이 있는 것으로, 등록한 정기간행물은 자유로이 발행할 수 있으되 발행한 후에(지체없이) 그 정기간행물 2부를 납본하도록 하고 있음에 불과하여 정기간행물이 외부에 공개 내지 배포되기 이전에 그 표현내용을 심사하여 그 발행금지 내지 어떤 제한이나 제재가 가해지는 것은 아니라 할 것이며, 결국 발행된 정기간행물을 공보처에 납본하는 것은 그 정기간행물의 내용을 심사하여 이를 공개 내지 배포하는 데 대한 허가나 금지와는 전혀 관계 없는 것으로서 사전검열이라고 볼 수 없다."(헌재 1992. 6. 26. 90헌바96 결정)

판례 〈영화법 제4조 제1항 등 위헌소원(합헌)〉 "영화법에서 영화의 제작을 업으로 하고자 하는 자에게 등록의무를 부과하는 것은 영화산업의 육성발전을 촉진하고 영화예술의 질적 향상을 도모하기 위하여 문화체육부장관이 영화제작업자의 실태를 파악하여 이를 건전하게 육성하고 그 기능이 공공의 이익과 질서유지에 합당하게 지속적으로 유지·발전되도록 하기 위한 것이므로, 영화법 제4조 제1항 및 제32조 제1호는 헌법상 보장된 표현의 자유의 내용을 간섭

---

1) 검열일반에 대하여는 B. Rieder, *Dei Zensurbegriffe des Art. 118 Abs. 2 der Weimarer Reichsverfassung und des Art. 5 Abs. 1 Atatz 3 des Bonner Grundgesetzes*, 1970 참조.
2) 미국에서도 이 이론이 판례에서 채택된 바 있다. Near v. Minnesota, 283 U.S. 697 (1931); Keyishian v. Board of Regents, 385 U.S. 589(1967); Smith v. Goguen, 415 U.S. 566(1974) 참조.

하기 위한 것이 아니라 단순히 주무행정관청의 기본업무인 행정상의 절차와 행정업무상 필요한 사항을 등록하게 하고 이를 규제하기 위하여 그 위반행위에 대한 벌칙규정을 두고 있는 데 불과한 것이다. 따라서 위 법률조항은 입법부가 그러한 규제를 함에 있어서 입법재량을 남용함으로써 과잉금지의 원칙에 위반하는 등 자의적인 입법을 하지 않는 이상 그 규제입법 자체를 위헌이라고 할 수 없다."(헌재 1996. 8. 29. 94헌바15 결정)

판례 〈영화법 제10조 등에 대한 위헌제청 등(위헌)〉 "영화의 상영으로 인한 실정법위반의 가능성을 사전에 막고, 청소년 등에 대한 상영이 부적절할 경우 이를 유통단계에서 효과적으로 관리할 수 있도록 미리 등급을 심사하는 것은 사전검열이 아니다."(헌재 1996. 10. 4. 93헌가13 등 병합결정)

판례 〈「음반 및 비디오물에 관한 법률」 제16조 제 1 항 등 위헌제청(위헌)〉 "검열금지의 원칙은 모든 형태의 사전적인 규제를 금지하는 것이 아니고, 의사표현의 발표 여부가 오로지 행정권의 허가에 달려 있는 사전심사만을 금지하는 것이다. 그리고 검열은 일반적으로 허가를 받기 위한 표현물의 제출의무, 행정권이 주체가 된 사전심사절차, 허가를 받지 아니한 의사표현의 금지 및 심사절차를 관철할 수 있는 강제수단 등의 요건을 갖춘 경우에만 이에 해당되는 것이다." (헌재 1996. 10. 31. 94헌가6 결정)

판례 〈「음반 및 비디오물에 관한 법률」 제16호 제 1 항의 위헌제청(위헌)〉 "헌법 제21조 제 2 항에서 정하는 허가나 검열은 행정권이 주체가 되어 사상이나 의견 등이 발표 되기 이전에 예방적 조치로서 그 내용을 심사·선별하여 발표를 사전에 억제하는, 즉 허가받지 아니한 것의 발표를 금지하는 제도를 뜻하는바, 사전허가금지의 보장은 어디까지나 언론·출판자유의 내재적 본질인 표현의 내용을 보장하는 것을 말한다."(헌재 1997. 8. 21. 93헌바51 결정)

판례 〈「구 음반·비디오물 및 게임물에 관한 법률」 제20조 제 4 항 위헌제청(위헌)〉 "헌법상의 검열금지의 원칙은 검열이 행정권에 의하여 행하여지는 경우에 한하므로 비디오물의 심의 및 등급분류기관인 영상물등급위원회가 이에 해당하는지에 대하여 의문이 있을 수 있다. 그런데 여기서 영상물등급위원회가 행정기관인가의 여부는 기관의 형식에 의하기보다는 그 실질에 따라 판단되어야 할 것이다. 예를 들면 검열을 행정기관이 아닌 독립적인 위원회에서 행한다고 하더라도 행정권이 주체가 되어 검열절차를 형성하고 검열기관의 구성에 지속적인 영향을 미칠 수 있는 경우라면 실질적으로 보아 검열기관은 행정기관이라고 보아야 한다. 왜냐하면 그렇게 해석하지 아니한다면 검열기관의 구성은 입법기술의 문제이므로 정부에게 행정관청이 아닌 독립된 위원회의 구성을 통하여 사실상 검열을 하면서도 헌법상 검열금지원칙을 위반하였다는 비난을 면할 수 있는 길을 열어주기 때문이다(헌재 1996. 10. 4. 93헌가13 등, 판례집 8-2, 212, 226).

그런데 비디오물에 대한 심의 및 상영등급분류업무를 담당하고 등급분류보류 결정권한을 갖고 있는 영상물등급위원회의 경우에도, 비록 이전의 공연윤리위원회나 한국공연예술진흥협의회와는 달리 문화관광부장관에 대한 보고 내지 통보의 무는 없다고 하더라도, 여전히 영상물등급위원회의 위원을 대통령이 위촉하고(제7조 제2항), 위원회의 운영에 필요한 경비를 국고에서 보조할 수 있으며(제19조 제1항), 국고 예산 등이 수반되는 사업계획 등은 미리 문화관광부장관과 협의하도록 규정하고 있는 점(제19조 제2항) 등에 비추어 볼 때, 행정권이 심의기관의 구성에 지속적인 영향을 미칠 수 있고 행정권이 주체가 되어 검열절차를 형성하고 있다고 보지 않을 수 없다.

영상물등급위원회가 비록 그의 심의 및 등급분류활동에 있어서 독립성이 보장된 기관이라 할지라도(제15조), 그것이 검열기관인가 여부를 판단하는 데 있어서 결정적인 것이라고는 할 수 없다. 심의기관의 독립성이 보장되어야 하는 것은 단지 심의절차와 그 결과의 공정성 및 객관성을 확보하기 위하여 모든 형태의 심의절차에 요구되는 당연한 전제일 뿐이기 때문이다(헌재 1996. 10. 4. 93헌가13 등, 판례집 8-2, 212, 227). 국가에 의하여 검열절차가 입법의 형태로 계획되고 의도된 이상, 비록 검열기관을 민간인들로 구성하고 그 지위의 독립성을 보장한다고 해서 음비게법이 정한 등급분류보류제도의 법적 성격이 바뀌는 것은 아니다.

따라서 이러한 영상물등급위원회에 의한 등급분류보류제도는 '행정권이 주체가 된 사전심사절차'라는 요건도 충족시킨다."(헌재 2008. 10. 30. 2004헌가18 결정)

그러나 언론·출판에 대한 사후통제는 가능하다. 예컨대 언론·출판이 타인의 명예나 권리 또는 공중도덕이나 사회윤리를 침해한 경우에는 사후통제(예컨대 잡지의 배포금지)가 가능하다. 또한 등록[1]이나 신고도 사전검열이 아니므로 허용된다. 또한 헌법 제77조 제3항에 따라 비상계엄이 선포된 때에는 언론·출판의 자유에 대하여 특별한 조치로서 검열 등 사전통제를 받게 된다. 그 밖에도 수입

---

1) 판례:「정기간행물의 등록 등에 관한 법률」제 7 조 제 1 항 제 9 호에서의 해당시설을 자기 소유이어야 하는 것으로 해석하는 한 신문발행인의 자유를 제한하는 것으로서 허가제의 수단으로 남용될 우려가 있으므로, 헌법 제12조의 죄형법정주의의 원리에 반하고 헌법상 금지되고 있는 과잉금지의 원칙이나 비례의 원칙에 반한다(헌재 1992. 6. 26. 90헌가23 결정). 또한 헌법재판소는「출판사 및 인쇄소의 등록에 관한 법률」의 등록취소규정은 "등록취소로 인한 기본권적 이익의 실질적 침해는 그다지 크지 않은 반면 음란 출판의 금지 및 유통억제의 필요성과 공익은 현저히 크다고 볼 수밖에 없어 과잉금지의 원칙에 위반되지 않는다"고 하였다(헌재 1998. 4. 30. 95헌가23 결정).

된 외화, 지나친 외설도서, 불온문서 등은 공중도덕과 사회윤리, 국가이익과 질서유지에 크게 해를 끼칠 염려가 있을 때에 한하여 검열이 용인되고 사후 처벌의 대상이 된다.

> **판례** 〈「정기간행물의 등록 등에 관한 법률」제10조 제1항 등에 대한 헌법소원 (합헌)〉 "언론·출판에 대한 이 검열금지는 사전검열금지만을 의미한다는 것이 세계의 자유민주주의국가에 있어서 일반적인 경향이다. 언론·출판에 대한 검열금지라 함은 헌법 제21조 제1항이 보장하고 있는 언론·출판의 자유에 따라 모든 국민은 자유로이 자신의 의사를 표현할 수 있는데 이러한 의사표현이 외부에 공개되기 이전에 국가기관이 그 내용을 심사하여 특정한 의사표현의 공개를 허가하거나 금지시키는 이른바 사전검열의 금지를 말한다. 이에 반하여 헌법상 보호되지 않는 의사표현에 대하여 그 공개 후에 국가기관이 간섭하는 것을 금지하고 있는 것은 아니다."(헌재 1992. 6. 26. 90헌바26 결정)

2) 사후통제 — 표현의 자유의 제한에 관한 합헌성 판단이론

표현의 자유를 사후적으로 통제하는 데에도 여러 가지 한계가 있다. 표현의 자유를 사후적으로 제한하는 법률의 합헌성 판단기준으로는 명확성의 이론, 이익형량이론, 명백하고 현존하는 위험의 원칙, 우월적 지위의 원칙 등이 있다.

279. 언론·출판의 자유의 사후통제의 한계에 대한 학설

① 명확성의 이론

가. 내 용

'명확성의 이론'(the void-for-vagueness doctrine)은 불명확한 법률문구로 표현의 자유를 제한할 수는 없고, 해당 법률조항 등이 막연한 때에는 무효로 한다는 이론이다. 더구나 지나치게 막연하고 광범위한 내용을 담고 있는 법률은 법원의 판단을 기다릴 필요도 없이 '문언상 무효'(void on its face)가 된다고 한다 (Overbredth and vagueness doctrine).[1] 왜냐하면 명확성을 잃은 법령은 처벌대상인 행위를 미리 고지할 수 없고, 또 그렇기 때문에 법적용기관의 자의를 허용할 위험성이 있기 때문이다.

280. 명확성의 이론: 내용

> **판례** 〈전기통신사업법 제53조 등 위헌확인(위헌, 각하)〉 "표현의 자유를 규제하는 입법에 있어서 명확성의 원칙은 특별히 중요한 의미를 지닌다. 무엇이 금지되는 표현인지가 불명확한 경우에, 자신이 행하고자 하는 표현이 규제의 대상이 아

---

1) Thornhill v. Alabama, 310 U.S. 88(1940). 그러나 이 이론은 *Burger/Rehnquist*법원에 와서는 약간 후퇴하는 경향을 보이고 있다. Broadrick v. Oklahoma, 413 U.S. 601(1973).

니라는 확신이 없는 기본권주체는 대체로 규제를 받을 것을 우려해서 표현행위를
스스로 억제하게 될 가능성이 높기 때문에 표현의 자유를 규제하는 법률은 규제
되는 표현의 개념을 세밀하고 명확하게 규정할 것이 헌법적으로 요구된다. 그런
데, '공공의 안녕질서 또는 미풍양속을 해하는'이라는 불온통신의 개념은 너무나
불명확하고 애매하다. 여기서의 '공공의 안녕질서'는 헌법 제37조 제 2 항의 '국
가의 안전보장·질서유지'와, '미풍양속'은 헌법 제21조 제 4 항의 '공중도덕이나
사회윤리'와 비교하여 볼 때 동어반복이라 해도 좋을 정도로 전혀 구체화되어
있지 아니하다. 이처럼, '공공의 안녕질서', '미풍양속'은 매우 추상적인 개념이어
서 어떠한 표현행위가 과연 '공공의 안녕질서'나 '미풍양속'을 해하는 것인지, 아
닌지에 관한 판단은 사람마다의 가치관, 윤리관에 따라 크게 달라질 수밖에 없
고, 법집행자의 통상적 해석을 통하여 그의 의미내용을 객관적으로 확정하기도
어렵다."(헌재 2002. 6. 27. 99헌마480 결정)

나. 명확성의 이론에 대한 우리 헌법재판소의 입장

281. 명확성의 이론에 대한 우리 헌법재판소의 입장

우리 헌법재판소는 명확성의 원칙이란 기본적으로 최대한이 아닌 최소한의
명확성을 요구하는 것이라고 한다. 곧 법문언의 해석을 통해서, 곧 법관의 보충
적인 가치판단을 통해서 그 의미내용을 확인해 낼 수 있고, 그러한 보충적 해석
이 해석자의 개인적인 취향에 따라 좌우될 가능성이 없다면 명확성의 원칙에 반
한다고 할 수 없다고 한다.[1] 헌법재판소는 국가보안법 제 7 조에 대한 위헌심판,
국가보안법 제 9 조 제 2 항에 대한 헌법소원, 군사기밀보호법 제 6 조 등에 대한
위헌심판[2] 등에서 이 이론을 원용하였다.

판례 〈국가보안법 제 7 조에 대한 위헌심판(한정합헌)〉 "국가의 존립·안전이나
자유민주적 기본질서에 무해한 행위는 처벌에서 배제하고 이에 실질적 해악을 미
칠 명백한 위험성이 있는 경우로 처벌을 축소 제한하는 것이 헌법합치적 해석이
될 것이며, 이러한 제한해석은 표현의 자유의 우월적 지위에 비추어 당연한 요청
이고, 이에 해당되는 여부는 소정의 행위와 위험성의 접근정도도 기준이 되겠지
만 특히 해악이 크냐 적으냐의 정도에 따라 결정됨이 합당할 것이다."(헌재
1990. 4. 2. 89헌가113 결정)

판례 〈국가보안법 제 9 조 제 2 항에 대한 헌법소원(한정합헌)〉 "개정전 국가보
안법 제 9 조 제 2 항에서 규제대상이 되는 편의제공은 그 문언해석상 그 적용범위

---

1) 헌재 1998. 4. 30. 95헌가16 결정〈「출판사 및 인쇄소의 등록에 관한 법률」제 5 조의2 제 5 호
등 위헌제청(위헌, 합헌)〉.
2) 헌재 1992. 2. 25. 89헌가104 결정〈군사기밀보호법 제 6 조 등에 대한 위헌심판(한정합헌)〉.

가 넓고 불명확하므로 헌법 제10조 소정의 행복추구권에서 파생하는 일반적 행동 자유권은 물론, 도움은 말로도 줄 수 있는 것이라면 제21조 소정의 표현의 자유 마저 위축시킬 수 있고, 법운영당국에 의한 편의적·자의적 집행의 소지가 생길 수 있어 법치주의·죄형법정주의에 위배될 소지가 있으며, 위 법률조항은 국가의 안전과는 무관한 남북간의 경제·사회·문화·체육 등 영역에 있어서의 큰 걸림돌 이 될 수밖에 없어 헌법 제 4 조에서 천명한 평화통일정책의 추구에 큰 지장을 줄 수 있다. … 그러나 대한민국의 체제전복이나 자유민주적 기본질서의 파괴를 시도 하는 자에 대한 협조적 편의제공의 행위까지 기본권이라는 이름으로 보호하는 것 은 헌법이 아니다. … 따라서 위 조항에서 처벌대상으로 되어야 할 것은 편의제공 행위 가운데서 국가의 존립이나 자유민주적 기본질서에 실질적 해악을 미칠 구체 적이고 명백한 위험성이 있는 경우로 축소제한하여야 할 것이고, 이와 같은 해석 하에서 위 조항은 헌법에 위반되지 아니한다."(헌재 1992. 4. 14. 90헌바23 결정)

② 이익형량이론

가. 내　　용

이익형량이론은 구체적인 사건에서 표현의 자유를 누리는 데서 얻는 개인의 이익과 표현을 제한하는 법률에서 추구하려는 공공의 이익을 형량하여 제한하려 는 이익의 비중이 클 때, 그 제한을 인정한다는 이론이다. 이 이론은 1950년 Douds[1] 판결에서 처음 채용된 이래 미국에서 많이 인용되었다. 우리 헌법재판 소도 국가보안법 제 7 조 제 1 항·제 5 항에 대한 한정합헌결정에서 이 이론을 적 용한 바 있다.

282. 이익형량이론의 내용

> **판례** 〈국가보안법 제 7 조에 대한 위헌심판(헌정합헌)〉 "그러나 (국가보안법) 제 7 조 제 1 항의 그 다의성 때문에 위헌문제가 생길 수 있다고 해서 전면위헌으로 완전 폐기되어야 할 규정으로 보지 않으며 완전폐기에서 오는 법의 공백과 혼란 도 문제지만, 남북간에 일찍이 전쟁이 있었고 아직도 휴전상태에서 남북이 막강 한 군사력으로 대치하며 긴장상태가 계속되고 있는 마당에서는 완전폐기함에서 오 는 국가적 불이익이 폐기함으로써 오는 이익보다는 이익형량상 더 클 것이다." (헌재 1990. 4. 2. 89헌가113 결정)

나. 비　　판

그러나 이 이론에 대하여는 일정한 객관적 기준 없이 사건마다 형량해야 하는 어려움이 있을 뿐만 아니라 판단자의 주관이나 사회적 분위기 등에 따라

283. 이익형량이론에 대한 비판과 새로운 기준: 이중기준이론

---

1) American Communications Association v. Douds, 339 U.S. 1382.

규제의 틀이 달라질 수 있다는 비판이 있다.

다. 이중기준이론

이와 관련하여 정신적 자유와 경제적 자유를 구별하여 전자의 우월을 인정하는 '이중기준'(double standard)이론이 미국의 헌법판례와 이론에서 전개되고 있다. 그 근거로서는 정신적 자유가 최고의 자연권이라고 하는 자연권설, 진리발견을 위하여 불가결한 사상의 자유시장의 확보는 경제의 자유시장보다도 고도로 요청된다는 설, 사상의 자유는 대표민주제의 필수적인 전제로서 특별히 보장되어야 한다는 대표민주제론 등이 주장되고 있다.[1]

헌법재판소는 "표현의 자유는 인격을 형성하는 개인적 가치인 자기실현의 수단임과 동시에 사회 구성원으로서 평등한 배려와 존중을 기본원리로 공생·공존관계를 유지하고 정치적 의사결정에 참여하는 사회적 가치인 자기통제를 실현하는 수단이며",[2] 또한 그것이 "바로 민주국가의 존립과 발전을 위한 기초가 되기 때문에 특히 우월적인 지위를 지니고 있는 것이 현대 헌법의 특징이기도 하다"[3]는 점을 강조하고 있다.

> **판례** 〈군사기밀보호법 제6조 등에 대한 위헌심판(한정합헌)〉 "자유민주주의 사회는 전체주의 사회와 달라서 정부의 무류성(無謬性)을 믿지 않으며 정부는 개인이나 일반대중과 마찬가지로 또는 그 이상으로 오류를 범할 가능성이 있을 뿐만 아니라 권력을 가진 자가 오류를 범한 경우의 영향은 대단히 크다고 하는 역사적 경험을 전제로 하여 정부가 국민의 비판을 수렴함으로써 오류를 최소화할 수 있다는 사고방식을 보편적으로 수용하고 있는 것이다. 표현의 자유가 다른 기본권에 우선하는 헌법상의 지위를 갖는다고 일컬어지는 것도 그것이 단순히 개인의 자유인 데 그치는 것이 아니고 통치권자를 비판함으로써 피치자가 스스로 지배기구에 참가한다고 하는 자치정체(自治政體)의 이념을 근간으로 하고 있기 때문인 것이다."(헌재 1992. 2. 25. 89헌가104 결정)

---

1) 「화재로 인한 재해보상과 보험가입에 관한 법률」제5조 제1항의 위헌여부에 관한 헌법소원의 위헌결정에서 소수의견(재판관 변정수, 김양균)은 이중기준론을 원용한 바 있다. "재산적·경제적 권리(자유)에 관한 합헌성의 판단기준은, 신체 및 정신작용과 관련된 인신보호를 위한 기본권 등에 대한 제한의 합헌성 판단기준이 엄격하게 적용되는 것과는 달리 관대하게 적용됨으로써 국가의 재량의 범위를 비교적 넓게 인정하는 것이 현대국가의 추세이며, 이것이 이중기준의 원칙이다"(헌재 1991. 6. 3. 89헌마204 결정).
2) 헌재 1999. 6. 24. 97헌마265 결정〈불기소처분취소(기각)〉.
3) 헌재 1991. 9. 16. 89헌마163 결정〈약사관리제도 불법운용과 한약업사업권 침해에 관한 헌법소원(각하)〉.

> **판례** 〈정당법 제 6 조 제 1 호 등 위헌확인(기각)〉　"오늘날 정치적 표현의 자유
> 는 실로 정치적 언론·출판·집회·결사 등 모든 영역에서의 자유를 말하므로, 이
> 권리는 자유민주적 기본질서의 구성요소로서 다른 기본권에 비하여 우월한 효력
> 을 가진다고 볼 수 있다."(헌재 2004. 3. 25. 2001헌마710 결정)

③ 명백하고 현존하는 위험의 원칙

가. 내　　용

'명백하고 현존하는 위험'(clear and present danger)의 원칙은 1919년 셍크판 결[1]에서 홈즈 *Holmes* 판사가 주장하고,[2] 1927년 휘트니판결[3]에서 브랜디스 *Brandeis* 판사에 의하여 지지된 이후 미국에서는 통설이 되었다.

이 원칙에서 '명백'이란 표현과 해악 발생 사이에 인과관계가 존재하는 것 을, '현존'이란 해악발생이 시간적으로 근접한 것을, '위험'이란 해악발생의 개연 성을 뜻한다. 따라서 이 원칙에 따르면 언론자유제한의 합헌성 기준은 첫째, 언 론자유를 이 이상 더 허락하면 중대한 해악이 염려될 때, 둘째, 우려되는 위험 이 절박했다고 확신될 때, 셋째, 방지해야 할 해악이 중대하다고 확신될 때이다.

나. 변용·수정·재등장

이 원칙은 변용되어 샌포드 *Sanford* 판사에 의하여 1925년의 지트로브판 결[4]에서 '위험한 경향'(dangerous tendency)의 원칙에까지 후퇴하게 되었다가

284. 명백하고 현존 하는 위험의 원칙의 성립과 그 내용

285. 명백하고 현존 하는 위험원칙의 변 용·수정·재등장

---

1) Schenck v. U.S., 249 U.S. 47. "언론의 자유를 제한하는 법률의 금지는 사전제한의 금지 를 주된 목적으로 하는 것이었겠지만, 반드시 그것에만 국한되는 것은 아니라고 할 수 있 다. … 평상시라면 피고인들이 여러 장소에서, 전단(傳單)에서 말한 모든 것을 이야기하더 라도 그것은 헌법상 권리의 범위 내의 것이 될 것임은 인정한다. 그러나 모든 행위의 성 격은 그것이 행해진 상황에 달려 있다. … 언론자유를 아무리 엄격히 보호한다고 하더라도 극장에서 거짓말로 불이 났다고 소리쳐서 혼란을 야기시키는 사람까지 보호하지는 않을 것이다. … 모든 경우에 문제는, 사용된 말이, 의회가 그것을 방지할 권한을 가지는 '중대 한 해악'(substantive evils)을 가져올 '명백하고 현존하는 위험'(clear and present danger) 을 발생시키는 상황에서 행해졌는가 그리고 그러한 성질인 것인가의 여부이다. 그것은 근 접도와 정도의 문제이다. 국가가 전쟁상태에 있을 때는 평화시에 이야기해도 되는 많은 것 들이 국가의(전쟁수행) 노력에 장애가 될 수 있고, 따라서 전투기간 동안은 그러한 말들이 허용되지 않을 것이다."

2) 그러나 이미 같은 해에 Abrahms v. United States, 250 U.S. 616(1919) 판결에서 '해로운 경향'(bad tendency)의 원칙이 등장하였다. 이에 대한 반대의견으로 홈즈 *O. W. Holmes* 판사는 개인이 각각 자신의 의견을 자유로이 표명하고 경쟁함으로써 진리에 도달할 수 있 다는 '사상의 자유시장론'을 개진하였다.

3) Whitney v. California, 274 U.S. 357.

4) Gitlow v. N. Y., 268 U.S. 652. 피고인 *Benjamin Gittlow*는 좌익선언문(Left Wing Manifesto)을 발행하고 정부의 폭력 등 불법적 수단에 의한 전복의 필요성을 선전하였는

1937년에 헤론던판결[1]에서 원형으로 복귀하여 1940년대에는 유지되었다.[2] 그러나 다시 1950년대에는 해악이 중대한 경우에는 그 위험이 절박하지 않은 경우에도 표현의 자유를 제한할 수 있다는 방향으로 수정되었다.[3] 1969년 브란덴버그 사건[4]에서 명백하고 현존하는 위험의 원칙이 재등장하여 계속되고 있다.[5]

바, 그러한 행위를 금지한 무정부주의 처벌조항(New york Penal Law §§ 160, 161)에 위반하였음을 이유로 기소되고 유죄판결을 받았다. 연방대법원은 법정의견에서 명백 현존하는 위험의 기준을 적용하지 않고 처벌의 합헌성을 인정하였다. "주 정부는 조직된 정부의 기초를 위태롭게 하고 위법한 수단으로 전복하겠다고 위협하는 언사를 처벌할 수 있다. 이것은 헌법상 주로서의 존재 자체를 위태롭게 하는 것이다. 언론과 출판의 자유는 공공의 평화와 정부의 전복을 저해하려는 시도를 보호하지 않는다. … 결국, 언론과 출판의 자유는 주로부터 그 기본적이고도 본질적인 자기보존의 권리를 빼앗지 못한다. 주는 이 법률을 제정함으로써 정부를 무력, 폭력, 기타 위법한 수단으로 전복하는 것을 권장하는 표현은 공공복리에 해로우며 또한 실질적인 해악의 위험을 포함하고 있기 때문에 일반적 질서규제권한(police power)의 행사로 처벌될 수 있을 것이라고 결정하였다. 그러한 결정은 충분히 존중되어야 한다. 해당 법률의 유효성이 인정되는 방향으로 추정되어야 한다."(667-669) 이상은 김진한, '불매운동의 표현행위의 업무방해죄 구성과 합헌적 법률해석의 통제기준', 헌법실무연구 제13권(2012), 박영사, 2012, 87쪽 이하(126쪽 각주 58)에 따랐음.

1) Hendon v. Lowry, 301 U.S. 242.

2) Thornhill v. Alabama, 310 U.S. 88(1940); West Virginia State Board of Education v. Barnette, 319 U.S. 624(1941); Bridges v. California, 314 U.S. 252(1941); Pennekamp v. Florida, 328 U.S. 331(1946); Craig v. Harney, 331 U.S. 367(1947).

3) Dennis v. United States, 341 U.S. 494(1951). 김진한, '불매운동의 표현행위의 업무방해죄 구성과 합헌적 법률해석의 통제기준', 126쪽에 따르면 연방대법원이 명백 현존하는 위험 기준의 원칙으로 복귀한 것은 1950년에 들어서면서이며, Watt v. U. S. 판결이 대표적이라고 한다.

4) Brandenburg v. Ohio, 395 U.S. 444. Ku Klux Klan 단체의 지도자인 피고인은 Ohio Criminal Syndicalism Statute 위반으로 유죄판결을 받았다. 동법은 산업적, 정치적 개혁의 수단으로서 범죄의 방법, 파업, 폭력 또는 불법적인 방법의 테러가 필요하다고 선전하거나, 그와 같은 테러를 할 의무가 있다고 선전, 교육하는 것 등을 범죄로 규정하고 있었다.

사안에서 문제가 된 피고인은 KKK 단체 집회에 TV 방송기자를 초대하여 집회 및 연설을 녹화하게 하였다. 문제된 영상물에는 하얀 두건을 쓴 사람들이 장총을 들고서 십자가를 불태우는 의식을 거행하는 장면, 만일 대통령·연방의회·연방대법원이 계속하여 우리 백인을 억압한다면 우리는 복수를 해야만 할 것이다, 검둥이들을 묻어버리자(Bury the niggers)라고 하는 등의 연설을 하는 장면 등이 담겨 있었다. 녹화물의 일부는 지역방송국의 뉴스시간에 보도되었다.

연방대법원은 표현의 자유의 헌법적 보호로부터 배제되기 위해서는 급박한 해악(imminent harm), 범법행위를 발생시킬 가능성(a likelihood of producing illegal action), 그와 같은 즉각적인 범죄행위를 발생시킬 의도(intent to cause imminent illegality)를 필요로 하는 것인바, 이 사건에서 문제된 법률조항은 그와 같은 요건을 갖추지 아니한 단순한 표현도 처벌하고 있으므로 수정헌법 제 1 조를 위반하는 위헌적인 법률이라고 판단하였다(448-449). 이상은 김진한, '불매운동의 표현행위의 업무방해죄 구성과 합헌적 법률해석의 통제기준', 126·127쪽에 따랐음.

5) Nebraska Press Association v. Stuart, 331 U.S. 367(1976).

다. 우리 헌법재판소와 명백하고 현존하는 위험의 원칙

우리 헌법재판소는 반국가단체의 활동을 찬양·고무하는 자에 대해 처벌하는 규정인 국가보안법 제 7 조 제 1 항·제 5 항에 대해서 그 규정들이 국가의 존립·안전을 위태롭게 하거나 자유민주적 기본질서에 실질적 해악을 미칠 명백한 위험성이 있는 행위에 대해서만 적용된다고 선언하여 한정합헌결정을 내리면서 이 법리를 적용한 바 있다.[1]

286. 우리 헌법재판소와 명백하고 현존하는 위험의 원칙

라. 명백하고 현존하는 위험의 원칙에 대한 비판

이 원칙에 대해서는 위험의 근접성과 정도를 판단하는 것은 주관적일 수 있다는 점과 행정청이 사전에 표현의 자유를 규제함에 있어 이 원칙을 판단의 기준으로 삼기에는 부적합하다는 점이 문제점으로 지적되고 있다.

287. 명백하고 현존하는 위험의 원칙에 대한 비판

④ 우월적 지위의 원칙

가. 내　용

'우월적 지위'(preferred position)의 원칙은 1938년 스톤 *Stone* 판사에 의하여 주장되었다.[2] 이 원칙에 따르면 표현·사상의 자유는 헌법상의 자유권 중에서 다른 모든 자유의 기반이며 없어서는 안 될 전제조건이므로, 이를 제한하면 어떤 자유나 정의도 있을 수 없다고 한다. 따라서 언론·출판의 자유와 종교의 자유는 자유권 가운데 우월적 지위가 인정되며, 그 제한입법은 유효한 사회목적의 실현을 위하여 합리적일 뿐 아니라 압도적인 종국적 판단으로 정당화되어야 비로소 인정되게 된다.[3][4]

288. 우월적 지위의 원칙 내용과 그에 대한 비판

나. 비　판

이 이론은 독일에서 말하는 기본권의 서열질서의 이론과 그 내용이 흡사하다. 기본권 사이에 우열이나 서열이 존재하지 아니한다는 것은 다른 곳에서 설명하였다.

⑤ 사　견

이렇듯 언론·출판의 자유를 제한하기 위한 합헌성 판단이론이 다수 제시되어 있음에도 불구하고 '명백하고 현존하는 위험'의 원칙을 제외하고는 이미

289. 언론·출판의 자유제한을 위한 합헌성판단이론에 대한

1) 헌재 1990. 4. 2. 89헌가113 결정〈국가보안법 제 7 조에 대한 위헌심판(한정합헌)〉; 헌재 1990. 6. 25. 90헌가11 결정〈국가보안법 제 7 조 제 5 항의 위헌심판(한정합헌)〉; 헌재 1992. 1. 28. 89헌가8 결정〈국가보안법 제 7 조 등에 관한 헌법소원(한정합헌)〉.
2) United States v. Carolene Producnts Co., 304 U.S. 144(152-3).
3) 이상 문홍주, 제 6 공화국 한국헌법, 277쪽.
4) 이 밖에도 표현의 자유의 제한에 있어서 단순한 표현은 제한할 수 없고, 행동만 제한할 수 있다는 '표현·행동이론'(expression-action theory)이 Th. I. Emerson, *The System of Freedom of Expressions*, 1970, p. 19에 의하여 주장되고 있다.

사견: 언론·출판의
자유를 제한하는 데
도 기본권제한의 일
반원칙이 적용되지만
특히 그 위험은 명백
하고 현존하는 것임
을 강조하는 것으로
충분하다

모두 기본권제한법률의 일반적 요건에서 이야기된 것들이다. 곧 우리 헌법 제 37조 제 2 항은 "국민의 모든 자유와 권리는 국가안전보장·질서유지 또는 공공복리를 위하여 필요한 경우에 한하여 법률로써 제한할 수 있으며"라고 하고 있다. 이 때 필요한 경우는 비례의 원칙을 표현한 것이며, 법률은 일반성과 명확성을 가진 정당한 절차에 따라 성립된 법률이어야 한다는 것은 이미 공지의 사실이다. 따라서 "언론·출판의 자유에 관해서는 특히 '명백하고 현존하는 위험의 원리', '명확성의 원칙', '과잉금지의 원칙'이 중요한 판단기준이 된다"[1]고 할 필요도 없이, 언론·출판의 자유의 제한에는 기본권제한의 일반원칙을 준수하되, 특히 다른 어떤 기본권에 비하여 국가안전보장·질서유지·공공복리에 대한 명백하고 현존하는 위험이 존재할 때에만 그 제한은 가능하며, 그 경우에도 언론·출판의 자유의 본질적 내용은 침해할 수 없다고 설명하는 것으로 충분할 것이다.

第11節　集會·結社의 自由

1. 憲法規定 및 沿革

(1) 憲法規定

290. 집회·결사의
자유에 대한 헌법규
정 — 헌법 제21조

헌법 제21조 제 1 항은 "모든 국민은 … 집회·결사의 자유를 가진다"고 하여 집회·결사의 자유를 보장하고 있고, 동 제 2 항은 "… 집회·결사에 대한 허가는 인정되지 아니한다"고 하여 집회·결사에 대한 허가제를 금지하고 있다.

(2) 沿　革

291. 집회·결사의
자유의 연혁

집회·결사의 자유가 헌법에 규정되기 시작한 것은 19세기 중엽부터이다. 영국에서는 1871년에 노동조합법이 제정됨으로써 노동자의 단결권이 본격적으로 인정되었으며, 미국에서는 남북전쟁 후에 결사의 자유가 보장되기 시작하였다. 독일의 경우는 1850년의 프로이센헌법이 집회·결사의 자유를 처음으로 규정하였다.

---

1) 허영, 한국헌법론, 538쪽.

(3) 立 法 例

입법례로서는 독일과 같이 집회의 자유와 결사의 자유를 별개의 조항으로 규정하는 경우와 미국헌법, 일본헌법과 같이 양자를 함께 규정하는 경우의 두 가지 경우가 있다.

292. 집회·결사의 자유에 대한 입법례

2. 集會의 自由

(1) 集會의 槪念 및 集會의 自由의 機能

1) 개념과 분류

집회라 함은 일정한 공동목적을 달성하기 위한 다수인의 일시적 회합을 말한다. 따라서 공동목적을 가지지 않은 도로상이나 시장의 군중은 집회에 해당되지 않는다. 집회는 집회장소에 따라 옥내집회와 옥외집회, 집회목적에 따라 정치적 집회와 비정치적 집회, 공개성여부에 따라 공개집회와 비밀집회로 분류된다.

293. 집회의 개념과 분류

> **판례** "계엄법상의 계엄당국이 금지하는 정치목적의 집회는 계엄목적 달성을 위하여 최소한으로 정당의 창당 등 정치적 결사를 위한 집회라든가 또는 대통령을 추대하기 위한 집회 등 구체적이고 뚜렷한 정치목적을 위한 집회에 한한다고 해석할 근거가 없다."(대법원 1982. 10. 26. 82도1861 판결)

> **판례** "'1인 시위'는 집시법의 적용요건인 '다수인'에 해당되지 않으므로 집시법에 의한 규제는 받지 않는다. 다만 사회상규를 벗어난 지나친 '1인 시위'는 업무방해죄에 해당된다. 구 집회 및 시위에 관한 법률에 의하여 보장 및 규제의 대상이 되는 집회란 '특정 또는 불특정 다수인이 공동의 의견을 형성하여 이를 대외적으로 표명할 목적 아래 일시적으로 일정한 장소에 모이는 것'을 말하고, 모이는 장소나 사람의 다과에 제한이 있을 수 없으므로 2인이 모인 집회도 위 법률의 규제 대상이 된다고 보아야 한다."(대법원 2012. 5. 24. 2010도11381 판결)

2) 기 능

오늘날 집회의 자유는 첫째, 개인의 인격실현과 개성신장을 촉진시키며 의사표현의 실효성을 증대시키고, 둘째, 대의기능이 약화된 경우에 직접민주주의의

294. 집회의 자유의 기능

수단이 될 수 있으며, 셋째, 소수의 의견을 국정에 반영함으로써 소수를 보호하는 기능을 한다.[1] 곧 집회의 자유는 언론매체의 대형화·독점화에 따라 자신의 의사를 효과적으로 표현하기 위한 수단을 상실하고 주로 메시지를 받는 입장에 빠진 일반대중의 의사표현의 자유를 보완하는 기능을 한다.

> **판례** 〈국가보안법 제7조 등에 관한 위헌심판(한정합헌)〉 "대의민주주의체제에 있어서 집회의 자유는 불만과 비판 등을 공개적으로 표출케 함으로써 오히려 정치적 안정에 기여하는 긍정적 기능을 수행하며, 이와 같은 자유의 향유는 민주정치의 바탕이 되는 건전한 여론표현과 여론형성의 수단인 동시에 대의기능이 약화되었을 때에 소수의견의 국정반영의 창구로서의 의미를 지님을 간과해서는 안 될 것이다. 그러한 의미에서 사회불안만 우려해서 무조건 집회·시위를 '타부'시할 것이 아니라 비폭력적이고 질서파괴의 것이 아니면 민주주의의 신장을 위해 위축시켜서는 안 될 기본권으로 보호하여야 할 것이다."(헌재 1992. 1. 28. 89헌가8 결정)

> **판례** 〈「집회 및 시위에 관한 법률」 제11조 제1호 중 국내주재 외국의 외교기관 부분 위헌소원, 「집회 및 시위에 관한 법률」 제11조 위헌소원(위헌)〉 "집회의 자유는 사회·정치현상에 대한 불만과 비판을 공개적으로 표출케 함으로써 정치적 불만이 있는 자를 사회에 통합하고 정치적 안정에 기여하는 기능을 한다. 특히 집회의 자유는 집권세력에 대한 정치적 반대의사를 공동으로 표명하는 효과적인 수단으로서 현대사회에서 언론매체에 접근할 수 없는 소수집단에게 그들의 권익과 주장을 옹호하기 위한 적절한 수단을 제공한다는 점에서, 소수의견을 국정에 반영하는 창구로서 그 중요성을 더해 가고 있다. 이러한 의미에서 집회의 자유는 소수의 보호를 위한 중요한 기본권인 것이다. 소수가 공동체의 정치적 의사형성 과정에 영향을 미칠 수 있는 가능성이 보장될 때, 다수결에 의한 공동체의 의사결정은 보다 정당성을 가지며 다수에 의하여 압도당한 소수에 의하여 수용될 수 있는 것이다. 헌법이 집회의 자유를 보장한 것은 관용과 다양한 견해가 공존하는 다원적인 '열린 사회'에 대한 헌법적 결단인 것이다."(헌재 2003. 10. 30. 2000헌바67 등 병합결정)

---

1) 권영성, 헌법학원론, 490쪽; 허영, 한국헌법론, 541·542쪽.

(2) 集會의 自由의 法的 性格

1) 학   설

집회의 자유의 법적 성격과 관련하여 견해가 나뉘어 있다. 특히 문제가 되는 것은 이 권리가 자유권에 그치는가, 제도적 보장까지를 포함하는 것인가 하는 것이다. 제 1 설은 집회의 자유는 국가내적 권리이며, 더 나아가서 민주적 기본질서의 한 구성요건으로서 여론표현과 여론형성의 불가결의 집회제도 자체를 보장한 것으로 본다.[1] 제 2 설은 집회의 자유의 보장은 집회란 집단적으로 기본권을 행사하는 것일 뿐 제도가 아니기 때문에 제도적 보장이 아니라고 한다.[2] 제 3 설은 다수인의 일시적인 모임인 집회의 경우에는 입법권에 의한 제한의 한계는 문제될 수 있어도 집회 그 자체의 권리가 문제될 수는 없기 때문에 제도가 될 수 없다고 한다.[3]

295. 집회의 자유의 법적 성격에 대한 학설

2) 사   견

개인적으로는 집회의 자유는 주관적 공권임과 동시에 객관적 가치질서로서의 성격을 가지며, 제도적 보장으로서의 성격은 가지지 않는다고 본다. 집회를 제도로 볼 수 없기 때문이다.

296. 집회의 자유의 법적 성격에 대한 사견

> **판례** 〈「집회 및 시위에 관한 법률」 제11조 제 1 호 중 국내주재 외국의 외교기관 부분 위헌소원, 「집회 및 시위에 관한 법률」 제11조 위헌소원(위헌)〉 "집회의 자유는 개인의 인격발현의 요소이자 민주주의를 구성하는 요소라는 이중적 헌법적 기능을 가지고 있다. 인간의 존엄성과 자유로운 인격발현을 최고의 가치로 삼는 우리 헌법질서 내에서 집회의 자유도 다른 모든 기본권과 마찬가지로 일차적으로는 개인의 자기결정과 인격발현에 기여하는 기본권이다. 뿐만 아니라, 집회를 통하여 국민들이 자신의 의견과 주장을 집단적으로 표명함으로써 여론의 형성에 영향을 미친다는 점에서, 집회의 자유는 표현의 자유와 더불어 민주적 공동체가 기능하기 위하여 불가결한 근본요소에 속한다."(헌재 2003. 10. 30. 2000헌바67 등 병합 결정)

---

1) 김철수, 헌법학개론, 642·643쪽.
2) 권영성, 헌법학원론, 490쪽.
3) 허영, 한국헌법론, 542쪽.

(3) 集會의 自由의 主體

297. 집회의 자유의 주체

자연인 외에 법인도 제한된 범위 내에서 주체가 된다. 외국인에 대해서는 호혜주의의 원칙이 적용된다.

(4) 集會의 自由의 內容

1) 집회의 자유의 내용

298. 집회의 자유의 내용

집회의 자유는 집회를 개최하는 자유, 집회를 진행하는 자유, 집회에 참가하는 자유를 내용으로 한다. 또한 집회의 자유에는 소극적으로 집회를 개최하지 아니할 자유와 집회에 참가하지 아니할 자유가 포함된다. 다만 법률상 집회의무가 있을 때에는 소극적 자유는 인정되지 아니한다.

> **판례** 〈「집회 및 시위에 관한 법률」제11조 제1호 중 국내주재 외국의 외교기관 부분위헌소원, 「집회 및 시위에 관한 법률」제11조 위헌소원(위헌)〉 "집회의 자유는 일차적으로 국가공권력의 침해에 대한 방어를 가능하게 하는 기본권으로서 개인이 집회에 참가하는 것을 방해하거나 또는 집회에 참가할 것을 강요하는 국가행위를 금지하는 기본권이다. 따라서 집회의 자유는 집회에 참가하지 못하게 하는 국가의 강제를 금지할 뿐 아니라, 예컨대 집회장소로의 여행을 방해하거나, 집회장소로부터 귀가하는 것을 방해하거나, 집회참가자에 대한 검문의 방법으로 시간을 지연시킴으로써 집회장소에 접근하는 것을 방해하거나, 국가가 개인의 집회참가행위를 감시하고 그에 관한 정보를 수집함으로써 집회에 참가하고자 하는 자로 하여금 불이익을 두려워하여 미리 집회참가를 포기하도록 집회참가의사를 약화시키는 것 등 집회의 자유행사에 영향을 미치는 모든 조치를 금지한다." (헌재 2003. 10. 30. 2000헌바67 등 병합결정)

2) 개별적인 문제들

① 집회에 집단적 시위·행진 포함여부

299. 집회에 집단적 시위·행진 포함여부에 대한 학설

집회에 집단적 시위·행진이 포함되는가에 대하여는 부정설과 긍정설의 대립이 있다. 부정설은 헌법에 집단적 시위에 대한 규정이 없으면 포함되지 않는다고 하며, 긍정설은 시위·행진은 움직이는 집회로서 집단적 사상표현의 한 형태에 불과하므로 포함된다고 한다. 긍정설이 다수설이다.

「집회 및 시위에 관한 법률」은 시위를 "다수인이 공동목적을 가지고 도로·광장·공원 등 공중이 자유로이 통행할 수 있는 장소를 진행하거나 위력 또는

기세를 보여 불특정다수인의 의견에 영향을 주거나 제압을 가하는 행위"라고 정의하고 있다(법 제 2 조 제 2 호). 그러나 헌법재판소는 시위를 "이동하는 집회"로 보면서도[1] "공중이 자유로이 통행할 수 있는 장소"라는 장소적 제한개념은 시위의 개념요소가 아니라고 한다.[2]

> **판례** 〈「집회 및 시위에 관한 법률」 제11조 제 1 호 위헌제청(합헌)〉 "집회의 자유는 집회를 통하여 형성된 의사를 집단적으로 표현하고 이를 통하여 불특정 다수인의 의사에 영향을 줄 자유를 포함하므로 이를 내용으로 하는 시위의 자유 또한 집회의 자유를 규정한 헌법 제21조 제 1 항에 의하여 보호되는 기본권이다." (헌재 2005. 11. 24. 2004헌가17 결정)

② 집회에서의 연설·토론

다수설과 판례는 언론의 자유로서 보장된다고 하고, 소수설[3]은 집회의 자유는 언론자유의 특별법적 성격을 띠므로 집회의 자유로서 보장된다고 한다.

> **판례** 〈국가보안법 제 7 조 등에 대한 위헌심판〉 "집회·시위의 규제에는 집회에 있어서의 의사표현 자체의 제한의 경우와 그러한 의사표현에 수반하는 행동 자체의 제한 두 가지가 있을 수 있다. 전자의 경우에는 제한되는 기본권의 핵심은 표현의 자유라고 볼 것이다."(헌재 1992. 1. 28. 89헌가8 결정)

300. 집회에서의 연설·토론의 보호에 대한 학설

개인적으로는 소수설의 입장이 타당하다고 본다. 그러나 언론·출판의 자유와 집회·결사의 자유를 한 조항에서 규정하고 있는 현행 헌법하에서는 어느 설을 택하든 별 차이가 없으리라고 생각한다.

③ 집회에 있어서 공동의 목적의 범위

가. 학　설

이 문제와 관련하여 협의설과 광의설 그리고 최광의설이 대립되어 있다. 협의설은 민주적인 공동생활에 관한 공적인 관심사를 의논하고 천명함으로써 여론형성에 기여하기 위한 것만을 공동의 목적으로 이해하려 한다. 광의설은 공적인 사항을 함께 협의하고 의사표현하기 위한 것에 국한될 필요가 없고 의사표현을 위한 모든 집회를 다 포함시켜야 한다고 하며, 다만 연극회, 음악회 등 단순한

301. 집회에 있어서 공동의 목적의 범위에 대한 학설

---

[1] 헌재 1992. 1. 28. 89헌가8 결정〈국가보안법 제 7 조 등에 관한 헌법소원(한정합헌)〉.
[2] 헌재 1994. 4. 28. 91헌바14 결정〈「집회 및 시위에 관한 법률」 제12조 등에 관한 헌법소원 (합헌, 일부기각)〉.
[3] 권영성, 헌법학원론, 491쪽; 허영, 한국헌법론, 543쪽.

오락적 성격의 모임은 집회에서 제외된다고 한다. 최광의설은 결사의 자유와의 상호관계에서 타인과 접촉하기 위한 목적이면 족하고 꼭 의사표현을 위한 것이어야 하는 것은 아니라고 한다. 그러나 다수인 상호간에는 적어도 내적인 유대에 의한 의사접촉의 요소가 존재해야 한다고 본다. 따라서 축구경기장의 선수 상호간에는 내적인 유대에 의한 의사접촉의 요소가 존재한다고 볼 수 있지만 관중들 상호간에는 이를 인정할 수 없기 때문에 집회가 될 수 없다고 본다.

나. 사   견

302. 집회에 있어서 공동의 목적의 범위에 대한 사견

개인적으로는 집회의 자유는 의사표현의 자유를 보완하는 기능을 한다고 보기 때문에, 의사표현을 위한 모든 집회를 집회로 보는 광의설이 타당하다고 본다.

④ 평화적 집회와 비평화적 집회의 구별기준

303. 평화적 집회와 비평화적 집회의 구별기준

평화적 집회와 비평화적 집회를 구별하는 기준과 관련하여 심리적 폭력설과 물리적 폭력설이 대립되어 있다. 심리적 폭력설은 통행인 등에 대한 심리적 폭력이 있으면 평화적 집회로 볼 수 없다고 한다. 물리적 폭력설은 집회의 중요성에 비추어 사람이나 물건에 대한 물리적 폭력이 없는 한 평화적 집회로 보아야 한다고 한다.

물리적 폭력설이 다수설이며, 또한 타당하다. 현행 「집회 및 시위에 관한 법률」도 주요도시 내 주요도로에서의 교통소통을 저해하는 농성집회를 제한할 수 있다고 하여(법 제12조) 물리적 폭력설의 입장을 취하고 있다.

(5) 集會의 自由의 效力

304. 집회의 자유의 효력

집회의 자유에는 대국가적 효력과 간접적 대사인적 효력이 인정된다.

(6) 集會의 自由의 制限

1) 법률에 의한 제한

305. 집회의 자유의 제한 — 법률에 의한 제한, 비상계엄에 의한 제한, 특별관계에 의한 제한

집회의 자유는 헌법 제37조 제 2 항에 따라 국가안전보장·질서유지·공공복리를 위하여 필요한 경우에는 법률로써 제한할 수 있다. 집회의 자유를 제한하는 법률로는 형법, 국가보안법, 「집회 및 시위에 관한 법률」과 「화염병 사용 등의 처벌에 관한 법률」이 있다.

그러나 제한하는 경우에도 집회의 자유의 본질적 내용은 침해할 수 없다.

> **판례** "집회의 자유는 무제한의 자유가 아니라 공공의 질서·공공의 안전 및 공공의 복리 등에 반하지 아니하는 범위 내에서 허용된다."(대법원 1983. 3. 8. 82도3248 판결)

> **판례** "화염병과 돌멩이들을 진압경찰관을 향하여 무차별 던지는 시위현장에 피고인도 적극 참여하여 판시와 같이 돌멩이를 던지는 등의 행위로 다른 사람의 화염병투척을 용이하게 하고 이로 인하여 타인의 생명·신체에 대한 위험을 발생케 하였다면 비록 피고인 자신이 직접 화염병투척의 행위는 하지 아니하였다 하더라도 화염병투척(사용)의 공동정범으로서의 죄책을 면할 수 없다."(대법원 1992. 3. 31. 91도3279 판결)

2) 집회 및 시위에 관한 법률

① 「집회 및 시위에 관한 법률」

동 법률은 첫째, 옥외집회와 시위에 대하여는 사전신고제를 규정하고 있다. 곧 옥외집회나 시위를 개최하기 위해서는 옥외집회나 시위를 하기 720시간 전부터 48시간 이전에 관할경찰서장에게 신고서를 제출하여야 한다. 신고서를 접수한 관할경찰서장은 신고서를 접수한 때부터 48시간 이내에 주최자에게 그 금지를 통고할 수 있다. 금지통고에 대해서는 10일 이내에 당해 경찰관서의 직근 상급경찰관서의 장에게 이의를 신청할 수 있으며(동법 제 9 조 제 1 항), 이의신청에 대해서 24시간 이내에 재결서를 발송하지 아니한 때에는 관할 경찰관서의 장의 금지통고는 소급하여 그 효력을 잃는다(동법 제 9 조 제 2 항). 둘째, 질서유지인이 있는 경우를 제외하고는 일출전·일몰후의 집회 및 시위 그리고 교통소통에 방해가 되는 시위를 금지하고 있다(동법 제10조). 셋째, 옥외집회 장소를 제한하고 있다. 곧 국회의사당, 법원, 헌법재판소, 외교기관,[1] 4부요인공관, 국무총리공관

306. 집회 및 시위에 관한 법률

---
1) 국내주재 외교기관 청사의 경계지점으로부터 1백 미터 이내의 장소에서의 옥외집회를 전면적으로 금지하고 있는 「집회 및 시위에 관한 법률」 제11조 제 1 호 중 국내주재 외국의 외교기관부분은 다음과 같은 이유로 위헌선언되었다. "특정장소에서의 집회가 이 사건 법률조항에 의하여 보호되는 법익에 대한 직접적인 위협을 초래한다는 일반적 추정이 구체적인 상황에 의하여 부인될 수 있다면, 입법자는 '최소침해의 원칙'의 관점에서 금지에 대한 예외적인 허가를 할 수 있도록 규정해야 한다. 이 사건 법률조항에 의하여 전제된 추상적 위험성에 대한 입법자의 예측판단은 구체적으로 다음과 같은 경우에 부인될 수 있다고 할 것이다. 첫째, 외교기관에 대한 집회가 아니라 우연히 금지장소 내에 위치한 다른 항의대상에 대한 집회의 경우, 이 사건 법률조항에 의하여 전제된 법익충돌의 위험성이 작다고 판단된다. 이 사건 법률조항의 문제점은, 집회금지구역 내에서 외교기관이나 당해 국가를 항의의 대상으로 삼지 않는, 다른 목적의 집회가 함께 금지된다는 데 있다. 둘째, 소

과 국내주재 외교사절의 숙소의 100m 이내 장소에서는 단순행진을 제외한 옥외 집회와 시위가 금지되어 있다(동법 제11조). 넷째, 집회 및 시위장소에 경찰관의 자유로운 출입을 허락하고 있다(동법 제19조). 다섯째, 절대로 금지되는 집회 및 시위를 규정하고 있다. 동법 제5조 제1항에 따르면 헌법재판소의 결정에 의하여 해산된 정당의 목적을 달성하기 위한 집회 또는 시위, 집단적인 폭행·협박·손괴·방화 등으로 공공의 안녕질서에 직접적인 위협을 가할 것이 명백한 집회 또는 시위는 절대로 금지된다.

> **판례** "피고인이 100여 명의 학생들과 함께 화염병·쇠파이프 등을 들고 구호를 외치면서 시위를 하고 전경들을 체포하려고 하였다면 이는 집회 및 시위에 관한 법률 제5조 제1항 제2호 소정의 '집단적인 협박 등의 행위로 인하여 공공의 안녕질서에 직접적인 위협을 가한 것이 명백한 시위'에 해당한다."(대법원 1990. 7. 24. 90도470 판결)

이 법률에 대해서 위헌성이 문제되었으나 대법원은 공공의 질서유지를 위해 제정된 것으로 보아 합헌결정을 하였으며,[1] 헌법재판소도 이 법률에 대하여 한정합헌결정을 내렸다.

> **판례** 〈국가보안법 제7조 등에 관한 위헌심판(한정합헌)〉 "'현저히 사회적 불안을 야기시킬 우려가 있는 집회 또는 시위'를 주관하거나 개최한 자를 처벌하고 있는 개정 전 「집회 및 시위에 관한 법률」 제3조 제1항 제4호, 제14조 제1

규모 집회의 경우, 일반적으로 이 사건 법률조항의 보호법익이 침해될 위험성이 작다. 예컨대 외국의 대사관 앞에서 소수의 참가자가 소음의 발생을 하지 않는 평화적인 피켓시위를 하고자 하는 경우, 일반 대중의 합세로 인하여 대규모시위로 확대될 우려나 폭력시위로 변질될 위험이 없는 이상, 이러한 소규모의 평화적 집회의 금지를 정당화할 수 있는 근거를 발견하기 어렵다. 셋째, 예정된 집회가 외교기관의 업무가 없는 휴일에 행해지는 경우, 외교기관에의 자유로운 출입 및 원활한 업무의 보장 등 보호법익에 대한 침해의 위험이 일반적으로 작다고 할 수 있다. 따라서 입법자가 '외교기관 인근에서의 집회의 경우에는 일반적으로 고도의 법익충돌위험이 있다'는 예측판단을 전제로 하여 이 장소에서의 집회를 원칙적으로 금지할 수는 있으나, 일반·추상적인 법규정으로부터 발생하는 과도한 기본권제한의 가능성이 완화될 수 있도록 일반적 금지에 대한 예외조항을 두어야 할 것이다"(헌재 2003. 10. 30. 2000헌바67 등 병합결정). 이 결정에 따라 국회는 2003. 12. 29. 「집회 및 시위에 관한 법률」을 개정하여 당해 외교기관이나 외교사절의 숙소를 대상으로 하지 아니하거나, 대규모 집회·시위로 확산될 우려가 없는 경우, 외교기관의 업무가 없는 휴일에 개최되는 경우로서 당해 외교기관의 기능이나 안녕을 침해할 우려가 없다고 인정되는 때에는 예외적으로 집회·시위를 허용해 줄 수 있도록 동법률 제11조에 제4호를 신설하였다.

[1] 대법원 1987. 7. 21. 87도1081 결정.

항은 문언해석상 그 적용범위가 과도하게 광범위하고 불명확하므로, 헌법상 보장된 집회의 자유를 위축시킬 수 있고 법운영당국에 의한 편의적·자의적 법운영집행을 가능하게 함으로써 법치주의와 권력분립주의 및 죄형법정주의에 위배될 수 있으며 법집행을 받는 자에 대한 평등권 침해가 될 수 있어 기본권제한의 한계를 넘어서게 되어 위헌의 소지가 있다. … 그러나 민주체제의 전복을 시도하는 집회·시위나 공공의 질서에 관한 법익침해의 명백한 위험있는 집회·시위까지 집회의 자유라는 이름으로 보호하는 것이 헌법이 아닌 것이며, 대중적 집회에는 뜻밖의 자극에 의하여 군중의 흥분을 야기시켜 불특정 다수인의 생명·신체·재산 등에 위해를 줄 위험성이 내재되어 있는 것으로 이를 막자는 데도 위 조문의 취의(趣意)가 있다고 할 것인즉 위조문의 합헌적이고 긍정적인 면도 간과해서는 안 될 것이므로, 헌법과의 조화, 다른 보호해야 할 법익과의 조정하에 해석상 긍정적인 면을 살리는 것이 마땅하다. … 따라서 위 조문은 각 그 소정행위가 공공의 안녕과 질서에 직접적인 위험을 가할 것이 명백한 경우에 적용된다고 할 것이므로 이러한 해석하에 헌법에 위반되지 아니한다."(헌재 1992. 1. 28. 89헌가8 결정)

② 우발적 집회와 사전신고제

　　우발적 집회란「집회 및 시위에 관한 법률」이 요구하는 사전계획과 주체자 없이, 특히 사전신고를 할 수 없는 상황에서 개최된 집회를 말한다. 형식논리적으로만 이야기한다면 사전신고가 없는 집회인 이상 그에 대해 해산명령을 발하는 것은 합법적이며, 집회의 자유에 대한 침해가 아니라고 할 수 있을 것이다.

307. 우발적 집회의 개념

　　그러나 사전신고에 의한 집회의 자유의 제한은 사전신고제를 마치 허가제와 같은 것으로 운영하는 것이어서는 안 되며, 집회의 자유를 헌법적으로 보호하고 있는 근본취지에 따라 판단되어야 할 것이다. 곧 사전신고제도는 집회에 의하여 다른 법익이 침해되는 것을 방지하기 위한 것이며, 주무행정관청의 행정적 편의를 위한 것이지 집회 자체를 제한하거나 불가능하게 만드는 것으로 볼 수는 없다. 따라서 우발적 집회도 첫째, 그 집회의 목적이 자유민주적 기본질서와 조화될 수 있는 일반적인 성질의 것이고, 둘째, 그 집회의 방법이 허용된 것이고, 셋째, 집회의 목적과 방법이 내적인 관련성을 유지하고 합리적인 비례관계에 있는 한 신고된 집회와 마찬가지로 보호하는 것이 집회의 자유를 보장한 헌법의 정신에 합치될 것이다.[1] 같은 이유에서 긴급집회에 대하여도 가능한 한 보호해 주어야 할 것이다.

308. 우발적 집회와 사전신고제

---

1) BVerfGE 26, 135(138). 허영, 한국헌법론, 545쪽은 집회의 사전신고제를 운영하는 과정에서 우발적 집회에 대해서 사전신고가 없었다는 이유만으로 해산명령을 발하는 것은 집회의 자유의 본질적 내용의 침해라고 한다.

3) 비상계엄에 의한 제한

비상계엄이 선포된 때에는 법률이 정하는 바에 의하여 집회의 자유에 대하여 특별한 조치를 할 수 있다(제77조 제3항).

4) 특별관계에 의한 제한

특별관계에 있는 자, 예컨대 군인, 공무원, 수감자 등은 일반국민에 비하여 그 집회의 자유가 많이 제한된다.

3. 結社의 自由

(1) 結社의 槪念 및 結社의 自由의 機能

1) 결사의 개념

309. 결사의 개념

결사라 함은 일정한 공동목적을 위하여 다수인이 계속적인 단체를 조직하는 것을 말한다. 이러한 단체는 가입과 탈퇴의 자유가 인정되는 자발적인 단체를 말한다. 따라서 공법상의 결사는 본조항의 결사에 포함되지 아니한다.

> **판례** "결사라 함은 공동의 목적을 가진 특정 다수인의 임의체적인 계속적 집합체라 할 것이므로 ① 결사에 구성원은 2인 이상임을 필요로 하고, ② 결사에는 공동목적이 있어야 하고, 그 공동목적이 있는 이상 그것이 결사조직의 유일한 목적임을 요하지 않고 다른 목적이 있어도 결사임에는 무방하고, ③ 결사는 다수인의 임의적 결합이어야 하고, ④ 결사는 계속성이 있어야 한다. 그러나 이 계속은 사실상 계속하여 존재함을 요하지 않고 계속시킬 의도하에서 결합된 이상 결사임에는 틀림없다. 이상 네 가지 요건을 구비한 결합은 결사인 것으로 구성원이 회합한 사실이 없거나 사칙이 정하여 있지 않거나, 간부가 없어도 결사의 성립에는 영향이 없고 결단식 또는 결당식, 창립의 모임 같은 형식을 거치지 아니하였어도 결사의 성립에는 영향이 없으며, 또 결사의 명칭이나 대표자가 정하여져 있지 아니하여도 무방한 것이라고 풀이된다."(대법원 1982. 9. 28. 82도2016 판결)

> **판례** 〈축산업협동조합법 제199조 제2항 위헌소원(위헌)〉 "결사의 자유에서 말하는 결사란 자유의사에 기하여 결합하고 조직화된 의사형성이 가능한 단체를 말하는 것이므로 공법상의 결사는 이에 포함되지 아니한다."(헌재 1996. 4. 25. 92헌바47 결정)

헌법재판소는 주택건설촉진법 제 3 조 제 9 호 위헌확인심판에서 결사의 자유에 의하여 보호되는 결사의 개념에는 법이 특별한 공공목적에 의하여 구성원의 자격을 정하고 있는 특수단체의 조직활동까지 그에 해당되는 것으로 볼 수 없다고 하여 유주택자의 주택조합결성을 제한한 것은 합헌이라고 하였다.[1]

2) 결사의 자유에 대한 특별규정

정당·노동조합·종교단체·학술단체·예술단체 등도 결사의 일종이나, 우리 헌법은 이들을 각각 제 8 조, 제33조, 제20조, 제22조에서 보장하고 있다. 따라서 이들은 원칙적으로 해당조항의 적용을 받지만, 해당조항에 규정이 없는 사항에 대해서는 제21조의 적용을 받는다.

310. 결사의 자유에 대한 특별규정

3) 결사의 자유의 기능

결사의 자유는 개성신장의 수단으로서의 기능, 사회공동체의 통합기능, 소수자보호기능, 의사형성과 여론형성의 기능을 한다.[2]

311. 결사의 자유의 기능

(2) 結社의 自由의 法的 性格

결사의 자유는 자유권적 기본권이면서 동시에 민주적인 국법질서를 구성하는 객관적 가치질서로서의 성격을 가진다. 또한 결사의 자유는 결사를 제도적으로 보장하는 성격을 가진다.[3]

312. 결사의 자유의 법적 성격

(3) 結社의 自由의 主體

결사의 자유는 개개인이 결사를 조직하는 의미내용일 때에는 개인의 권리를 의미하고, 결사가 존속하는 의미내용일 때에는 단체의 권리를 의미한다. 따라서 결사의 자유는 자연인으로서의 개인뿐만 아니라 단체, 곧 법인도 주체가 된다.

313. 결사의 자유의 주체

---

1) 헌재 1994. 2. 24. 92헌바43 결정〈주택건설촉진법 제 3 조 제 9 호 위헌확인(합헌)〉.
2) 허영, 한국헌법론, 547쪽.
3) 김철수, 헌법학개론, 643쪽; 허영, 한국헌법론, 548쪽. 특히 후자는 결사의 제도적 보장을 결사의 종류·형태·수·존립요건 등은 입법권자가 그 입법형성권에 의해서 임의로 정할 수 있지만, 결사를 제도적으로 금지하는 입법형성권의 행사는 허용하지 않는 것으로 해석하면서, 결사의 자유에 내포된 제도보장은 C. Schmitt적인 사상의 세계에서 주장되는 제도보장도 아니고, 또 P. Häberle적인 제도적 기본권이론과도 다르다고 한다. 그러나 제도적 보장의 목적은 제도의 전래된 법적 규정의 본질적 내용을 변경(개정)하지 못하도록 하는데 있다면, 이는 바로 결사를 제도적으로 금하는 입법권의 행사를 허용하지 않은 것과 거의 그 내용에 있어서 일치된다. 그러한 한에서 결사의 자유의 제도적 보장은 C. Schmitt가 말하는 제도적 보장과 거의 유사하다고 할 수 있다.

외국인의 경우에는 호혜주의(상호주의)의 적용을 받는다. 공무원의 경우에는 정치적 결사나 노동조합을 구성하는 것이 제한된다.

> **판례** "국가공무원으로 하여금 노동운동 등 집단적 행위를 하지 못하도록 규정한 국가공무원법 제66조 제1항 본문은 헌법 제11조 제1항, 제21조 제1항, 제31조 제4항, 제33조 제4항, 제37조 제2항에 위반된다고 볼 수 없다."(대법원 1992. 6. 26. 87누308 판결)

(4) 結社의 自由의 內容

314. 결사의 자유의 내용

1) 결사의 자유의 내용

결사의 자유는 적극적 결사의 자유와 소극적 결사의 자유를 내용으로 한다. 적극적 결사의 자유에는 단체결성의 자유, 단체존속의 자유, 단체활동의 자유, 결사에의 가입·잔류의 자유가 포함된다. 소극적 결사의 자유에는 단체로부터 탈퇴할 자유와 결사에 가입하지 않을 자유가 포함된다.

> **판례** "요건을 갖춘 사회단체의 등록신청에 대해서 설립목적 등이 유사한 다른 사회단체가 이미 등록되었다는 이유로 행정관청이 그 등록접수를 거부하는 것은 결사의 자유에 대한 침해이다."(대법원 1989. 12. 26. 87누308 판결)

> **판례** 〈축산업협동조합법 제99조 제2항에 대한 위헌심판〉 "축협과 중앙회는 양축인의 자주적 협동조직으로서 사법인이며, 조합구역 내에서 동일한 업종을 둘 이상 두지 못하게 한 것은 양축인의 결사의 자유의 본질적 내용을 침해한 것이다." (헌재 1996. 4. 25. 92헌바47 결정)

2) 공법상의 강제결사와 소극적 결사의 자유

① 학　설

315. 공법상의 강제결사와 소극적 결사의 자유에 대한 학설

다수설과 판례는 공적인 과제를 수행하기 위해 공법상 강제결사를 조직하는 것은 소극적인 결사의 자유에 대한 침해로 볼 수 없다고 한다. 소수설은 공법상의 강제결사에도 한계를 인정하여 첫째, 직업의 전문성 때문에 강제결사가 필요불가결하고, 둘째, 결사구성원 사이의 직업적 동질의식을 초래하는 경우에만 인정된다고 한다.[1)]

---

1) 허영, 한국헌법론, 550쪽.

② 사   견

　개인적으로는 결사의 자유를 폭넓게 보호하는 것이 필요하므로 단순히 '공적인 과제'를 내세워 소극적 결사의 자유를 제한할 것이 아니라 소수설과 같은 조건하에서만 공법상의 강제결사를 허용하는 것이 바람직한 것으로 생각된다.

(5) 結社의 自由의 效力

　결사의 자유에는 대국가적 효력과 간접적 대사인적 효력이 인정된다.

(6) 結社의 自由의 限界와 制限

1) 결사의 자유의 한계

　결사의 자유는 국가의 존립을 위태롭게 하거나 헌법 적대적이거나 자유민주적 기본질서에 위반하는 것이어서는 안 된다.

> 판례 "북한 및 조총련의 지령에 따라 구성된 종전의 한민통(한국민주회복통일촉진국민회의의 일본본부)이 1989. 2. 12. 명칭만을 한국민주통일연맹(한통연)으로 바꾸었을 뿐 실체에 아무런 변동이 없으므로 이는 반국가단체라 할 것인바, 비록 한통연 주요간부들이 범민족대회참석을 위한 입국이 허가되었다고 해서 위 단체에 대해 국가보안법의 적용을 면제 내지 유보하겠다는 법집행의 관행이 생겨난 것이 아니니, 위 단체를 여전히 반국가단체로 볼 수밖에 없다."(대법원 1990. 10. 12. 90도1744 판결)

2) 결사의 자유의 제한

① 법률에 의한 제한

　결사의 자유는 제37조 제 2 항에 따라 국가안전보장·질서유지·공공복리를 위하여 필요한 경우에 법률로써 제한할 수 있다. 그러나 그 경우에도 결사의 자유의 본질적 내용은 침해할 수 없다. 예컨대 결사 그 자체를 금지하는 입법조치, 결사조직의 사전허가제를 도입하는 입법조치, 사법상의 강제결사를 허용하는 입법조치 등은 결사의 자유의 본질적 내용을 침해하는 것이라 하겠다.[1]

　결사의 자유에 대한 제한의 유형은 크게 세 가지 유형으로 구별된다. 제 1 유형은 단체의 결성 자체를 금지하는 허가제이다. 허가제는 결사의 자유의 본질적 자유에 대한 침해이므로 어떠한 경우에도 인정되지 아니한다(제21조 제 2 항).

---

1) 허영, 한국헌법론, 551쪽.

그러나 등록제나 신고제는 행정상의 목적을 위한 것이므로 허용된다. 제2유형은 국가보안법 제2조, 형법 제114조 등과 같이 불법단체만을 금지하는 유형이다. 제3유형은 단체의 결성은 전면 허용하되 일정한 활동을 제한하는 유형이다.

② 비상계엄에 의한 제한

비상계엄이 선포된 때에는 법률이 정하는 바에 의하여 결사의 자유에 대하여 특별한 조치를 할 수 있다(제77조 제3항).

③ 특별관계에 의한 제한

특별관계에 있는 자, 예컨대 군인, 공무원, 수감자 등은 일반국민보다 결사의 자유를 더 많이 제한받는다.

第12節　學問의 自由·藝術의 自由

1. 憲法規定

320. 학문의 자유·예술의 자유에 대한 헌법규정 ― 헌법 제22조

헌법 제22조는 "① 모든 국민은 학문과 예술의 자유를 가진다. ② 저작자·발명가·과학기술자와 예술가의 권리는 법률로써 보호된다"고 하여 학문의 자유와 예술의 자유 및 지적 재산권을 보장하고 있다.

2. 學問의 自由

(1) 沿革 및 趣旨

1) 연　혁

321. 학문의 자유의 연혁

학문의 자유는 서구에서 사상의 자유 또는 언론의 자유와 더불어 또는 그 내용으로서 주장되어 왔다. 학문의 자유가 독립된 자유로 주장되게 된 것은 17세기 영국에서 베이컨 *F. Bacon*과 밀턴 *J. Milton*에 의해서였다.[1] 그러나 학문의 자유가 헌법상 기본권으로 보장된 것은 1848/1849년 프랑크푸르트헌법 제152조에서 학문과 학설의 자유를 처음으로 규정한 때부터인 것으로 알려져 있다. 이 전통을 바이마르헌법 제142조가 이어 받았고, 현재 세계 대부분의 헌법은 학문의 자유를 규정하고 있다. 지적재산권에 대한 보호규정을 처음 둔 것은

---

1) *Milton*은 그의 저서인 Areopagitica에서 언론·출판의 자유를 주장하는 가운데 학문의 자유까지도 주장한 것으로 알려져 있다.

1919년 바이마르헌법 제158조이다.

2) 보장취지

이렇게 민주국가의 헌법들이 학문의 자유를 보장하고 있는 것은 i) 학문은 창조적인 인간정신의 귀중한 성과로서 문화발전의 선구적 역할을 하며, ii) 학문은 새로운 지식을 개척하는 것이므로 기존지식을 기초로 하는 국가기관으로부터 독립되어야 하고, iii) 학자는 그 방면에 있어서의 특수한 전문가이니 상식적인 국가기관의 판단에 의한 통제로부터 초월해야 하기 때문이다.[1]

322. 학문의 자유의 보장취지

(2) 學問의 自由의 法的 性格·主體·다른 基本權과의 關係

1) 법적 성격·주체

학문의 자유는 개인의 주관적 공권이자 객관적 법질서를 의미하며, 더 나아가서 대학의 자치를 제도적으로 보장한 것이다. 학문의 자유는 자연인과 대학 및 연구단체에 주체성이 인정된다. 그러나 교수의 자유의 주체는 대학이나 고등교육기관 등에 종사하는 교육자에 한정된다.

323. 학문의 자유의 법적 성격·주체

> **판례** 〈1994학년도 신입생선발입시안에 대한 헌법소원(기각)〉 "교육의 자주성이나 대학의 자율성은 헌법 제22조 제 1 항이 보장하고 있는 학문의 자유의 확실한 보장수단으로 꼭 필요한 것으로서 이는 대학에게 부여된 헌법상의 기본권이다. 따라서 국립대학인 서울대학교는 다른 국가기관 내지 행정기관과는 달리 공권력의 행사자의 지위와 함께 기본권의 주체라는 점도 중요하게 다루어져야 한다. 여기서 대학의 자율은 대학시설의 관리·운영만이 아니라 학사관리 등 전반적인 것이라야 하므로 연구와 교육의 내용, 그 방법과 대상, 교과과정의 편성, 학생의 선발, 학생의 전형도 자율의 범위에 속해야 하고 따라서 입학시험제도도 자주적으로 마련될 수 있어야 한다."(헌재 1992. 10. 1. 92헌마68 등 병합결정)

---

1) 문홍주, 제 6 공화국 한국헌법, 284쪽. 박일경, 제 6 공화국 신헌법, 291쪽은 다음과 같이 설명한다. 첫째, 학문은 진리탐구를 그 본질로 하기 때문에 사람의 외부적 행위보다 내면적 정신활동을 그 주된 요소로 하기 때문이다. 둘째, 학문에 대한 국가의 간섭은 학문의 침체·왜곡을 가져오며 참다운 학문의 발전에는 권위적 강제보다 자유로운 연구가 더욱 적합하다는 점이다. 셋째, 학문상의 진보와 새로운 발견·발명은 그 당시에는 백안시되어 박해를 당하는 일도 있지만 결국은 진리가 승리하게 된다는 것을 인류역사가 증명하고 있기 때문이다. 또한 권영성, 헌법학원론, 497쪽도 참조.

2) 타기본권의 관계

324. 학문의 자유와
타기본권의 관계

학문의 자유는 양심의 자유와 사상의 자유를 전제로 하며, 언론·출판의 자유와 집회·결사의 자유에 대해서는 특별법적 규정을 이룬다.

(3) 學問의 自由의 內容

1) 학문의 개념

① 학문의 개념

325. 학문의 개념

학문이란 계획과 방법론에 따라 자기책임하에 진리와 진실을 탐구하는 자율적·정신적 활동을 말한다.[1] 곧 학문이란 진리탐구를 뜻하며, 진리탐구란 인간의 생활권 내에서 일어나는 실체적 내지 관념적 현상과 그들 사이의 상호관계를 논리적·철학적·실험적 방법으로 분석·정리함으로써 새로운 사실과 진리를 찾아내려는 모든 인간적 노력의 대명사이다.[2]

② 학문과 지식의 구별

326. 학문과 지식의
구별

학문은 진리와 진실에 대한 탐구과정을 포함한다는 점에서 학문연구의 결과인 지식과는 구별된다.

2) 학문의 자유의 내용

① 내　용

327. 학문의 자유의
내용

학문의 자유는 학문연구의 자유, 학문활동의 자유를 내용으로 한다. 학문연구의 자유는 연구대상의 선택, 연구방법, 연구과정에서의 자유를 포함하며, 학문활동의 자유는 교수(강학 또는 학설)의 자유, 학문연구결과발표의 자유, 학문을 위한 집회·결사의 자유를 포함한다.

> **판례** "학문의 연구는 기존의 사상 및 가치에 대하여 의문을 제기하고 비판을 가함으로써 이를 개선하거나 새로운 것을 창출하려는 노력이므로 그 연구의 자료가 사회에서 현재 받아들여지고 있는 기존의 사상 및 가치체계와 상반되거나 저촉된다고 하여도 용인되어야 할 것이고, 한편 반공법(폐) 제 4 조 제 2 항의 죄는

---

1) R. Scholz, *Grundgesetz-Kommentar*, Rdnr. 101 zu Art. 5 Ⅲ. BVerfGE 35, 79(113)는 학문은 연구와 학설의 상위개념으로 파악한다. 그러나 E. Stein, *Staatsrecht*, S. 202는 기본법 제 5 조 제 3 항의 "Wissenschaft, Forschung und Lehre"를 학문과 연구와 학설로 읽지 않고, 학문, 곧 연구와 학설로 읽어 학문은 바로 연구와 학설을 뜻한다고 한다.
2) 허영, 한국헌법론, 397쪽.

목적범으로 위와 같은 경우에 있어서의 그 불법목적의 인정은 엄격한 설명을 요하는 바이니, 대학생이 학문연구를 위하여 시내 일반서점과 대학도서관에서 구입 또는 대출받아 보관한 사실만으로써는 그 불법목적을 인정할 수 없는 것이다." (대법원 1982. 5. 25. 82도716 판결)

판례 〈교육법 제157조에 대한 헌법소원(기각)〉 "학문의 자유는 진리를 탐구하는 자유를 의미하는데, 그것은 단순한 진리탐구에 그치지 않고 탐구결과에 대한 발표의 자유(편의상 대학의 교수의 자유와 구분하여 수업의 자유로 한다) 등을 포함하는 것이다. … 초·중·고교의 교사는 자신이 연구한 결과를 … 수업의 자유를 내세워 함부로 학생들에게 여과없이 전파할 수는 없다고 할 것이다. 나아가 헌법과 법률이 지향하고 있는 자유민주적 기본질서를 침해할 수 없음은 물론 사회상규나 윤리도덕을 일탈할 수 없으며, 가치편향적이거나 반도덕적인 내용의 교육은 할 수 없다."(헌재 1992. 11. 12. 89헌마88 결정)

광의의 학문의 자유에는 대학의 자유[1]가 포함되나, 우리 헌법은 이를 제31조 제 4 항에서 규정하고 있다.

② 교수의 자유

교수의 자유는 학문활동의 자유 중에서 가장 핵심적인 자유로, 교수의 내용이나 방법 또는 학술적 견해의 표명을 자유롭게 할 수 있는 자유이다.[2] 학문활동의 하나인 교수는 자신의 학문활동을 통하여 획득한 인식을 전수한다는 점에서 단순한 지식의 전달을 내용으로 하는 교육(수업)과는 구별된다. 우리 헌법재판소도 교수의 자유와 수업의 자유가 완전히 동일할 수는 없다고 하였다.[3] 그러나 교수의 자유도 헌법질서의 범위 내에서 행해져야 한다.[4]

328. 교수의 자유

---

1) 허영, 한국헌법론, 398쪽 이하, 특히 401쪽 이하는 대학의 자유와 연구기관의 자유를 합하여 학문기관의 자유로 표현하고 있다.
2) BVerfGE 35, 112f.
3) 헌재 1992. 11. 12. 89헌마88 결정〈교육법 제157조에 관한 헌법소원(기각)〉.
4) 이와 관련하여 독일기본법 제 5 조 제 3 항 제 2 문은 "교수의 자유는 헌법에 대한 충성으로부터 벗어나지 못한다"고 규정하고 있다. 독일에서는 이 조항을 자유민주적 기본질서를 부정하거나 파괴하는 것을 금지하는 뜻으로 이해하는 입장(R. Thoma, *Die Lehrfreiheit der Hochschullehrer*, 1952)과 방어적 민주주의와 관련시켜 이해하는 입장(W. Schmitt Glaeser)이 있다. 결국 강학의 자유는 첫째, 공리공론에 흐르는 무책임한 강단의 자유까지 인정하는 것이 아니고, 둘째, 학술적·합리적 헌법비판만을 허용하는 것이며(R. Scholz, *Grundgesetz-Kommentar*, Rdnr. 199 zu Art. 5 Ⅲ), 셋째, 교수가 강단 밖에서 그 지위를 이용하여 헌법 적대적 의견을 발표하여서는 안 된다는 뜻으로 해석된다(R. Scholz, 같은 곳).

③ 학문결과발표자유의 보장범위에 대한 학설

가. 학   설

329. 학문결과발표자유의 보장범위에 대한 학설

학문연구결과발표의 자유와 관련하여 발표내용이 학문연구의 결과인 이상 그것을 발표하는 방법이나 대상·장소 등에 의해서 그 보호의 진지성이 달라진다고 볼 수 없다는 발표내용설[1]과 연구결과발표의 자유는 그 발표장소와 상황에 따라 강한 정도의 보호를 받느냐 아니면 일반적인 표현의 자유의 보호를 받느냐가 결정된다는 발표대상·장소설[2]이 대립되어 있다.

나. 사   견

330. 학문결과발표자유의 보장범위에 대한 사견

개인적으로는 발표내용설이 옳다고 생각한다. 연구결과의 발표가 학문외적인 요소들 때문에 제약을 받는다면 그것은 이미 학문의 자유에 대한 침해가 될 것이기 때문이다.

④ 학문을 위한 집회·결사의 자유의 보호

학문을 위한 집회·결사의 자유는 일반집회·결사의 자유보다 더 많은 보호를 받는다. 따라서 「집회 및 시위에 관한 법률」(제13조)은 학술단체와 학술집회를 그 규제대상에서 제외시키고 있다.

(4) 大學의 自由(自治)

1) 헌법적 근거

① 대학의 자유의 의미

331. 대학의 자유의 의미

학문의 자유는 연혁적으로는 학원의 자유, 특히 대학의 자치 또는 대학의 자유를 의미하였다.[3] 그러나 오늘날 대학의 자유는 넓게 대학을 중심으로 하는 학문연구기관이 그 기관의 운영에 관한 일을 외부로부터 독립하여 자율적으로 결정할 수 있는 자유를 뜻한다. 대학의 자유는 대학에 치외법권적 특권을 보장하려는 것이 아니라, 학문의 자유를 보장하기 위해서 대학에 대한 국가권력, 특

---

1) 허영, 한국헌법론, 401쪽.

2) 김철수, 헌법학개론, 593·594쪽은 다음과 같이 설명하고 있다. "순수한 학문적 연구결과를 동학자들이 모인 학회에서나 교육기관 등에서 발표하는 경우에는 그 목적이 학술연구결과의 전수에 있다면, 일반적인 표현의 자유보다 강력히 보호받을 것이나, 일반청중이 모인 공개집회에서의 표현의 경우에는 표현의 자유에서와 같이 '명백하고 현존하는 위험'의 원칙에 따라 제한이 가능하지 않을까 한다. 그런데 대학에서 학외인사가 정치적·사회적·경제적 신조를 표현 또는 발언하는 경우에는 표현의 자유의 일반원칙이 적용될 수도 있을 것이다."

3) A. Köttgen, Die Freiheit der Wissenschaft und die Selbstverwaltung der Universität, in: Neumann-Nipperdey-Scheuner(Hrsg.), *Die Grundrechte*, Bd. Ⅱ, 1954, S. 291ff.

히 경찰권의 개입을 부득이한 최소한의 경우에 국한시키려는 것이다.[1] 더 나아가서 대학의 자유는 학문의 자유를 실효성 있게 보장하기 위한 수단이다.

② 헌법상 대학의 자유의 근거

가. 학   설

우리 헌법상 대학의 자유의 근거규정에 대해서는 헌법 제31조 제 4 항에서 근거를 찾는 견해[2]와 제22조 제 1 항에서 근거를 찾는 견해[3]가 나뉘어 있다.

나. 사   견

제22조 제 1 항에서 대학의 자유의 근거를 찾으려는 주장의 타당성에도 불구하고[4] 그로부터 헌법 제31조 제 4 항의 "대학의 자율성"을 "대학의 자치의 근거규정이 아니라, 그 보완규정이라고 이해하는 것이 옳다"는 주장은 헌법의 명문규정에 비추어 설득력이 부족하다고 본다. 대학의 자율성이 대학의 자치의 핵심인 이상 대학의 자유는 헌법 제31조 제 4 항에서 그 근거를 찾아야 할 것이다. 헌법재판소도 대학의 자유의 근거를 헌법 제31조 제 4 항에서 찾고 있다. 그러나 입법론적으로는 제 6 공화국 헌법에서 신설한 제31조 제 4 항의 '대학의 자율성'은 불필요한 중복이라 할 것이다.

---

1) 대학의 자유와 관련하여 동경대학 포포로 극단사건이 유명하다. 이 사건은 동경대학의 연극반 포포로극단이 대학의 허가를 받고 연극을 공연하였는데, 4인의 경찰관이 사복차림으로 참석한 것을 학생들이 발견하고 그 중 3인의 경찰관을 구속하여 사과문을 쓰게 하였다 하여 기소된 사건이다. 이 사건판결에서 일본최고재판소는 다음과 같이 판시하였다. "대학 학생이 일반국민 이상으로 학문의 자유를 향유하고 또 대학의 시설을 이용할 수 있는 것은 대학의 교수와 연구자가 가지는 특별한 학문의 자유와 자치의 효과에서 오는 것이다. 대학 학생의 집회도 이 범위 안에서 자유와 자치가 인정되는 것으로서 학생의 집회가 진정한 학문적 연구 또는 그 결과가 아니고 실사회의 정치적 활동에 해당하는 행위일 경우에는 대학이 가지는 특별한 학문의 자유와 자치를 향유하지 못한다고 말하지 않을 수 없다. 또 그 집회가 학생만이 아니고 일반공중의 입장을 허가한 경우는 오히려 공개의 집회로 보아야 할 것이다"(일본최고재판소 1963. 5. 22. 형17·4·370 판결).

2) 김철수, 헌법학개론, 596쪽.

3) 허영, 한국헌법론, 401·402; 계희열, 헌법학(중), 322쪽. 권영성, 헌법학원론, 498쪽은 학문의 자유와 제31조 제 4 항에서 대학의 자치를 이끌어냈던 태도(1981년판)를 바꾸어 이제는 "최광의의 학문의 자유에는 대학의 자유(자치)까지 포함된다. 헌법 제22조의 학문의 자유는 최광의로 이해하는 것이 다수설이다"라고 한다.

4) 허영, 한국헌법론, 403쪽은 다음과 같이 이야기하고 있다. "대학의 자유는 학문의 자유의 대명사가 아니고 학문의 자유의 한 내용일 뿐이며, 대학의 자유의 본질은 대학의 자치에 있지만 대학의 자치는 자기목적적인 것이 아니고 학문의 자유의 주체로서의 대학에게 학문연구와 학술활동을 실효성있게 수행케 하기 위한 수단이다. 그리고 대학의 자치는 구태여 교육에 대한 기본권과 결부시키지 않더라도 학문의 자유에 내포된 객관적 가치질서로서의 성격으로부터 당연히 나오는 헌법적 요청이다."

> **판례** 〈1994학년도 신입생선발입시안에 대한 헌법소원(기각)〉 "헌법 제31조 제
> 4항이 규정하고 있는 교육의 자주성, 대학의 자율성보장은 대학에 대한 공권력
> 등 외부세력의 간섭을 배제하고 대학인 자신이 대학을 자주적으로 운영할 수 있
> 도록 함으로써 대학인으로 하여금 연구와 교육을 자유롭게 하여 진리탐구와 지도
> 적 인격의 도야라는 대학의 기능을 충실히 발휘할 수 있도록 하기 위한 것으로서
> 이는 학문의 자유의 확실한 보장수단이자 대학에 부여된 헌법상의 기본권이다."
> (헌재 1992. 10. 1. 92헌마68 등 병합결정)[1]

2) 내   용

333. 대학의 자유의
내용

대학의 자유는 대학인사·학사·질서·재정 등 대학운영 전반에 대한 교수
회의 자치와 학생회의 자치를 내용으로 한다. 그러나 대학운영 전반에 대한 학
생회의 발언권이 존중된다 하더라도 학생은 피교육자의 입장에 있으므로 학생회
의 자치는 학생회의 운영, 과외활동의 운영 등에 제한되며, 대학운영 전반에 대
한 결정참여권에는 일정한 한계가 있을 수밖에 없다.

> **판례** 〈사립학교법 제53조의2 제 2 항 위헌소원 등(합헌, 각하)〉 "대학의 자율은
> 대학시설의 관리·운영만이 아니라 전반적인 것이라야 하므로 연구와 교육의 내
> 용, 그 방법과 대상, 교과과정의 편성, 학생의 선발과전형 및 특히 교원의 임면에
> 관한 사항도 자율의 범위에 속한다(헌재 1992. 10. 1. 92헌마68 등 참조)."(헌재
> 1998. 7. 16. 96헌바33 등 병합결정)

> **판례** 〈세무대학설치법 폐지법률 위헌확인(일부기각, 일부각하)〉 "국립대학인 세
> 무대학은 공법인으로서 사립대학과 마찬가지로 대학의 자율권이라는 기본권의 보
> 호를 받으므로, 세무대학은 국가의 간섭 없이 인사·학사·시설·재정 등 대학과
> 관련된 사항들을 자주적으로 결정하고 운영할 자유를 갖는다. 그러나 대학의 자
> 율성은 그 보호영역이 원칙적으로 당해 대학 자체의 계속적 존립에까지 미치는
> 것은 아니다. 즉, 이러한 자율성은 법률의 목적에 의해서 세무대학이 수행해야
> 할 과제의 범위 내에서만 인정되는 것으로서, 세무대학의 설립과 폐교가 국가의
> 합리적인 고도의 정책적 결단 그 자체에 의존하고 있는 이상 세무대학의 계속적
> 존립과 과제수행을 자율성의 한 내용으로 요구할 수 없다고 할 것이다. 따라서
> 이 사건 폐지법에 의해서 세무대학을 폐교한다고 해서 세무대학의 자율성이 침해

---

1) 또한 헌재 1998. 7. 16. 96헌바33 등 병합결정〈사립학교법 제53조의2 제 2 항 위헌소원 등,
   사립학교법 제53조의2 제 3 항 위헌소원 등, 사립학교법 제53조의2 제 3 항 위헌소원, 구
   사립학교법 제53조의2 제 3 항 위헌소원(합헌, 각하)〉도 참조.

되는 것은 아니다. 국가가 세무대학과 같은 국립대학을 설치·조직·폐지하는 등의 조직권한은 원칙적으로 당해 대학에 재직중인 자들의 기본권에 의해서 제한되지 아니한다. 게다가 이 사건 폐지법(부칙 제 4 조 제 3 항)은 세무대학소속 교수·부교수·조교수 및 전임강사의 신분보장에 관하여 교육공무원법의 해당 조항을 준용함으로써 세무대학을 폐지하더라도 교수들의 지속적인 학문활동을 보장하는 등 기존의 권리를 최대한 보장하고 있다. 따라서, 이 사건 폐지법에 의한 세무대학의 폐교로 인하여 곧바로 청구인 자신의 진리탐구와 연구발표 및 교수의 자유가 침해되는 것은 아니다."(헌재 2001. 2. 22. 99헌마613 결정)

판례 〈교육공무원법 제24조 제 4 항 등 위헌확인(기각)〉 "대학의 자치의 주체를 기본적으로 대학으로 본다고 하더라도 교수나 교수회의 주체성이 부정된다고 볼 수는 없고, 가령 학문의 자유를 침해하는 대학의 장에 대한 관계에서는 교수나 교수회가 주체가 될 수 있고, 또한 국가에 의한 침해에 있어서는 대학 자체 외에도 대학 전구성원이 자율성을 갖는 경우도 있을 것이므로 문제되는 경우에 따라서 대학, 교수, 교수회 모두가 단독, 혹은 중첩적으로 주체가 될 수 있다."(헌재 2006. 4. 27. 2005헌마1047 등 병합결정)

(5) 學問의 自由의 效力

학문의 자유에는 대국가적 효력과 간접적 대사인적 효력이 인정된다.

334. 학문의 자유의 효력

(6) 學問의 自由의 制限

학문연구의 자유는 절대적 자유권에 속한다.

335. 학문의 자유의 제한 — 내재적 한계에 의한 제한, 법률에 의한 제한

판례 "헌법상 보장되는 학문연구의 자유는 학문연구를 순수한 목적으로 하는 경우에 한하여 인정되는 것도 그것이 불법한 목적을 달성하기 위한 수단으로써 행해지는 경우, 예컨대 구 반공법 제 4 조 제 2 항 또는 국가보안법 제 7 조 제 5 항에서 규정한 것과 같은 반국가단체 또는 국외공산계열의 활동을 찬양·고무·동조 기타 이롭게 하는 행위를 할 목적으로 학문연구활동을 빙자하여 문서·도서 기타의 표현물을 제작·수입·복사·운반 또는 반포하는 등의 행위를 하는 경우에는 이미 학문의 연구라고 볼 수 없음은 명백하다."(대법원 1982. 5. 25. 82도716 판결)

판례 "한국사회를 신식민지국가독립자본주의사회로 파악하는 것 자체는 학문적 연구의 결과로서 비록 그 분석방법이 마르크스주의에 입각한 것이라 하여도 이는

헌법이 보장하고 있는 학문의 범주 내에 속하는 것이어서 국가보안법에 저촉되는 것이라고 볼 수 없다. … 반체제독점민주주의혁명론은 적극적으로 한국사회의 정치경제체제를 변혁하여야 한다는 정치적 행동을 주창하는 것이어서 더 이상 학문의 영역에 속한다고는 볼 수 없고 그 내용이 노동자계급이 주도권을 장악하는 민중연합정부를 수립하고, 독점자본 등을 국유화하여야 하며, … 궁극적으로는 사유재산의 폐지와 프롤레타리아독재를 내용으로 하는 사회주의체제를 이룩하여야 한다는 것이므로, 우리 헌법상의 자유민주적 기본질서와는 서로 용납되지 아니한다." (대법원 1993. 2. 9. 92도1711 판결)

판례 "대학교수인 피고인이 제작·반포한 '한국전쟁과 민족통일'이라는 제목의 논문 및 피고인이 작성한 강연 자료, 기고문 등의 이적표현물에 대하여, 그 반포·게재된 경위 및 피고인의 사회단체 활동 내용 등에 비추어 피고인이 절대적으로 누릴 수 있는 연구의 자유의 영역을 벗어나 헌법 제37조 제2항과 국가보안법 제7조 제1항, 제5항에 따른 제한의 대상이 되었고, 또한 피고인이 북한 문제와 통일문제를 연구하는 학자로서 순수한 학문적인 동기와 목적 아래 위 논문 등을 제작·반포하거나 발표하였다고 볼 수 없을 뿐만 아니라, 피고인이 반국가단체로서의 북한의 활동을 찬양·고무·선전 또는 이에 동조할 목적 아래 위 논문 등을 제작·반포하거나 발표한 것이어서 그것이 헌법이 보장하는 자유의 범위 내에 있지 않다."(대법원 2010. 12. 9. 2007도10121 결정)

그러나 학문의 자유는 학문의 자유가 자체 내의 통제력을 상실하고 공공의 안녕질서에 중대한 위해를 끼칠 명백하고 현존하는 위험이 있는 경우에 한해서 헌법 제37조 제2항에 따라 제한될 수 있다. 그러나 그 경우에도 학문의 자유의 본질적 내용을 침해할 수는 없다.

판례 "대학의 실험실에서 진리와 가치를 탐구하기 위하여 실험을 하고 그 결과를 발표하는 것이 학문의 자유에 속한다 하더라도, 그 실험결과가 잘못되었는데도 이를 사회에 알려서 선의의 제3자를 해친다면, 이는 학문의 범위를 넘어선 것으로 허용될 수 없다."(대법원 1967. 12. 26. 67다591 판결)

판례 "순수한 학문연구의 목적으로 반국가단체를 이롭게 하는 내용의 문서·도서·기타 표현물을 제작·수입·복사·소지·운반·반포·판매 또는 취득하는 행위는 국가보안법 제7조 제5항에 위반되지 않는다."(대법원 1983. 2. 8. 82도2894 판결)

판례 〈이른바 미문화원 점거농성 사건 판결〉 "헌법상 학문의 자유는 진리의 탐구를 순수한 목적으로 하는 경우에 한하여 보호를 받는 것이므로, 반국가단체를 이롭게 할 목적으로 공산주의 혁명이론 및 전술에 관한 내용을 담은 서적을 소지하고 있었다면, 그것은 학문의 자유에 대한 한계를 넘은 것이라고 할 것이며, 또 소지한 서적이 국내에서 번역·소개되었다거나 대학에서 부교재로 사용되는 것이라 하여도 마찬가지이다."(대법원 1986. 9. 9. 86도1187 판결)

3. 藝術의 自由

(1) 沿革 및 意義

예술의 자유는 1919년 바이마르헌법 제142조에서 처음으로 규정되었으며, 학문의 자유와 마찬가지로 국가기관에 의한 예술의 침체·왜곡·창조성의 억압을 방지하려는 데 그 목적이 있다.

336. 예술의 자유의 연혁 및 의의

(2) 藝術의 自由의 法的 性格·主體 및 他基本權과의 關係

1) 법적 성격과 주체

예술의 자유는 개인의 주관적 공권이자 동시에 객관적 법질서를 의미한다.[1] 예술의 자유는 개인과 법인이 주체가 된다. 이 때 법인 또는 단체는 예술의 자유를 집단적으로 행사하는 것으로 이해된다. 또한 예컨대 음반제조업자나 출판업자와 같이 예술가와 일반대중을 직접 연결해 주는 자들도 부분적으로는 예술의 자유의 주체가 된다.

337. 예술의 자유의 법적 성격과 주체

2) 타기본권과의 관계

예술의 자유는 언론·출판의 자유와 집회·결사의 자유에 대해서는 특별법적 규정을 이룬다.

338. 예술의 자유와 타기본권의 관계

---

1) 예술의 자유가 처음 규정된 바이마르공화국에서는 예술의 자유가 제도로서의 예술을 보장하고 보호하는 것이라는 점을 강조하면서 예술의 자유에 대해 일차적으로 제도적 보장 내지 해석기준으로서의 성격을 강조하였다. G. Anschütz, *Die Verfassung des Deutschen Reiches*, 14. Aufl.(1933), S. 662.

(3) 藝術의 概念

1) 일반적 개념 및 개념정의와 관련된 학설

339. 예술의 일반적 개념 및 개념정의와 관련된 학설

일반적으로 예술은 미를 추구하는 작용이라고 정의된다. 그러나 예술의 개념정의와 관련해서는 객관설, 주관설, 형식설, 공제설 등 견해가 대립되어 있다. 객관설은 예술의 판단에는 일정한 객관적인 예술법칙성이 중요시되어야 한다고 한다. 주관설은 예술성의 평가에서 중요한 것은 예술가 자신의 판단이기 때문에 법관은 그 주장을 그대로 받아들여야 한다고 한다. 형식설은 예술을 미학적인 범주로 끌어들이려는 고정관념에 반대하며 예술을 질적인 내용이 아닌 외형적인 형태에 따라 형식적으로 이해하려고 한다. 공제설은 예술은 단순한 의사표시도 아니고 단순한 보도도 아닌 나머지 것이라고 한다.

2) 예술의 개념정의를 위한 노력들

340. 예술의 개념정의를 위한 노력들

독일연방헌법재판소는 메피스토-클라우스만 결정에서 "예술적 활동의 본질은 예술가의 인상·견문·체험 등을 일정한 형태언어를 매개로 하여 직접적인 표상으로 나타내는 자유로운 창조적 형성에 있으며 모든 예술적 활동은 논리적으로는 해명할 수 없는 의식적·무의식적 과정의 혼합이다. 예술적 창조에는 직관, 상상 및 예술적 이해가 공동으로 작용한다. 그것은 무엇보다도 전달이 아니라 표현이며, 더욱이 예술가의 인격의 가장 직접적인 표현이다"라고 하여 예술의 자유를 정의할 수 있다는 데에서 출발하고 있다.[1]

그에 반하여 독일연방행정법원은 "예술은 법질서 이전에 선존하는 개념이며, 그 자체가 일반적이고 객관적인 (개념)규정이 불가능하다"고 하였다.[2] 연방헌법재판소도 다시 입장을 바꾸어 "예술을 일반적으로 개념정의하는 것의 불가능성"을 이야기하면서,[3] 메피스토-클라우스만결정에서 정의한 예술의 개념, 특정의 작품유형에 따른 형식적 예술개념,[4] 개방적 예술개념[5]을 혼용하고 있

---

1) BVerfGE 30, 173(188f.). E. Stein, *Staatsrecht*, S. 197에 따르면 이러한 독일연방헌법재판소의 견해는 Fr. Müller, *Die Freiheit der Kunst als Problem der Grundrechtsdogmatik*, 1969의 견해에 커다란 영향을 받은 것이라고 한다.

2) BVerwGE JZ 1972, 207.

3) BVerfGE 67, 213(225).

4) 형식적 예술개념에 대해서는 Fr. Müller, *Die Freiheit der Kunst als Problem der Grundrechtsdogmatik*, S. 40 참조.

5) 개방적 예술개념에 대해서는 V. Nordon, *Die Freiheit der Kunst nach dem Grundgesetz und die Strafbarkeit der Verbreitung unzüchtiger Darstellungen*, Diss. Köln 1969, S. 82ff. 참조.

다.[1] 그러나 연방헌법재판소는 세 가지 예술개념이 충돌하는 경우에 어떤 개념을 우선할 것인가에 대해서는 침묵하고 있다.

문헌에서는 예술의 자유의 보장을 개방적으로 이해하여 비정상적이고 경악을 주는 표현형태까지를 예술에 포함되는 것으로 이해하려는 것이 일반적인 경향이다.[2]

3) 사   견

① 예술의 개념정의를 어렵게 하는 요소들

앞의 여러 학설과 판례들이 보여주듯이 예술의 개념을 정의하기는 매우 어렵다고 생각된다. 이러한 어려움은 예술가 자신도 예술의 자유가 무엇인지에 대하여 묻고 있을 뿐만 아니라[3] 특히 오늘날에는 전위예술, 참여예술, 실험적 예술의 분야에서 기존의 예술관념 내지는 기존의 미적 평가기준이 붕괴되고 있기 때문에 더욱 커진다.

341. 예술의 개념정의를 어렵게 하는 요소들

② 예술의 요소

그러나 어떤 활동을 예술의 자유로 보호하기 위해서는 예술에 대한 개념정의는 반드시 필요하다. 예술이기 위해서는 대체로 다음과 같은 요소 내지는 특성을 가져야 할 것으로 생각된다. 첫째, 예술은 내용적으로 미를 추구하는 창조적 활동이라는 점이다. 곧 예술은 인간의 자유로운 인격의 창조적 발현으로서, 그것은 무엇보다도 구속받지 않는 창의성, 기존의 것에 대한 부정이라는 혁신성을 특색으로 한다. 둘째, 예술은 논리적·체계적 인식작용인 학문과는 구별된다. 곧 예술은 논리만으로는 설명할 수 없는 주관적인 것이다. 셋째, 예술은 최소한의 형식적·기능적 요소를 갖는다. 곧 예술은 예술가의 내면이 어떤 형상을 통하여 외부로 표출된 것으로 외부세계와의 커뮤니케이션을 지향하고 있다는 점이다.[4] 끝으로, 예술이기 위해서는 최소한 그것이 예술이라는 예술가의 주장 외에

342. 예술의 요소

---

1) BVerfGE 67, 213(226f.).

2) B. Pieroth/B. Schlink, *Grundrecht. Staatsrecht* Ⅱ, S. 160.

3) 예컨대 20세기 최고의 화가인 피카소 *Picasso*조차도 다음과 같은 말을 했다고 한다. "예술이라? 그것이 무엇인지 안다면, 그것을 간직할 텐데." FAZ 26. 11. 1980.

4) 그러나 허영, 한국헌법론, 408쪽은 "예술작품은 그 주안점이 표현에 있지 전달에 있지 않다는 점을 강조해 둘 필요가 있다. 학문의 자유와 언론·출판의 자유의 주안점이 전달에 있는 것과 다른 점이다"라고 하여 표현을 강조한다. 물론 학문의 자유나 언론·출판의 자유와 비교해 볼 때 예술의 자유가 표현에 치중한다는 점은 인정할 수 있다. 그러나 모든 표현은 결국 전달을 위해 존재한다. 예컨대 아무리 훌륭한 무용가라 할지라도 밤중에 혼자서 무용을 한다면 그것을 속된 말로 "끼의 발동"이라고 할 수 있을지는 모르겠으나 예술활동이라고는 할 수 없을 것이다.

도 동시대인의 안목에서 그것이 예술로 받아들여져야 한다.

　　③ 예술의 개념정의 — 사견

343. 예술의 개념정
의 — 사견

　　이상을 종합하여 부족하지만 예술은 논리적·체계적으로는 설명하기 어려운 주관적인 미적 체험을 외부와의 커뮤니케이션을 위하여 일정한 형태언어를 통하여 창조적·개성적으로 외부에 표현하는 자율적인 활동으로 정의하고자 한다.[1]

(4) 藝術의 自由의 內容

1) 예술의 자유의 내용

344. 예술의 자유의
내용

　　예술의 자유는 예술창작의 자유, 예술표현의 자유, 예술적 집회·결사의 자유를 내용으로 한다. 예술활동에는 고도의 자율성이 요청되기 때문에 예술적 집회·결사의 자유는 일반적인 집회·결사의 자유보다 고도로 보장된다.

> **판례** 〈「음반에 관한 법률」 제3조 등에 대한 헌법소원(한정위헌)〉 "예술의 자유의 내용으로서는 일반적으로 예술창작의 자유, 예술표현의 자유, 예술적 집회 및 결사의 자유 등을 들고 있다. 그 중 예술창작의 자유는 예술창작활동을 할 수 있는 자유로서 창작소재, 창작형태 및 창작과정 등에 대한 임의로운 결정권을 포함한 모든 예술창작활동의 자유를 그 내용으로 한다. 따라서 음반 및 비디오물로써 예술창작을 하는 자유도 이 예술의 자유에 포함된다. 예술표현의 자유는 창작한 예술품을 일반대중에게 전시·공연·보급할 수 있는 자유이다. 예술품보급의 자유와 관련해서 예술품보급을 목적으로 하는 예술출판자 등도 이러한 의미에서의 예술의 자유의 보호를 받는다고 하겠다. 따라서 비디오물을 포함하는 음반제작자도 이러한 의미에서의 예술표현의 자유를 향유한다고 할 것이다."(헌재 1993. 5. 13. 91헌바17 결정)

2) 예술의 자유와 관련된 개별적 문제

① 영화·예술작품·음반 등의 사전심의

345. 영화·예술작
품·음반 등의 사전
심의

　　예술인들 스스로에 의한 자발적·임의적·권고적 사전심의 등은 허용되지만 국가기관에 의한 일방적·강제적 사전심의는 금지된다.

---

1) R. Scholz, *Grundgesetz-Kommentar*, Rdnr. 29 zu Art. 5 Ⅲ는 헌법에서 말하는 예술은 "창작자의 체험이 객관화되어 표현된 것이며, 커뮤니케이션을 통한 외부로의 의미전달을 지향하는 것"으로 개념규정한다.

> 판례 〈영화법 제12조 등에 대한 위헌제청 및 헌법소원(위헌)〉 "영화법은 영화
> 를 상영하기 전에 공연윤리위원회의 사전심의를 받아야 한다고 규정하고 있고,
> 공연법은 행정권이 공연윤리위원회의 구성에 지속적인 영향을 미칠 수 있게 하였
> 으므로 공연윤리위원회는 검열기관으로 볼 수밖에 없다. 이러한 공연윤리위원회
> 의 사전심의는 언론·출판에 대한 사전검열을 금지한 헌법 제21조 제 2 항에 위배
> 되는 검열제도이며, 따라서 영화법 제12조 제 1 항·제 2 항, 동법 제13조 제 1 항
> 중 공연윤리위원회의 심의에 관한 부분은 각 헌법에 위배된다."(헌재 1996. 10.
> 4. 93헌가13 등 병합결정)

② 타인의 사생활침해 또는 명예훼손

영화나 소설 등에서 실명을 표기하여 특정인물의 사생활을 작품화하면 사생
활침해나 명예훼손이 성립된다.

346. 영화나 예술 등
에 의한 사생활침해
또는 명예훼손

> 판례 〈기소유예처분 취소(취소)〉 "명예훼손적 표현의 피해자가 공적 인물인지
> 아니면 사인인지, 그 표현이 공적인 관심사안에 관한 것인지 순수한 사적인 영역
> 에 속하는 사안인지의 여부에 따라 헌법적 심사기준에는 차이가 있어야 한다. 더
> 욱이 이 사건과 같은 공적 인물의 공적 활동에 대한 명예훼손적 표현은 그 제한
> 이 더 완화되어야 하는 등 개별사례에서의 이익형량에 따라 그 결론도 달라지게
> 된다. 다만, 공인 또는 공적인 관심 사안에 관한 표현이라 할지라도 무제한 허용
> 되는 것은 아니다. 일상적인 수준으로 허용되는 과정의 범위를 넘어서는 명백한
> 허위사실로서 개인에 대한 악의적이거나 현저히 상당성을 잃은 공격은 명예훼손
> 으로 처벌될 수 있다. 공적 토론의 장은 개인의 의견과 그에 대한 다른 사람의
> 비판을 서로 주고받음으로써 형성되는 것인데, 지나치게 개인을 비방하는 표현은
> 그 개인의 인격권을 침해하는 동시에 여론형성이나 공개토론의 공정성을 해침으
> 로써 정치적 의사형성을 저해하게 되므로, 이러한 표현에 대해서는 표현의 자유
> 가 제한될 수 있어야 한다."(헌재 2013. 12. 26. 2009헌마747 결정)

③ 예술작품과 음란성문제

가. 예술작품과 음란성문제

예술작품이라 하더라도 내용이 음란하거나 외설적인 경우는 예술의 자유의
보호대상이 되지 못하며, 형법상 음란문서제조죄 등(형법 제243조·제244조)으로
처벌된다.

347. 예술작품과 음
란성문제

> 판례 〈음란한 문서제조, 음란한 문서판매〉 "헌법 제22조 제 1 항, 제21조 제 1 항
> 에서 기본권으로 보장되는 문학에 있어서의 표현의 자유도 헌법 제21조 제 4 항,

> 제37조 제 2 항에서 공중도덕이나 사회윤리를 침해하는 경우에는 이를 제한하도록
> 하였으며, 이에 따라 형법에서는 건전한 성적 풍속 내지 성도덕을 보호하기 위하
> 여 제243조에서 음란한 문서를 판매한 자를, 제244조에서 음란한 문서를 제조한
> 자를 각 처벌하도록 규정하고 있으므로, 문학작품이라고 하여 무한정의 표현의
> 자유를 누려 어떠한 성적 표현도 가능하다고 할 수는 없고 그것이 건전한 풍속이
> 나 성도덕을 침해하는 경우에는 형법규정에 의하여 이를 처벌할 수 있다."(대법원
> 1995. 6. 16. 94도2413 판결)

대법원은 음란성의 개념을 "그 내용이 성욕을 자극 또는 흥분시키고 보통인
의 정상적인 성적 수치심을 해하고 선량한 성적 도의관념에 반하는 것을 말한
다"고 하고,[1] 음란성의 유무는 "작성자의 주관적 의도가 아니라 객관적으로 판
단해야 한다"고 하며,[2] 음란성의 판단대상은 "소설에 내포된 전체적 사상의 흐
름이 음란할 것을 요한다"고 하여 전체적 관찰방법을 취하고 있다.[3] 이와 관련
하여 고야(Goya)의 「나체의 마야」,[4] 박승훈의 「○년 구멍과 뱀과의 대화」,[5] 마
광수의 「즐거운 사라」[6] 등이 외설을 이유로 유죄판결을 받았고, 염재만의 「반
노」,[7] 영화 「사방지」 포스터[8] 등이 물의를 일으킨 바 있다.[9]

> **판례** "비록 명화에 실려있는 그림이라 하여도 이를 예술·문학·교육 등 공공의
> 이익을 위해서 이용하는 것이 아니고, 다른 상품 특히 성냥갑 속에 넣어서 판매
> 할 목적으로 그 카드사진을 복사제조하거나 시중에 판매할 때에는 이를 보는 자
> 에게 성욕을 자극하여 흥분시키는 동시에 일반의 정상적인 성적 정서와 선량한
> 사회의 풍기를 해칠 가능성이 있다고 할 것이므로 이를 음화라고 본다."(대법원
> 1970. 10. 30. 70도1879 판결)

> **판례** "작품 '반노'는 인간의 성에 대한 본능을 주제로 하고 있고 몇 군데 성교
> 장면이 나오기는 하나, 남녀간의 성교에서 향락적이고 유희적인 면을 탈색해

---

1) 대법원 1987. 12. 22. 87도2331 판결.
2) 대법원 1991. 9. 10. 91도1550 판결.
3) 대법원 1975. 12. 9. 74도976 판결.
4) 대법원 1970. 10. 30. 70도1879 판결.
5) 서울형사지법 1969. 12. 15. 69고27460 판결.
6) 대법원 1995. 6. 16. 94도2413 판결.
7) 대법원 1975. 12. 9. 74도976 판결.
8) 대법원 1990. 10. 16. 90도1485 판결.
9) 음란·외설에 관한 국내판례에 대하여 더 자세한 것은 박용상, '표현의 자유와 음란규제
   및 청소년보호, 헌법논총 제13집(2002), 5쪽 이하(71-115쪽) 및 그곳에 인용된 문헌 참조.

버리고 본능에 의한 맹목적인 성교와 그 뒤에 오는 허망함을 반복묘사함으로써 그 전체적인 내용의 흐름이 인간에 내재하는 향락적인 성욕에 반항함으로써 결국 그로부터 벗어나 새로운 자아를 발견하는 과정으로 이끌어 매듭된 사실을 인정할 수 있으니, 이에 비추어 이 건 소설을 음란한 작품이라고 단정할 수 없다고 판단하고 있으므로 여기에 소론과 같은 위법이 없다고 할 것이다."(대법원 1975. 12. 9. 74도976 판결)

판례 "'음란'이라 함은, 일반 보통인의 성욕을 자극하여 성적 흥분을 유발하고 정상적인 성적 수치심을 해하여 성적 도의 관념에 반하는 것을 말하고, 표현물의 음란 여부를 판단함에 있어서는 당해 표현물의 성에 관한 노골적이고 상세한 묘사·서술의 정도와 그 수법, 묘사·서술이 그 표현물 전체에서 차지하는 비중, 거기에 표현된 사상 등과 묘사·서술의 관련성, 표현물의 구성이나 전개 또는 예술성·사상성 등에 의한 성적 자극의 완화 정도, 이들의 관점으로부터 당해 표현물을 전체로서 보았을 때 주로 그 표현물을 보는 사람들의 호색적 흥미를 돋우느냐의 여부 등 여러 점을 고려하여야 하며, 표현물 제작자의 주관적 의도가 아니라 그 사회의 평균인의 입장에서 그 시대의 건전한 사회 통념에 따라 객관적이고 규범적으로 평가하여야 한다."(대법원 2005. 7. 22. 2003도2911 판결)

헌법재판소는 "'음란'이란 인간존엄 내지 인간성을 왜곡하는 노골적이고 적나라한 성표현으로서 오로지 성적 흥미에만 호소할 뿐 전체적으로 보아 하등의 문화적, 예술적, 과학적 또는 정치적 가치를 지니지 않은 것으로서, 사회의 건전한 성도덕을 크게 해칠 뿐만 아니라 사상의 경쟁메커니즘에 의해서도 그 해악이 해소되기 어려워 언론·출판의 자유에 의한 보장을 받지 않는다고 하다가,[1] 그 후 견해를 바꾸어 '음란표현'도 헌법상 언론·출판 자유의 보호영역 안에 있다고 판단하고 있다.

판례 〈「정보통신방 이용촉진 및 정보보호 등에 관한 법률」 제65조 제1항 제2호 위헌소원(각하, 합헌)〉 "우리 재판소는 "모든 표현이 시민사회의 자기교정기능에 의해서 해소될 수 있는 것은 아니다. 일정한 표현은 일단 표출되면 그 해악이 대립되는 사상의 자유경쟁에 의한다 하더라도 아예 처음부터 해소될 수 없는 성질의 것이거나 또는 다른 사상이나 표현을 기다려 해소되기에는 너무나 심대한 해악을 지닌 것이 있다. 바로 이러한 표현에 대하여는 국가의 개입이 1차적인 것으로 용인되고, 헌법상 언론·출판의 자유에 의하여 보호되지 않는데, 위에서 본 헌

---

1) 헌재 1998. 4. 30. 95헌가16 결정〈「출판사 및 인쇄소의 등록에 관한 법률」 제5조의2 제5호 등 위헌제청(위헌, 합헌)〉.

법 제21조 제 4 항이 바로 이러한 표현의 자유에 있어서의 한계를 설정한 것이라고 할 것이다. 이 사건 법률조항이 규율하는 음란 또는 저속한 표현 중 '음란'이란 인간존엄 내지 인간성을 왜곡하는 노골적이고 적나라한 성표현으로서 오로지 성적 흥미에만 호소할 뿐 전체적으로 보아 하등의 문학적, 예술적, 과학적 또는 정치적 가치를 지니지 않은 것으로서, 사회의 건전한 성도덕을 크게 해칠 뿐만 아니라 사상의 경쟁메커니즘에 의해서도 그 해악이 해소되기 어렵다고 하지 않을 수 없다. 따라서 이러한 엄격한 의미의 음란표현은 언론·출판의 자유에 의해서 보호되지 않는다고 할 것이다"라고 판시하여(헌재 1998. 4. 30. 95헌가16, 판례집 10-1, 327, 340-341), '음란표현'은 헌법상 언론·출판 자유의 보호영역 밖에 있다고 판단한 바 있다.

그런데 우리 재판소는 그 후 '청소년의 성보호에 관한 법률' 제 2 조 제 3 호 등 위헌제청 사건에서 "이 사건 법률 제 2 조 제 3 호가 '청소년이용음란물'의 하나로 규정하고 있는 '청소년의 수치심을 야기시키는 신체의 전부 또는 일부 등을 노골적으로 노출하여 음란한 내용을 표현한 것으로서, 필름·비디오물·게임물 또는 컴퓨터 기타 통신매체를 통한 영상 등의 형태로 된 것'이라는 부분에 있어서, 우선 '음란한'이라는 부분은 그 개념과 관련하여 명확성의 원칙에 반하지 않는다 할 것(헌재 1998. 4. 30. 95헌가16, 판례집 10-1, 327, 344; 헌재 2002. 2. 28. 99헌가8, 공보 66, 204, 207 등 참조)"이라고 판시하여 음란표현의 개념을 위 선례와 같이 파악하면서도, "본건에 있어서 문제되고 있는 '청소년이용음란물' 역시 의사형성적 작용을 하는 의사의 표현·전파의 형식 중 하나임이 분명하므로 언론·출판의 자유에 의하여 보호되는 의사표현의 매개체라는 점에는 의문의 여지가 없는 바, 이 사건 법률 제 2 조 제 3 호 및 제 8 조 제 1 항은 이의 제작·수입·수출 행위를 처벌함으로써 위와 같은 의사표현의 매개체에 의한 일정한 내용의 표현을 금지하고 있다는 점에서 헌법상 보장되고 있는 표현의 자유, 즉 언론·출판의 자유를 제한하는 것으로 볼 수 있다"라고 판시하고, 이어서 "그러나, '청소년이용음란물'이 헌법상 표현의 자유에 의한 보호대상이 되고 따라서 그 제작 등의 행위에 대하여 형사상 중한 처벌을 가하는 것이 이러한 기본권을 다소 제한하게 되는 결과가 된다 하더라도, 이는 공공복리를 위하여 필요한 제한으로서 헌법 제37조 제 2 항의 비례의 원칙에 반하지 아니한다 할 것이다"라고 판시하여(헌재 2002. 4. 25. 2001헌가27, 판례집 14-1, 251, 261, 265), '음란표현'도 헌법상 언론·출판 자유의 보호영역 안에 있다고 판단하였다.

(2) 살피건대, 위 95헌가16 선례가 설시한 바와 같이 '일단 표출되면 그 해악이 처음부터 해소될 수 없거나 또는 너무나 심대한 해악을 지닌 음란표현'이 존재할 수 있다 하더라도, 어떤 표현이 바로 위와 같은 이유에 의하여 '국가의 개입이 1차적인 것으로 용인되고, 헌법상 언론·출판의 자유에 의하여 보호되지 않는 표현'에 해당하는지 여부는 '표현의 자유'라는 헌법상의 중요한 기본권을 떠나서는 규명될 수 없는 것이다.

따라서 비록 '음란'의 개념을 위와 같이 엄격하게 이해한다 하더라도 '음란'의
내용 자체는 헌법상 표현의 자유의 보호에 관한 법리와 관련하여 그 내포와 외연
을 파악하여야 할 것이고, 이와 무관하게 음란 여부를 먼저 판단한 다음, 음란으
로 판단되는 표현은 표현자유의 보호영역에서 애당초 배제시킨다는 것은 그와 관
련한 합헌성 심사를 포기하는 결과가 될 것이다. 즉, 위와 같이 해석할 경우 음
란표현에 대하여는 언론·출판의 자유의 제한에 대한 헌법상의 기본원칙, 예컨대
명확성의 원칙, 검열 금지의 원칙 등에 입각한 합헌성 심사를 하지 못하게 될 뿐
만 아니라, 기본권 제한에 대한 헌법상의 기본원칙, 예컨대 법률에 의한 제한, 본
질적 내용의 침해금지원칙 등도 적용하기 어렵게 되는 결과, 모든 음란표현에 대
하여 사전 검열을 받도록 하고 이를 받지 않은 경우 형사처벌을 하거나, 유통목
적이 없는 음란물의 단순소지를 금지하거나, 법률에 의하지 아니하고 음란물출판
에 대한 불이익을 부과하는 행위 등에 대한 합헌성 심사도 하지 못하게 됨으로
써, 결국 음란표현에 대한 최소한의 헌법상 보호마저도 부인하게 될 위험성이 농
후하게 된다는 점을 간과할 수 없다.

헌법 제21조 제4항은 "언론·출판은 타인의 명예나 권리 또는 공중도덕이나
사회윤리를 침해하여서는 아니 된다"고 규정하고 있는바, 이는 언론·출판의 자유
에 따르는 책임과 의무를 강조하는 동시에 언론·출판의 자유에 대한 제한의 요
건을 명시한 규정으로 볼 것이고, 헌법상 표현의 자유의 보호영역 한계를 설정한
것이라고는 볼 수 없다.

따라서 음란표현도 헌법 제21조가 규정하는 언론·출판의 자유의 보호영역에는
해당하되, 다만 헌법 제37조 제2항에 따라 국가 안전보장·질서유지 또는 공공
복리를 위하여 제한할 수 있는 것이라고 해석하여야 할 것이다.

(3) 결국 이 사건 법률조항의 음란표현은 헌법 제21조가 규정하는 언론·출판
의 자유의 보호영역 내에 있다고 볼 것인바, 종전에 이와 견해를 달리하여 음란표
현은 헌법 제21조가 규정하는 언론·출판의 자유의 보호영역에 해당하지 아니한다
는 취지로 판시한 우리 재판소의 의견(헌재 1998. 4. 30. 95헌가16, 판례집 10-1,
327, 340-341)을 변경한다."(헌재 2009. 5. 28. 2006헌바109 결정)

나. 예술작품과 음란성 문제에 대한 사견

그러나 예술의 형태를 취하고 있는 작품의 음란성이 문제되는 경우에는 예
술이냐 외설이냐의 양자택일의 문제(작품 자체의 문제, Werkbereich)로 다룰 것이
아니라, 구체적으로 어떠한 보호가치 있는 법익이 그 작품에 의하여 침해될 수
있는가의 문제(작품이 끼치는 사회적 영향의 문제, Wirkbereich)로 접근하여야 할 것
이다.[1] 예컨대 어떤 작품이 성인에게는 허용될 수 있지만 청소년에게는 심각한

348. 예술작품과 음
란성문제에 대한 사
견

---

1) '작품의 문제'(Werkbereich)와 '작품이 사회에 끼치는 영향의 문제'를 이렇게 구별하는 것
은 Fr. Müller, *Die Freiheit der Kunst als Problem der Grundrechtsdogmatik*, S. 97ff.의

부정적 영향이 우려된다는 판단이 내려지는 경우 무조건적인 전면금지보다도 미성년자의 관람금지와 같은 제한적인 규제방법이 우선되는 것이 예술의 자유에 대한 제한은 예술은 인간의 자유로운 인격의 창조적 발현이라는 속성상 최소한에 그쳐야 한다는 해석과 일치될 것이다.[1]

(5) 藝術의 自由의 效力

349. 예술의 자유의 효력

예술의 자유는 대국가적 효력과 간접적 대사인적 효력을 가진다.

(6) 藝術의 自由의 制限

350. 예술의 자유의 제한 — 내재적 한계에 의한 제한, 법률에 의한 제한

예술창작의 자유는 절대적 자유권에 속한다.

그러나 예술활동을 통하여 민주적 기본질서, 타인의 권리와 명예보호, 재산권 등을 침해해서는 아니되고, 공중도덕이나 사회윤리를 어기는 예술활동은 헌법 제37조 제 2 항에 따라 제한될 수 있다. 그러나 그 경우에도 예술의 자유의 본질적 내용을 침해할 수는 없다.

> **판례** "반국가단체인 북한공산집단의 활동에 동조하고 이를 이롭게 할 목적으로 계급투쟁론적 입장에서 폭력혁명을 강조하는 한편, 계급혁명의 합법성과 정당성을 찬양하는 내용의 '꽃파는 처녀'라는 작품을 제작한 행위는 국가보안법상의 이적표현물제작죄에 해당한다."(대법원 1990. 12. 11. 90도2328 판결)

> **판례** 〈「음반에 관한 법률」 제 3 조 등에 대한 헌법소원(한정위헌)〉 "예술표현의 자유는 무제한한 기본권은 아니다. 예술표현의 자유는 타인의 권리와 명예 또는 공중도덕이나 사회윤리를 침해하여서는 아니 된다. 그리고 국가안전보장, 질서유지 또는 공공복리를 위하여 필요한 경우에는 헌법 제37조 제 2 항에 의하여 법률로써 제한할 수 있으나, 이러한 필요에서 하는 법률에 의한 제한도 그 목적이 헌법 및 법률의 체계상 그 정당성이 인정되어야 하고(목적의 정당성), 그 목적달성을 위하여 그 방법이 효과적이고 적절하여야 하며(방법의 적정성), 그로 인한 피해가 최소한도에 그쳐야 하며(피해의 최소성), 보호하려는 공익과 침해하는 사익을 비교형량할 때 보호되는 공익이 더 커야 한다는(법익의 균형성) 과잉금지의 원칙에 반하지 않는 한도 내에서 할 수 있는 것이다."(헌재 1993. 5. 13. 91헌바17 결정)

이론을 연방헌법재판소가 BVerfGE 30, 173(189)에서 받아들인 것이다.

1) E. Stein, *Staatsrecht*, S. 200; 장영수, 예술의 자유에 대한 헌법적 보장과 그 한계, 고시연구(1993년 5월), 35쪽 이하(48·49쪽).

4. 知的財産權의 保護

(1) 知的財産權保護에 대한 憲法規定

헌법 제22조 제 2 항의 규정에 의하여 저작자·발명가·과학기술자와 예술가 의 권리는 법률로써 보장된다. 현재 이들 권리는 저작권법, 공업소유권법, 특허 법, 영화법, 공연법·등에 의하여 저작권·산업소유권(특허, 실용신안, 의장, 상표), 예술공연권, 제 3 의 권리(computer software, 반도체 칩, 영업비밀) 등이 보호되고 있다.

판례 〈「의료기사법 시행령」 제 2 조에 대한 헌법소원(기각)〉 "과학기술자의 특 별보호를 명시한 헌법 제22조 제 2 항은 과학·기술의 자유롭고 창조적인 연구개 발을 촉진하여 이론과 실제 양면에 있어서 그 연구와 소산을 보호함으로써 문화 창달을 제고하려는 데 그 목적이 있는 것이다."(헌재 1993. 11. 25. 92헌마87 결정)

(2) 知的財産權保護義務

엄격하게 말하자면 이들 권리는 자유권은 아니다. 그러나 국가가 이들 정신 적·문화적·기술적 창작자들의 권리를 법률로써 특히 보장함으로써 문화를 향 상시키려는 데 그 의미가 있다. 이와 관련하여 현행헌법은 전통문화의 계승·발 전과 민족문화의 창달에 노력할 국가의 의무를 규정함(제 9 조)으로써 문화국가를 지향함을 분명히 하고 있다.

第13節 財 産 權

1. 憲法規定 및 沿革

(1) 憲法規定

헌법 제23조는 "① 모든 국민의 재산권은 보장된다. 그 내용과 한계는 법률 로 정한다. ② 재산권의 행사는 공공복리에 적합하도록 하여야 한다. ③ 공공필 요에 의한 재산권의 수용·사용 또는 제한 및 그에 대한 보상은 법률로써 하되, 정당한 보상을 지급하여야 한다"고 하여 재산권을 보장하고 있다.

그 밖에도 제13조 제 2 항은 소급입법에 의한 재산권박탈금지를, 제22조 제

351. 지적재산권보호 에 대한 헌법규정

352. 지적재산권보호 의무

353. 재산권에 대한 헌법규정 — 헌법 제 23조

2항은 지적소유권인 무체재산권의 보장을, 제121조는 농지경자유전의 원칙과 위탁경영의 예외조항을, 제122조는 국토의 효율적 이용·개발의무를, 제126조는 법률에 의한 사영기업의 국·공유화와 경영의 통제·관리를 규정하고 있다.

(2) 沿革 및 立法例

1) 재산권보호 입법례의 변천

354. 재산권보호 입법례의 변천

재산권을 절대적으로 보장하는 입법례에서 재산권의 공공복리성을 강조하는 입법례로 바뀌었다. 생명·자유와 더불어 재산의 불가침은 근대 이래 고전적·전통적인 자유권적 기본권의 핵심적 내용으로서 존중되어 왔다. 그 예는 1789년 프랑스인권선언 제17조[1]와 미연방수정헌법 제 5 조[2]에서 찾아볼 수 있다.

그러나 이러한 재산권에 대한 절대적 보장은 자본주의의 발전과 더불어 현격한 빈부의 차, 빈민문제 등의 허다한 사회문제를 초래하였다. 이러한 문제를 해결하기 위해서 자유방임주의적인 경제영역에 대한 국가의 적극적인 간섭이 요구되기 시작하였다. 그 대표적인 예가 바이마르헌법 제153조 제 3 항[3]이었다.

2) 재산권보호에 대한 우리 헌법의 태도

355. 재산권보호에 대한 우리 헌법의 태도

우리 헌법은 재산권을 보장하면서도 재산권의 상대성·사회성·의무성을 강조함으로써 자유주의적 자본주의의 수정을 인정하여 재산권의 제약을 상당한 범위에서 허용하고 있다. 우리 헌법재판소도 토지거래허가제에 관한 국토이용관리법 제21조의3 제 1 항, 제31조의2의 위헌심판에서 재산권의 성격이 변화함에 따라 오늘날에는 재산권이 사회적 기속성을 강조하는 상대적 권리로 규정되고 있음을 밝히고 있다.

> **판례** 〈국토이용관리법 제21조의3 제 1 항, 제31조의2의 위헌심판(합헌)〉 "재산권 보장으로서 사유재산제도와 경제활동에 대한 사적자치의 원칙을 기초로 하는 자본주의 시장경제질서를 기본으로 하여 국민 개개인에게 자유로운 경제활동을

---

1) 프랑스인권선언 제17조: "소유권은 불가침이고 또 신성한 권리로서 명백한 공공의 필요가 있음을 법률이 인정함과 동시에 정당한 사전보장을 조건으로 하지 아니하는 한 누구도 이를 탈취당하지 아니한다."
2) 미연방수정헌법 제 5 조: "법의 정당한 절차에 의하지 아니하고는 생명·자유 또는 재산은 탈취당하지 아니한다. 사유재산은 정당한 보상 없이 공공의 이용에 제공하기 위하여 징수되지 아니한다."
3) 바이마르헌법 제153조 제 3 항: "재산권은 의무를 수반하며, 그 행사는 동시에 공공복리를 위하여야 한다."

통하여 생활이 기본적 수요를 스스로 충족시킬 수 있도록 하고 사유재산의 자유로운 이용·수익과 그 처분 및 상속을 보장해 주는 것이다. 이런 보장이 자유와 창의를 보장하는 지름길이고 궁극에는 인간의 존엄과 가치를 증대시키는 최선의 방법이라는 이상을 배경으로 하고 있는 것이다."(헌재 1989. 12. 22. 88헌가13 결정)

판례 〈국토이용관리법 제21조의3 제 1 항, 제31조의2의 위헌심판(합헌)〉 "근대 초기 자본주의하에서의 토지소유권의 개념은 개인적 재산권으로서 타의 제약을 받지 않는 절대적 사권으로서 존중되게 되었으나 … 대부분의 현대국가에서는 재산권의 내용과 한계를 법률로 정할 수 있도록 하고 있고, 의무를 수반하는 상대적 권리로 규정하고 있는 것이다. 재산권의 사회적 제약 내지 사회기속성을 강조하는 것은 재산권의 절대적 보장에서 배태되는 사회적 폐단을 최소화함과 아울러 사유재산제도의 기본이념을 보호하려는 것으로서 사유재산제도의 유지존속을 위한 사유재산제도의 최소한의 자기희생 내지 양보인 것이다."(헌재 1989. 12. 22. 88헌가13 결정)

2. 財産權의 法的 性格

(1) 法的 性格

재산권의 법적 성격과 관련하여 개인적 자유권설, 제도보장설, 권리·제도보장설 등 견해가 대립되고 있다. 재산권을 자유권적 기본권이자 동시에 사유재산제도를 보장한 것으로 보는 권리·제도보장설이 다수설과 판례[1]의 입장이다.[2] 더 나아가서 재산권보장은 객관적 가치질서로서의 성격을 함께 가지고 있다.

356. 재산권의 법적 성격

판례 〈민법 제245조 제 1 항에 대한 헌법소원(합헌)〉 "재산권보장은 개인이 현재 누리고 있는 재산권을 개인의 기본권으로 보장한다는 의미와 개인이 재산권을

---

1) 독일연방헌법재판소도 재산권규정을 제도보장이자 기본권으로 보고 있다. BVerfGE 24, 367(389); 26, 215(222) 참조.
2) 재산권보장의 법적 성격과 관련하여 허영, 한국헌법론, 460쪽은 사유재산제도와 사유재산권을 동시에 보장한 것이며, 재산권에 관한 입법형성권의 헌법적 제약을 의미한다고 하면서도 칼 슈미트적인 발상에 의한 제도적 보장에 관한 것은 아니라고 한다. 그러나 재산권에 관한 입법형성권의 헌법적 제약, 곧 입법권자가 재산권에 관해서 입법형성권을 행사하는 경우에도 적어도 사유재산제도와 사유재산을 바탕으로 한 구체적인 권리가 존중될 수 있도록 재산권의 내용과 한계를 정해야 하는 것(460쪽)은 결국 슈미트가 말하는 제도적 보장의 내용이 될 것이다.

> 향유할 수 있는 법제도로서의 사유재산제도를 보장한다는 이중적 의미를 가지고
> 있다. … 이러한 재산권에 관한 규정은 민사법질서의 기본구조라고 할 수 있다."
> (헌재 1993. 7. 29. 92헌바20 결정)

(2) 制度保障의 핵심

357. 제도보장의 핵심

제도보장의 핵심은 생산수단의 사유인가 생존에 필요한 물적 수단의 보장인
가에 대하여 견해가 나뉘어 있다. 그러나 헌법 제119조의 해석상 제도보장의 핵
심은 생산수단의 사유로 보아야 한다.

(3) 憲法 제23조 제 2 항의 義務의 性格

358. 헌법 제23조 제
2 항의 의무의 성격

제23조 제 2 항의 의무의 성격과 관련해서 헌법적 의무로 보는 견해,[1] 내재
적 제약으로 보는 견해,[2] 헌법적 한계로 보는 견해[3] 등 견해가 나뉘어 있다. 헌
법재판소는 헌법상의 의무로 본다.

> **판례** 〈국토이용관리법 제21조의3 제 1 항, 제31조의2의 위헌심판(합헌)〉 "재산
> 권의 사회적 의무성을 헌법에 명문화한 것은 사유재산제도의 보장이 타인과 더불
> 어 살아가는 공동체생활과의 조화와 균형을 흐트러뜨리지 않는 범위 내에서의 보
> 장임을 천명한 것이다. … 재산권행사의 공공복리적합의무는 헌법상의 의무로서
> 입법형성권의 행사에 의해 현실적인 의무로 구체화되고 있다."(헌재 1989. 12. 22.
> 88헌가13 결정)

개인적으로는 헌법에 의한 기본권제한 중 기본권의 내용에 제한을 가하는
경우로 보는 것이 타당하다고 생각한다.

3. 財産權의 主體와 客體

(1) 主   體

359. 재산권의 주체

자연인과 법인 모두가 주체가 되며, 국가와 지방자치단체도 주체가 된다.
그러나 외국인의 경우는 호혜주의(상호주의)원칙에 따라 국제법과 국제조약이 정
하는 바에 따라서만 주체가 된다.

---

1) 김철수, 헌법학개론, 565쪽.
2) 권영성, 헌법학원론, 519쪽.
3) 허영, 한국헌법론, 458쪽.

(2) 客　體

재산권의 내용과 한계는 법률로 정해지기 때문에(제23조 제 1 항 제 2 문), 재산권의 범위는 그 시대의 사회적 관념에 따라 재산권을 구체화하는 입법작용에 의하여 정해질 것이다. 곧 재산권의 절대적 개념은 존재하지 않는다.[1]

그러나 보통 재산권은 공·사법상 경제적 가치가 있는 모든 권리를 말한다고 개념정의되며,[2] 그 재산가액의 다과는 문제가 되지 않는다.[3] 따라서 민법상의 소유권, 물권, 채권은 물론 무체재산권과 특별법상의 권리, 영업상의 권리와 공법상의 제 권리(공무원의 봉급청구권, 연금청구권),[4] 상속권을 포함한다. 그러나 단순한 기대이익, 반사적 이익, 단순한 경제적 기회,[5] 우연히 발생한 법적 지위 등은 재산권에 속하지 않는다.[6] 지적재산권도 재산권에 속하지만 우리 헌법은 제22조 제 2 항에서 별도로 규정하고 있다.

360. 재산권의 객체

---

1) BVerfGE 20, 351(355).
2) M. Wolff, Rechtsverfassung und Eigentum, in: *Festgabe für Wilhelm Kahl*, 1923, S. 1ff.
3) 헌재 1992. 6. 26. 90헌바26 결정〈「정기간행물의 등록 등에 관한 법률」 제10조 제 1 항 등에 대한 헌법소원(합헌)〉.
4) 독일의 경우 독일연방대법원은 이 문제를 재산권에 포함되는 것으로 보는 반면(BGHZ 6, 270, 278), 독일연방헌법재판소는 공무원의 재산권적 청구권(봉급청구권, 연금청구권)은 재산권이 아닌 직업공무원제도에 의하여 보호되는 것으로 보고 있다(BVerfGE 16, 94, 115). 사회보장청구권, 특히 연금청구권이 재산권의 보호범위에 속할 것인가에 대하여는 전광석, 재산권과 사회보장청구권, 고시연구(1991년 5월), 75쪽 이하 참조.
5) 김형성, ‘재산권’, 「기본권의 개념과 범위에 관한 연구」(헌법재판연구 제20권), 헌법재판소, 1995, 379쪽 이하(401쪽)는 재산권의 개념을 넓게 이해하고 독일연방대법원의 판례(BGHZ 76, 387, 392f.)를 원용하면서 기업의 이윤기회도 재산권의 한 내용으로 본다. “일반적으로 넓은 의미의 헌법상 재산권 개념을 전제로 할 때 헌법이 보장하는 재산권은 사법상·공법상 경제적 가치가 있는 모든 권리 또는 사회통념에 의하여 형성된 모든 재산가치적 법익을 뜻한다. 여기에는 민법상의 물권·채권과 특별법상의 권리 및 자기성취로 얻은 것이나 특별한 희생에 의해 얻은 재산가치 있는 공법상의 권리도 포함한다. 그러나 단순한 개념적 분리는 잘못된 것이며 그것은 침해행위의 위법적 내용에 대한 고려나 신뢰관계 등을 고려해서 결정되어져야 할 것이다. 따라서 기업의 이윤기회(Gewinnchance)에 대한 침해는 재산권 보장에 반한다.”
6) 헌법재판소는 「징발재산정리에 관한 특별조치법」 제20조 제 1 항의 환매권도 재산권의 내용으로 보고 있다〈헌재 1995. 2. 23. 92헌바12 결정: 「징발재산정리에 관한 특별조치법」 제 6 조 등에 대한 헌법소원(합헌)〉. 그러나 「국가보위에 관한 특별조치법」 제 3 조의 우선매수권에 대해서는 헌법재판소는 재산권의 성질을 가진 것이 아니라, 환매권이 소멸된 토지의 피수용자 또는 그 상속인에게 당해 토지를 우선 매수할 수 있는 기회를 부여함으로써 종전의 법률관계를 정리하겠다는 입법정책 아래 인정되는 수혜적인 성질을 가진 권리라고 보고 있다〈헌재 1998. 12. 24. 98헌바30 등 병합결정: 「국가보위에 관한 특별조치법 제 5 조 제 4 항에 의한 동원대상지역 내의 토지의 수용·사용에 관한 특별조치령에 의하여 수용·사용된 토지 정리에 관한 특별조치법」 제 2 조 등 위헌소원 등(각하)〉.

판례 〈「정기간행물의 등록 등에 관한 법률」 제10조 제 1 항 등에 대한 헌법소원 (합헌)〉 "헌법이 보장하고 있는 재산권은 경제적 가치가 있는 모든 공법상·사법 상의 권리를 뜻하고, 그 재산가액의 다과를 불문한다. 또 재산권의 보장은 재산권 의 자유로운 처분의 보장까지 포함한 것이다."(헌재 1992. 6. 26. 90헌바26 결정)

판례 〈구 산업재해보상보호법 제14조 단서위헌소원(합헌)〉 "영리획득의 단순한 기회 내지 기업활동의 사실적·법적 여건은 재산권보장의 대상이 아니다."(헌재 1996. 8. 29. 95헌바36 결정)

판례 〈약사법 부칙 제 4 조 제 2 항 위헌소원(합헌)〉 "약사의 한약조제권이란 그 것이 타인에 의하여 침해되었을 때 방해를 배제하거나 원상회복 내지 손해배상을 청구할 수 있는 이른바 권리(청구권)가 아니라, 법률에 의하여 약사의 지위에서 인정되는 하나의 권능에 불과하다. 더욱이 의약품을 판매하여 얻게 되는 이익이 란 장래의 불확실한 기대이익에 불과한 것이다. 그렇다면 약사의 한약조제권은 위 헌법 조항들이 말하는 재산권의 범위에 속하지 아니한다."(헌재 1997. 11. 27. 97헌바10 결정)

판례 〈공무원연금법 제 3 조 제 2 항 위헌확인(기각)〉 "공무원연금법상의 퇴직급 여, 유족급여 등 각종 급여를 받을 권리, 즉 연금수급권에는 사회적 기본권의 하 나인 사회보장수급권의 성격과 재산권의 성격이 불가분적으로 혼재되어 있으므 로, 입법 자로서는 연금수급권의 구체적 내용을 정함에 있어서 반드시 민법상속 의 법리와 순위에 따라야 하는 것이 아니라 공무원연금제도의 목적달성에 알맞도 록 독자적으로 규율할 수 있다."(헌재 1999. 4. 29. 97헌마333 결정)[1]

판례 〈민법 제999조 제 2 항 위헌소원 등(위헌)〉 "민법 제999조 제 2 항 중 상 속회복청구권의 행사기간을 상속개시일로부터 10년으로 제한한 것은 진정상속인 의 권리를 심히 제한하여 오히려 참칭상속인을 보호하는 규정으로 기능하고 있는 것이라 할 것이어서, 기본권제한의 한계를 넘어 헌법상 보장된 상속인의 재산권, 행복추구권, 재판청구권 등을 침해하고 평등원칙에 위배된다."(헌재 2001. 7. 19. 99헌바9 등 병합결정)

---

1) 또한 〈헌재 1998. 12. 24. 96헌바73 결정: 공무원연금법 제30조 제 1 항 위헌소원(합헌)〉도 참조.

4. 財産權의 內容

(1) 內 容

재산권은 사유재산제도의 보장, 사유재산권의 보장, 소급입법에 의한 재산권의 박탈금지를 내용으로 한다.

(2) 私有財産制度의 保障

헌법 제23조 제 1 항의 "모든 국민의 재산권은 보장된다"는 규정은 자유권적 기본권으로서의 재산권을 보장하는 동시에 사적 효용성과 재산권의 객체에 대한 원칙적인 처분가능성을 핵심으로 하는[1] 사유재산제를 제도적으로 보장하는 의미내용을 갖는다. 따라서 입법기관은 재산권의 내용과 한계를 정하는 입법을 함에 있어 사유재산제도를 폐지하거나 부인하는 법률을 제정할 수는 없다. 사유재산제도를 폐지하거나 부인하는 법률은 헌법 제 9 장 경제편에서 인정된 정책적 필요의 범위를 일탈하여 "재산권의 내용과 한계"를 규제하는 입법, 예컨대 상속권의 폐지, 단순한 정치적 이유에 기초한 재산권의 몰수 또는 전반적인 계획경제의 실시 등은 사유재산제와 저촉된다.

> **판례** 〈구 상속세법 제 9 조 제 1 항 위헌제청, 구 상속세법 제 9 조 제 1 항 등 위헌소원(위헌)〉 "헌법 제23조 제 1 항이 보장하고 있는 사유재산은 사유재산에 관한 임의적인 이용, 수익, 처분권을 본질로 하기 때문에 사유재산의 처분금지를 내용으로 하는 입법조치는 원칙으로 재산권에 관한 입법형성권의 한계를 일탈하는 것일 뿐만 아니라 조세의 부과·징수는 국민의 납세의무에 기초하는 것으로서 원칙으로 재산권의 침해가 되지 않는다고 하더라도 그로 인하여 납세의무자의 사유재산에 관한 이용, 수익, 처분권이 중대한 제한을 받게 되는 경우에는 그것도 재산권의 침해가 될 수 있는 것이다."(헌재 1997. 12. 24. 96헌가19 등 병합결정)

(3) 私有財産權의 保障

헌법이 사유재산권을 보장한다는 것은 재산을 소유하고 상속할 수 있을 뿐만 아니라 재산을 사용·수익·처분할 수 있는 권능을 보장한다는 것을 의미한다. 이러한 의미의 재산권은 국가에 대하여 소극적·방어적 성격을 갖는다. 따라서 국가는 과세권을 행사함에 있어서 법률의 근거와 합리적 이유 없이 국민의

---

1) BVerfGE 24, 389f.; 31, 240f.

재산권을 함부로 침해할 수 없다.[1] 곧 조세법률주의를 무시한 국가의 자의적인 과세권 행사는 헌법 제23조 제1항에 의하여 보장된 국민의 재산권을 침해하는 것이다.

(4) 遡及立法에 의한 財産權剝奪禁止

1) 소급입법에 의한 재산권박탈금지

363. 소급입법에 의한 재산권박탈금지

헌법은 "모든 국민은 소급입법에 의하여 ⋯ 재산권을 박탈당하지 아니한다" (제13조 제2항)고 하여 재산권보장에 만전을 기하는 한편, 4·19 이후의 부정축재특별처리법이나 5·16 이후의 부정축재처리법 등의 재현을 헌법 자체가 금지하고 있다. 이에는 예외가 없다.

2) 진정소급입법과 부진정소급입법

364. 진정소급입법과 부진정소급입법

과거의 사실관계나 법률관계를 규율하기 위한 소급입법에는 진정소급입법과 부진정소급입법이 있다. 진정소급입법은 과거에 완성된 사실 또는 법률관계를 규율대상으로 한다. 부진정소급입법은 이미 과거에 시작하였으나 아직 완성되지 아니하고 진행과정에 있는 사실 또는 법률관계를 규율대상으로 한다.

진정소급입법에 대해서는 입법권자의 입법형성권보다도 당사자가 구법질서에서 기대했던 신뢰를 보호하고 법적 안정성을 도모하기 위해서 특단의 사정이 없는 한 구법에 의하여 이미 얻은 자격 또는 권리를 새 입법을 함에 있어서 존중하여야 한다. 그러나 부진정소급입법의 경우에는 입법형성권을 중시하여야 하므로 특단의 사정이 없는 한 새 입법을 하면서 구법관계 내지 구법상의 기대이익을 존중하여야 할 의무가 발생하지 않는다.[2]

헌법재판소는 진정소급입법을 원칙적으로 인정하지 않는다. 그러나 헌법재판소는 "일반적으로 국민이 소급입법을 예상할 수 있었거나, 법적 상태가 불확실하고 혼란스러웠거나 하여 보호할 만한 신뢰의 이익이 적은 경우와 소급입법에 의한 당사자의 손실이 없거나 아주 경미한 경우, 그리고 신뢰보호의 요청에 우선하는 심히 중대한 공익상의 이유가 소급입법을 정당화하는 경우 등"[3]에는 예외적으로 진정소급입법이 허용된다고 한다.

---

1) 헌재 1992. 12. 24. 90헌바21 결정〈상속세법 제9조 제2항에 대한 헌법소원(위헌)〉.
2) 헌재 1989. 3. 17. 88헌마1 결정〈「사법서사법 시행규칙」에 관한 헌법소원(일부기각, 일부각하)〉. 또한 헌재 1989. 12. 18. 89헌마32 등 병합결정〈국가보위입법회의법 등의 위헌여부에 관한 헌법소원(위헌, 각하)〉 참조.
3) 헌재 1998. 9. 30. 97헌바38 결정〈「가등기담보 등에 관한 법률」 부칙 제23조 등 위헌소원(합헌, 일부각하)〉.

> **판례** 〈「친일반민족행위자 재산의 국가귀속에 관한 특별법」 제2조 등 위헌소원 등(합헌)〉 "이 사건 귀속조항은 진정소급입법에 해당하지만, 진정소급입법이라 할지라도 예외적으로 국민이 소급입법을 예상할 수 있었던 경우와 같이 소급입법이 정당화되는 경우에는 허용될 수 있다. 친일재산의 취득 경위에 내포된 민족배반적 성격, 대한민국임시정부의 법통 계승을 선언한 헌법 전문 등에 비추어 친일반민족행위자 측으로서는 친일재산의 소급적 박탈을 충분히 예상할 수 있었고, 친일재산 환수 문제는 그 시대적 배경에 비추어 역사적으로 매우 이례적인 공동체적 과업이므로 이러한 소급입법의 합헌성을 인정한다고 하더라도 이를 계기로 진정소급입법이 빈번하게 발생할 것이라는 우려는 충분히 불식될 수 있다. 따라서 이 사건 귀속조항은 진정소급입법에 해당하나 헌법 제13조 제2항에 반하지 않는다."(헌재 2011. 3. 31. 2008헌바141 등 병합결정)

5. 財産權의 效力

재산권은 대국가적 효력과 간접적 대사인적 효력을 갖는다.

365. 재산권의 효력

6. 財産權의 限界

(1) 法律主義

재산권의 내용과 한계는 법률로 정한다(제23조 제1항 제2문). 이 규정의 성격을 헌법재판소는 기본권형성적 법률유보로 보고 있다. 그러나 이 규정은 기본권구체화적 법률유보에 해당된다.

366. 재산권의 내용과 한계의 법정

> **판례** 〈민법 제245조 제1항에 대한 헌법소원(합헌)〉 "우리 헌법상의 재산권에 관한 규정은 다른 기본권규정과는 달리 그 내용과 한계가 법률에 의하여 구체적으로 형성되는 기본권형성적 법률유보의 형태를 띠고 있다. … 따라서 재산권의 구체적인 모습은 재산권의 내용과 한계를 정하는 법률에 의하여 형성되고, 그 법률은 재산권을 제한한다는 의미가 아니라 재산권을 형성한다는 의미를 갖는다. … 이러한 재산권의 내용과 한계를 정하는 법률의 경우에도 사유재산제도나 사유재산을 부정하는 것은 재산권보장규정의 침해를 의미하고 결코 재산권형성적 법률유보라는 이유로 정당화될 수 없다."(헌재 1993. 7. 29. 92헌바20 결정)

판례 《「공익사업을 위한 토지 등의 취득 및 보상에 관한 법률」 위헌소원(합헌)》
"입법자에 의한 재산권의 내용과 한계의 설정은 기존에 성립된 재산권을 제한할 수도 있고, 기존에 없던 것을 새롭게 형성하는 것일 수도 있다. 이 사건 조항은 종전에 없던 재산권을 새로이 형성한 것에 해당되므로, 역으로 그 형성에 포함되어 있지 않은 것은 재산권의 범위에 속하지 않는다. 즉 청구인들이 주장하는바, '불법적인 사용의 경우에 인정되는 수용청구권'이란 재산권은 입법자에 의하여 인정된바 없으므로 재산권에 포함되지 않는다. 달리 이것이 헌법이 직접 보장하는 재산권에 속한다거나 자연법적인 의미의 재산권도 아니다. 그렇다면 청구인들이 주장하는 '불법적인 사용의 경우에 인정되는 수용청구권'이란 재산권은 존재하지 않는 것이며, 이 사건 조항이 그러한 재산권을 제한할 수도 없다. 청구인들의 재산권에 대한 여하한 침해는 이 사건 조항과 무관하며 행정주체의 불법점유 및 사용으로부터 나오는 것이다. 또한 이 사건 조항은 법률상 요건이 구비된 경우 토지소유자에게 혜택을 주는 규정이며, 이러한 혜택에 제외되어 수용청구를 하여 완전보상을 받을 기회를 가질 수 없다고 해서 이를 재산권의 제한이라고 할 수는 없다(헌재 2002. 12. 18. 2001헌바55, 판례집 14-2, 810, 819 참조).
　다만 이 사건 조항으로 청구인들의 재산권이 제한될 수는 없지만, 입법자는 재산권의 형성에 있어서 헌법적 한계를 준수하여야 하므로, 청구인들은 이 사건에서 그러한 입법적 한계가 준수되지 않았으며, 따라서 이 사건 조항이 청구인들에게 수용청구권을 배제한 것은 헌법상 재산권 조항을 위반한 것이라는 취지로 주장할 여지가 있다. 즉 입법자가 재산권의 내용과 한계를 형성함에 있어서 헌법적 한계를 일탈하였다는 것이다. 그렇다면 이 사건 조항이 입법자의 입법형성권을 일탈 혹은 남용한 것인지 살펴본다. 재산권의 내용과 한계를 구체적으로 형성함에 있어서 입법자는 넓은 입법형성권을 가진다. 그러한 입법형성권은, 재산권의 본질적 내용을 침해하여서는 아니 된다거나 사회적 기속성을 함께 고려하여 법익 간에 균형을 이루도록 하여야 한다는 등의 입법형성권의 한계를 일탈하지 않는다면 특별한 사정이 없는 한 위헌이라고 볼 수 없다(헌재 2000. 6. 29. 98헌마36, 판례집 12-1, 869, 881-882).
　이 사건 조항은 공공목적을 위한 사유지의 사용이 장기화 될 때 토지소유자의 손실이 커지는 것을 막고, 토지소유자의 이익을 위하여 당해 토지가 수용될 수 있게 하여 완전한 손실보상을 받을 수 있는 길을 열어주자는 입법목적을 지닌다. 이러한 입법목적은 공공복리를 위한 것으로서 헌법상 허용된다."(헌재 2005. 7. 21. 2004헌바57 결정)

(2) 財産權行使의 社會的 義務性(社會羈束性)

1) 재산권행사의 사회적 의무성의 의미

재산권의 행사는 공공복리에 적합하도록 하여야 한다(제23조 제 2 항). 여기서 말하는 공공복리는 제37조 제 2 항의 공공복리와는 다른 의미를 가진다. 곧 제37조 제 2 항의 공공복리는 모든 기본권에 대하여 헌법이 일반적으로 유보하고 있는 제약이기 때문에 그 의미내용은 엄격하게 해석되어야 한다. 그에 반하여 제23조 제 2 항의 공공복리는 특별한 법률에 의한 유보를 의미하기 때문에 그 의미내용은 재산권의 사회성·의무성을 전제로 하는 것으로 정책적 제약까지도 인정하는 것으로 이해된다.[1]

367. 재산권행사의 사회기속성의 의미

> **판례** 〈국토이용관리법 제21조의3 제 1 항, 제31조의2의 위헌심판(합헌)〉 "우리 헌법도 재산권은 보장하되 '그 내용과 한계는 법률로 정한다'라고 하여 법률로

---

1) 한동섭, 헌법, 169쪽.

재산권을 개인의 인격적 자유와 직접적 관계가 있는 소재산〈예컨대 일상생활의 수요를 충족시키는 재산, 스스로 자신이 거주하기 위한 주거·택지·자동차·저금통장·소규모의 영업, 자기 자신이 경작하는 농지 등을 포함하는 본래적 의미의 소재산과 자유보장기능(특히 안전한 생활을 보장하는 기능)을 한다고 생각되는 봉급청구권·연금청구권·사회부조청구권 등 공법상의 권리를 포함)과 개인의 인격적 자유와 직접적으로 무관한 대재산을 구별하고, 대재산은 대다수의 다른 비재산권자의 인격적 자유를 방해하고 있고, 정치생활분야에서는 국민의 정치의사형성을 부당하게 왜곡할 목적 및 방법으로 투입되는 가능성이 있으며, 경제생활분야에서도 다른 요소들과 함께 시장경제체제의 구성요소를 생성하고 각각의 경제활동에 대한 자주적 촉진적 기능 및 물건의 생산 배분에 관한 결정기능을 갖고 있으며 따라서 경제체제를 자유롭게 하는 기능을 갖고 간접적으로 자유를 보장하는 기능을 갖고 있는 것으로 판단하는 견해가 있다(G. Müller, Privateigentum heute, Zeitschrift für Schweizerisches Recht, Bd. 100, 1981, S. 66ff.). 이러한 견해에 따르면 소재산권은 다른 소재산권자의 인격적 자유에 방해가 되지 않는 한 가능하면 보장되는 것이 바람직함에 반하여, 대재산권은 사회적 권력으로 기능하므로 제한의 폭이 넓을 수밖에 없다.

공동결정판결에서 독일연방헌법재판소는 비슷한 취지로 판단하고 있다. "재산권이 개인의 인격적 자유보장의 요소로서의 기능을 하고 있는 경우 재산권은 특히 넓은 범위의 보호를 받는다. 이에 대하여 재산권의 대상이 사회적 관련을 갖고 사회적 기능을 영위하는 것이 크면 클수록 입법자의 내용·한계확정권한은 크게 된다. 그 근거는 기본법 제14조 제 2 항(* 재산권은 의무를 수반한다. 그 행사는 동시에 공공복리에 봉사하여야 한다 — 조문내용은 저자의 삽입)에 표현되어 있는 관점, 즉 이 경우에 있어서 이용자처분이 재산권자의 영역 내에 있는 것이 아니고 대상의 이용을 필요로 하는 타인의 이익에 관계된다는 관점이다. 이 전제의 바탕에는 재산권을 공공복리에 적합하게 이용하도록 한 기본법의 명령은 자기의 자유의 보장과 책임 있는 생활형성을 위하여 재산권의 이용을 필요로 하는 비재산권자를 고려하도록 하는 명령을 포함하고 있는 것이다"(BVerfGE 50, 290, 340f.).

재산권을 규제할 수 있음을 명백히 하고 있을 뿐만 아니라 '재산권의 행사는 공공복리에 적합하도록 하여야 한다'고 하여 재산권행사의 사회적 의무성도 강조하고 있는 것이다. … 재산권행사의 사회적 의무성을 헌법 자체에서 명문화하고 있는 것은 사유재산제도의 보장이 타인과 더불어 살아가야 하는 공동체생활과의 조화와 균형을 흐트러뜨리지 않는 범위 내에서의 보장임을 천명한 것으로서 재산권의 악용 또는 남용으로 인한 사회공동체의 균열과 파괴를 방지하고 실질적인 사회정의를 구현하겠다는 국민적 합의의 표현이라고 할 수 있으며, 사법영역에서도 신의성실의 원칙이라든가 권리남용금지의 원칙, 소유권의 상린관계 등의 형태로 그 정신이 투영되고 있는 것이다."(헌재 1989. 12. 22. 88헌가13 결정)

판례 〈「택지소유 상한에 관한 법률」제2조 제1호 나목 등 위헌소원(위헌)〉 "재산권이 헌법 제23조에 의하여 보장된다고 하더라도, 입법자에 의하여 일단 형성된 구체적 권리가 그 형태로 영원히 지속될 것이 보장된다고까지 하는 의미는 아니다. 재산권의 내용과 한계를 정할 입법자의 권한은, 장래에 발생할 사실관계에 적용될 새로운 권리를 형성하고 그 내용을 규정할 권한뿐만 아니라, 더 나아가 과거의 법에 의하여 취득한 구체적인 법적 지위에 대하여까지도 그 내용을 새로이 형성할 수 있는 권한을 포함하고 있는 것이다. 그러나 이러한 입법자의 권한이 무제한적인 것은 아니다. 이 경우 입법자는 재산권을 새로이 형성하는 것이 구법에 의하여 부여된 구체적인 법적 지위에 대한 침해를 의미한다는 것을 고려하여야 한다. 따라서 재산권의 내용을 새로이 형성하는 규정은 비례의 원칙을 기준으로 판단하였을 때 공익에 의하여 정당화되는 경우에만 합헌적이다. 즉, 재산권의 내용을 새로이 형성하는 법률이 합헌적이기 위하여서는 장래에 적용될 법률이 헌법에 합치하여야 할 뿐만 아니라, 또한 과거의 법적 상태에 의하여 부여된 구체적 권리에 대한 침해를 정당화하는 이유가 존재하여야 하는 것이다."(헌재 1999. 4. 29. 94헌바37 결정)

판례 〈「야생 동·식물 보호법」제16조 제3항 위헌소원(합헌)〉 "1. 일반적인 물건에 대한 재산권 행사에 비하여 동물에 대한 재산권 행사는 사회적 연관성과 사회적 기능이 매우 크다 할 것이므로 이를 제한하는 경우 입법재량의 범위를 폭넓게 인정함이 타당하다. 그러므로 이 사건 법률조항이 과잉금지원칙을 위반하여 재산권을 침해하는지 여부를 살펴보되 심사기준을 완화하여 적용함이 상당하다.
2. 국제적멸종위기종의 멸종예방과 서식환경보호라는 이 사건 법률조항의 입법목적은 인간이 공존하는 자연환경을 보존하기 위한 것으로서 정당하다. 동·식물이 멸종하고 자연생태계가 파괴되는 다양한 원인 중 상업적 이득을 취하려는 인간의 무분별한 행동이 한 가지 주요한 원인이 되고 있으므로, 증식된 종을 포함하여 국제적멸종위기종에 대한 사인의 자의적 용도변경을 원천적으로 봉쇄함으로써 그

이용범위를 엄격히 국가의 통제 아래 둔 것은 위 입법목적을 이루기 위한 적절한 수단이다. 이 사건 법률조항은 국제적멸종위기종에 대한 이용 및 처분을 전면적으로 금지하는 것이 아니라 이미 허가된 용도로는 계속 보유 및 사용토록 하고, 수입 또는 반입 목적 이외의 다른 용도로의 변경만을 원칙적으로 금지하고 있으며, 용도변경이 불가피한 경우 환경부장관의 승인을 받아 부분적으로 용도변경을 할 수 있도록 하고 있으므로 침해의 최소성도 충족한다. 또한 이 사건 법률조항을 통하여 국제적멸종위기종의 멸종을 예방하고, 인간의 무분별한 이용으로 인한 자연파괴를 방지하며, 인류가 세대에 걸쳐 공존할 수 있는 지속가능한 자연생태계를 보존하려는 공익의 비중에 비하여 그 침해의 정도가 크다고 보기 어려우므로 법익의 균형성도 갖추었다. 그러므로 이 사건 법률조항은 과잉금지원칙을 위반하여 청구인의 재산권을 침해하지 아니한다."(헌재 2013. 10. 24. 2012헌바431 결정)

2) 재산권의 사회기속성의 한계설정에 관한 이론

① 학 설

그렇다 하더라도 재산권의 사회기속성에는 한계가 있다. 재산권의 사회기속성의 한계설정과 관련하여 크게 '형식적 이론'(formelle Theorie)과 '실질적 이론'(materielle Theorie)이 대립되어 있다.

가. 형식적 이론은 '수정된 개별행위이론'(modifizierte Einzelaktstheorie)[1] 또는 '특별희생이론'(Sonderopfertheorie)이라고도 부르며, '수용의 특징은 평등조항에 대한 침해'(der Verstoß gegen den Gleichheitssatz kennzeichnet die Enteignung)라는 유명한 명제로 표현된다.[2] 곧 특별희생이론은 재산권의 사회기속성의 한계를 평등권의 시각에서 판단하려는 견해로, 재산권제한의 효과가 개별적인 성질을 가져서 일종의 특별한 희생을 뜻하게 되는 경우에는 보상이 따르는 재산권의 제한이라고 한다. 특별희생이론은 개별적인 희생을 설명하는 데는 정확한 지침을 제공하나, 집단적인 희생을 설명하는 데는 문제점이 있다.

나. 이러한 문제점을 합리적으로 설명하기 위하여 실질적 이론이 등장하였다. 실질적 이론에는 다시금 보호필요성이론, 사회기속이론, 기대가능성이론(=진지성이론), 사적 유용성이론, 상황기속이론 등이 있다. '보호필요성이론'(Schutz-würdigkeitstheorie)은 발터 옐리네크가 *W. Jellinek*가 주장한 이론으로,[3] 역사적 발전과 일반적 관념에 따라 어떤 법적 지위가 보호할 필요가 있으면 그에 대해

368. 재산권의 사회기속성의 한계설정에 관한 이론 — 형식적 이론, 실질적 이론

---

1) 개별행위이론은 독일의 제국재판소가 채택했던 이론이다. RGZ 129, 146(149) 참조.
2) BGHZ 6, 270; 9, 400; 14, 271.
3) I. v. Münch, *Grundgesetz-Kommentar*, S. 186.

서는 보상을 해야 하고 그렇지 않은 경우에는 보상이 필요없는 사회적 기속이라고 한다. '사회기속이론'(Sozialbindungstheorie)은 재산권자가 자신의 생활영역에서 발생하는 사회적 위험을 스스로 방지해야 할 의무가 있느냐 여부를 기준으로 그러한 의무가 없는 경우에 행해진 재산권에 대한 제한은 보상을 요한다고 한다.[1] '기대가능성이론'(Zumutbarketislehre, Schweretheorie)은 독일연방행정법원이 발전시킨 이론으로 재산권제한의 진지성과 범위에 비추어 재산권의 주체에게 그 제한의 수인을 기대할 수 있는 정도를 넘어서면 보상을 요하는 재산권의 제한이라고 한다.[2] '사적 유용성이론'(Privatnützlichkeitstheorie)은 마부르크의 민법학자 라인하르트 *R. Reinhardt*에 의하여 전개된 이론으로,[3] 재산권이 제한된 상태에서 그 재산권이 사적인 유용성 이외의 완전히 다른 목적에 제공되고 있다면 그 경우에는 보상을 해야 한다고 한다.[4] '상황기속이론'(Theorie der Situationsgebundenheit)은 특히 토지 등의 부동산재산권과 관련하여 그 입지조건 또는 그 자연적인 형상을 고려해서 그 현상상태가 그대로 보전되지 않는 경우에는 보상이 필요하다고 한다.[5]

다. 이상의 이론들(경계이론 Shwellentheorie, Umschlagstheorie)에 대하여 독일 연방헌법재판소는 1981년 7월 15일의 자갈채취결정[6]에서 이른바 '분리이론'(Trennungstheorie)을 주장하고 있다. 분리이론은 침해의 정도나 범위가 아닌, 침해의 형태 및 목적을 기준으로 공용침해개념을 새롭게 규정한다. 우선, 형태를 기준으로 보면 침해조치가 일반적·추상적일 때에는 헌법 제23조 제1항의 내용한계형성규정으로, 개별적·구체적일 때에는 헌법 제23조 제3항의 공용침해로 본다. 다음으로, 목적을 기준으로 보면 내용한계형성규정은 재산권자의 권리와 의무를 미래를 향해서 객관적으로 규율하는 것이 목적이며, 공용침해는 침해를 통해서 재산권자의 법적 지위를 완전하게 또는 부분적으로 박탈하는 것이 목적이라고 한다. 여기에서 새로운 점은 내용한계형성규정으로 볼 수 없는 입법이라도 보상이 전적으로 금지되지는 않는다는 점이다. 곧 동 입법의 한계인 비례의 원칙을 준수하기 위하여 보상이 행해질 수 있다는 것이다. 그러나 이러한 보상은 헌법 제23조 제3항에 근거한 것이 아니라 제23조 제1항 제2문과 제2항

---

1) BVerfGE 20, 351(358ff.).
2) BVerwGE 5, 143(145f.); 19, 98f.
3) I. v. Münch, *Grundgesetz-Kommentar*, S. 186.
4) BGHZ 15, 268(284ff.); 23, 30(33); 48, 193(195); 60, 145(147).
5) BGHZ 15, 282; BVerwGE 3, 335; BVerfGE 21, 73(82f.).
6) BVerfGE 58, 300ff.

및 법치국가원리에서 추론되는 비례의 원칙의 한 내용이며, 제23조 제 3 항과 같이 반드시 금전의 형태여야 하는 제약이 있는 것도 아니다. 그 이유는 비례의 원칙을 준수하기 위한 방법의 선택은 입법형성의 재량영역 내에 있는 것으로 볼수 있기 때문이라는 것이다. 우리 헌법재판소도 분리이론에 따라 판결을 한바 있고, 분리이론에 동조하는 견해도 있다.[1] 그러나 분리이론은 우리 헌법과는 달리 사회적 제약을 넘은 재산권침해와 관련하여 공용수용만을 규정하고 있는 독일기본법 제14조 제 3 항을 근거로 하여 발전된 이론이기 때문에, 우리 헌법 제23조 제 3 항과 같이 수용·사용·제한을 규정하고 있는 경우에는 채택하기 힘든 이론이라고 생각한다.

> **판례** 〈도시계획법 제21조에 대한 위헌소원(헌법불합치)〉 "입법자가 이 사건 법률조항을 통하여 국민의 재산권을 비례의 원칙에 부합하게 합헌적으로 제한하기 위해서는, 수인의 한계를 넘어 가혹한 부담이 발생하는 예외적인 경우에는 이를 완화하는 보상규정을 두어야 한다. 이러한 보상규정은 입법자가 헌법 제23조 제 1 항 및 제 2 항에 의하여 재산권의 내용을 구체적으로 형성하고 공공의 이익을 위하여 재산권을 형성하는 과정에서 이를 합헌적으로 규율하기 위하여 두어야 하는 규정이다. 재산권의 침해와 공익간의 비례성을 다시 회복하기 위한 방법은 헌법상 반드시 금전보상만을 해야 하는 것은 아니다. 입법자는 지정의 해제 또는 토지매수청구권제도와 같이 금전보상에 갈음하거나 기타 손실을 완화할 수 있는 제도를 보완하는 등 여러 가지 다른 방법을 사용할 수 있다. 즉, 입법자에게는 헌법적으로 가혹한 부담의 조정이란 '목적'을 달성하기 위하여 이를 완화·조정할 수 있는 '방법'의 선택에 있어서는 광범위한 형성의 자유가 부여된다."(헌재 1998. 12. 24. 89헌마214 등 병합결정)[2]

---

1) 계희열, 헌법학(중), 500쪽 이하 참조. 또한 우리 헌법은 수용, 사용 및 제한이라는 표현을 통하여 '수용'의 여러 형태를 구체적으로 열거하였을 뿐이며, 헌법 제23조 제 3 항의 '수용, 사용, 제한'을 독일연방헌법재판소가 기본법 제23조 제 3 항의 수용을 정의한 바와 같이 협의 형식적 개념으로 이해하면서, '수용'을 '토지재산권을 전면적으로 박탈하여 다른 소유권자에게 이전하는 경우', '사용'을 '토지재산권 중 사용권의 부분적 박탈', '제한'을 '토지재산권 중 분리될 수 있는 다른 부분적 권리의 박탈이나 그 외의 제한'이라 하여 독일의 분리이론을 국내에 적극적으로 수용하려고 시도하고 있는 한수웅, 재산권의 내용을 새로이 형성하는 법규정의 헌법적 문제, 저스티스 제32권 제 2 호(1999. 6.), 35·36쪽, (각주 22)도 참조. 이에 대한 반대견해로는 정하중, 헌법상의 재산권보장체계에 있어서 경계이론과 분리이론, 서강법학연구 제 5 권(2003. 5.), 80쪽 참조.
2) 또한 헌재 1999. 10. 21. 97헌바26 결정〈도시계획법 제 6 조 위헌소원(헌법불합치, 잠정적용)〉도 참조.

것을 막을 수 있는 건전한 헌법 해석이라 할 것이다."(헌재 1994. 2. 24. 92헌가 15 등 병합결정)

> **판례** 〈염관리법 제15조 제3항 제2호 등 위헌확인(각하)〉 "헌법 제23조 제3항에 의하여 반드시 보상을 해야 하는 공용제한은 국가나 지방자치단체가 공공필요에 따라 특정 재산권을 강제적으로 수용·사용·제한하는 것이다. 공용수용에 따른 보상이 성립하기 위해서는 이에 선행하는 재산권에 대한 강제적 제한이 전제되어야 한다."(헌재 1997. 11. 27. 96헌마279 결정)

공공필요에 의한 재산권의 수용·사용·제한은 개인의 재산권에 대한 중대한 제약이기 때문에 입법사항에 속하는 것으로서 반드시 법률로써 행해져야 한다. 이것은 조세제도에 있어서 조세법률주의를 채택하고 있는 것과 마찬가지이다.

> **판례** 〈「공익사업을 위한 토지 등의 취득 및 보상에 관한 법률」 제7조 위헌소원 (합헌)〉 "입법자에 의한 재산권의 내용과 한계의 설정은 기존에 성립된 재산권을 제한할 수도 있고, 기존에 없던 것을 새롭게 형성하는 것일 수도 있다. 이 사건 조항은 종전에 없던 재산권을 새로이 형성한 것에 해당되므로, 역으로 그 형성에 포함되어 있지 않은 것은 재산권의 범위에 속하지 않는다. 그러므로 청구인들이 주장하는바 '불법적인 사용의 경우에 인정되는 수용청구권'이란 재산권은 존재하지 않으므로, 이 사건 조항이 그러한 재산권을 제한할 수는 없다. 다만, 입법자는 재산권의 형성에 있어서도 헌법적 한계를 준수하여야 하는바, 이 사건 조항이 '적법한 공용사용'의 경우에 한정하여 수용청구권을 인정한 것은 공용제한에 대한 손실보상을 정하는 법의 취지에 따른 결과로서 입법목적을 달성하기 위한 합리적 수단이며, 불법적 사용에 대해서는 법적인 구제수단이 따로 마련되어 있어 반드시 수용청구권을 부여할 필요는 없으므로, 이 사건 조항이 재산권의 내용과 한계에 관한 입법형성권을 벗어난 것이라 할 수 없다."(헌재 2005. 7. 21. 2004헌바57 결정)

3) 제한의 조건

373. 공공필요에 의한 재산권제한의 조건

정당한 보상을 지급하여야 한다. '정당한 보상'(just compensation)이란 '완전보상'(vollständige Entschädigung)을 의미한다. 곧 수용·사용·제한된 재산의 객관적 가액, 곧 시가 전부를 보상하는 것이다. 보상규정은 재산권에 대한 공적 제한에 있어서 필수불가결한 결부조항(結付條項) 또는 '불가분조항'(不可分條項,

Junktimklausel)이다. 결부조항의 목적은 입법자가 입법작용을 함에 있어서 그가 허용한 침해가 헌법적 의미에서 수용인가 여부 및 공중과 당사자의 이익을 고려하여 어떤 보상이 정당화되는가에 대하여 명심하도록 하려는 것이다.[1] 따라서 보상규정이 없거나 부분적으로 인정하지 않는 공적 제한은 그 자체가 위헌이다.[2]

> **판례** 〈도시계획법 제21조에 대한 위헌소원(헌법불합치)〉 "헌법 제23조 제 3 항에서 규정한 '정당한 보상'이란 손실보상의 원인이 되는 재산권의 침해가 기존의 법질서 안에서 개인의 재산권에 대한 개별적인 침해인 경우에는 그 손실보상은 원칙적으로 피수용자의 객관적인 재산가치를 완전하게 보상하는 것이어야 한다는 완전보상을 뜻하고, 재산권의 객체가 갖는 객관적 가치란 그 물건의 성질에 정통한 사람들의 자유로운 거래에 의하여 도달할 수 있는 합리적인 매매가능가격 즉 시가에 의하여 산정되는 것이 보통이다. 그러나 공익사업의 시행으로 지가가 상승하여 발생하는 개발이익은 … 피수용자가 수용 당시 갖는 객관적 가치에 포함된다고 볼 수 없다."(헌재 1989. 12. 22. 88헌가13 결정. 또한 헌재 1993. 7. 29. 92헌바20 결정 참조)

> **판례** 〈토지수용법 제46조 제 2 항에 대한 헌법소원〉 "정당보상은 피수용자재산의 객관적 가치를 완전하게 보상하는 완전보상을 의미하는바, 보상금액을 정함에 있어 개발이익을 공제토록 한 것은 합헌이다."(헌재 1990. 6. 25. 89헌마107 결정)

> **판례** 〈조선철도(주)주식의 보상금청구에 관한 헌법소원(위헌)〉 "우리 헌법은 제헌 이래 9차에 걸친 개정이 있었으나 일관하여 재산의 공공수용 등에 대한 보상을 규정하면서 이를 법률이 정하도록 위임하고 있다. 즉 국가에게 명시적으로 그 입법의무를 부과하여 왔다. 따라서 이 사건 수용이 있었으므로 대한민국은 이 사건 사설철도회사나 그로부터 보상청구권을 승계취득한 자에 대한 보상법률을 제정하여야 할 입법의무가 있다."(헌재 1994. 12. 29. 89헌마2 결정)

---

1) BVerfGE 45, 63(75f.). 부대조항에 대하여 자세한 것은 정하중, 독일 Bonn기본법 14조 상의 부대조항(Junktimklausel)의 의미와 한국헌법 23조 제 3 항의 해석, 사법행정(1992. 9./10.) 참조.
2) 그러나 성낙인, 헌법학, 1279쪽은 결부조항이 아니라고 한다. "우리 헌법 제23조 제 3 항은 독일기본법 제14조 제 3 항과 달리 공용침해의 유형으로서 협의의 수용뿐만 아니라 사용과 제한까지도 규정하고 있으며 보상에 관하여 법률로 정하도록 하여 입법형성권을 인정하고 있으므로 제23조 제 3 항을 반드시 결부조항을 규정한 것으로 볼 필요는 없다."

> **판례** 〈도시계획법 제21조에 대한 위헌소원(헌법불합치결정)〉 "도시계획법 제21조에 규정된 개발제한구역제도 그 자체는 원칙적으로 합헌적인 규정인데, 다만 개발제한구역의 지정으로 말미암아 일부 토지소유자에게 사회적 제약의 범위를 넘는 가혹한 부담이 발생하는 예외적인 경우에 대하여 보상규정을 두지 않은 것에 위헌성이 있는 것이고, 보상의 구체적 기준과 방법은 헌법재판소가 결정할 성질의 것이 아니라 광범위한 입법형성권을 가진 입법자가 입법정책적으로 정할 사항이므로, 입법자가 보상입법을 마련함으로써 위헌적인 상태를 제거할 때까지 위 조항을 형식적으로 존속케 하기 위하여 헌법불합치결정을 하는 것인바, 입법자는 되도록 빠른 시일 내에 보상입법을 하여 위헌적 상태를 제거할 의무가 있고, 행정청은 보상입법이 마련되기 전에는 새로 개발제한구역을 지정하여서는 아니 되며, 토지소유자는 보상입법을 기다려 그에 따른 토지재산권의 제한 그 자체의 효력을 다투거나 위 조항에 위반하여 행한 자신들의 행위의 정당성을 주장할 수는 없다."(헌재 1998. 12. 24. 89헌마214 등 병합결정)

> **판례** 〈「개발이익환수에 관한 법률」제9조 제1항 등 위헌소원(합헌)〉 "개발부담금제도의 '개발이익'은 '개발사업의 시행 또는 토지이용계획의 변경 기타 사회·경제적 요인'에 의해 발생하는 것을 널리 포함하며 이러한 이익은 현금화된 개별, 구체적 금액이 아니라 객관적 기준에 의해 산정 된다. 이 사건 법률조항은 개발부담금의 부과개시시점을 착공시가 아니라 사업시행의 인가 등을 받은 날로 정하고 있는데, 개발사업의 인가 등이 있는 때에는 실제 착공시점과의 사이에 시간차가 있더라도 가격인상요인이 이미 발생하였다고 보는 것이 경험칙에 부합한다. 착공이후에 비로소 지가변동이 있는 사례를 가려내거나 실제의 착공시점을 정확하게 인정할 수 있는 객관적 기준을 마련하는 것은 기술적으로 어렵고, 만일 그와 같은 예외적 경우를 위하여 일률적으로 착공한 때를 부과개시시점으로 삼는다면 이미 가격변동이 일어나거나 또는 가격변동이 진행 중인 많은 경우의 개발이익을 환수할 수 없으므로 형평에 맞지 않는 결과가 된다. 그리고 개발부담금의 부과기준에 관하여 규정하는 「개발이익 환수에 관한 법률」제8조에 의하면 문제된 기간 중에 발생하는 정상지가상승분은 공제되도록 되어 있다. '인가 등' 시점을 부과개시시점으로 정한 이러한 입법수단은 개발이익환수제도의 입법목적 달성을 위한 적합한 수단이고 합리성을 결여하였다고 할 수 없으므로 재산권이나 평등권을 침해한다고 볼 수 없다."(헌재 2002. 5. 30. 99헌바41 결정)

　　그럼에도 불구하고 재산권을 제한하는 법률은 존재하여 재산권은 제한되었으나 그 법률에서 보상에 대한 규정이 없는 경우가 있을 수 있다. 이러한 경우

에 제23조 제 3 항의 적용여부와 관련하여 방침규정설,[1] 위헌무효설, 직접효력설
등 견해의 차이가 있다. 판례의 입장은 일정치 않다.[2]

> **판례** 〈도시계획법 제 6 조 위헌소원(헌법불합치)〉 "도시계획시설의 지정으로 말
> 미암아 당해 토지의 이용가능성이 배제되거나 또는 토지소유자가 토지를 종래
> 허용된 용도대로 사용할 수 없기 때문에 이로 말미암아 현저한 재산적 손실이
> 발생하는 경우에는, 원칙적으로 사회적 제약의 범위를 넘는 수용적 효과를 인
> 정하여 국가나 지방자치단체는 이에 대한 보상을 해야 한다."(헌재 1999. 10.
> 21. 97헌바26 결정)

　　제23조 제 3 항을 직접적용하여 보상을 하여야 한다는 것이 다수설의 입장이
며, 또한 타당하다고 생각된다. 이 밖에도 독일의 판례와 학설에 의하여 형성·발
전된 '수용유사침해'(enteignungsgleicher Eingriff)이론을 원용하려는 움직임이 있다.[3]

---

1) 대법원판례는 제 3 공화국에서는 직접효력설을 취하다가 제 4 공화국에서는 방침규정설로
　입장이 바뀌었다(대법원 1976. 10. 12. 76다1443 판결).
2) 대법원은 직접적인 근거규정이 없는 경우에도 관련규정의 유추해석을 통해 손실보상을 인
　정하기도 하고(대법원 1987. 7. 21. 84누126 판결; 대법원 1992. 5. 22. 91누2356 판결), 관
　련규정 없이도 손실보상을 인정하기도 하며(대법원 1972. 11. 28. 72다1597 판결), 경우에
　따라서는 법규에 보상규정이 없을 때에 공적 목적을 위한 것임에도 손실보상에 대한 불법
　행위로 처리하기도 하고 있다(대법원 1966. 10. 18. 66다1715 판결; 대법원 1991. 2. 22. 90
　다16474 판결).
3) 수용유사침해이론은 독일연방대법원(BGH)이 바이마르헌법하에서 제국법원이 발전시킨 손
　실보상청구권의 법리(RGZ 140, 276, 283)를 계승·발전시킨 것이다. 독일연방대법원에 따
　르면 보상을 요하는 재산권침해에 해당하는 국가의 공권력행사에 있어서 그 근거법률에
　보상규정이 없거나 보상규정이 있다고 하더라도 그 침해행위가 적법하게 이루어지지 않았
　을 경우(예컨대 침해행위가 그 근거법률에 규정된 재산권침해의 전제조건을 충족시키지
　않았거나 비례의 원칙 또는 과잉금지의 원칙을 위반했을 경우 등) 및 기타의 사유로 침해
　행위가 위법한 경우 등에 있어서 그 공권력행사의 위헌·위법을 이유로 침해행위 자체를
　취소시키기보다는 그 위법한 침해행위를 수인하고 그 대신 공권력행사로 말미암아 발생한
　손실에 대하여 보상을 청구할 수 있다고 한다(BGHZ 6, 270, 290). 그 후 독일연방대법원
　은 수용유사침해의 법리를 국가손해배상제도의 영역에 속하는 위법·유책의 재산권침해에
　확대적용하였으며(BGHZ 7, 296; 13, 88), 더 나아가 적법한 행정작용의 비전형적·비의도
　적 부수결과로서의 재산권침해인 이른바 '수용적 침해'(enteig-nender Eingriff)의 법리를
　발전시켰다(BGHZ 45, 150; 57, 395).
　　그러나 이러한 연방대법원의 판결에 대하여 연방헌법재판소는 재산권의 가치보장보다
　존속보장을 우선하는, 곧 위법한 재산권침해에 대하여 보상청구보다 재산권 자체의 회복을
　목적으로 하는 행정소송을 우선하여야 한다는 판결을 하였으며(BVerfGE 58, 300), 연방대
　법원도 연방헌법재판소의 행정소송우선의 원칙을 받아들였다(BGHZ 90, 17, 31ff.; 91,
　20). 그와 동시에 연방대법원은 행정소송과정에서 소요되는 시간낭비, 침해행위의 위법성
　판단의 곤란성, 행정소송절차에서 예상되는 소송비용에 대한 위험부담 등을 근거로 행정소

그러나 이러한 보상의 원칙에는 예외가 있다. 헌법은 재산권의 행사는 공공복리에 적합하도록 하여야 한다(제23조 제 2 항)고 규정하고 있을 뿐만 아니라 오늘날의 국가는 사회국가를 지향하여 재산권의 사회성을 강조하고 있다. 이에 따라 보상 없는 재산권의 제한도 있을 수 있다. 예컨대 도시계획법에 의한 녹지대 설정 또는 주거지역의 고층건물 건축금지 등과 같이 재산권의 제한이 일반적이고 본질적인 것이 아닐 경우가 그러한 경우에 해당된다.

> **판례** 〈도시계획법 제21조에 대한 위헌소원(헌법불합치)〉 "도시계획법 제21조에 의한 재산권의 제한은 개발제한구역으로 지정된 토지를 원칙적으로 지정 당시의 지목과 토지현황에 의한 이용방법에 따라 사용할 수 있는 한, 재산권에 내재하는 사회적 제약을 비례의 원칙에 합치하게 합헌적으로 구체화한 것이다. 그러나 종래의 토지현황에 의한 이용방법에 따른 토지의 사용도 할 수 없거나 실질적으로 사용·수익을 전혀 할 수 없는 예외적인 경우에도 아무런 보상 없이 이를 감수하도록 하고 있는 한, 비례의 원칙에 위반되어 당해 토지소유자의 재산권을 과도하게 침해하는 것으로서 헌법에 위반된다."(헌재 1998. 12. 24. 89헌마214 등 병합결정)

> **판례** 〈구 공유수면매립법 제26조 제 2 항 등 위헌소원(합헌)〉 "헌법 제23조 제 3 항은 "공공필요에 의한 재산권의 수용·사용 또는 제한 및 그에 대한 보상은 법률로써 하되, 정당한 보상을 지급하여야 한다"라고 하여 재산권 행사의 사회적 의무의 한계를 넘는 재산권의 수용·사용·제한과 그에 대한 보상의 원칙을 규정하고 있다."(헌재 2005. 4. 28. 2003헌바73 결정)

> **판례** 〈도시계획법 부칙 제10조 제 3 항 위헌소원 등(합헌)〉 "재산권에 대한 제약이 비례원칙에 합치하는 것이라면 그 제약은 재산권자가 수인하여야 하는 사회적 제약의 범위 내에 있는 것이고, 반대로 재산권에 대한 제약이 비례원칙에 반하여 과잉된 것이라면 그 제약은 재산권자가 수인하여야 하는 사회적 제약의 한계를 넘는 것이다. …토지를 종래의 목적으로도 사용할 수 없거나 더 이상 법적

송우선의 원칙에 대한 예외가능성을 마련하였다(BGHZ 91, 20, 24).
　현재로서는 수용유사침해의 여러 가지 유형 중 ① 합헌적 공용침해근거법률의 위법한 집행, 곧 합헌적인 공용침해법률에 근거한 그러나 그 법률의 전제요건을 충족하지 못한 위법한 재산권침해, ② 위법한 수용적 침해, 곧 외형상으로는 국가행정작용의 비의도적 부수결과로서 발생하였지만 침해의 간접적 원인이 된 해당 행정작용이 비례의 원칙 위반 등으로 말미암아 위법하게 된 재산권침해, ③ 기본법 제14조 제 1 항 제 2 문에 따른 재산권의 내용과 한계를 정하는 합헌적 법률에 근거한 그러나 근거법률의 전제조건을 충족시키지 못했거나 비례의 원칙 위반 등으로 말미암아 재산권자에게 특별희생을 발생시키는 재산권침해에 대해서만 수용침해유사의 이론이 적용되고 있다.

으로 허용된 토지이용방법이 없어서 실질적으로 사용·수익을 할 수 없는 경우에 해당하지 않는 제약은 토지소유자가 수인하여야 하는 사회적 제약의 범주 내에 있는 것이고, 그러하지 아니한 제약은 손실을 완화하는 보상적 조치가 있어야 비로소 허용되는 범주 내에 있다."(헌재 2005. 9. 29. 2002헌바84 등 병합결정)

4) 보상의 방법

공공필요에 의한 재산권제한의 경우 그에 대한 보상은 금전보상, 사전보상, 법률주의(토지수용법, 도시개발법, 징발법, 도로법)의 원칙에 따른다.

보상의 방법은 금전보상 외에도 현물보상이 가능하지만 수용법 제45조 제5항·제6항의 채권보상은 정당한 보상방법이라고 보기 어렵다. 보상액의 산정시기는 원칙적으로 보상시기를 기준으로 하고, 보상액의 지급시기가 지체되는 경우에는 지급시기 또는 판결시기를 기준으로 하는 것이 합리적일 것이다.[1]

374. 공공필요에 의한 재산권제한의 경우의 보상방법

(3) 緊急命令, 緊急財·經濟命令處分(제76조)에 의한 制限

재산권은 긴급명령, 긴급재정·경제명령에 의하여 제한되는 경우가 있다.

8. 財産權制限의 限界

재산권의 내용과 한계는 법률로 정하며, 공공필요가 있는 경우에는 법률로써 재산권을 수용·사용·제한할 수 있다. 그렇다 하더라도 재산권의 본질적 내용인 사용·수익권과 처분권을 부인해서는 안 되며, 비례의 원칙을 지켜야 한다. 사유재산제도의 전면적 부정, 재산권의 무상몰수, 소급입법에 의한 재산권의 박탈 등이 재산권의 본질적 침해가 된다.[2]

375. 재산권제한의 한계

---

1) 허영, 한국헌법론, 469쪽.
2) 허영, 한국헌법론, 475쪽은 "재산권의 사회기속성과 국가의 재산권형성적 법률유보를 지나치게 확대적용함으로써 재산권이 갖는 사회기속성의 한계를 너무 넓게 잡는 것은 결과적으로 재산권의 무보상침해를 허용하는 것이기 때문에 그 자체가 재산권의 본질적 내용의 침해가 된다"고 한다. 이는 재산권에 대한 무보상침해를 막는다는 점에서는 매우 유용한 이론구성이라고 생각된다. 그러나 재산권의 사회기속성의 한계를 너무 넓게 잡는 일은 재산권의 사회기속성의 한계이론에 의하여 제한되기 때문에 사실상 있을 수 없을 것으로 생각된다. 그런가 하면 제23조 제1항 제2문의 "그 내용과 한계는 법률로 정하여야 한다"는 규정을 기본권구체화적 법률유보, 곧 입법자에게 기본권의 내용을 자세하게 규정하는 것으로 이해하는 저자의 입장에서는 사회적 기본권에 있어서와 같이 입법자에 의하여 비로소 기본권의 내용이 정해지는 기본권형성적 법률유보와는 달리 입법자의 권한은 그리 크다고 볼 수 없기 때문에 재산권의 무보상침해가 허용될 염려는 없을 것으로 생각한다.

판례 〈국토이용관리법 제21조의3 제 1 항, 제31조의2의 위헌심판(합헌)〉 "입법 부라고 할지라도 수권의 범위를 넘어 사유재산권의 본질적 내용을 침해하는 입법 은 할 수 없다. … 재산권의 본질적 내용을 침해하는 것이라고 함은 그 침해로 말미암아 사유재산권이 유명무실해지고 사유재산제가 형해화(形骸化)되어 헌법 이 재산권을 보장하는 궁극적 목적을 달성할 수 없게 되는 지경에 이르는 경우 라고 할 것이다. 사유재산제도의 전면적 부정·재산권의 무상몰수·소급입법에 의한 재산권의 박탈 등이 재산권의 본질적 침해가 된다."(헌재 1989. 12. 22. 88 헌가13 결정)

판례 〈도시계획법 제21조에 대한 위헌소원(헌법불합치)〉 "토지재산권은 강한 사회성, 공공성을 지니고 있어 이에 대하여는 다른 재산권에 비하여 보다 강한 제한과 의무를 부과할 수 있다. 그러나 그렇다고 하더라도 다른 기본권을 제한 하는 입법과 마찬가지로 비례성의 원칙을 준수하여야 하고, 재산권의 본질적 내 용인 사용·수익권과 처분권을 부인하여서는 아니 된다."(헌재 1998. 12. 24. 89헌마 214 등 병합결정)

第 3 章 社會的 基本權

第 1 節 社會的 基本權一般論

1. 憲法規定과 歷史的 展開

(1) 憲法規定

우리 헌법 제31조에서부터 제36조에 걸쳐 규정되어 있는 기본권을 보통 사회(권)적 기본권 또는 줄여서 사회권이라 부른다. 사람에 따라서는 사회권적 기본권을 생존권적 기본권[1] 또는 생활권적 기본권[2]이라고 부르기도 한다.

376. 사회적 기본권에 대한 헌법규정

(2) 歷史的 展開

헌법문서상으로는 사회권은 1793년 6월 24일의 자코방당 헌법초안 제21조와 제22조에서 근로의 권리, 공적 구호청구권 및 교육을 받을 권리로 처음 규정되었다. 그러나 포괄적으로 사회적 기본권을 규정한 헌법은 1919년의 바이마르 헌법으로 알려져 있다.[3] 인권발달사에서는 사회권은 제 2 세대 인권을 이룬다.

377. 사회적 기본권의 역사적 전개

2. 社會的 基本權의 現代的 意味

(1) 社會的 基本權의 現代的 意味

오늘날 자유권과 사회권은 국가에 대한 개인의 관계를 규정하는 중추개념이다. 사회권의 문제는 곧 인간의 존엄과 불가분적으로 결합되어 있는 자유권의 문제라고 할 수 있다. 그 이유는 사회권에서 문제되고 있는 것은 자유의 실질적

378. 사회적 기본권의 현대적 의미 — 자유의 실질적 실현가능성의 외적 조건과 전제를 보장함으로써

---

1) 박일경, 제 6 공화국 신헌법, 315쪽 이하 및 김철수, 헌법학개론, 667쪽 이하의 표현.
2) 문홍주, 제 6 공화국 한국헌법, 295쪽 이하의 표현.
3) 따라서 '사회적 기본권이 헌법전에 등장한 것은 제 1 차대전 이후'라는 권영성, 헌법학원론, 590쪽의 단정은 문제가 있다.

인간의 존엄과 가치
를 달성하려 함

실현 가능성, 곧 자유권을 현실화할 수 있는 외적 조건과 전제에 대한 것이기 때문이다. 어떤 사람이 항상 타인의 자비를 구해야 하고 언제나 타인의 자비에 의탁하여 생활을 영위하여야 한다면, 그는 자유롭지 못할 뿐만 아니라 존엄하다고 할 수도 없다. 따라서 "사회적 안전과 사회적 정의는 우리 시대의 중대 관심사" (Soziale Sicherheit und soziale Gerechtigkeit sind die großen Anliegen der Zeit)[1][2]라는 지적은 바로 한 사람의 자유가 다른 사람의 자유와 함께 성립되지 않으면 안 된다는 것, 곧 자유는 모든 인간을 위해서 존재해야지 소수의 인간을 위해서만 존재해서는 안 된다는 자연법적 원리의 논리적 결과 이외의 다른 것을 가리키는 것이 아니다.[3]

(2) 自由權과 社會權의 關聯性

379. 자유권과 사회
권의 관련성

오늘날 이 시대를 살고 있는 사람들은 국적이나 이념에 관계 없이 국가와 법이 점점 더 절실해져 가고 있는 사회적 문제를 책임지고 해결해야 한다고 생각하고 있다. 이러한 사정은 우리나라의 경우에도 그대로 적용된다. 이와 동시에 아시아와 아프리카 그리고 라틴 아메리카의 여러 나라들에서는 사회권이 자유권보다 한층 더 기본적이며, 그렇기 때문에 사회권을 실현시키기 위해서는 자유권은 등한시되어도 무방하다는 견해까지 표명되고 있다. 그러나 경험에 따르면 사회국가가 실현된 곳은 다른 곳이 아닌 민주적 헌법국가들이며, 따라서 현실적으로 자유권은 사회권을 실현하는 데 저해요인으로 작용하는 것이 아니라 촉진요인으로 기능하고 있음이 입증되고 있다. 왜냐하면 자유권은 모든 종류의 인권침해를 공개할 수 있게 하고, 인권침해에 대하여 정치적 비판과 통제를 가능하게 함으로써 무능하고 부패한 정권을 선거를 통하여 교체시키고 민주적 견해들을 정부의 시정방침과 법률에 반영시킬 수 있게 하는 전제조건이기 때문이다.[4] 따라서 현대국가에서 사회권과 자유권의 관련성과 상호관계의 복합성은 고도로 현실성을 띤 주제라고 할 수 있다.

---

1) W. Eucken, *Grundsätze der Wirtschaftspolitik*, hrsg. von E. Eucken-Erdsiek/Hänsel, 1952, S.10.
2) 이 밖에도 환경문제와 핵문제의 해결이 우리 시대에 부과되어 있는 커다란 문제일 것이다.
3) M. Kriele, *Einführung in die Staatslehre*, S. 334 참조.
4) M. Kriele, Freiheit und Gleichheit, in: Benda/Maihofer/Vogel(Hrsg.), *Handbuch des Verfassungsrechts*, 1983, S. 129ff.(147).

3. 社會的 基本權의 理念的 源泉

(1) 學 說

　기본권과 인권의 시원에 관해서 예나 지금이나 의견이 분분한 것처럼[1] 사회권의 이념적 원천이 무엇인가에 대해서도 의견의 대립이 있다. 첫 번째 견해는 사회권의 이념적 원천을 1789년 프랑스 대혁명의 3대 구호인 「자유·평등·형제애」에서 찾는다. 이에도 의견은 나누어져 '형제애'(fraternité)에서 그 원천을 찾는 견해가 있는가 하면, '평등'(égalité)에서 그 원천을 찾으려는 시도도 있다. 두 번째 견해는 19세기 공장노동자의 운동에서 그 이념적 원천을 찾는다.[2] 그런가 하면 세 번째 견해는 사회권의 이념적 원천을 19세기 사회주의 이론가들의 사상에서 찾고자 한다.[3]

380. 사회적 기본권의 이념적 원천에 대한 학설

(2) 學說에 대한 檢討

　자유권이 제3 신분의 해방을 위하여 헌법에 명문화된 것처럼 사회권이 제4 신분의 해방을 위하여 규정되었다는 사실은 역사적으로 대단히 중요한 의미를 갖는다. 그러나 이미 프랑스 대혁명 기간 중에 사회권의 하나인 노동의 권리를 헌법에 수용할 것이 요구되었을 뿐만 아니라(예컨대 *Guy Jean Baptiste Target*의 1789년 인권선언초안) 프랑스 대혁명기의 사람들이 이미 사회권에 대해서 알고 있었다는 사실에 주의할 필요가 있다.[4] 그렇다면 사회권의 이념적 원천을 19세기

381. 사회적 기본권의 이념적 원천에 대한 학설의 검토

---

1) 이에 대하여는 특히 M. Kriele, Zur Geschichte der Grund- und Menschenrechte, in: *Öffentliches Recht und Politik. Festschrift für Hans Ulrich Scupin zum 70. Geburtstag*, 1973, S. 187ff.와 R. Schnur(Hrsg.), *Zur Geschichte der Erklärung der Menschenrechte*, 1964 참조.

2) 예컨대 Van der Ven, *Soziale Grundrechte*, 1963, S. 14의 입장이 대표적이다.

3) 예컨대 G. Oestreich, Die Entwicklung der Menschenrechte und Grundfreiheiten, in: Bettermann/Neumann/Nipperdey, *Die Grundrechte*, Bd. I/1, 1966, S. 1(94f.)이 그러하다.

4) G. Brunner, *Die Problematik der sozialen Grundrechte*, 1971, S. 6. H. F. Zacher, Freiheits- und Sozialrechte im modernen Verfassungsstaat, in: S.-E. Szydzik(Hrsg.), *Christliches Gesellschaftsdenken im Umbruch*, 1977, S. 75ff.(78)는 프랑스혁명기에 사람들이 알고 있었던 사회권으로서 교육을 받을 권리와 근로의 권리를 들고 있다. 그런가 하면 콩도르세 *Marie Jean Antoine Marquis de Condorcet*(1743-1794)는 그의 「인간정신진보사」에서 다음과 같은 표현으로서 이미 사회보장제도를 구상하고 있다. "불평등, 종속관계, 또 빈곤이라는 인간성을 유린하는 원인이 존재하고 그것이 대다수를 차지하는 가장 활동적인 사회계층을 끊임없이 위협하고 있다. 우리는 여기서 어떻게 하면 그 원인을 대폭적으로 제거할 수 있는가 하는 것을 제시하려고 한다. 그것은 하나의 위험을 다른 것에 의해 상쇄하는 것으로 수행된다. 곧 노령에 달한 사람들에 대해 그들 자신의 저축을 기초로

공장노동자들의 운동이나 19세기 사회주의이론가들의 사상에서 찾으려는 시도는
무위(無爲)에 그치게 된다.

따라서 사회권의 이념적 원천을 프랑스대혁명의 구호에서 찾으려는 시도는
매우 적절한 것으로 보인다. 그러나 그렇다고 하더라도 위에서 본 바와 같이 사
회권의 이념적 원천이 '형제애'냐 '평등'이냐 하는 문제는 여전히 해결되지 않은
채 남아 있다. 예컨대 포르스트호프 *Ernst Forsthoff* 같은 학자는 1953년도 독일
공법학자대회에서 사회권의 이념적 원천을 '형제애'에서 찾고 있다.[1] 이러한 견
해에 대해서는 다음과 같은 반론이 제기되어 있다.

'형제애'란 구호는 프랑스 대혁명에서 정치적으로 결코 실제적인 역할을 하
지 못하였다. 뿐만 아니라 '형제애'는 그러한 역할을 할 수도 없었다. 왜냐하면
'형제애'는 '자유'와 '평등'을 전제로 하기 때문이다. '형제애'는 자유의사에서 우
러나오는 협동을 의미하기 때문에 동기가 아니라, 외적인 형태만을 규정할 수
있는 강제와는 결합될 수 없다. 따라서 '형제애'는 친척이나 종교공동체와 같은
아주 소규모의 공동체에서만 실현될 수 있다. 그러나 형제적 공동체의 이념이
전체 사회에 전용(轉用)되면, 그것은 예속과 강제를 가져오게 된다. 곧 평등과
자유를 부정하게 되고 그렇게 함으로써 형제애의 기초를 부인하는 결과로 나타
난다. 따라서 사회적 이념을 오로지 '형제애'와 동일시하려는 견해는 사실에 있
어서는 사회주의전제정의 상투적 거짓말이다.[2]

그렇다면 우리는 사회권의 이념적 원천을 프랑스대혁명의 '평등'이란 구호
에서 찾을 수밖에 없다. 그리고 라이프홀츠 *Gerhard Leibholz*는 1955년에 행한
「사회적 기본권의 문제점」(Die Problematik der sozialen Grundrechte)이란 강연에
서 사회적 기본권의 이념적 원천을 프랑스대혁명의 구호 중 하나인 '평등'에서

하는 외에 마찬가지의 희생을 치르면서 그에 대한 급부가 현실에서 필요로 하기 이전에
사망하는 사람들의 저축으로 증가하는 보장을 제공함으로써 또 남편이나 아버지를 잃은
과부나 어린이들에게 지불하는 배당금을 통해 세대주보다 오래 사는 가족에 대해서도, 장
수한 사람들의 가족에 대해서도, 동일한 비용으로 마찬가지의 보장을 제공함으로써 실행할
수 있다."

1) E. Forsthoff, Begriff und Wesen des sozialen Rechtsstaates, *VVDStRL* Heft 12(1954), S.
8ff.(10).
2) M. Kriele, *Befreiung und politische Aufklärung*, 1980, S. 67ff. 참조. 이 책은 한국어로
옮겨졌다. 홍성방(옮김), 해방과 정치계몽주의, 가톨릭 출판사, 1990. 따라서 형제애는 거
의 잊혀졌으며(H. Krüger, Brüderlichkeit – das dritte, fast vergessene Ideal der Demo-
kratie, in: *Festgabe für Theodor Maunz zum 70. Gebutstag*. 1971, S. 249ff.) 현대에 와
서야 사회국가라는 이름으로 발전하게 되었다(R. Zippelius, *Allgemeine Staatslehre*, 8.
Aufl.(1982), S. 318).

찾을 수 있다고 주장하고 있다. 그의 견해에 따르면 자유는 '자유주의적'(liberal)
인 것이고, 평등은 '민주적'(demokratisch)인 것이라고 하여 양자를 대립시키고
있다. 자유주의와 민주주의라는 상반되는 이념은 오랫동안 군주정이라는 공동의
적 때문에 적대감을 숨겨 왔다. 그러나 우선 자유가 쟁취되자 곧바로 평등(처음
에는 비례적 평등 suum cuique, 나중에는 절대적·균일적 평등으로 이해된)을 쟁취하
기 위한 투쟁이 전개되기 시작했으며, 이러한 균일화와 탈자유화의 과정이 과거
100여년 간의 헌법사를 지배했다는 것이다. 그리고 이러한 과정이 정치적 영역
에서 어느 정도 종결되자, 민주화는 방향을 사회적·문화적 영역에로 전환하였
다. 곧 민주주의는 형식적 민주주의에서 실질적 민주주의로 방향전환을 시도했
다는 것이다.[1]

사회권의 이념적 원천을 프랑스대혁명의 평등에서 찾을 수 있다는 라이프홀
츠의 명제는 올바르다. 그러나 자유와 평등, 자유주의와 민주주의를 원칙적인
대립관계로 설정하는 사고에 대해서는 찬성할 수 없다. 따라서 이러한 사고는
추상성과 비역사성의 소치(所致), 다시 말해서 민주적 헌법국가의 발전과정을 간
과한 사실이해와 현실인식에 있어서의 부족이라는 비난을 면할 수 없다.[2]

(3) 私　見

결국 사회권의 이념적 원천을 프랑스대혁명의 이상에서 찾으려 할 경우 그
것은 평등일 수밖에 없다. 그러나 사회권의 이념적 원천으로서의 평등은 라이프
홀츠가 말하는 의미에 있어서의 평등이 아니라, 민주적 헌법국가의 기초가 되어
있는 평등한 자유의 이념이라는 의미에서의 평등인 것이다.[3]

382. 사회적 기본권
의 이념적 원천에 대
한 사견 — 평등한 자
유라는 의미에서의
평등

4. 社會的 基本權의 槪念定義

(1) '社會的'이란 用語의 意味

사회권을 한마디로 정의하기는 힘들다. 왜냐하면 사회권(=사회적 권리)이란

383. '사회적'이란 용
어의 의미

---

1) 이 강연은 요약된 형태로 G. Leibholz, *Strukturprobleme der modernen Demokratie*,
1964, S. 130f.에 실려 있다.

2) M. Kriele, *Einführung in die Staatslehre*, S. 332f.: M. Kriele, *Befreiung und politische
Aufklärung*, S. 57ff. 및 K. Kröger, *Grundrechtstheorie als Verfassungsprobleme*, 1978,
S. 38f. 참조.

3) M. Kriele, Freiheit und Gleichheit, in: Benda/Maihofer/Vogel(Hg.), *Handbuch des
Verfassungsrechts*, S. 147 및 *Befreiung und politische Aufklärung* 참조.

말 중에서 '사회적'(sozial)이라는 형용사를 어떻게 이해하여야 할 것인가에 대해서는 크게 두 가지 견해가 대립되어 있기 때문이다. 그러나 사회적이라는 말은 궁핍, 불합리한 복지수준의 차이 및 그를 통하여 야기되는 종속에 대한 항의라는 의미를 가진다. 곧 '사회적'이라는 말은 "모든 인간에게 그 존엄에 적합한 생활을 보장하기 위하여 복지수준의 차이를 조정하고 그로부터 야기된 종속을 완화하고 제거하는 방향의"라는 의미를 갖는다. 이를 한마디로 요약하면 "궁핍으로부터 자유로운"이라고 할 수 있을 것이다.

(2) 社會的 基本權의 概念定義

384. 사회적 기본권의 개념정의

따라서 사회권은 인권의 활성화를 위해서 경제적·사회적·문화적 조건을 창출해줄 것을 국가에 대하여 적극적으로 요구할 수 있는 권리를 의미한다.[1] 그리고 이러한 조건은 국가의 급부에 의존하기 때문에 사회권은 개인이 국가에 대하여 특정한 급부를 요구하는 직접적인 청구권으로 이해된다. 또한 그러한 국가의 급부는 고도의 경제적 성격을 가지기 때문에 사회권은 경제적 권리라고 불리우기도 한다. 뿐만 아니라 이러한 권리는 국가에 대하여 적극적인 급부를 요구할 수 있거나 또는 그러한 국가적 급부에 참여할 수 있는 개인의 적극적 지위에서 발생하기 때문에 이 권리를 사회적 참여권[2]이라고 부르는 사람들도 있다.

5. 社會的 權利와 社會主義的 權利

(1) 社會的 實現

385. 사회적 권리는 사회적 실현의 하부 개념이다

사회적 권리는 인권의 활성화를 위해서 사회적·경제적·문화적 전제요건을 마련해야 한다는 의미에서 '사회적 실현'(soziale Realisation)에 속한다. 바리온 *Hans Barion*에 따르면 사회적 실현에는 공적인 상태를 사회적 관점에서 변경하려는 모든 노력과 시도가 포함된다고 한다. 곧 사회적 실현에는 모든 유형의 사회주의뿐만 아니라 그리스도교의 사회운동, 금세기 초 커다란 영향력을 행사했던 사회정책단체 및 제2차 바티칸공의회의 사회이론까지가 포함된다는 것이다.[3]

---

1) P. Häberle, Grundrechte im Leistungsstaat, *VVDStRL* Heft 30(1972), S. 96f. 참조. 1948년의 유엔세계인권선언을 구체화한 1966년 12월 19일의 두 개의 인권협약 중 이 부분과 관련되는 선언은 「경제적·사회적·문화적 권리에 관한 국제협약」이라는 명칭을 가지고 있다.

2) 이에 대하여는 홍성방, 사회적 참여권, 고시계 1986년 9월, 88-98면 참조.

3) H. Barion, Vorbesinnung über den Wohlfahrtsstaat, DÖV 1970, S. 15ff.(15) 및 Das konziliare Utopia. Eine Studie zur Soziallehre des Ⅱ. Vatikanischen Konzils, in:

(2) 社會的 實現의 두 가지 방향

사회적 정의의 실현이라는 외견적인 목표의 동일성에도 불구하고 사회적 실현은 두 개의 상이한 방향으로 나누어진다. 하나는 의회민주주의를 고수하면서 사회개혁을 추구하고, 다른 하나는 현재의 체제 내에서는 진정한 개혁이 불가능하기 때문에 이를 타파하여야 한다고 한다.

386. 사회적 실현의 두 가지 방향

(3) 社會權이 전제하는 인간상

사회권은 자유로운, 그러나 동시에 사회적인(또는 사교적인: vergesellschaftet) 인간을 전제한다. 따라서 우리는 '사회적'(sozial)이라는 용어를 사용할 때 다음과 같은 사회, 곧 개인의 이기적인 위험성과 그로 인한 비효율성이 사회정책과 경제정책을 통하여 서서히 변화되나 개인의 주도권이라는 기반이 고수되는 사회를 생각한다.[1] 그렇기 때문에 사회권에는 자유권이 절대주의의 정치적 그리고 법적 세계에 도입되었을 때 자유권의 이념이 가졌던 바와 같은 혁명적 열정이 결여되어 있다.[2]

387. 사회권이 전제하는 인간상

(4) 社會主義的 權利가 전제하는 인간상

이에 반하여 사회주의적 권리는 인간을 유개념(類槪念)으로 파악하고[3] 그에게 이러한 특성에 맞는 행동영역만을 부여한다. 마르크스 *Karl Marx*의 인권이해[4]는 부정적인 인식에서 시작된다. 그는 이전의 인권선언들에서 이기주의와 개인주의만을 보고 있다. 곧 공공을 생각하지 않는, 공공과는 분리되고 소외된 시민사회의 이기적인 인간들이 인권선언을 요구하였고 또한 그러한 요구가 인권선

388. 사회주의적 권리가 전제하는 인간상

Säkularisation und Utopia. Ebracher Studien, Ernst Forsthoff zum 65. Geburtstag, 1967, S. 187ff. 참조. 가톨릭의 사회이론에 대한 국내문헌으로는 김춘호, 사회주의와 가톨릭 사회교시, 분도출판사, 1991이 있다.

1) P. Badura, Auftrag und Grenzen der Verwaltung im sozialen Rechtsstaat, DÖV 1968, S. 446ff.(447).

2) Fr. Werner, Wandelt sich die Funktion des Rechts im sozialen Rechtsstaat? in: *Die moderne Demokratie und ihr Recht. Festschrift für Gerhard Leibholz zum 65. Geburtstag*. 2. Bd., 1966, S. 153ff.(159).

3) 마르크스가 생각하는 인간상에 대하여는 W. Abendroth, Thesen zum Problem des marxistischen Menschenbildes im wissenschaftlichen Zeitalter, in: *Festschrift für Adolf Arndt zum 65. Geburtstag*, 1969, S. 13ff.

4) 이에 대하여는 H. Klenner, Die maxistisihe Menschenrechtskonzeption, in: *Dimension des Rechts. Gedächtnisschrift für René Marcic*, 2. Bd., 1974, S. 793ff. 참조.

언에 인정되어 있다는 것이다. 마르크스에게 문제가 되고 있는 것은 소외[1]의 해소, 그것도 정확하게 말하면 경제적 측면에 환원된 노동자의 소외의 해소인 것이다. 마르크스에 따르면 진정한 인간이란 인간의 사회와 다른 인간을 필요로 하는 그리고 개인을 고립시키는 데에서 자신의 충족을 발견하지 않는 '유존재' (Gattungswesen)인 것이다. 따라서 사회주의적 법질서에 있어서는 공장노동자 계급이 권리와 의무의 주체가 되어야 한다고 한다. 이렇듯 마르크스는 인간을 집단적이고 계급적인 존재로 파악하기 때문에 그 결과 인간의 자유를 부정하게 된다. 따라서 (마르크스적) 사회주의에서 사회주의적 기본권은 국가와 사회의 결정으로부터 자유로운 개인이 마음대로 처분할 수 있는 법적 지위가 아니라 사회주의적 인격의 발전에 필요한 그리고 사회주의적으로 조직된 사회의 목적과 필요를 지향하는 법적 보장일 뿐이다.[2] 따라서 (마르크스적) 사회주의적 인권이해는 비현실적인 것이며 동시에 인권경시를 은폐하거나 정당화하려는 기도를 포함하고 있다. 그것은 역사적·경제적·정치적 사건을 그릇되게 해석하는 해석공식을 만들어 내고, 시선을 현실로부터 차단시키고 그렇게 함으로써 주체를 권력옹호용 이데올로기의 포로가 되게 한다.[3]

(5) 社會主義基本權 이해의 특징

389. 사회주의기본권 이해의 특징 — 개인적 이익과 집단적 이익의 일치, 권리와 의무의 일치

이러한 사실은 개인적 이익과 집단적 이익의 일치성과 권리와 의무의 일치성을 주장하는 사회주의자들의 기본권이해에서 특히 두드러진다.[4] 우선 개인적 이익과 집단적 이익이 일치한다는 주장은 순전한 허구이다. 그러나 이러한 주장은 사회주의에 있어서의 권력자들에게는 매우 가치가 있다. 왜냐하면 그렇게 함으로써 원래는 시민의 권리로서의 기본권이 국가로부터 자유라는 사실이 부인되고, 국가로부터의 자유라는 생각이 사회주의 내에서 결코 살아남을 수 없게 되기 때문이다. 그리고 두 번째의 주장은 국가가 국민에게 아무것도 해주는 일 없이 국민에게 의무만을 부과시키는 것을 정당화하는 핑계가 된다.[5] 따라서 과거

---

1) 소외에 대하여는 특히 Fr. Müller, *Entfremdung. Folgeprobleme der anthropologischen Begründung der Staatstheorie bei Rousseau, Hegel, Marx*(홍성방 역, 소외론, 유로, 2011), 2. Aufl.(1985) 참조.

2) P. Badura, Das Prinzip der sozialen Grundrechte und Verwirklichung im Recht der BRD, Der Staat Bd. 14(1975), S. 17ff.(21).

3) M. Kriele, *Menschenrechte zwischen Ost und West*, 1977, S. 19f.

4) 이에 대하여는 특히 H. Klenner, *Studien über die Grundrechte*, 1964, S. 48ff.와 특히 S. 78ff.를 참조.

5) K. Löw, *Die Grundrechte*, S. 24f.

사회주의국가의 헌법들에 규정되어 있던 수많은 사회권들은 단지 개인적 보호영
역에 국가가 간섭하는 것을 정당화시키는 구실로서만 사용되어 왔다. 이상을 간
추려 이야기한다면, 사회주의 국가의 헌법들에 규정되어 있는 기본권들은 결코
진정한 기본권이라고 할 수 없다.

(6) 社會的 權利와 社會主義的 權利의 무관성

'사회적'(sozial)이라는 용어는 '사회주의적'(sozialistisch) 이념의 특수한 경우
가 아니다.[1] 사회적 권리와 사회주의적 권리 사이에는 공통된 점이라곤 전혀 없
다. 사회적 권리는 개인적 자유의 경제적·문화적 조건을 정치과정에 끌어들여
그것을 정치문제화시킴으로써 국가가 보장하도록 한다. 그리고 이러한 조건들이
전적으로 정치체제에 일임되어 있지 않다는 점이 사회주의적 권리에 대한 사회
적 권리의 본질적 차이이기도 하다. 그렇기 때문에 자유와 재산에 대한 자유주
의적 우월성을 포기하기는 하였지만 원칙적으로 생산수단의 사유제를 견지하면
서 국가가 일자리와 복지와 사회보장을 위하여 급부하고 분배하지 않으면 안 되
는 그러한 사회질서의 헌법범위 내에서 사회적 권리는 다른 의미를 가지고 있다
할 것이다.[2]

390. 사회적 권리와 사회주의적 권리는 전혀 상이한 것이다

6. 社會的 基本權의 目錄

(1) 社會的 基本權의 목록

사회권의 발전과정을 역사적으로 개관하면 사회권의 범위가 지속적으로
확장되어 왔음을 알 수 있다. 오늘날 사회권의 사상은 그 역사적 시발점, 특히
산업혁명이 원인이 되어 발생한 보호필요성을 헌법적으로 보장한다는 노력을
넘어서서 이제는 일반적 원칙에 있어서의 국가에 의한 생활의 보장이라는 형태
로 이해되고 있다.[3] 예컨대 환경파괴를 경험해보지 못한 이전의 세대들에게는
깨끗하고 쾌적한 환경에 대한 권리란 상상할 수조차 없었을 테니까 말이다.[4]
보호를 받는 개인의 입장에서 관찰한다면 사회권은 국가에 의하여 보장되는

391. 사회적 기본권의 목록

1) P. Badura, Auftrag und Grenzen der Verwaltung im sozialen Rechtsstaat, S. 447.
2) P. Badura, Das Prinzip der sozialen Grundrechte und Verwirklichung im Recht der Bundesrepublik Deutschland, S. 21.
3) P. Badura, Das Prinzip der sozialen Grundrechte und Verwirklichung im Recht der Bundesrepublik Deutschland, S. 21.
4) K. Hernekamp, *Soziale Grundrechte. Arbeit, Bildung, Umweltschutz etc.* 1979, S. 14.

인간의 존엄에 적합한 생활에 대한 권리일 것이다. 그리고 국가에 대하여 요청되는 행위의 관점에서 본다면 사회권은 최광의의 사회정책의 지도원리를 의미하게 될 것이다.[1] 따라서 사회권의 목록은 그 보호방향에 따라 분류되어야 한다. 이미 존재하는 또는 앞으로 보장이 요구되는 사회권은 근로의 권리, 사회보장을 받을 권리, 사회적·문화적 발전권, 깨끗한 환경에 대한 권리라는 네 개의 집단으로 구분된다.[2]

근로의 권리는 다음의 권리들을 그 구체적 내용으로 한다. 직장에 관한 권리, 적절하게 보장된 근로조건에 대한 권리(이 때, 이 권리는 생존을 위한 최소한의 전제로서가 아니라, 정의의 요청에 적합한 임금과 충분한 휴식과 휴가를 포함하는 발전권으로서 이해되어야 한다), 국가에 대한 노동력보호청구권, 부녀자·청소년 및 장애자의 보호 및 배려청구권, 직업자문·실업구제·완전고용정책 및 실업자보호청구권, 기업경영에 대한 노사공동결정권, 자유로운 직업선택과 그 행사권, 단체교섭과 단체행동을 포함하는 단결권.

다음으로, 사회보장을 받을 권리에는 노령, 장애, 질병, 사고, 직업병, 임신 및 가족부양에서 오는 경제적 부담에 대하여 사회로부터 부조받을 권리, 질병의 예방과 의사에 의한 치료를 청구할 권리, 필요하고 특히 곤궁한 상태에 처했을 때 부조받을 권리가 포함된다. 뿐만 아니라 적당한 주거에서 생활할 권리도 사회보장을 받을 권리의 내용을 이룬다.

셋째로, 사회적·문화적 발전권에 속하는 것으로는 교육을 받을 권리와 평생교육권, 교육장소를 자유롭게 선택할 권리, 교육기관에 불평등한 대우를 받지 않고 평등하게 참여할 수 있는 권리 및 교육제도에 있어서의 기회균등권 등이 있다.

마지막으로, 깨끗한 환경에 대한 권리는 전통적인 사회권에 대해서 특수한 분야를 이루는 것으로 생각된다.[3] 왜냐하면 깨끗한 환경에 대한 권리의 경우에

---

1) P. Badura, Das Prinzip der sozialen Grundrechte und Verwirklichung im Recht der Bundesrepublik Deutschland, S. 23.
2) 이는 P. Badura, Das Prinzip der sozialen Grundrechte und Verwirklichung im Recht der Bundesrepublik Deutschland, S. 23의 분류방법이다. 이와 다른 분류방법에 대해서는 van der Ven, *Soziale Grundrechte*, S. 44ff.: L. Wildhaber, Soziale Grundrechte, in: *Der Staat als Aufgabe. Gedenkschrift für Max Imboden*, 1972, S. 371ff.(374f.): W. Schmidt, Soziale Grundrechte im Verfassungsrecht der BRD, in: R. Grawert(Hrsg.), *Instrumente der sozialen Sicherung und der Währungssicherung in der BRD und in Italien*, Beiheft zu "Der Staat", Heft 5, 1981, S. 9ff.(11f.)를 참조.
3) G. Brunner, *Die Problematik der sozialen Grundrechte*, S. 12.

는 다른 사회권들과는 달리 규범의 수범자가 국가일 뿐만 아니라 개인도 규범의
수범자가 될 수 있기 때문이다. 또한 깨끗한 환경에 대한 권리는 여타의 사회권
들이 주로 청구권적 성격을 가지는 것과는 달리 국가에 대하여 깨끗한 환경을
파괴하지 말라는 의미에서 자유권에서 볼 수 있는 방어권적 성격도 동시에 가지
고 있기 때문이다.[1]

(2) 社會權과 밀접한 관련을 가지는 權利들

위에서 열거한 사회권의 목록에서 우리는 예컨대 자유로운 직업선택과 그
행사권, 단결권과 자유로운 교육장소선택권과 같이 사회권으로 분류하기에는 어
려운 권리가 있다는 것을 인정하지 않을 수 없다. 그러나 이러한 권리들은 역사
적인 기능에서 그리고 이것들이 근로의 권리와 밀접한 관련을 가진다는 점 때문
에 사회권으로 분류했을 뿐이다. 위에서 열거한, 아직은 완결되지 않은 따라서
앞으로도 확대될 수 있는 사회권의 목록은 무엇보다도 그것들이 경제적·사회적
발전을 보장한다는 면에서 의미를 가진다 할 것이다.[2]

392. 사회권과 밀접한 관련을 가지는 권리들

7. 社會權의 法的 性格

(1) 社會權의 一般的 性格을 논의하는 것의 非適切性

이전과는 달리 오늘날 사회권의 일반적인 법적 성격을 논의하는 것은 그리
커다란 의미를 갖지 않는다. 왜냐하면 사회권을 실현시키는 여러 가지 가능성[3]
에 비추어 볼 때 사회권이 어떤 법적 성격을 가지는가는 전적으로 헌법제정자
또는 입법자가 어떠한 형태로 사회권을 실정화하는가에 달려 있다고 할 수 있기
때문이다.

393. 사회권의 일반적 성격을 논의하는 것의 비적절성

1) W. Schmidt, Soziale Grundrechte im Verfassungsrecht der Bundesrepublik Deutschland, S. 23.
2) W. Daum, Soziale Grundrechte, RdA 1968, S. 81ff.(82).
3) 주로 이야기되고 있는 것은 사회권을 헌법적 차원에서 실현시키는 방법과 법률적 차원에서 실현시키는 방법의 두 가지이다. 특히 전자의 방법으로는 '국가목표규정'(Staatsziel-bestimmung), '헌법위임규정'(Verfassungsauftrag, Gesetzgebungsauftrag), '제도보장'(Einrichtungsgarantie) 및 '기본권'(Grundrecht)에 의한 방법이 논의되고 있다. 이에 대하여 자세한 것은 S.-B. Hong, *Soziale Rechte auf der Verfassungsebene und auf der gesetzlichen Ebene.*, Diss. Köln 1986, S. 42ff. 참조.

(2) 우리 憲法上의 社會的 基本權의 法的 性格

1) 학   설

① 개   관

그러나 우리 헌법은 제31조에서 제36조까지 사회권을 기본권의 형태로 규정하고 있다. 그렇기 때문에 이들의 법적 성격을 어떻게 보아야 하는가는 중요한 문제일 수밖에 없다. 이와 관련하여 국내에서는 종래 프로그램규정설과 법적 권리설이 대립되어 있으며, 법적 권리설은 다시 추상적 권리설과 구체적 권리설로 나누어진다. 그 밖에도 최근에는 원칙모델설에 따른 권리설이 주장되고 있다.

② 프로그램규정설

프로그램규정설은 헌법상의 사회적 기본권이란 사법상(私法上)의 권리와 같은 구체적인 법적 권리가 아니라 단지 입법방침을 규정한 프로그램적인 의미만을 가지는 것이라고 한다. 그 논거로는 사회적 기본권은 어디까지나 선언적인 것이며, 그 구체적인 권리내용의 형성은 입법정책상의 문제라고 하며 그 실시는 국가의 자유재량으로 봄으로써 국민은 사회적 기본권규정만으로는 인간다운 생활을 위해 필요한 급부를 청구할 수 없는 것이기 때문에 국가로서는 가능한 한 국민의 이러한 사회적 기본권을 보장하기 위한 조건을 제공해야 하고 또한 그러한 입법을 할 정치적·도의적 의무를 지는 데 지나지 않는다고 한다. 또한 헌법에 규정된 사회적 기본권은 재판규범도 아니며, 헌법규정만으로 이를 법원에 청구할 수 없다고 한다. 따라서 국민은 추상적으로만 그의 생존을 보호받을 수 있다는 것 뿐이고 사회적 기본권의 구체적 내용에 관하여는 아무런 규정이 없으므로 국가에 대하여는 사회적 기본권의 이러한 요청에 따라서 구체적 입법이 당연히 행해질 것이 예정되는 규정이라고 한다.

③ 추상적 권리설

추상적 권리설에 따르면 '권리를 가진다'라고 하는 헌법상의 규정으로부터 사회적 기본권을 프로그램규정으로 보는 것은 부당하다고 한다. 이 설에 따르면 사회적 기본권은 국민이 추상적으로 생존을 보호받을 수 있음을 규정할 뿐이고, 사회적 기본권의 구체적 내용에 관하여는 아무런 규정이 없기 때문에 사회적 기본권규정이 구체적인 법적 권리로 행사될 수 있기 위하여는 그 법적인 구체성, 곧 그 권리주체의 확정, 그 법익의 존재, 청구방법 등이 명확히 되지 않으면 안 되는데, 그 실현수단·방법 등에 관하여 구체적인 절차에 관한 규정이 없기 때

문에 구체적 권리가 아닌 추상적 권리라고 한다. 결국 이 설에 따르면 국민이
헌법에 규정된 청구권(사회권)을 행사하기 위해서는 헌법상의 규정을 구체화하는
법률이 제정되어야 한다고 한다.

④ 구체적 권리설

구체적 권리설은 사회적 기본권이란 그 역사적 배경과 자연법적인 측면 또
한 헌법의 규범논리적 구조에서 연역하여 사회적 기본권규정은 실정법적인 법규
이고 현실적인 청구권이 인정되는 구체적 권리라고 한다. 그러므로 사회적 기본
권은 그 기본권내용에 맞는 구체적 입법의 제정을 입법권에 의무지우고 그에 따
른 예산조치를 하도록 입법권과 행정권에 의무지우며 그 의무의 불이행에 대한,
곧 국가의 부작위에 대한 위헌성을 법원에 청구할 수 있는 현실적·구체적 권리
라고 한다.

⑤ 원칙모델에 따른 권리설

알렉시 *R. Alexy*의 원칙모델에 따른 권리설은 사회적 기본권의 규범구조를
개인에게 주관적 권리를 부여하는 규범인가 아니면 국가에게 객관적 의무를 부
과하는 규범인가, 구속적 규범인가 아니면 비구속적 규범인가, 권리와 의무를
확정적으로 부여하는가 아니면 잠정적으로 부여하는가라는 기준에 따라 형량을
통하여 구속적 규범과 비구속적 규범으로 2분한 후 이를 다시 8가지로 분류하
고, 모든 사회적 기본권은 일단은 잠정적으로 개인에게 주관적 권리를 부여하지
만 이 권리는 형량을 거친 후에야 비로소 확정적인 권리가 될 수 있다고 한다.
곧 사회적 기본권은 권리성을 갖지만 곧바로 확정적인 권리가 되는 것이 아니라
여러 가지 요소들을 형량하여 다양한 정도로 실현될 수 있다고 한다.[1]

⑥ 과거에는 추상적 권리설이 다수설이었으나, 점차 구체적 권리설이 다수
설화되는 경향에 있다.[2] 헌법재판소의 입장은 일정치 않다.[3]

---

1) 정태호, 원리(Prinzip)로서의 사회적 기본권: *R. Alexy*의 원리모델(Prinzipien-model)을 중
   심으로, 정경식박사 화갑기념논문집, 1997, 238쪽 이하(242쪽); 계희열, 헌법학(중), 627쪽.
2) 김철수, 헌법학개론, 686·687쪽; 권영성, 헌법학원론, 593·594쪽.
3) 헌법재판소는 1991. 2. 11. 90헌가27 결정〈교육법 제 8 조의2에 관한 위헌심판(합헌)〉에서는
   교육을 받을 권리를 "직접 행정권과 사법권을 구속하는 것이 아니라 입법의 방향만을 지
   시하는 것"이라 하였고, 1995. 7. 21. 93헌가14 결정〈「국가유공자 예우 등에 관한 법률」 제
   9 조 본문 위헌제청(합헌)〉에서는 "인간의 존엄에 상응하는 생활에 '최소한의 물질적 생활'
   의 유지에 필요"이라는 조건부이긴 하지만 인간다운 생활을 할 권리의 구체적 권리성을
   인정하면서도 인간다운 생활을 할 권리는 원칙적으로 법률을 구체화할 때 비로소 인정되
   는 법률적 권리라는 입장을 밝혔고, 1997. 5. 29. 94헌마33 결정〈1994년 생계보호기준 위헌
   확인(기각)〉에서는 인간다운 생활을 할 권리의 통제규범성, 재판규범성을 인정하였다. 곧
   인간다운 생활을 할 권리는 모든 국가기관을 기속하지만, 그 기속의 의미는 적극적·형성

2) 학설에 대한 검토

395. 사회적 기본권
의 법적 성격에 대한
학설의 검토

어떤 권리가 기본권목록에 포함되어 있는 이상, 곧 헌법에 '… 할 권리를
가진다'라고 표현되어 있는 이상, 그것을 법적 구속력이 없는 정치적·도의적 선
언이나 지침으로 볼 수는 없다.[1] 따라서 사회적 기본권을 프로그램규정으로 볼
수는 없다. 다음으로, 사회적 기본권의 규범내용이 불명확하기 때문에 그것을
구체화하는 법률의 제정을 기다려 그것이 비로소 구체적으로 국민이 향유할 수
있는 권리로 된다는 추상적 권리설도 헌법재판제도가 확립되어 공권력의 행사
또는 불행사에 의하여 기본권이 침해된 경우 헌법소원을 청구할 수 있게 된 현
재의 헌법해석론으로는 문제가 있다.[2]

그러한 한에서 구체적 권리설이 타당성을 가지는 것으로 생각될 수도 있다.
그러나 구체적 권리설을 주장하는 자들의 주장 중에서 설득력을 가지는 주장은
"헌법재판소가 공권력의 불행사에 대한 헌법소원을 인용한 경우, 피청구인은 결
정취지에 따라 새로운 처분을 하도록 규정하고 있기 때문에 국가는 생존권침해
의 인용결정이 있는 때에는 입법을 해야 할 의무를 진다고 보아야 하겠다"[3]라든
가, "헌법재판제도가 확립된 경우에는 헌법재판이라는 방법을 통하여 헌법불합
치·입법촉구결정을 하는 것이 헌법구조상 반드시 불가능하지 않다"[4]는 정도에
지나지 않는다.[5]

적 활동을 하는 입법 또는 행정부의 경우와 헌법재판에 의한 사법적 통제기능을 하는 헌법
재판소에 있어서 동일하지 아니하다고 하였다.
1) 김철수, 헌법학개론, 685쪽; 권영성, 헌법학원론, 594쪽.
2) 김철수, 헌법학개론, 686쪽; 권영성, 헌법학원론, 594쪽.
3) 김철수, 헌법학개론, 687쪽.
4) 권영성, 헌법학원론, 594쪽.
5) 그 밖에도 구체적 권리설의 주장자들은 다음과 같은 주장을 하고 있다.
   1. "생존권도 권리인 이상 만약 개개의 국민에 대한 국가의 구체적 행위가 있고, 그것이
건강하고 문화적인 최저한도의 생활을 침해하고 있는 경우, 개개의 국민이 생존권에 기하
여 법원이나 헌법재판소에 소송이나 헌법소원을 통하여 그러한 국가의 적극적 침해행위의
배제를 청구할 수 있는 것은 당연"하기 때문에, "생존권은 단순한 추상적 권리에 불과한
것이 아니고 침해배제청구권으로서, 구체적 권리의 측면을 가지고 있고 재판규범으로서의
측면도 가진다"(김철수, 헌법학개론, 673쪽). 그러나 이러한 주장은 사회적 청구권의 법적
성격에서 문제되는 것은 침해배제의 문제라기보다는 사회적 기본권에 규정된 급부를 헌법
규정만을 가지고 개개의 국민이 관철시킬 수 있을 것인가의 문제라는 것을 오인하고 있다.
   2. 헌법에 규정되어 있기 때문에 국가는 "가능한 한 예산을 확보하여 생존권을 실현시킬
의무를 진다"(김철수, 헌법학개론, 673쪽). "경제적으로 열악한 상황에 처한 절대빈곤층과
사회적 빈곤층에게는 자유권적 기본권이나 정치적 기본권보다 사회적 기본권의 실질적 보
장이 더욱 절실한 의미를 가진다." "우리나라와 같이 사회국가의 원리를 지향하는 사회국

헌법재판제도가 확립되어 있기 때문에 사회적 기본권은 구체적 권리라는 결론은 타당성을 가지는 것처럼 들린다. 그러나 구체적 권리설은 사회적 권리에서 문제가 되는 것은 예컨대 직업선택이나 깨끗한 환경의 존재와 같은 해당 기본권의 구성요건에 속하지는 않으나, 그러한 구성요건의 실현을 제약하고 조건지우는 소여(所與)라는 것[1]을 간과하고 있다. 더 나아가서, 구체적 권리설은 다음과 같은 사회적 기본권의 특성을 고려하지 않고 있다. 예컨대 사회적 기본권 중 하나인 근로의 권리는 오직 일자리를 보장함으로써만 보장될 수 있다. 그러나 법관은 근로의 권리가 침해된 경우에 그것을 지켜줄 수는 있으나, 일자리 자체를 마련해 줄 수는 없다. 곧 일자리를 마련해주는 것은 입법부와 행정부의 의무인 것이며, 개인이 가지고 있는 근로의 권리는 어느 정도까지는 이러한 국가의 의무이행의 결과일 뿐이다. 그리고 이러한 권리는 소(訴)의 대상이 될 수 없다.[2] 왜냐하면 의무를 수행하느냐의 여부는 정치적 형성에 일임되어 있기 때문이다. 뿐만 아니라 이러한 의무는 그러한 것을 해야 될지의 여부와 관련되어 있을 뿐 어떻게 그것을 해야 될지에 관해서는 이야기하는 바가 없다. 그리고 국가(입법부와 행정부)가 이러한 의무를 완수하기 위하여 자신의 능력 아래 있는 모든 노력을 경주하였는지에 대하여는 법원으로서는 판단하기가 대단히 어렵다.

가적 성격을 가진 국가의 경우에는 국가의 과제와 목표는 무엇보다도 사회적 기본권의 실현에 중점을 두는 것이 아니면 안 된다"(권영성, 헌법학원론, 556쪽). 그러나 이러한 주장들은 사회적 기본권이 헌법에 수용된 이유를 사회적 기본권의 법적 성격과 혼동하고 있거나, 정책적 희망사항과 헌법해석론을 혼동하고 있거나 또는 우리 헌법의 기본원리는 사회국가에 한정되지 않기 때문에 헌법의 기본원리들 사이에 조화를 이루어야 한다는 것을 잊고 있다.

  3. "법률이 없는 경우에 행정을 직접 구속할 수는 없다고 하겠으나 입법권과 사법권에 대한 구속을 통하여 입법을 행하게 함으로써 행정권에 대한 구속력을 강하게 하는 방향으로 나아가야 할 것이다"(김철수, 헌법학개론, 674쪽). 이러한 주장은 목적론적 해석이지 논리적 해석이라고는 볼 수 없다.

1) Chr. Sailer, Subjektives Recht und Umweltschutz, DVBl. 1976, S. 521ff.(526).
2) 허영, 한국헌법론, 148·149쪽은 "헌법에 나타난 이들 규정은 그것을 단순한 '주관적 권리'만으로 이해하는 경우에는 거의 그 실효성이 없다고 보아야 한다. 왜냐하면 이들 사회적 기본권의 실현에 필요한 전제조건은 대부분 국가의 재정투자를 요하는데, 국가의 재정투자를 소구할 권리가 이들 기본권에서 나온다고 볼 수도 없고 또 국가의 재정투자가 국민의 소구에 따른 법관의 판결에 의해서 강요될 수 있는 성질의 것이 아니기 때문이다"라고 하여 사회적 기본권의 특성을 잘 지적하고 있다. 그러나 그는 사회적 기본권의 성격을 밝히기를 포기하고 "이들 규정은 단순한 주관적 권리만으로 이해해서는 안 되고 우리 헌법의 객관적 질서로서의 사회국가원리가 이들 여러 규정에 의해서 우리나라의 구조적인 원리로 받아들여진 것이라고 보아야 한다"고 한다. 한수웅, 헌법소송을 통한 사회적 기본권 실현의 한계, 인권과 정의(1997. 1.), 70쪽 이하(84쪽)도 비슷한 이야기를 하고 있다.

또한 이와 같은 문제는 현존하는 가능성의 범위 내에서 정치적·경제적·조직적 여러 여건과 예산을 어떻게 사용할 것인가에 대한 우선순위결정의 문제이고, 그것은 입법부와 행정부의 권한영역에 속한다. 이러한 문제의 판단을 사법부에 맡기는 것은 권력분립의 원칙과 민주주의원리에 반하는 것이다.[1]

그 밖에도 구체적 권리설에 대해서는 다음과 같은 비판도 가능하다. "그 권리성을 인정하는 법이론적 논증이 미흡하다. 즉 헌법이 사회적 기본권을 권리의 형태로 규정하고 있기 때문에 사회적 기본권이 권리라는 주장만으로는 그 권리성을 인정하는 충분한 논증이 되기 어렵다. 또한 구체적 권리설이 사회적 기본권의 권리성을 인정하려고 노력하나 그 내용은 침해배제청구권의 수준을 넘지 못하며 실제로 사회적 기본권은 '구체적 권리'라는 표현에도 불구하고 입법에 의해 구체화되지 않으면 구체적·현실적 권리가 되지 못한다는 사실에 영향을 주지 못한다."[2]

원칙모델에 따른 권리설은 사회적 기본권에 권리성을 부여하면서 구체적 사안에 따라 형량을 통하여 융통성 있게 실현하는 경우 종래의 학설들이 갖고 있는 문제점들을 어렵지 않게 해결할 수 있다고 한다. 그러나 개인적으로는 원칙모델에 따른 권리설이 세 가지 기준을 가지고 형량한다고 하지만 과연 그 기준 자체에서 어떤 것을 우선적으로 적용할 것인지가 분명하지 않다는 점, 세 가지 기준이 어떤 이유에서 채택되었는지가 문제된다는 점, 그리고 어떤 사회적 기본권은 강한 보호를 받고 어떤 사회적 기본권은 약한 보호를 받는지라는 물음에 대해서 대답해 줄 수 없다고 생각한다. 그 밖에도 원칙모델에 따른 권리설에 대해서는 사회적 기본권의 실현정도를 상대화한 것으로 해석자마다 달리 해석할 수 있는 여지를 주고 있어 그 상대적 무원리성을 나타내고 있다는 비판도 있다.[3]

---

1) M. Kriele, *Menschenrechte zwischen Ost und West*, S. 18.
2) 계희열, 헌법학(중), 627쪽. 이 부분에 대하여 장영수, 인간다운 생활을 할 권리의 보호범위와 실현구조, 미봉 김운용교수 화갑기념논문집, 1997, 410쪽 이하(417쪽)는 "인간다운 생활을 할 권리는 국가에 대한 급부청구를 ─ 자유권적 기본권처럼 ─ 직접 사법적으로 청구하고 집행할 수 있는 구체적·현실적 권리는 아니지만 국가활동에 대한 일정한 방향을 제시하고 있는 국가목적규정 내지 입법위임규정으로 이해하여야 한다"고 한다. 그러면서 같은 쪽(각주 9)에서는 추상적 권리설 또는 불완전한 구체적 권리설 등이 주장되고 있으나 그 내용은 실제로 크게 다른 점이 없이 명칭만을 달리함으로써 오히려 이해와 혼란을 야기하는 측면이 크다고 한다.
3) 김철수, 헌법학개론, 685쪽. 또한 정태호, '원리로서의 사회적 기본권', 252·253쪽에 따르면 원칙모델에 의한 사회권의 해석에 대하여 예상되는 비판으로는 국회의 재정권한에 대한 침해, 확정적 사회권의 비탄력성, 사법적 관철기준의 결여, 방법론적 기만, 헌법재판권한의 비대화 등이 있을 수 있다고 한다.

3) 사   견

① 입법위임규정

396. 사회적 기본권의 법적 성격에 대한 사견 — 입법위임규정

이러한 모든 것을 감안한다면 우리 헌법에 규정되어 있는 사회적 기본권의 법적 성격을 확정하기 위해서는 "국민은 … 할(의) 권리를 가진다"라는 표현보다 오히려 "국가는 … 하여야 한다"라는 표현에 더 중점이 놓여져야 한다고 생각한다. 곧 사회적 기본권은 표현과는 관계없이 주관적 공권이 아니라, 일차적으로 기본전제를 형성하라는 입법자에 대한 입법위임규정이자 국가목표규정으로 이해할 수 있다.[1] 그러나 이에 대해서는 하나의 예외를 인정해야 한다. 곧 생활무능력자의 생계비청구권은 인간다운 생활을 할 권리의 최소한의 내용으로서 구체적 권리로 이해하여야 할 것이다. 더 나아가서 인간의 존엄과 가치가 구체적으로 침해될 정도로 경제적으로 열악한 지위에 놓이게 될 때에는 헌법 제34조에 의한 구체적인 입법이 없다 하더라도 헌법 제10조를 근거로 최소한의 생활보호청구권을 인정할 수 있다. 왜냐하면 최소한의 물질적인 전제조건이 확보되지 않고는 인간의 존엄과 가치는 공염불에 지나지 않기 때문이다. 이와 같은 이유에서 독일연방행정법원은 인간다운 생활을 할 권리에 대한 명문규정이 없음에도 불구하고 그 초기 판결에서 기본법 제 1 조(인간의 존엄), 제 2 조(인격발현권) 그리고 제20조와 제28조(사회국가)를 결합하여 부조청구권(소구할 수 있는 주관적 공권)을 도출해 내었고,[2] 시간이 지나면서 연방헌법재판소도 연방행정법원과 의견을 같이하여 도움이 필요한 자들을 부조하는 것은 사회국가의 자명한 의무에 속한다는 것을 확인하였다.[3]

이와 같은 견해에 대하여 객관설은 원칙적으로 입법방침설과 다르지 않다는

---

1) 이 부분에 대하여 한수웅, '헌법소송을 통한 사회적 기본권실현의 한계', 75쪽은 다음과 같이 이야기하고 있다. "사회적 기본권은 주관적인 권리의 측면보다는 국가의 헌법적 의무라는 객관적 측면에서 이해되어야 한다. 사회적 기본권에게 직접 효력을 갖는 제소가능한 주관적인 공권으로서의 성격을 부인한다는 것은, 결코 사회적 기본권이 단순히 규범적으로 구속력 없는 정치적인 프로그램에 불과하다는 것을 의미하는 것은 아니다. 사회적 기본권은 사회국가원칙의 구체화된 헌법적 표현으로서 헌법위임적 성격을 갖고 있다. 헌법위임이란 그에 표현된 국가목표를 적합한 조치를 통하여 실현하여야 할 국가기관, 무엇보다도 입법자의 객관적 의무(헌법적 위임)이다. 헌법위임의 효력은 첫째, 원칙적으로 입법목적의 선택의 측면에서 자유로운 입법자에게 헌법적으로 입법과정에서 고려하여야 할 구속력 있는 국가목표를 부여하고, 둘째, 이에 따라 입법자에 의한 부작위나 명백한 의무의 해태는 헌법적으로 허용되지 않는 데 있다."

2) BVerwGE 1, 159(161f); 5, 27(31).

3) BVerwGE 40, 121(131).

오해가 있다.[1] 또한 사회적 기본권의 권리성을 부인하는 경우 사회적 기본권에 관한 입법부작위나 부실한 입법에 대하여 헌법소원을 제기할 수 없다는 문제점이 있다는 비판도 있다.[2]

② 입법위임규정의 의미

397. 입법위임규정의 의미

그러나 입법위임규정은 입법자에게 구체적 규율정립의 의무를 부과하고 있는 헌법규정을 말한다.[3] 입법위임규정은 특수하고 구체적으로 표현되기 때문에 국가목표규정보다 더 강하게 입법자를 구속한다. 곧 입법위임규정은 국가목표규정보다 더욱 법정립을 의무화시키며 그 이행을 더욱 잘 감시할 수 있다.[4] 뿐만 아니라 부분적이긴 하지만 우리 법에는 그에 대한 헌법적 통제수단이 마련되어 있다. 곧 입법자가 내용과 범위가 정해져 있는 법정립에 대한 명시적인 헌법위임을 이행하지 않을 뿐만 아니라 또한 이러한 위임이 특정범위의 사람들의 개인적 이해관계와 관련이 있는 경우 개별시민은 입법부작위에 대하여 헌법소원을 제기할 수 있다.[5] 또 헌법재판소는 그러한 헌법소원에 대한 판결에서 입법자에게 헌법적으로 요구되는 법률을 정립할 기간을 정하거나 그 기간이 지나도 입법이 행해지지 않으면 법원이 입법부를 대신하여 헌법명령을 집행할 수 있다.[6][7]

---

1) 김철수, 헌법학개론, 681쪽.

2) 계희열, 헌법학(중), 625쪽.

3) 여기에서 사용하는 입법위임규정은 헌법위임규정과 동의어이다. 학자에 따라서는 입법위임규정과 헌법위임규정을 구별하고 헌법위임규정은 입법자뿐만 아니라 행정부까지도 구속한다는 주장을 하는 이도 있다. E.-W. Böckenförde, Grundrechtstheorie und Grundrechtsinterpretation, NJW 1974, S. 1529ff.(1536); ders., Die sozialen Grundrechte im Verfassungsgefüge, in: Böckenförde/Jekewitz/Ramm(Hrsg.), *Soziale Grundrechte*, 1981, S. 7ff.(14). 그러나 문헌은 물론 판례에서도 일반적으로 헌법위임규정과 입법위임규정은 같은 것으로 다루어지고 있다. J. Lücke, Das Grundrecht des Einzelnen gegenüber dem Staat auf Umweltschutz, DöV 1976, S. 289ff.

4) P. Saladin/Chr. Zenger, *Rechte künftiger Generation*, 1988, S. 122.

5) E. Benda, *Grundrechtswidrige Gesetze*, 1979; Chr. Gusy, *Parlamentarischer Gesetzgeber und Bundesverfassungsgericht*, 1985, S. 148ff. 참조.

6) BVerfGE 8, 210; 25, 167ff.; 40, 276. 권영성, 헌법학원론, 558쪽.

7) 따라서 권영성, 헌법학원론, 595쪽의 사회적 기본권의 헌법규범적 의미와 관련된 주장, 곧 "첫째, 사회적 기본권의 구체적 내용은 직접 헌법규정에 의하여 확정되는 것이 아니라 이 헌법규정을 구체화하는 입법(법률)으로써 결정된다. 둘째, 헌법은 사회적 기본권을 구체화할 입법의 의무를 국가에 부과하고 있다. 셋째, 입법부가 사회적 기본권 실현에 필요한 입법을 태만히 할 경우, 헌법재판소는 이것이 헌법위반임을 확인(헌법불합치결정)할 수 있을 뿐만 아니라 입법촉구결정까지 할 수 있다"는 주장은 바로 사회적 기본권이 입법위임규정이라는 것을 주장하는 근거와 같다.

> 판례 〈「사법서사법 시행규칙」에 관한 헌법소원(일부기각, 일부각하)〉 "헌법에서 기본권보장을 위해 법령에 명시적인 입법위임을 하였음에도 입법자가 이를 이행하지 않을 때 그리고 헌법해석상 특정인에게 구체적인 기본권이 생겨 이를 보장하기 위한 국가의 행위의무 내지 보호의무가 발생하였음이 명백함에도 불구하고 입법자가 전혀 아무런 입법조치를 취하고 있지 않은 경우가 여기에 해당될 것이며, 이때에는 입법부작위가 헌법소원의 대상이 된다고 봄이 상당할 것이다."(헌재 1989. 3. 17. 88헌마1 결정 참조)

8. 社會權과 自由權의 相關關係

(1) 對立關係로 보는 見解

사회권과 자유권의 상관관계에 대해서는 의견의 대립이 있다. 첫 번째의 견해는 자유권은 금지를, 사회권은 명령을 그 특색으로 하기 때문에 사회권은 논리구조상 자유권과는 전적으로 모순되며,[1] 따라서 이 두 가지 권리가 결합될 수 있는 가능성은 부정될 수밖에 없다고 한다.[2]

398. 사회권과 자유권을 상호 대립관계로 보는 견해

(2) 緊張關係로 보는 見解

1) 내   용

그러나 라이프홀츠는 양 권리의 관계는 모순관계가 아닌 긴장관계라는 견해를 주장하고 있다. 라이프홀츠는 사회권은 그것이 침해될 때 개인이 그 배제를 청구할 수 있는 진정한 기본권이 아니라, 사실에 있어서는 '민주적 지위권'(demokratische Statusrechte), 곧 그때그때마다 정의의 범주 내에서 국가에 의하여 법률에 따라 '허용되는'(gewährt), 그러나 '보장되지 않는'(nicht gewährleistet) 참여권이라고 한다. 그렇기 때문에 자유권과 이른바 사회권 사이에는 긴장관계가 성립하게 된다고 한다. 이러한 긴장은 필연적이며 제거될 수 없다는 것이다. 그리고 이러한 긴장관계는 무엇보다도 사회권이 동시에 자유를 제한하고 구체적 의무를 부과하는 데에서 표현되고 있다. 이러한 의무는 국가에 대해서와 마찬가지로 참여하지 않은 제3자에 대해서도 근거지어질 수 있다. 그리고 이러한 긴장관계야말로 이른바 사회권이 자유주의적 기본권과는 정반대로 왜 원칙적으로

---

1) C. Schmitt, *Verfassungslehre*, 1928, S. 123.
2) H. Huber, Soziale Verfassungsrechte? in: Forsthoff(Hrsg.), *Rechtsstaatlichkeit und Sozial-staatlichkeit*, 1968, S. 1ff.

전체주의 국가의 여러 원칙과 충돌하지 않는가를 설명해 준다고 한다.[1] 따라서 자유권과 사회권의 긴장관계를 주장하는 자들[2]은 사회권을 헌법에 수용하면 그것이 지속적으로 자유를 박탈하고 균일화시킴으로써 전체주의에의 길을 열어준다고 한다. 즉 사회권의 헌법에의 도입은 영원한 가치인 자유를 질식시키는 과정의 시작이라는 것이다.

2) 검　토

이미 앞에서 지적한 바와 같이 자유와 평등을 원칙적인 대립물로 간주하는 것은 추상성과 비역사성의 소치이다. 따라서 우리는 사회권의 이념적 원천으로서의 평등은 라이프홀츠가 주장하는 의미에 있어서의 평등이 아니라는 것을 잊어서는 안 된다. 사회권의 이념적 원천으로서의 평등은 그리스도교적·인간주의적 세계상[3] 또는 이웃사랑[4]의 명령을 그 내용으로 하는 평등인 것이다.

(3) 私　見

399. 자유권과 사회권의 상호관계에 대한 사견

우리가 자유와 평등 사이의 관계를 추상적·형식적으로만 관찰하는 한 자유와 평등 사이에는 긴장관계가 성립하고 있음을 부인할 도리가 없다. 그러나 그와 같은 관찰방법은 주관적 자유의 사회적 의존관계를 충분히 고려하고 있지 않다. 오히려 여기에서 문제되고 있는 것은 추상적 평등이 아닌 인간의 존엄을 위하여 존재하는 법적 자유와 법적 평등인 것이다. 법적 자유와 법적 평등은 서로 제약하고 보완한다. 따라서 양자는 상호관련되어 있고 상호의존한다.[5] 법적 자유와 법적 평등은 동일한 물건의 양면에 해당되며,[6] 따라서 이 양자는 서로 배척하는 것이 아니라 해체될 수 없을 정도로 서로 교착되어 있다.[7] 진정한 자유는 법적 평등을 통하여 보장되는 인간실존의 최저조건을 확보하는 토대 위에서만 가능하다.[8] 왜냐하면 곤궁과 궁핍 속에서 생활하는 자는 자신의 생활을 영위

---

1) G. Leibholz, *Strukturprobleme der modernen Demokratie*, S. 130.
2) 이에는 *Leibholz* 외에도 *Hayjek, Röpke, Forsthoff* 등이 그 대표적인 예에 속한다.
3) K. Hesse, Der Gleichheitsgrundsatz im Staatsrecht, AöR 77(1951/52), S. 197ff.(201) 참조.
4) R. Herzog, Demokratie und Gleichheit heute, DVBl, 1970, S. 713ff.(715) 참조.
5) K. Hesse, *Gleichheit und Freiheit als Grundprinzipien heutiger staatlicher Ordnung*, 1962, S. 13f.
6) M. Kriele, Freiheit und Gleichheit, in: Benda/Maihofer/Vogel(Hg.), *Handbuch des Verfassungsrechts*, S. 134.
7) K. Hesse, *Gleichheit und Freiheit als Grundprinzipien heutiger staatlicher Ordnung*, S. 14.
8) K. Hesse, *Gleichheit und Freiheit als Grundprinzipien heutiger staatlicher Ordnung*,

하기 위하여 끊임없이 그리고 전적으로 강제받는다. 궁핍의 극복은 평등의 기본
적 요청이기도 하다. 왜냐하면 궁핍 속에서 생활한다는 것은 곧 자유롭지 못하
다는 것을 의미하기 때문이다. 자유는 국가적 간섭에 대한 방어 이상의 것을 의
미한다. 자유는 각자를 위하여 인격 발전의 사회적 대전제를 창출해 내는 것을
의미하기도 한다.[1] 자유와 평등은 양자 사이에 진정한 균형이 이루어 질 때에만
성립될 수 있다. 이러한 균형이 상실되는 곳에서는(그것이 자유의 쪽으로든 또는
평등의 쪽으로든) 자유와 평등은 똑같이 위험에 빠지게 된다.[2]

따라서 하나의 헌법 내에 사회권과 자유권을 결합시키는 문제는 사회권과
자유권의 대립에 대한 문제가 아니라, 부자유를 극복하는 과정에서 양자를 조화
시키는 문제인 것이다. 따라서 대안(代案)은 "자유권이냐, 사회권이냐"의 양자택
일이 아니라, 자유와 평등을 얼마만큼씩 보장하면 양자를 극대화시킬 수 있는가
하는 것이다.[3] 그리고 이러한 것은 사회적인 인간관계를 전면에 내세우고 그러
한 관계를 개선하는 것이 성공할 때에만, 곧 모든 사람이 그리스도교적 이웃사
랑의 정신으로 만날 때에만 보장될 수 있을 것이다.

9. 우리 憲法의 社會權的 基本權規定과 그 構造

(1) 우리 憲法에 規定되어 있는 社會的 基本權

우리 헌법은 건국헌법에서부터 여러 가지 사회적 기본권을 수용하였고, 현
행헌법은 제31조-제36조에 교육을 받을 권리, 근로의 권리, 근로자의 노동 3권,
인간다운 생활을 할 권리, 환경권, 보건권 등을 규정하고 있다.

400. 우리 헌법에 규정되어 있는 사회적 기본권

(2) 우리 憲法上 社會的 基本權規定의 구조

우리 헌법의 사회적 기본권규정들을 살펴보면 그 기본적인 것은 보충성의
원리에 입각하고 있다고 생각된다. 곧 헌법은 모든 국민에게 교육을 받을 권리
를 보장함으로써 시작에 있어서 평등을 보장하고, 그런 후에 근로의 권리를 보
장함으로써 국민 스스로가 자신의 기본적인 생활상의 필요를 해결하게 하고, 그

401. 우리 헌법상 사회적 기본권규정의 구조

S. 13.

1) M. Kriele, Freiheit und Gleichheit, in: Benda/Maihofer/Vogel(Hg.), *Handbuch des Verfassungsrechts*, S. 146.

2) M. Kriele, Freiheit und Gleichheit, in: Benda/Maihofer/Vogel(Hg.), *Handbuch des Verfassungsrechts*, S. 134.

3) Th. Tomandl, *Der Einbau sozialer Grundrechte in das positive Recht*, 1967, S. 11.

러고 나서도 이러한 권리들만으로 자신의 생활을 해결하지 못하는 경우에 비로소 국가가 도움을 제공한다는 것이다.[1]

第2節 敎育을 받을 權利

1. 憲法規定 및 沿革

(1) 憲法規定

402. 교육을 받을 권리에 대한 헌법규정: 헌법 제31조

　　우리 헌법은 제31조 제1항에서 "모든 국민은 능력에 따라 균등하게 교육을 받을 권리를 가진다"고 하여 교육을 받을 권리를 규정하고 있다. 그리고 교육을 받을 권리를 더욱 효과적인 것으로 하기 위하여 제2항에서 제6항에 걸쳐 초등교육 등을 받게 할 의무(제2항), 의무교육무상주의(제3항), 교육의 자주성·전문성·정치적 중립성 및 대학의 자율성(제4항), 국가의 평생교육진흥의무(제5항), 교육에 관한 기본적 사항의 법정주의(제6항)를 규정하고 있다.

(2) 沿　革

403. 교육을 받을 권리의 연혁

　　교육을 받을 권리는 비록 초안에 그치기는 하였지만 강의청구권의 형태로 1793년의 자코뱅헌법에서 처음으로 규정되었다.[2] 또한 초등학교에서 무료로 교육을 받을 권리는 1849년 프랑크푸르트헌법 제157조에서 처음으로 명문화된 것으로 알려져 있다. 그러나 교육과 학교에 대하여 풍부한 조항을 두어(제142조-제150조) 일반적인 교육을 받을 권리를 보장한 최초의 헌법은 1919년의 바이마르헌법으로 보아야 할 것이다.[3]

---

1) 장영수, '인간다운 생활을 할 권리의 보호범위와 실현구조', 415쪽은 이와는 반대되는 생각을 피력하고 있다. "적어도 조문의 위치에서 볼 때 인간다운 생활을 할 권리는 사회적 기본권 가운데서도 제31조의 교육의 권리, 제32조의 근로의 권리, 제33조의 근로3권 등에 이어서 제34조에 규정되고 있다는 점에서 사회적 기본권의 포괄적 기초라기보다는 여러 개별적 사회권 중의 하나로 판단할 수 있을 것이다. 특히 헌법 제34조 제1항과 제2항-제5항의 규정들을 통일적으로 이해하면 인간다운 생활을 할 권리가 곧 사회보장·사회복지를 통해 구체화된다고 해석하는 것이 가능할 것이다."

2) B. Pieroth/B. Schlink, *Grundrecht. Staatsrecht* Ⅱ, S. 9.

3) 김철수, 헌법학개론, 699쪽은 "1848년 프랑스헌법이 교육의 자유와 평등, 무상교육을 규정한 이래 그 뒤 소련헌법·프랑스헌법·이탈리아헌법·독일기본법에도 규정되게 되었다"고 설명하고 있다. 그러나 이러한 설명은 교육의 자유(자유권)와 교육을 받을 권리(사회권)를 혼동하고 있다.

2. 敎育을 받을 權利(수업권, 수학권¹⁾)의 意義

교육을 받을 권리는 우선 인간다운 생활의 전제가 된다. 왜냐하면 인간은 교육을 통하여 자신의 이상을 실현시키고, 자신의 인격을 계발할 수 있을 뿐만 아니라 생계를 꾸려나갈 수 있기 때문이다. 다음으로, 교육을 받을 권리는 자유, 평등 그리고 민주주의와 같은 헌법의 기본이념들을 실현시키기 위한 전제가 된다. 왜냐하면 이러한 이념들을 실현하는 일은 정치적·사회적인 자각과 식견을 배양함으로써만 가능하며, 그것은 어느 정도 교육을 받은 개인을 전제하는 까닭이다.

404. 교육을 받을 권리의 의의: 인간다운 생활의 전제, 헌법의 기본이념을 실현시키기 위한 전제

판례 〈사립학교법 제55조, 제58조 제 1 항 제 4 호에 관한 위헌심판(합헌)〉
"우리 헌법은 그 전문과 제 1 장 총강에서 우리 대한민국이 자유롭고 문화적인 민주복지국가를 이룩하여 항구적인 세계평화와 인류공영에 이바지함을 그 이념으로 하고 있음을 밝히고 있다. 이러한 헌법이념의 실현은 국민 각자의 자각과 노력이 뒷받침 되어야 비로소 가능한 것이므로 궁극에는 교육의 힘에 의존할 수밖에 없는 것이다. 헌법이념을 실현하는 기능을 가진 교육은 그 목적이 국민 개개인의 타고난 저마다의 소질을 계발하여 인격을 완성하게 하고, 자립하여 생활할 수 있는 능력을 증진시킴으로써 그들로 하여금 인간다운 생활을 누릴 수 있도록 함과 아울러 평화적이고 민주적인 국가 및 사회의 형성자로서 세계평화와 인류공영에 이바지하도록 함에 있는 것이다."(헌재 1991. 7. 22. 89헌가106 결정)

판례 〈교육법 제157조에 관한 헌법소원(기각)〉 "학교교육에 있어서 교사의 가르치는 권리를 수업권이라고 한다면 그것은 자연법적으로는 학부모에게 속하는 자녀에 대한 교육권을 신탁받은 것이고, 실정법상으로는 공교육의 책임이 있는 국가의 위임에 의한 것이다. 그것은 교사의 지위에서 생기는 학생에 대한 일차적인 교육상의 직무권한(직권)이지만, 학생의 수학권의 실현을 위하여 인정되는 것으로서 양자는 상호협력관계에 있다고 하겠으나, 수학권은 헌법상 보장된 기본권의 하나로서 보다 존중되어야 하며, 그것이 왜곡되지 않고 올바로 행사할 수 있게 하기 위한 범위 내에서는 수업권도 어느 정도의 범위 내에서 제약을 받지 않으면 안 될 것이다. … 교사의 수업권은 … 그것이 헌법상 보장되는 기본권이라고 할 수 있느냐에 대하여서는 이를 부정적으로 보는 견해가 많으며, 설사 헌법상 보장되고 있는 학문의 자유 또는 교육을 받을 권리의 규정에서 교사의 수업권이 파생되는

---

1) 헌법재판소는 국민의 교육을 받을 권리를 수학권이라고 하고 "국민의 수학권의 보장은 국민이 인간으로서의 존엄과 가치를 가지며 행복을 추구하고(제10조, 전문) 인간다운 생활을 영위하는 데(제34조) 필수적인 조건이고 대전제"라고 한다(헌재 1992. 11. 12. 89헌마88 결정).

것으로 해석하여 기본권에 준하는 것으로 간주하더라도 수업권을 내세워 수학권을 침해할 수는 없으며 국민의 수학권의 보장을 위하여 교사의 수업권은 일정범위 내에서 제약을 받을 수밖에 없는 것이다."(헌재 1992. 11. 12. 89헌마88 결정)

[판례] 〈교육법 제96조 제1항 위헌확인(기각)〉 "교육을 받을 권리는 첫째, 교육을 통해 개인의 잠재적인 능력을 계발시켜 줌으로써 인간다운 문화생활과 직업생활을 할 수 있는 기초를 마련해 주고, 둘째, 문화적이고 지적인 사회풍토를 조성하고 문화창조의 바탕을 마련함으로써 헌법이 추구하는 문화국가를 촉진시키고, 셋째, 합리적이고 계속적인 교육을 통해서 민주주의가 필요로 하는 민주시민의 윤리적 생활철학을 어렸을 때부터 습성화시킴으로써 헌법이 추구하는 민주주의의 토착화에 이바지하고, 넷째, 능력에 따른 균등한 교육을 통해서 직업생활과 경제생활의 영역에서 실질적인 평등을 실현시킴으로써 헌법이 추구하는 사회국가, 복지국가의 이념을 실현한다는 의의와 기능을 가지고 있다."(헌재 1994. 2. 24. 93헌마192 결정)

[판례] 〈「지방교육자치에 관한 법률」 제44조의2 제2항 위헌확인(기각)〉 "헌법 제31조 제1항은 '모든 국민은 능력에 따라 균등하게 교육을 받을 권리를 가진다'고 규정하여 국민의 교육을 받을 권리(이하 '수학권'(修學權)이라 한다)를 보장하고 있다. 이 권리는 통상 국가에 의한 교육조건의 개선·정비와 교육기회의 균등한 보장을 적극적으로 요구할 수 있는 권리로 이해되고 있다. 수학권의 보장은 인간으로서의 존엄과 가치를 가지며 행복을 추구하고(헌법 제10조 전문) 인간다운 생활을 영위하는데(헌법 제34조 제1항) 필수적인 조건이자 대전제다. 헌법 제31조 제2항 내지 제6항 소정의 교육을 받게 할 의무, 의무교육의 무상, 교육의 자주성·전문성·정치적 중립성 및 대학의 자율성, 평생교육진흥, 교육제도와 그 운영·교육재정 및 교원지위 법률주의 등은 수학권의 효율적인 보장을 위한 규정이다."(헌재 1999. 3. 25. 97헌마130 결정)

[판례] 〈「학원의 설립·운영에 관한 법률」 제22조 제1항 제1호 등 위헌제청, 학원의설립·운영에관한법률 제3조 등 위헌확인(위헌)〉 "'교육을 받을 권리'란, 모든 국민에게 저마다의 능력에 따른 교육이 가능하도록 그에 필요한 설비와 제도를 마련해야 할 국가의 과제와 아울러 이를 넘어 사회적·경제적 약자도 능력에 따른 실질적 평등교육을 받을 수 있도록 적극적인 정책을 실현해야 할 국가의 의무를 뜻한다."(헌재 2000. 4. 27. 98헌가16 등 병합결정)

3. 教育을 받을 權利의 法的 性格

(1) 學說과 判例

교육을 받을 권리의 법적 성격에 대해서는 교육의 기회균등, 곧 개별 평등권이라는 견해와 교육에 대한 적극적 청구권이라는 견해[1]가 나뉘어 있다.[2] 헌법재판소의 입장은 분명치 않다. 곧 헌법재판소의 판례 중에는 교육을 받을 권리를 프로그램규정으로 보고 있는 것이 있는가 하면 적극적 평등권이라고 하는 판례도 있다.

405. 교육을 받을 권리의 법적 성격에 관한 학설과 판례

> **판례** 〈교육법 제96조 제1항 위헌확인(기각)〉 "교육을 받을 권리는 생존권적 기본권으로서 이는 직접 행정권과 사법권을 구속하는 것이 아니라 입법의 방향만을 지시하는 것이고, 따라서 의무교육의 무상에 관한 규정도 사법권을 구속하는 재판 규범이 될 수 없는 것이다."(헌재 1991. 2. 11. 90헌가27 결정)

> **판례** 〈교육법 제96조 제1항 위헌확인(기각)〉 "… 이러한 교육을 받을 권리의 중요성을 인식하고 이를 실현하기 위하여 우리 헌법은 제31조 제1항에서 '모든 국민은 능력에 따라 균등하게 교육을 받을 권리를 가진다'고 규정함으로써 모든 국민의 교육의 기회균등권을 보장하고 있다. 이는 정신적·육체적 능력 이외의 성별·종교·경제적·사회적 신분 등에 의하여 교육을 받을 권리를 차별하지 않고, 즉 합리적 차별사유 없이 교육을 받을 권리를 제한하지 아니함과 동시에 국가가 모든 국민에게 균등한 교육을 받게 하고 특히 경제적 약자가 실질적인 평등교육을 받을 수 있도록 적극적 정책을 실현해야 한다는 것이다."(헌재 1994. 2. 24. 93헌마192 결정)

---

1) 박일경, 제6공화국 신헌법, 323쪽이 대표적이다. "헌법이 규정하는 「균등하게 교육을 받을 권리」는 단순히 교육에 있어서의 차별대우의 금지, 예를 들면 특권계급에게만 교육을 한다든가 일부의 국민을 교육에서 배제한다는 등의 행위를 금지한다는 소극적인 것에 그치지 않는다고 생각한다. 왜냐하면, 이것은 국민평등의 원칙의 당연한 귀결이기 때문이다. 그러므로 이 권리는 일정한 자격과 학력이 있는 자가 주로 경제적 이유 내지 지역적·시간적 이유로 현실적으로 교육을 받을 수 없을 때에 국가에 대하여 교육을 시켜 줄 것을 청구할 수 있고 국가는 이에 대응하는 의무를 지는 현대적인 수익권을 의미한다." 김철수, 헌법학개론, 706쪽은 교육을 받을 권리를 적극적·구체적 청구권을 수반하는 문화적 생존권의 하나라고 한다.
2) 이 밖에도 신현직, 교육기본권의 개념과 법적 성격, 고시계(1995년 9월), 15쪽 이하는 "모든 인간의 인간적인 성장발달을 위해 필요한 교육에 관한 헌법상의 포괄적인 인권"으로서 교육기본권이란 개념을 상정하고(21쪽), 그 법적 성격을 종합적 기본권(22쪽)이라고 한다. 그러나 이러한 해석론은 헌법 제31조의 해석으로서는 문제가 있다고 본다.

(2) 私　見

406. 교육을 받을 권리의 법적 성격에 대한 사견: 개별 평등권, 적극적 청구권, 객관적 가치질서

이러한 견해의 차이가 있는 것은 학자들이 '능력에 따라 균등하게 교육을 받을 권리'를 '능력에 따라 교육을 받을 권리'와 '균등하게 교육을 받을 권리'로 나누어 설명하기 때문이다. 곧 '능력에 따라' 교육을 받을 권리를 강조하면 이 권리는 적극적 청구권으로 파악되고, '평등하게' 교육을 받을 권리를 강조하면 이 권리는 개별 평등권으로 이해될 수 있다. 그러나 이러한 구분은 자의적인 것으로 그다지 설득력이 없다. 따라서 '능력에 따라 균등하게' 교육을 받을 권리를 헌법문언 그대로 대상으로 삼아야 하며, 그 경우 교육을 받을 권리는 개별 평등권으로서의 성격과 교육에 대한 적극적 청구권의 성격을 모두 가진다고 해석해야 할 것이다. 또한 교육을 받을 권리에 객관적 가치질서로서의 성격을 인정하는 견해도 있다.[1]

4. 敎育을 받을 權利의 主體 및 效力

(1) 敎育을 받을 權利의 主體

407. 교육을 받을 권리의 주체

교육을 받을 권리는 어린이뿐 아니라 대학생도 그 주체가 되며, 일반시민도 평생교육의 향유자로서 교육을 받을 권리의 주체가 된다.[2] 그러나 교육을 받을 권리의 성격상 자연인에게만 보장되고 법인에게는 주체성이 부정된다. 적법한

---

1) 허영, 한국헌법론, 413·414쪽은 "교육을 받을 권리는 여러 가지 통합적인 성질을 가지는 주관적 공권인 동시에 객관적 가치질서라고 할 것이다. … 따라서 교육을 받을 권리에 내포된 이같은 강한 객관적 가치질서로서의 성질을 무시한 채 그 법적 성질이 자유권이냐 사회권이냐를 둘러싸고 전개되는 일부학자들의 논쟁은 다분히 형식논리적인 테두리를 벗어나지 못한다고 생각한다"고 하고 있다.

그러나 그렇다고 하여 교육을 받을 권리가 자유권이냐 사회권이냐라는 논의가 형식논리적인 것이라는 생각에는 동의할 수 없다. 특히 교육을 받을 권리가 자유권이냐 사회권이냐라는 문제는 그것이 제한되는 것이냐 형성되는 것이냐와 관련하여 중요하다고 생각한다.

2) 우리 헌법규정상 학부모가 교육을 받을 권리의 주체가 되는지에 대하여는 의문이 제기될 수 있다. 그러나 헌법재판소는 교육법시행령 제71조 등에 관한 헌법소원사건에서 "이 사건규정과 청구인(부모)이 자녀를 교육시킬 학교를 선택할 수 있는 권리를 포함하는 교육을 받을 권리 등 청구인이 주장하는 기본권의 침해 사이에는 헌법소원 심판청구시 요구되는 자기관련성 및 직접관련성이 인정된다"고 하여 부모를 교육을 받을 권리의 주체로 인정하고 있다(헌재 1995. 2. 23. 91헌마204 결정: 〈교육법시행령 제71조 등에 대한 헌법소원(기각)〉).

절차를 밟아 입국한 외국인도 교육을 받을 권리의 주체가 된다.[1]

(2) 敎育을 받을 權利의 效力

교육을 받을 권리는 원칙적으로 대국가적 효력을 가진다.

408. 교육을 받을 권리의 효력

5. 敎育을 받을 權利의 內容

(1) 敎育을 받을 權利의 內容

1) 교육을 받을 권리의 내용

초등학교교육은 의무교육이기 때문에 헌법 제31조 제 1 항의 교육을 받을 권리는 초등학교 이외에서 교육을 받을 권리이다. 교육은 여러 형태가 가능하지만 학교교육이 가장 조직적이고 효과적이며 일반적이기 때문에 주로 학교교육을 의미한다. 그러나 교육의 목적은 학교나 기타 교육기관에서뿐만 아니라 정치·경제·사회·문화의 다른 영역에서도 이루어져야 한다. 근래에는 정규적인 학교교육 외에 사회교육·직업교육·노인교육 등 평생교육이 주장되고 있다. 헌법은 이러한 사정을 감안하여 국가에 평생교육을 진흥시킬 의무를 부과하고 평생교육제도를 학교교육제도와 함께 법률로 정하게 하고 있다(제31조 제 5 항·제 6 항 참조). 그러한 법률에는「산업교육진흥 및 산학협력촉진에 관한 법률」, 특수교육진흥법, 평생교육법,「독학에 의한 학위취득에 관한 법률」,「학점인정 등에 관한 법률」등이 있다.

409. 교육을 받을 권리의 내용: 주로 초등학교 이외의 학교에서 교육을 받을 권리

2) 교육을 받을 권리의 두 가지 측면

앞에서도 보았듯이 교육을 받을 권리에는 소극적 측면과 적극적 측면이 있다. 교육을 받을 권리의 소극적 측면은 교육기관에 입학하는 데 자의적인 제한을 금지하는 것, 곧 취학의 기회균등[2]을 말한다. 따라서 예컨대 입학시험 등과 같은 자의적인 제한이 아닌 제한은 위헌이 아니다. 이와 관련 초·중등학교의 학군제, 내신제,[3] 학생생활기록부[4] 등이 문제된 바 있으나 헌법재판소는 모두

410. 교육을 받을 권리의 두 가지 측면: 소극적 측면 — 취학의 기회균등, 적극적 측면 — 국가에 대한 청구권

---

1) 김철수, 헌법학개론, 706쪽은 외국인의 경우에도 보장되는 것이 바람직하기는 하나 절대적 요청은 아니라고 한다.
2) 허영, 한국헌법론, 415쪽의 표현.
3) 헌재 1996. 4. 25. 94헌마119 결정〈대학입시기본계획 일부변경처분 위헌확인(기각)〉참조.
4) 헌재 1997. 7. 16. 97헌마38 결정〈종합생활기록부제도개선보안시행지침 위헌확인(기각)〉참조.

균등하게 교육을 받을 권리에 대한 침해가 아니라고 하였다. 교육을 받을 권리의 소극적 측면과 관련하여 학교장의 징계권, 특히 퇴학이 문제된다. 학생을 학교에서 퇴학시키는 것은 교육을 받을 권리에 있어서의 기회균등을 부정하는 것이며, 퇴학의 결정은 자유재량행위가 아니다. 초등학교의 수학은 의무교육이기 때문에 초등학교에서의 퇴학은 법적으로 허용되지 않는다.

> **판례** 〈교육법 시행령 제71조 등에 대한 헌법소원(기각)〉 "거주지를 기준으로 중·고등학교의 입학을 제한하고 있는 것은 과열된 입시경쟁으로 말미암아 발생하는 부작용을 방지하는 것이므로 자녀를 교육시킬 학부모의 학교선택권의 본질적 내용을 침해한 것으로 볼 수 없다."(헌재 1995. 2. 23. 91헌마204 결정)

　　교육을 받을 권리의 적극적 측면은 국민이 그의 능력에 따라 교육을 향유할 수 있는 국가에 대한 청구권이라 할 수 있다. 능력은 재능, 신체적 적합성과 같은 것이고, 교육의 전제조건과 관계 없는 재산상태를 포함하지 않는다. 오히려 경제적 약자에 대하여는 구체적으로 학비를 제공하는 보장이 필요하다 하겠다.[1]

> **판례** 〈교육법 제 8 조의2에 관한 위헌심판(합헌)〉 "헌법 제31조 제 2 항은 초등교육과 법률이 정하는 교육을 의무교육으로서 실시하도록 규정하였으므로 초등교육 이외에 어느 범위의 교육을 의무교육으로 할 것인가에 대한 결정은 입법자에게 위임되어 있다. 초등교육은 헌법상의 권리라고 볼 수 있으나, 중등교육의 경우에는 법률에서 중등교육을 의무교육으로서 시행하도록 규정하기 전에는 헌법상 권리로서 보장되는 것은 아니다. 중등교육은 법률로 구체적으로 규정할 때에 비로소 헌법상 권리로서 구체화되는 것이다."(헌재 1991. 2. 11. 90헌가27 결정)

> **판례** "대학입학지원자가 모집정원에 미달한 경우라도 대학이 정한 수학능력이 없는 자에 대하여 불합격처분을 한 것은 교육법 제111조 제 1 항에 위반되지 아니하여 무효라 할 수 없고, 또 위 학교에서 정한 수학능력에 미달하는 지원자를 불합격으로 한 처분이 재량권의 남용이라 볼 수 없다."(대법원 1983. 6. 28. 83누193 판결)

> **판례** "약학대학입학시험에서 지원자가 지체부자유라는 이유만으로 불합격처리

---

1) 문홍주, 제 6 공화국 한국헌법, 304쪽.

한 것은 사립대학의 자주성과 자율성(사립학교법 제 1 조)에 근거한 학사행정의 자율성을 존중할 필요가 있다는 점을 충분히 고려하더라도, 헌법상의 균등한 교육을 받을 권리의 측면에서 현저하게 균형과 공평을 잃은 행위로 사회통념상 합리성이 없다 할 것이고, 재량권의 범위를 크게 일탈한 행위로서 그 효력을 인정할 수 없다. 따라서 위 대학의 불합격처분은 무효이다."(대구지법 1981. 1. 29. 80 가합295 판결)

3) 교육을 받을 권리의 새로운 문제

교육을 받을 권리와 관련하여 최근에는 학교·교사측의 교육권과 피교육자의 학습권이 새로운 문제를 제기하고 있다. 교육을 받을 권리는 피교육자가 민주적 교육을 받을 권리를 의미하며, 교육하는 학교나 교사는 이에 대응하는 교육권이 있다는 것이다. 곧 교육의 내용이 문제시되고 있다.[1]

411. 교육을 받을 권리의 새로운 문제: 교육권과 학습권

(2) 敎育과 관련된 參與權의 問題

1) 교육과 관련된 참여권의 문제

교육의 기회균등과 관련하여 모든 교육시설에 균등하게 참여할 것을 요구할 수 있는 교육청구권 또는 교육참여권이 인정될 수 있는가와 관련하여 참여권[2] 또는 사회적 참여권[3]의 이론이 국내에 소개되고 있다. 그와 동시에 교육의 기회균등은 마땅히 교육시설에 균등하게 참여할 수 있는 권리를 포함하는 것으로 보는 것이 옳다는 적절한 해석도 행해지고 있다.[4]

412. 교육과 관련된 참여권의 문제: 우리 헌법상의 기본권해석론으로는 채택할 여지가 없다

그러나 사회적 참여권이 "국가로부터 일정한 재정적·물질적·시설적 급부나 혜택을 요구할 수 있는 권리를 뜻하는 것이라면, 그것은 분명히 사회국가실현의 제 1 차적인 책임을 지고 있는 입법기관의 재량권 내지 형성권에 속하는 문제를 함부로 법정으로 끌어들이게 되는 위험성을 간직하고 있을 뿐 아니라, 그것은 또한 사회국가의 내용이나 사회국가실현의 방법적 한계라는 관점에서도 확실히 문제점"이 있고, 뿐만 아니라 이 문제는 평등권의 이론으로서도 충분히 해결할 수 있는 문제이기 때문에, "참여권의 이론은 현상태에서 아직 쉽사리 받아들일 수 없다"는 생각[5]에 대해서는 한국헌법과 독일기본법의 기본권목록이 상이

---

1) 문홍주, 제 6 공화국 한국헌법, 304쪽; 김철수, 헌법학개론, 709쪽 참조.

2) 허영, 한국헌법론, 416쪽; 허영, 헌법이론과 헌법, 박영사, 1995, 289·290쪽의 표현.

3) 권영성, 헌법학원론, 615쪽의 표현.

4) 허영, 한국헌법론, 416쪽.

5) 허영, 헌법이론과 헌법, 290쪽.

하다는 것을 간과한 해석론이라는 점에서 의문을 제기할 수밖에 없다.

독일기본법은 여러 가지 이유에서[1] 사회적 기본권을 기본권목록에 수용하지 않았다. 그렇기 때문에 독일에서는 전통적 자유권을 참여권으로 고쳐 해석함으로써 사회국가적 요청에 부응할 필요가 있었다. 그러나 이러한 해석방법은 기본법이 수용하지 않은 사회적 기본권을 인정하는 결과가 되기 때문에[2] 논란이 있는 것이고, 그러한 한에서 참여권의 이론은 받아들일 수 없다는 독일학계의 다수견해가 성립되어 있는 것이다. 그러나 우리 헌법은 독일기본법과는 달리 폭넓게 사회적 기본권을 규정하고 있기 때문에 우리 헌법의 기본권규정들을 해석함에 있어 사회적 참여권의 이론을 원용할 여지가 거의 없을 것이라고 해석하는 것이 옳을 것이다. 어떻든 사회적 참여권에 대해서 간추림으로써 그에 대한 오해를 시정하는 것이 필요할 것으로 생각된다.

2) 사회적 참여권

413. 포르스트호프에 의한 참여개념의 적극적 지위에의 적용

원래 '참여'(Teilhabe)란 용어는 옐리네크의 지위론 중 '능동적 지위'에만 그 사용이 한정되어 있었다.[3] 이 용어를 처음으로 적극적 지위에 사용한 학자는

---

1) 독일기본법이 사회적 기본권을 수용하지 않은 원인은 대강 다음과 같이 세 가지로 간추릴 수 있다. 첫째, 기본법제정에 관계했던 사람은 누구나 그 당시 새롭게 제정되는 기본법을 단지 '잠정적 제도'(Provisorium)로만 생각했다. 그리고 그들은 이러한 잠정적 제도에 규정된 새로운 경제·사회질서 때문에 이와 다른 경제·사회구조를 가지게 될지도 모르는 미래의 통일된 독일에의 길이 방해를 받아서는 안 된다고 생각하였다. 따라서 기본법제정회의에서는 '예측할 수 없는 발전'(Unabsehbarkeit der Entwicklung — 호이스 *Heuß*의 표현)에 직면하여 사회·경제질서의 형성을 의식적으로 정치적 의사형성에 위임하였다. H. v. Mangoldt, Grundrechte und Grundsatzfragen des Bonner Grundgesetzes, AöR 75 (1949), S. 273ff.(275). 둘째, 기본법제정에 관계했던 사람들은 바이마르헌법에서와 같이 본질상 프로그램적 성격을 가질 수도 있는 기본권의 수용을 피하려 하였다. I. Staff, *Verfassungsrecht*, 1976, S. 129f.; J. Isensee, Verfassung ohne soziale Grundrechte, Der Staat 19(1980), S. 367ff.(371). 왜냐하면 그러한 기본권들 때문에 다른 기본권들까지 프로그램적 성격을 가졌다고 해석될 염려가 있었기 때문이다. D. Merten, Das Recht auf freie Entfaltung der Persönlichkeit, JuS 1976, S. 345ff.(350). 셋째, 기본법의 기본권부분은 특히 그 당시의 시대정신에 영향을 받았기 때문이다. H. v. Mangoldt, Die Grundrechte, DÖV 1948, S. 261ff.(262). 계속된 압제와 인간의 존엄이 극심하게 침해당한 시대를 겪고 나서 사람들은 인간존엄의 필수적 기초로서 구래(舊來)의 자유권을 보장하는 것이 불가결하다고 생각하게 되었고 그 때문에 사회적 권리들은 후퇴될 수밖에 없었다. H. v. Mangoldt, AöR 75 (1949), S. 275.

2) P. Badura, Das Prinzip der sozialen Grundrechte und seine Verwirklichung im Recht der Bundesrepublik Deutschland, Der Staat 14(1975), S. 17ff.(37).

3) 그렇기 때문에 참여란 용어를 '적극적 지위'(status positivus)에 사용함은 잘못이며 혼동을 불러일으키는 원인이 된다는 지적을 하는 학자들이 있다. O. Kimminich, Anmerkung zur

포르스트호프였다.[1]

　　그러나 사회적 참여권의 이론이 학계에서 관심의 대상이 되기 시작한 것은 마르텐스 *W. Martens*와 해벌레가 1971년 독일공법학회 주제발표에서[2] 이 이론에 대하여 찬반의 견해를 개진하고, 이들의 영향을 받은 독일연방헌법재판소가 「제1차 대학정원제한판결」[3]에서 이 이론을 수용한 이후부터이다.

과 독일연방헌법재판소의 사회적 참여권 이론 수용

3) 독일연방헌법재판소의 제1차 대학입학정원제한판결

　　독일연방헌법재판소는 이 판결에서 대학입학정원을 제한하는 것이 합헌인가 여부를 다루면서 기본권은 국가에 대한 방어권이라는 종래의 기본권관을 버리고 '기본권의 이원성'(zwei Dimensionalität der Grundrechte), 곧 기본권의 방어권적 성격 및 참여권적 성격을 명시적으로 인정하였다. 곧 동재판소는 기본법 제12조 제1항[4](과 제3조 제1항[5] 및 사회국가원리를 결합시켜)으로부터 "주관적 요건을 충족하는 모든 국민이 자기가 선택하는 대학의 학과에서 공부할 권리"를 추론해 내었다.[6] 그리고 이 권리는 "공권력의 침해에 대한 자유권의 전통적인 보호기

414. 독일연방헌법재판소의 제1차 대학입학정원제한판결

Rechtsprechung. Bundesverfassungsgerichtsurteil vom 18. 7. 1972-I BVL 32/70 und 25/71, JZ 1972, S. 696ff.(697); G. Dürig, *Grundgesetz-Kommentar*, Rdnr. 113C zu Art. 3 Abs. 1; A. v, Mutius, Grundrechte als "Teilhaberechte". Zu den verfassungsrechtlichen Aspekten des "numerus clausus", VerwArch. Bd. 64(1973), S. 183 ff.(184f.); H. H. Rupp, Vom Wandel der Grundrechte, AöR 101(1976), S. 161ff. (180f.).

1) E. Forsthoff, *Die Verwaltung als Leistungsträger*, 1938, S. 15ff. "개인은 … 관념적이고 현실적인 생활에서 사회가 제공하는 모든 것에 참여하는 데 결정적으로 의존하고 있다"(Der Einzelmensch … ist auf die Teilhabe an dieser Gemeinschaft mit allem, was sie an ideellen und realen Lebensqualitäten bietet, in lebenswichtiger Weise verwiesen). 이에 대하여 J. Schwabe, *Probleme des Grundrechtsdogmatik*, 1977, S. 241, FN 2는 이 용어를 포르스트호프가 처음 적극적 지위에 사용한 것은 위의 논문에서가 아니라 E. Forsthoff, Begriff und Wesen des sozialen Rechtsstaates, *VVDStRL* Heft 12(1954), S. 8ff.(18ff.)에서 였다고 한다.

2) Grundrechte im Laistungsstaat, *VVDStRL* Heft 30(1972), S. 7ff., 43ff. 이들과는 별도로 R. Scholz, *Wirtschaftsaufsicht und Subjektivkonkurrentenschutz*, 1971, S. 152 ff.도 참여권을 다루고 있다.

3) 이 판결은 그 전문이 우리말로 번역되고 평석되어 있다. 계희열, 대학입학정원제한판결 ─ 1972년 7월 18일 연방헌법재판소 제1심판부판결, 판례연구 제1집, 고려대 법학연구소, 1쪽 이하.

4) 독일기본법 제12조 제1항: "모든 독일인은 직업, 직장 및 직업훈련장을 자유롭게 선택할 권리를 가진다. 직업행사는 법률에 의하여 또는 법률에 근거하여 규제될 수 있다."

5) 독일기본법 제3조 제1항: "모든 인간은 법률 앞에 평등하다."

6) BVerfGE 33, 303(332). 이 판결의 내용과 논거는 BVerfGE 37, 104(113ff.); 39, 258 (269ff.); 39, 276(293ff.); 43, 34(45ff.); 43, 291(313ff. 제2차 대학입학정원판결)에서 계속하여 인정되고 보완되었다.

능"과 결합될 수 없을 것이라는 전제하에 이 권리를 참여권이라고 해석하였다. 그러나 동재판소는 기존하는 교육수용능력의 확대를 청구할 권리가 국민에게 인정될 것인가에 대해서는 판단을 유보하였다. 왜냐하면 대학입학정원은 '헌법적 수용가능성의 경계'(am Rande des verfassungsrechtlich Hinnehmbaren)에서 움직이고 있기 때문이다. 곧 참여권은 그때그때 기존하는 것에만 국한되지 않는다고 하는 경우에도 참여권은 개인이 사회에 대하여, 합리적으로 요구해야 한다는 의미에서 '가능성의 유보하에'(unter dem Vorbehalt des Möglichen) 있게 되기 때문이다. 그리고 이 때 합리적인 것이 무엇인가를 재는 척도는 국가예산에 있어서 다른 요구와 전체경제의 균형을 고려해야만 하는 입법자가 일차적으로 판단한다. 어떠한 경우에도 '일반을 희생하는 무제한적인 주관적 청구권의 사고'(ein unbegrenztes subjektives Anspruchsdenken auf Kosten der Allgemeinheit)는 사회국가원리와는 결합될 수 없을 것이라는 것이다.

4) 사회적 참여권의 이론적 근거

415. 사회적 참여권의 이론적 근거

사회적 참여권의 주장자에 따르면 참여에서 문제되는 것은 '기본권의 효율화'(Effektivierung von Grundrechten)라고 한다.[1] 곧 사회적 참여권의 이론은 기본권의 전통적 보호영역을 확대시키는 데 그 주안점이 있다는 것이다. 따라서 사회적 참여권의 이론에 따르면 기본권은 기본권적 자유의 실현을 위하여 요구되는 사회적 전제조건을 창조할 국가의 의무까지를 포함한다. "왜냐하면 자유권은 그것을 주장할 수 있는 실질적인 전제조건이 없다면 무가치한 것일"[2] 것이기 때문이다. 그리고 각 개인은 이러한 국가적 급부와 국가에 의하여 창설된 여러 제도에 참여할 청구권을 갖는다.[3] 그리고 이렇게 자유권을 참여권적으로 해석하는 것은 '기본권으로부터 연역되는 객관적이며 법원칙적인 내용이 분명해지는 것으로서'(Ausprägung der aus den Grundrechten entnehmenden objektiven, rechtsgrundsätzlichen Gehalte) 그 자체 명백한 것이라고 한다.[4]

5) 사회적 참여권의 이론에 대한 반대근거

416. 사회적 참여권

자유권을 참여권으로 재해석하는 일은 기본법제정 이후에 변화된 사회적

---

1) P. Häberle, Grundrechte im Leistungsstaat, *VVDStRL* Heft 30(1972), S. 65, 67.
2) BVerfGE 33, 303(331).
3) BVerfGE 33, 303(330ff.).
4) P. Badura, Das Prinzip der sozialen Grundrechte und seine Verwirklichung im Recht der Bundesrepublik Deutschland, S. 37.

현실로부터 오는 압력과 그에 대한 법관의 반작용 사이의 상호작용의 결과이
다. 그리고 이에 대해서는 찬반의 견해가 나누어져 있다. 그 이유는 이 문제가
기본권의 해석의 문제 외에도 법해석과 법정책의 문제, 더 나아가서는 권력분
립원칙 밑에서의 통치기구 사이의 권한의 범위의 문제들이 관련되어 있기 때문
이다.

의 이론에 대한 반대
근거

　　참여권적 기본권의 이론구성에 반대하는 대다수의 학자들은 사회적 참여권
을 '파생적 참여권'(derivative Teilhaberechte)과 '본래적 참여권'(originäre Teilha-
berechte)으로 구별하여 비판의 근거를 달리한다. 왜냐하면 전자는 '현상유지적'
(Status-quo-orientiertes)[1] 참여권으로 "기존의 수용능력 내에서 그것에 참여할 청
구권"[2]인 반면에, 후자는 '현상유지를 뛰어넘는'(Stausquosprengendes)[3] 참여권
으로서 "기존의 능력과는 관계없이 국가에 급부를 요구하는 청구권"[4]을 의미하
기 때문이다.

　　특히 파생적 참여권에 대해서는 '외견적으로만 전혀 새로운 문제점'(eine
scheinbar völlig neue Problematik)[5]을 제시하고 있다거나, '새로운 것이 전혀 없다'
(nichts Neues)[6]는 비판이 가해지고 있다. 왜냐하면 이미 존재하는 시설에 대한
동등한 참여권은 평등의 원리에서부터 바로 연역해 낼 수 있기 때문에[7] 동등한
참여를 보증하고 그러한 참여를 제한하는 것을 객관적으로 정당화하기 위해서
'참여권적 기본권의 이해'(teilhaberechtliches Grundrechtsverständnis)라는 새로운
개념을 필요로 하지 않을 것이기 때문이다.[8]

---

1) G. Haverkate, *Rechtsfragen des Leistungsstaates. Verhältnismäßigkeitsgebot und Freiheits-
schutz im leistenden Staatshandeln*, 1983, S. 208.

2) W. Martens, Grundrechte im Leistungsstaat, *VVDStRL* Heft 30(1972), S. 21, 40 Leitsatz
10.

3) G. Haverkate, *Rechtsfragen des Leistungsstaates*, S. 208.

4) W. Martens, Grundrechte im Leistungsstaat, *VVDStRL* Heft 30(1972), S. 21, 40 Leitsatz
10.

5) J. Schwabe, *Probleme der Grundrechtsdogmatik*, S. 247ff.

6) G. Haverkate, *Rechtsfragen des Leistungsstaates*, S. 208.

7) W. Martens, Grundrechte im Leistungsstaat, *VVDStRL* Heft 30(1972), S. 21ff.; K. Hesse,
Grundzüge des Verfassungsrechts der Bundesrepublik Deutschland, Rdnr. 289; F.
Friesenhahn, Der Wandel des Grundrechtsverständnisses, in: Verhandlungen des 50.
DJT, Bd. 2, 1974, G1ff.(G21f., 31ff.); Fr. Ossenbühl, Die Interpretation der
Grundrechte in der Rechtsprechung des Bundesverfassungsgerichts, NJW 1976, S.
2100ff.(2104); K. Kröger, *Grundrechtstheorie als Verfassungsproblem*, 1978, S. 29; J.
Schwabe, *Probleme der Grundrechtsdogmatik*, S. 248f.; G. Haverkate, *Rechtsfragen des
Leistungsstaates*, S. 208f.

8) 본래적 참여권에 대한 비판은 사회국가적 기본권이론에 대한 비판과 일치된다.

6. 義務敎育의 制度的 保障

(1) 義務敎育의 制度的 保障

417. 의무교육의 제
도적 보장: 헌법 제
31조 제 2 항·제 3 항

　　헌법은 "모든 국민은 그 보호하는 자녀에게 적어도 초등교육과 법률이 정하
는 교육을 받게 할 의무를 진다"(제31조 제 2 항), "의무교육은 무상으로 한다"
(제31조 제 3 항)고 하여 의무교육을 제도적으로 보장하고 있다. 그러므로 헌법이
보장하는 내용의 의무교육제도를 통상의 법률에 의해서 폐지할 수는 없다.

> **[판례]** 〈교육법 제 8 조의2에 관한 위헌심판(합헌)〉 "헌법이 요구하고 있는 것은
> 입법자가 학교제도의 핵심적 사항의 하나인 의무교육의 실시 여부 및 그 연한을
> 스스로 결정하여야 한다는 것일 뿐이다. 따라서 헌법 제31조 제 2 항 소정의 '법
> 률'은 형식적 의미의 법률뿐만 아니라 그러한 법률의 위임에 근거하여 제정된 대
> 통령령도 포함하는 실질적 의미의 법률로 해석하여야 한다."(헌재 1991. 2. 11. 90
> 헌가27 결정)

> **[판례]** 〈교육법 제 8 조의2에 대한 위헌심판(합헌)〉 "의무교육제도는 교육의 자주
> 성·전문성·정치적 중립성 등을 지도원리로 하여 국민의 교육을 받을 권리를 뒷
> 받침하기 위한, 헌법상의 교육기본권에 부수되는 제도보장이다. … 중학교의무교육
> 의 실시 여부 자체라든가 그 연한은 교육제도의 수립에 있어서 본질적 내용으로
> 서 국회입법에 유보되어 있어서 반드시 형식적 의미의 법률로 규정되어야 할 기
> 본적 사항이라 하겠으나, 그 실시의 시기·범위 등 구체적인 실시에 필요한 세부
> 사항에 관하여는 반드시 그런 것은 아니다. 그러나 오늘날 우리 사회의 높은 교
> 육열과 상급학교 진학률, 학부모들의 공적·사적 교육비에 대한 부담의 증가 등
> 제반사정을 고려하면 의무교육제도는 국민에 대하여 보호하는 자녀들을 취학시키
> 도록 한다는 의무부과의 면보다는 국가에 대하여 인적·물적 교육시설을 정비하
> 고 교육환경을 개선하여야 한다는 의무부과의 측면이 보다 더 중요한 의미를 갖
> 게 된다 할 것이다."(헌재 1991. 2. 11. 90헌가27 결정)

> **[판례]** 〈「학원의 설립·운영에 관한 법률」 제22조 제 1 항 제 1 호 등 위헌제청,
> 「학원의 설립·운영에 관한 법률」 제 3 조 등 위헌확인(위헌)〉 "'부모의 자녀에 대
> 한 교육권'은 비록 헌법에 명문으로 규정되어 있지는 아니하지만, 이는 모든 인
> 간이 국적과 관계없이 누리는 양도할 수 없는 불가침의 인권으로서 혼인과 가족
> 생활을 보장하는 헌법 제36조 제 1 항, 행복추구권을 보장하는 헌법 제10조 및
> '국민의 자유와 권리는 헌법에 열거되지 아니한 이유로 경시되지 아니한다'고 규

정하는 헌법 제37조 제1항에서 나오는 중요한 기본권이다. 헌법재판소는 부모의 중등학교선택권을 제한한 것과 관련하여 '부모는 아직 성숙하지 못하고 인격을 닦는 초·중·고등학생인 자녀를 교육시킬 교육권을 가지고 있으며, 그 교육권의 내용 중 하나로서 자녀를 교육시킬 학교선택권이 인정된다'고 판시한 바 있고(헌재 1995. 2. 23. 91헌마204 결정), 국정교과서제도와 관련된 사건에서도 학교교육에서 교사의 가르치는 권리는 "자연법적으로는 학부모에게 속하는 자녀에 대한 교육권을 신탁받은 것이고, 실정법상으로는 공교육의 책임이 있는 국가의 위임에 의한 것이다"고 밝힘으로써(헌재 1992. 11. 12. 89헌마88 결정) 이미 몇 개의 결정을 통하여 부모의 자녀교육권을 인정하였다. 부모의 자녀교육권은 다른 기본권과는 달리, 기본권의 주체인 부모의 자기결정권이라는 의미에서 보장되는 자유가 아니라, 자녀의 보호와 인격발현을 위하여 부여되는 기본권이다. 다시 말하면, 부모의 자녀교육권은 자녀의 행복이란 관점에서 보장되는 것이며, 자녀의 행복이 부모의 교육에 있어서 그 방향을 결정하는 지침이 된다. 부모는 자녀의 교육에 관하여 전반적인 계획을 세우고 자신의 인생관·사회관·교육관에 따라 자녀의 교육을 자유롭게 형성할 권리를 가지며, 부모의 교육권은 다른 교육의 주체와의 관계에서 원칙적인 우위를 가진다. 한편, 자녀의 교육에 관한 부모의 '권리와 의무'는 서로 불가분의 관계에 있고 자녀교육권의 본질을 결정하는 구성요소이기 때문에, 부모의 자녀교육권은 '자녀교육에 대한 부모의 책임'으로도 표현할 수 있다. 따라서 자녀교육권은 부모가 자녀교육에 대한 책임을 어떠한 방법으로 이행할 것인가에 관하여 자유롭게 결정할 수 있는 권리로서 교육의 목표와 수단에 관한 결정권을 뜻한다. 즉, 부모는 어떠한 방향으로 자녀의 인격이 형성되어야 하는가에 관한 목표를 정하고, 자녀의 개인적 성향·능력·정신적, 신체적 발달상황 등을 고려하여 교육목적을 달성하기에 적합한 교육수단을 선택할 권리를 가진다. 부모의 이러한 일차적인 결정권은, 누구보다도 부모가 자녀의 이익을 가장 잘 보호할 수 있다는 사고에 기인하는 것이다."(헌재 2000. 4. 27. 98헌가16 등 병합결정)

판례 〈구 「학교용지 확보에 관한 특례법」 제2조 제2호 등 위헌제청(위헌)〉
"헌법은, 모든 국민은 그 보호하는 자녀에게 적어도 초등교육과 법률이 정하는 교육을 받게 할 의무를 지고(헌법 제31조 제2항), 의무교육은 무상으로 한다(헌법 제31조 제3항)고 규정하고 있다. 이러한 의무교육제도는 국민에 대하여 보호하는 자녀들을 취학시키도록 한다는 의무부과의 면보다는 국가에 대하여 인적·물적 교육시설을 정비하고 교육환경을 개선하여야 한다는 의무부과의 측면이 보다 더 중요한 의미를 갖는다. 의무교육에 필요한 학교시설은 국가의 일반적 과제이고, 학교용지는 의무교육을 시행하기 위한 물적 기반으로서 필수조건임은 말할 필요도 없으므로 이를 달성하기 위한 비용은 국가의 일반재정으로 충당하여야 한다. 따라서 적어도 의무교육에 관한 한 일반재정이 아닌 부담금과 같은 별도의 재정

수단을 동원하여 특정한 집단으로부터 그 비용을 추가로 징수하여 충당하는 것은 의무교육의 무상성을 선언한 헌법에 반한다.”(헌재 2005. 3. 31. 2003헌가20 결정)

(2) 教育義務의 主體

418. 교육의무의 주체: 학령아동의 친권자 또는 후견인

의무교육에 있어서 교육의무의 주체는 학령아동의 친권자 또는 후견인이 된다. 보호자의 적령아동을 취학케 하는 의무는 적령아동의 신고와 초등교육과 법률이 정하는 교육에 필요한 최소한의 협조를 하는 의무로 해석된다.¹⁾ 그러나 외국인이 학령아동을 보호하고 있는 경우 — 자발적으로 우리의 의무교육을 받게 하기를 원하는 경우에 거부할 이유는 없겠지만 — 교육의무의 주체가 된다고는 볼 수 없을 것이다.²⁾ 왜냐하면 의무교육은 공민교육이기 때문이다.

(3) 無償義務敎育에서의 ‘無償’의 範圍

419. 무상의무교육에서의 무상의 범위: 취학필요비용

‘의무교육은 무상으로 한다’(제31조 제3항). 따라서 무상의무교육에서의 무상의 범위가 문제된다. 이와 관련하여 무상범위법정설, 취학필요비용무상설, 수업료면제설 등 견해가 대립되어 있다. 그러나 수업료, 교재, 학용품까지를 무상으로 한다는 취학필요비용무상설이 다수설이다.

[판례] 〈교육법 제8조의2에 관한 위헌심판(합헌)〉 “의무교육의 실시범위와 관련하여 의무교육의 무상원칙을 규정한 헌법 제31조 제3항은 초등교육에 관하여는 직접적인 효력규정으로서 개인이 국가에 대하여 입학금·수업료 등을 면제받을 수 있는 헌법상의 권리라고 볼 수 있다. … 교육제도의 법정주의라고도 불리는 헌법 제31조 제6항의 취지는 교육에 관한 기본정책 또는 기본방침을 최소한 국회가 입법절차를 거쳐 제정한 법률(이른바 형식적 의미의 법률)로 규정함으로써 국민의 교육을 받을 권리가 행정기관에 의하여 자의적으로 무시되거나 침해당하지 않도록 하고, 교육의 자주성과 중립성도 유지하려는 것이나, 반면 교육제도에 관한 기본방침을 제외한 나머지 세부적인 사항까지 반드시 형식적 의미의 법률만으로 정하여야 하는 것은 아니다.”(헌재 1991. 2. 11. 90헌가27 결정)

[판례] 〈「학원의 설립·운영에 관한 법률」 제22조 제1항 제1호 등 위헌제청, 학원의 설립·운영에관한법률 제3조 등 위헌확인(위헌)〉 “특히 같은 조 제6항은

---

1) 한동섭, 헌법, 139쪽.
2) 그러나 H. Bethge, Problematik der Grundpflichten, JA 1985, S. 249ff.(259)는 외국인에게도 의무교육의 주체성을 인정한다.

'학교교육 및 평생교육을 포함한 교육제도와 그 운영, 교육재정 및 교원의 지위에 관한 기본적인 사항은 법률로 정한다'고 함으로써 학교교육에 관한 국가의 권한과 책임을 규정하고 있다. 위 조항은 국가에게 학교제도를 통한 교육을 시행하도록 위임하였고, 이로써 국가는 학교제도에 관한 포괄적인 규율권한과 자녀에 대한 학교교육의 책임을 부여받았다."(헌재 2000. 4. 27. 98헌가16 등 병합결정)

판례 〈「학교용지 확보 등에 관한 특례법」 제 2 조 제 2 호 등 위헌제청(합헌)〉
"의무교육의 무상성에 관한 헌법상 규정은 교육을 받을 권리를 보다 실효성 있게 보장하기 위해 의무교육 비용을 학령아동 보호자의 부담으로부터 공동체 전체의 부담으로 이전하라는 명령일 뿐 의무교육의 모든 비용을 조세로 해결해야 함을 의미하는 것은 아니다."(헌재 2008. 9. 25. 2007헌가1 결정)

판례 〈초·중등교육법 제30조의2 제 2 항 제 2 호 등 위헌소원(각하, 위헌)〉
"헌법 제31조 제 3 항에 규정된 의무교육 무상의 원칙에 있어서 무상의 범위는 헌법상 교육의 기회균등을 실현하기 위해 필수불가결한 비용, 즉 모든 학생이 의무교육을 받음에 있어서 경제적인 차별 없이 수학하는 데 반드시 필요한 비용에 한한다고 할 것이며, 수업료나 입학금의 면제, 학교와 교사 등 인적·물적 기반 및 그 기반을 유지하기 위한 인건비와 시설유지비, 신규시설투자비 등의 재원마련 및 의무교육의 실질적인 균등보장을 위해 필수불가결한 비용은 무상의 범위에 포함된다. 그런데 학교운영지원비는 그 운영상 교원연구비와 같은 교사의 인건비 일부와 학교회계직원의 인건비 일부 등 의무교육과정의 인적기반을 유지하기 위한 비용을 충당하는데 사용되고 있다는 점, 학교회계의 세입상 현재 의무교육기관에서는 국고지원을 받고 있는 입학금, 수업료와 함께 같은 항에 속하여 분류되고 있음에도 불구하고 학교운영지원비에 대해서만 학생과 학부모의 부담으로 남아있다는 점, 학교운영지원비는 기본적으로 학부모의 자율적 협찬금의 외양을 갖고 있음에도 그 조성이나 징수의 자율성이 완전히 보장되지 않아 기본적이고 필수적인 학교 교육에 필요한 비용에 가깝게 운영되고 있다는 점 등을 고려해보면 이 사건 세입조항은 헌법 제31조 제 3 항에 규정되어 있는 의무교육의 무상원칙에 위배되어 헌법에 위반된다."(헌재 2012. 8. 23. 2010헌바220 결정)

7. 敎育에 관한 原則規範

교육의 기회균등·자주성·정치적 중립성은 교육제도에 있어서 원칙규범이다(제31조 제 1 항·제 4 항). 그러므로 교육제도에 관한 입법이 이 원칙규범에 위배할 때에는 무효이다(제31조 제 6 항 참조).

420. 교육에 관한 원칙규범: 교육의 기회균등·자주성·정치적 중립성

판례 〈사립학교법 제55조, 제58조 제 1 항 제 4 호에 관한 위헌심판(합헌)〉
"헌법 제31조 제 6 항은 단순히 교원의 권익을 보장하기 위한 규정이라거나 교원의 지위를 행정권력에 의한 부당한 침해로부터 보호하는 것만을 목적으로 한 규정이 아니고, 국민의 교육을 받을 기본적 권리를 보다 효과적으로 보장하기 위하여 교원의 보수 및 근무조건 등을 포함하는 개념인 '교원의 지위'에 관한 기본적인 사항을 법률로써 정하도록 한 것이므로, 교원의 지위에 관련된 사항에 관한한 위 헌법조항이 근로기본권에 관한 헌법 제33조 제 1 항에 우선하여 적용된다."
(헌재 1991. 7. 22. 89헌가106 결정)

판례 〈1994학년도 신입생선발입시안에 대한 헌법소원(기각)〉 "헌법 제31조 제 4 항이 규정하고 있는 교육의 자주성, 대학의 자율성 보장은 대학에 대한 공권력 등 외부세력의 간섭을 배제하고 대학인 자신이 대학을 자주적으로 운영할 수 있도록 함으로써 대학인으로 하여금 연구와 교육을 자유롭게 하여 진리탐구와 지도적 인격의 도야라는 대학의 기능을 충분히 발휘할 수 있도록 하기 위한 것으로서 이는 학문의 자유의 확실한 보장수단이자 대학에 부여된 헌법상의 기본권이다."
(헌재 1992. 10. 1. 92헌마68 등 병합결정)

판례 〈구 사립학교법 제53조의2 제 3 항 위헌소원(헌법불합치)〉 "교원의 지위에 관한 '기본적인 사항'은 다른 직업의 종사자들의 지위에 비하여 특별히 교원이 지위를 법률로 정하도록 한 헌법규정의 취지나 교원이 수행하는 교육이라는 직무상의 특성에 비추어 볼 때 교원이 자주적·전문적·중립적으로 학생을 교육하기 위하여 필요한 중요한 사항이라고 보아야 한다. 그러므로 입법자가 법률로 정하여야 할 기본적인 사항에는 무엇보다도 교원의 신분이 부당하게 박탈되지 않도록 하는 최소한의 보호의무에 관한 사항이 포함된다. 그러므로 입법자가 법률로 정하여야 할 기본적인 사항에는 무엇보다도 교원의 신분이 공권력, 사립학교의 설립자 내지 기타 임면권자의 자의적인 처분에 노출되는 경우에는 교원이 피교육자인 학생을 교육함에 있어서 임면권자의 영향을 물리치기 어려울 것이며, 그렇게 되면 교육이 외부세력의 정치적 영향에서 벗어나 교육자 내지 교육전문가에 의하여 주도되고 관철되어야 한다는 헌법원칙(교육의 자주성·전문성·정치적 중립성)에 반하게 되는 결과를 초래할 수 있기 때문이다. 이 점은 특히 일반적으로 수용되는 기존의 지식 내지 인식의 결과를 단순히 전달하는 데 그치지 아니하고 이에 대한 비판적 검증의 바탕 위에서 새로운 인식을 모색하는 학문연구와 교수활동을 과제로 하는 대학교원에 있어서 더욱 큰 의미를 갖는다."(헌재 2003. 2. 27. 2000헌바26 결정)

특히 국가의 교육기관에 대한 감독은 교육의 자주성을 침해하지 아니하는 한도에서 인정된다. 왜냐하면 교육기관에 대한 이른바 관료주의적 또는 후견적 감독은 교육의 자주성을 침해하는 것이기 때문이다. 또한 사립학교에 대하여는 사립학교의 성격과 특색을 존중하기 위하여 그 감독방법에서도 충분한 배려가 있어야 한다.

第 3 節 勤勞의 權利

1. 憲法規定 및 沿革

(1) 憲法規定

우리 헌법 제32조 제 1 항 제 1 문은 "모든 국민은 근로의 권리를 가진다"고 하여 근로의 권리를 보장하고, 근로의 권리를 한층 실효적인 것이 되게 하기 위하여 국가의 고용증진·적정임금보장노력의무·최저임금제(제 1 항 제 2 문), 근로의 의무(제 2 항), 근로조건의 법정주의(제 3 항), 여자와 연소자의 근로에 대한 보호(제 4 항, 제 5 항), 국가유공자 등에 대한 우선적 근로기회부여(제 6 항)를 정하고 있다.

421. 근로의 권리에 대한 헌법규정: 헌법 제32조

(2) 沿   革

근로의 권리는 1793년 6월의 자코뱅헌법에서 처음 등장한 것으로 알려져 있다. 그러나 자코뱅헌법에 규정된 근로의 권리는 현실적으로는 아무것도 보장해주지 않는 프로그램에 지나지 않았을 뿐만 아니라 동헌법의 효력은 같은 해 7월에 상실되었기 때문에 그 헌법사적 의미는 그렇게 크다고 할 수 없다. 따라서 근로의 권리를 헌법에 규정함으로써 본격적인 논의의 대상이 되게 한 것은 「전노동수익권사」(1886)에서 노동자의 생존의 권리로서 노동권의 사상을 전개한 사회개량론자 멩거 *Anton Menger*[1]로부터 직접·간접으로 영향을 받은 1919년

422. 근로의 권리의 연혁

---

1) 멩거는 자본제사회에서 사기업에 취업을 하지 못하는 노동자는 노동의 기회나 또는 그에 대체되는 적절한 조치를 국가에 요구하는 권리로서의 노동의 권리를 주장하였다. "사기업 아래서 어떠한 노동의 기회도 찾을 수 없는 노동능력이 있는 모든 국민은 노동권에 의하여 국가 또는 지방공공단체에 대해 보통의 일당이 지급되는 통상의 일용노동을 제공할 것을 요구할 수 있다. … 노동권은 단지 임금만을 요구할 수 있는 데 그친다는 것, 또 국가재정에 의하여 수행되는 생산의 목적을 위해서만 생산수단이 그에게 맡겨진다는 것 등을 통해서 실현된다. … 노동권은 단지 현행의 재산법을 보완하는 성질을 갖고 있고 토지와 자본에 대한 개인적 소유권의 존재를 전제로 한다"(전노동수익권사, 1886 중에서).

바이마르헌법[1]이라고 할 수 있다.

우리 헌법은 건국헌법에서부터 계속하여 근로의 권리를 보장하여 왔다. 현행헌법 제32조 중에서 적정임금·국가유공자 등의 우선취업은 제8차 개정헌법에서 신설되었으며, 최저임금·여자근로차별금지·연소자특별보호는 제9차 개정헌법에서 신설된 것이다.

2. 勤勞의 權利의 槪念 및 機能

(1) 勤勞의 權利의 槪念

423. 근로의 권리의 개념: 근로기회에 대한 청구권

근로의 권리를 개념정의하는 방법에는 넓은 의미로 이해하는 방법과 좁은 의미로 이해하는 방법이 있다. 근로의 권리를 넓게 이해하면 근로의 권리는 근로에 관한 모든 권리를 뜻한다. 근로의 권리를 좁게 이해하는 경우에는 실업수당을 청구할 권리를 포함하느냐에 따라 다시 두 가지 입장이 있을 수 있다.[2] 그러나 보통 근로의 권리는 가장 좁은 의미, 곧 근로기회에 대한 청구권으로 이해되고 있다.[3] 또한 근로는 사용자로부터 임금을 받는 대가로 제공하는 육체적·

---

1) 바이마르헌법 제163조 제2항: "모든 독일국민에게는 경제적 노동에 의하여 생활자료를 구할 수 있는 기회가 부여된다. 적정한 근로의 기회가 부여되지 아니하는 자에 대해서는 필요한 생계비를 지급한다."

2) 한동섭, 헌법, 189쪽은 근로의 권리를 "근로의 능력이 있으면서도 근로의 기회를 얻지 못하고 있는 자가 국가에 대하여 직장을 알선하여 줄 것을 요구하고 만일 그것이 안 되면 실업보험 기타의 적정한 실업수당들을 강구해 줄 것을 요구하는 적극적 공권"으로 개념정의하여 근로의 권리에는 취업청구권과 실업수당청구권이 포함되어 있는 것으로 이해한다.

3) 허영, 한국헌법론, 478쪽은 근로의 권리를 '일할 권리'로 바꾸어 표현하면서 (생활수단을 획득하기 위하여) '자신의 일할 능력을 임의로 상품화할 수 있는 권리'로 정의한다. 이러한 개념정의에 대하여 김철수, 헌법학개론, 718쪽, 각주 1은 근로의 권리를 일할 상품으로 보는 것은 자본주의적인 노동권이라고 할지는 모르나 인간의 존엄과 가치·근로의 신성성을 무시한 것으로 인정할 수 없다고 한다.

   개인적으로는 근로의 권리와 타기본권과의 관계에 대한 설명(허영, 한국헌법론, 478·479쪽)을 전제로 하고서는 근로의 권리를 '자신의 일할 능력을 임의로 상품화할 수 있는 권리'로 정의하는 것이 불가능하다고 생각되지는 않는다. 그러나 허영, 한국헌법론, 481·482쪽은 일할 권리의 내용으로 일할 자리에 관한 권리와 일할 환경에 관한 권리를 들고 있다. 그렇다면 「근로의 권리＝일할 권리＝자신의 일할 능력을 임의로 상품화할 수 있는 권리＝일할 자리에 관한 권리＋일할 환경에 관한 권리」라는 도식이 성립하게 된다. 그러나 이 도식에서 「자신의 일할 능력을 임의로 상품화할 수 있는 권리＝일할 자리에 관한 권리＋일할 환경에 관한 권리」라는 부분이 논리필연적일 것인가에 대해서는 의문을 제기할 수밖에 없으며, 그것은 부정될 수밖에 없다. 왜냐하면 이 견해의 주장자의 견해를 그대로 따르더라도 일할 자리에 관한 권리는 복합적 성질의 권리이며 일할 환경에 관한 권리는 원칙적으로 생활권적 성질의 구체적 권리인 반면, 자신의 일할 능력을 임의로 상품화할 정신적 활동으로 이해된다.

(2) 勤勞의 權利의 機能

근로의 권리는 첫째, 국민으로 하여금 근로를 통하여 생활의 기본적 수요를 스스로 충족하게 하고, 둘째, 근로를 통하여 개성과 자주적 인간성을 제고하고 함양하게 하며, 셋째, 근로의 상품화를 허용함으로써 자본주의경제의 이념적 기초를 제공하며, 넷째, 국가의 고용정책·노동정책·사회정책의 원칙적인 방향지표로서의 기능 등을 한다.[1]

424. 근로의 권리의 기능

3. 勤勞의 權利의 法的 性格

(1) 學 說

근로의 권리의 법적 성격에 대해서는 견해의 대립이 있다. 제 1 설은 근로의 권리의 발생배경과 헌법규정상의 위치를 근거로 사회권이라고 한다.[2] 제 2 설은 근로의 권리는 자유권적 성격과 사회권적 성격을 아울러 가지지만 자유권적 성격은 부수적인 것이고, 그 본질은 사회적 기본권성에 있다고 한다.[3] 제 3 설은 근로의 권리의 내용을 '일할 자리에 관한 권리'와 '일할 환경에 관한 권리'로 보고 전자는 복합적 성질의 권리, 후자는 생활권적 성질의 구체적 권리라 한다.[4]

425. 근로의 권리의 법적 성격에 대한 학설

수 있는 권리라는 정의로부터는 자유권 이외의 다른 권리를 추론해 낼 수 없기 때문이다. 곧 「자신의 일할 능력을 임의로 상품화할 수 있는 권리(자유권)=일할 자리에 관한 권리 (복합적 성질의 권리)+일할 환경에 관한 권리(생활권적 성질의 구체적 권리)」라는 도식은 논리적으로 모순이다.

1) 권영성, 헌법학원론, 618쪽; 허영, 한국헌법론, 478·479쪽. 이 밖에도 근로의 권리는 근로 기회의 제공을 통하여 모든 국민에게 생활의 기본적인 수요를 자조적으로 충족시킬 수 있는 기회를 열어주는 것이기 때문에 생활무능력자에 대한 국가적 보호의무를 경감시켜 주는 기능을 한다고 한다(권영성, 헌법학원론, 618쪽; 허영, 한국헌법론, 479쪽). 그러나 이는 생활무능력자는 대부분 신체장애·질병·노령 기타의 사유로 근로능력이 상실되어 생활능력이 없게 된 자라는 것을 간과한 주장으로 받아들이기 어렵다.

2) 김철수, 헌법학개론, 719·720쪽.

3) 권영성, 헌법학원론, 618쪽. 정종섭, 헌법학원론, 776쪽은 자유권적 성격과 사회권으로서의 성격을 함께 가지고 있는 것이지만 전자가 후자에 비하여 강한 것이라고 할 수 있다고 하고, 장영수, 헌법학, 829쪽은 근로의 권리는 먼저 자유권적 측면, 즉 근로의 자유로서 보호되나, 현대적 근로의 권리는 역시 자유권적 측면보다는 사회권적 측면에서 많이 문제된다고 한다.

4) 허영, 한국헌법론, 480·481쪽.

(2) 私 見

426. 근로의 권리의
법적 성격에 대한 사
견

　　개인적으로는 근로의 권리는 사회적 기본권으로서 입법위임규정이라고 생각
한다. 따라서 헌법 제32조 제1항 제1문으로부터 근로의 기회에 대한 청구권을
도출할 수는 없다. 그러나 부수적으로 근로의 권리에는 국가에 의하여 근로의
기회를 박탈당하지 아니할 권리라는 자유권적 측면이 함께 있다는 것을 부정할
수는 없다. 또한 근로의 권리는 객관적 가치질서로서의 성격을 갖는다.

> **판례** 〈사립학교법 제55조, 제58조 제1항 제4호에 관한 위헌심판(합헌)〉
> "헌법 제32조 및 제33조에 각 규정된 근로기본권은 근로자의 근로조건을 개선함
> 으로써 그들의 경제적·사회적 지위의 향상을 기하기 위한 것으로서 자유권적 기
> 본권으로서의 성격보다는 생존권 내지 사회권적 기본권으로서의 측면이 보다 강
> 한 것으로 그 권리의 실질적 보장을 위해서는 국가의 적극적인 개입과 뒷받침이
> 요구되는 기본권이다."(헌재 1991. 7. 22. 89헌가106 결정)

> **판례** 〈한국보건산업진흥원법 부칙 제3조 위헌소원(합헌)〉 "근로의 권리는 사
> 회적 기본권으로서 국가에 대하여 직접 일자리(직장)를 청구하거나 일자리에 갈
> 음하는 생계비의 지급청구권을 의미하는 것이 아니라, 공용증진을 위한 사회적·
> 경제적 정책을 요구할 수 있는 권리에 그친다. 근로의 권리를 직접적인 일자리
> 청구권으로 이해하는 것은 사회주의적 통제경제를 배제하고, 사기업 주체의 경제
> 상의 자유를 보장하는 우리 헌법의 경제질서 내지 기본권규정들과 조화될 수 없
> 다. 마찬가지 이유로 근로의 권리로부터 국가에 대한 직접적인 직장존속청구권을
> 도출할 수도 없다."(헌재 2002. 11. 28. 2001헌바50 결정)

4. 勤勞의 權利의 主體

(1) 學說과 判例

427. 근로의 권리의
주체에 대한 학설·
판례

　　판례와 다수설은 근로의 권리의 주체를 자연인인 국민에 한정시키고 있다.
그 경우에도 주체는 주로 생산수단을 소유하지 못한 근로자에 한정되며, 근로의
권리의 본질적 내용을 근로기회제공의 요구로 이해한다면, 제1차적 주체는 근
로자 가운데에서도 실업상태에 있는 미취업근로자라고 한다.[1]

---

1) 권영성, 헌법학원론, 620쪽.

판례 "근로의 권리는 국민의 권리이기 때문에 외국인에게는 근로의 본래적 내용, 즉 국가에 대하여 근로기회의 제공을 청구할 권리는 당연히 없다. 그러나 외국인(비록 위장취업을 위하여 불법입국한 외국인이라 할지라도)이 국내사업주와 불법으로 근로계약을 체결하였더라도 그 계약은 유효하고, 그 외국인은 근로기준법상의 근로자에 해당된다고 보아야 한다. 그 결과 그 외국인근로자의 임금채권도 보호되어야 하고, 그가 업무상 부상 등을 입은 경우에는 산업재해보상보험법의 적용도 받아 마땅하다."(서울고법 1993. 11. 26. 93구16774 판결)

판례 〈산업기술연수생 도입기준 완화결정 등 위헌확인(위헌, 각하)〉 "근로의 권리란 인간이 자신의 의사와 능력에 따라 근로관계를 형성하고, 타인의 방해를 받음이 없이 근로관계를 계속 유지하며, 근로의 기회를 얻지 못한 경우에는 국가에 대하여 근로의 기회를 제공하여 줄 것을 요구할 수 있는 권리를 말하며, 이러한 근로의 권리는 생활의 기본적인 수요를 충족시킬 수 있는 생활수단을 확보해 주고 나아가 인격의 자유로운 발현과 인간의 존엄성을 보장해 주는 것으로서 사회권적 기본권의 성격이 강하므로(헌재 1990. 7. 22. 89헌가106; 2002. 11. 28. 2001헌바50) 이에 대한 외국인의 기본권 주체성을 전면적으로 인정하기는 어렵다. 그러나 근로의 권리가 '일할 자리에 관한 권리'만이 아니라 '일할 환경에 관한 권리'도 함께 내포하고 있는바, 후자는 인간의 존엄성에 대한 침해를 방어하기 위한 자유권적 기본권의 성격도 갖고 있어 건강한 작업환경, 일에 대한 정당한 보수, 합리적인 근로조건의 보장 등을 요구할 수 있는 권리 등을 요구할 수 있는 권리 등을 포함한다고 할 것이므로 외국인 근로자라고 하여 이 부분에까지 기본권 주체성을 부인할 수는 없다. 즉 근로의 구체적인 내용에 따라, 국가에 대하여 고용증진을 위한 사회적·경제적 정책을 요구할 수 있는 권리(헌재 2002. 11. 28. 2001헌바50)는 사회적 기본권으로서 국민에 대하여만 인정해야 하지만, 자본주의 경제질서 하에서 근로자가 기본적 생활수단을 확보하고 인간의 존엄성을 보장받기 위하여 최소한의 근로조건을 요구할 수 있는 권리는 자유권적 기본권의 성격도 아울러 가지므로 이러한 경우 외국인 근로자에게도 그 기본권 주체성을 인정함이 타당하다."(헌재 2007. 8. 30. 2004헌마670 결정)

(2) 私　見

그러나 개인적으로는 근로의 권리가 근로자인 인간의 권리인 이상 외국인에게 근로의 권리의 주체능력을 부정할 근거는 없다고 생각한다. 따라서 외국인의 근로의 권리의 주체성여부(행사능력)는 호혜주의의 원칙에 따라 정해질 문제라고 생각한다.

428. 근로의 권리의 주체에 대한 사견

5. 勤勞의 權利의 內容

(1) 本質的 內容

1) 본질적 내용

429. 근로의 권리의
본질적 내용: 근로기
회제공청구권

근로의 권리의 본질적 내용이 근로기회제공청구권이라는 데에는 의견이 일
치되어 있다.

2) 실업수당청구권의 문제

① 학 설

430. 헌법 제32조로
부터 실업수당을 청
구할 수 있는가에 대
한 학설: 긍정설과
부정설이 대립

근로의 권리의 내용과 관련하여 문제가 되고 있는 것은 국가가 국민의 근
로기회제공청구권에 상응하여 개인에게 일자리를 제공하지 못하는 경우에 국민
은 헌법 제32조를 근거로 실업수당을 청구할 수 있느냐 하는 것이다. 이에 대하
여 학설은 긍정설(생활비지급청구권설)과 부정설(근로기회제공청구권설)이 대립되어
있다. 긍정설은 바이마르헌법 제163조 제 2 항 제 2 문 "적정한 근로의 기회가 부
여되지 아니한 자에 대해서는 필요한 생계비를 지급한다"를 우리 헌법 제32조
제 1 항의 해석에 끌어들여야 한다고 한다. 부정설은 우리 헌법에는 바이마르헌
법과는 달리 근로의 권리와 관련하여 생계비지급을 규정하고 있지 아니할 뿐만
아니라 생계비청구권 내지 실업수당에 관해서는 헌법 제34조의 인간다운 생활을
할 권리에 관한 규정이 근거가 된다고 한다.[1]

② 사 견

431. 헌법 제32조로
부터 실업수당을 청
구할 수 있는가에 대
한 사견: 근로의 권
리로부터 실업수당청
구권을 추론해 내는
것은 문제가 있다

그러나 개인적으로는 다음과 같은 몇 가지 이유에서 근로의 권리로부터 실
업수당청구권을 추론해 내는 것은 문제가 있다고 생각한다. 첫째, 우리 헌법은
사유재산제도를 취하고 있기 때문에 근로의 권리를 실업수당을 요구할 수 있는
구체적 청구권으로 인정할 만한 경제적 기반이 없을 뿐만 아니라 자본주의경제
체제를 인정하는 국가에서는 실업수당청구권이 규정되어 있어도 그것이 실현된
예가 없다.[2]

둘째, 근로의 권리의 내용이 무엇인지는 우리 헌법 제32조 자체에서 판단되
어야 한다. 곧 바이마르 헌법 제163조를 끌어들일 필요도 또 끌어들여서도 안
된다.

---

1) 권영성, 헌법학원론, 620쪽.
2) 문홍주, 제 6 공화국 한국헌법, 306쪽.

셋째, 우리 헌법 제32조 제 1 항 제 2 문에 따르면 "국가는 사회적·경제적 방법으로 근로자의 고용의 증진과 적정임금의 보장에 노력하여야 한다"고 규정되어 있다. 곧 근로의 권리는 고용에 대한 청구권으로 규정되어 있다. 따라서 헌법 제32조 제 1 항 제 2 문에 따라 국가가 실업에 대한 예방책으로서 실업보험 제도를 운용하고, 그 제도에 따라 실업자에게 생계비를 지급하는 것은 근로의 권리와는 별개의 문제이다.

넷째, 헌법 제32조 제 1 항 제 2 문에서 말하는 사회적·경제적 방법이란 국가가 사회정책, 경제정책을 통하여 직장을 확대하는 것이다. 이러한 정책은 예컨대 완전고용정책, 직업상담, 직업알선, 직업교육, 실업보험 등의 정책에 의하여 달성된다.

다섯째, 그러나 헌법 제34조의 인간다운 생활을 할 권리가 생계비지급 내지 실업수당을 청구할 수 있는 근거가 되기 때문에 근로의 권리의 내용에는 생계비지급청구권이 포함되지 않는다는 주장[1]에 대해서는 찬성할 수 없다. 왜냐하면 헌법 제34조 제 5 항은 생활무능력자에게 적용되는 규정이지 실업자에게 적용되는 규정으로 볼 수 없기 때문이다.

(2) 勤勞의 權利를 補完하기 위한 制度

헌법은 제32조 제 1 항 제 2 문 이하에서 근로의 권리가 실효적인 것이 될 수 있도록 보완적인 제도들을 규정하고 있다.

1) 국가의 고용증진의무

헌법 제32조 제 1 항 제 2 문 전단은 "국가는 사회적·경제적 방법으로 근로자의 고용의 증진에 … 노력하여야 할 의무"를 정하고 있다. 여기에서 사회적 방법은 사회정책에 의한 고용의 증진을 말하고, 경제적 방법이란 경제정책에 의한 고용기회의 확대를 말한다. 이러한 목적을 달성하기 위하여 고용정책기본법, 직업안정법, 근로자직업능력개발법 등이 제정·시행되고 있다.

432. 국가의 고용증진의무와 그를 구체화하는 법률

2) 해고의 자유의 제한

① 학   설

근로의 권리와 관련하여 이미 일할 자리가 있는 근로자는 그 직장을 해고를 통하여 잃지 않을 권리가 인정되는가가 문제시된다. 이에 대하여는 헌법 제

433. 근로의 권리는 해고의 자유를 제한하는가에 대한 학설

---

1) 권영성, 헌법학원론, 620쪽.

32조는 국가와 국민간에서뿐만 아니라 개별적 노사관계에도 적용된다는 것을 근거로 긍정하는 견해와 근로의 권리는 국가와 국민과의 관계에 한정된다는 것을 근거로 부정하는 견해가 대립되어 있다.

> **판례** "단체협약에 징계처분을 받은 자가 재심을 청구할 수 있도록 규정하고 있다 하더라도 재심절차는 근로자에 대한 구제절차에 불과하고, 징계해고는 즉시 효력을 발생하여 사용자와 징계해고된 근로자와의 근로관계는 종료되며, 다만 재심에서 징계해고처분이 취소되는 경우에는 소급하여 해고되지 아니한 것으로 볼 뿐이다."(대법원 1993. 5. 11. 91누11698 판결)

> **판례** 〈근로기준법 제35조 제 3 호 위헌확인 (기각)〉 "해고예고제도는 해고자체를 금지하는 제도는 아니며, 대법원 판례 또한 예고의무를 위반한 해고도 유효하다고 보므로 해고자체의 효력과도 무관한 제도이다. 즉 해고예고제도는 근로관계의 존속이라는 근로자보호의 본질적 부분과 관련되는 것이 아니므로, 해고예고제도를 둘 것인지 여부, 그 내용 등에 대해서는 상대적으로 넓은 입법 형성의 여지가 있다."(헌재 2001. 7. 19. 99헌마663 결정)

② 사   견

434. 근로의 권리는 해고의 자유를 제한하는가에 대한 사견

개인적으로는 기본권의 제 3 자효를 긍정하는 한 부정설의 입장을 취할 수는 없을 것으로 생각된다. 더 나아가서 계약의 자유는 자본주의경제질서의 지도적 원리이기는 하지만, 근로의 권리와 노동 3권은 계약의 자유를 제한한다. 곧 경영주가 근로자를 해고하는 경우에도 근로의 권리가 보장되는 목적을 고려하여야 한다. 따라서 정당한 사유가 없는 해고는 위헌이고 무효이다. 그러나 현실적으로는 경영주가 단기고용계약의 기간이 경과된 후에 그 갱신을 부인함으로써 이 권리를 침해할 염려는 대단히 크다고 할 것이다.

3) 적정임금의 보장·최저임금제실시·동일노동에 대한 동일임금의 원칙

435. 적정임금의 보장·최저임금제실시·동일노동에 대한 동일임금의 원칙

헌법 제32조 제 1 항 제 2 문은 "국가는 … 적정임금의 보장에 노력하여야 하며, 법률이 정하는 바에 의하여 최저임금제를 시행하여야 한다"고 하여 근로자를 위한 적정임금을 보장하고 최저임금제를 시행하도록 하고 있다. 이는 인격과 분리할 수 없는 근로의 특성을 고려함과 동시에 근로자에게 최소한의 생활급을 헌법의 차원에서 보장하려는 것이다. 적정임금은 근로자가 받는 임금이 그 가족의 인간다운 생활을 영위하는 데 적합한 액수인 경우를 말한다. 적정임금은 최저한의 생활보장수단인 최저임금과는 구별된다. 최저임금제[1]의 실시를 위하여 최저임금법이 제정되어 있다.

헌법 제32조 제 4 항은 "여자의 근로는 특별한 보호를 받으며, 고용·임금 및 근로조건에 있어서 부당한 차별을 받지 아니한다"고 하여 동일노동에 대한 동일임금의 원칙을 규정하고 있다. 이 원칙은 근로기준법 제 5 조와 남녀고용평등법 제 6 조의2 제 1 항에서 다시 확인되고 있다.

> **판례** "성별작업의 구분이나 근로조건의 구분을 명확히 하지 아니한 채 남녀를 차별하여 정년을 규정한 것은 합리적 이유 없이 남녀의 차별적 대우를 하지 못하도록한 근로기준법 제 5 조와 근로자의 정년에 관하여 여성인 것을 이유로 남성과 차별해서는 아니 된다고 한 남녀고용평등법 제 8 조 등 강행법규에 위배되어 무효이다."(대법원 1993. 4. 9. 92누15765 판결)

4) 근로조건기준의 법정주의·여자와 연소자의 근로의 특별보호·국가유공자 등의 근로기회우선보장

근로조건기준의 법정주의(제32조 제 3 항)는 당사자의 자유로운 계약에 의한 근로조건에 관하여 법률이 최저한의 제한을 설정한다는 것을 말한다. 현재 근로자를 보호하고 근로자가 근로조건을 감내할 수 있도록 근로기준법이 시행되고 있다. 여자와 연소자의 근로의 특별보호(제32조 제 4 항, 제 5 항)는 이들이 사회적 약자라는 것을 감안한 규정이다. 국가유공자 등의 근로기회우선보장(제32조 제 6 항)과 관련해서는 「국가유공자 등 예우 및 지원에 관한 법률」이 제정되어 있다. 근로의 기회에서 국가유공자 등의 우선적 보호와 관련하여 국가유공자에게 가산점을 주는 방식은 헌법 제32조 제 6 항에 근거하여 법률로 정할 수 있고, 국가유공자의 가족에게 가산점을 주는 방식은 헌법 제32조 제 6 항에는 해당하지 않지만 입법정책상 허용되어 합헌이다. 그렇지만 국가유공자의 가족에게 10%의 가산점을 주는 것은 지나친 차별의 효과를 가져오므로 헌법에 합치되지 아니한다.[2]

436. 근로조건기준의 법정주의·여자와 연소자의 근로의 특별보호·국가유공자 등의 근로기회우선보장

---

1) 박규하, 한국헌법상의 사회국가원리와 사회적 기본권, 고시연구(1991년 5월), 25쪽 이하 (35쪽)에 따르면 최저임금제(minimum wage legislation)는 1894년 뉴질랜드의 산업조정중재법에서 비롯되었다고 한다.
2) 헌재 2006. 2. 23. 2004헌마675 등 병합결정〈「국가유공자 등 예우 및 지원에 관한 법률」 등 제31조 제 1 항 등 위헌확인(헌법불합치)〉.

판례 "근로조건이라 함은 사용자와 근로자 사이의 근로관계에서 임금·근로시간·후생·해고 기타 근로자의 대우에 관하여 정한 조건을 말한다."(대법원 1992. 6. 23. 91다19210 판결)

판례 〈「국가유공자 등 예우 및 지원에 관한 법률」제34조 제 1 항 위헌확인(기각)〉 "국가유공자와 그 유족 등 취업보호대상자가 국가기관이 실시하는 채용시험에 응시하는 경우에 10%의 가점을 주도록 하고 있는 이 사건의 경우는 비교집단이 일정한 생활영역에서 경쟁관계에 있는 경우로서 국가유공자와 그 유족 등에게 가산점의 혜택을 부여하는 것은 그 이외의 자들에게는 공무담임권 또는 직업선택의 자유에 대한 중대한 침해를 의미하게 되므로, 헌법재판소가 1999. 12. 23. 선고한 98헌마363 사건의 결정에서 비례의 원칙에 따른 심사를 하여야 할 경우의 하나로 들고 있는 차별적 취급으로 인하여 관련 기본권에 대한 중대한 제한을 초래하게 되는 경우에 해당하여 원칙적으로 비례심사를 하여야 할 것이나, 구체적인 비례심사의 과정에서는 헌법 제32조 제 6 항이 근로의 기회에 있어서 국가유공자 등을 우대할 것을 명령하고 있는 점을 고려하여 보다 완화된 기준을 적용하여야 할 것이다. … 위와 같은 일부 문제점에도 불구하고 이 사건 가산점제도가 법익균형성을 상실한 제도라고는 볼 수 없다."(헌재 2001. 2. 22. 2000헌마25 결정)

판례 〈산업재해보상보험법 제 5 조 단서 등 위헌소원(합헌, 각하)〉 "헌법 제32조 제 3 항은 '근로조건의 기준은 인간의 존엄을 보장하도록 법률로 정한다'고 규정하고 있다. 근로조건이라 함은 임금과 그 지불방법, 취업시간과 휴식시간, 안전시설과 위생시설, 재해보상 등 근로계약에 의하여 근로자가 근로를 제공하고 임금을 수령하는데 관한 조건들로서, 근로조건에 관한 기준을 법률로써 정한다는 것은 근로조건에 관하여 법률이 최저한의 제한을 설정한다는 의미이다. … 입법자는 헌법 제32조 제 3 항에 의거하여 근로조건의 최저기준을 근로기준법에 규정하고 있다."(헌재 2003. 7. 24. 2002헌바51 결정)

판례 〈「국가유공자 등 예우 및 지원에 관한 법률」제31조 제 1 항 등 위헌확인(헌법불합치)〉 "헌법 제32조 제 6 항은 '국가유공자 본인'에 대하여 우선적 근로기회를 용인하고 있으며, 이러한 우선적 근로기회의 부여에는 공직 취업에 상대적으로 더 유리하게 가산점을 부여받는 것도 포함된다고 볼 수 있다. 그러나 '국가유공자의 가족'의 경우 그러한 가산점의 부여는 헌법이 직접 요청하고 있는 것이 아니다. 다만 보상금급여 등이 불충분한 상태에서 국가유공자의 가족에 대한 공무원시험에서의 가산점제도는 국가를 위하여 공헌한 국가유공자들에 대한 '예우와 지원'을 확대하는 차원에서 입법정책으로서 채택된 것이라 볼 것이다. …

종전 결정의 심판대상과 이 사건 심판대상은 구분되나 그 내용이 중복되는바, 이 사건 조항이 일반 응시자의 공무담임권과 평등권을 침해한다는 판단과는 달리, 국가기관이 채용시험에서 국가유공자의 가족에게 10%의 가산점을 부여하는 규정이 기본권을 침해하지 아니한다고 판시한 종전 결정(2001. 2. 22. 선고 2000헌마 25 결정)은 이 결정의 견해와 저촉되는 한도 내에서 이를 변경한다. … 이 사건 조항의 위헌성은 국가유공자 등과 그 가족에 대한 가산점제도 자체가 입법정책상 전혀 허용될 수 없다는 것이 아니고, 그 차별의 효과가 지나치다는 것에 기인한다. 그렇다면 입법자는 공무원시험에서 국가유공자의 가족에게 부여되는 가산점의 수치를, 그 차별효과가 일반 응시자의 공무담임권 행사를 지나치게 제약하지 않는 범위 내로 낮추고, 동시에 가산점 수혜 대상자의 범위를 재조정 하는 등의 방법으로 그 위헌성을 치유하는 방법을 택할 수 있을 것이다. 따라서 이 사건 조항의 위헌성의 제거는 입법부가 행하여야 할 것이므로 이 사건 조항에 대하여는 헌법불합치결정을 하기로 한다. 한편 입법자가 이 사건 조항을 개정할 때까지 가산점 수혜대상자가 겪을 법적 혼란을 방지할 필요가 있으므로, 그때까지 이 사건 조항의 잠정적용을 명한다."(헌재 2006. 2. 23. 2004헌마675 등 병합결정)

판례 〈「국가유공자 등 예우 및 지원에 관한 법률 시행령」제48조 별표 8 관련 입법부작위 위헌확인(기각)〉 "일반 응시자의 공무담임권과의 관계를 고려할 때 헌법 제32조 제6항의 문언은 엄격하게 해석할 필요가 있고, 위 조항에 따라 우선적인 근로의 기회를 부여받는 대상자는 '국가유공자', '상이군경', 그리고 '전몰군경의 유가족'이라고 보아야 한다. 따라서 전몰군경의 유가족을 제외한 국가유공자의 가족은 위 헌법 조항에 의한 보호대상에 포함되지 않고, 이 사건 시행령 조항이 국가유공자의 가족인 청구인의 취업지원과 관련하여 국가기관 등이 시행하는 공무원 채용시험 중에서 기능직 공무원과 유사한 계약직 공무원을 가점 대상에서 배제하였다고 하여 헌법 제32조 제6항의 우선적 근로의 기회제공의무를 위반한 것이라고 볼 수 없다."(헌재 2012. 11. 29. 2011헌마533 결정)

6. 勤勞의 權利의 效力

(1) 勤勞의 權利의 效力

근로의 권리는 원칙적으로 대국가적 효력을 가진다.[1]

437. 근로의 권리의 효력

---

1) 권영성, 헌법학원론, 625쪽은 근로의 권리의 대사인적 효력을 자유권적 측면에 한정시키고 있다.

(2) 憲法 제32조 제 4 항·제 5 항의 使用者에 대한 效力의 問題

438. 헌법 제32조 제 4 항·제 5항이 사용자에 대한 효력의 문제

　　여성·연소근로자보호규정 및 여성의 차별금지에 관한 규정이 제 3 자인 사용자에 대하여 직접적 효력을 가지는가 여부와 관련하여 긍정설과[1] 부정설[2]이 대립되어 있다. 개인적으로는 여성근로자와 연소근로자는 육체적·생리적·사회적으로 약자인 것이 보통이며 따라서 이들을 사용자로부터 보호하기 위하여 직접 적용되는 예외를 인정하더라도 무방하리라고 본다.

7. 勤勞의 權利의 制限

439. 근로의 권리의 제한

　　근로의 권리의 자유권적 측면은 헌법 제37조 제 2 항에 따라 국가안전보장·질서유지 또는 공공복리를 위하여 필요한 경우에는 법률로써 제한될 수 있고, 사회권적 측면은 국가안전보장과 질서유지를 위하여 필요한 경우에 법률로써 제한될 수 있다.[3] 공공복리를 위해서는 근로의 권리는 제한될 수 없다. 왜냐하면 근로보호 자체가 공공복리에 속하기 때문이다.[4]

第 4 節　勤勞者의 勞動三權

1. 憲法規定 및 沿革

(1) 憲法規定

440. 노동 3권에 대한 헌법규정: 헌법 제33조

　　우리 헌법 제33조 제 1 항은 "근로자는 근로조건의 향상을 위하여 자주적인 단결권·단체교섭권 및 단체행동권을 가진다"고 하여 근로자의 노동 3권을 보장하고 있다. 이렇게 헌법이 노동 3권을 규정한 취지는 사용자와의 근로계약에서 근로자의 생존권·근로권을 확보하기 위하여 유효한 구체적 수단을 보장하기 위한 것이다.

---

1) 권영성, 헌법학원론, 625쪽.
2) 허영, 한국헌법론, 484쪽.
3) 권영성, 헌법학원론, 626쪽.
4) 김철수, 헌법학개론, 725쪽.

판례 〈노동조합법 제45조의2 등 위헌소원(합헌)〉 "헌법이 노동자의 근로 3 권을 보장하는 취지는 원칙적으로 개인과 기업의 경제상의 자유와 창의를 존중함을 기본으로 하는 시장경제의 원리를 경제의 기본질서로 채택하면서 노동관계 당사자가 상반된 이해관계로 말미암아 계급적 대립·적대의 관계로 나아가지 않고 활동과정에서 서로 기능을 나누어 가진 대등한 교섭주체의 관계로 발전하게 하여 그들로 하여금 때로는 대립·항쟁하고 때로는 교섭·타협의 조정과정을 거쳐 분쟁을 평화적으로 해결하게 함으로써, 근로자의 이익과 지위의 향상을 도모하는 사회복지 국가건설의 과제를 달성하고자 함에 있다."(헌재 1993. 3. 11. 92헌바33 결정)

판례 〈노동조합법 제33조 제 1 항 위헌소원(합헌)〉 "헌법 제33조 제 1 항이 '근로자는 근로조건의 향상을 위하여 자주적인 단결권, 단체교섭권, 단체행동권을 가진다'고 규정하여 근로자에게 '단결권, 단체교섭권, 단체행동권'을 기본권으로 보장하는 뜻은 근로자가 사용자와 대등한 지위에서 단체교섭을 통하여 자율적으로 임금 등 근로조건에 관한 단체협약을 체결할 수 있도록 하기 위한 것이다."(헌재 1998. 2. 27. 94헌마13 결정)

(2) 沿 革

근로자의 노동 3 권을 처음으로 규정한 헌법문서는 제159조에서 근로조건과 경제조건을 향상시키기 위한 적극적 단결권의 의미에서 단결의 자유를 보호한 1919년 바이마르헌법으로 알려져 있다. 우리 헌법은 건국헌법에서부터 노동 3 권을 법률의 범위 내에서 보장했을 뿐만 아니라 그 당시로서는 매우 파격적인 노동자의 이익분배균점권까지 규정하였다. 그 후 제 5 차 개정헌법은 법률유보조항과 노동자의 이익분배균점권을 삭제하였고, 제 7 차 개정헌법에서는 법률유보조항이 부활되었으며, 제 8 차 개정헌법은 단체행동권에 대하여 법률유보조항을 두었고, 제 9 차 개정헌법은 단체행동권에 대한 법률유보를 삭제하였다.

441. 노동 3 권의 연혁

2. 勞動 3 權의 法的 性格

(1) 學 說

노동 3 권이 어떤 법적 성격을 가지는가에 대해서는 자유권설,[1] 사회적 기본

442. 노동 3 권의 법적

---

1) 박일경, 제 6 공화국 신헌법, 287쪽은 노동 3 권이 자유권적 성격과 사회권적 성격을 병유하

성격에 대한 학설 및
판례

권설,[1] 혼합권설 등 견해가 나누어져 있다. 그러나 자유권적 성격과 사회권적 성격을 동시에 가진다는 혼합권설이 다수설[2]과 판례의 입장이다. 헌법재판소는 초기에는 사회권적 성격을 더 강조하였으나, 최근에는 자유권적 기능을 더 강조하고 있다.

> **판례** 〈사립학교법 제55조, 제58조 제1항 제4호에 관한 위헌심판(합헌)〉
> "헌법 제32조 및 제33조에 각 규정된 근로기본권은 근로자의 근로조건을 개선함으로써 그들의 경제적, 사회적 지위의 향상을 기하기 위한 것으로서 자유권적 기본권으로서의 성격보다는 생존권 내지 사회권적 기본권으로서의 측면이 보다 강한 것으로 그 권리의 실질적 보장을 위해서는 국가의 적극적인 개입과 뒷받침이 요구되는 기본권이다."(헌재 1991. 7. 22. 89헌가106 결정)

> **판례** 〈노동조합법 제33조 제1항 위헌소원(합헌)〉 "근로3권은 국가공권력에 대하여 근로자의 단결권의 방어를 일차적인 목표로 하지만, 근로3권의 보다 큰 헌법적 의미는 근로자단체라는 사회적 반대세력의 창출을 가능하게 함으로써 노사관계의 형성에 있어서 사회적 균형을 이루어 근로조건에 관한 노사간의

고 있음을 인정하면서도 "이들 권리는 근로자가 초기자본주의시대에서와 같이 그들의 단결·단체교섭과 단체행동을 이유로 국가로부터 처벌 기타의 제재를 받음이 없이 자유로이 이런 일을 할 수 있다는 점에 그 중점이 있으므로 그 성질은 제1차적으로 자유권이고 제2차적 내지 부차적으로 생존권"이라고 한다. "단결권·단체교섭권·단체행동권은 근로자의 인간다운 생활보장과 연관은 있으나 기본적으로 국가에 대한 자유권으로서의 성질을 가진다"고 하는 정종섭, 헌법학, 720쪽도 이 견해에 속한다.

1) 문홍주, 제6공화국 한국헌법, 309쪽은 "본조가 특별히 규정된 이유는 근대자본주의사회의 계약자유의 원칙 밑에서는 경제적 약자인 근로자는 언제나 고용주에 비하여 불평등하고 열등한 입장에서 근로조건이 결정되므로 이것을 특별히 보호하여 근로자의 인간다운 생활을 보장하려는 생활권인 것이다"라고 한다.

2) 김철수, 헌법학개론, 728·729쪽; 권영성, 헌법학원론, 629쪽은 사회권적 측면을 강조한다. 허영, 한국헌법론, 486·487쪽은 자유권적인 측면과 생활권적인 면을 함께 내포하고 있는 복합적인 기본권이라고 한다. 사회권적 성격과 자유권적 성격이 병존하는 권리라고 하는 성낙인, 헌법학, 1348쪽 및 국가의 기본권보호의무에 기초한 국가의 적극적 활동과 국민의 국가에 대한 경제적·물질적 급부요구를 혼동하는 듯한 다음과 같은 장영수, 헌법학, 838쪽은 이러한 입장에 속한다. "먼저 노동3권의 자유권적 측면은 노동자들의 자유로운 단결, 즉 노동조합의 결성, 그리고 노동조합을 중심으로 한 단체교섭, 단체행동을 보장하며, 이에 대한 국가의 개입을 배제하는 것을 내용으로 한다. 또한 기본권의 대사인적 효력에 기초하여 사용자가 이를 방해하는 것도 역시 노동3권의 침해로 인정될 수 있다. 현재 노동3권의 침해는—국가에 의한 규제와 억압이 더 크게 문제되었던 과거와는 달리—사용자에 의해 주로 발생되고 있다. 그로 인하여 노동3권은 사용자에 의한 침해를 막기 위해 국가가 적극적으로 활동하도록 요청하는 내용까지 포함하는 것으로 확장되었다. 이로 인하여 노동3권의 사회권적 측면이 인정되는 것이다."

실질적인 자치를 보장하려는 데 있다. 근로자는 노동조합과 같은 근로자단체의 결성을 통하여 집단으로 사용자에 대항함으로써 사용자와 대등한 세력을 이루어 근로조건의 형성에 영향을 미칠 수 있는 기회를 가지게 되므로 이러한 의미에서 근로 3권은 '사회적 보호기능을 담당하는 자유권' 또는 '사회권적 성격을 띤 자유권'이라고 말할 수 있다.

　이러한 근로 3권의 성격은 국가가 단지 근로자의 단결권을 존중하고 부당한 침해를 하지 아니함으로써 보장되는 자유권적 측면인 국가로부터의 자유뿐이 아니라, 근로자의 권리행사의 실질적 조건을 형성하고 유지해야 할 국가의 적극적인 활동을 필요로 한다. 이는 곧, 입법자가 근로자단체의 조직, 단체교섭, 단체협약, 노동쟁의 등에 관한 노동조합관련법의 제정을 통하여 노사간의 세력균형이 이루어지고 근로자의 근로 3권이 실질적으로 기능할 수 있도록 하기 위하여 필요한 법적 제도와 법규범을 마련하여야 할 의무가 있다는 것을 의미한다."(헌재 1998. 2. 27. 94헌바13 등 병합결정)

(2) 私　　見

이미 사회권일반론에서 지적하였듯이 노동 3권, 특히 그 중에서도 단결권을 사회권으로 분류하기는 어렵다고 생각한다. 그러나 노동 3권은 역사적인 기능에서 그리고 이것들이 근로의 권리와 밀접한 관련을 가진다는 점과 그것이 경제적·사회적 발전을 보장한다는 점에서 사회권과 밀접한 관계를 가진다고 할 수 있다. 결국 노동 3권은 우리 헌법재판소도 판시하고 있듯이 "사회적 보호기능을 담당하고 있는 자유권" 또는 "사회권적 성격을 띤 자유권"이라 보는 것이 타당하리라고 본다.[1]

443. 노동 3권의 법적 성격에 대한 사견: 사회권적 성격을 띤 자유권

3. 勞動 3 權의 主體

노동 3권의 주체는 근로자이다. 근로자란 직업의 종류를 불문하고 사용자와 피용자의 관계에서 근로를 제공하고 그 대가로서 임금·급료 기타 이에 준하는 수입으로 생활하는 자를 말한다. 근로자에는 근로자, (노동력제공의사와 능력이 있는) 실업중에 있는 근로자, 해고의 효력을 다투고 있는 자, 외국인근로자,[2] 법률이 정하는 공무원[3] 등이 포함된다. 또한 근로자 개인뿐만 아니라 집단에게도 주

444. 노동 3권의 주체: 근로자 개인 및 근로자단체

---

1) 계희열, 헌법학(중), 2011, 765쪽; 한수웅, 헌법학, 997쪽.
2) 대법원 1993. 11. 26. 93구16774 판결.
3) "법률이 정하는 공무원이란 국가공무원법 제66조에 규정된 사실상 노무에 종사하는 공무원을 말한다. 사실상 노무에 종사하는 공무원은 체신부 및 철도청소속의 현업기관과 국립

체성이 인정된다. 특히 단체교섭권의 주체는 근로자 개인이 아니라 근로자단체
이다.

> **판례** "근로자가 회사로부터 해고를 당하였다 하더라도 상당한 기간 내에 노동
> 위원회에 부당노동행위구제신청을 하여 그 해고의 효력을 다투고 있었다면, 위
> 법규정의 취지에 비추어 노동조합원으로서의 지위를 상실하는 것이라고 볼 수 없
> 다."(대법원 1992. 3. 31. 91다14413 판결)

그러나 사용자와 자신의 재산으로 생업을 영위하는 자(자영농, 소작인, 어민,
소상공업자, 개인택시운전사 등) 및 자유직업종사자는 근로자에 포함되지 아니한다.

4. 勞動 3 權의 內容

445. 노동 3권의 내용

노동 3권은 근로자의 자주적인 단결권·단체교섭권·단체행동권을 내용으로
한다. 따라서 「노동조합 및 노동관계조정법」 제40조의 제 3 자개입 금지조항은
합헌이다. 헌법재판소는 노동조합의 설립 등과 단체교섭에 있어서의 제 3 자개입
금지규정인 구 노동조합법 제13조의2와 그 벌칙규정인 동법 제45조의2를 합헌
으로 결정한 바 있다.

> **판례** 〈노동조합법 제45조의2 등 헌법소원(합헌)〉 "위 제 3 자개입 금지조항은
> 근로자측으로의 개입뿐만 아니라 사용자측으로의 개입에 대하여서도 마찬가지로
> 규정하고 있고, 근로자들이 변호사나 공인노무사 등의 조력을 받는 것과 같이 근
> 로3권을 행사함에 있어 자주적 의사결정을 침해받지 아니하는 범위 안에서 필요
> 한 제 3 자의 조력을 받는 것을 금지하는 것이 아니고, 근로자들이 연합단체를 통
> 하여 한층 조직적인 지원을 받을 수 있으므로 근로자와 사용자를 실질적으로 차
> 별하는 불합리한 규정이라고 볼 수 없다."(헌재 1993. 3. 11. 92헌바33 결정)[1]

의료원의 작업현장에서 노무에 종사하는 기능직공무원 및 고용직공무원으로서 서무·인
사·기밀업무에 종사하는 자, 경리·물품출납사무에 종사하는 자, 보안 목표시설의 경비업
무에 종사하는 자, 승용차의 운전에 종사하는 자를 제외한 자를 말한다"(공무원복무규정
제28조).

1) 또한 헌재 1990. 1. 15. 89헌가103 결정〈노동쟁의조정법 제13조의2 등에 의한 위헌심판
(합헌)〉도 참조.

(1) 團 結 權

1) 개　념

근로자의 단결권이란 근로자가 단체교섭을 행하기 위한 목적으로 자주적인 근로자단체를 조직하는 권리를 말한다. 근로자단체는 근로자의 계속적인 단체, 곧 노동조합인 것이 원칙이나, 일시적인 단체(쟁의단)를 제외시킬 이유는 없다. 근로자단체는 조직면에서 ① 자주조직, ② 독립성보장, ③ 반대방향의 이해관계자의 참여금지(Gegnerfreiheit), ④ 단체협약의 내용을 조직내부에서 관철시킬 수 있는 대의조직 등의 요건을 갖출 것이 요청된다.[1] 근로자의 단결권은 개인적·집단적·적극적 단결권을 포함하며, 결사의 자유에 대해서는 특별법적 성질을 가진다.

446. 단결권의 개념

2) 소극적 단결권

① 학　설

단결권에 소극적 단결권이 포함되는가에 대해서는 부정설과 긍정설로 견해가 나뉘어 있다. 부정설은 소극적 단결권은 자유권에 속하는 결사의 자유에서는 인정될 수 있지만, 생존권으로서의 단결권에서는 조합불가입의 자유를 제한함으로써 개별 근로자에게 실질적 자유를 회복시켜 주는 성질을 갖는다고 한다.[2] 그에 반하여 긍정설은 근로자 개인의 단결권에는 단결하지 않을 자유와 단체불가입의 자유 등 소극적 단결권이 포함된다고 본다. 긍정설은 그 근거를 어디에서 찾는가에 따라 제33조 제1항에서 찾는 견해[3]와 적극적 단결권과 소극적 단결권이 동일 조항에서 보장된다는 것은 모순이며, 단결권보장의 의의, 역사적 전개를 고려할 때 일반적 행동의 자유 내지 헌법에 열거되지 아니한 자유로서 보장된다고 보는 견해[4]로 나누어진다. 헌법재판소는 소극적 단결권은 헌법 제33조 제1항의 단결권에 포함되지 않는다고 한다.

447. 단결권에 소극적 단결권이 포함되는가 여부에 대한 학설

> **판례** 〈「공직선거 및 선거부정방지법」 제87조 단서 위헌확인(기각)〉 "노동조합과 각종 단체의 헌법상 차이는, 결사의 자유의 경우 단체를 결성하는 자유, 단체에 가입하는 자유뿐만 아니라 단체를 결성하지 아니할 자유, 단체에의 참가를 강

---

1) BVerfGE 50, 290(367ff., 373ff.) 참조.
2) 김철수, 헌법학개론, 733쪽.
3) 허영, 한국헌법론, 490쪽.
4) 권영성, 헌법학원론, 632쪽.

제당하지 아니할 자유, 단체를 탈퇴할 자유를 포함하는 데 반하여, 근로자의 단결권은 단결할 자유만을 가리킬 뿐이다. 따라서 노동조합의 경우, 사용자와의 교섭력을 확보하기 위하여 사실상 어느 정도의 조직강제 내지 단결강제를 수반하게 되는 것이다."(헌재 1999. 11. 25. 98헌마141 결정)

② 사   견

448. 단결권에 소극적 단결권이 포함되는가 여부에 대한 사견: 헌법 제33조 1항에서 소극적 단결권의 근거를 찾을 수 있다

개인적으로는 헌법 제33조 제 1 항에서 소극적 단결권의 근거를 찾을 수 있다고 생각한다. 그러나 소극적 단결권을 인정한다 하여 그것을 적극적 단결권과 동등하게 보호할 수는 없을 것이다. 왜냐하면 소극적 단결권에는 개인의 자유를 보장하는 순기능과 노동조합의 단결과 힘을 약화시키는 역기능이 있기 때문이다. 따라서 소극적 단결권은 한편으로는 노동조합의 단결과 힘을 약화시키지 않으며, 다른 한편으로는 개인의 자유가 침해되거나 적극적 단결권이 변질되지 않도록 하는 범위 내에서 보호되어야 할 것이다.[1]

3) Union Shop협정체결의 문제

449. Union Shop협정체결의 문제

또한 노동조합이 노동자의 가입을 강제하여 조직강제, 곧 Union Shop협정을 체결하는 것이 문제된다. 부정설은 노동자 개인의 자기결정권을 중시하여 조직강제를 부정한다.[2] 긍정설은 소극적 단결권이 인정된다고 할지라도 적극적 단결권이 실효를 거둘 수 있도록 하기 위해서는 어느 정도의 단결강제가 허용되는 것으로 보아야 한다고 한다.[3] 헌법재판소는 단체협약을 매개로 한 조직강제(이른바 유니언 숍 협정의 체결)를 용인하고 있는 「노동조합 및 노동관계 조정법」제81조 제 2 호 단서를 합헌으로 판시하였고, 대법원은 Union Shop협정이 있는 경우에 사용자는 노동조합탈퇴 근로자를 해고할 의무가 있는 것으로 보고 있다.

> **판례** "구 노동조합법(1996. 12. 31. 법률 제5244호로 폐지되기 이전의 것) 제39조 제 2 호 단서 소정의 조항, 이른바 유니언 숍(Union Shop) 협정은 노동조합의 단결력을 강화하기 위한 강제의 한 수단으로서 근로자가 대표성을 갖춘 노동조합의 조합원이 될 것을 '고용조건'으로 하고 있는 것이므로 단체협약에 유니언 숍 협정에 따라 근로자는 노동조합의 조합원이어야만 된다는 규정이 있는 경우에는 다른 명문의 규정이 없더라도 사용자는 노동조합에서 탈퇴한 근로자를 해고할 의무가 있다."(대법원 1998. 3. 24. 96누16070 판결)

---

1) 계희열, 기본권으로서의 소극적 단결권, 김진웅박사 화갑기념논문집, 1985, 1쪽 이하(35쪽).
2) 김철수, 헌법학개론, 719쪽.
3) 권영성, 헌법학원론, 591쪽.

> **판례** "유니언 숍 협정이 근로자 개인의 조합에 가입하지 않을 자유나 조합 선택의 자유와 충돌하는 측면이 있기는 하지만 조직강제의 일환으로서 노조의 조직 유지와 강화에 기여하는 측면을 고려하여 일정한 요건하에서 체결된 유니언 숍 협정의 효력을 인정한 것이라 할 것이어서 헌법상의 근로자의 단결권을 침해하는 조항으로 볼 수는 없다."(대법원 2002. 10. 25. 2000카기183 결정)

> **판례** 〈「노동조합 및 노동관계조정법」 제81조 제 2 호 단서 위헌소원(합헌)〉
> "단결하지 아니할 자유와 적극적 단결권이 충돌하게 되더라도, 근로자에게 보장되는 적극적 단결권이 단결하지 아니할 자유보다 특별한 의미를 갖고 있다고 볼 수 있고, 노동조합의 조직강제권도 이른바 자유권을 수정하는 의미의 생존권(사회권)적 성격을 함께 가지는 만큼 근로자 개인의 자유권에 비하여 보다 특별한 가치로 보장되는 점 등을 고려하면, 노동조합의 적극적 단결권은 근로자 개인의 단결하지 않을 자유보다 중시된다고 할 것이어서 노동조합에 적극적 단결권(조직강제권)을 부여한다고 하여 이를 두고 곧바로 근로자의 단결하지 아니할 자유의 본질적인 내용을 침해하는 것으로 단정할 수는 없다."(헌재 2005. 11. 24. 2002 헌바95 등 병합결정)

(2) 團體交涉權

1) 개   념

단체교섭권이란 근로자단체, 곧 노동조합이 그 대표자 또는 조합이 위임하는 자를 통하여 사용자(또는 사용자단체)와 근로조건에 관한 교섭을 하고 단체협약(노동협약)을 체결하는 권리를 말한다.[1] 단체교섭권은 노동 3권 중 가장 핵심이 되는 권리이다. 왜냐하면 단체교섭을 하기 위하여 근로자는 단결권을 가지며, 단체교섭에서 근로자에게 유리한 근로조건을 실현하기 위하여 단체행동권을 필요로 하기 때문이다.

450. 단체교섭권의 개념

2) 단체교섭권의 대상

단체교섭은 근로조건의 유지 또는 개선을 목적으로 하는 것이므로 근로조건과 무관한 사항은 단체교섭의 대상에서 제외된다. 따라서 사용자가 독점적으로 보유하는 경영권·인사권 및 이윤취득권에 속하는 사항은 원칙적으로 단체교섭

451. 단체교섭권의 대상

---

1) 헌재 1998. 2. 27. 94헌바13 등 병합결정〈노동조합법 제33조 제 1 항 위헌소원(합헌)〉; 대법원 1998. 1. 20. 97도588 판결.

의 대상이 될 수 없다. 그러나 근로자들의 근로조건이나 지위에 직접 관련되거나 중대한 영향을 미치는 사항에 대해서는 단체교섭이 이루어질 수 있다.[1]

> **판례** "단체교섭과 쟁의조정의 대상은 근로자 전체에 관련된 근로조건 전반에 관한 사항만임에 반하여 노조간부에 대한 부당해고의 철회를 요구하는 것은 경영권에 관한 사항으로서 집단적 분쟁이 아니므로 노동쟁의로 받아들일 수 없고, 이에 관한 교섭거부도 부당노동행위가 되지 아니한다."(중앙노동위원회 1989. 2. 10. 88부노250 결정)

> **판례** "사용자가 인사처분을 함에 있어 노동조합의 사전동의를 얻어야 한다거나 또는 노동조합의 승낙을 얻거나 노동조합과 인사처분에 관한 논의를 하여 의견의 합치를 보아 인사처분을 하도록 단체협약에 규정된 경우에는 그 절차를 거치지 아니한 인사처분은 무효라고 보아야 한다."(대법원 1993. 9. 28. 91다30620 판결)

> **판례** "단체교섭에 대한 사용자의 거부나 해태에 정당한 이유가 있는지 여부는 노동조합 측의 교섭권자, 노동조합 측이 요구하는 교섭시간, 교섭장소 및 그의 교섭태도 등을 종합하여 사회통념상 사용자에게 단체교섭의무의 이행을 기대하는 것이 어렵다고 인정되는지 여부에 따라 판단하여야 한다(대법원 2006. 2. 24. 선고 2005도8606 판결 등 참조)."(대법원 2010. 4. 29. 2007두11542 판결)

3) 단체교섭과 단체협약

452. 단체교섭과 단체협약

　　사용자측은 단체교섭에 성의있게 응해야 하며, 사용자측이 정당한 이유없이 단체교섭을 거부하면 부당노동행위가 성립된다(「노동조합 및 노동관계조정법」 제81조 3호). 단체교섭이 성공하면 단체협약이 체결되어 보호받고, 단체교섭이 결렬되면 조정·중재를 거쳐 단체행동의 전제가 된다. 단체교섭권의 정당한 행사에 대해서는 민사상·형사상 책임이 면제된다.

> **판례** "사용자가 경영권의 본질에 속하여 단체교섭의 대상이 될 수 없는 사항에 관하여 노동조합과 '합의'하여 결정 혹은 시행하기로 하는 단체협약의 일부 조항이 있는 경우, 그 조항 하나만을 주목하여 쉽게 사용자의 경영권의 일부포기나 중대한 제한을 인정하여서는 아니되고, 그와 같은 단체협약을 체결하게 된 경위와 당시의 상황, 단체협약의 다른 조항과의 관계, 권한에는 책임이 따른다는 원

---

1) 서울민사지방법원 1991. 9. 12. 90가합5721 결정.

칙에 입각하여 노동조합이 경영에 대한 책임까지도 분담하고 있는지 여부 등을 종합적으로 검토하여 그 조항에 기재된 '합의'의 의미를 해석하여야 한다."(대법원 2002. 2. 26. 99도5380 판결)

판례 "협약자치의 원칙상 노동조합은 사용자와 근로조건을 유리하게 변경하는 내용의 단체협약뿐만 아니라 근로조건을 불리하게 변경하는 내용의 단체협약을 체결할 수 있으므로, 근로조건을 불리하게 변경하는 내용의 단체협약이 현저히 합리성을 결하여 노동조합의 목적을 벗어난 것으로 볼 수 있는 경우와 같은 특별한 사정이 없는 한 그러한 노사 간의 합의를 무효라고 볼 수는 없고, 노동조합으로서는 그러한 합의를 위하여 사전에 근로자들로부터 개별적인 동의나 수권을 받을 필요가 없으며, 단체협약이 현저히 합리성을 결하였는지 여부는 단체협약의 내용과 그 체결경위, 당시 사용자측의 경영상태 등 여러 사정에 비추어 판단해야 한다."(대법원 2007. 12. 14. 2007다18584 판결)

(3) 團體行動權

1) 단체행동권의 개념·유형·생산관리의 허용여부

단체행동권이란 사용자에 대하여 쟁의행위를 할 수 있는 권리이다. 쟁의행위란 동맹파업, 태업, 불매운동(보이콧), 감시행위(피케팅), 시위운동 기타 근로관계 당사자가 그 주장을 관철할 목적으로 행하는 행위로서 업무의 정당한 운영을 저해하는 것을 말한다. 그 밖에도 쟁의행위의 유형으로서 생산관리가 있다. 생산관리에 대해서는 사유재산제도와 정면으로 배치되므로 인정하지 않는 견해[1]와 재산권 및 경제질서에 관한 헌법규정과의 규범조화가 가능한 범위 내에서만 허용될 수 있다는 견해[2]가 대립되어 있다. 개인적으로는 생산관리를 엄격한 조건하에서 인정하는 것이 단체행동권의 취지에 비추어 타당하다고 생각한다.

453. 단체행동권의 개념·유형·생산관리의 허용여부

판례 "근로자의 쟁의행위의 정당성은, 첫째, 그 주체가 단체교섭의 주체로 될 수 있는 자이어야 하고, 둘째, 그 목적이 근로조건의 향상을 위한 노사간의 자치적 교섭을 조성하는 데에 있어야 하며, 셋째, 사용자가 근로자의 근로조건 개선에 관한 구체적인 요구에 대하여 단체교섭을 거부하였을 때 개시하되 특별한 사정이 없는 한 조합원의 찬성결정 및 노동쟁의 발생신고 등 절차를 거쳐야 하는

---

1) 김철수, 헌법학개론, 736쪽; 권영성, 헌법학원론, 638쪽.
2) 허영, 한국헌법론, 494쪽.

한편, 넷째, 그 수단과 방법이 사용자의 재산권과 조화를 이루어야 할 것은 물론 폭력의 행사에 해당되지 아니하여야 한다는 여러 조건을 모두 구비하여야 비로소 인정될 수 있다."(대법원 1996. 1. 26. 95도1959 판결)[1]

판례 "사용자와 근로자 사이의 근로계약관계에 있어서 근로자의 대우에 관하여 정한 조건인 근로조건 이외의 사항에 관한 노동관계당사자 사이의 주장의 불일치로 인한 분쟁상태는 근로조건에 관한 분쟁이 아니어서 구 노동쟁의조정법(1996. 12. 31. 법률 제5244호로 폐지되기 전의 것) 제2조의 노동쟁의라고 할 수 없고, 특별한 사정이 없는 한 이러한 사항은 중재재정의 대상이 되지 않는다."(대법원 1997. 10. 10. 97누4951 판결)

2) 단체행동권의 행사와 형사책임면제

454. 단체행동권의 행사와 형사책임면제

단체행동권의 행사는 국가에 의하여 형사책임을 추급당하지 않는다. 그러나 쟁의행위가 정당성의 한계를 벗어날 때에는 근로자는 업무방해죄(형법 제314조) 등 형사상의 책임을 면할 수 없다. 또한 정당한 쟁의행위는 사용자에 의하여 민사상 불법행위책임을 추급당하지 아니한다. 그러나 단체행동권의 행사로 인한 무노동에는 임금이 지급되지 않는다.

판례 "쟁의행위는 근로자가 소극적으로 노무제공을 거부하거나 정지하는 행위만이 아니라 적극적으로 그 주장을 관철하기 위하여 업무의 정상적인 운영을 저해하는 행위까지 포함하는 것이므로, 쟁의행위의 본질상 사용자의 정상업무가 저해되는 경우가 있음은 부득이한 것으로서 사용자는 이를 수인할 의무가 있으나, 이러한 근로자의 쟁의행위가 정당성의 한계를 벗어날 때에는 근로자는 업무방해죄 등 형사상의 책임을 면할 수 없다."(대법원 1992. 9. 22. 92도1855 판결)[2]

판례 "임금이란 근로의 대가로서 근로자가 사용자의 지휘를 받으며 근로를 제공하는 것에 대한 보수를 의미하므로, 현실의 근로제공을 전제로 하지 않고 단순히 근로자의 지위에 기하여 발생한다는 생활보장적 임금이란 있을 수 없다." (대법원 1995. 12. 21. 94다2671 판결)

---

1) 쟁의행위의 정당성 요건에 대하여는 대법원 1990. 5. 15. 90도367 판결 및 헌재 1998. 7. 16. 97헌바23 결정〈구 형법 제314조 위헌소원(합헌)〉도 참조.
2) 또한 대법원 1995. 4. 14. 95도12 판결도 참조.

판례 〈형법 제314조 제 1 항 위헌소원(합헌)〉 "노동법 제 4 조는 노동조합의 쟁위행위로서 노동법의 목적 달성을 위하여 한 정당한 행위에 대하여 위법성 조각사유에 관한 형법 제20조를 적용하도록 하고 있으나, 이것이 단체행동권의 행사로서 노동법상의 요건을 갖추어 헌법적으로 정당화되는 행위를 범죄행위의 구성요건에 해당하는 행위임을 인정하되 다만 위법성을 조각하도록 한 취지라고 할 수는 없다. 그러한 해석은 헌법상 기본권의 보호영역을 하위 법률을 통해 지나치게 축소시키는 것이며, 위 조항은 쟁의행위가 처벌의 대상이 되어서는 안 된다는 점을 강조한 것으로 이해해야 할 것이다. 나아가 노동법 제 3 조가 사용자로 하여금 적법한 쟁의행위로 인하여 입은 손해를 노동조합 또는 근로자에 대하여 배상청구할 수 없도록 한 것도 동일한 맥락에서 바라보아야 할 것이다."(헌재 2010. 4. 29. 2009헌바168 결정)

판례 "근로자는 헌법 제37조 제 2 항에 의하여 국가안전보장·질서유지 또는 공공복리 등의 공익상의 이유로 제한될 수 있고 그 권리의 행사가 정당한 것이어야 한다는 내재적 한계가 있어 절대적인 권리는 아니지만 원칙적으로는 헌법상 보장된 기본권으로서 근로조건 향상을 위한 자주적인 단결권·단체교섭권 및 단체행동권을 가진다(헌법 제33조 제 1 항). 그러므로 쟁의행위로서의 파업이 언제나 업무방해죄에 해당하는 것으로 볼 것은 아니고, 전후 사정과 경위 등에 비추어 사용자가 예측할 수 없는 시기에 전격적으로 이루어져 사용자의 사업운영에 심대한 혼란 내지 막대한 손해를 초래하는 등으로 사용자의 사업계속에 관한 자유의사가 제압·혼란될 수 있다고 평가할 수 있는 경우에 비로소 그 집단적 노무제공의 거부가 위력에 해당하여 업무방해죄가 성립한다고 봄이 상당하다."(대법원 2011. 3. 17. 2007도482 판결)

3) 단체행동권행사의 한계

단체행동권의 행사는 그 성질상 필연적으로 다른 법익을 침해하게 마련이다. 따라서 단체행동권의 한계가 특히 문제된다. 단체행동권의 행사에는 목적상의 한계로서 사회적 정의의 원칙에 입각하여 근로조건의 향상을 위해서만 행사되어야 한다는 한계가 있다. 곧 단체행동권의 행사는 근로조건의 유지·개선을 위한 경제적인 목적을 위한 것으로서 사용자와 피용자의 관계에 국한되어야 한다.

455. 단체행동권행사의 한계: 목적상·방법상·절차상의 한계

판례 "전교조 조합원들이 다수 조합원들과 함께 집단 연가서를 제출한 후 수업을 하지 않고 무단 결근 내지 무단 조퇴를 한채 교육인적자원부가 추진하고 있는

교육행정정보시스템(NEIS) 반대집회에 참석하는 등의 쟁의행위는 NEIS의 시행을 저지하기 위한 목적으로 이루어진 것인바, 청구인들의 행위는 직접적으로는 물론 간접적으로도 근로조건의 결정에 관한 주장을 관철할 목적으로 한 쟁의행위라고는 볼 수 없어 노동조합 및 노동관계조정법의 적용대상인 쟁의행위에 해당하지 않는다."(헌재 2004. 7. 15. 2003헌마878 결정)

판례 〈「노동조합 및 노동관계조정법」제91조 제1호 등 위헌확인(합헌)〉 "사업장의 안전보호시설에 대하여 정상적인 유지·운영을 정지·폐지 또는 방해하는 행위를 금지하는 조항과 그 처벌조항은 단체행동권을 과도하게 침해한다고 할 수 없다."(헌재 2005. 6. 30. 2002헌바83 결정)

따라서 순수한 정치적 파업은 허용되지 않는다. 그러나 최저임금법의 제정이나 노동관계법의 개폐 등과 같은 산업적 정치파업은 허용된다. 그 밖에도 단체행동권의 행사에는 방법상의 한계로서 비폭력적·비파괴적 방법을 사용하여야 하며, 절차상의 한계로서 최후수단으로서만 행사할 수 있다는 한계가 있다.

4) 단체행동과 직장폐쇄

456. 단체행동과 직장폐쇄

근로자의 단체행동에 대하여 사용자는 직장폐쇄(「노동조합 및 노동관계조정법」 제46조)를 할 수 있는가가 문제된다.

이 문제에 대하여는 위헌설과 합헌설이 대립되어 있다. 위헌설은 헌법 제33조는 근로자의 단체행동권만을 보장하는 것이므로 사용자의 직장폐쇄는 위헌이라고 한다.[1] 합헌설은 사용자가 노동 3권의 향유자가 될 수 없는 것은 당연하지만 재산권, 자본주의경제질서, 노사간의 실질적 균형, 쟁의당사자의 기능 등의 시각에서 불가피한 것으로 생각한다.[2]

개인적으로는 사용자가 근로자의 단체행동에 대하여 최후의 불가피한 경우에 직장폐쇄로 맞서는 것은 사용자의 재산권행사로 인정된다고 본다.

5. 勞動 3 權의 效力

457. 노동 3권의 효력: 대국가적 효력· 직접적 제3자적 효력

노동 3권은 대국가적 효력을 갖는다. 따라서 근로자는 국가기관에 대하여 적극적인 조치를 요구할 수 있으며(적극적 효력), 근로자의 단결·단체교섭의 요

---

1) 김철수, 헌법학개론, 735쪽.
2) 권영성, 헌법학원론, 636쪽.

구 또는 쟁의행위 등이 국가권력에 의하여 금지·처벌되어서는 안 된다(소극적 효력).

노동 3권의 대사인적 효력과 관련해서는 우리 헌법은 독일기본법과는 달리 헌법에 명시적인 규정이 없다는 것을 들어 간접적 대사인적 효력만을 인정하려는 견해[1]가 없는 것은 아니나, 노동 3권은 직접적 제 3 자효를 갖는다고 보아야 할 것이다. 왜냐하면 사회적 권력이 부분영역에 대하여 거대한 경제적 또는 사회적 압력을 행사하여 사실상 국가 자신과 마찬가지로 작용하고 침해하는 경우에는 예외적으로 기본권규범은 직접 구속력을 가지지 않으면 안 되기 때문이다.[2]

6. 勞動 3 權의 制限

(1) 憲法에 의한 制限

458. 노동 3권의 제한

1) 공무원의 노동 3권 제한

① 노동 3권의 제한

헌법 제33조 제 2 항은 "공무원인 근로자는 법률이 정하는 자에 한하여 단결권·단체교섭권 및 단체행동권을 가진다"라고 하여 공무원의 노동 3권을 제한하고 있다.

459. 공무원의 노동 3 권제한에 대한 학설: 직무성질설이 통설

② 공무원의 노동 3권 제한에 대한 학설

공무원의 노동 3권 제한과 관련하여 국민전체봉사자설, 특별권력관계설, 직무성질설 등 견해가 나뉘어 있다. 국민전체봉사자설은 공무원은 그 지위가 국민전체에 대한 봉사자이며, 국민에 대하여 책임을 지는 입장에 있기 때문에 법률로 인정된 자를 제외하고는 노동 3권을 가질 수 없다고 한다. 특별권력관계설은 국가 또는 공공단체와 공무원은 특별권력관계에 있기 때문에 제한된다고 한다. 직무성질설은 제한의 근거를 공무원의 신분의 특수성에서 찾을 수 있는 것이 아니라 공무원이 담당하고 있는 직무의 특수성, 곧 그 직무의 공공성에서 찾아야 된다고 한다. 곧 공무원의 직무 중에서 특히 공공성이 강하여 국가적 질서에 대하여 중대한 영향을 미치게 되는 경우에는 공무원의 단결권 등을 제한할 수 있다고 한다. 이 중에서 직무성질설이 통설의 입장이다.

---

1) 예컨대 허영, 한국헌법론, 490·491쪽.
2) BVerfGE 25, 256(263ff.); K. Hesse, *Grundzüge des Verfassungsrechts der Bundesrepublik Deutschland*, S. 148ff. 참조.

③ 공무원의 노동 3권 제한에 관한 헌법재판소의 입장

460. 공무원의 노동 3
권제한에 관한 헌법
재판소의 입장

　　과거 헌법재판소는 국민전체봉사자설과 직무성질설을 동시에 원용하여 공무원의 노동 3권을 제한하면서도, 모든 공무원에 대하여 단체행동권을 전면적으로 금지한 구 노동쟁의조정법 제12조 제 2 항에 대하여는 헌법불합치결정을 내린 바 있다.

> **판례** 〈사립학교법 제55조, 제58조 제 1 항 제 4 호에 대한 합헌결정〉 "교원지위의 특수성, 교원직무의 전문성, 공공성, 교육제도의 구조적 특성과 전통을 고려할 때 일반근로자의 경우와 달리 취급하여야 할 합리적인 이유가 있다. 또한 동 법률조항들은 국·공립학교교원에게 적용되는 교육공무원법 및 국가공무원법의 관계 규정보다 반드시 불리한 것으로 볼 수 없기 때문에 평등원칙에 위배되지 않는다." (헌재 1991. 7. 22. 89헌가106 결정)

> **판례** 〈국가공무원법 제66조 제 1 항에 대한 헌법소원〉 "국가공무원법 제66조 제 1 항이 근로 3권이 인정되는 공무원의 범위를 사실상의 노무에 종사하는 공무원에 한정하고 있는 것은 공무원의 국민전체에 대한 봉사자로서의 지위 및 그 직무상의 공공성 등의 성질을 고려한 합리적인 공무원제도의 보장, 공무원제도와 관련한 주권자 등 이해관계인의 권익을 공공복리의 목적 아래 통합조정하려는 의도와 어긋나는 것이라고 볼 수 없다."(헌재 1992. 4. 28. 90헌바25 등 병합결정)

> **판례** 〈노동쟁의조정법에 관한 헌법소원(헌법불합치)〉 "물론 현행 헌법 제33조 제 2 항도 국가공무원이든 지방공무원이든 막론하고 모든 공무원에게 노동 3 권을 준다는 취지는 아닌 것이며, 일부 공무원에게는 단체행동권을 주지 않는다는 것도 전제된 것이라 볼 때에, 법 제12조 제 2 항은 이 한도 내에서는 그 제정경위야 어떻든 합헌적인 면이 있음을 결코 부인할 수 없을 것이다. 국민전체의 봉사자로서 공공의 이익을 위하여 근무하고 직무집행에 있어서 전념의무가 있는 것이 공무원의 신분상의 지위인 것으로 보나 국가기능의 계속성의 확보를 위하여도 일반근로자의 경우와 달리 입법자에 의한 제한은 부득이한 것이고, 따라서 위 규정의 원칙적인 타당성은 쉽사리 부인할 수 없기 때문이다."(헌재 1993. 3. 11. 88헌마5 결정)

> **판례** 〈노동쟁의조정법에 관한 헌법소원(헌법불합치)〉 "모든 공무원에게 단체행동권, 즉 쟁의권을 근본적으로 부인하고 있는 노동쟁의조정법 제12조 제 2 항 중 '국가·지방자치단체에 종사하는 노동자'에 관한 부분은 현행헌법 제33조 제 2 항

의 규정과 충돌되고 저촉되는 면이 있다. 더 나아가서 헌법 제37조 제 2 항의 일반적 법률유보조항에 의하여서도 정당화될 수 없는 것이다. 그러나 헌법 제33조 제 2 항의 규정은 일부 공무원에게는 단체행동권을 주지 않는다는 것도 전제하고 있으므로 합헌적인 면도 포함되어 있다. 따라서 이 규정 자체가 전면위헌인 것으로서 전면 무효화를 위한 단순위헌을 선언할 성질의 것은 못 된다고 하여도 헌법에 맞지 않는 규정이 분명하며, 앞으로 현행 헌법규정과 충돌이 됨이 없이 합헌의 상태가 되도록 고쳐져서 재정비되어야 할 규정이다."(헌재 1993. 3. 11. 88헌마5 결정)

그러나 2005. 1. 27. 「공무원의 노동조합설립 및 운영 등에 관한 법률」이 제정되어 2006. 1. 28.부터 i) 6급 이하의 일반직공무원 및 이에 상당하는 연구 또는 특수기술직렬의 일반직공무원, ii) 특정직공무원 중 6급 이하의 일반직공무원에 상당하는 외무행정·외무정보관리직공무원, iii) 기능직공무원, iv) 6급 이하의 일반직공무원에 상당하는 별정직공무원 및 계약직공무원 및 v) 고용직공무원은 원칙적으로 노동조합에 가입할 수 있고, 단체교섭도 행사할 수 있다(법 제 6 조 제 1 항 참조).

판례 〈「공무원의 노동조합 설립 및 운영 등에 관한 법률」위헌소원(기각)〉
"2. 노동조합 가입범위에 관한 공노법 제 6 조는 통상 5급 이상의 공무원이 제반 주요정책을 결정하고 그 소속 하위직급자들을 지휘·명령하여 분장사무를 처리하는 역할을 하는 공무원의 업무수행 현실, 6급 이하의 공무원 중에서도 '지휘감독권 행사자' 등은 '항상 사용자의 이익을 대표하는 자'의 입장에 있거나 그 업무의 공공성·공익성이 큰 점 등을 고려하여 위 공무원들을 노동조합 가입대상에서 제외한 것으로, 헌법 제33조 제 2 항이 입법자에게 부여하고 있는 형성적 재량권의 범위를 일탈하여 청구인들의 단결권을 침해한다고 볼 수 없다.
6. 공무원이 쟁의행위를 통하여 공무원 집단의 이익을 대변하는 것은 국민전체에 대한 봉사자로서의 공무원의 지위와 특성에 반하고 국민전체의 이익추구에 장애가 되며, 공무원의 보수 등 근무조건은 국회에서 결정되고 그 비용은 최종적으로 국민이 부담하는바, 공무원의 파업으로 행정서비스가 중단되면 국가기능이 마비될 우려가 크고 그 손해는 고스란히 국민이 부담하게 되며, 공공업무의 속성상 공무원의 파업에 대한 정부의 대응수단을 찾기 어려워 노사 간 힘의 균형을 확보하기 어렵다. 따라서, 공무원에 대하여 일체의 쟁의행위를 금지한 공노법 제11조는 헌법 제33조 제 2 항에 따른 입법형성권의 범위 내에 있어, 헌법에 위배되지 아니한다."(헌재 2008. 12. 26. 2005헌마571 결정)

④ 초·중등교원의 단결권·단체교섭권

461. 초·중등교원에 게는 단결권과 단체 교섭권이 보장되고 있다

교원의 노동운동은 과거에는 법률로써 제한되어 있었다. 그러나 「교원의 노동조합설립 및 운영 등에 관한 법률」이 제정되어(1999년 1월) 초·중등교원의 단결권과 단체교섭권이 보장되고 있다.

2) 주요방위산업체 종사자의 단체행동권제한

462. 주요방위산업체 종사자의 단체행동권 제한

"법률이 정하는 주요방위산업체에 종사하는 근로자의 단체행동권은 법률이 정하는 바에 의하여 이를 제한하거나 인정하지 아니할 수 있다"(제33조 제3항). 따라서 주요업체가 아닌 경우는 제한할 수 없다.[1] 헌법재판소는 구 노동행위조정법 제12조 제2항을 해석상 주요방위산업체에 종사하는 근로자로 보아 합헌결정하였다.[2]

> **판례** 〈경비업법 제15조 제3항 등 위헌확인(기각, 각하)〉 "이 사건 법률조항은 헌법이 인정한 일반근로자의 단체행동권을 전면적으로 박탈하고 있으므로 헌법 제33조 제1항 자체에 위반된다는 반대견해가 있다. 그러나 이 사건 법률조항에 의한 쟁의행위의 금지는, 특수경비원에게 보장되는 근로3권 중 단체행동권의 제한에 관한 법률조항에 해당하는 것으로서, 헌법 제37조 제2항의 과잉금지원칙에 위반되는지 여부가 문제될 뿐이지, 그 자체로 근로3권의 보장에 관한 헌법 제33조 제1항에 위배된다고 볼 수는 없는 것이다. 특히 반대견해에서는 헌법 제33조 제2항과 제3항의 규정에서 '공무원'과 '주요방위산업체에 종사하는 근로자'에 대해서만 특별히 유보조항을 두고 있는 점을 근거로 제시하고 있으나, 앞서 언급한 바와 같이 이 사건 법률조항에 의한 단체행동권의 제한은 헌법 제33조 제2항과 제3항의 개별유보조항에 의한 것이 아니라 헌법 제37조 제2항의 일반유보조항에 의한 것인 만큼, 헌법 제33조 제2항과 제3항으로부터 이 사건 법률조항이 헌법 제33조 제1항에 위배된다는 결론은 도출될 수 없는 것이다."(헌재 2009. 10. 29. 2007헌마1359 결정)

(2) 法律에 의한 制限

463. 법률에 의한 노동3권의 제한

근로자의 노동3권은 헌법 제37조 제2항에 따라 국가안전보장·질서유지·공공복리를 위해 필요한 경우에 한하여 법률로써 제한될 수 있다. 그러나 제한하는 경우에도 그 본질적인 내용[3]은 제한할 수 없다. 또한 과잉제한은 허용되지 않는다.

---

1) 헌재 1998. 2. 27. 95헌바10 결정〈노동쟁의조정법 제12조 제2항 등 위헌소원(합헌)〉.
2) 헌재 1998. 2. 27. 95헌바10 결정〈노동쟁의조정법 제12조 제2항 등 위헌소원(합헌)〉.
3) 허영, 한국헌법론, 496쪽은 노동3권의 본질적 내용을 제한하는 경우의 예로서 노동조합의

판례 〈노동쟁의조정법 제 4 조, 제30조 제 3 호, 제31조, 제47조에 대한 헌법소원(합헌)〉 "노동기본권은 어떤 제약도 허용되지 아니한 절대적인 권리가 아니라 질서유지나 공공복리라는 관점에서 당연 그 내재적인 제약이 있으며 그 제한은 노동기본권보장의 필요와 국민생활 전체의 이익을 유지·증진할 필요를 비교 형량하여 양자가 적정한 균형을 유지하는 선에서 결정된다고 할 것이다"(헌재 1996. 12. 26. 90헌바19 등 병합결정)

판례 〈경비업법 제15조 제 3 항 등 위헌확인(기각, 각하)〉 "헌법 제33조 제 1 항에서는 근로자의 단결권·단체교섭권 및 단체행동권을 보장하고 있는바, 현행 헌법에서 공무원 및 법률이 정하는 주요방위산업체에 종사하는 근로자와는 달리 특수경비원에 대해서는 단체행동권 등 근로 3 권의 제한에 관한 개별적 제한규정을 두고 있지 않다고 하더라도, 헌법 제37조 제 2 항의 일반유보조항에 따른 기본권제한의 원칙에 의하여 특수경비원의 근로 3 권 중 하나인 단체행동권을 제한할 수 있음은 의문의 여지가 없는 것이다(헌재 1996. 12. 26. 90헌바19, 판례집 8-2, 729, 768-769 참조). 따라서 이 사건에서는 국가에 대한 관계에서 자유권적 측면으로서의 근로 3 권 중 단체행동권의 제한에 해당하는 이 사건 법률조항의 규정내용, 즉 '파업·태업 그 밖에 경비업무의 정상적인 운영을 저해하는 일체의 쟁의행위의 금지'가 기본권제한입법의 한계조항인 헌법 제37조 제 2 항의 과잉금지원칙에 위반되는지 여부가 문제된다."(헌재 2009. 10. 29. 2007헌마1359 결정)

(3) 非常戒嚴에 의한 制限

헌법 제77조 제 3 항은 "비상계엄이 선포된 때에는 법률이 정하는 바에 의하여 영장제도, 언론·출판·집회·결사의 자유, 정부나 법원의 권한에 관하여 특별한 조치를 할 수 있다"고 하여 비상계엄시에는 근로자의 노동 3 권을 제한할 수 있음을 분명히 하고 있다.

464. 비상계엄에 의한 노동 3 권의 제한

조직을 금지하거나 복수노조의 설립을 금지하고 노동조합의 내부적 인사문제에 대해서 국가가 간섭하는 행위, 직권중재권 내지 긴급조정권(노동쟁의조정법 제74조 내지 제76조)의 남용 등 단체교섭과정에 국가권력이 부당하게 간섭해서 단체교섭의 자율성을 침해하는 행위, 쟁의행위를 심히 제한하는 법률을 제정하는 행위를 들고 있다.

第5節 人間다운 生活을 할 權利

1. 憲法規定 및 沿革

(1) 憲法規定

465. 인간다운 생활을 할 권리에 대한 헌법규정: 헌법 제34조

우리 헌법 제34조 제1항은 "모든 국민은 인간다운 생활을 할 권리를 가진다"고 하여 인간다운 생활을 할 권리를 보장하고, 이를 실효적인 것으로 하기 위하여 동 제2항에서 제6항에 걸쳐 국가의 사회보장·사회복지 증진의무(제2항), 국가의 여자에 대한 복지와 권익향상노력(제3항), 국가의 노인과 청소년복지 향상의무(제4항), 생활무능력자에 대한 국가보호(제5항), 국가의 재해예방의무(제6항)를 규정하고 있다.[1]

(2) 沿 革

466. 인간다운 생활을 할 권리의 연혁

인간다운 생활을 할 권리는 1919년 바이마르헌법 제151조[2]에서 처음으로 규정된 것으로 알려져 있다. 우리 헌법은 제5차 개정헌법에서 인간다운 생활을 할 권리를 신설하였으며, 여자의 복지·권익향상, 노인·청소년의 복지향상·신체장애자의 보호, 재해예방·국민보호는 제9차 개정헌법에서 신설하였다.

2. 人間다운 生活을 할 權利의 法的 性格

(1) 學說·判例

1) 학 설

467. 인간다운 생활을 할 권리의 법적 성격에 대한 학설·판례

인간다운 생활을 할 권리의 법적 성격에 대해서는 주생존권적 기본권으로서 인간다운 생활을 할 비용에 대해서 급부를 요구할 수 있는 급부청구권으로 보는 견해,[3] 불완전하지만 구체적 권리라는 견해,[4] 사회국가실현의 국가적 의무를 내포하는 국민의 구체적 권리로서 그 구체적인 내용은 생활무능력자의 국가에 대

---

1) 권영성, 헌법학원론, 605쪽 이하는 헌법 제34조 제2항에서 제6항까지를 사회보장수급권이라는 용어로 총칭하고 있다.
2) 바이마르헌법 제151조 1문: "경제생활의 질서는 모든 사람의 '인간다운 생활'(menschenwürdiges Dasein)을 보장하려는 목적과 함께 정의의 제 원칙에 상응하지 않으면 안 된다."
3) 김철수, 헌법학개론, 693쪽.
4) 권영성, 헌법학원론, 603쪽.

한 보호청구권과 각종 보호청구권이라는 견해[1] 등 학설이 나뉘어 있다.

2) 판   례

헌법재판소는 인간다운 생활을 할 권리는 최소한의 물질적 생활을 요구할 수 있는 권리로 보고 그러한 범위 내에서 구체적 권리라고 한다. 또한 헌법재판소는 인간다운 생활을 할 권리는 모든 국가기관을 기속한다고 한다. 그러나 그 기속의 의미는 입법부와 행정부에 대해서는 행위규범으로서 작용함에 반하여, 헌법재판소에 대해서는 통제규범으로서 작용한다고 한다.

> **판례** 〈「국가유공자 예우 등에 관한 법률」제 9 조 부분위헌제청(합헌)〉 인간다운 생활을 할 권리로부터는 인간의 존엄에 상응하는 생활에 필요한 '최소한의 물질적인 생활'의 유지에 필요한 급부를 요구할 수 있는 구체적인 권리가 상황에 따라서는 직접 도출될 수 있다고 할 수는 있어도, 동 기본권이 직접 그 이상의 급부를 내용으로 하는 구체적인 권리를 발생케 한다고는 볼 수 없다고 할 것이다. 이러한 구체적 권리는 국가가 재정형편 등 여러 가지 상황들을 종합적으로 감안하여 법률을 통하여 구체화 할 때 비로소 인정되는 법률적 권리라고 할 것이다. (헌재 1995. 7. 21. 93헌가14 결정)[2]

> **판례** 〈1994년 생계보호기준 위헌확인(기각)〉 "위와 같은 헌법의 규정이, 입법부나 행정부에 대하여는 국민소득, 국가의 재정능력과 정책 등을 고려하여 가능한 범위 안에서 최대한으로 모든 국민이 물질적인 최저생활을 넘어서 인간의 존엄성에 맞는 건강하고 문화적인 생활을 누릴 수 있도록 하여야 한다는 행위의 지침, 즉 행위규범으로서 작용하지만, 헌법재판에 있어서는 다른 국가기관, 즉 입법부나 행정부가 국민으로 하여금 인간다운 생활을 영위하도록 하기 위하여 객관적으로 필요한 최소한의 조치를 취할 의무를 다하였는지를 기준으로 국가기관의 행위의 합헌성을 심사하여야 한다는 통제규범으로 작용하는 것이다."(헌재 1997. 5. 29. 94헌마33 결정)

> **판례** 〈저상버스 도입의무 불이행 위헌확인(각하)〉 "헌법은 제34조 제 1 항에서 모든 국민의 "인간다운 생활을 할 권리"를 사회적 기본권으로 규정하면서, 제 2 항 내지 제 6 항에서 특정한 사회적 약자와 관련하여 "인간다운 생활을 할 권리"

---

1) 허영, 한국헌법론, 502쪽.
2) 또한 헌재 1998. 2. 27. 97헌가10 등 병합결정〈「국가유공자 예우 등에 관한 법률」제 9 조 위헌제청 등(합헌)〉도 참조.

의 내용을 다양한 국가의 의무를 통하여 구체화하고 있다. … 헌법이 제34조에서 여자(제 3 항), 노인·청소년(제 4 항), 신체장애자(제 5 항) 등 특정 사회적 약자의 보호를 명시적으로 규정한 것은, '장애인과 같은 사회적 약자의 경우에는 개인 스스로가 자유행사의 실질적 조건을 갖추는 데 어려움이 많으므로, 국가가 특히 이들에 대하여 자유를 실질적으로 행사할 수 있는 조건을 형성하고 유지해야 한다'는 점을 강조하고자 하는 것이다.

사회적 기본권(헌법 제31조 내지 제36조)이 국가에게 그의 이행을 어느 정도 강제할 수 있는 의무를 부과하기 위해서는, 국가의 다른 과제보다도 사회적 기본권이 규정하는 과제를 우선적으로 실현하여야 한다는 우위관계가 전제가 되어야 하는데, 사회적 기본권에 규정된 국가의 의무가 그렇지 못한 국가의 의무에 대하여 입법과정이나 정책결정과정에서, 무엇보다도 예산책정과정에서 반드시 우선적 이행을 요구할 수가 없다. 사회적 기본권과 경쟁적 상태에 있는 국가의 다른 중요한 헌법적 의무와의 관계에서나 아니면 개별적인 사회적 기본권 규정들 사이에서의 경쟁적 관계에서 보나, 입법자는 사회·경제정책을 시행하는 데 있어서 서로 경쟁하고 충돌하는 여러 국가목표를 균형있게 고려하여 서로 조화시키려고 시도하고, 매 사안마다 그에 적합한 실현의 우선순위를 부여하게 된다. 국가는 사회적 기본권에 의하여 제시된 국가의 의무와 과제를 언제나 국가의 현실적인 재정·경제능력의 범위 내에서 다른 국가과제와의 조화와 우선순위결정을 통하여 이행할 수밖에 없다.

그러므로 사회적 기본권은 입법과정이나 정책결정과정에서 사회적 기본권에 규정된 국가목표의 무조건적인 최우선적 배려가 아니라 단지 적절한 고려를 요청하는 것이다. 이러한 의미에서 사회적 기본권은, 국가의 모든 의사결정과정에서 사회적 기본권이 담고 있는 국가목표를 고려하여야 할 국가의 의무를 의미한다."
(헌재 2002. 12. 18. 2002헌마52 결정)

(2) 私 見

468. 인간다운 생활을 할 권리의 법적 성격에 대한 사견

개인적으로는 인간다운 생활을 할 권리는 입법위임규정이라고 생각한다. 그러나 생활무능력자의 생계비청구권은 인간다운 생활을 할 권리의 최소한의 내용으로서 구체적 권리라고 생각한다.

3. 人間다운 生活을 할 權利의 主體

469. 인간다운 생활을 할 권리의 주체

다수설은 국민에게만 주체성을 인정하고 외국인에게는 주체성을 인정하지 않는다. 개인적으로는 외국인의 주체성여부는 호혜주의원칙에 따라 결정될 문제라고 본다.

4. 人間다운 生活을 할 權利의 內容

(1) 人間다운 生活을 할 權利의 概念과 機能

1) 인간다운 생활을 할 권리의 개념

인간다운 생활이란 개인과 그의 가족에게 건강과 행복, 특히 의식주, 의료 및 필요한 사회적 시설을 확보하기에 충분한 생활(세계인권선언 제25조 제 1 항)로 정의할 수 있다. 이러한 인간다운 생활의 수준은 일정한 시점에서 객관적으로 확정할 수 있다. 이 때 주의해야 할 것은 국가예산이 그것에 충분한가가 아니라, 인간다운 생활이 오히려 국가세입의 계산에 지도적인 역할을 해야 한다는 것이다.[1] 그러나 현실적으로는 여러 가지 제약 때문에 인간다운 생활을 할 권리는 최저생존수준에 머무를 수밖에 없을 것이다.[2]

470. 인간다운 생활을 할 권리의 개념

> **판례** 〈1994년 생계보호기준 위헌확인(기각)〉 "'인간다운 생활'이란 그 자체가 추상적이고 상대적인 개념으로서 그 나라의 문화의 발달, 역사적·사회적·경제적 여건에 따라 어느 정도는 달라질 수 있는 것일 뿐만 아니라, 국가가 이를 보장하기 위한 생계보호수준을 구체적으로 결정함에 있어서는 국민 전체의 소득수준과 생활수준, 국가의 재정규모와 정책, 국민 각 계층의 상충하는 갖가지 이해관계 등 복잡하고도 다양한 요소들을 함께 고려하여야 한다. 따라서 생계보호의 구체적 수준을 결정하는 것은 입법부 또는 입법에 의하여 다시 위임을 받은 행정부 등 해당 기관의 광범위한 재량에 맡겨져 있다고 보아야 한다. 그러므로 국가가 인간다운 생활을 보장하기 위한 헌법적 의무를 다하였는지의 여부가 사법적 심사의 대상이 된 경우에는, 국가가 생계보호에 관한 입법을 전혀 하지 아니하였다든가 그 내용이 현저히 불합리하여 헌법상 용인될 수 있는 재량의 범위를 명백히 일탈한 경우에 한하여 헌법에 위반된다고 할 수 있다."(헌재 1997. 5. 29. 94헌마33 결정)

2) 인간다운 생활을 할 권리의 기능

인간다운 생활을 할 권리에 대한 헌법규정은 사회입법의 근본규범으로서 사회적 권리의 이념적 출발점·사회적 권리의 핵·사회적 권리에 대한 일반규정으

471. 인간다운 생활을 할 권리의 기능

---

1) 권영성, 헌법학원론, 604쪽.
2) 권영성, 헌법학원론, 604쪽. 그렇다고 해서 인간다운 생활을 할 권리를 '최저한의 물질적인 생활을 할 수 있는 권리'라고 확정하는 것(허영, 한국헌법론, 499쪽)은 문제가 있다고 생각한다. 왜냐하면 최저한의 물질적 생활은 인간다운 생활의 본질적 내용, 또는 최소내용이지 인간다운 생활 그 자체는 아니기 때문이다.

로서의 기능을 한다.[1]

> **판례** 〈구 「국가유공자 예우 등에 관한 법률」 제70조 등 위헌소원(위헌, 합헌)〉
> "'인간다운 생활을 할 권리'는 신체장애자의 권리 등 여타 사회적 기본권에 관한
> 헌법규범들의 이념적인 목표를 제시하고 있는 동시에 국민이 인간적 생존의 최소
> 한을 확보하는 데 있어서 필요한 최소한의 재화를 국가에게 요구할 수 있는 권리
> 를 내용으로 하고 있다. 국가가 신체장애자 등을 보호할 의무도, 신체장애로 인
> 하여 인간적 생존의 최소한을 확보하는 데 어려움이 있는 국민을 보호할 대책을
> 세울 의무를 부과함으로써 결국 '인간다운 생활을 할 권리'의 실현을 위한 수단
> 적인 성격을 갖는다고 할 것이다."(헌재 1999. 12. 23. 98헌바33 결정)

(2) 社會保障을 받을 權利

1) 내 용

472. 사회보장을 받을 권리

헌법 제34조 제2항은 제32조 제1항의 권리가 실현될 수 있도록 사회보장
과 사회복지의 증진을 위하여 국가가 노력해야 할 의무를 규정하고 있다. 그에
따라 국민은 국가의 적극적 관여에 따른 사회보장을 받을 권리를 가진다.

> **판례** 〈주택건설촉진법 제3조 제9호 위헌확인(합헌)〉 "주택조합(지역조합과
> 직장 조합)의 조합원자격을 무주택자로 한정하고 있는 주택건설촉진법 제3조 제
> 9호는 우리 헌법이 전문에서 천명한 사회국가, 복지국가, 문화국가의 이념과 그
> 구현을 위한 사회적 기본권조항인 헌법 제34조 제1·제2항, 제35조 제3항의 규
> 정에 의하여 국가에게 부과된 사회보장의무의 이행과 국민의 주거확보에 관한 정
> 책시행을 위한 정당한 고려하에서 이루어진 것으로서 조합원자격에서 유주택자를
> 배제하였다고 해서 그것이 인간의 존엄성이라는 헌법이념에 반하는 것도 아니고
> 우선 무주택자를 해소하겠다는 주택건설촉진법의 목적달성을 위하여 적정한 수단
> 이기도 하므로 이는 합리적 근거 있는 차별이어서 헌법의 평등이념에 반하지 아
> 니하고 그에 합치된 것이며 헌법 제37조 제2항의 기본권제한과잉금지의 원칙에
> 도 저촉되지 아니한다."(헌재 1994. 2. 24. 92헌마43 결정)

사회보장과 사회복지란 일반적으로 국가가 국민의 생활보장을 위하여 급부
하는 모든 것을 지칭한다. 그러한 것에는 사회보험제도의 도입, 국가를 통한 경

---

1) 허영, 한국헌법론, 501·502쪽은 인간다운 생활을 할 권리의 헌법상 기능을 인간존엄성실
   현의 최소한의 방법적 기초, 경제질서의 가치지표로서의 의의, 사회국가실현의 국가적 의
   무제시기능의 셋으로 간추리고 있다.

제질서의 조정과 통제, 조세정책을 통한 사회개선이 있다. 이러한 것들 중에서 가장 대표적인 것으로는 사회보험제도를 들 수 있다. 사회보험이란 보험당사자인 국가 또는 공공단체가 특정의 국민에 대하여 발생이 불확정한 일정한 사고에 관하여 그로부터 발생하는 특정의 손실 또는 손해를 보상하거나 일정한 금액을 지급하거나 또는 기타 특정의 보험급부를 수여하는 제도를 말한다. 사회보험의 주요유형에는 의료보험·상해보험·폐질 및 양로보험·실업보험·퇴직연금보험 등이 있다. 그 밖에도 국민은 양로원·고아원·보육시설·조산원·무료시설 등의 사회구호시설의 혜택을 받을 권리를 가진다.

> **판례** 〈군인연금법 제21조 제 5 항 위헌제청(한정합헌)〉 "군인연금법상 퇴역연금은 군인이 장기간 충실히 복무한 공로에 대한 공적 보상으로서 지급된다고 하는 은혜적 성질을 갖는 한편 퇴역연금 중 기여금에 상당한 부분만은 봉급연불적인 성질을 갖고 있을 뿐만 아니라, 군인이 부담하는 기여금은 군인인 기간 동안 및 퇴직 후에 있어서의 공적 재해보험의 성질이 있고 국고의 부담금은 군인과 그 가족을 위한 사회보험부담금으로서의 성질이 있다 할 것이므로, 결국 퇴역연금은 퇴역군인의 생활을 보장하기 위한 사회보험 내지 사회보장, 사회복지적인 성질도 함께 갖는다. 따라서 군인연금법 제21조 제 5 항 제 2 호에 해당하는 기관으로부터 보수 기타 급여를 지급받는 경우 어느 정도 퇴역연금의 지급을 제한할 것인가는 입법자가 사회정책적 고려, 국가의 재정 및 기금의 상황 등 여러 가지 사정을 참작하여 폭넓게 그의 형성재량으로 결정할 수밖에 없는 것이긴 하지만, 퇴역연금은 봉급연불적 성질도 있으므로 적어도 그 범위 안에서 퇴역연금의 지급정지는 기본권제한의 한계를 정한 헌법의 규정에 따라야 한다."(헌재 1994. 6. 30. 92헌가 9 결정)

> **판례** 〈공공자금관리기금법 제 5 조 제 2 항, 국민연금법 제84조 제 3 항 등에 대한 위헌제청(합헌)〉 "국가는 법적 요건을 갖춘 수급권자에게 법정의 급여를 지급할 책임과 의무를 진다. 따라서 국가는 안정성·수익성·공공성 등을 고려한 합리적 재량에 의해 연금기금을 관리·운용할 수 있는 것이지 반드시 가입자의 희망에 따라 운용해야 하는 것은 아니다. 그런데 정부가 수익률에서는 다소 떨어져도 장기적인 안정성에서 충분한 보장이 있는 기금운영방법을 선택했다고 해서 연금가입자의 장래의 연금수급권(재산권)과 인간다운 생활을 침해하는 것은 아니다." (헌재 1996. 10. 4. 96헌가6 결정)

헌법재판소는 이러한 헌법상의 사회보장을 받을 권리도 그에 관한 수급요건, 수급자의 범위, 수급액 등 구체적인 사항이 법률에 규정됨으로써 비로소 구체적인 법적 권리로 형성되는 권리라고 본다.[1]

2) 사회보장을 받을 권리를 구체화하는 법률들

473. 사회보장을 받을 권리를 구체화하는 법률들

이 권리를 실현하기 위하여 사회보장기본법을 필두로 의료보호법, 생활보호법, 재해구호법, 군인보험법, 영유아보육법, 모자복지법, 모자보건법 · 아동복지법 · 노인복지법 · 장애인복지법, 「장애인 · 노인 · 임산부 등의 편의증진보장에 관한 법률」 등이 제정되어 있다.

(3) 生活保護를 받을 權利

1) 내   용

474. 생활보호를 받을 권리

헌법 제34조 제5항은 생활능력이 없는 국민에 대한 국가의 보호의무를 규정하고 있다. 따라서 생활능력이 없는 국민은 생활보호를 받을 권리를 가진다.

생활무능력자의 생활보호청구권은 인간다운 생활의 실현을 위한 최소한의 조건이다. 이러한 의미에서 생활무능력자의 생활보호청구권은 사회적 권리의 핵심이자 출발점이 된다. 여기서 생활무능력자라 함은 신체장애, 질병, 노령 기타의 사유로 일할 능력이 없는 자를 뜻한다. 실업자는 헌법 제34조 제5항의 의미에서 생활무능력자가 아니다.

2) 생활보호를 받을 권리를 구체화하는 법률들

475. 생활보호를 받을 권리를 구체화하는 법률들

이 권리를 실현하기 위하여 국민기초생활보호법, 의료급여법, 장애인복지법 · 노인복지법, 「국가유공자 등 예우 및 지원에 관한 법률」 등이 제정되어 있다. 이들 법에 의한 보호청구권은 구체적 · 개별적 권리이다.[2] 생활보호기준은 입법부와 행정부의 광범위한 재량사항에 속한다.

> **판례** 〈1994년 생계보호기준 위헌확인(기각)〉 "모든 국민은 인간다운 생활을 할 권리를 가지며 국가는 생활능력 없는 국민을 보호할 의무가 있다는 헌법의 규정은 입법부와 행정부에 대하여는 국민소득, 국가의 재정능력과 정책 등을 고려하

---

1) 예컨대 헌재 1995. 7. 21. 93헌가14 결정〈「국가유공자 예우 등에 관한 법률」 제9조 본문 위헌제청(합헌)〉; 2003. 7. 24. 2002헌바51 결정〈산업재해보상보험법 제5조 단서 등 위헌소원(합헌, 각하)〉 참조.
2) 헌재 1997. 5. 29. 94헌마33 결정〈1994년 생계보호기준 위헌확인(기각)〉.

여 가능한 범위 안에서 최대한으로 모든 국민이 물질적인 최저생활을 넘어서 인간의 존엄성에 맞는 건강하고 문화적인 생활을 누릴 수 있도록 하여야 한다는 행위의 지침, 즉 행위규범으로서 작용한다. 그러나 헌법재판에 있어서는 다른 국가기관, 즉 입법부나 행정부가 국민으로 하여금 인간다운 생활을 영위하도록 하기 위하여 객관적으로 필요한 최소한의 조치를 취할 의무를 다하였는지의 여부를 기준으로 국가기관의 행위의 합헌성을 심사하여야 한다는 통제규범으로 작용한다. 그러므로 국가가 인간다운 생활을 보장하기 위한 헌법적인 의무를 다하였는지의 여부가 사법적 심사의 대상이 된 경우에는, 국가가 생계보호에 관한 입법을 전혀 하지 아니하였다든가 그 내용이 현저히 불합리하여 헌법상 용인될 수 있는 재량의 범위를 명백히 일탈한 경우에 한하여 헌법에 위반된다고 할 수 있다.

　국가가 행하는 생계보호의 수준이 그 재량의 범위를 명백히 일탈하였는지의 여부, 즉 인간다운 생활을 보장하기 위한 객관적 내용의 최소한을 보장하고 있는지의 여부는 생활보호법에 의한 생계보호급여만을 가지고 판단하여서는 아니되고 그 외의 법령에 의거하여 국가가 생계보호를 위하여 지급하는 각종 급여나 각종 부담금의 감면 등을 총괄한 수준을 가지고 판단하여야 한다. 그런데 1994년도를 기준으로 생활보호대상자에 대한 생계보호급여와 그 밖의 각종 급여 및 각종 부담감면의 액수를 고려할 때, 이 사건 생계보호기준이 청구인들의 인간다운 생활을 보장하기 위하여 국가가 실현해야 할 객관적 내용의 최소한도의 보장에도 이르지 못하였다거나 헌법상 용인될 수 있는 재량의 범위를 명백히 일탈하였다고는 보기 어렵다. 따라서 비록 위와 같은 생계보호의 수준이 일반 최저생계비에 못 미친다고 하더라도 그 사실만으로 곧 그것이 헌법에 위반된다거나 청구인들의 행복추구권이나 인간다운 생활을 할 권리를 침해한 것이라고는 볼 수 없다."(헌재 1997. 5. 29. 94헌마33 결정)

판례 〈2002년도 국민기초생활보장최저생계비 위헌확인(기각)〉 "생활이 어려운 장애인의 최저생활보장의 구체적 수준을 결정하는 것은 입법부 또는 입법에 의하여 다시 위임을 받은 행정부 등 해당기관의 광범위한 재량에 맡겨져 있다고 보아야 한다. 그러므로 국가가 인간다운 생활을 보장하기 위한 헌법적 의무를 다하였는지의 여부가 사법적 심사의 대상이 된 경우에는, 국가가 최저생활보장에 관한 입법을 전혀 하지 아니하였다든가 그 내용이 현저히 불합리하여 헌법상 용인될 수 있는 재량의 범위를 명백히 일탈한 경우에 한하여 헌법에 위반된다고 할 수 있다. 한편, 국가가 생활능력 없는 장애인의 인간다운 생활을 보장하기 위하여 행하는 사회부조에는 보장법에 의한 생계급여 지급을 통한 최저생활보장 외에 다른 법령에 의하여 행하여지는 것도 있으므로, 국가가 행하는 최저생활보장 수준이 그 재량의 범위를 명백히 일탈하였는지 여부, 즉 인간다운 생활을 보장하기 위한 객관적 내용의 최소한을 보장하고 있는지 여부는 보장법에 의한 생계급여만을 가지고 판단하여서는 아니 되고, 그 외의 법령에 의거하여 국가가 최저생활보장을 위하여 지급하는 각종 급여나 각종 부담의 감면 등을 총괄한 수준으로 판단하여야 한다."(헌재 2004. 10. 28. 2002헌마328 결정)

(4) 災害豫防과 危險으로부터의 保護에 관한 權利

476. 재해예방과 위험으로부터의 보호에 관한 권리

"국가는 재해를 예방하고 그 위험으로부터 국민을 보호하기 위하여 노력하여야 한다"(제34조 제6항). 이를 위하여 「재난 및 안전관리 기본법」과 재해구호법이 제정되어 있다.

5. 人間다운 生活을 할 權利의 效力

477. 인간다운 생활을 할 권리의 효력

인간다운 생활을 할 권리는 대국가적 효력을 가진다.[1]

6. 人間다운 生活을 할 權利의 制限과 限界

478. 인간다운 생활을 할 권리의 제한과 한계

인간다운 생활을 할 권리는 이론상으로는 제37조 제2항에 따라 제한될 수 있다. 그러나 이 때 공공복리를 위하여는 제한될 수 없다. 왜냐하면 인간다운 생활을 할 권리 자체가 공공복리의 내용이기 때문이다.[2] 그러나 생활무능력자의 권리는 인간다운 생활을 할 권리의 본질적 내용이므로 제한될 수 없다.

---

1) 권영성, 헌법학원론, 605쪽은 인간다운 생활을 할 권리의 자유권적 측면은 사인간에도 간접적용설에 입각한 제3자적 효력이 인정되는 경우가 없지 아니하다고 한다. 그러나 권영성, 헌법학원론, 603쪽은 인간다운 생활을 할 권리를 사회적 기본권으로 보고 있다. 따라서 이러한 서술은 논리적으로 모순된다 하겠다.

2) 허영, 한국헌법론, 505쪽. 그러나 허영, 한국헌법론, 505쪽은 "인간다운 생활을 할 권리를 물질적인 최저생활의 보장이라고 이해하는 우리의 관점에서 볼 때 국가안전보장·질서유지를 위해서 인간다운 생활을 할 권리가 반드시 제한되어야 할 필요가 있는 경우를 쉽게 생각할 수 없다. 따라서 인간다운 생활을 할 권리는 법률로써 제한하기에 적합하지 않은 기본권이라고 할 것이다. 다만 인간다운 생활을 할 권리에 내포된 국가의 사회국가실현의무만은 국가안전보장, 국가의 재정사정 등을 고려해서 단계적으로 점진적으로 이행이 가능할 것이고 또 그것이 바람직한 방법이다"라고 하여 국가안전 보장·질서유지를 위해서는 법률로써 인간다운 생활을 할 권리를 제한할 수 없다고 한다.

7. 人間다운 生活을 할 權利의 侵害와 救濟

인간다운 생활을 할 권리의 침해에 대하여는 위헌법률심사, 헌법소원, 위헌·위법명령심사(이상 적극적 침해에 대하여), 의무불이행심판청구, 부작위위법확인소송(이상 소극적 침해에 대하여)이 가능하다.

479. 인간다운 생활을 할 권리의 침해와 구제

第 6 節　環 境 權

1. 憲法規定 및 沿革

(1) 憲法規定

우리 헌법 제35조는 환경권을 다음과 같이 규정하고 있다. "① 모든 국민은 건강하고 쾌적한 환경에서 생활할 권리를 가지며, 국가와 국민은 환경보전을 위하여 노력하여야 한다. ② 환경권의 내용과 한계에 관하여는 법률로 정한다. ③ 국가는 주택개발정책 등을 통하여 모든 국민이 쾌적한 주거생활을 할 수 있도록 노력하여야 한다."

480. 환경권에 대한 헌법규정: 헌법 제35조

(2) 沿　革

우리나라에서 환경이라는 주제가 문제되기 시작한 것은 1970년대 초부터이다. 곧 1960년 이후 산업화과정에서 환경이 대규모로 파괴되어 그 부수결과로서 수질오염과 공기오염 등이 사회적으로 커다란 물의를 일으키면서 환경문제가 법적 차원의 문제로 대두되었다. 이에 대한 대답으로 4가지 안[1]을 놓고 논의한 결과 1980년 8월 15일의 헌법은 그 제33조에 다음과 같은 내용의 환경권을 신설하였다. "모든 국민은 깨끗한 환경에서 생활할 권리를 가지며, 국가와 국민은 환경보호를 위하여 노력하여야 한다."

481. 환경권의 연혁

[1] 환경권의 명문화를 둘러싸고 제안된 4가지 안은 다음과 같다. (a) 공화당안: 제30조 ④ 국민은 환경오염으로부터 보호받을 권리를 가진다. (b) 신민당안: 제35조 ① 모든 국민은 보다 건강하고 쾌적한 환경을 향유할 권리를 가진다. ② 국가는 환경의 적당한 이용·관리 및 보전을 위하여 노력하여야 한다. ③ 국민은 환경보전을 위하여 노력하여야 한다. (c) 대한변협안: 제34조 ② 모든 국민은 깨끗한 환경에서 생활할 권리를 가지며 국가는 이를 보호할 의무를 가진다. (d) 6인연구회안: 제36조 ① 모든 국민은 쾌적한 환경에서 생활할 권리를 가진다. ② 국가는 환경을 청결하게 유지하고, 국민의 건강과 위생을 위험하게 하는 오염을 제거하며, 산업공해를 방지해야 한다.

이 규정은 환경권이 헌법에 규정되는 경우 국가의 인적·물적 부담이 많으며 배상사태로 국가부담 내지 예산집행상 어려움이 예상되고 경제발전이 둔화될 우려가 있다는 유력한 반대의견[1]을 극복하고 도입된 것으로 환경보호를 헌법에 명문화시킨 국가가 적었던 당시로서는 대단히 진취적인 규정이었다.

우리 헌법의 환경권 도입과정에서는 환경보호의 필요성이 지나치게 강조된 나머지 그것을 기본권으로 헌법에 규정하게 되면 어떠한 문제가 발생할 것인가에 대하여는 논의가 거의 이루어지지 않았다. 그 결과 환경권에 대한 문제는 전적으로 (헌법)이론의 문제로 남게 되었다.

2. 環境權의 法的 性格

482. 환경권의 법적 성격을 자유권적 성격과 사회권적 성격으로 보는 견해와 그에 대한 검토

환경권의 법적 성격에 대하여는 여러 가지 견해가 대립되고 있다.

(1) 自由權·社會權 竝存說

1) 내   용

제1설은 환경권은 생존권적 기본권에 포함되면서도 자유권적 성격과 생존권적 성격을 아울러 가지는 것으로 본다.[2]

2) 검   토

이 학설의 결론, 곧 환경권은 자유권적 성격과 생존권적 성격을 아울러 가진다는 결론은 타당하다. 그러나 환경권은 기본권으로서의 인간의 존엄과 가치·행복추구권에서 파생된 기본권이기 때문에 양면성을 가진다는 논증은 미흡 내지는 지나치게 불명료하다고 생각된다. 왜냐하면 인간의 존엄·행복추구권을 주기본권으로서 포괄적 기본권으로 보는[3] 이 견해의 주장자의 생각을 따르면 환경권뿐만 아니라 다른 기본권들도 양면성을 가진다는 결론이 되기 때문이다. 따라서 이러한 비판에서 자유롭기 위해서는 제1설은 환경권이 양면성을 가지는 이유를 설명해주어야 할 것이다.

---

1) 헌법연구반 보고서, 법제처, 1980년 3월, 155·156쪽.
2) 김철수, 헌법학개론, 753쪽.
3) 김철수, 헌법학개론, 356·366쪽.

(2) 總合的 基本權說

1) 내 용

제 2 설은 환경권은 총합적 기본권이지만 주된 성격은 사회적 기본권이라고
한다. 곧 이 견해는 "환경권은 (오염되거나 환경으로부터의 자유라는 의미에서는 자
유권이라 할 수 있고) 오염되거나 불결한 환경을 예방 또는 배제하여 주도록 청구
할 수 있는 권리라는 의미에서는 청구권이라 할 수 있고, 오염되거나 불결한 환
경은 인간다운 생활을 불가능하게 한다는 의미에서는 인간다운 생활권이라 할
수 있으며, 오염되거나 불결한 환경은 건강을 침해하는 것이라는 의미에서는 보
건에 관한 권리라 할 수 있고, 오염되거나 불결한 환경은 인간의 존엄성을 해치
고 인간을 불행하게 한다는 의미에서는 인간의 존엄성 존중에 위배되고 행복추
구권을 침해하는 것이라고 할 수 있기 때문"에 환경권은 총합적 기본권이지만
그 주된 성격은 사회적 기본권이라고 한다.[1]

483. 환경권을 총합
적 기본권으로 보는
견해와 그에 대한 검
토

2) 검 토

그러나 이 견해는 환경권이 가지는 복합적 성격을 설명하는 데 치중한 나
머지 다음과 같은 사실을 지나치고 있다고 보아야 한다. 곧 (자유권은 국가의 침
해와 간섭으로부터 자유라는 의미에서 자유권이라는 것) 인간다운 생활은 물질적·경
제적·자연환경적 생활을 말한다는 것,[2] 깨끗한 환경이 보건의 전제가 되기는
하겠지만 환경권과 보건권은 보호법익이 다르다는 것, 그리고 모든 기본권에 대
한 침해는 인간의 존엄성과 행복추구를 침해한다는 것을 지나치고 있다.[3]

---

1) 권영성, 헌법학개론, 646쪽. 괄호부분은 1989년판 561쪽에서는 들어 있었으나 현재는 삭제
   된 부분.
2) 저자는 이전에 인간다운 생활은 물질적·경제적인 생활을 말한다고 쓴 바 있다(홍성방, 한
   국헌법 제35조 '환경권'에 관한 연구, 한림대논문집 제 8 집, 1990. 291쪽 이하, 309쪽). 그
   러나 그 후 그러한 견해를 수정하였다(홍성방, 환경권의 해석과 관련된 몇 가지 문제점,
   고시연구 1996년 3월, 67쪽 이하, 76쪽, 각주 36 참조).
3) 홍성방, '한국헌법 제35조 환경권에 관한 연구', 76쪽. 이른바 총합적 기본권설에 대하여
   계희열, 헌법학(중), 783쪽은 "제35조 제 3 항의 쾌적한 주거생활권은 국가의 특별한 적극
   적 활동과 배려 및 급부를 요구하는 권리로서 사회적 기본권이다"라 하고, 성낙인, 헌법
   학, 1362쪽은 "사실 모든 기본권이 총합적 측면을 동시에 갖고 있기 때문에 환경권만 총합
   적 기본권이라고 할 수 있을지는 의문이나, 환경권의 특성상 총합적 기본권성이 특히 강조
   되는 것으로 이해할 수 있다"고 하며, 정종섭, 헌법학원론, 878쪽은 "헌법 제35조 제 1 항은
   건강하고 쾌적한 환경에서 생활할 권리를 정하고, 제 2 항은 이러한 환경권의 내용과 그
   행사는 법률로써 정한다고 하고 있으므로, 건강하고 쾌적한 환경을 향유할 권리는 기본권

(3) 綜合的 基本權說

1) 내　　용

제 3 설은 과거에는 환경권은 기본권의 전제조건을 보장하는 기본권의 성격
과 의무동반적 권리로서의 성격과 제도적 보장의 성격을 함께 내포하고 있다고
하다가[1] 이제는 기본권의 전제조건을 보장하는 기본권으로서의 성질과 기본권의
헌법적 한계로서의 성질을 함께 가지고 있는 종합적인 기본권이라고 하면서 윤
리적 인격체로서의 인간의 당연한 생활질서로서의 성질과 법률제도의 보장이라
는 제도적 보장의 성질도 함께 내포하고 있다고 한다.[2]

2) 검　　토

같은 주장자의 이전 견해에 대해서는 이미 살핀 바 있다. 곧 "첫째, 이 견
해에서 환경권의 법적 성격을 기본권의 전제조건을 보장하는 기본권의 성격이라
고 파악한 것은 환경권의 법적 성격과 환경권의 의미를 혼동한 것이다.[3] 둘째,
이 견해에서 환경권의 법적 성격을 의무동반적 성격이라고 파악한 것은 환경권
의 법적 성격과 환경권의 특성, 곧 환경권은 다른 기본권에 비하여 의무성이 강
하여 국가(경우에 따라서는 국민)의 능동적이고 적극적인 환경보전의무의 이행을
통해서만 실현될 수 있는 특성을 혼동한 것이다. 셋째, 이 견해에서 환경권의
법적 성격을 제도적 보장의 성격이라고 말한 것은 환경권의 법적 성격에 대하여
아무것도 밝히는 바가 없다. 이 견해의 주장자가 제도적 보장을 슈미트 *C. Schmitt*
적으로 이해하는지, 해벌레 *P. Häberle* 식으로 이해하는지 또는 그 밖의 다른
관점에서 이해하는지는 정확하게 알 수 없다. 그러나 슈미트적으로 제도적 보장
을 이해하고 있다면 이 주장은 환경권은 기본권이 아니다라는 이야기가 되겠고,
해벌레 식으로 이해하고 있다면 환경권은 기본권이라는 이야기가 되어 결국 환
경권의 법적 성격은 기본권이라는 재미있는 결론에 이르게 되기 때문이다."[4]

다음으로는 새롭게 이야기되거나 또는 새롭게 분명해진 부분에 대해서 검토
해보기로 한다. 첫째, 이 견해의 주장자는 과거에는 환경권의 의미와 환경권의

으로서의 성격을 가지지만 이외의 내용은 법률이 정하는 바에 따라 정해지는 법률상의 권
리이다"라고 반응하고 있다.
1) 허영, 한국헌법론, 박영사, 1993, 426 · 427쪽.
2) 허영, 한국헌법론, 428쪽.
3) 허영, 한국헌법론(1993년 판), 425쪽 참조.
4) 홍성방, '한국헌법 제35조 환경권에 관한 연구', 75쪽.

법적 성격을 항을 달리하여 설명하면서 환경권의 의미 부분에서도 또한 환경권의 법적 성격에서도 '기본권의 전제조건을 보장하는 기본권'을 이야기하고 있었기 때문에 위와 같은 지적이 가능하였다. 그러나 환경권의 의미라는 항이 삭제된 지금에도 '다른 기본권의 전제조건을 보장하는 기본권'이라는 것을 환경권의 법적 성격으로 보기보다는 다른 기본권에 대한 환경권의 특성으로 보는 것이 더욱 합리적일 것이다. 왜냐하면 어떤 기본권의 법적 성격이 무엇이냐 하는 데는 이론이 있을 수 있으나, 일반적으로 기본권의 법적 성격에서 논의되는 것은 포로그램규정이냐 현실적 권리이냐 하는 것이기 때문이다.[1]

둘째, 이 견해의 주장자는 환경권은 기본권의 헌법적 한계로서의 성질을 가지고 있다고 한다. 이 견해의 주장자에 따르면 기본권의 헌법적 한계는 헌법에서 국민의 기본권을 보장하면서 때때로 개별적인 기본권의 한계를 함께 기본권에서 명시하는 경우로서 헌법제정자에 의한 명시적인 제한을 말한다.[2] 그리고 이 견해의 주장자는 그러한 한계의 예로서 ① 언론·출판의 자유를 보장하면서도, 언론·출판이 타인의 명예나 권리 또는 공중도덕이나 사회윤리를 침해하지 못하도록 그 한계를 명시한 것(제21조 제 5 항), ② 국민의 사유재산권을 보장하면서도 공공복리에 적합하게 재산권을 행사하도록 규정한 것(제23조 제 2 항), ③ 국민의 국가배상청구권을 보장하면서도 군인·공무원·경찰공무원 등의 배상청구권을 제한한 것(제29조 제 2 항), ④ 노동 3권을 보장하면서도 공무원인 근로자는 부분적으로만 노동 3권을 가질 수 있도록 제한하고 있는 것(제33조 제 2 항), ⑤ 정당의 목적이나 활동이 민주적 기본질서에 위배되지 못하도록 투쟁적 민주주의의 수단을 헌법에서 마련해 놓고 있는 것(제 8 조 제 4 항)을 들고 있다. 그런데 이러한 예에 환경권은 들어 있지 않으며, 다음으로 환경권규정을 아무리 살펴보아도 위의 예에서 볼 수 있는 것과 같은 명시적인 표현은 없다. 다른 곳에서 이 견해

---

1) 헌법을 둘러싼 토론에서 기본권의 법적 성격이 처음 언급된 것은 독일제국헌법 제정을 위해 1848년 5월 18일 프랑크푸르트 바오르교회 *Frankfurter Paulskirche*에 모인 '독일국민회의'(Die Deutsche Nationalversammlung)에서 사회적 기본권의 도입 여부가 문제되었을 때 사회적 기본권의 도입에 대한 반대 논거로서 몰 *Robert von Mohl*이 사회적 기본권은 직접(법원에) 제소할 수 없다는 논거를 편 것이 처음이다. 그에 이어 기본권의 법적 성격이 본격적으로 논의된 것은 바이마르헌법에 규정된 사회적 기본권을 놓고 그것이 프로그램규정이냐 현실적 권리이냐에 대한 논의였다. 그러나 이제 독일에서는 기본권의 법적 성격에 대한 논쟁은 없다. 왜냐하면 사회권의 헌법도입과 환경보호의 헌법도입을 둘러싼 논의에서 이들을 실정화하는 여러 규범유형이 논의되고 있고, 결국 사회권이나 환경보호를 헌법제정자가 어떤 유형의 규범으로 헌법에 규정하느냐에 따라 그 법적 성격은 자연히 결정될 것이라고 생각하고 있기 때문이다.

2) 허영, 한국헌법론, 267·268쪽.

의 주장자는 환경보호정책과 상충하는 기본권행사의 제한이라는 표현을 쓰고 있으나, 그곳에서는 "환경권은 특히 경제생활에 관한 기본권행사의 한계로서의 의의와 기능을 가지게 된다"라고 하고 있다.[1] 환경권이 이러한 의의와 기능을 가지고 있음은 부인할 수 없지만, 그것은 해석의 결과이며, 헌법이 명시한 한계라고 볼 수는 없다.

셋째, 이 견해의 주장자는 환경권은 윤리적 인격체로서의 인간의 당연한 생활질서의 성질을 가진다고 한다. 그러나 이러한 생각은 환경권에만 고유한 것은 아니며, 그러한 한에서 환경권의 법적 성격으로서 강조할 만한 성질의 것은 아니라고 생각한다.

넷째, 이 견해의 주장자는 환경권은 효과적인 환경보전정책 내지는 환경입법에 의해서만 그 실효성을 기대할 수 있기 때문에 '법률제도의 보장이라는 제도적 보장'의 성질도 함께 내포하고 있다고 한다. 이러한 설명으로써 저자가 가지고 있던 의문, 곧 이 견해의 주장자가 제도적 보장으로써 의미하는 바는 해벌레적이라는 것이 이제 분명해졌다. 그러나 어떤 기본권이 정책 내지는 특히 입법에 의하여 실효성이 비로소 확보되는 경우는 환경권에 한정되지 않는다. 참정권도, 청구권도 그리고 환경권을 제외한 다른 사회적 기본권들도 입법에 의하여 실효성이 확보되기는 마찬가지라고 이야기할 수 있다.

(4) 私 見

485. 환경권의 법적 성격에 대한 사견: 환경권은 부분적으로는 방어권적 성격을 가지고 있는 사회적 기본권이다

그렇다면 환경권의 법적 성격은 어떻게 파악되어야 하는가? 우리 헌법이 보장하고 있는 환경권의 법적 성격을 파악함에 있어서도 헌법의 규정에 따라 파악하면 된다. 그리고 우리 헌법은 환경권을 모든 국민의 건강하고 쾌적한 환경에서 생활할 권리로 규정하고 있고, 환경권은 산업화의 결과 국민 개개인으로서는 어찌할 수 없는 환경오염과 환경파괴에 직면하여 국가에 대하여 환경의 유지·보존·개선을 요구할 수 있는 권리이기 때문에 사회적 기본권이다. 그러나 환경권은 다른 사회적 기본권과는 다른 특이한 면을 가지고 있다. 왜냐하면 다른 사회적 기본권들이 수범자를 국가에 한정시키고 있음에 반하여(국가는 … 노력하여야 한다), 환경권의 경우에는 수범자가 국가와 국민으로 되어 있고(국가와 국민은 … 노력하여야 한다), 깨끗한 환경을 국가가 침해해서는 안 된다는 방어권적 측면[2]도 가지고 있다. 따라서 환경권은 국가와 국민을 수범자로 하며 부분적으

---

1) 허영, 한국헌법론, 426쪽.
2) W. Schmidt, Soziale Grundrechte ein Verfassungsrecht der BRD, in: Beiheft zu "Der Staat", Heft 5, S. 9ff.(23).

로 방어권적 성격을 동시에 가지고 있는 사회적 기본권이라 할 수 있다.[1]

> **판례** "환경권에 관한 위 규정만으로서는 그 보호대상인 환경권의 내용과 범위, 권리의 주체가 되는 권리자의 범위 등이 명확하지 못하여 이 규정이 개개의 국민에게 직접으로 구체적인 사법상의 권리를 부여한 것이라고 보기는 어렵고, 사법상의 권리로서의 환경권이 인정되려면 그에 관한 명문의 법률규정이 있거나 관계법령의 규정취지나 조리에 비추어 권리의 주체, 대상, 내용, 행사방법 등이 구체적으로 정립될 수 있어야 할 것이다."(대법원 1995. 5. 23. 94마2218 판결)

> **판례** 〈입법부작위 위헌확인(기각)〉 "청구인은 이 사건 법률조항에 의해 헌법 제35조 제 1 항에서 정한 환경권과 헌법 제10조에서 정한 행복추구권이 침해될 수 있다고 주장하고 있다. 살피건대, 헌법 제10조의 행복추구권은 국민이 행복을 추구하기 위한 활동을 국가권력의 간섭 없이 자유롭게 할 수 있다는 포괄적인 의미의 자유권으로서(헌재 2002. 12. 18. 2001헌마546, 판례집 14-2, 890, 902) 다른 기본권에 대한 보충적 기본권으로서의 성격을 가지므로, 환경권이라는 우선적으로 적용되는 기본권이 존재하여 그 침해 여부를 판단하는 이상, 행복추구권 침해 여부를 따로 판단할 필요는 없다(헌재 2000. 12. 14. 99헌마112, 판례집 12-2, 399, 408 참조). 그렇다면 이 사건 법률조항에 의하여 침해 여부가 문제되는 기본권은 환경권이다.
> 　모든 국민은 건강하고 쾌적한 환경에서 생활할 권리, 즉 환경권을 가지고 있고, 국가와 국민은 환경보전을 위하여 노력하여야 한다(헌법 제35조 제 1 항). 환

---

1) "제35조는 건강하고 쾌적한 환경에서 생활할 권리(제 1 항)와 쾌적한 주거생활권(제 3 항)을 환경권의 내용으로 규정하고 있다. 주거의 권리를 환경권의 내용으로서 규정한 것은 매우 이례적이지만 아마도 쾌적한 주거환경이라는 관점에서 환경권과 관련시켜 규정한 듯하다. 어쨌든 쾌적한 주거생활권도 환경권의 내용으로 고찰할 수밖에 없다"(776쪽)고 하여 환경정책과 환경권의 내용의 이해에 한계를 보이면서도 환경권의 법적 성격을 전체로서가 아니라 이를 나누어 평가해야 할 것으로 보는 계희열, 헌법학(중), 2004, 783쪽의 다음과 같은 설명은 환경권의 법적 성격과 관련하여 핵심을 말하고 있는 것으로 판단된다. "요컨대 제35조 제 1 항의 건강하고 쾌적한 환경에서 생활할 권리는 부분적으로 자유권적 기본권의 성격과 부분적으로 사회적 기본권의 성격을 갖고 있다. 이에 비해 제35조 제 3 항의 쾌적한 주거생활권은 국가의 특별한 적극적 활동과 배려 및 급부를 요구하는 권리로서 사회적 기본권이다. 제35조 제 1 항의 건강하고 쾌적한 환경에서 생활할 권리 중 자유권적 기본권의 성격을 가진 부분은 그 자체로서 구체적 권리이다. 이 부분에 대한 제35조 제 2 항의 규정은 입법위임이며, 이 규정에 따라 그 내용과 행사가 구체화될 때 그 구체적 권리의 성격은 보다 확실해진다. 다만 공해배제청구권 중 일부는 사회적 기본권으로서 제35조 제 2 항과 관련하여 국가목표규정인 동시에 입법위임규정이라고 할 수 있다. 또한 제35조 제 3 항의 쾌적한 주거생활권도 사회적 기본권으로서 제35조 제 2 항과 관련시켜 볼 때 국가목표규정인 동시에 입법위임규정이라고 할 수 있다."

경권은 건강하고 쾌적한 생활을 유지하는 조건으로서 양호한 환경을 향유할 권리이고, 생명·신체의 자유를 보호하는 토대를 이루며, 궁극적으로 '삶의 질' 확보를 목표로 하는 권리이다. 환경권을 행사함에 있어 국민은 국가로부터 건강하고 쾌적한 환경을 향유할 수 있는 자유를 침해당하지 않을 권리를 행사할 수 있고, 일정한 경우 국가에 대하여 건강하고 쾌적한 환경에서 생활할 수 있도록 요구할 수 있는 권리가 인정되기도 하는바, 환경권은 그 자체 종합적 기본권으로서의 성격을 지닌다.

　　환경권의 내용과 행사는 법률에 의해 구체적으로 정해지는 것이기는 하나(헌법 제35조 제 2 항), 이 헌법조항의 취지는 특별히 명문으로 헌법에서 정한 환경권을 입법자가 그 취지에 부합하도록 법률로써 내용을 구체화하도록 한 것이지 환경권이 완전히 무의미하게 되는데도 그에 대한 입법을 전혀 하지 아니하거나, 어떠한 내용이든 법률로써 정하기만 하면 된다는 것은 아니다. 그러므로 일정한 요건이 충족될 때 환경권 보호를 위한 입법이 없거나 현저히 불충분하여 국민의 환경권을 과도하게 침해하고 있다면 헌법재판소에 그 구제를 구할 수 있다고 해야 할 것이다."(헌재 2008. 7. 31. 2006헌마711 결정)

3. 環境權의 主體

(1) 環境權의 主體

486. 환경권의 주체

　　환경권의 주체는 원칙적으로 자연인에 한정되며, 법인의 경우 주체성이 부정된다.

(2) 環境權과 미래세대 保護義務

487. 환경권과 미래
세대 보호의무

　　환경권의 주체와 관련하여 미래세대, 곧 아직 태어나지 않은 세대에 환경보호청구권을 인정할 것인가라는 문제가 부분적으로 논의되고 있고, 저자도 자연환경은 인류가 생존할 수 있는 전제조건을 이룬다는 점에서 찬성한 바 있다.[1]

　　그러나 이 이야기를 미래세대가 직접 보호청구권을 행사할 수 있다는 의미로 해석해서는 안 될 것이다. 아직 태어나지 않은 세대는 출생을 전제하여 태아에게 인정되는 극소수 예외를 제외하고는 현행법상으로는 권리주체성이 인정되지 않는다. 따라서 이 이야기는 국가는 현재 살고 있는 사람을 보호해야 할 의무가 있는 것처럼 장래에 살게 될 세대를 보호할 의무가 있다는 것, 곧 현재 살고 있는 우리는 오늘 발생시킨 위험에 대하여 '후세대를 보호할 의무'(eine

---

1) 홍성방, '한국헌법 제35조 환경권에 관한 연구', 308쪽.

Pflicht zum Nachweltschutz)가 있기 때문에[1] 미래세대가 충분히 그들의 깨끗한 환경에 대한 권리를 누릴 수 있도록 모든 노력을 다해야 한다는 의미로 이해하면 될 것이다.[2]

4. 環境權의 內容

(1) 環境의 槪念

1) 개념정의의 관건

    환경권은 헌법 제35조 제 1 항의 "건강하고 쾌적한 환경"이라는 부분의 "건강하고 쾌적한"이라는 표현을 어떻게 이해하느냐에 따라 "좋은 환경을 향유할 권리,"[3] "건강한 환경 속에서 생활할 권리 또는 인간다운 생활을 할 수 있는 권리,"[4] "인간다운 환경 속에서 생존할 수 있는 권리,"[5] "좋은 환경을 향유하고 또한 이것을 지배할 수 있는 권리, 곧 인간이 건강한 생활을 유지하고 쾌적한 생활을 향유하는 권리,"[6] "오염되거나 불결한 환경으로 말미암아 건강을 훼손당하거나 훼손당할 위험에 놓인 자가 오염되거나 불결한 환경에 대하여 책임이 있는 공권력이나 제 3 자에 대하여 그 원인을 예방 또는 배제하여 주도록 요구할 수 있는 권리,"[7] "건강하고 쾌적한 환경에서 공해 없는 생활을 누릴 수 있는 권리"[8] 등으로 정의되고 있다. 그러나 그 어느 것 하나 환경권의 핵심을 찌르지 못한 채 뉘앙스의 차이[9]만을 나타내고 있다. 결국 환경권의 개념규정에서 관건

488. 환경권의 개념 정의에서 관건이 되는 것은 환경을 어떻게 이해하느냐 하는 것이다

----

1) 예컨대 환경보전의무를 단순한 도덕적·윤리적 의무가 아닌 세대간 계약적인 기속의무로 이해하려고 하고 있는 H. Hofmann, *Rechtsfragen der atomaren Entsorgung*, 1981, S. 258-293 참조. 또한 D. Murswiek, *Die staatliche Verantwortung für die Risiken der Technik*, 1985, S. 206ff. 참조.

2) P. Saladin/Chr. A. Zenger, *Rechte künftiger Generation*, 1988, S. 12. 미래세대의 권리와 관련하여 자세한 것은 홍성방, 환경보호의 법적 문제, 서강대학교출판부, 1999, 51쪽 이하 (특히 55쪽-75쪽) 참조.

3) 구연창, "환경과 사상", 법과 공해, 한국교수회편, 1974, 356쪽.

4) 문홍주, "환경권 서설"(상), 고시연구, 1977, 8, 12쪽; 안용교, "환경권의 법리", 건국대학교 학술지, 제25집(Ⅰ), 1981, 182쪽.

5) 김철수, 헌법학개론, 752쪽.

6) 구병삭, 헌법학원론, 박영사, 1988, 583쪽.

7) 권영성, 헌법학원론, 644쪽.

8) 허영, 한국헌법론, 425쪽.

9) 독일의 환경보호논의에서도 "최고로 가능한"(K. -H. Flach u.a., *Die Freiburgerthesen der Liberalen*, rororo aktuell, Bd. 1545, 1972, S. 109f.), "예상할 수 있는"(G. Lücke, Das Grundrecht des einzelnen gegenüber dem Staat auf Umweltschutz, DöV 1976, S.

이 되는 것은 환경권의 대상인 환경을 어떻게 이해하는가 하는 것일 것이다.

2) 환경의 개념에 대한 학설

① 개   관

489. 환경의 개념에
대한 학설

　　환경을 이해하는 데에는 자연환경만을 의미한다는 협의설,[1] 자연환경과 인공환경을 포함한다는 견해,[2] 자연환경과 생활환경을 포함한다는 견해,[3] 자연환경 속에서 살 권리, 즉 자연적인 청정한 대기에 관한 권리, 깨끗한 물에 관한 권리뿐만 아니라 보다 좋은 사회적 환경에서 살 권리, 즉 교육권, 의료권, 도로·공원이용권 등도 포함된다는 광의설,[4] 자연환경과 문화적 유산을 의미한다는 견해[5] 등이 있으며, 광의설이 다수설이다.

289ff.(292), "인간의 존엄에 적합한"(H. J. Dellmann, Zur Problematik eines "Grundrechts auf menschenwürdige Umwelt", DÖV 1975, S. 388ff.(388)), "인간적인" (P. Häberle, *VVDStRL* Heft 30, S. 100 FN 245), "건강한"(*Umweltbericht 1976 der Bundesregierung*, BT-Drucks. 7/5684 TZ. 110), "무해한"(H. H. Rupp, Die verfassungsrechtliche Seite des Umweltschutzes, JZ 1971, S. 401ff.(402), "침해되지 않고 위험하지 않은"(M. Kriele, Verfassungsrechtliche und rechtspolitische Erwägungen, in: Duden(Hg.), *Gerechtigkeit in der Industriegesellschaft für Umweltschutz und Umweltgestaltung*, 1972, S. 141ff.(145f.) 등의 수식어가 제기된 바 있으나, 이러한 것들은 뉘앙스의 차이에 지나지 않는다는 판단하에 1990년 10월 27일 새롭게 신설된 현행 20a조에서는 결국 수식어 없이 "자연적 생활 기반"이라고 표현하고 있다. 독일기본법상의 환경보호의 수용과정에 대해서는 홍성방, 환경보호의 법적 문제, 특히 115쪽 이하 참조.
1) 홍성방, '한국헌법 제35조 환경권에 관한 연구', 307쪽; 환경권에 의해서 보장하려는 환경은 우선 자연환경을 말한다고 하고 있는 허영, 한국헌법론, 418쪽도 협의설에 속한다고 할 수 있다.
2) "생각건대 환경의 개념에 교육제도, 의료제도 등 사회적 환경까지를 포함시키는 경우 환경권은 너무 많은 보호대상을 포괄하게 되고 다른 기본권의 보호대상과 구별이 어려워진다. 또한 환경의 개념을 자연환경, 즉 생태계에만 국한시키는 경우 물리적 인공환경(전기, 가스, 상·하수도, 도로, 교량, 공원, 산업시설 등)으로 인한 공해의 문제가 배제될 수 있다. 따라서 제35조가 규정하고 있는 환경권의 대상은 자연환경을 기본으로 하여 물리적 인공환경도 그 대상이 되지만, 사회적·문화적 환경은 그 대상이 되지 않는다고 보는 것이 적절하다. 그러므로 제35조가 규정하고 있는 '건강하고 쾌적한 환경에서 살 권리'란 ─ 특히 제35조 제 3 항의 규정을 고려할 때 ─ (육체적·정신적) 건강을 해치지 않는 깨끗하고 좋은 자연환경과 인공환경에서 살 권리라고 할 수 있다."(계희열, 헌법학(중), 2004, 775·776쪽)
3) 권영성, 헌법학원론, 647쪽.
4) 김철수, 헌법학개론, 755쪽; 구병삭, 헌법학원론, 584쪽; 유경춘·김운용, "환경보전에 관련된 공법상의 문제", 강원법학 제 1 권(1985), 221쪽.
5) 김영훈, "환경권과 공법상 구제", 법학논총, 숭전대학교법학연구소, 1985, 31쪽.

판례 〈입법부작위 위헌확인(기각)〉 "환경권의 보호대상이 되는 환경에는 자연 환경뿐만 아니라 인공적 환경과 같은 생활환경도 포함된다. 환경권을 구체화한 입법이라 할 환경정책기본법 제 3 조에서도 환경을 자연환경과 생활환경으로 분류 하면서, 생활환경에 소음·진동 등 사람의 일상생활과 관계되는 환경을 포함시키 고 있다. 그러므로 일상생활에서 소음을 제거·방지하여 정온한 환경에서 생활할 권리는 환경권의 한 내용을 구성한다."(헌재 2008. 7. 31. 2006헌마711 결정)

② 다수설의 논거

다수설이 환경을 광의로 이해하는 이유는 환경권에서 말하는 환경은 헌법 제10조 제 1 문(인간의 존엄과 가치 및 행복추구권), 제35조 제 3 항(국가의 주택개발 정책 등을 통한 쾌적한 주거생활에의 노력), 제34조 제 1 항(인간다운 생활을 할 권리) 및 제36조 제 3 항(국민의 보건에 관한 국가보호)을 통합적으로 이해하여야 하기 때 문에 광의의 환경을 의미한다고 한다.[1]

490. 환경을 광의로 이해하는 논거

③ 다수설의 논거에 대한 검토

그러나 다수설이 들고 있는 논거는 여러 가지 이유에서 설득력이 없다. 첫 째, 환경권이 헌법 제35조에 규정되어 있는 이상 환경의 개념은 헌법 제35조의 해석을 통하여 추론되어야 한다. 곧 다수설이 환경을 통합적으로 이해하여야 한 다고 하면서 들고 있는 조항들은 1980년 8월 15일 이전과 같이 환경권이 헌법 에 규정되어 있지 않았던 때에는 고려의 대상이 될 수도 있었을지 모르나, 현행 헌법과 같이 환경권을 규정하고 있는 경우에는 환경을 이해하기 위한 고려의 대 상으로 끌어들일 수 없다.

491. 환경을 광의로 이해하는 논거에 대 한 검토

둘째, 그렇기 때문에 광의설에서 환경의 부분으로 이해되는 문화적 유산은 헌법 제 9 조(전통문화의 계승·발전과 민족문화의 창달에 대한 국가의 노력의무)에 의 하여, 교육시설은 헌법 제31조(교육을 받을 권리)에 의하여, 의료시설은 헌법 제 36조 제 3 항(국민보건에 관한 국가의 보호)에 의하여 각각 보호·유지·개선되어야 한다. 그렇지 않고 환경의 개념에 이들을 모두 포함시켜 해석하는 경우 보호법 익이 너무 방대해질 뿐만 아니라 헌법 제 9 조, 제31조, 제36조 제 3 항 등을 헌 법에 규정한 의미가 소멸될 염려가 있다. 더 나아가서 행정부서 사이의 책임회 피를 가져올 수도 있고, 그렇게 되면 결국 환경권을 유명무실한 것이 되게 할 우려도 있다.

셋째, 현행헌법이 과거와는 달리 환경권을 규정한 제35조에 다시 제 3 항을

1) 앞의 앞의 주 참조.

새롭게 신설하여 주택개발정책 등을 통하여 모든 국민이 쾌적한 주거생활을 할수 있게끔 국가가 노력할 의무를 규정하고 있기 때문에 환경을 광의로 이해할수 있는 근거가 된다는 견해[1]에 대하여도 다음과 같은 이야기를 할 수 있다. 곧주택문제는 전통적으로 사회보장의 대상일 뿐만 아니라[2] 환경정책에 주택정책은포함되지 않는다[3]는 것이 그것이다.

3) 사   견

492. 환경은 자연환경이다

따라서 환경권이 보호하려는 보호법익은 자연환경에 국한된다.[4]

> 판례 〈입법부작위 위헌확인(기각)〉 "'건강하고 쾌적한 환경에서 생활할 권리'를보장하는 환경권의 보호대상이 되는 환경에는 자연 환경뿐만 아니라 인공적 환경과 같은 생활환경도 포함된다. 환경권을 구체화한 입법이라 할 환경정책기본법제 3 조에서도 환경을 자연환경과 생활환경으로 분류하면서, 생활환경에 소음·진

---

1) 김철수, 헌법학개론, 755쪽; 권영성, 헌법학원론, 648쪽.
2) 이 부분과 관련하여 계희열, 헌법학(중), 783쪽은 "제35조 제 3 항의 쾌적한 주거생활권은국가의 특별한 적극적 활동과 배려 및 급부를 요구하는 권리로서 사회적 기본권이다"라하고, 성낙인, 헌법학, 1365쪽은 "주거문제는 특히 도시화·산업화 과정에서 심각한 사회문제로 대두되고 있다. … 국가는 체계적인 주택정책을 수립하여 양질의 주거환경을 조성하여야 한다. 특히 도시빈민문제를 해결하기 위해서는 서민임대주택을 대량으로 공급하여야 한다"고 하며, 한수웅, 헌법학, 1040쪽은 "헌법 제35조 제항은 … 사회적 기본권으로서'국가에 대하여 주거를 요구할 권리'가 환경권조항에 삽입되면서 환경권과의 연관관계에서변형된 규정이다. … 여기서 '쾌적한 주거생활'이 무엇을 의미하는지 불분명하나, 환경권과의 연관관계에서 쾌적한 주거생활을 위한 환경을 조성해야 할 국가의 의무로 이해될 수있을 것이다"라고 한다.
3) D. Rauschning, *VVDStRL* Heft 38(1980)), S. 167ff.(169)는 환경정책의 커다란 부분으로서다음의 7가지를 들고 있다. ① 물관리, ② 공기청정도유지, ③ 경관보호, ④ 자연보호, ⑤ 소음, 누출열(漏出熱), 방사능의 형태로 나타나는 에너지통제, ⑥ 식용품에 섞인 이물질통제, ⑦ 쓰레기처리.
4) 독일의 경우 환경은 자연환경이라는 데 의견이 일치되어 있다. 한수웅, 헌법학, 1032쪽은1차적으로 자연적 환경으로 본다. "헌법 제35조의 환경권이 보호하고자 하는 '환경'은 '환경보전'이라는 헌법적 표현을 통하여 밝히고 있는 바와 같이, 일차적으로 '보전되어야 하는 환경', 즉 자연적 환경이다. 그러나 국가는 모든 국민이 건강하고 쾌적한 환경적 조건에서 생활할 수 있도록 노력해야 할 포괄적인 의무를 지기 때문에, 헌법 제35조의 환경에는 '자연적 환경'뿐만 아니라 국민의 일상적 생활이 이루어지는 '생활환경'도 포함된다. 따라서 국가는 자연적 환경을 그대로 보존하고자 노력해야 할 뿐만 아니라, 나아가 인공적환경과 주거환경을 쾌적하게 조성해야 할 의무를 진다.
   헌법 제35조의 환경권의 핵심은 자연환경의 보호에 있다. 인공적 환경이나 생활환경의보호는 국가나 사인에 의하여 야기되는 환경오염(소음, 진동, 대기오염 등)으로 인한 인근주민의 주관적 권리(건강, 재산권)의 침해문제이며, 이로써 궁극적으로 환경보전의 문제가아니라 개인적 법익의 침해에 대한 방어가능성의 문제이기 때문이다."

동 등 사람의 일상생활과 관계되는 환경을 포함시키고 있다. 그러므로 일상생활
에서 소음을 제거·방지하여 정온한 환경에서 생활할 권리는 환경권의 한 내용을
구성한다."(헌재 2008. 7. 31. 2006헌마711 결정)

(2) 環境權의 內容

환경권의 내용에 대해서도 견해의 대립이 있다.[1] 그러나 환경권의 내용은
환경권의 개념정의와 법적 성격으로부터 추론되어야 한다. 앞에서 환경을 자연
환경에 한정했기 때문에 환경권의 내용은 환경부담과 환경위험을 회피하고 최소
화하기 위한 조건의 총체,[2] 곧 자연적 생활기반을 복구·유지·개선하고 피해를
회피하거나 제거하며 자연자원을 보호하는 것을 목적으로 하는 조치의 총체[3]에
대한 권리를 내용으로 한다고 할 수 있다. 또한 앞에서 환경권의 법적 성격을
사회권적 성격과 자유권적 성격을 함께 병유하는 것으로 보았기 때문에 결국 환
경권의 내용은 이러한 조치를 국가에 대하여 요구할 수 있는 권리(사회권적 측
면)와 국가(또는 국민)가 자연환경을 파괴하거나 이러한 조치에 대하여 방해를 할
때 그것을 배제할 수 있는 청구권(자유권적 측면)을 그 내용으로 한다고 할 것이
다. 전자를 환경복구·유지·개선청구권, 후자를 환경침해배제청구권이란 용어로
표현할 수 있을 것이다.

493. 환경권의 내용:
사회권적 측면(환경
복구·유지·개선청구
권)과 자유권적 측면
(환경침해배제청구
권)

> **판례** 〈구 먹는물관리법 제28조 제 1 항 위헌제청(합헌)〉 "헌법 제35조 제1·제
> 3 항은 환경정책에 관한 국가적 규제와 조정을 뒷받침하는 헌법적 근거가 되며,
> 국가는 환경정책 실현을 위한 재원마련과 환경침해적 행위를 억제하고 환경보전에
> 적합한 행위를 유도하기 위한 수단으로 수질개선부담금과 같은 환경부담금을 부
> 과·징수하는 방법을 선택할 수 있는 것이다."(헌재 1998. 12. 24. 98헌가1 결정)

---

1) 김철수, 헌법학개론, 755·756쪽은 환경권의 내용으로서 건강하고 쾌적한 환경에서 생활할
   권리, 쾌적한 주거생활에 관한 권리, 일조권·조망권·경관권, 방어권으로서의 공해배제청
   구권, 생존권으로서의 생활환경조성권을, 권영성, 헌법학원론, 648·649쪽은 공해예방청구
   권(환경보전청구권), 공해배제청구권(환경복구청구권), 쾌적한 주거생활권을, 허영, 한국헌
   법론, 428-431쪽은 국가의 환경침해에 대한 방어권, 공해배제청구권, 생활환경조성청구권
   을 들고 있다.
2) W. Hoppe/M. Beckmann, *Umweltrecht*, 1989, S. 15.
3) R. Stober, Umweltschutzprinzip und Umweltgrundrecht, JZ 1988, S. 426ff.(427).

5. 環境權의 效力

환경권은 대국가적 효력과 (특히 자유권적 측면의 경우) 간접적 대사인적 효력을 가진다. 논자에 따라서는 국민의 환경보전의무규정(제35조 제 1 항 제 2 문)을 근거로 환경권이 직접적 대사인적 효력을 가진다는 견해[1]도 있으나, 헌법의 규정에서 직접 사법상의 환경권이 나오는 것이 아니라는 다수설과 판례의 입장이 옳은 것으로 생각된다.

> **판례** "헌법 제35조 제 1 항은 모든 국민은 건강하고 쾌적한 환경에서 생활할 권리를 가지며, 국가와 국민은 환경보전을 위하여 노력하여야 한다고 규정하여 환경권을 국민의 기본권의 하나로 승인하고 있으므로 사법(私法)의 해석과 적용에 있어서도 이러한 기본권이 충분히 보장되도록 배려하여야 할 것임은 당연하다고 할 것이나, 헌법상의 기본권으로서의 환경권에 관한 위 규정만으로써는 그 보호대상인 환경의 내용과 범위, 권리의 주체가 되는 권리자의 범위 등이 명확하지 못하여 이 규정이 개개의 국민에게 직접으로 구체적인 사법상의 권리를 부여한 것이라고 보기에는 어렵고, 또 사법적 권리인 환경권을 인정하면 그 상대방의 활동의 자유와 권리를 불가피하게 제약할 수밖에 없는 것이므로, 사법상의 권리로서 환경권이 인정되려면 그에 관한 명문의 법률규정이 있거나 관계법령의 규정취지나 조리에 비추어 권리의 주체, 대상, 내용, 행사방법 등이 구체적으로 정립될수 있어야 할 것이다. 그것은 환경의 보전이라는 이념과 산업개발 등을 위한 개인활동의 자유와 권리의 보호라는 상호대립하는 법익 중에서 어느 것을 우선시킬 것이며, 이를 어떻게 조성·조화시킬 것인가 하는 점은 기본적으로 국민을 대표하는 국회에서 법률에 의하여 결정하여야 할 성질의 것이라고 보아야 할 것이기 때문이다. 헌법 제35조 제 2 항에서 환경권의 내용과 행사에 관하여는 법률로 정한다고 규정하고 있는 것도 이러한 고려에 근거한 것이라고 여겨진다."(대법원 1995. 5. 23. 94마2218 판결)

6. 環境權의 制限과 限界

환경권은 절대적 권리가 아니므로 헌법 제37조 제 2 항에 따라 국가안전보장·질서유지·공공복리를 위하여 제한될 수 있다. 그러나 환경은 일단 파괴되면 그 회복에는 엄청난 시일과 경비가 소요된다는 점을 감안하여 그 제한에는 극히 신중을 기하여야 할 것이다. 또한 환경권은 합리적인 이유가 있고 경미한 침해

---

1) 권영성, 헌법학원론, 651쪽.

인 때에는 이를 수인하고 감수하여야 한다. 그렇다고 해서 생명·건강에 별로
영향을 미치지 않는 환경침해라 하더라도 무조건 수인해야 하는 것은 아니다.
왜냐하면 환경권의 본질적 내용은 제한할 수 없으며, 비례의 원칙에 위반한 침
해는 환경권의 본질적 내용에 대한 침해가 되기 때문이다.

7. 環境權의 侵害와 救濟

(1) 環境權의 侵害와 救濟一般

환경권은 국가권력과 국민(특히 사기업)에 의하여 침해될 수 있다. 우선, 국가
권력에 의하여 환경권이 침해될 경우에는 국가에 대한 청원권의 행사, 행정소송의
제기, 헌법소원, 국가배상청구 등에 의하여 구제받을 수 있을 것이다. 또 행정청
의 인·허가의 취소 또는 무효확인을 구하는 행정소송을 제기할 수 있을 것이다.

다음으로, 사인에 의한 환경권의 침해에 대하여는 손해배상 청구의 방법이
있다.

496. 환경권의 침해
와 구제 일반

> **판례** "일반적으로 불법행위로 인한 손해배상청구사건에 있어서 가해행위와 손
> 해발생 간의 인과관계의 입증책임은 청구자인 피해자가 부담하나, 대기오염이나
> 수질오염에 의한 공해로 인한 손해배상을 청구하는 소송에 있어서는 기업이 배출
> 한 원인물질이 대기나 물을 매체로 하여 간접적으로 손해를 끼치는 수가 많고 공
> 해문제에 관하여는 현재의 과학수준으로도 해명할 수 없는 분야가 있기 때문에
> 가해행위와 손해의 발생 사이의 인과관계를 구성하는 하나하나의 고리를 자연과
> 학적으로 증명한다는 것이 매우 곤란하거나 불가능한 경우가 많으므로, 이러한
> 공해소송에 있어서 피해자에게 사실적인 인과관계의 존재에 관하여 과학적으로
> 엄밀한 증명을 요구한다는 것은 공해로 인한 사법적 구제를 사실상 거부하는 결
> 과가 될 우려가 있는 반면에, 가해기업은 기술적·경제적으로 피해자보다 훨씬
> 원인조사가 용이한 경우가 많을 뿐만 아니라, 그 원인을 은폐할 염려가 있기 때
> 문에, 가해기업이 어떠한 유해한 원인물질을 배출하고 그것이 피해물건에 도달하
> 여 손해가 발생하였다면 가해자 측에서 그것이 무해하다는 것을 입증하지 못하는
> 한 책임을 면할 수 없다고 보는 것이 사회형평의 관념에 적합하다."(대법원
> 2009. 10. 29. 2009다42666 판결)

> **판례** "불법행위 성립요건으로서 위법성의 판단 기준은 유해 정도가 사회생활상
> 통상의 수인한도를 넘는 것인지인데, 수인한도 기준을 결정할 때는 일반적으로

침해되는 권리나 이익의 성질과 침해 정도뿐만 아니라 침해행위가 갖는 공공성의 내용과 정도, 지역환경의 특수성, 공법적인 규제에 의하여 확보하려는 환경기준, 침해를 방지 또는 경감시키거나 손해를 회피할 방안의 유무 및 난이 정도 등 여러 사정을 종합적으로 고려하여 구체적 사건에 따라 개별적으로 결정하여야 한다." (대법원 2012. 1. 12. 2009다84608 판결)

(2) 環境權侵害의 權利救濟의 어려움과 사전적 보호의 중요성

497. 환경권침해에 대한 권리구제의 어려움과 사전적 보호의 중요성

그러나 이렇듯 환경침해에 대하여 권리구제의 방법이 있으나, 환경권침해에 대한 권리구제는 그 사법적 권리구제절차에서 소의 이익 내지 원고적격을 정하는 데 어려움이 있다. 사법적 구제절차는 어디까지나 개인의 주관적 공권을 보호하기 위한 것이지, 객관적 법질서의 보호를 위한 것이 아니다. 따라서 소송기술적으로 사법적 권리구제절차에서는 누구든지 자기 자신의 권리를 이유로 해서만 소송을 제기할 수 있기 때문에, 원고적격은 오염된 환경에 의하여 직접 피해를 입은 자에 한정된다고 할 것이다.[1]

이렇듯 환경권침해에 대한 권리구제는 그 당사자적격의 문제뿐만 아니라 인과관계의 입증에서도 어려움이 많기 때문에, 환경산업의 육성·발전에 의한 사전적·예방적 권리 보호가 강조되고 있다.[2]

(3) 環境權의 財産權 등에 대한 우위론

1) 내　용

498. 환경권의 재산권 등에 대한 우위론

이와 병행하여 환경 파괴에 의한 인권의 대량 침해·대량 파괴는 기존의 기본권 개념만 가지고는 대응할 수가 없고, 이에 대처하기 위해서는 환경파괴라고 하는 새로운 기본권침해에 대응할 새로운 적극적인 이론 구성이 필요하다는 주장이 있다. "그 한 가지 방안으로 생명권·환경권(보건권)의 재산권·영업권 등에 대한 우위론이라는 기본권해석론이 있다. 사실 인간의 존엄과 가치 그리고 행복

---

1) 이에 대하여 원고 적격을 널리 오염된 환경과 관계있는 자로 보아야 한다는 견해가 있다. 김철수, 헌법학개론, 760쪽. 그러나 "널리 오염된 환경과 관계있는 자"란 개념은 불확정개념이기 때문에 원고적격을 정하는 데 도움이 되지 못할 것이다. 오히려 환경침해에 대한 권리구제를 충분히 하기 위해서는 "오히려 오염된 환경에 의하여 직접 피해를 입은 자"의 범위를 확대하는 것, 곧 단체소송의 도입에 대한 검토가 합리적일 것이다. 독일에서는 효율적인 환경보호를 위하여 단체소송을 도입하는 것이 바람직한가라는 문제가 환경법의 연구와 같이 시작되었다. 단체소송의 도입여부에 대한 독일에서의 논의에 대한 개관은 홍성방, 환경보호의 법적 문제, 216-222쪽 참조.
2) 허영, 한국헌법론, 433·434쪽.

추구권을 규정한 헌법 제10조를 최고의 헌법적 가치로 보고, 또 환경권을 총합적 권리로 해석한다면, 생명권·환경권(보건권)의 재산권·영업권 등에 대한 우위성을 충분히 인정할 수 있을 것이다"라는 주장[1]이 그것이다.

2) 검　토

그러나 이러한 주장에 대하여는 다음과 같은 반론을 제기할 수 있다. 우선 기본권들 사이에 서열질서를 추론해 내려는 여러 가지 시도가 없는 것은 아니지만,[2] 모든 기본권들은 하나의 대전제로부터 연역된 개별 권리가 아니라 그 자체가 나름대로의 역사적 배경을 가지고 있는 독립된 보장규정들이기 때문에 원칙적으로 동등한 서열에 있다. 따라서 기본권규정들 사이에 서열의 차이는 예외적인 경우에만 인정된다 할 것이며[3] 이러한 예외가 생명권·보건권과 재산권·영업의 자유에 대하여 적용될 하등의 여지는 없다고 보아야 한다. 그것은 헌법 제10조를 한국헌법에서 최고의 헌법적 가치로 보고 — 이에 대하여는 전혀 이의가 없다 — 또 환경권을 총합적 기본권으로 보는 — 이는 잘못이다 — 경우에도 마찬가지이다. 요컨대 실효성 있는 환경권보호와 기본권들 사이의 서열문제는 별개의 것이라 하겠다.

499. 환경권의 재산권 등에 대한 우위론의 검토

8. 現行環境權에 대한 立法論的 考察

(1) 현행 環境權規定의 問題點

환경문제는 인류의 생존조건을 좌우하는 문제라는 점에서 매우 중요한 문제

500. 현행 환경권규정의 문제점

---

1) 권영성, 헌법학원론, 646쪽. 이 견해의 주장자는 과거에 이러한 주장에 더하여 "이러한 입장에서 본다면, 경제적·재정적 조치가 불필요한 환경보존권은 자유권적 기본권의 경우처럼, 헌법규정만으로 법원에 제소할 수 있는 것으로 이해하는 것이 마땅하다. 그렇게 보아야만 환경권에 관하여 구체적 입법이 없을지라도 법원에 제소(주민소송의 방식으로)할 수 있을 것이기 때문이다"(1989년판, 566쪽)라고 한 바 있다. 이에 대하여 저자는 "경제적·재정적 조치가 불필요한 환경보전권이 있다 하더라도 그것이 전체 환경권 내부에서 차지하는 비중은 미소할 것이며, 이러한 이론구성을 하지 않더라도 환경권에는 방어권적 성격이 있기 때문에 헌법규정만으로 법원에 제소하는 데는 어려움이 없다. 오히려 환경권의 특성, 곧 다른 기본권의 전제조건의 보장이라는 특성 때문에 환경권침해가 동시에 다른 기본권을 침해하는 경우가 있을 수 있으나, 이 경우에도 기본권의 경합이론에 따라 권리구제가 행해질 수 있기 때문에 사법적 구제의 어려움은 발생하지 않을 것이다"(홍성방, '환경권의 해석과 관련된 몇 가지 문제점', 79·80쪽)라고 그 문제점을 지적한 바 있다.
2) 예컨대 R. Krüger, Die bewußte Tötung bei polizeilichen Schußwaffengebrauch, NJW 1973, S. 1ff.(3) 참조.
3) P. Lerche, *Übermaß und Verfassungsrecht*, 1967, S. 461f.

이다. 그러나 인류는 계속해서 환경을 오염시키고 파괴해왔다. 그 결과 1960년대 초부터 환경문제의 심각성을 지적하는 글들이 나타나기 시작했다. 그러나 환경문제에 대한 헌법적 논의는 1970년대에 들어와서야 시작되었다.

우리나라의 경우 이렇다 할 논의없이 1980년 헌법에서 환경보호를 기본권의 형태로 수용하였다. 그러나 현행 환경권규정은 몇 가지 문제점을 가지고 있다. 첫째, 제35조 제 1 항은 "모든 국민은 건강하고 쾌적한 환경에서 생활할 권리를 가지며 …"라고 하여 "건강하고 쾌적한 환경"을 환경권의 객체로 규정하고 있다. 그러나 "건강하고 쾌적한"이라는 표현은 더욱 함축적인 표현으로 바꾸는 것이 필요하며, 환경도 환경보호의 대상이 주로 자연환경이라는 점을 감안하여 "자연환경"으로 제한함이 필요하다. 뿐만 아니라 제34조의 인간다운 생활권과의 오해를 피하기 위하여 "에서 생활할"을 "을 향유할"로 바꾸는 것도 생각해 보아야 한다. 곧 제35조 제 1 항은 "모든 국민은 깨끗한(또는 인간다운) 자연환경을 향유할 권리를 가지며"로 바꾸는 것이 바람직하다.

둘째, 제35조 제 2 항의 "환경권의 내용과 행사에 관하여는 법률로 정한다"는 표현은 "환경권의 내용에 관하여는 법률로 정한다"라고 바꾸는 것이 바람직하다. 왜냐하면 국민이 환경권을 가지는 이상 그 기본권의 내용(이것은 법률로써 구체적 범위가 정해질 것이다)에 따른 행사는 당연한 것으로 법률로써 환경권의 행사를 구체화할 어떤 이유도 없기 때문이다.

셋째, 현행헌법 제35조 제 3 항은 환경정책과 사회보장정책을 혼동한 것이다. 왜냐하면 전통적으로 주택문제는 사회보장의 대상이기 때문이다. 우리나라의 주택사정을 고려할 때 현행헌법 제35조 제 3 항과 같은 내용의 규정은 반드시 필요하다. 그러나 그 위치는 환경권을 규정한 제35조가 아니라 사회보장의 근거규정인 제34조이어야 할 것이다.

(2) 環境基本權 외에 環境國家目標規定을 신설해야 할 必要性

501. 환경기본권 외에 환경국가목표규정을 신설해야 할 필요성

다음으로 환경보호를 현행헌법에서처럼 사회적 기본권형태의 환경기본권으로 규정한 것으로 충분한가에 대하여도 검토해 보아야 한다. 사회적 기본권의 여러 가지 문제점을 차치하더라도 사회적 기본권은 호경기인 경우라고 하더라도 그 최소한이 보장될 뿐이며, 불경기인 경우에는 그나마 무시되는 것이 일반적인 경험이다. 그런가 하면 예외적인 경우라 하지만 주택건설을 핑계로 자연환경을 해치는 경우도 있고, 산이나 강가에 특히 고층아파트를 건설함으로써 자연경관을 파괴시키는 경우도 있으며, 이러한 경우에는 환경기본권만으로는 무력하지

않을 수 없다. 따라서 현행의 환경기본권 외에 환경보호를 헌법의 기본원리[1] 또
는 국가목표규정으로 다시 규정하는 것을 검토할 필요가 있다. 이를 위해서는
헌법전문의 "안으로는 국민생활의 균등한 향상을 기하고 밖으로는"의 부분을
"안으로는 국민생활의 균등한 향상을 기하고 환경보호에 힘쓰며 밖으로는"으로
표현하는 방법, 헌법 제 9 조에 항을 신설하여 국가의 환경보호의무를 선언하는
방법, 헌법 제 9 조의 앞이나 뒤에 새로운 조항을 신설하여 국가의 환경보호의무
를 선언하는 방법 등을 생각해 볼 수 있다. 이렇게 환경보호를 환경기본권 외에
객관적 법규범으로 규정하는 경우 중복을 피하기 위하여 헌법 제35조 제 1 항
후단의 "국가와 국민은 환경보전을 위하여 노력하여야 한다"는 부분은 "국민은
환경보전을 위하여 노력하여야 한다"로 바꾸어야 할 것이다. 그러나 어떠한 경
우에도 환경기본권을 삭제하고 그 대신 환경국가만을 선언하는 방법은 바람직하
지 않다 하겠다. 왜냐하면 국가목표규정으로부터는 국민의 주관적 권리가 추론
될 수 없으며, 그 결과 최악의 경우에는 헌법에 규정된 환경보호가 유명무실한
것으로 될 수도 있기 때문이다.

第 7 節 婚姻·家族·母性保護·保健에 관한 權利

1. 憲法規定 및 沿革

(1) 憲法規定

헌법 제36조는 혼인과 가족생활의 보호(제 1 항), 모성보호(제 2 항), 국민의
보건권(제 3 항)을 규정하고 있다.

(2) 沿 革

혼인과 가족생활에 관한 보호, 모성보호 및 보건권은 1919년 바이마르헌법
제119조에서 최초로 규정되었다.[2] 우리 헌법은 건국헌법 제20조에서 "혼인은 남

---

  1) 계희열, 헌법학(상), 박영사, 1995, 177·178쪽은 "이러한 상황에서 우리도 제35조의 규정
   을 헌법의 기본원리로 격상시키는 문제를 신중하게 검토할 필요가 있다"고 한다.
  2) 바이마르헌법 제119조: "혼인은 가족생활과 민족의 유지·번영의 기반으로서 헌법의 특별
   한 보호를 받는다. 혼인은 양성의 평등에 기초한다. 가족의 순결유지와 건강 및 사회적 증
   진은 국가와 지방자치단체의 임무이다. 자녀를 많이 둔 가정은 조정적 배려청구권을 가진
   다. 모성은 국가에 대하여 보호 및 배려청구권을 가진다." 혼인제도에 관한 규정을 안쉬츠
   *Anschütz*는 "특정 공산주의이론에 대한 의식적·의도적 부정"으로 표현하고 있다.

녀동등권을 기본으로 하며, 혼인의 순결과 가족의 건강은 국가의 특별한 보호를 받는다"고 하여 혼인의 순결과 가족보호규정을 두었다. 그러나 제5차 개정헌법에서 혼인의 남녀동등권규정이 삭제되었다가, 제8차 개정헌법에서 개인의 존엄과 양성평등규정을 규정하였으며, 제9차 개정헌법에서 모성보호규정과 국가보호의무 등을 추가하였다.

2. 婚姻과 家族制度의 保障

(1) 憲法 第36條 第1項의 法的 性格

1) 학설과 판례

504. 헌법 제36조 제1항의 법적 성격에 대한 학설 및 판례

"혼인과 가족생활은 개인의 존엄과 양성의 평등을 기초로 성립되고 유지되어야 하며, 국가는 이를 보장한다"(제36조 제1항)는 규정의 법적 성격에 대하여는 원칙규범과 제도보장과 자유권과 생존권이 결합된 것으로 보는 견해,[1] 헌법원리를 선언한 원칙규범과 제도보장과 방어권의 성격을 동시에 가진 것으로 보는 견해,[2] 이 규정은 문화민족의 이념을 실현시키는 헌법적 결단이기 때문에 제36조 제1항의 법적 성격에 대한 논쟁은 무용한 것이라는 견해[3] 등이 나뉘어

---

1) 김철수, 헌법학개론, 745·746쪽은 이 규정의 법적 성격을 다음과 같이 설명한다. "이 조항은 헌법의 체계상 생존권규정에 위치하고 있으며 국가에 의하여 인간의 존엄, 양성의 평등이 가족생활에서도 보장되어야 하는 당연한 요청에서 인간다운 생활을 보장하는 생존권성을 가진다 하겠다. … 그런데 이러한 생존권적 성격을 가진다고 하여 아울러 이 조항을 혼인제도와 가족제도의 제도보장으로도 보지 못할 이유가 없다. 그 이유는 제도보장인 경우에도 국가권력을 직접 구속하는 것이며, 제도보장이 기본권과 결합하는 것을 방해하지 않기 때문이다. 따라서 이 조항은 혼인제도와 가족제도의 제도보장일 뿐만 아니라 국민의 혼인의 자유, 양성의 평등, 가족제도의 보호를 규정한 생존권이라고 하겠다. 이는 제5공화국헌법이 그 규정형식에 있어서 혼인과 가족생활에 있어서의 원칙규범 내지 제도보장의 형식만을 취하고 있었던 데 비하여, 현행헌법 제36조 제1항은 제도보장에서 더 나아가 그 후단에서 국가의 보장의무를 명시하고 있는 것을 고려하면 명백하다."

2) 권영성, 헌법학원론, 266쪽은 이 규정의 법적 성격을 다음과 같이 설명한다. "헌법 제36조 제1항은 혼인과 가족생활은 개인의 존엄과 양성의 평등을 기초로 하여 성립되고 유지되어야 한다는 헌법원리를 선언한 원칙규범이다. 둘째, 동조항이 「… 국가는 이를 보장한다」라고 함은 특정의 제도보장을 의미하는 것이다. 셋째, 동조항의 내용은 구체적인 입법이나 행정처분을 필요로 하지 아니하고 그 자체로서 모든 국가기관을 직접 구속하는 효력을 가지는 직접적 효력규정이다."

3) 허영, 한국헌법론, 164·165쪽은 다음과 같이 설명하고 있다. "먼저 혼인·가족제도보장에 관한 우리 헌법규정을 칼 슈미트의 제도적 보장이론에 따라 설명하려는 입장은 문제가 있다. 칼 슈미트의 논리에 따라 혼인·가족 제도를 '전형적이고 전통적인 사법상의 제도'를 헌법적으로 보장하기 위한 것이라고 이해하는 것은 오히려 우리 헌법상의 혼인·가족제도

있다. 그에 반해서 헌법재판소는 이 규정을 혼인제도와 가족제도에 관한 헌법원리를 규정한 것으로 본다.

> **판례** 〈민법 제809조 제 1 항 위헌제청(헌법불합치)〉 "헌법 제36조 제 1 항은 혼인과 가족생활은 개인의 존엄과 양성의 평등을 기초로 성립되고 유지되어야 하며, 국가는 이를 보장한다고 규정하고 있는바, 이는 혼인제도와 가족제도에 관한 헌법원리를 규정한 것으로서 혼인제도와 가족제도는 인간의 존엄성존중과 민주주의원리에 따라 규정되어야 함을 천명한 것이라 볼 수 있다. 따라서 혼인에 있어서도 개인의 존엄과 양성의 본질적 평등의 바탕 위에서 모든 국민은 스스로 혼인을 할 것인가 하지 않을 것인가를 결정할 수 있고 혼인을 함에 있어서도 그 시기는 물론 상대방을 자유로이 선택할 수 있는 것이며, 이러한 결정에 따라 혼인과 가족생활을 유지할 수 있고, 국가는 이를 보장해야 한다."(헌재 1997. 7. 16. 95헌가6 등 병합결정)

> **판례** 〈「학원의 설립·운영에 관한 법률」 제22조 제 1 항 제 1 호 등 위헌제청, 「학원의 설립·운영에 관한 법률」 제 3 조 등 위헌확인(위헌)〉 "헌법 제36조 제 1 항은 '혼인과 가족생활은 개인의 존엄과 양성의 평등을 기초로 성립되고 유지되어야 하며, 국가는 이를 보장한다'고 하여 혼인 및 그에 기초하여 성립된 부모와 자녀의 생활공동체인 가족생활이 국가의 특별한 보호를 받는다는 것을 규정하고 있다. 이 헌법규정은 소극적으로는 국가권력의 부당한 침해에 대한 개인의 주관적 방어권으로서 국가권력이 혼인과 가정이란 사적인 영역을 침해하는 것을 금지하면서, 적극적으로는 혼인과 가정을 제 3 자 등으로부터 보호해야 할 뿐이 아니라 개인의 존엄과 양성의 평등을 바탕으로 성립되고 유지되는 혼인·가족제도를 실현해야 할 국가의 과제를 부과하고 있다. 혼인과 가족의 보호는 헌법이 지향하는 자유민주적 문화국가의 필수적인 전제조건이다. 개별성·고유성·다양성으로 표현되는 문화는 사회의 자율영역을 바탕으로 하고, 사회의 자율영역은 무엇보다도 바로 가정으로부터 출발하기 때문이다. 헌법은 가족제도를 특별히 보장함으로

에 담겨져 있는 문화민족의 이념과는 배치되는 결과를 초래할 위험성이 크다. 적어도 유교사상에 의해서 지배되던 우리 사회의 전형적이고 전통적인 고래의 혼인·가족제도는 인간의 존엄과 남녀평등을 기초로 하는 혼인·가족제도였다고 보기는 어렵기 때문이다. 바로이 점이 칼 슈미트의 제도적 보장이론을 탄생시킨 기독교문화권의 독일과 유교문화권의우리 나라 혼인·가족제도의 본질적인 차이점이다. 따라서 우리 헌법상의 혼인·가족제도는 그것이 지난 날에는 어떠했던 간에 우리 헌법이 추구하는 문화민족의 이념에 알맞게이제는 인간의 존엄과 남녀평등을 기초로 문명적인 가족관계로 성립되고 유지되어야겠다는 헌법적 결단의 표현이라고 이해해야지, 그것을 우리 사회에 확립된 전형적이고 전통적인 사법상의 혼인·가족제도를 제도적으로 보장하기 위한 것이라고 이해하는 것은 확실히문제가 있다."

써, 양심의 자유, 종교의 자유, 언론의 자유, 학문과 예술의 자유와 같이 문화국가의 성립을 위하여 불가결한 기본권의 보장과 함께, 견해와 사상의 다양성을 그 본질로 하는 문화국가를 실현하기 위한 필수적인 조건을 규정한 것이다. 따라서 헌법은 제36조 제 1 항에서 혼인과 가정생활을 보장함으로써 가족의 자율영역이 국가의 간섭에 의하여 획일화·평준화되고 이념화되는 것으로부터 보호하고자 하는 것이다."(헌재 2000. 4. 27. 98헌가16 등 병합결정)

판례 〈소득세법 제61조 위헌소원(위헌)〉 "헌법 제36조 제 1 항은 혼인과 가족생활을 스스로 결정하고 형성할 수 있는 자유를 기본권으로서 보장하고, 혼인과 가족에 대한 제도를 보장한다. 그리고 헌법 제36조 제 1 항은 혼인과 가족에 관련되는 공법 및 사법의 모든 영역에 영향을 미치는 합헌원리 내지 원칙규범으로서의 성격도 가지는데 이는 적극적으로는 적절한 조치를 통해서 혼인과 가족을 지원하고 제삼자에 의한 침해 앞에서 혼인과 가족을 보호해야 할 국가의 과제를 포함하며, 소극적으로는 불이익을 야기하는 제한조치를 통해서 혼인과 가족을 차별하는 것을 금지해야 할 국가의 의무를 포함한다."(헌재 2002. 8. 29. 2001헌바82 결정)

판례 〈민법 제781조 제 1 항 본문 후단부분 위헌제청 등(헌법불합치 = 잠정적용)〉 "우리 헌법은 제정 당시부터 특별히 혼인의 남녀동권을 헌법적 혼인질서의 기초로 선언함으로써 우리 사회 전래의 가부장적인 봉건적 혼인질서를 더 이상 용인하지 않겠다는 헌법적 결단을 표현하였으며, 현행헌법에 이르러 양성평등과 개인의 존엄은 혼인과 가족제도에 관한 최고의 가치규범으로 확고히 자리잡았다. 한편, 헌법전문과 헌법 제 9 조에서 말하는 '전통', '전통문화'란 역사성과 시대성을 띤 개념으로서 헌법의 가치질서, 인류의 보편가치, 정의와 인도정신 등을 고려하여 오늘날의 의미로 포착하여야 하며, 가족제도에 관한 전통·전통문화란 적어도 그것이 가족제도에 관한 헌법이념인 개인의 존엄과 양성의 평등에 반하는 것이어서는 안 된다는 한계가 도출되므로, 전래의 어떤 가족제도가 헌법 제36조 제 1 항이 요구하는 개인의 존엄과 양성평등에 반한다면 헌법 제 9 조를 근거로 그 헌법적 정당성을 주장할 수는 없다."(헌재 2005. 2. 3. 2001헌가9 등 병합결정)

앞의 견해들을 살펴보면 표현(원칙규범, 헌법원리를 선언한 원칙규범, 헌법적 결단의 표현 등)이야 어떻든 이 조항이 '가치결단적 원칙규범'(eine wertentscheidende Grundsatznorm)[1]이라는 데 대해서는 의견이 일치되어 있다. 문제는 이 조항이 그

---

1) 독일판례 : "기본법 제 6 조 제 1 항은 혼인과 가족이라는 특정한 사적 영역을 보호하기 위한 '전통적 기본권' 및 제도보장일 뿐만 아니라, 이를 넘어서 혼인과 가족에 관한 사법 및 공법의 전 영역에 대해 구속력 있는 가치결단을 의미하는 원칙규범이기도 하다."(BVerfGE 6, 55. 또한 BVerfGE 80, 81, 92ff.도 참조)

밖에도 제도보장적 성격과 사회권적 성격과 자유권적 성격을 동시에 가지고 있
거나 그 중 어떤 것을 포함하고 있느냐 하는 것이다.

2) 칼 슈미트의 제도보장론

오리우 *Maurice Hauriou*,[1] 기제 *Friedrich Giese*,[2] 볼프 *Martin Wolff*[3] 등
이 실마리를 제공한 제도보장의 문제를 이론적으로 체계화한 학자는 칼 슈미트
로 알려져 있다.

슈미트는 1928년 그의 「헌법학」(Verfassungslehre)의 기본권편에서 '제도적
보장'(institutionelle Garantie)을 다루면서, 제도적 보장을 자유권의 의미에서 기본
권과는 엄격하게 구별한다. 슈미트에 따르면 기본권은 법치국가적 국가이념의
기초가 되어 있는 '분배원리'(Verteilungsprinzip)에서 출발하여, 이 배분의 원리의
발로이자 구체화로서 나타난다. 분배원리에 따르면 개인의 자유권은 사회적 구
속을 받지 않는다는 점에서 전사회적(前社會的)인 것은 아니지만, 전국가적(前國
家的)인 것이다. 곧 자유영역에 대한 국가의 권능은 원칙적으로 제한되어 있으며
자유영역은 자유를 위한 국가의 보장, 규제, 보호과제와 관련하여 존재하고 또
한 그것으로 충분하다. 다시 말해서 기본권적 자유라는 것은 국가에 의해서 구
성되는 것이 아니며, 법적으로 이야기한다면 법보다 선존(先存)한다.[4]

그에 반하여 제도적 보장은 국가내부에서만 성립된다. 따라서 제도적 보장
은 원칙적으로 무제한적인 자유영역이라는 생각에 기초를 두고 있지 않으며, 법
적으로 인정된 제도와 관련하여 그것을 단순한 입법자로 하여금 그 폐지를 불가
능하게 함으로써 보장한다. 곧 제도적 보장이란 그 임무가 개별적으로 전문화되
어 있지 않고 '효력 범위의 보편성'(Universalität des Wirkungskreises)이 허용되지
않는 일정한 임무와 일정한 목적에 이바지하는 것일 수밖에 없다.[5] 따라서 슈미
트에게 있어 개인의 자유는 결코 제도일 수가 없다.[6] 그러면서도 슈미트는 직업
공무원제와 사유재산제의 경우에 제도보장과 주관적 권리가 결합될 수 있는 가
능성을 인정하고 있다. 그러나 이러한 경우에도 '주관적 권리의 보장'(Gewähr-

505. 칼 슈미트의 제
도보장론

1) R. Schnur(hrsg.), *Die Theorie der Institution und zwei andere Aufsätze von Maurice Hauriou*, 1965.
2) Fr. Giese, *Die Verfassung des Deutschen Reiches vom 11. August 1919*, 1919. Art. 119. Erl. Ⅱ 3.
3) M. Wolff, Reichsverfassung und Eigentum, in: *Festgabe für Wilhelm Kahl*, 1923, S. 1ff.
4) C. Schmitt, *Verfassungslehre*, 1928, S. 126f., 158f.
5) C. Schmitt, *Verfassungslehre*, S. 170f., 173.
6) C. Schmitt, *Verfassungslehre*, S. 171.

leistung subjektiver Rechte)은 '제도의 보장'(Gewährleistung der Institution)에 예속 되며 제도의 보장에 이바지하지 않으면 안 된다는 것을 해석에서 주의하지 않으 면 안 된다고 한다.[1]

그리고 슈미트는 바이마르헌법의 규정 가운데 제도적 보장으로 볼 수 있는 것으로서 제105조의 예외법원의 금지, 제119조의 혼인의 보호, 제127조의 지방 자치, 제129조 이하의 직업공무원제, 제139조의 '일요일의 휴업'(Sontagsruhe), 제 142조의 학문의 자유와 교수의 자유, 제149조의 학교에 있어 정규과목으로서의 종교교육과 신학부의 유지, 제153조와 제154조의 사유재산제도와 상속권의 보장 등을 들고 있다.

슈미트는 이처럼 처음에는 제도적 보장이라는 용어만을 사용하다가 1931년 에는 이를 공법적 제도에 대한 보장인 '제도적 보장'(institutionelle Grantie)과 사 법상의 제도를 헌법적으로 보장하는 '제도보장'(Institutsgarantie)으로 구별하여 사 용하였다.[2]

3) 사　견

506. 헌법 제36조 제 1 항의 법적 성격에 대한 사견

이러한 슈미트의 제도적 보장론에 대한 약술을 토대로 우리 헌법 제36조 제 1 항을 읽으면 "단순한 입법자가 그 제도 자체를 폐지할 수 없는 혼인과 가족 생활은(또는 혼인제도와 가족제도는 헌법적으로 보장되며, 그러한 제도를 기초로 성립된 혼인과 가족생활은) 개인의 존엄과 양성의 평등을 기초로 성립되고 유지되어야 한 다"로 읽을 수 있다. 곧 우리 헌법 제36조 제 1 항은 우리의 전형적이고 전통적 인 혼인제도뿐만 아니라 일반적인 혼인제도, 곧 혼인생활과 가족생활의 전제로 서의 혼인 자체를 헌법적으로 보장하고 있는 부분과 그것이 구체적으로 어떤 모 습을 띠어야 할 것인가에 대한 당위의 두 부분으로 구성되어 있다는 것이다. 따 라서 제36조 제 1 항이 전제하는 우리의 전형적이고 전통적인 고래의 혼인·가족 제도가 인간의 존엄과 남녀평등을 기초로 보기는 어렵다는 이유에서 우리 헌법 제36조 제 1 항에서 제도보장적 성격을 부인하면서(혼인과 가족생활의 전제가 되는 혼인과 가족이라는 제도 자체의 설명은 포기하거나 논외로 치고) 뒷 부분의 당위만을 강조하는 견해[3]는 설득력이 부족하다 할 것이다.

---

1) C. Schmitt, Freiheitsrechte und institutionelle Garantie der Reichsverfassung(1931), in: *Verfassungsrechtlche Aufsätze aus den Jahren 1924-1954*, 1958, S. 140ff.(149, 160).

2) C. Schmitt, (앞 주)의 논문, S. 148 및 여러 곳.

3) 허영, 한국헌법론, 164쪽.

이렇게 헌법 제36조 제1항에서 제도보장적 성격을 인정할 때 다음으로 문제되는 것은 그 밖에도 같은 조항에 주관적 권리가 포함되어 있는가 하는 점이다. 이 조항에 사회권적 성격이 있다고 보는 견해는 이 조항이 체계상 사회권규정에 위치하고 있다는 점과 인간다운 생활을 보장하기 때문에 사회권적 성격을 가진다고 한다(앞의 제1설). 그러나 우선 헌법의 체계는 체계화시키려는 노력에도 불구하고 완결된 것이 아니기 때문에 체계상 그 위치가 사회권들 사이에 있다는 것만으로 사회권이라는 판단은 내릴 수 없다는 점을 지적하고자 한다. 다음으로, 인간다운 생활을 보장한다는 점이 사회권적 성격을 가졌다는 결론을 내릴 충분조건은 아니라는 점이다. 사회권의 전개과정과 이념 및 특성에서 사회권인가 아닌가를 판단하는 데 결정적인 요소는 개인에 대한 국가의 경제적·물질적 급부이다.[1] 그러나 우리 헌법 제36조 제1항으로부터는 혼인과 가족생활에 대한 국가의 경제적·물질적 급부의무와 그에 상응하는 국민의 청구권을 추론해내기가 어렵다. 따라서 헌법 제36조 제1항은 사회권적 성격을 가진다고 볼 수 없다.

그에 반하여 이 규정으로부터는 혼인할 자유를 추론해 낼 수 있다. 곧 이 규정은 혼인과 가족생활에 대한 가치결단적 원칙규범이자 제도보장인 동시에 더 나아가서 단지 이미 성립하여 있는 혼인관계만을 보호하려는 데 있지 않고 또한 새로운 혼인관계를 맺을 것을 기본권적으로 보호하고 있다고 보아야 한다. 따라서 헌법 제36조 제1항은 스스로 선택한 상대방과 혼인을 맺을 권리 내지는 자유를 본질적인 구성부분으로 표현하고 있다고 보아야 한다.[2]

---

1) 사회권에 대하여 더욱 자세한 것은 S.-B. Hong, *Soziale Rechte auf der Verfassungsebene und auf der gesetzlichen Ebene*, Diss. Köln, 1986; 홍성방, 사회적 참여권, 고시계 (1986년 9월호), 88-98쪽; 홍성방, 사회권이란 무엇인가, 고시연구(1994년 2월호), 81-96쪽 참조.

2) 예컨대 독일 Bonn기본법은 혼인과 가족에 대하여 "혼인과 가족은 국가질서의 특별한 보호를 받는다"(제6조 제1항)고 규정하고 있고, 독일연방헌법재판소(BVerfGE 31, 58, 67)는 "연방헌법재판소의 판례에 따르면 기본법 제6조 제1항은 국가의 침해로부터 보호를 청구할 고전적인 기본권뿐만 아니라 제도보장 및 전체 혼인법과 가족법에 대한 가치결단적 원칙규범을 포함하고 있다. 1970년 10월 7일의 결정이 명시적으로 확인하고 있는 바와 같이, 이 기본권은 본질적 구성부분으로서 스스로 선택한 상대방과 혼인할 권리 또는 자유를 포함한다"고 판시하였다. 그러나 우리 헌법재판소는 혼인의 자유를 제36조 제1항이 아닌 인격권·행복추구권에서 추론해 내고 있다. "이러한 개인의 인격권·행복추구권은 개인의 자기운명결정권을 그 전제로 하고 있으며, 이 자기운명결정권에는 성적(性的) 자기결정권, 특히 혼인의 자유와 혼인에 있어서 상대방을 결정할 수 있는 자유가 포함되어 있다"(〈헌재 1990.9.10. 89헌마82 결정: 형법 제241조의 위헌여부에 관한 헌법소원(합헌) 참조〉).

(2) 憲法 第36條 第1項의 主體

507. 헌법 제36조 1
항의 주체

　　혼인할 자유는 전국가적 자연권으로서 국민과 외국인 그리고 무국적자를 포함하는 모든 자연인에게 그 주체성이 인정된다.

(3) 憲法 第36條 第1項의 內容

508. 헌법 제36조 1
항의 내용

　　헌법 제36조 제1항은 일부일처제[1]의 제도적 보장과 개인의 존엄과 양성의

---

1) 형법상의 간통죄처벌조항에 대해서는 합헌설과 위헌설이 대립되어 있었으나, 헌법재판소는 2015년 2월 26일 간통죄 규정에 대해 위헌결정을 선고하였다. 그간 결혼과 성에 대한 국민의 의식에 많은 변화가 있었고, 혼인과 가정의 유지는 당사자의 자유로운 의지와 애정에 맡겨야지 형벌을 통해 강제될 수 없는 것이라며, 간통죄규정이 국민의 기본권을 침해하고, 명확성원칙, 비례의 원칙 등 헌법상 기본원칙을 위배하여 위헌이라 판시한 것이다.

　　판례: 〈형법 제241조 위헌소원 등(위헌) "1. 재판관 박한철, 재판관 이진성, 재판관 김창종, 재판관 서기석, 재판관 조용호의 위헌의견: 사회 구조 및 결혼과 성에 관한 국민의 의식이 변화되고, 성적 자기결정권을 보다 중요시하는 인식이 확산됨에 따라 간통행위를 국가가 형벌로 다스리는 것이 적정한지에 대해서는 이제 더 이상 국민의 인식이 일치한다고 보기 어렵고, 비록 비도덕적인 행위라 할지라도 본질적으로 개인의 사생활에 속하고 사회에 끼치는 해악이 그다지 크지 않거나 구체적 법익에 대한 명백한 침해가 없는 경우에는 국가권력이 개입해서는 안 된다는 것이 현대 형법의 추세여서 전세계적으로 간통죄는 폐지되고 있다. 또한 간통죄의 보호법익인 혼인과 가정의 유지는 당사자의 자유로운 의지와 애정에 맡겨야지, 형벌을 통하여 타율적으로 강제될 수 없는 것이며, 현재 간통으로 처벌되는 비율이 매우 낮고, 간통행위에 대한 사회적 비난 역시 상당한 수준으로 낮아져 간통죄는 행위규제규범으로서 기능을 잃어가고, 형사정책상 일반예방 및 특별예방의 효과를 거두기도 어렵게 되었다. 부부 간 정조의무 및 여성 배우자의 보호는 간통한 배우자를 상대로 한 재판상 이혼 청구, 손해배상청구 등 민사상의 제도에 의해 보다 효과적으로 달성될 수 있고, 오히려 간통죄가 유책의 정도가 훨씬 큰 배우자의 이혼수단으로 이용되거나 일시 탈선한 가정주부 등을 공갈하는 수단으로 악용되고 있기도 하다. 결국 심판대상조항은 과잉금지원칙에 위배하여 국민의 성적 자기결정권 및 사생활의 비밀과 자유를 침해하는 것으로서 헌법에 위반된다.

　　2. 재판관 김이수의 위헌의견: 간통죄의 본질은 자유로운 의사에 기하여 혼인이라는 사회제도를 선택한 자가 의도적으로 배우자에 대한 성적 성실의무를 위배하는 성적 배임행위를 저지른 데 있다. 혼인생활을 영위하고 있는 간통행위자 및 배우자 있는 상간자에 대한 형사처벌은 부부 간의 성적 성실의무에 기초한 혼인제도에 내포되어 있는 사회윤리적 기본질서를 최소한도로 보호하려는 정당한 목적 하에 이루어지는 것으로서 개인의 성적 자기결정권에 대한 과도한 제한이라고 하기 어렵다. 그러나 사실상 혼인관계의 회복이 불가능한 파탄상태로 인해 배우자에 대한 성적 성실의무를 더 이상 부담하지 아니하는 간통행위자나 미혼인 상간자의 상간행위 같이 비난가능성 내지 반사회성이 없는 경우도 있다. 그럼에도 불구하고, 심판대상조항이 일률적으로 모든 간통행위자 및 상간자를 형사처벌하도록 규정한 것은 개인의 성적 자기결정권을 과도하게 제한하는 국가형벌권의 과잉행사로서 헌법에 위반된다.

　　3. 재판관 강일원의 위헌의견: 간통 및 상간행위가 내밀한 사생활의 영역에 속하는 것이

평등에 기초한 혼인할 자유와 부부평등을 내용으로 하는 가족제도의 보장을 그 내용으로 한다.

> **판례** 〈민법 제781조 제 1 항 본문 후단부분(호주제) 위헌제청 등(헌법불합치, 잠정적용)〉 "우리 헌법은 제정 당시부터 특별히 혼인의 남녀동권을 헌법적 혼인질서의 기초로 선언함으로써 우리 사회 전래의 가부장적인 봉건적 혼인질서를 더 이상 용인하지 않겠다는 헌법적 결단을 표현하였으며, 현행헌법에 이르러 양성평등과 개인의 존엄은 혼인과 가족제도에 관한 최고의 가치규범으로 확고히 자리잡았다. 한편, 헌법전문과 헌법 제 9 조에서 말하는 '전통', '전통문화'란 역사성과 시대성을 띤 개념으로서 헌법의 가치질서, 인류의 보편가치, 정의와 인도 정신 등을 고려하여 오늘날의 의미로 포착하여야 하며, 가족제도에 관한 전통·전통문화란 적어도 그것이 가족제도에 관한 헌법이념인 개인의 존엄과 양성의 평등에 반하는 것이어서는 안 된다는 한계가 도출되므로, 전래의 어떤 가족제도가 헌법 제36조 제 1 항이 요구하는 개인의 존엄과 양성평등에 반한다면 헌법 제 9 조를 근거로 그 헌법적 정당성을 주장할 수는 없다."(헌재 2005. 2. 3. 2001헌가9 등 병합결정)

> **판례** 〈민법 제781조 제 1 항 위헌제청(헌법불합치)〉 "입양이나 재혼 등과 같이 가족관계의 변동과 새로운 가족관계의 형성에 있어서 구체적인 사정들에 따라서는 양부 또는 계부 성으로의 변경이 개인의 인격적 이익과 매우 밀접한 관계를 가짐에도 부성의 사용만을 강요하여 성의 변경을 허용하지 않는 것은 개인의 인격권을 침해한다."(헌재 2005. 12. 22. 2003헌가5 등 병합결정)

(4) 婚姻할 自由의 效力

혼인할 자유는 대국가적 효력과 간접적 대사인적 효력이 인정된다.

509. 혼인할 자유의 효력

라고 해도 이에 대한 법적 규제를 할 필요성은 인정되고, 그에 대한 규제의 정도는 원칙적으로 입법자가 결정할 사항이므로, 입법자가 간통행위를 예방하기 위하여 형벌이라는 제재수단을 도입한 것이 그 자체로 헌법에 위반된다고 볼 수는 없다. 그러나 형법은 간통죄를 친고죄로 규정하면서, 배우자의 종용이나 유서가 있는 경우 간통죄로 고소할 수 없도록 규정하고 있는데, 소극적 소추조건인 종용이나 유서의 개념이 명확하지 않아 수범자인 국민이 국가 공권력 행사의 범위와 한계를 확실하게 예측할 수 없으므로 심판대상조항은 명확성원칙에 위배되며, 간통 및 상간행위에는 행위의 태양에 따라 죄질이 현저하게 다른 수많은 경우가 존재함에도 반드시 징역형으로만 응징하도록 한 것은 구체적 사안의 개별성과 특수성을 고려할 수 있는 가능성을 배제 또는 제한하여 책임과 형벌간 비례의 원칙에 위배되어 헌법에 위반된다"(헌재 2015. 2. 26. 2009헌바17 결정).

(5) 婚姻할 自由의 制限

510. 혼인할 자유의
제한

헌법 제36조 제1항에서 다른 법적 성격 외에도 결혼할 자유를 추론할 수 있다고 하면 이제 이 자유권은 개별적인 법률유보가 규정되지 않은 이른바 절대적 기본권이라는 이야기가 된다. 그럼에도 불구하고 혼인할 자유는 개인의 존엄과 양성의 평등을 기초로 행사되어야 하기 때문에 절대적 자유라고는 할 수 없다. 곧 개인의 존엄과 양성의 평등, 결혼 당사자의 자율적인 의사결정 및 인륜에 반하는 중혼(민법 제810조), 축첩, 인신매매적 결혼, 약취·유인적 결혼 등은 금지된다. 그뿐만 아니라 합리적인 근거에서 혼인의 자유를 제한 또는 금지하는 것도 위헌이라고 할 수 없다. 그러한 예에 속하는 것으로는 미성년자의 혼인에 부모의 동의를 얻도록 한 것(민법 제808조)과 일정한 범위 내의 근친혼을 금지한 것(민법 제809조 제2항) 등이 있다.[1] 따라서 최근까지만 하더라도 근친혼이 아니면서도 동성동본인 혈족 사이에서는 혼인이 금지되었었다. 그러나 헌법재판소는 동성동본에 대한 혼인을 금지하고 있던 민법 제809조 1항에 대하여 헌법불합치 결정을 내렸다.

판례 민법 제809조 제1항 위헌제청(헌법불합치)〉 "사회를 지배하는 기본이념의 변화, 혼인 및 가족관념의 변화와 남녀평등관념의 정착, 경제구조의 변화와 인구의 급격한 증가 및 그 도시집중화 등 여러 가지 사회환경의 변화로 말미암아, 동성동본금혼제의 존립기반이 더 이상 지탱할 수 없을 정도로 근본적인 동요를 하고 있음은 이를 부인하기가 어렵고, 유전학적 관점에서 보더라도 민법에 의하여 금지되거나 무효로 되는 범위를 넘어서는 동성동본인 혈족 사이의 혼인의 경우 유전학적인 질병의 발생빈도가 이성(異性) 간 또는 동성이본(異本) 간의 혼인의 경우보다 특히 높다는 아무런 과학적인 증명도 없음이 밝혀져 있으며, 동성동본금혼제도는 이제 더 이상 법적으로 규제되어야 할 이 시대의 보편타당한 윤리 내지 도덕관념으로서의 기준성을 상실하였다고 볼 수밖에 없으므로, 이 사건 법률조항은 금혼규정으로서의 사회적 타당성 내지 합리성을 상실하고 있음과 아울러 '인간으로서의 존엄과 가치 및 행복추구권'을 규정한 헌법이념 및 규정과 '개인의 존엄과 양성의 평등'에 기초한 혼인과 가족생활의 성립·유지라는 헌법규정에 정면으로 배치된다 할 것이다."(헌재 1997. 7. 16. 95헌가6 등 병합결정)

---

1) 여성에 대하여만 재혼 금지 기간을 정하고 있는 민법 제811조가 합리적인가 하는 것과 관련해서는 의견이 나누어져 있다. 권영성, 헌법학원론, 267쪽은 합리적이라는 견해를 펴고 있는 반면, 허영, 한국헌법론, 165쪽은 이를 가부장제에서 유래하는 부계혈통주의의 유산으로 보아 그 합리성에 의문을 표시하고 있다.

3. 母性保護

(1) 母性保護

　　헌법 제36조 제 2 항은 모성보호를 위한 국가의 노력의무를 규정하고 있다. 그러나 모성, 곧 자녀를 가진 여성은 이러한 국가적 노력의무에 대응하여 모성의 건강뿐만 아니라 모성이 제 2세 국민을 출산하고[1] 양육하는 데 필요한 경제적·사회적 여건을 조성해줄 것을 국가에 청구할 수 있다. 모성보호청구권은 사회적 기본권이다.

511. 모성보호

(2) 母性保護를 위하여 제정된 法律들

　　현재 모성보호를 위하여 모자보건법과 모·부자복지법이 제정되어 있다. 모자보건법은 모성의 생명과 건강을 보호할 것을 규정하고 있고, 모·부자복지법은 모자가정의 생활안정과 복리증진을 도모할 것을 규정하고 있다.

512. 모성보호를 위하여 제정된 법률들

4. 保健權

(1) 保健權의 槪念

　　우리 헌법 제36조 제 3 항은 "모든 국민은 보건에 관하여 국가의 보호를 받는다"고 하여 국민보건에 관한 국가의 보호의무를 규정하고 있다. 이 규정을 근거로 국민은 국가에 대하여 자신과 가족의 건강의 보호를 받을 권리 및 이를 위한 적극적인 보건행정의 실시를 요청할 수 있는 권리를 가진다. 이를 보건권이라 한다.

513. 보건권의 개념

---

1) 분만급여기준을 행정입법에 위임한 의료보험법 제31조 제 2 항이 헌법 제10조의 행복추구권, 제11조의 평등권, 제36조 제 2 항·제 3 항의 모성보호 및 보건의 보호규정에 위배된다는 헌법소원이 제기된 바 있다. 이에 대하여 헌법재판소는 국민부담수준, 국가재정수준, 사회적·경제적 여건에 따라 적절히 대처할 필요성이 있기 때문에 그 범위·상한기준 등을 미리 법률에 상세하게 규정하는 것은 매우 어렵고 반드시 법률로써 정하여야 하는 사항은 아니므로 포괄위임에 해당한다고 할 수는 없고 이 사건 자녀출산이 1995년 6월 5일이어서 같은 해 7월 1일부터 시행된 제도(세 번째 이후 자녀분만시에도 부여하는)의 혜택을 받지 못한 사정이 엿보이나 이는 위 보건사회부고시 제82-26호에 따른 분만급여의 제한, 그리고 그 이후 보건복지부장관이 행한 분만급여의 점차적인 확대시행의 과정에서 나타난 사정이므로 이 법률조항이 바로 청구인의 헌법상 보장된 행복추구권·평등권을 침해하였거나 모성의 보호와 보건의 보호규정에 위배된다고 할 수 없다고 하여 기각결정하였다(〈헌재 1997. 12. 24. 95헌마390 결정: 의료보험법 제31조 제 2 항 위헌확인(기각)〉).

(2) 保健權의 法的 性格

1) 학   설

514. 보건권의 법적
성격에 대한 학설

보건권의 법적 성격에 대하여는 생존권이라고 보는 견해,[1] 자유권적 성격과 사회권적 성격을 가지지만 주된 성격은 사회적 기본권으로 보는 견해,[2] 국가의 의무를 수반하는 국민의 권리라고 보는 견해[3] 등이 대립되어 있다.

2) 사   견

515. 보건권의 법적
성격에 대한 사견

개인적으로는 보건권은 공권력에 의한 건강침해에 대하여 방어할 수 있는 측면(자유권적 성격)과 자신과 가족의 건강에 대하여 국가의 적극적 배려를 청구할 수 있는 측면(사회권적 성격)을 동시에 가진다고 생각한다. 그러나 보건권의 주된 성격은 사회적 기본권으로 보아야 할 것이다. 왜냐하면 국가는 국민보건을 보호하기 위하여 여러 가지 보건정책을 적극적으로 실시할 것이며, 그 결과는 결국 보건시설의 확충과 보건을 위한 물질적 급부로 나타날 것이기 때문이다.

> **판례** 〈전문의 자격시험 불실시 위헌확인(인용 = 위헌확인, 일부각하)〉 "헌법은 '모든 국민은 보건에 관하여 국가의 보호를 받는다'라고 규정하고 있는바(제36조 제3항), 이를 '보건에 관한 권리' 또는 '보건권'으로 부르고, 국가에 대하여 건강한 생활을 침해하지 않도록 요구할 수 있을 뿐만 아니라 보건을 유지하도록 국가에 대하여 적극적으로 요구할 수 있는 권리로 이해한다 하더라도 치과전문의 제도를 시행하고 있지 않기 때문에 청구인을 포함한 국민의 보건권이 현재 침해당하고 있다고 보기는 어렵다."(헌재 1998. 7. 16. 96헌마246 결정)

(3) 保健權의 主體

516. 보건권의 주체

자연인인 국민이 보건권의 주체가 된다는 데에는 의문이 없다. 보건권의 성질상 법인은 보건권의 주체가 될 수 없다. 다수설은 외국인의 보건권의 주체성을 원칙적으로 부정한다. 그러나 외국인의 주체성을 부정할 이유는 없다고 생각되며, 이는 호혜주의원칙에 따라 결정될 문제라고 본다.

---

1) 김철수, 헌법학개론, 750쪽.
2) 권영성, 헌법학원론, 655쪽.
3) 허영, 한국헌법론, 423쪽.

(4) 保健權의 內容

1) 보건권의 내용

국가에 의한 건강의 침해금지라는 소극적 내용과 국가에 대하여 국민의 위생과 건강을 유지하는 데 필요한 시설이나 환경을 요구하는 적극적 내용을 가진다.[1]

517. 보건권의 내용

> **판례** 〈국민건강보험법 제62조 제3항 등 위헌확인(기각)〉 "건강보험의 문제를 시장경제의 원리에 따라 사보험에 맡기면 상대적으로 질병발생위험이 높거나 소득수준이 낮은 사람들은 보험에 가입하는 것이 매우 어렵거나 불가능하게 되어, 국가가 소득수준이나 질병위험도에 관계없이 모든 국민에게 동질의 의료보장을 제공하고자 하는 목적을 달성할 수 없으므로, 국민건강보험법 제5조, 제31조 제1항·제2항, 제62조 제1항·제3항·제4항은 원칙적으로 전국민을 강제로 보험에 가입시키고 경제적 능력에 비례하여 보험료를 납부하도록 함으로써 의료보장과 동시에 소득재분배 효과를 얻고자 하는 것이다. 이와 같이 국가가 국민을 강제로 건강보험에 가입시키고 경제적 능력에 따라 보험료를 납부하도록 하는 것은 행복추구권으로부터 파생하는 일반적 행동의 자유의 하나인 공법상의 단체에 강제로 가입하지 아니할 자유와 정당한 사유 없는 금전의 납부를 강제당하지 않을 재산권에 대한 제한이 되지만, 이러한 제한은 정당한 국가목적을 달성하기 위하여 부득이한 것이고, 가입강제와 보험료의 차등부과로 인하여 달성되는 공익은 그로 인하여 침해되는 사익에 비하여 월등히 크다고 할 수 있으므로, 위의 조항들이 헌법상의 행복추구권이나 재산권을 침해한다고 볼 수 없다."(헌재 2003. 10. 30. 2000헌마801 결정)

> **판례** 〈약사법 제37조 제4항 제4호 등 위헌소원(합헌, 각하)〉 "우리 헌법 제36조 제3항은 "모든 국민은 보건에 관하여 국가의 보호를 받는다."고 규정하여 국가의 국민보건에 관한 보호 의무를 명시하고 있으므로 국가는 국민건강 및 보건의 양적, 질적 향상을 위한 의료 정책을 적극적으로 수립·시행하여야 한다. 동일한 주체가 의료기관과 의약품도매상을 소유, 경영할 경우 의료기관의 의사가 그 의약품도매상의 매출 증가에 따른 경제적 이윤 획득의 동기에 의하여 의약품을 과다 처방하고, 또 의료기관의 약사는 적절한 감시와 견제 없이 이를 조제·

---

1) 헌재 1998. 7. 16. 96헌마246 결정〈전문의 자격시험 불실시 위헌확인 등(인용=위헌, 각하)〉 참조. 그 밖에도 보건권에 대하여는 헌재 1993. 3. 11. 89헌마79 결정〈의료법 시행규칙에 관한 헌법소원(각하)〉과 헌재 1991. 11. 25. 90헌마19 결정〈침술의사자격에 관한 헌법소원(각하)〉 참조.

투약(판매)할 가능성이 있게 됨에 따라 나타날 의약품의 오·남용을 방지하여 궁극적으로 국민의 건강을 유지·향상시키고자 하는 이 사건 법률조항의 주된 입법목적은 바로 위 헌법규정을 근거로 입법자가 추구한 것으로서 정당하다. … 이 사건 법률조항에 의하여 의료기관개설자인 학교법인의 직업 선택의 자유가 크게 제한을 받고 있기는 하나, 학교법인에게 의약품도매상이라는 직업은 인간의 존엄과 가치를 실현하기 위한 수단으로서 개인의 인격발전과 개성신장의 불가결한 요소로서 의미하는 것도 아니고 의약품도매상을 선택할 수 없다고 하더라도 의료기관의 개설·경영이라는 본래의 직업의 영위 가능성이 박탈되는 것도 아니므로, 학교법인에 대한 이러한 기본권 제한은 의약품의 오·남용 방지를 통한 국민의 건강 보호·유지, 불공정행위의 규제라는 우리 사회 공동체가 근본적으로 추구하여야 할 근본적이고도 중대한 공익보다 결코 우월하다고 할 수 없다는 점에서, 이 사건 법률조항이 추구하는 공익의 비중이 위와 같은 기본권 제한의 정도와 합리적인 비례관계를 일탈하였다고 볼 수 없다."(헌재 2004. 1. 29. 2001헌바30 결정)

판례 〈미국산 쇠고기 및 쇠고기 제품 수입위생조건 위헌확인(기각, 각하)〉
"국민의 생명·신체의 안전이 질병 등으로부터 위협받거나 받게 될 우려가 있는 경우 국가로서는 그 위험의 원인과 정도에 따라 사회·경제적인 여건 및 재정사정 등을 감안하여 국민의 생명·신체의 안전을 보호하기에 필요한 적절하고 효율적인 입법·행정상의 조치를 취하여 그 침해의 위험을 방지하고 이를 유지할 포괄적인 의무를 진다 할 것이다."(헌재 2008. 12. 26. 2008헌마419 결정)

판례 〈치료감호법 제 4 조 제 1 항 위헌확인(기각)〉 "헌법 제36조 제 3 항은 "모든 국민은 보건에 관하여 국가의 보호를 받는다"라고 하여, 국민이 자신의 건강을 유지하는 데 필요한 국가적 급부와 배려를 요구할 수 있는 권리인 이른바 '보건에 관한 권리'를 규정하고 있고, 이에 따라 국가는 국민의 건강을 소극적으로 침해하여서는 아니될 의무를 부담하는 것에서 한 걸음 더 나아가 적극적으로 국민의 보건을 위한 정책을 수립하고 시행하여야 할 의무를 부담한다(헌재 2009. 2. 26. 2007헌마1285, 공보 149, 502, 504)."(헌재 2010. 4. 29. 2008헌마622 결정)

2) 보건권을 구체화하는 법률들

518. 보건권을 구체화하는 법률들

보건권을 구체화하는 법률로서 대표적인 것으로는 보건의료기본법, 국민건강증진법, 국민건강보험법 등이 있다.

판례 〈국민건강보험법 제62조 제 3 항 등 위헌확인(기각)〉 "건강보험의 문제를 시장경제의 원리에 따라 사보험에 맡기면 상대적으로 질병발생위험이 높거나 소득수준이 낮은 사람들은 보험에 가입하는 것이 매우 어렵거나 불가능하게 되어, 국가가 소득수준이나 질병위험도에 관계없이 모든 국민에게 동질의 의료보장을 제공하고자 하는 목적을 달성할 수 없으므로, 국민건강보험법 제 5 조, 제31조 제 1 항·제2 항, 제62조 제 1 항·제 3 항·제 4 항은 원칙적으로 전국민을 강제로 보험에 가입시키고 경제적 능력에 비례하여 보험료를 납부하도록 함으로써 의료보장과 동시에 소득재분배 효과를 얻고자 하는 것이다. 이와 같이 국가가 국민을 강제로 건강보험에 가입시키고 경제적 능력에 따라 보험료를 납부하도록 하는 것은 행복추구권으로부터 파생하는 일반적 행동의 자유의 하나인 공법상의 단체에 강제로 가입하지 아니할 자유와 정당한 사유 없는 금전의 납부를 강제당하지 않을 재산권에 대한 제한이 되지만, 이러한 제한은 정당한 국가목적을 달성하기 위하여 부득이한 것이고, 가입 강제와 보험료의 차등부과로 인하여 달성되는 공익은 그로 인하여 침해되는 사익에 비하여 월등히 크다고 할 수 있으므로, 위의 조항들이 헌법상의 행복추구권이나 재산권을 침해한다고 볼 수 없다."(헌재 2003. 10. 30. 2000헌마801 결정)

(5) 保健權의 效力

보건권은 대국가적 효력과 (특히 자유권적 측면의 경우) 간접적 대사인적 효력을 가진다.

519. 보건권의 효력

(6) 保健權의 制限

보건권은 헌법 제37조 제 2 항에 의하여 제한될 수 있다. 그러나 공공복리를 위하여는 보건권을 제한할 수 없다 할 것이다. 왜냐하면 보건권 스스로가 공공복리의 내용에 속하기 때문이다. 그러나 보건권의 본질적 내용은 어떠한 경우에도 제한해서는 안 되며, 제한하는 경우에도 비례의 원칙을 준수해야 한다.

520. 보건권의 제한

第4章　參政權的 基本權

第1節　參政權的 基本權一般論

1. 參政權의 概念

521. 참정권의 개념

　　참정권은 국민이 국가의 구성원으로서 국가권력의 창설과 국가의 권력행사 과정에 참여함으로써 자신의 정치적 견해를 국정에 반영할 수 있는 권리이다. 달리 표현한다면 참정권은 피치자인 국민이 치자의 입장에서 공무원을 선거하고 공무를 담임하는 권리이다. 참정권을 정치권이라고 부르는 학자도 있다.[1]

---

1) 문홍주, 제6공화국 한국헌법, 319쪽. 권영성, 헌법학원론, 540쪽 이하는 정치적 자유, 참정권, 그 밖의 정치적 활동권을 포괄하는 개념으로 정치적 기본권이라는 용어를 사용하기도 한다. 계희열, 헌법학(중), 2004, 188쪽 이하, 특히 584쪽 이하도 정치적 기본권(정치적 자유권+참정권)이라는 용어를 사용하며, 헌법재판소도 정치적 기본권이라는 용어를 사용한다. "종래 정치적 기본권으로는 헌법 제24조(공무원선거권)와 제25조(공무담임권) 및 그 밖에 제72조, 제130조(국민투표권)가 규정하는 이른바 '참정권'만을 의미하는 것으로서 보았다. 그러나 오늘날 정치적 기본권은 국민이 정치적 의사를 자유롭게 표현하고, 국가의 정치적 의사형성에 참여하는 정치적 활동을 총칭하는 것으로 넓게 인식하고 있다"〈헌재 2004. 3. 25. 2001헌마710 결정: 정당법 제6조 제1호 등 위헌확인(기각)〉.
　　정치적 기본권이라는 용어를 사용하는 자들이 그 용어로써 표현하는 바는 좁은 의미의 참정권 외에 정치적인 언론·출판·집회·결사의 자유와 정당의 설립과 활동의 자유를 하나의 범주로 묶기 위한 것으로 생각된다. 그러나 법적 성격과 기능을 달리하는 방어권적 성격을 가지는 자유권과 참여권으로서 성격을 가지는 참정권을 하나의 카테고리로 묶는 것은 문제가 있을 뿐만 아니라 자유권 편에서도 정치적 기본권 편에서도 참정권 이외의 자유권을 다시 설명하게 되는 번거로움이 따른다. 정치적 기본권이라는 표현 대신 해당되는 기본권이 정치적으로 중요함을 강조하는 것으로 충분할 것으로 판단된다.
　　더 나아가서 우리 헌법의 기본권목록을 크게 기본권보장의 이념(인간으로서의 존엄과 가치)과 포괄적 기본권(행복추구권, 평등의 원리와 평등권), 자유권적 기본권, 사회권적 기본권, 참정권적 기본권, 기본권보장을 위한 기본권으로 분류하는 저자의 입장에서는 그러한 용어 사용이 부적절한 것으로 판단된다.

2. 參政權의 機能

참정권은 오늘날의 민주정치에 있어서는 국민이 국가권력의 창설과 국가의사의 형성과정에 참여하거나 국가기관을 구성하고 국가권력행사를 통제 내지 견제하는 기능을 하며, 그를 통하여 국가권력에 정당성을 부여한다. 또한 현실적인 정치사안에 대한 국민의 다양한 의사가 선거와 국민투표 등을 통하여 구체적인 모습으로 나타나기 때문에 참정권은 국민의 정치적 공감대를 형성하기 위하여 필수적인 수단이라고 할 수 있다.[1] 따라서 참정권은 민주정치에서 필수적인 민주적·정치적 권리이며, 개별적인 국민의 능동적인 공권이다. 참정권은 국민주권의 표현이다. 522. 민주정치와 참정권

판례 〈공직선거법 제200조 제2항 단서 위헌확인(헌법불합치)〉 "대의제 민주주의는 헌법의 기본원리에 속하는 것으로서, 대의제 민주주의를 원칙으로 하는 오늘날의 민주정치 아래에서의 선거는 국민의 참여가 필수적이고, 주권자인 국민이 자신의 정치적 의사를 자유로이 결정하고 표명하여 선거에 참여함으로써 민주사회를 구성하고 움직이게 하는 것이다(헌재 1994. 7. 29. 93헌가4 등, 판례집 6-2, 15, 28). 공직선거법은 비례대표국회의원선거에 있어 앞에서 본 바와 같이 정당의 비례대표국회의원 후보자명부상의 순위가 처음부터 정당에 의하여 고정적으로 결정되는 이른바 고정명부식 비례대표제를 택하고 있고, 투표의 방식에 관해서도 국회의원선거에 있어서 지역구의원선거 및 비례대표의원선거마다 1인 1표를 행사하도록 하고 있으며, 비례대표국회의원의석의 할당은 원칙적으로 당해 선거에서 얻은 정당의 득표비율에 따라 이루어지도록 규정하고 있으므로, 결국 선거에 참여한 선거권자들의 정치적 의사표명에 의하여 직접 결정되는 것은, 어떠한 비례대표국회의원후보자가 비례대표국회의원으로 선출되느냐의 문제라기보다는 비례대표국회의원의석을 할당받을 정당에 배분되는 비례대표국회의원의 의석수라고 할 수 있다.

그런데 심판대상조항은 임기만료일 전 180일 이내에 비례대표국회의원에 궐원이 생긴 때에는 정당의 비례대표국회의원 후보자명부에 의한 의석 승계를 인정하지 아니함으로써 결과적으로 그 정당에 비례대표국회의원의석을 할당받도록 한 선거권자들의 정치적 의사표명을 무시하고 왜곡하는 결과가 된다. 이는 국민주권의 원리 내지 대의제 민주주의를 근간으로 하는 우리 법체계하에서는 원칙적으로 용인되기 어려운 것이다.

또한, 다음과 같은 사정, 즉 비례대표국회의원에 궐원이 생긴 때에는 지역구국회의원에 궐원이 생긴 때와는 달리 원칙적으로 상당한 비용이나 시간이 소요되는

1) 이 밖에도 허영, 한국헌법론, 507쪽은 참정권의 input 기능을 첨가한다.

보궐선거나 재선거가 요구되지 아니하고 정당이 제출한 후보자명부에 기재된 순위에 따라서 간명하게 승계 여부가 결정되는 점, 헌법에서 정한 국회의원의 임기는 4년이고(제42조), 정기회의 회기는 100일을, 임시회의 회기는 30일을 초과할 수 없도록 되어 있는바(제47조 제 2 항), 국회의원으로서의 의정활동준비나 업무수행이 임기만료일 전부터 180일이라는 기간 내에는 불가능하다거나 현저히 곤란한 것으로 단정하기는 어려운 점 등을 종합해 볼 때, '임기만료일 전 180일 이내에 비례대표국회의원에 궐원이 생긴 때'를 일반적인 경우와 달리 취급하여 특별히 그 궐원된 의석의 승계를 허용하지 않아야 될 합리적인 이유가 있는 것으로 보기도 어렵다. 독일의 연방선거법이나 일본의 공직선거법에서도 궐원된 비례대표의원의 의석 승계가 명부에 의하여 이루어지는 경우에 있어서는, 보궐선거가 필요한 경우를 제외하고는 심판대상조항과 같은 승계원칙의 예외를 규정하고 있지 아니한 것도 이와 같은 맥락에서 이해할 수 있는 것이다.

더욱이 심판대상조항과 같이 임기만료일 전 180일 이내에 비례대표국회의원에 궐원이 생긴 때에 그 의석의 승계를 허용하지 아니할 경우에는, 극단적으로는 임기만료일 전 180일 이내에 비례대표국회의원에 상당수의 궐원이 생길 수도 있어 의회의 정상적인 기능수행을 부당하게 제약하는 결과를 초래할 수도 있다. 임기만료일로부터 180일이라는 기간은 대의제 민주주의하에서의 의회의 기능 측면에서나 국민의 대표자인 비례대표국회의원의 의정수행활동 측면에서 결코 무시될 수 없는 기간이기 때문이다.

따라서 심판대상조항은 선거권자의 의사를 무시하고 왜곡하는 결과를 낳을 수 있고, 의회의 정상적인 기능 수행에 장애가 될 수 있다는 점에서 헌법의 기본원리인 대의제 민주주의 원리에 부합되지 않는다고 할 것이다."(헌재 2009. 6. 25. 2008헌마413 결정)

3. 參政權의 法的 性格

(1) 學 說

523. 참정권의 법적 성격에 대한 학설

국내다수설은 참정권을 전국가적 자연권이 아닌 국가내적인 권리로 보는 데 의견이 일치되어 있다.

그러나 참정권이 권리만을 내용으로 하느냐 또는 권리와 동시에 의무를 포함하느냐에 대해서는 권리설과 권리·의무병존설이 대립되어 있다. 권리설은 다시 판단주의적 입장과 종합주의적 입장으로 나누어진다. 판단주의적 입장은 참정권은 일종의 제한적이고 상대적인 권리에 불과하고 천부적 성질은 없으며 국가기관으로서의 국민을 의제하고 이 국가기관에 참가할 수 있는 권리를 참정권으로 본다. 종합주의적 입장은 참정권은 국가권력을 창설하고 국가권력이 정당성을 부여하는 민주시민의 정치적인 기본권으로서 국가를 향한 권리로서의 성격을 지닌다고 본다.

그에 반하여 권리·의무설병존설은 참정권은 개개의 국민이 국가에 대하여 능동적 발언권을 가지는 것을 내용으로 한다는 점에서는 국민 각자의 권리로서의 성격을 갖지만, 참정권에는 국가의 이익을 위해 이를 적절하게 행사할 도의적·윤리적 의무가 수반된다고 본다. 다수설은 참정권을 권리이자 의무로 본다.

(2) 私　　見

저자는 이미 앞에서 기본권은 모두 인권(전국가적 자연권)에서 유래한 것이며, 인권이 헌법에 수용된 것을 기본권이라는 입장을 밝힌 바 있다. 그러한 한에서 참정권도 전국가적 자연권을 헌법에 실정화한 것이라고 생각한다. 곧 참정권도 인권과는 관계없이 헌법에 의하여 비로소 창설된 권리로 생각될 수는 없으며, 다만 헌법제정자가 여러 가지 사정을 고려하여 원칙적으로 국민인 자만이 그것을 행사할 수 있도록 그 주체를 한정한 것으로 해석하는 것이 타당할 것이다.

참정권이 권리 외에 (법적) 의무를 포함하고 있는가 하는 문제는 우리 헌법의 어디에도 선거에 참여가 강제되고 있지 않은 점으로 보아 이를 부정할 수밖에 없다.[1] 그러나 참정권이 법적 의무를 포함하고 있지 않다는 것은 기권자에 대하여 제재를 가하는 것을 금지하는 것일 뿐, 참정권을 국가의 이익을 위하여 적절하게 행사할 도의적 의무까지를 부인하는 것으로 해석할 수는 없을 것이다. 또한 참정권은 국가권력창설적·정당성부여적 기능 때문에 객관적 가치질서로서의 성질도 함께 가지고 있다.[2]

524. 참정권의 법적 성격에 대한 사견: 1) 전국가적 자연권의 실정화, 2) 권리이자 도의적 의무를 포함, 3) 객관적 가치질서

---

1) 김철수, 헌법학개론, 829쪽은 "우리나라에서는 투표의 자유, 기권의 자유를 인정하여 선거권의 행사를 자유화하고 있으므로 참정권의 행사를 실정법적인 의무로 보기는 힘들 것이다"라고 하면서도, "생각컨대 참정권이 의무를 수반한다는 견해는 국민의 국가기관성을 중시한 데서 오는 견해이고, 이를 부정하는 견해는 국민이 개인으로서 국가기관에 참여하는 권리인 점을 강조하고 있는 것이다. 그러나 참정권은 국가내적 권리이고 실정법에 의한 권리인 만큼, 법률로써 의무를 수반시킬 수도 있고, 개인의 자유에 맡길 수도 있다고 하겠다. 따라서 기권자에 대해서는 법률에 따라 가벼운 제재를 과할 수도 있다"고 한다(828·829쪽). 권영성, 헌법학원론, 542쪽은 "참정권은 헌법에서 기본권의 하나로 선언되어 있고, 선거권이나 투표권의 행사·불행사가 법적으로 자유이며, 그 불행사에 대하여 실정법상 제재규정은 없으므로 권리로서의 성격만을 가질 뿐 법적 의미에서 의무성을 가지는 것은 아니"라고 한다.
2) 허영, 한국헌법론, 508쪽은 "참정권이 갖는 이같은 양면성 때문에 참정권의 행사에 있어서 특히 민주시민으로서의 윤리적 생활태도가 중요시되는 것은 사실이지만, 그렇다고 해서 참

4. 參政權의 主體

(1) 國   民

참정권은 원칙적으로 국민에게만 주체성이 인정된다. 그러나 국민이 참정권을 행사하려면 일정한 연령에 달하여야 한다.

현행헌법은 제24조에서 "모든 국민은 법률이 정하는 바에 의하여 선거권을 가진다"라고 하여 선거연령을 법률에 위임하고 있고, 이 규정을 구체화한 각종 선거법은 만 19세로 선거권자를 정하고 있다(동법 제15조).[1] 또한 헌법 제25조는 공무담임권에 대해서도 법률로 정하도록 하고 있다. 이에 따라 공직선거법은 국회의원과 지방의회의원은 25세 이상, 대통령은 40세 이상, 지방자치단체의 장은 25세 이상으로 피선거권연령을 정하고 있다(동법 제16조). 공무원의 경우에도 헌법 제25조에 따라 개별 공무원관계법률에서 연령 등에 대하여 제한을 둘 수 있다.

> **판례** 〈「공직선거 및 선거부정방지법」제15조 위헌확인(기각)〉 "입법자가 공직선거 및 선거부정방지법에서 민법상의 성년인 20세 이상으로 선거권연령을 합의한 것은 미성년자의 정신적·신체적 자율성의 불충분 외에도 교육적 측면에서 예견되는 부작용과 일상생활 여건상 독자적으로 정치적인 판단을 할 수 있는 능력에 대한 의문 등을 고려한 것이다. 선거권과 공무담임권의 연령을 어떻게 규정할 것인가는 입법자가 입법목적 달성을 위한 선택의 문제이고 입법자가 선택한 수단

정권을 의무시하는 견해는 옳지 못하다"고 한다. 그러나 이러한 견해의 바탕이 되고 있는 민주적 기능이론에서는 기본권의 의무속성이 강조되기 때문에, 논리적으로는 참정권을 의무성이 강한 기본권으로 보게 될 것이다.

1) 그러나 학설상으로는 선거권부여연령을 만 18세로 하향조정하는 것이 바람직하다는 것이 국내 다수 학자의 공통된 견해이며, 개인적으로도 같은 생각이다. 또한 헌법재판소의 다음과 같은 소수견해(김문희, 황도연, 이재화, 조승형)도 같은 취지의 것으로 생각된다. "대한민국 수립 이래 지속적으로 향상해 온 국민의 교육수준, 국가와 사회의 민주화, 그 사이의 엄청난 국가경제의 발전 및 국민의 경제·문화수준의 향상, 현실적으로 보장되는 언론의 자유와 언론매체의 발달 등을 종합적으로 고려한다면 이미 18-19세 연령층의 국민은 스스로 정치적 판단을 할 최소한의 능력이 있다고 보인다. 다만, 우리는 입법자가 정치의 민주화가 본격적으로 시작된 90년대에 들어와서야 비로소 선거연령에 관한 문제를 인식할 수 있었고, 아직 변화한 현실에 적응할 시간적인 여유도 갖지 못하였으므로 선거연령을 20세로 규정하는 이 사건 법률조항을 아직은 헌법에 위반되는 것으로 판단되지 아니한다. 그러나 입법자는 이러한 변화를 고려하여 보통선거원칙에 보다 부합되고 또한 장래에 있어서 그에 대한 위반을 배제할 수 있는 합리적인 해결책을 노력해야 한다"(〈헌재 1997. 6. 26. 96헌마89 결정〉:「공직선거 및 선거부정방지법」제15조 위헌확인(기각)).

이 현저하게 불합리하고 불공정한 것이 아닌 한 재량에 속하는 것인바, 선거권연령을 공무담임권의 연령인 18세와 달리 20세로 규정한 것은 입법부에 주어진 합리적인 재량의 범위를 벗어난 것으로 볼 수 없다."(헌재 1997. 6. 26. 96헌마89 결정)

(2) 法人과 外國人의 主體性與否

1) 법   인

① 학   설

법인이 참정권의 주체가 되는가 하는 문제에 대해서는 견해가 나누어져 있다. 제1설은 참정권은 자연인의 권리이므로 법인에게는 참정권이 인정되지 않는다고 한다.[1] 제2설은 정당에 대해서는 정치적 기본권을 인정할 수 있다고 하면서도,[2] 참정권의 주체부분에서는 법인에 대하여 언급하고 있지 않다.[3] 그런가 하면 제3설은 "… 법인은 그것이 사법인이건 공법인이건 생활공동체의 구성부분임에 틀림없고 개개의 인간이 동화되고 통합되어 가는 과정에서 형성될 수 있는 동화적 통합의 형식인 동시에 수단이라고 볼 수 있기 때문이다. 정치적으로 가치적인 동질성의 집단이라고 볼 수 있는 정당이 동화적 통합의 과정인 동시에 수단이기 때문에 마땅히 기본권의 주체가 되어야 한다면 법인도 같은 차원에서 그 기본권주체성을 인정하는 것이 타당하다"고 하면서도[4] 참정권의 주체에 대해서는 자연인인 국민만을 언급하고 있다.[5]

536. 법인의 참정권 주체성 여부에 대한 학설: 부정설이 다수설

② 사   견

개인적으로는 기본권은 일차적으로 자연인에게만 귀속되며, 예외적으로 법인을 구성하는 구성원인 자연인의 기본권행사를 용이하게 해주고 촉진시켜 주는 한에서만 법인에게 기본권주체성이 인정된다고 본다. 그렇다 하더라도 정당을 포함하여 법인에게 참정권의 주체성을 인정할 수는 없다고 생각한다. 왜냐하면 예외적으로 법인에게 기본권의 주체성을 인정하는 경우라 하더라도 개인에게 참정권(선거권)을 인정하면서 법인에게도 참정권(선거권)을 인정한다면 그것은 법인의 구성원에게는 자연인으로서 또 법인의 구성원으로서 이중으로 참정권(선거권)을 인정하는 결과가 되어 평등의 원리에 반하게 될 것이기 때문이다.

537. 법인의 참정권 주체성 여부에 대한 사견: 평등의 원리에 반하기 때문에 인정할 수 없다

---

1) 김철수, 헌법학개론, 829쪽
2) 권영성, 헌법학원론, 309쪽 주 4.
3) 권영성, 헌법학원론, 542쪽.
4) 허영, 한국헌법론, 235쪽.
5) 허영, 한국헌법론, 509쪽.

2) 외 국 인

528. 외국인의 참정
권주체성 여부: 1)
다수설 — 부정, 2)
사견 — 단계적으로
선거권을 부여하여야
한다

참정권은 국민의 권리이기 때문에 외국인에게는 주체성이 인정되지 않는다는 것이 국내다수설의 입장이다.[1]

그러나 개인적으로는 참정권도 전국가적 자연권이 헌법에 수용된 것이라고 보기 때문에, 일정한 조건을 갖춘 장기체류외국인에게는 호혜주의적인 입장에서 단계적으로 선거권을 부여하는 것이 이론적으로나 국제적인 조류[2]에도 부합할 것으로 생각한다.[3]

이와 관련 국회는 2005. 8. 4. 공직선거법을 개정하여「출입국관리법」제10조(체류자격)의 규정에 따른 영주의 체류자격 취득일 후 3년이 경과한 19세 이상의 외국인으로서 제37조 제 1 항의 선거인명부작성기준일 현재「출입국관리법」제34조(외국인등록표등의 작성 및 관리)의 규정에 따라 당해 지방자치단체의 의회의원 및 장의 선거권을 부여하였다(동법 제15조 제 2 항 제 2 호). 또한 주민투표법에서도 일정한 자격을 갖춘 외국인에게 투표권을 부여하고 있다. 나아가서 외국인의 국가공무원과 지방공무원 임용도 가능하게 되었다(국가공무원법 제26조의3, 지방공무원법 제25조의2).

---

1) 김철수, 헌법학개론, 829쪽. 권영성, 헌법학원론, 304쪽, 542·543쪽 참조. 또한 허영, 한국헌법론, 234쪽은 "외국인에게 참정권을 인정하는 것은 우리 사회가 추구하는 동화적 통합의 방향에 엉뚱하고 그릇된 영향을 미칠 가능성이 있기 때문에 허용되지 않는다"고 한다.

2) 참정권을 시민의 권리이며(BVerfGE 1, 208), 공무원을 선거함으로써 국가권력의 정당화에 참여하는 공권(BVerfGE 89, 155, 171f.)으로 보는 독일에서도 EU 시민에게는 선거권을 인정하려는 경향이 있었다(BVerfGE 41, 9, 11f.). 그 후 *Maastricht*조약에 의해 유럽에서는 최소한 EU 시민에게는 EU 각국 지방선거권이 개방되었다. 그런가 하면 스웨덴에서는 1976년 9월 선거부터, 덴마크에서는 1978년 3월 선거부터 3년 이상 거주외국인에게 지방의회선거에서 선거권·피선거권이 부여되었고, 1983년 네덜란드헌법은 네덜란드에 주소가 있고 네덜란드인에게 요구되는 선거법상의 요건을 충족하는 외국인에 대해서 선거권·피선거권을 법률에 의해서 부여할 수 있도록 했다. 또한 스페인헌법은 호혜주의원칙에 따라 외국인에게 선거권·피선거권을 부여하고 있다(동헌법 제13조 제 2 항). 외국인에 대한 참정권부여에 대해서는 E. Ozsunay, *The Participation of the Aliens in Public Affairs, Human Rights of Aliens in Europe(Council of Europe)*, 1983; 구병삭, 선거·선거권·피선거권, 월간고시(1987. 9.), 56쪽 이하; 이충환, 헌법상 외국인의 선거권에 관한 연구 — 일본국 헌법상 재일한국인문제를 중심으로, 충남대 박사학위논문, 1982; 공진성, 외국인에 대한 지방선거권 부여의 헌법합치성, 고려대 석사학위논문, 1998. 12. 등 참조.

3) 이미 공진성, 외국인에 대한 지방선거권 부여의 헌법합치성, 99쪽은 외국인에게 지방선거권을 부여하는 입법이 헌법에 위반되지는 않을 것으로 보인다는 조심스러우나 당연한 결론을 내놓은 바 있다.

5. 參政權의 內容과 分類

(1) 參政權의 內容

참정권은 선거권, 공무담임권, 광의의 국민투표권을 내용으로 한다.[1] 광의 529. 참정권의 내용
의 국민투표, 곧 국민이 직접 국정에 참여할 수 있는 제도에는 국민표결(협의의
국민투표), '국민소환'(국민파면, recall), '국민발안'(국민입법, initiative)이 있다.[2] 우
리 헌정사상 국민투표제도는 1954년 11월 29일의 제 2 차개헌에 의하여 그 제 7
조의2[3]에 주권의 제약·영토의 변경 등 중대사항에 대하여 국민투표를 규정함으
로써 처음 도입되었다. 국민발안제도는 1962년 헌법에서 채택된 바 있다. 동 헌
법은 "헌법개정의 제안은 … 국회의원선거권자 50만인 이상의 찬성으로써 한다"
(제119조 제 2 항)고 규정하였다.[4] 그러나 국민소환제도는 아직까지 채택된 바 없
다. 현행헌법은 공무원선거권(제24조)·공무담임권(제25조)·협의의 국민투표권(제
72조, 제130조)을 규정하고 있다.

---

1) 허영, 한국헌법론, 509쪽 이하는 참정권의 내용으로서 정당설립 및 활동의 자유, 선거권,
   공무담임권, 국민투표권을 들고 있다. 그러나 참정권을 '국가권력의 창설과 국가의 권력행
   사과정에 적극적으로 참여할 수 있는 권리'로 개념규정하는 한 정당설립 및 활동의 자유를
   참정권행사의 전제가 되는 권리로 해석할 수는 있어도 참정권의 내용으로 보기는 어려울
   것이다. 정당설립 및 정당활동의 자유를 정치적 기본권이라고 부를 수는 있겠으나(권영
   성), 이는 어디까지나 방어권적 성격을 갖는 정치적 자유권에 불과하다 할 것이다. 물론
   종래의 참정권에 정치적 자유권을 더하여 그의 상위개념으로서 정치권 또는 정치적 자유
   권이라는 용어를 사용할 수는 있겠으나, 그러기 위해서는 종래의 기본권분류에 대한 재고
   찰이 선행되어야 할 것으로 생각된다.
2) 구병삭, 국민투표제의 종류와 기능, 고시계(1977. 4.), 45쪽 이하는 광의의 국민투표를 ① 국
   민거부(국민항의, popular veto), ② 조정적 국민투표(referendum d'arbitrage), ③ 국민표
   결(Referendum), ④ 국민발안(popular initiative), ⑤ 상대적 국민투표, ⑥ 국회해산국민투
   표, ⑦ 국민소환으로 분류하고, 그 기능을 ① 간접민주제의 결점보완기능, ② 정치권력의
   정당화기능, ③ 정당정치제도의 보완기능, ④ 국회의원의 희망사항과 국민의 희망사항이
   상이할 때 그 보완기능, ⑤ 국가기관 상호간의 충돌해결기능, ⑥ 국민적 불만의 최후의 안
   전판기능으로 세분하고 있다.
3) "① 대한민국의 주권의 제약 또는 영토의 변경을 가져올 국가안위에 관한 중대사항은 국
   회의 가결을 거친 후에 국민투표에 부(附)하여 민의원의원 선거권자 3분지 2 이상의 투표
   와 유효투표 3분지 2 이상의 찬성을 얻어야 한다.
   ② 전항의 국민투표의 발의는 국회의 가결이 있은 후 1개월 이내에 민의원의원 선거권자
      50만인 이상의 찬성으로써 한다. 국민투표에서 찬성을 얻지 못할 때에는 제 1 항의 국
      회의 가결사항은 소급하여 효력을 상실한다.
   ③ 국민투표의 절차에 관한 사항은 법률로써 정한다."
4) 국민발안제를 채택하고 있는 헌법으로는 미국의 몇몇 주헌법, 스위스헌법, 독일기본법 등
   이 있다.

(2) 參政權의 分類

530. 참정권의 분류

참정권은 국민이 국가의 의사형성에 참여하는 방법에 따라 직접적 참정권(국민발안권, 국민투표권, 국민소환권)과 간접적 참정권(선거권, 공무담임권)으로 분류할 수 있다.

> **판례** 〈입법부작위 위헌확인(각하)〉 "일반적으로 참정권은 국민이 국가의 의사형성에 직접 참여하는 직접적인 참정권과 국민이 국가기관의 형성에 간접적으로 참여하거나 국가기관의 구성원으로 선임될 수 있는 권리인 간접적인 참정권으로 나눌 수 있다. 이에 따라 우리 헌법은 참정권에 관하여 간접적인 참정권으로 공무원선거권(헌법 제24조), 공무담임권(헌법 제25조)을, 직접적인 참정권으로 국민투표권(헌법 제72조, 제130조)을 규정하고 있다. 즉 우리 헌법은 법률이 정하는 바에 따른 '선거권'과 '공무담임권' 및 국가안위에 관한 중요정책과 헌법개정에 대한 '국민투표권'만을 헌법상의 참정권으로 보장하고 있다. 따라서 지방자치법 제13조의2에서 규정한 주민투표권은 그 성질상 위에서 본 선거권, 공무담임권, 국민투표권과는 다른 것이어서 이를 법률이 보장하는 참정권이라고 할 수 있을지언정 헌법이 보장하는 참정권이라고 할 수는 없다. 그렇다면 주민투표권이 헌법상 보장하는 참정권에 해당한다는 점을 전제로 한 청구인의 위 주장은 받아들일 수 없다."(헌재 2001. 6. 28. 2000헌마735 결정)

6. 參政權의 效力

531. 참정권의 효력

참정권은 대국가적 효력을 가진다. 다수설에 따르면 공무담임권과 소급입법에 의한 참정권제한은 대사인적 효력이 부정되며, 그 이외의 참정권은 직접적 대사인적 효력이 인정된다고 한다.

7. 參政權의 制限

(1) 憲法에 의한 制限

532. 헌법에 의한 참정권제한

참정권이 헌법에 의하여 제한되는 경우가 있다. 예컨대 헌법 제67조 제 4 항은 대통령의 피선거권을 40세 이상으로 제한하고 있다.

(2) 法律에 의한 制限

1) 법률에 의한 참정권제한

참정권은 헌법 제37조 제 2 항에 따라 제한될 수 있다. 그러나 국가안전보 533. 법률에 의한 참
장·질서유지·공공복리를 위하여 참정권을 제한하는 경우에도 그 본질적 내용 정권제한
은 제한할 수 없고 비례의 원칙이 존중되어야 한다. 선거권과 피선거권을 제한
하는 법률로는 공직선거법(동법 제18조·제19조 참조)과 국민투표법(동법 제 9 조)이
있다.

> **판례** 〈「공직선거 및 선거부정방지법」 제18조 제 3 항 위헌확인(기각)〉 "선거권
> 과 피선거권은 민주정치에 있어서 주권자인 국민이 국정에 참여하는 필수적인 수
> 단으로서 가장 중요한 기본권에 해당하므로 그 제한은 불가피한 최소한에 그쳐야
> 하며, 제한여부나 제한기간 등은 선거범죄의 죄질과 가벌성의 정도에 부합되어야
> 한다."(헌재 1997. 12. 24. 97헌마16 결정)

2) 참정권과 기본권구체화적 법률유보

참정권에는 기본권제한적 법률유보 외에도 기본권구체화적 법률유보가 규정 534. 참정권과 기본
되어 있다. 곧 입법자에게는 참정권의 내용을 자세하게 규정할 수 있는 권한이 권구체화적 법률유보
부여되어 있다. 따라서 입법자는 참정권을 구체화하는 과정에서 참정권이 제한
되는 일이 없도록 각별한 주의를 기울일 것이 요청된다. 이러한 주의의무를 다
하지 않아 국민의 참정권이 제한되는 경우 그러한 법률은 위헌임을 면하기 어렵
다 할 것이다. 우리 헌법재판소는 공직선거에 입후보하는 데 과다한 기탁금을
내도록 하여 경제력이 약한 계층의 참정권을 제한한 법률조항,[1] 선거운동원이
아닌 사람의 선거운동을 금지한 구 대통령선거법[2]을 참정권을 구체화하는 과정
에서 참정권을 제한한 것으로 보아 위헌선언한 바 있다. 그러나 여론조사결과
공표를 금지하는 공직선거법 제108조는 국민의 알 권리와 참정권을 제한하여 위
헌인 것은 아니라고 한다.[3]

---

1) 헌재 1989. 9. 8. 88헌가6 결정〈국회의원선거법 제33조, 제34조의 위헌심판(위헌=헌법불
   합치)〉, 헌재 1991. 3. 11. 91헌마21 결정〈지방의회의원선거법 제36조 제 1 항에 대한 헌법
   소원(헌법불합치, 일부각하)〉, 헌재 2001. 7. 19. 2000헌마91 등 병합결정〈공직선거 및 선거
   부정방지법 제189조 위헌확인(위헌, 한정위헌)〉.
2) 헌재 1994. 7. 29. 93헌가4 등 병합결정〈구 대통령선거법 제36조 제 1 항 위헌제청, 구 대통
   령선거법 제34조 동위헌제청(일부한정위헌, 일부합헌)〉.
3) 헌재 1998. 5. 28. 97헌마362 등 병합결정(공직선거및선거부정방지법 제108조 제 1 항 위헌

그러나 제한하는 경우에도 참정권의 본질적 내용은 제한할 수 없다.

(3) 遡及立法에 의한 參政權制限禁止

535. 소급입법에 의
한 참정권제한금지

그러나 국가안전보장·질서유지·공공복리를 위해서도 소급입법에 의하여 참정권을 제한하는 것은 허용되지 아니한다(헌법 제13조 제2항).[1]

第2節 選 擧 權

1. 憲法規定과 歷史 및 規定方式

(1) 憲法規定

536. 선거권에 대한
헌법규정: 헌법 제24
조

헌법 제24조는 "모든 국민은 법률이 정하는 바에 의하여 선거권을 가진다"고 하여 선거권을 규정하고 있다. 그 밖에도 헌법 제41조 제1항은 "국회는 국민의 보통·평등·직접·비밀선거에 의하여 선출된 국회의원으로 구성한다"고 하고 있고, 헌법 제67조 제1항은 "대통령은 국민의 보통·평등·직접·비밀선거에 의하여 선출된다"고 하고 있으며, 헌법 제118조 제2항은 "지방의회의 조직·권한·의원선거와 지방자치단체의 장의 선임방법 기타 지방자치단체의 조직과 운영에 관한 사항은 법률로 정한다"고 규정하고 있다.

확인). 또한 헌재 1995. 7. 21. 92헌마177 등 병합결정(대통령선거법 제65조 위헌확인) 참조. 그러나 정만희, 선거에 관한 여론조사결과공표금지규정의 재검토, 법정고시(1998. 2.), 160쪽 이하(특히 176·177쪽)는 "선거기간 중에 여론조사의 공표와 보도는 유권자의 정치적 선택을 위한 결정적인 정보와 자료가 되는 것이므로 가능한 한 허용되어야 한다. 여론조사결과의 공표가 선거결과에 악영향을 미칠 수 있다는 우려 때문에 그 공표를 전면적으로 금지하는 것은 표현의 제한에 관한 명백하고 현존하는 위험의 원칙이나 과잉금지의 원칙에 반하는 것이 되며, 자유로운 선거권의 행사를 제한하게 된다. … 다만 선거의 과열과 무질서를 막기 위해 선거일 전 1주일이나 3-4일 전부터의 공표금지는 합리적인 제한으로서 허용될 수 있다"고 한다.

1) 그러나 과거에는 일부 국민의 참정권이 소급입법으로 제한된 전례가 있다. 그러한 예로는 반민족행위자처벌법(제헌국회), 반민주행위자공민권제한법(4·19 당시), 정치활동정화법(5·16 당시), 정치풍토쇄신을위한특별조치법(1980. 11)을 들 수 있다. 따라서 헌법 제13조 제2항은 이러한 전례의 반복과 악순환을 방지하기 위하여 규정된 것이다. 권영성, 헌법학원론, 549쪽 참조.

(2) 選擧權의 歷史

선거권을 처음으로 규정한 헌법문서는 국민주권원리를 처음으로 채택한 1791년의 프랑스헌법으로 알려져 있다. 동헌법은 투표일 현재 만 25세이며 1년 이상 프랑스에 주소를 가진 자로서 어느 집의 하인이 아니고 매년 비교육노동자의 3일분 임금에 해당하는 직접세를 납부한 남자만을 투표권자로 인정하였다(동헌법 제 1 장 제 2 절 제 2 조). 오늘날과 같은 형태의 보통선거권은 만 20세 이상의 독일인에게 보통·평등·직접·비밀선거에 참여할 수 있는 권리를 부여한 바이마르헌법 제22조와 그를 구체화한 1920년 4월 27일의 제국선거법에 의하여 확립되었다고 할 수 있다. 스위스의 경우에는 1971년에야 비로소 여자에게 선거권이 인정되었다.

537. 선거권의 역사

(3) 選擧權의 規定方式

선거권은 나라에 따라 기본권편에서 규정하기도 하고, 통치구조편에서 규정하기도 한다.[1]

538. 선거권의 규정방식

2. 選擧權의 意義

선거권이란 국민이 공무원을 선거하는 권리를 말한다.[2] 여기서 공무원이라함은 최광의의 공무원을 의미한다. 곧 여기서 말하는 공무원이란 국가기관과 지방자치단체를 구성하는 모든 자를 말한다. 우리 헌법은 원칙적으로 간접민주정을 채택하고 있기 때문에, 공무원선거권은 국민의 참정권 중 가장 핵심적인 것이다.

539. 선거권의 개념

---

1) 예컨대 프랑스 제 5 공화국 헌법은 제 2 조에서, 스위스헌법과 독일기본법은 연방의회에 관한 부분에서 규정하고 있으며, 이탈리아헌법과 캐나다헌법은 시민의 권리로 규정하고 있다. 그런가 하면 미국헌법에서는 흑인과 여성의 투표권(수정 제15조, 제19조)만 규정하고 있으나, 수정헌법 제 1 조에서 보장된다고 보며 투표세와 같은 것은 평등권침해라고 보고 있다(Harper v. Virginia Board of Elections, 383 U.S. 663(1966)).

2) 그러나 문홍주, 제 6 공화국 한국헌법, 321·322쪽은 선거권을 "국가기관으로서의 국민"이라는 기관의 일원이 될 수 있는 권리, 곧 선거인단참가권으로 이해한다. 또한 권영성, 헌법학원론, 512쪽도 선거권을 "선거인단의 구성원으로서 국민이 각급 공무원을 선임하는 권리"로 개념정의한다.

판례 〈지방의회의원선거법 제36조 제 1 항에 대한 헌법소원(헌법불합치, 일부각하)〉
"오늘날 입헌민주국가에서는 대의제도에 의한 통치가 불가피한 것으로 선거야말
로 국민의 의사를 체계적으로 결집하고 수렴하고 구체화하는 방법으로 국민의 정
치적 의사를 형성하는 가장 합리적인 절차이며, 따라서 국민의 의사가 얼마나 굴
절없이 정당하게 반영되느냐의 여부가 통치권의 정통성과 정당성을 담보하는 핵
심이며 생명이다."(헌재 1991. 3. 11. 91헌마21 결정)

3. 選擧權의 法的 性格

(1) 學   說

540. 선거권의 법적 성격에 대한 학설

선거권의 법적 성격과 관련해서는 선거권은 천부의 권리로서 불가양·불가
침의 자연권이라고 하는 자연권설(*J. Locke, Montesquieu* 등 근대자연법론자들), 선거권
을 선거기관으로서의 국민의 기능이라고 보는 공무설(기능설: *G. Mayer, P. Laband*
등 법실증주의자들), 선거권을 주관적 권리로서의 주권의 구성권·운용권으로 주
권의 소재와 행사를 결정하는 가장 중요한 권리로 이해하는 권리설(주관적 권리
설: 국민주권주의적 입장), 선거권을 개인의 권한이 아니라 국가기관의 선임행위인
선거에 참가하는 선거인단의 권한으로 보는 권한설(자격설: *G. Jellinek*), 선거를
국가를 위한 공무의 성질과 공법에 의하여 보장된 주관적 권리로서의 성격을 동
시에 가지는 것으로 이해하는 이원설(이분설) 등 견해가 나누어져 있다. 이 중에
서 이원설이 국내 다수설의 입장이다.

(2) 判   例

541. 선거권의 법적 성격에 대한 헌법재판소의 판례

선거권의 법적 성격에 대한 우리 헌법재판소의 입장은 분명하지 않다. 곧
참정권을 불가침의 기본권으로 이해하는가 하면, 구체적 권리성을 부정하기도
한다. 특히 지방자치단체의 장 선거권(및 피선거권)에 대해서는 의견이 분분하나,
헌법재판소는 법률상의 권리라고 판시하였다.

판례 〈국회의원선거법 제33조, 제34조의 위헌심판(위헌 = 헌법불합치)〉 "국민이
국정에 참여하는 참정권은 국민주권의 상징적 표현으로서 국민의 가장 중요한 기
본적 권리의 하나이며 다른 기본권에 대하여 우월적 지위를 가진다. 따라서 이러
한 국민주권이 현실적으로 행사될 때에는 국민 개인이 가지는 불가침의 기본권으
로 보장된다."(헌재 1989. 9. 8. 88헌가6 결정)

판례 〈국회구성원 등 침해 위헌확인(각하)〉 "국회의원을 보통·평등·직접·비밀선거에 의하여 국민의 대표자를 선출하는 권리에 그치며, 개인의 헌법상 보장되는 구체적 권리라고는 할 수 없다."(헌재 1998. 10. 29. 96헌마186 결정)

판례 〈공직선거법 제18조 위헌확인(기각)〉 "우리 헌법 아래에서 선거권도 법률이 정하는 바에 의하여 보장되는 것이므로 입법형성권을 갖고 있는 입법자가 선거법을 제정하는 경우에 헌법에 명시된 선거제도의 원칙을 존중하는 가운데 구체적으로 어떠한 입법목적의 달성을 위하여 어떠한 방법을 선택할 것인가는 그것이 현저하게 불합리하고 불공정한 것이 아닌 한 입법자의 재량영역에 속한다."(헌재 2004. 3. 25. 2002헌마411 결정)

(3) 私 見

개인적으로는 선거권을 전국가적 자연권인 인권이 헌법에 실정화된 것으로 (다수설과의 차이점), 개인의 공권인 동시에 공의무로 이해하는 것(다수설과의 공통점)이 옳을 것으로 생각한다. 또한 선거권의 행사는 법적 의무는 아니나, 윤리적·도의적 의무로 보는 것이 타당할 것이라고 본다.

542. 선거권의 법적 성격에 대한 사견

4. 選擧權의 內容

우리 헌법과 법률에 규정된 국민의 선거권에는 대통령선거권(헌법 제67조), 국회의원선거권(헌법 제41조, 공선법 제 2 장), 지방의회의원과 지방자치단체장의 선거권(헌법 제118조 제 2 항, 공선법 제15조) 등이 있다. 이들 선거에서 선거권을 행사하기 위해서는 만 19세 이상이라는 요건과 선거인명부에 등재라는 요건을 충족하여야 하며, 특히 지방선거에서 선거권을 행사하기 위해서는 이들 요건 외에도 선거인명부작성일 현재 당해 지방자치단체의 관할구역 안에 주민등록이 되어 있을 것(공선법 제15조 제 2 항)이라는 거주요건을 충족하여야 한다. 그러나 모든 재외국민에게 선거권을 부여하지 않고 부재자투표를 실시하지 않는 것은 헌법에 합치되지 아니한다.

543. 선거권의 내용과 행사요건

판례 〈공직선거법 제15조 제 2 항 등 위헌확인 등(헌법불합치 = 잠정적용)〉
"주민등록을 요건으로 재외국민의 국정선거권을 제한하고 있는 것, 국내거주자에게만 부재자신고를 허용하고 국외거주자에게 이를 인정하지 않는 것, 주민등록을 요건으로 한 국내거주 재외국민의 선거권과 피선거권을 제한하는 것, 주민등록을 요건으로 재외국민의 국민투표권을 제한하는 것은 헌법 제37조 제 2 항에 위반하여 재외국민의 선거권과 평등권을 침해하고 보통선거의 원칙에도 위반된다."(헌재 2007. 6. 28. 2004헌마644 등 병합결정)

법률에 의하여 그 밖의 특정공무원에 대한 선거권도 부여할 수 있다. 그러나 현재로는 선거제공무원은 거의 없다.

> **판례** 〈「공직선거 및 선거부정방지법」 제15조 제 2 항 등 위헌확인 등(헌법불합치)〉
> "헌법 제118조는 제 1 항에서 "지방자치단체에 의회를 둔다"는 규정을 두고, 제 2 항에서 "지방의회의 …… 의원선거 …… 에 관한 사항은 법률로 정한다"라고 함으로써 지방의회 의원선거권이 헌법상의 기본권임을 분명히 하고 있다. 하지만 헌법 제118조 제 2 항은 " …… 지방자치단체의 장의 선임방법 …… 에 관한 사항은 법률로 정한다"라고만 규정하고 있어 지방자치단체의 장의 선거권에 대한 제한이 헌법상의 기본권에 대한 제한인지 여부가 문제된다. 헌법이 지방자치단체의 장에 대해서는 '선임방법'이라고 표현함으로써 지방의원의 '선거'와는 구별하고 있으므로 지방자치단체의 장의 선거권을 헌법상 기본권이라 단정하기는 어렵다. 하지만 지방자치단체의 장의 선거권을 법률상의 권리로 본다 할지라도, 비교집단 상호간에 차별이 존재할 경우에 헌법상 기본권인 평등권 심사까지 배제되는 것은 아니므로, 지방선거권에 대한 제한은 지방의원의 경우이든 지방자치단체의 장의 경우이든 모두 헌법상의 기본권에 대한 제한에 해당한다."(헌재 2007. 6. 28. 2004헌마644 등 병합결정)

5. 選擧權의 制限

544. 선거권의 제한: 공직선거법 제18조

선거권은 결격사유가 있으면 행사할 수 없다. 결격사유에 대해서는 공직선거법 제18조가 규정하고 있다. 곧 ⅰ) 금치산선고를 받은 자, ⅱ) 금고 이상의 형의 선고를 받고 그 집행이 종료되지 아니하거나 그 집행을 받지 아니하기로 확정되지 아니한 자, ⅲ) 선거범으로 100만원 이상의 벌금형[1]의 선고를 받은 후

---

1) 선거범과 다른 죄의 경합은 선거범으로 본다는 구 「공직선거 및 선거부정방지법」 제18조 제 2 항에 대하여 2개 이상의 범죄에 대하여 따로 기소·처벌되는 경우와 경합범으로 처벌되는 경우와를 비교하면 경합범의 피선거권을 상실시키는 불합리한 결과가 초래되므로 청구인의 평등권과 선거권, 공무담임권을 침해한다는 헌법소원심판이 청구된 바 있다. 이에 대하여 헌법재판소는 위헌의견이 5인으로 다수였음에도 위헌결정정족수에 이르지 못하여 기각결정을 내렸다(헌재 1997. 12. 24. 97헌마16 결정). 그 후 국회는 이러한 불합리성을

5년 또는 형의 집행유예의 선고를 받고 그 형이 확정된 후 10년을 경과하지 아니하거나 징역형의 선고를 받고 그 집행을 받지 아니하기로 확정된 후 또는 그 형의 집행이 종료되거나 면제된 후 10년을 경과하지 아니한 자(형이 실효된 자 포함), ⅳ) 법원의 판결에 의하여 선거권이 정지 또는 상실된 자는 선거권을 행사할 수 없다.

그러나 학설상으로는 선거사범의 경우를 제외하고는 형사책임과 주권자의 권리는 별개의 것이기 때문에 선거권을 인정하는 것이 헌법의 정신에 합치된다는 견해가 주장되고 있다.[1] 타당한 주장이라고 생각한다.

545. 선거사범의 경우를 제외하고는 선거권을 인정하는 것이 헌법정신에 합치된다

판례 〈공직선거법 제18조 제3항 위헌확인(기각)〉 "선거권과 피선거권은 민주정치에 있어서 주권자인 국민이 국정에 참여는 필수적인 수단으로서 가장 중요한 기본권에 해당하므로 그 제한은 불가피한 최소한에 그쳐야 하며, 제한 여부나 제한기간 등은 선거범죄의 죄질과 가벌성의 정도에 부합되어야 한다."(헌재 1997. 12. 24. 97헌마16 결정)

판례 〈「공직선거 및 선거부정방지법」 제18조 위헌확인(기각)〉 "이 사건 법률조항은 "선거일 현재 금고 이상의 형의 선고를 받고 그 집행이 종료되지 아니…한 자"는 선거권이 없다고 규정하고 있어 소위 '수형자'에 대하여는 선거권을 제한하고 있는바, 이러한 제한은 형의 선고로 인한 자격상실·자격정지를 규정한 형법 제43조의 당연한 내용이기도 하다. 이 사건 법률조항이 단순히 형법 제43조의 규율내용을 반영한 것에 불과한지, 아니면 형법 제43조와는 다른 입법목적도 가지는지는 분명하지 않으나, 중요한 것은 입법자가 이미 선거권 제한을 형벌의 한 내용으로서 고려하고 있었고, 또한 이러한 사고가 이 사건 법률조항을 입법하는 데에 중요한 사상적 배경이 되었을 것이라는 점이다.

그런데 어떤 범죄를 어떻게 처벌할 것인가 하는 문제, 즉 법정형의 종류와 범위의 선택은 그 범죄의 죄질과 보호법익에 대한 고려뿐만 아니라 우리의 역사와 문화, 입법당시의 시대적 상황, 국민일반의 가치관 내지 법감정 그리고 범죄예방을 위한 형사정책적 측면 등 여러 가지 요소를 종합적으로 고려하여 입법자가 결정할 사항으로서 광범위한 입법재량 내지 형성의 자유가 인정되어야 할 분야이다. 따라서 어느 범죄에 대한 법정형이 그 범죄의 죄질 및 이에 따른 행위자의 책임에 비하여 지나치게 가혹한 것이어서 현저히 형벌체계상의 균형을 잃고 있다

제거하기 위하여 선거범과 다른 죄의 경합범에 대하여는 법원이 분리심리하여 선고하도록 이 조항을 개정하였다.

1) 김철수, 헌법학개론, 836쪽; 권영성, 헌법학원론, 547쪽; 허영, 한국헌법론, 512·513쪽; 계희열, 헌법학(상), 276쪽.

거나 그 범죄에 대한 형벌 본래의 목적과 기능을 달성함에 있어 필요한 정도를 일탈하였다는 등 헌법상의 평등의 원칙 및 비례의 원칙 등에 명백히 위배되는 경우가 아닌 한, 쉽사리 헌법에 위반된다고 단정하여서는 안 될 것이다(헌재 1995. 4. 20. 91헌바11, 판례집 7-1, 478, 487)."(헌재 2004. 3. 25. 2002헌마411 결정)

第3節 公務擔任權

1. 憲法規定

546. 공무담임권에 대한 헌법규정: 헌법 제25조

헌법 제25조는 "모든 국민은 법률이 정하는 바에 의하여 공무담임권을 가진다"고 하여 공무담임권을 규정하고 있다.

2. 公務擔任權의 概念과 法的 性格

(1) 公務擔任權의 概念

547. 공무담임권의 개념

공무담임권은 일체의 공무를 담임하는 권리를 말한다. 공무를 담당하기 위해서는 법률이 정하는 바에 의하여 선거에서 당선되거나 임명에 필요한 자격을 구비하거나 선발시험 등에 합격하여야 한다. 따라서 공무담임권은 피선거권보다는 더 넓은 개념이다. 그러나 피선거권은 공무담임권 중 가장 중요한 것이라 할 수 있다.

(2) 公務擔任權의 法的 性格

548. 공무담임권의 법적 성격

특히 피선거권의 법적 성격에 대하여 자격설과 권리설이 대립되어 있다. 자격설은 피선거권을 선거인단에 의하여 선출되었을 때 이를 승낙하고 공무원으로 될 수 있는 자격에 불과하다고 한다. 그에 대하여 권리설은 피선거권을 입후보와 당선을 조건으로 하여 공무원이 될 수 있는 헌법상의 기본적 권리라고 한다. 권리설이 국내 다수설의 입장이다.

3. 公務擔任權의 內容

549. 공무담임권의 내용

공무담임권은 피선거권과 공직취임권(협의의 공무담임권)을 내용으로 한다.

즉 공무담임권의 보호영역에는 공직취임의 기회의 자의적인 배제뿐만 아니라 공무원 신분의 부당한 박탈까지 포함된다.[1]

(1) 被選擧權

1) 피선거권의 내용

피선거권에는 국회의원피선거권, 대통령피선거권, 지방의회의원 및 지방자치단체의 장 피선거권 등이 있다.

550. 피선거권의 내용

2) 피선요건

그러나 이들 공직에 선출되기 위해서는 일정한 요건을 갖추어야 한다. 국회의원에 선출되기 위해서는 만 25세 이상의 국민이어야 한다(공선법 제16조 제2항). 대통령에 선출되기 위해서는 국회의원의 피선거권이 있고 선거일 현재 40세에 달하여야 하며(헌법 제67조 제4항), 5년 이상 국내에 거주해야 한다(공선법 제16조 제1항). 지방의회의원과 지방자치단체의 장으로 선출되기 위해서는 선거일 현재 계속하여 60일 이상 그 지방자치단체의 관할구역 안에 주민등록이 되어 있는 주민으로서 25세 이상의 국민이어야 한다(공선법 제16조 제3항).

551. 피선요건

> **판례** 〈「공직선거 및 선거부정방지법」 제53조 제1항 위헌확인(기각)〉 "공직선거및선거 부정방지법 제53조 제1항 본문 및 제1호의 규정이 공무원으로서 공직선거의 후보자가 되려고 하는 자는 선거일 전 90일까지 그 직을 그만두도록 한 것은 선거의 공정성과 공직의 직무전념성을 보장함과 아울러 이른바 포말후보의 난립을 방지하기 위한 것으로서 그 필요성과 합리성이 인정되며, 그것이 공무담임권의 본질적 내용을 침해하였다거나 과잉금지의 원칙에 위배된다고 볼 수 없다." (헌재 1995. 3. 23. 95헌마53 결정)

> **판례** 〈「공직선거 및 선거부정방지법」 제16조 제3항에 대한 위헌확인(기각)〉 "90일의 거주요건은 당해 지방자치단체의 여러 사정을 이해하고 주민과 연대감 내지 일체감을 형성할 수 있는 최소한의 기간으로서 지방자치행정의 민주성과 능률성을 높이기 위해서 적합하고 필요한 수단일 뿐 아니라 공무담임권의 제한정도도 실현하려는 공익에 비한다면 경미하기 때문에 과잉금지의 원칙에 위배된다거나 공무담임권의 본질적 내용을 침해한다고 볼 수 없다."(헌재 1996. 6. 26. 96헌마200 결정)

---

1) 헌재 2002. 8. 29. 2001헌마788 등 병합결정〈지방공무원법 제31조 제5호 등 위헌확인(위헌)〉.

(2) 公職就任權

552. 공직취임권

선거직 이외의 공직에 취임할 수 있는 공직취임권에 대해서는 국가공무원법, 교육공무원법, 국회법, 법원조직법, 헌법재판소법 등에 그 임용조건과 자격기준 등이 자세하게 규정되어 있다.

4. 公務擔任權의 制限

(1) 被選擧權의 制限

553. 피선거권의 제한: 공직선거법 제19조

국회의원피선거권, 대통령피선거권, 지방의회의원 및 지방자치단체의 장 피선거권은 다음의 각 경우에는 행사할 수 없다. i) 금치산선고를 받은 자, ii) 선거범으로서 100만원 이상의 벌금형의 선고를 받고 그 형이 확정된 후 5년 또는 형의 집행유예의 선고를 받고 그 형이 확정된 후 10년을 경과하지 아니하거나 징역형의 선고를 받고 그 집행을 받지 아니하기로 확정된 후 또는 그 형의 집행이 종료되거나 면제된 후 10년을 경과하지 아니한 자(형이 실효된 자 포함), iii) 법원의 판결에 의하여 선거권이 정지 또는 상실된 자, iv) 금고 이상의 형의 선고를 받고 그 형이 실효되지 아니한 자, v) 법원의 판결 또는 다른 법률에 의하여 피선거권이 정지 또는 상실된 자(공직선거법 제19조).

(2) 公職就任權의 制限

554. 공직취임권의 제한에 대한 헌법재판소의 결정례

선거직 이외의 공직에 취임할 수 있는 공직취임권의 제한과 관련하여 헌법재판소는 금고 이상의 형을 받고 그 집행유예의 기간이 완료된 날로부터 2년을 경과하지 아니한 자를 공무원결격 및 당연퇴직사유로 하고 있는 국가공무원법 제69조 중 제33조 제 1 항 제 4 호 및 지방공무원법 제31조 제 4 호와 자격정지 이상의 선고유예판결을 받은 경우 당연퇴직을 규정한 경찰공무원법 제21조, 제 7 조 제 2 항 제 5 호[1]를 합헌으로 결정한 바 있다. 또한 헌법재판소는 공무원정년제도에 대해서도 입법정책의 문제로 보아 합헌결정을 하고 있다.[2] 그러나 군필자에 대한 가산점제도에 대해서는 위헌결정을 하였다. 그러나 국가유공자와 그 유족 등 취업보호대상자에 대한 가산점제도에 대해서는 합헌결정을 하였다.[3]

---

1) 헌재 1998. 4. 30. 96헌마7 결정〈경찰공무원법 제21조 등 위헌확인〉.
2) 헌재 1997. 3. 27. 96헌바86 결정〈국가공무원법 제74조 제 1 항 제 1 호 등 위헌소원〉.
3) 헌재 2001. 2. 22. 2000헌마25 결정〈「국가유공자 등 예우 및 지원에 관한 법률」제34조 제 1 항 위헌확인(기각)〉.

판례 〈국가공무원법 제69조 등 위헌소원, 지방공무원법 제31조 제 4 호 위헌소원, 구 국가공무원법 제69조 등 위헌소원(합헌)〉 "금고 이상의 형에 대한 집행유예판결에 내포된 사회적 비난가능성과 공무원에게는 직무의 성질상 고도의 윤리성이 요구된다는 점을 함께 고려하여 공무원에게 가해지는 신분상 불이익과 보호하려는 공익을 비교할 때 입법자의 재량을 일탈하여 직업선택의 자유나 공무담임권, 평등권, 행복추구권, 재산권 등을 침해하는 위헌의 법률조항이라고 볼 수 없다." (헌재 1997. 11. 27. 95헌마14 등 병합 결정)

판례 〈구「국가유공자 예우 등에 관한 법률」제70조 등 위헌소원(위헌, 합헌), 「제대군인 지원에 관한 법률」제 8 조 제 1 항 등 위헌확인(위헌)〉 "공무담임권도 국가안전보장·질서유지 또는 공공복리를 위하여 필요한 경우 법률로써 제한될 수 있으나 그 경우에도 이를 불공평하게 또는 과도하게 침해하거나 본질적인 내용을 침해하여서는 아니 된다. 선거직공직과 달리 직업공무원에게는 정치적 중립성과 더불어 효율적으로 업무를 수행할 수 있는 능력이 요구되므로 직업공무원으로의 공직취임권에 관하여 규율함에 있어서는 임용희망자의 능력·전문성·적성·품성을 기준으로 하는 이른바 능력주의 또는 성과주의를 바탕으로 하여야 한다. … 공무원 등의 채용시험에서 제대군인들을 위한 가산점제도는 능력주의와 무관한 불합리한 기준으로 여성과 장애인 등의 공직취임권을 지나치게 제약하는 것으로서 헌법 제25조에 위배되고, 이로 인하여 청구인들의 공무담임권이 침해된다." (헌재 1999. 12. 23. 98헌바33 결정)

판례 〈「공직선거 및 선거부정방지법」제16조 제 2 항 위헌확인(기각)〉 "공무담임권은 원하는 경우에 언제나 공직을 담당할 수 있는 현실적인 권리가 아니라 공무담임의 기회를 보장하는 성격을 갖는 것으로서 선거에 당선되거나 또는 공직채용시험에 합격하는 등 일정한 공무담임에 필요한 요건을 충족하는 때에만 그 권리가 구체화되고 현실화되기 때문에 입법자는 이러한 공무담임의 전제조건으로서 각종 공직선거의 내용과 절차, 선거권·피선거권 등 공직선거에 참여할 수 있는 권리 또는 자격을 구체적으로 정하는 권한과 책임을 진다. 따라서 국회의원으로 당선될 권리로서 피선거권을 누구에게, 어떤 조건으로 부여할 것인지는 입법자가 그의 입법형성권의 범위 내에서 스스로 정할 사항이지만, 이 때에도 헌법이 피선거권을 비롯한 공무담임권을 기본권으로 보장하는 취지와 대의민주주의 통치질서에서 선거가 가지는 의미와 기능이 충분히 고려되어야 한다는 헌법적인 한계가 있다."(헌재 2005. 4. 28. 2004헌마219 결정)

第 4 節 國民投票權(國民票決權)

1. 憲法規定

555. 국민투표에 대한 헌법규정: 헌법 제72조, 제130조 제 2 항

우리 헌법은 제72조(대통령은 필요하다고 인정할 때에는 외교·국방·통일 기타 국가안위에 관한 중요정책을 국민투표에 붙일 수 있다)와 제130조 제 2 항(헌법개정안은 국회가 의결한 후 30일 이내에 국민투표에 붙여 국회의원선거권자 과반수의 투표와 투표자 과반수의 찬성을 얻어야 한다)에서 협의의 국민투표권(국민표결권)을 규정하고 있다.

2. 國民投票權의 槪念과 類型

(1) 國民投票權의 槪念과 類型

556. 국민투표권의 개념과 유형

협의의 국민투표권, 곧 국민표결권은 국민이 중요한 법안이나 정책을 국민투표로써 결정하는 권리를 말한다. 국민표결에는 레퍼렌덤(협의의 국민표결)과 플레비지트(국민결정)가 있다. 레퍼렌덤은 입법과정 등에 국민이 참여하는 것으로, 헌법에 규정된 절차에 따른 국민투표를 말한다. 플레비지트는 정치적 결단에 국민이 참여하는 것으로 헌법에 규정이 없음에도 또는 헌법의 규정을 무시하고 하는 국민투표를 말한다. 일반적으로 플레비지트는 신임투표적 성격이 강하다.

(2) 國民投票의 歷史

557. 국민투표의 역사

국민표결은 1802년 나폴레옹에 의하여 플레비지트의 형태로 처음 실시된 것으로 알려져 있고, 레퍼렌덤은 스위스에서 유래하는 것으로 알려져 있다.[1]

(3) 國民投票制度에 대한 批判

558. 국민투표제도에 대한 비판

국민표결, 특히 플레비지트에 대해서는 겉으로는 국민주권의 사상에 충실한 것처럼 보이지만, 실제로는 독재를 정당화하는 수단으로 악용될 수 있는 소지가 많다는 비판이 행해지고 있다.

---

1) 우리나라에서 1969년 10월 17일과 1975년 2월 12일에 행해진 헌법개정안에 대한 국민표결은 의안에 대한 국민투표로서의 성격과 대통령에 대한 신임투표로서의 성격을 가진 것이라고 한다. 권영성, 헌법학원론, 544쪽, 각주 1 참조.

3. 國民投票權의 內容

(1) 現行憲法上 國民投票權의 內容

현행헌법상 국민투표권은 대통령이 중요정책을 국민투표에 회부하는 경우 (헌법 제72조)와 헌법개정의 경우(헌법 제130조 제 2 항)의 두 가지가 있다.

중요정책에 대한 국민투표는 대통령의 판단에 따른 임의적인 것이며, 헌법 개정안에 대한 국민투표는 필수적인 사항이라는 점에서 차이가 있다.[1]

중요정책에 대한 국민투표의 방식으로 헌법개정을 위한 국민투표는 실시할 수 없다. 왜냐하면 외교·국방·통일 기타 국가안위에 관한 중요정책에 헌법개정 은 포함되지 않을 뿐만 아니라 헌법개정을 위한 국민투표는 헌법적 절차에 따라 반드시 먼저 국회의 의결을 거쳐야 하기 때문이다.[2] 비슷한 이유에서 국민투표 에 의한 법률제정도 허용되지 않는다고 보아야 한다.[3] 중요정책에 대한 국민투 표에 대하여는 의결정족수에 관한 규정이 없지만 헌법개정안에 대한 국민투표의 의결정족수가 준용되어야 할 것이다.[4]

(2) 住民投票制

헌법에 규정된 제도는 아니지만 지방자치법은 "지방자치단체의 장은 지방자 치단체의 폐치·분합 또는 주민에게 과도한 부담을 주거나 중대한 영향을 미치 는 지방자치단체의 주요결정사항 등"에 대하여는 주민의 의사를 물을 수 있도록 하는 주민투표제를 규정하고 있다(동법 제13조의2).

559. 현행헌법상 국 민투표의 내용

560. 주민투표제

---

1) 중요정책에 해당할 사항으로는 예컨대 ① 국가의 장래, 민족전체의 운명이 걸린 문제, 국 기(國基)에 관한 사항, 외국과의 통합, 국제기구 가입, 남북 통일방안 등의 사항, ② 국론 분열현상이 나타나거나 국민통합의 위기를 초래하는 사항, ③ 국민전체가 직접 이해관계가 있다고 느껴서 전국민의 관심과 주목을 받는 사항 등을 들 수 있을 것이다(김선택, 정책국 민투표의 성격과 효력, 헌법논총 제11집(2000), 헌법재판소, 233쪽 이하(특히 248쪽).

2) 김선택, '정책국민투표의 성격과 효력', 253쪽은 헌법개정안을 직접대상으로 하는 것이 아 니고, 국가의 조직과 관련하여 어떠한 정부형태를 국민이 선호하느냐를 둘러싸고 국론분열 의 현상이 일어났을 때 이에 관한 현실적 국민의사를 확인하는 차원에서 정책국민투표를 실시하는 것은 가능하다고 본다.

3) 그러나 갈봉근, 법률개념의 비교헌법적 고찰, 동아법학 제 2 호(1986), 25쪽은 국회입법권 의 예외로 국민투표를 통해 법률을 제정할 수 있다고 한다. 또한 김승환, 입법학에 관한 연구, 고려대학교 법학박사학위논문, 1987, 39쪽은 제정하고자 하는 법률의 내용이 국가안 위에 관한 중요정책의 하나에 속하는 것으로 판단되는 경우에는 국민투표에 회부될 수도 있지 않은가 하는 점이 검토되어야 할 것이라고 한다.

4) 권영성, 헌법학원론, 545쪽; 김선택, '정책국민투표의 성격과 효력', 260쪽.

> **판례** 〈입법부작위 위헌확인(각하)〉 "우리 헌법은 법률이 정하는 바에 따른 '선거권'과 '공무담임권' 및 국가안위에 관한 중요정책과 헌법개정에 대한 '국민투표권'만을 보장하고 있다. 따라서 지방자치법 제13조의2에서 규정한 주민투표권은 그 성질상 선거권, 공무담임권, 국민투표권과 전혀 다른 것이어서 이를 법률이 보장하는 참정권이라고 할 수 있을지언정 헌법이 보장하는 참정권이라고 할 수는 없다."(헌재 2001. 6. 28. 2000헌마735 결정)

4. 國民投票權의 制限과 限界

(1) 國民投票權의 制限과 限界

561. 국민투표권의
제한과 한계

국민투표권은 헌법 제37조 제 2 항에 따라 제한될 수 있다. 그러나 그 경우에도 그 본질적 내용은 침해할 수 없다.

(2) 國民投票權의 缺格事由

562. 국민투표권 결
격사유

국민투표법은 만 19세 미만자(동법 제 7 조)와 투표일 현재 공직선거법 제18조의 규정에 따라 선거권이 없는 자(동법 제 9 조)에게는 국민투표권을 인정하지 않고 있다.

第5章 基本權保障을 위한 基本權
(請求權的 基本權, 節次基本權)

第1節 基本權保障을 위한 基本權(請求權的 基本權, 節次基本權)一般論

1. 基本權保障을 위한 基本權의 槪念

(1) 基本權保障을 위한 基本權의 槪念

기본권보장을 위한 기본권은 국민이 적극적으로 국가에 대하여 특정한 행위를 요구한다든가 국가의 보호를 요청한다든가 하는 주관적 공권을 말한다. 청구의 대상이 되는 국가적 행위는 입법·사법·행정과 같은 국가적 작용일 수도 있고 경제적 급부일 수도 있다.

563. 기본권보장을 위한 기본권의 개념

(2) 基本權保障을 위한 基本權 — 용어의 문제

국내에서는 기본권보장을 위한 기본권이란 용어 대신에 청구권적 기본권[1]이란 용어가 일반화되어 있다. 또한 사회권적 기본권과 기본권보장을 위한 기본권을 통칭하는 개념으로 수익권이라는 용어도 사용되고 있다.[2] 그런가 하면 생활영역에 따라 기본권을 분류할 것을 주장하면서 재판을 받을 권리와 형사보상청구권은 인신권 중 인신보호를 위한 사법절차적 기본권으로, 청원권은 정치·사회생활영역의 보호로, 국가배상청구권과 범죄피해자보호청구권은 권리구제를 위한 기본권으로 나누어 설명하는 견해도 있다.[3]

그러나 청구권적 기본권과 수익권이란 용어는 첫째, 경제적·물질적 급부를

564. 기본권보장을 위한 기본권 — 용어의 문제

---

1) 김철수, 헌법학개론, 761쪽 이하; 권영성, 헌법학원론, 550쪽 이하.
2) 박일경, 제6공화국 신헌법, 305·306쪽.
3) 허영, 한국헌법론, 350쪽 이하, 516쪽 이하, 551쪽 이하 참조.

주된 목적으로 하는 사회적 기본권과 혼동을 가져올 염려가 있으며,[1] 둘째, 기본권보장을 위한 기본권은 권리 자체가 목적이 아니라 다른 권리나 이익을 확보하는 것이 목적이기 때문에 청구권적 기본권이라는 용어나 수익권이라는 명칭을 사용하거나 생활영역에 따라 더욱 세분하기보다는 기본권보장을 위한 기본권이라는 명칭을 사용하는 것이 본질에 더욱 적합하다고 생각한다.[2]

2. 基本權保障을 위한 基本權의 特性과 法的 性格

(1) 基本權保障을 위한 基本權의 特性

1) 기본권보장을 위한 기본권의 특성

565. 기본권보장을 위한 기본권의 특성

기본권보장을 위한 기본권은 다른 기본권들이 실체법적 권리인데 반해서 이러한 실체법적 권리들을 실현시키기 위한 절차적인 권리라는 점에 그 특성이 있다.

2) 타기본권과 기본권보장을 위한 기본권의 차이

566. 타기본권과 기본권보장을 위한 기본권의 차이

기본권보장을 위한 기본권은 구체적으로는 다음과 같은 점에서 다른 기본권들과는 차이가 있다. 첫째, 자유권적 기본권이 '국가로부터의 자유'를 의미하는 소극적 성질을 가지는데 반하여, 기본권보장을 위한 기본권은 '국가에 대한 청구'를 내용으로 하는 적극적 성질을 가진다.

둘째, 사회권적 기본권은 사회적 문제를 해결하기 위해서 비교적 늦게 등장하였다. 그에 반하여 기본권보장을 위한 기본권은 자유권과 더불어 기본권 보장사에서 가장 오래된 기본권 중의 하나이다. 그런가 하면 사회권적 기본권은 입

---

1) 문홍주, 제6공화국 한국헌법, 327·328쪽은 "고전적 수익권과 생존권적 기본권은 그 유래와 내용이 전혀 다르다. … 그러므로 여기서 국가에 대한 청구권이라는 성질을 가진 막연한 수익권의 용어를 버리고 생활권적 기본권과 기본권을 보장하기 위한 기본권을 구별하여 사용"할 것을 제안하고 있다.

2) 이에 대하여 김철수, 헌법학개론, 761·762쪽은 "권리보호청구권이나 구제권적 기본권, 권리를 보장 또는 확보하기 위한 기본권이란 용어들(물론 이에는 기본권보장을 위한 기본권이란 용어도 포함될 것이다 — 저자)은 기본권이 침해된 경우에 이에 대한 사후 구제를 요구하는 권리인 점을 강조한 것으로서, 사전에 권리보호를 청구할 수 있는 성격을 경시한 느낌이 없지 않다고 할 것이다. 특히 사후적 권리구제뿐 아니라 사전에 국가의 보호도 청구할 수 있는 권리인 청원권의 경우를 보면 더욱 그러하다"고 하여 청구권적 기본권이라는 용어가 타당하다는 것을 강조한다. 그러나 기본권보장을 위한 기본권이라는 용어는 사전·사후를 모두 포괄할 수 있는 용어라는 점을 지적해 두고자 한다.

법 등의 조치가 있어야 비로소 효력을 가지지만, 기본권보장을 위한 기본권은 헌법규정에 의해서 직접 효력이 발생한다.[1]

셋째, 참정권적 기본권은 능동적 권리인데 반하여, 기본권보장을 위한 기본권은 국가에 대하여 일정한 국가적 행위를 요구할 수 있는 적극적 권리이다.

(2) 基本權保障을 위한 基本權의 法的 性格

기본권보장을 위한 기본권은 주관적 공권이자 동시에 객관적 가치질서로서의 성격을 가진다.

국내다수설은 기본권보장을 위한 기본권을 원칙적으로 헌법에 의해 실정적으로 인정되는 국가 내적인 시민의 권리라고 한다.[2] 그러나 개인적으로는 기본권보장을 위한 기본권도 자연권이 실정화된 것으로 본다. 실체법적 기본권이 자연권에서 유래하였다면, 그를 보장하기 위한 절차적 기본권도 자연권에서 유래한 것이라고 보는 것이 논리적으로 일관될 것이기 때문이다.

567. 기본권보장을 위한 기본권의 법적 성격

3. 基本權保障을 위한 基本權의 主體

기본권보장을 위한 기본권은 다른 기본권이 침해된 경우에 그 회복 또는 구제를 위한 권리이다. 따라서 기본권의 주체가 될 수 있는 자는 누구나 기본권보장을 위한 기본권의 주체성이 인정되며, 자연인은 국민이나 외국인을 불문하고 원칙적으로 그 주체성이 인정된다. 사법인은 물론 (예외는 있지만) 공법인에게도 널리 그 주체성이 인정된다. 공법인에게 기본권보장을 위한 기본권의 주체성이 인정되는 것은 그것이 개인적 권리가 아닌 객관적 절차원칙을 포함하고 있기 때문이다.[3]

568. 기본권보장을 위한 기본권의 주체

4. 基本權保障을 위한 基本權의 效力

기본권보장을 위한 기본권에는 대국가적 효력이 인정된다. 기본권보장을 위한 기본권은 대국가적 권리이기 때문에 원칙적으로는 대사인적 효력이 부정된다.

569. 기본권보장을 위한 기본권의 효력

---

1) 김철수, 헌법학개론, 762쪽. 그러나 권영성, 헌법학원론, 550쪽은 "그 행사절차에 관한 구체적인 입법이 있을 경우에 비로소 행사할 수 있는 불완전한 의미의 구체적 권리"라고 한다.
2) 김철수, 헌법학개론, 762쪽.
3) BVerfGE 21, 373.

5. 基本權保障을 위한 基本權의 制限

570. 기본권보장을
위한 기본권의 제한

기본권보장을 위한 기본권은 우선 헌법에 의하여 직접 제한되는 경우가 있다. 군인·군무원·경찰공무원 기타 법률이 정하는 공무원은 손해배상청구권이 제한되고(제29조 제2항), 군사법원에 의한 재판을 받아야 하는 경우에는 재판청구권이 제한된다(제27조 제2항, 제110조 제4항). 또 기본권보장을 위한 기본권은 대통령의 긴급명령(제76조)에 의하여 제한될 수 있고, 비상계엄(제77조 제3항)이 선포된 경우에는 법원의 권한에 관한 특별조치에 의해 제한될 수 있다(계엄법 제10조).

다음으로, 기본권보장을 위한 기본권은 헌법 제37조 제2항에 따라 법률에 의해 제한될 수 있다. 그러나 제한하는 경우에도 그 본질적 내용은 침해될 수 없다.

6. 우리 憲法에 규정된 基本權保障을 위한 基本權

571. 우리 헌법에 규
정된 기본권보장을
위한 기본권

우리 헌법은 기본권보장을 위한 기본권으로서 청원권(제26조), 재판청구권(제27조), 형사보상청구권(제28조), 국가에 대한 손해배상청구권(제29조), 범죄피해자구조청구권(제30조)을 규정하고 있다.

그 밖에도 위헌법률심사청구권(제107조 제1항), 헌법소원청구권(제111조 제1항 제5호), 구속적부심사청구권(제12조 제6항), 재산상손실보상청구권(제23조 제3항)도 기본권보장을 기본권이나, 이들은 이미 다른 곳에서 설명하였거나 나중에 설명될 것이다.

第2節   請 願 權

1. 憲法規定 및 沿革

(1) 憲法規定

572. 청원권에 대한
헌법규정: 헌법 제26
조

우리 헌법 제26조는 "① 모든 국민은 법률이 정하는 바에 의하여 국가기관에 문서로 청원할 권리를 가진다. ② 국가는 청원에 대하여 심사할 의무를 진다"고 하여 청원권을 규정하고 있다. 또한 헌법 제89조 제15호는 "정부에 제출

또는 회부된 정부의 정책에 관계되는 청원의 심사"는 국무회의의 심의를 거치도
록 규정하고 있다.

(2) 沿 革

청원권은 봉건주의사회에서 군주의 자의적 권력행사에 의하여 국민의 이익   573. 청원권의 연혁
이 침범되는 것을 구제하기 위한 수단으로 발달하였다.

특히 영국에서는 전통적으로 '국왕은 오류를 범할 수 없다'(The King can do
no wrong)는 원칙으로부터 국왕의 행위에 대하여 소송으로 다툴 수는 없고[1] '보
통법'(common law)의 원칙상 청원의 형식이 에드워드 1세 때부터 인정되어 왔
다. 역사적으로는 1215년 영국의 대헌장이 청원권을 최초로 용인한 사례로 볼
수 있다. 그 후 영국의회는 정부예산을 승인하는 조건으로 불만의 구제를 위한
청원의 관행을 발전시켜 왔고, 1689년의 권리장전은 청원을 국민의 권리로 규정
함과 더불어 청원을 이유로 한 구금이나 소추를 불법으로 규정하였다.

미국에서는 수정헌법 제 1 조가 "평화적인 집회의 권리와 불만구제를 위한
정부에의 권리"를 규정하였으며, 독일의 경우는 프랑크푸르트헌법 제159조에서
청원권을 규정하였다.

2. 請願權의 槪念과 機能

(1) 請願權의 槪念

청원권은 국민이 국가기관에 대하여 문서로 의견이나 희망을 표시할 수 있   574. 청원권의 개념
는 권리이다.

> **판례** 〈군인연금법 개정청원에 대한 부작위 위헌소원(각하)〉 "헌법 제26조와 청
> 원법의 규정에 의할 때, 헌법상 보장된 청원권은 공권력과의 관계에서 일어나는
> 여러 가지 이해관계, 의견, 희망 등에 관하여 적법한 청원을 한 모든 국민에게,
> 국가기관이 청원을 수리·심사하여 그 결과를 통지할 것을 요구할 수 있는 권리
> 를 말하므로, 청원서를 접수한 국가기관은 이를 수리·심사하여 그 결과를 통지
> 하여야 할 헌법에서 유래하는 작위의무를 지고 있고, 이에 상응하여 청원인에게
> 는 청원에 대하여 위와 같은 적정한 처리를 할 것을 요구할 수 있는 권리가 있다."
> (헌재 2004. 5. 27. 2003헌마851 결정)

---

[1] 국왕의 불법행위가 인정되고 대폭적으로 소송이 허용된 것은 1947년 국왕소추법(Crown
Proceeding Act)이 제정되고 난 후의 일이다.

(2) 請願權의 機能

575. 청원권의 기능

청원권은 권리구제수단과 의사소통수단으로 기능하며[1] 간접민주제·대의제의 결함을 보완하는 수단의 하나로(일종의 국민발안) 직접민주정적 기능을 행하여 왔다. 그러나 오늘날은 사법적인 권리구제절차가 정비되고, 보통선거제도에 의하여 참정권이 보장되었으며 또한 표현의 자유가 확보됨으로 해서 이러한 청원권의 기능은 여러 가지 면에서 많이 퇴색되었다. 그럼에도 불구하고 청원권은 여전히 비정규적이고 가장 일반적인 기본권보호수단으로서 기능하고 있다는 점만은 부인할 수 없을 것이다.[2]

3. 請願權의 法的 性格

(1) 學   說

576. 청원권의 법적 성격에 대한 학설

청원권의 법적 성격과 관련하여 국내에서는 청구권설,[3] 자유권과 청구권의 이중적 성격설,[4] 자유권적 성격·청구권적 성격·기본권보장적 성격을 함께 가진다고 하는 복합적 권리설[5] 등 견해가 나누어져 있다. 헌법재판소는 청원권을 의견이나 희망을 진술하여 국가가 이를 수리·심사할 것을 청구할 수 있는 적극적인 청구권적 기본권으로 본다.

> **판례** 〈종교시설용지 공급처분취소 등(각하)〉 "헌법상 보장된 청원권은 공권력과의 관계에서 일어나는 여러 가지 이해관계, 의견, 희망 등에 관하여 적법한 청원을 한 모든 국민에게 국가기관이 청원을 수리할 뿐만 아니라 이를 심사하여 청원자에게 그 처리결과를 통지할 것을 요구할 수 있는 권리이다."(헌재 1994. 2. 24. 93헌마213 등 병합결정)[6]

---

1) 브레난 *William J. Brennan*은 Boston v. Glines(1980)사건에서 청원에 관하여 다음과 같이 말하고 있다. "청원은 자유를 행사함에 있어 특히 중요하다. 청원은 의사소통의 수단으로 봉사하고 사상이나 의견의 개인간 제휴를 위한 고전적 수단으로 기능한다. 그리고 개별 서명자의 견해를 확산시키는 효과적이면서도 평화적인 방법이 된다."
2) 허영, 한국헌법론, 516·517쪽은 청원권의 기능을 직접적인 대국가적 의사표명수단, 국회와 국민의 유대강화기능, 국회의 국정통제지원기능, 비정규적인 권리구제수단으로 요약하고 있다.
3) 김철수, 헌법학개론, 766쪽.
4) 권영성, 헌법학원론, 552쪽.
5) 허영, 한국헌법론, 518쪽.
6) 또한 헌재 1997. 7. 16. 93헌마239 결정〈청원처리 위헌확인(각하)〉도 참조.

(2) 私　見

청원권은 역사적으로는 자유권의 형태로 시작되었다. 그리고 이러한 요소가 아직까지도 남아 있는 것을 부인하기는 어렵다 할 것이다. 또한 청원권은 국민이 표시한 의견이나 희망에 대하여 국가가 이를 수리·심사할 것을 요청하는 측면이 있다는 것도 부인하기는 힘들다 할 것이다. 따라서 개인적으로는 청원권을 자유권과 청구권의 이중적 성격을 가진 것으로 보고자 한다.[1]

577. 청원권의 법적 성격에 대한 사견

4. 請願權의 主體와 客體

(1) 請願權의 主體

자연인과 사법인에게 주체성이 인정된다. 또한 외국인에게도 주체성이 인정된다.[2] 다만 사실상 노무에 종사하는 공무원을 제외하고는 공무원·군인 등의 경우 그 직무에 관련된 청원이나 집단적 청원에 대해서는 합리적인 제한을 할 수 있을 것이다(국가공무원법 제66조 제 1 항 참조). 수형자는 집단적인 청원은 할 수 없지만, 처우에 대하여 불복이 있을 때에는 법무부장관 또는 순회점검공무원에게 청원할 수 있다(행형법 제 6 조).

578. 청원권의 주체

(2) 請願權의 客體

헌법은 청원제출대상기관을 국가기관이라고만 하고 있다. 그러나 헌법을 구체화한 청원법은 청원제출대상기관을 1) 국가기관, 2) 지방자치단체와 그 소속기관, 3) 법령에 의하여 행정권한을 가지고 있거나 행정권한을 위임 또는 위탁받은 법인·단체 또는 그 기관이나 개인으로 규정하고 있다(법 제 3 조).

579. 청원권의 객체

---

1) 독일연방헌법재판소도 청원권을 소극적 지위와 적극적 지위가 표현된 것으로 이해하고 있다. BVerfGE 13, 150 참조.
2) 예컨대 독일의 경우 바이마르헌법 제126조는 청원권의 주체를 독일인에게만 한정시켰으나, 본기본법 제17조는 "누구든지 단독으로 또는 다른 사람과 공동으로 문서로써 관할기관과 의회에 청원 또는 소원을 할 권리를 가진다"고 하여 청원권이 인권임을 분명히 하고 있다. 또한 다른 기본권에서는 외국인의 기본권주체성이 국내거주 외국인에 한정되는 것이 보통임에 반하여, 청원권의 경우는 외국거주외국인에게도 그 주체성을 인정한 판례가 있다 (OVG Münster, NJW 1979, S. 281).

5. 請願權의 內容

(1) 請願事項과 請願禁止事項

1) 청원사항

580. 청원사항

헌법은 청원사항에 대하여 아무런 규정을 두고 있지 않다. 헌법을 구체화한 청원법은 중요한 청원사항으로 피해의 구제, 공무원의 비위의 시정 또는 공무원에 대한 징계나 처벌의 요구, 법률·명령·규칙의 제정·개정·폐지, 공공의 제도 또는 시설의 운영, 기타 공공기관의 권한에 속하는 사항 등(청원법 제4조)을 예시적으로 열거하고 있다.

2) 청원금지사항

581. 청원금지사항

청원사항은 원칙적으로 제한이 없다. 그러나 ① 감사·수사·재판·행정심판·조정·중재 등 다른 법령에 의한 조사·불복 또는 구제절차가 진행중인 때, ② 허위의 사실로 타인으로 하여금 형사처분 또는 징계처분을 받게 하거나 국가기관 등을 중상모략하는 사항인 때, ③ 사인간의 권리관계 또는 개인의 사생활에 관한 사항인 때, ④ 청원인의 성명·주소 등이 불문명하거나 청원내용이 불명확한 때에는 청원은 수리되지 않는다(동법 제5조). 동일내용의 청원서를 동일기관에 2개 이상 또는 2개 기관 이상에 제출하는 것도 금지된다(이중청원의 금지). 청원서를 접수한 관서가 이 사실을 발견한 때에는 후에 접수한 청원서는 이를 취급하지 않는다(동법 제8조). 또한 청원은 타인을 모해할 목적으로 허위의 사실을 적시하여 제출해서는 안 되며(동법 제11조), 이를 위반한 자는 5년 이하의 징역 또는 1천만원 이하의 벌금에 처해진다(동법 제13조).

(2) 請願權의 行使要件

582. 청원권의 행사요건

청원은 국민의 권리 또는 이익이 침범되었을 때에만 할 수 있는 것이 아니고, 침범될 우려가 있을 때에도 할 수 있다. 곧 청원은 사전·사후를 불문한다.

(3) 請願權의 行使方法 및 節次

1) 청원의 형식

583. 청원권의 행사방법

청원은 반드시 문서로 하여야 한다. 그 이유는 청원을 평온하게 하기 위한 것이다.[1] 청원서에는 청원인의 성명·주소·직업을 기재하고 청원의 이유와 취지를 명시하여야 하며, 공동청원의 경우에는 3인 이하의 대표자를 선임해서 청원서에 표시해야 한다(동법 제6조).

2) 청원서 제출

청원서는 청원사항을 관장하는 기관에 제출하고, 청원서를 접수한 기관이 청원사항이 그 기관이 관장하는 사항이 아니라고 인정할 때에는 그 청원사항을 관장하는 기관에 청원서를 이송하고 이를 청원인에게 통지하여야 한다(동법 제7조). 이는 청원의 제도적 가치를 증대시키기 위한 것이다.

584. 청원권의 행사 절차

(4) 請願의 效果

국가기관은 청원을 접수·심사·처리하고 특별한 사유가 없는 한 90일 이내에 그 처리결과를 청원인에게 통지하여야 한다(동법 제9조 제1항, 제2항). 그러나 재결할 의무는 없다.

청원을 한 국민은 청원을 하였다는 이유로 차별대우를 받거나 불이익을 받지 않는다(동법 제12조).

585. 청원의 효과

> **판례** "헌법 제26조 제1항의 규정에 의한 청원권은 국민이 국가기관에 대하여 어떤 사항에 관한 의견이나 희망을 진술할 권리로서 단순히 그 사항에 대한 국가기관의 선처를 촉구하는 데 불과한 것이므로, 같은 조 제2항에 의하여 국가가 청원에 대하여 심사할 의무를 지고 청원법 제9조 제4항에 의하여 주관관서가 그 심사 처리결과를 청원인에게 통지할 의무를 지고 있더라도 청원을 수리한 국가기관은 이를 성실, 공정, 신속히 심사·처리하여 그 결과를 청원인에게 통지하는 이상의 법률상 의무를 지는 것은 아니라고 할 것이다."(대법원 1990. 5. 25. 90누1458 판결)

> **판례** 〈청원처리 위헌확인(각하)〉 "헌법 제26조와 청원법규정에 의할 때 헌법상 보장된 청원권은 공권력과의 관계에서 일어나는 여러가지 이해관계, 의견, 희망 등에 관하여 적법한 청원을 한 모든 국민에게, 국가기관이(그 주관관서가) 청원을 수리할 뿐만 아니라, 이를 심사하여, 청원자에게 적어도 그 처리결과를 통지할

---

1) 그러나 청원권이 비정규적·일반적 권리보호수단으로서의 기능을 다할 수 있기 위하여는 구두청원을 인정할 것이 주장되기도 하고, 옴부즈만제도를 도입해서 보완할 것이 주장되기도 한다. 옴부즈만제도에 대하여는 H. Thierfelder, *Zum Problem eines Ombudsmans in Deutschland*, 1972; J. Hansen, *Die Institution des Ombudsman*, 1972; P. Kastari, Die Institution des Ombudsman im skadinavischen Recht, JöR Bd. 21(1972), S. 219ff. 참조.

것을 요구할 수 있는 권리를 말한다. 그러나 청원권의 보호범위에는 청원사항의 처리결과에 심판서나 재결서에 준하여 이유를 명시할 것까지를 요구하는 것은 포함되지 아니한다고 할 것이다. 왜냐하면 국민이면 누구든지 널리 제기할 수 있는 민중적 청원제도는 재판청구권 기타 준사법적 구제청구와는 완전히 성질을 달리하는 것이기 때문이다. 그러므로 청원소관관서는 청원법이 정하는 절차와 범위내에서 청원사항을 성실·공정·신속히 심사하고 청원인에게 그 청원을 어떻게 처리하였거나 처리하려 하는지를 알 수 있을 정도로 결과통지함으로써 충분하다고 할 것이다. 따라서 적법한 청원에 대하여 국가기관이 수리, 심사하여 그 처리결과를 청원인 등에게 통지하였다면 이로써 당해국가기관은 헌법 및 청원법상의 의무이행을 필한 것이라 할 것이고, 비록 그 처리내용이 청원인 등이 기대하는 바에 미치지 않는다고 하더라도 더 이상 헌법소원의 대상이 되는 공권력의 행사 내지 불행사라고는 볼 수 없다(헌법재판소 1994. 2. 24. 선고, 93헌마213·214·215 (병합) 결정 참조)."(헌재 1997. 7. 16. 93헌마239 결정)

판례 〈입법부작위 위헌확인(기각, 각하)〉 "청원권이라 함은 국민이 공권력과의 관계에서 일어나는 여러 가지 이해관계 또는 국정에 관해서 자신의 의견이나 희망을 진술할 수 있는 권리로서, 헌법 제26조는 모든 국민은 법률이 정하는 바에 의하여 국가기관에 문서로 청원할 권리를 가지며 국가는 청원에 대하여 심사할 의무를 진다고 하여 모든 국민의 청원권을 보장하고 청원을 수리한 국가기관은 청원에 대하여 심사하여야 할 의무를, 청원법과 국회법 제123조 이하는 청원의 처리결과에 대하여 통지하여야 할 의무를 각 규정하고 있는데, 청원에 대한 심사 및 통지의무는 재판청구권 및 기타 준사법적인 구제청구와 그 성질을 달리하므로 이러한 의무는 청원을 수리한 국가기관이 이를 성실, 공정, 신속히 심사·처리하여 그 결과를 청원인에게 통지하는 이상의 의무를 요구하는 것은 아니다."(헌재 2000. 6. 1. 2000헌마18 결정)

판례 〈입법부작위 위헌확인(일부기각, 일부각하)〉 "청원에 대한 심사 및 통지의무는 재판청구권 및 기타 준사법적인 구제청구와 그 성질을 달리한다. 따라서 이러한 의무는 청원을 수리한 국가기관이 이를 성실, 공정, 신속히 심사·처리하여 그 결과를 청원인에게 통지하는 이상의 의무를 요구하는 것은 아니다."(헌재 2000. 6. 1. 2000헌마18 결정)

6. 請願權의 效力

586. 청원권의 효력　　　　청원권은 대국가적 기본권이기 때문에 대국가적 효력만을 가진다.

7. 請願權의 制限

우선, 청원권은 대통령의 긴급명령(제76조) 또는 비상계엄(제77조 제 3 항)이 선포된 경우 제한될 수 있다. 또한 특별관계에 있는 사람은 특별관계의 설정목적에 부합하는 범위 내에서 해당법률에 의해 청원권이 제한된다.

다음으로, 헌법 제37조 제 2 항에 따라 제한될 수 있다. 그러나 그 경우에도 본질적 내용은 침해할 수 없다. 예컨대 청원서의 수리·심사를 원칙적으로 거부하는 입법조치는 청원권의 본질적 내용의 침해가 될 것이다.[1]

587. 청원권의 제한

8. 國會請願(國會法 第123條-第126條)

국회청원을 하고자 하는 자는 의원의 소개를 얻어 청원서를 제출하여야 하고, 의장은 청원서를 접수한 후 그 청원요지서를 작성하여 각 의원들에게 배부함과 동시에 그 청원을 소관위원회에 회부하여 심사하게 한다. 위원회는 청원심사 후 그 의결로써 청원을 본회의에 회부할 것을 결정할 수 있으며, 본회의에 회부하지 않기로 한 청원에 대해서는 의장이 이를 청원인에게 통지하여야 한다.

588. 국회청원

국회가 채택한 청원으로서 정부에서 처리함이 타당하다고 인정되는 청원은 의견서를 첨부하여 정부에 이송하며, 이 경우 정부는 그 처리결과를 지체없이 국회에 보고하여야 한다.

국회청원의 경우에도 재판에 간섭하거나 국가기관을 모독하는 청원은 접수하지 않으며, 위원회는 청원을 담당하게 하기 위하여 청원소위원회를 두어야 한다.

第 3 節   裁判請求權

1. 憲法規定 및 沿革

(1) 憲法規定

우리 헌법 제27조는 "① 모든 국민은 헌법과 법률이 정한 법관에 의하여 법률에 의한 재판을 받을 권리를 가진다. ② 군인 또는 군무원이 아닌 국민은 대한민국의 영역 안에서는 중대한 군사상 기밀·초병·초소·유해음식물공급·포

589. 재판청구권에 대한 헌법규정: 헌법 제27조

---

1) 허영, 한국헌법론, 521쪽.

로·군용물에 관한 죄 중 법률이 정한 경우와 비상계엄이 선포된 경우를 제외하고는 군사법원의 재판을 받지 아니한다. ③ 모든 국민은 신속한 재판을 받을 권리를 가진다. 형사피고인은 상당한 이유가 없는 한 지체없이 공개재판을 받을 권리를 가진다. ④ 형사피고인은 유죄의 판결이 확정될 때까지는 무죄로 추정된다. ⑤ 형사피의자는 법률이 정하는 바에 의하여 당해 사건의 재판절차에서 진술할 수 있다"라고 하여 재판청구권을 규정하고 있다.

(2) 沿　革

590. 재판청구권의 연혁

재판청구권은 1215년 영국의 대헌장에서 배심제도의 형태로 규정되기 시작하였다. 그러나 법률에 의한 법관에 의하여 재판을 받을 권리는 1791년 프랑스헌법에서 처음으로 규정되었으며, 그 후 여러 나라의 헌법에 계수되었다. 1791년 미연방헌법 수정 제6조는 공정한 배심과 신속한 공개재판을 받을 권리를 규정하였다.

우리 헌법의 형사피고인의 무죄추정권은 제8차 개정헌법에서, 형사피해자의 재판상진술권은 제9차 개정헌법(현행헌법)에서 신설되었다.

2. 裁判請求權의 意義

(1) 裁判請求權의 槪念

591. 재판청구권의 개념

재판청구권이란 행정부의 자의적인 판단을 배제하고 독립된 법원에서 신분이 보장된 법관에 의해 적법한 절차에 따른 공정한 재판을 받을 권리를 말한다.

(2) 裁判請求權의 機能

592. 재판청구권의 기능: 기본권에 대한 보장책 중 가장 대표적이고 결정적인 것

헌법상에 규정되어 있는 기본권이 실질적인 것이 되려면 그에 대한 보장책이 철저하게 마련되어 있어야 한다. 그러한 보장책 가운데에는 행정절차적 보장과 사법절차적 보장이 있으며, 그 중에서도 가장 대표적이고 결정적인 것이 재판청구권이라 할 수 있다. 재판청구권이 가지는 중요성은 재판청구권을 '기본법의 제왕조항들'(königlichen Artikeln) 중 하나로 보거나,[1] 법치국가의 '완성'(Schlußstein)으로 보거나[2] 법질서전체의 원칙규범[3]이라는 대가들의 평가에서 잘 나타나고 있다.

---

1) W. Jellinek, Kabinettsfrage und Gesetzgebungsnotstand nach dem Bonner Grundgesetz, *VVDStRL* Heft 8, S. 3ff.(3).

2) R. Thoma, *Recht-Staat-Wirtschaft*, Bd 3, S. 9.

3) Fr. Klein, in: H. v. Mangoldt/Klein, *Das Bonner Grundgesetz*, 2. Aufl.(1966), S. 542.

3. 裁判請求權의 法的 性格

(1) 學　　說

　　재판청구권의 법적 성격과 관련하여 국내에서는 청구권설,[1] 청구권과 자유권이라는 이중적 성격을 가지는 것으로 보는 설,[2] 청구권과 절차적 기본권의 성격을 가지는 것으로 보는 설[3] 등 견해가 나누어져 있다.

593. 재판청구권의 법적 성격에 대한 학설

(2) 學說에 대한 檢討 및 私見

　　그러나 재판청구권을 헌법과 법률이 정한 법관이 아닌 자에 의한 재판 및 법률에 의하지 아니한 재판을 받지 아니하는 소극적 측면을 가지기 때문에 자유권으로 보는 견해[4]는 자유권의 본질에 대한 이해가 부족한 것으로 보인다는 점에서 취할 수 없다고 생각한다. 따라서 개인적으로는 재판청구권은 국가에 대하여 재판을 청구하는 것을 내용으로 하는 청구권적 기본권으로, 다른 기본권을 보장하고 관철하는 기능을 한다고 생각한다. 또한 재판청구권은 사법제도의 근거규정으로서의 지위를 가지며,[5] 포기할 수 없는 권리이다.

594. 재판청구권의 법적 성격에 대한 학설의 검토 및 사견

> **판례** "원래 소권은 사인의 국가에 대한 공권이므로 당사자의 합의로써 국가에 대한 공권을 포기할 수 없으며, 이 법리는 민사소송에서와 같이 행정소송에서도 동일하다."(대법원 1961. 11. 2. 4294행상6 판결)[6]

> **판례** "특정한 권리나 법률관계에 관하여 분쟁이 있더라도 항소하지 않기로 한 합의에 위반하여 제기한 소는 권리보호의 이익이 없다."(대법원 1968. 11. 5. 68다1955 판결)

---

1) 김철수, 헌법학개론, 772쪽.
2) 권영성, 헌법학원론, 555쪽.
3) 허영, 한국헌법론, 551쪽.
4) 권영성, 헌법학원론, 555쪽.
5) 김철수, 헌법학개론, 772쪽.
6) 또한 대법원 1995. 9. 15. 94누4455 판결도 참조. 그러나 재판청구권의 포기와 부제소의 합의 또는 불항소의 합의는 구별된다. 후자는 가능하다는 것이 우리 대법원의 입장이다.

4. 裁判請求權의 主體

595. 재판청구권의
주체

　　재판청구권은 기본권의 주체가 될 수 있는 자라면 누구에게나 그 주체성이
인정된다. 자연인은 국민이나 외국인을 불문하고 그 주체가 되며, 그리고 사법
인은 물론 공법인에게도 주체성이 인정된다.

> **판례** 〈「정기간행물의 등록 등에 관한 법률」 제6조 제3항, 제19조 제3항의
> 위헌 여부에 관한 헌법소원(합헌)〉 "정정보도청구권제도는 언론기관의 재판청구
> 권을 부당히 침해하는 것으로 볼 수 없어 헌법에 위반되지 아니한다."(헌재
> 1991. 9. 16. 89헌마165 결정)

5. 裁判請求權의 內容

596. 재판청구권의
내용

　　재판청구권은 헌법과 법률이 정한 법관에 의한 재판을 받을 권리, 법률에
의한 재판을 받을 권리, 신속한 공개재판을 받을 권리 및 공정한 재판을 받을
권리를 주된 내용으로 한다. 그 밖에도 우리 헌법은 형사피해자의 재판상진술권
을 재판청구권의 한 내용으로 보장하고 있다.

> **판례** 〈특허법 제186조 제1항 등 위헌제청(헌법불합치)〉 "법관에 의한 재판을
> 받을 권리를 보장한다고 함은 결국 법관이 사실을 확정하고 법률을 해석·적용하
> 는 재판을 받을 권리를 보장한다는 뜻이다. 따라서 그와 같은 법관에 의한 사실
> 확정과 법률의 해석적용의 기회에 접근하기 어렵도록 제약이나 장벽을 쌓아서는
> 아니 된다. 만일 그러한 보장이 제대로 이루어지지 아니한다면 헌법상 보장된 재
> 판을 받을 권리의 본질적 내용을 침해하는 것으로서 우리 헌법상 허용되지 아니
> 한다."(헌재 1995. 9. 28. 92헌가11 등 병합결정)

> **판례** 〈형사소송법 제279조 등 위헌소원(합헌)〉 "재판청구권은 재판절차를 규율
> 하는 법률과 재판에서 적용될 실체적 법률이 모두 합헌적이어야 한다는 의미에서
> 의 법률에 의한 재판을 받을 권리뿐만 아니라, 비밀재판을 배제하고 일반 국민의
> 감시하에서 심리와 판결을 받음으로써 공정한 재판을 받을 권리를 포함하고 있다."
> (헌재 1998. 12. 24. 94헌바46 결정)[1]

―――――――――――――
1) 또한 헌재 1996. 12. 26. 94헌바1 결정〈형사소송법 제221조의2 위헌소원(위헌)〉도 참조.

> **판례** 〈변호사법 제100조 제4항 등 위헌제청(위헌)〉 "대한변호사협회변호사징계위원회나 법무부변호사징계위원회의 징계에 관한 결정은 비록 그 징계위원 중 일부로 법관이 참여한다고 하더라도 이를 헌법과 법률이 정한 법관에 의한 재판이라고 볼 수 없으므로, 법무부변호사징계위원회의 결정이 법률에 위반된 것을 이유로 하는 경우에 한하여 법률심인 대법원에 즉시 항고할 수 있도록 한 변호사법 제100조 제4항 내지 제6항은, 법관에 의한 사실확정 및 법률적용의 기회를 박탈한 것으로서 헌법상 국민에게 보장된 '법관에 의한' 재판을 받을 권리를 침해하는 위헌규정이다."(헌재 2002. 2. 28. 2001헌가18 결정)

(1) 憲法과 法律이 정한 法官에 의한 裁判을 받을 權利

1) 재판을 받을 권리

① 재판을 받을 권리의 유형과 재판청구의 요건
가. 재판을 받을 권리의 유형

재판이라 함은 구체적 사건에 관하여 사실의 확정과 그에 대한 법률의 해석적용을 그 본질적인 내용으로 하는 일련의 과정이다.[1] 재판에는 민사재판·형사재판·행정재판·헌법재판이 있다. 따라서 재판을 받을 권리란 민사재판청구권·형사재판청구권·행정재판청구권·헌법재판청구권을 말한다.

<small>597. 재판을 받을 권리의 유형</small>

> **판례** 〈법원조직법 제54조 위헌소원(합헌)〉 "헌법 제101조 제1항은 "사법권은 법관으로 구성된 법원에 속한다"고 규정하고 있고, 헌법 제27조 제1항은 "모든 국민은 헌법과 법률이 정한 법관에 의하여 법률에 의한 재판을 받을 권리를 가진다"고 규정하고 있다. 위 규정들을 비롯한 헌법 규정들에 의하면 모든 국민은 헌법과 법률이 정한 자격과 절차에 의하여 임명되고(헌법 제101조 제3항, 제104조, 법원조직법 제41조 내지 제43조), 물적독립(헌법 제103조)과 인적독립(헌법 제106조, 법원조직법 제46조)이 보장된 법관에 의하여 합헌적인 법률이 정한 내용과 절차에 따라 재판을 받을 권리를 보장하고 있다. 그리고 재판이라 함은 구체적 사건에 관하여 사실의 확정과 그에 대한 법률의 해석적용을 그 본질적인 내용으로 하는 일련의 과정이므로 법관에 의한 재판을 받을 권리를 보장한다고 함은 법관이 사실을 확정하고 법률을 해석·적용하는 재판을 받을 권리를 보장한다는 뜻이고, 만일 그러한 보장이 제대로 이루어지지 아니한다면, 헌법상 보장된 재판을 받을 권리의 본질적 내용을 침해하는 것으로서 우리 헌법상 허용되지 아니한다(헌재 2002. 2. 28. 2001헌가18, 판례집 14-1, 98, 103 참조). 나아가 헌법

---

[1] 헌재 1995. 9. 28. 92헌가11, 93헌가8 등 병합결정〈특허법 제186조 제1항 등 위헌제청(헌법불합치)〉.

제27조 제 1 항이 규정하는 재판청구권을 보장하기 위해서는 입법자에 의한 재판청구권의 구체적 형성이 불가피하므로 입법자의 광범위한 입법재량이 인정된다고 할 것이다(헌재 1996. 8. 29. 93헌바57, 판례집 8-2, 46, 60 참조)."(헌재 2009. 2. 26. 2007헌바8 등 병합결정)

판례 〈민사소송법 제451조 위헌소원 등(합헌, 각하)〉 "헌법 제27조 제 1 항은 "모든 국민은 헌법과 법률이 정한 법관에 의하여 법률에 의한 재판을 받을 권리를 가진다"고 규정함으로써 모든 국민은 헌법과 법률이 정한 자격과 절차에 의하여 임명되고 물적 독립과 인적 독립이 보장된 법관에 의하여 합헌적인 법률이 정한 내용과 절차에 따라 재판을 받을 권리를 보장하고 있다. 이러한 재판청구권은 공권력이나 사인에 의해서 기본권이 침해당하거나 침해당할 위험에 처해있을 경우 이에 대한 구제나 그 예방을 요청할 수 있는 권리라는 점에서 다른 기본권의 보장을 위한 기본권이라는 성격을 가지고 있다.

여기서 재판이라 함은 구체적 사건에 관하여 사실의 확정과 그에 대한 법률의 해석적용을 그 본질적인 내용으로 하는 일련의 과정이다. 따라서 법관에 의한 재판을 받을 권리를 보장한다고 함은 결국 법관이 사실을 확정하고 법률을 해석·적용하는 재판을 받을 권리를 보장한다는 뜻이고, 그와 같은 법관에 의한 사실확정과 법률의 해석적용의 기회에 접근하기 어렵도록 제약이나 장벽을 쌓아서는 아니 된다고 할 것이며, 만일 그러한 보장이 제대로 이루어지지 아니한다면 헌법상 보장된 재판을 받을 권리의 본질적 내용을 침해하는 것이다(헌재 1995. 9. 28. 92헌가11 등, 판례집 7-2, 264, 278 참조)."(헌재 2009. 10. 29. 2008헌바101 결정)

나. 재판청구의 요건

598. 재판청구의 요건

재판을 청구하려면 재판을 청구할 자격이 있는 자가 법적 판단을 구하기에 적합한 사건에 관하여 소를 제기할 이익이 있는 경우라야 한다. 곧 재판을 청구하려면 당사자적격·권리보호사건·소의 이익이라는 세 가지 요건을 갖추어야 한다.

② 대법원의 재판을 받을 권리

599. 재판을 받을 권리에 대법원의 재판을 받을 권리가 포함되는가 여부에 대한 학설·판례: 포함되지 않는다

우리 헌법 제27조는 상고심, 곧 대법원에서 재판을 받을 권리에 대해서는 명문의 규정을 두고 있지 않다.

가. 다수설과 판례

이와 관련하여 헌법 제27조는 모든 국민에게 원칙적으로 최고법원인 대법원의 재판을 받을 권리를 부여하고 있다는 견해[1]와 헌법 제27조는 상고문제를

---

1) 김철수, 헌법학개론, 782쪽; 허영, 한국헌법론, 359쪽.

법률에 위임하고 있기 때문에 모든 사건에 대하여 대법원의 재판을 받을 권리를 보장하고 있는 것은 아니라는 견해[1]가 대립되어 있다.

우리 대법원과 헌법재판소는 후자의 입장과 견해를 같이한다. 헌법재판소는 헌법 제27조의 재판을 받을 권리에 모든 사건에 대해서 대법원의 재판을 받을 권리가 포함되는 것은 아니며, 모든 사건에 대하여 상고를 할 수 있게 하느냐 않느냐는 특단의 사정이 없는 한 입법정책의 문제로 입법자는 상고를 제한하는 법률규정을 제정할 수 있다고 한다. 그러나 개별입법이 상소권을 전면 인정하지 않는 것은 상소권을 본질적으로 침해하는 것이므로 위헌이라고 한다.

> **판례** "헌법 제101조는 대법원과 각급법원의 조직은 법률로 정한다고 규정하고 있으므로 … 법률이 형사사건에 관해서 상고할 수 있는 사유를 제한하였다고 해서 그것이 곧 헌법 제24조, 제100조에서 보장하고 있는 대법원에 이르기까지 재판을 받을 권리를 제한하는 것이라고 할 것이 아니다."(대법원 1976. 11. 9. 76도3076 판결. 또한 대법원 1963. 10. 22. 63다29 판결, 대법원 1966. 11. 22. 66도1240 판결, 대법원 1989. 12. 24. 89카55 판결도 참조)

> **판례** 〈소액사건심판법 제 3 조 위헌소원(합헌)〉 "재판이란 사실확정과 법률의 해석 적용을 본질로 함에 비추어 법관에 의하여 사실적 측면과 법률적 측면의 한 차례의 심리검토의 기회는 적어도 보장되어야 할 것은 물론, 또 그와 같은 기회에 접근하기 어렵도록 제약이나 장벽을 쌓아서는 안 된다 할 것이다. 따라서 만일 그러한 보장이 제대로 안되면 헌법상 재판을 받을 권리의 본질적 침해의 문제가 생길 수 있다. … 우리 헌법에는 상고심에서 재판을 받을 권리를 규정한 명문규정이 없고, 상고문제가 일반법률에 맡겨진 것이 우리 법제이다. 그렇다면 헌법 제27조에서 규정한 재판을 받을 권리에 모든 사건에 대해 상고법원의 구성법관에 의한, 상고심 절차에 의한 재판을 받을 권리까지도 포함된다고 단정할 수 없으며, 모든 사건에 대해 획일적으로 상고할 수 있게 하느냐 않느냐는 특단의 사정이 없는 한 입법 정책의 문제이다."(헌재 1992. 6. 26. 90헌바25 결정. 또한 헌재 1996. 10. 31. 94헌바3 결정, 1998. 2. 27. 96헌마92 결정 참조)

> **판례** 〈「반국가행위자의 처벌에 관한 특별조치법」 제 5 조 등 및 헌법재판소법 제41조 등에 대한 헌법소원(위헌)〉 "재판청구권은 모든 사건에서 상고심 또는 대법원의 재판을 받을 권리를 인정하는 것이라고 보기는 어렵지만, 형사재판에서 피고인이 중죄인이라거나 외국에 도피중이라는 이유만으로 상소의 제기 또는 상소

---

1) 권영성, 헌법학원론, 557쪽; 계희열, 헌법학(중), 558쪽.

권회복청구를 전면봉쇄하는 것은 재판청구권을 침해하는 것이다."(헌재 1993. 7. 29. 90헌바35 결정)

판례 〈소액사건심판법 제 3 조 위헌소원(합헌)〉 "재판제도 이용의 효율화의 측면에서나, 사익에 관한 분쟁해결방식인 민사소송에 있어서 얻어질 이익과 지출하여야 할 비용·노력과의 비례균형 유지의 요청, 신속·저렴하게 처리되어야 할 소액사건절차 특유의 요청들을 함께 고려할 때 현행소액사건 상고제한제도가 결코 합리성이 없다거나 입법자의 위헌적인 차별이라고 할 수 없다."(헌재 1995. 10. 26. 94헌바28 결정. 또한 헌재 1992. 6. 26. 90헌바25 결정, 헌재 1993. 11. 25. 91헌바8 결정 참조)

판례 〈「상고절차에 관한 특례법」 제 4 조 위헌소원 등(일부합헌, 일부각하)〉 "헌법이 제101조 제 2 항 및 제 3 항에서 대법원을 최고법원으로 규정하였다고 하여 대법원이 곧바로 모든 사건을 상고심으로서 관할하여야 한다는 결론이 당연히 도출되는 것은 아니다. 헌법 제110조 제 4 항이 군사법원에서의 단심재판을 제한하도록 규정하고 있고, 헌법 제107조 제 2 항이 명령·규칙 또는 처분의 위헌·위법여부에 대한 최종적 심사권이 대법원에 있음을 규정하고 있으므로 그 범위 내에서는 대법원에서의 재판을 받을 권리가 보장되지만, 그 이외의 다른 모든 경우에도 심급제도를 인정하여야 한다거나 대법원을 상고심으로 하는 것이 헌법상 요구된다고 할 수는 없다."(헌재 1997. 10. 30. 97헌바37 등 병합결정)

판례 〈헌법재판소법 제68조 제 1 항 위헌확인 등(각하, 기각)〉 "헌법이 대법원을 최고법원으로 규정하였다고 하여 대법원이 곧바로 모든 사건을 상고심으로 관할하여야 한다는 결론이 당연히 도출되는 것은 아니며, '헌법과 법률이 정하는 법관에 의하여 법률에 의한 재판을 받을 권리'가 사건의 경중을 가리지 않고 모든 사건에 대하여 대법원을 구성하는 법관에 의한 균등한 재판을 받을 권리를 의미한다거나 또는 상고심재판을 받을 권리를 의미하는 것이라고는 할 수 없다. 또한 심급제도는 사법에 의한 권리보호에 관하여 한정된 법발견자원의 합리적인 분배의 문제인 동시에 재판의 적성과 신속이라는 서로 상반되는 두 가지의 요청을 어떻게 조화시키느냐의 문제로 돌아가므로 원칙적으로 입법자의 형성의 자유에 속하는 사항이다. 그러므로 상고심절차에관한특례법 제 4 조 제 1 항 및 제 5 조 제 1 항 중 제 4 조에 관한 부분은 비록 국민의 재판청구권을 제약하고 있기는 하지만 위 심급제도와 대법원의 기능에 비추어 볼 때, 헌법이 요구하는 대법원의 최고법원성을 존중하면서 민사, 가사, 행정 등 소송사건에 있어서 상고심재판을 받을 수 있는 객관적 기준을 정함에 있어 개별적 사건에서의 권리구제보다

법령해석의 통일을 더 우위에 둔 규정으로서 그 합리성이 있다. 특히 특례법 제
4조 제1항 각호에서는 심리불속행의 예외사유를 객관적이고 구체적으로 규정하
여 구체적 사건의 상고이유와 관계없는 우연한 사정이나 법원의 자의에 의한 결
정을 배제하고 있고, 특례법 제5조 제1항 중 제4조에 관한 부분은 단지 특례
법 제4조의 의한 판결의 보다 신속한 처리를 목적으로 한 것에 지나지 아니한
것이므로 특례법 제4조가 헌법에 위반되지 아니한 터에 이를 헌법에 위반되는
것으로 볼 수 없다."(헌재 2001. 2. 22. 99헌마461 등 병합결정)

나. 사 견

개인적으로는 이 문제를 단순히 헌법 제27조에 대법원의 재판을 받을 권리
를 명문으로 규정하고 있지 않다고 해서 바로 입법정책의 문제라고 보는 것은
문제가 있다고 생각한다. 오히려 헌법은 법원의 조직을 대법원과 각급법원으로
하고 있기 때문에(제101조 제2항) 헌법상의 명문규정은 없지만 국민의 재판을
받을 권리는 대법원과 각급법원에서 재판을 받을 권리를 의미하고, 그러한 한에
서 특별한 이유가 없는 한 국민은 대법원에서 재판을 받을 권리를 가진다고 해
석하여야 할 것이다.[1] 또한 우리 헌법이 예외적으로 비상계엄하의 군사재판을
일정한 경우에 한하여 단심으로 할 수 있도록 하면서도 사형을 선고하는 경우에
는 예외를 둔 것(제110조 제4항)과 특별법원인 군사법원의 상고심을 대법원으로
하고 있는 것(제110조 제2항)도 원칙적으로 국민은 대법원에서 재판을 받을 권
리를 가진다는 것을 말해주는 것이라 할 수 있다. 따라서 헌법상의 재판청구권
은 상고심절차에 의한 재판받을 권리까지도 당연히 포함하는 것은 아니라는 헌
법재판소의 전제는 원칙과 예외를 혼동한 것이라 할 수 있으며, 매우 신중한 헌

> 600. 재판을 받을 권
> 리에 대법원의 재판
> 을 받을 권리가 포함
> 되는가 여부에 대한
> 사견: 포함된다고 해
> 석하여야 한다

---

1) 소액사건심판법 제3조에 대한 헌법소원심판에서 헌법재판소재판관 변정수는 다음과 같은
반대의견을 제출하고 있다. "헌법 제27조 제1항에서 말하는 법률에 의한 재판의 절차적
측면은 대법원을 상고심으로 하는 심급제에 의한 재판을 의미하는 것이므로 모든 국민은
최고심인 대법원의 재판을 받을 권리가 있다고 보아야 한다. 따라서 대법원의 재판을 받을
권리, 즉 상고권은 헌법 제27조 제1항에서 도출되는 기본권으로서 일종의 헌법상 보장된
절차적 기본권이라고 할 수 있다. 그러므로 심급제를 폐지한다든가 대법원에의 상고를 부
당하게 제한하는 것은 국민의 재판청구권을 침해하는 것으로서 위헌여부의 문제가 제기될
수 있다. … 우리 헌법은 대법원을 최종심으로 하는 심급제만을 규정하였을 뿐 꼭 삼심제
라야 한다는 것은 아니므로 법원조직법이 규정한 삼심제는 원칙일 따름이고 특별한 사유
가 있으면 최종심의 대법원의 재판을 받을 권리는 헌법이 규정한 권리이기 때문에 전면제
한은 할 수 없고 기본권제한의 일반규정인 헌법 제37조 제2항에 따라 질서유지와 공공복
리를 위하여 필요한 경우에 한하여, 그러나 상고권의 본질적 내용을 해치지 아니하는 한
도에서 상고를 제한할 수 있을 뿐이다"(헌재 1992. 6. 26. 90헌바25 결정〈소액사건심판법
제3조에 대한 헌법소원(합헌)〉).

법차원의 검토가 선행되어야 한다는 지적[1]은 매우 타당하다고 생각한다.

③ 군사재판을 받지 아니할 권리

601. 군사재판을 받
지 아니할 권리

　　군인 또는 군무원이 아닌 국민은 대한민국의 영역 안에서는 중대한 군사상 기밀·초병·초소·유독음식물공급·포로·군용물에 관한 죄 중 법률이 정한 경우와 비상계엄이 선포된 경우를 제외하고는 군사법원의 재판을 받지 아니한다 (제27조 제2항).

> **판례** 〈군사법원법 제2조 제2항 위헌소원 등(합헌, 각하)〉 "이 사건 법률조항은 현역병으로 입대한 군인이 그 신분취득 전 저지른 범죄에 대하여도 군사법원의 재판을 받도록 하고 있으나, 이는 군사법원을 두는 취지 및 군사법원이 '신분적인 재판권'을 가지는 점을 고려할 때, 군 입대 전 저지른 범죄를 입대 후 저지른 범죄와 달리 볼 이유가 없다는 판단에 따른 것으로서, 이러한 입법형성은 다음에서 보는 바와 같은 이유로 입법재량의 범위를 일탈해 합리성원칙 내지 자의금지원칙에 위배된 것이라고 볼 수 없다.
> 　군대란 외부의 침략으로부터 국가를 보존한다는 특수한 목적을 위해 존재하는 집단이기 때문에 군의 조직과 기능을 유지하기 위한 지휘명령체계의 확립 및 전투력 제고를 우선적으로 고려해야 된다는 점에 군사법(軍司法)체계의 특수성이 있다. 이에 각국은 군의 규율과 사기를 강력하게 유지하여 군의 임무를 성공적으로 수행케 하는 것을 궁극적 목적으로 하는 군사법제도를 운영하고 있다.
> 　구체적으로 군대는 다음과 같은 특수성을 가진다. 첫째, 전쟁의 수행은 물론 평화 시에도 실제 전투와 같은 극한상황하에서 훈련을 실시하고 각종 무기들을 다루게 됨으로써 위험에 노출되는 점, 둘째, 과학 기술이 발달한 오늘날의 전쟁은 초전의 대응능력이 매우 중요하므로 항시 대기하는 것이 필요할 뿐 아니라, 군인은 한·수해(旱·水害) 등 천재지변, 명절 혹은 연휴 기간에도 대기해야 하고, 각종 야외훈련 및 야간훈련, 주·야간 작전수행, 빈번한 당직근무 등을 수행해야 하는 등 근무시간이 정해져 있지 않은 점, 셋째, 집단적 병영(兵營) 생활을 할 뿐 아니라, 작전위수(衛戍)구역의 제한을 받으며 근무지이탈금지는 군인복무규율 및 군형법의 처벌규정에 의하여도 엄격히 규제되는 등 생활공간적인 제약이 있는 점, 넷째, 군인은 주로 벽오지(僻奧地)에서 복무하게 된다는 점 등이다.
> 　이와 같은 군대의 특수성으로 인하여 일단 군인신분을 취득한 군인이 군대 외부의 일반법원에서 재판을 받는 것은 군대 조직의 효율적인 운영을 저해한다고 할 것이다. 또한, 현실적으로도 군인이 수감 중인 상태에서 일반법원의 재판을 받기 위해서는 동행·감시자, 차량 등의 지원이 필요하므로 상당한 비용·인력 및 시간이 소요되고, 일반법원의 재판 일정을 군대사정에 맞추어 조정하도록 하지 않으면 훈련 등의 일정에 차질이 생기게 된다. 이러한 사정은 군인신분 취득 이

---

[1] 허영, 한국헌법론, 359쪽.

후에 죄를 범한 경우와 군인 신분을 취득한 자가 군 입대 전에 범한 죄에 대하여 재판을 받는 경우와 다르지 않으므로, 군인신분 취득 전에 범한 죄에 대하여 군사법원에서 재판을 받도록 하는 것은 합리적인 이유가 있다.

형사재판에 있어 범죄사실의 확정과 책임은 행위 시를 기준으로 하지만, 재판권 유무는 원칙적으로 재판 시점을 기준으로 해야 한다. 또, 형사재판은 유죄인정과 양형이 복합되어 있는데 양형은 일반적으로 재판받을 당시, 즉 선고시점의 피고인의 군인신분을 주요 고려 요소로 해 군의 특수성을 반영할 수 있어야 하므로, 이러한 양형은 군사법원에서 담당하도록 하는 것이 타당하다. 따라서 이러한 점에서도 이 사건 법률조항의 신분적 재판권은 합리적인 이유가 있다.

군사법원의 상고심은 대법원에서 관할하고(헌법 제110조 제2항), 군사법원의 내부규율과 사무처리에 관한 군사법원규칙도 군법무관회의의 의결을 거쳐 대법원이 정하므로(군사법원법 제4조 제1항 및 제2항), 궁극적으로는 헌법과 법률이 정한 법관에 의한 최종적인 재판이 보장되고 있으며, 군사법원에 관한 내부규율을 정함에 있어서도 대법원이 종국적인 관여를 하고 있다. 따라서 이 사건 법률조항은 군사법원의 재판권과 군인의 재판청구권을 형성함에 있어 그 재량의 한계를 벗어났다고 볼 수 없다.

그렇다면, 이 사건 법률조항이 입법형성의 한계를 일탈하여 청구인의 헌법 제27조 제1항에 의한 재판청구권을 침해한다고 볼 수 없다."(헌재 2009.7.30. 2008헌바162 결정)

2) '헌법과 법률이 정한 법관'에 의한 재판을 받을 권리

① 헌법과 법률이 정한 법관

헌법과 법률이 정한 법관이란 다음의 요건을 구비한 법관을 말한다. 첫째, 헌법 제101조 제3항에 따라 제정된 법원조직법 제41조, 제42조에서 규정하고 있는 자격을 갖추어야 한다. 둘째, 헌법 제104조와 법원조직법 제41조가 규정한 절차에 따라 적법하게 임명되어야 한다. 셋째, 헌법 제105조와 제106조에 따라 임기·정년·신분이 보장되어야 한다. 넷째, 헌법 제103조에 따라 헌법과 법률에 의하여 그 양심에 따라 독립하여 심판할 수 있어야 한다. 다섯째, 법원의 구성과 관할 및 그 사무분배 등에 관한 법률의 규정에 의하여 권한이 있어야 한다. 여섯째, 제척 기타의 사유로 법률상 당해 재판에 관여하는 것이 금지되지 아니하여야 한다.[1]

602. 헌법과 법률이 정한 법관

---

1) 헌재 1992.6.26. 90헌바25 결정〈소액사건심판법 제3조에 대한 헌법소원(합헌)〉; 김철수, 헌법학개론, 773·774쪽; 권영성, 헌법학원론, 557·558쪽.

② 헌법과 법률이 정한 법관에 의한 재판을 받을 권리

603. 헌법과 법률에
정한 법관에 의한 재
판을 받을 권리

국민은 이상의 요건을 갖추지 않은 자에 의한 재판을 원칙적으로 거부할
수 있다.

> **판례** 〈특허법 제186조 제 1 항 등 위헌제청(헌법불일치)〉 "법관에 의한 재판을
> 받을 권리를 보장한다고 함은 결국 법관이 사실을 확정하고 법률을 해석·적용하
> 는 재판을 받을 권리를 보장한다는 뜻이고, 그와 같은 법관에 의한 사실확정과
> 법률의 해석적용의 기회에 접근하기 어렵도록 제약이나 장벽을 쌓아서는 아니 된
> 다고 할 것이며, 만일 그러한 보장이 제대로 이루어지지 아니한다면 헌법상 보장
> 된 재판을 받을 권리의 본질적 내용을 침해하는 것으로서 우리 헌법상 허용되지
> 아니한다."(헌재 1995. 9. 28. 92헌가11 등 병합결정)

그러나 이상의 요건을 갖추지 않은 자에 의한 재판이라고 하더라도 헌법에
정한 예외가 있거나(군사재판), 불복할 경우에 정규법원에 정식재판을 청구할 길
이 열려 있는(약식절차, 통고처분, 행정기관에 의한 재결 또는 결정) 경우에는 헌법과
법률이 정한 법관에 의한 재판을 받을 권리가 침해된 것이라고 보기는 어렵다.
다만 헌법과 법률에 정한 법관이 아닌 배심원이 사실심뿐만 아니라 법률심에까
지 관여한다면 그것은 위헌이 될 것이다.

> **판례** 〈관세법 제38조 제 3 항 제 2 호 위헌소원(합헌)〉 "통고처분은 상대방의 임
> 의의 승복을 그 발효요건으로 하기 때문에 그 자체만으로는 통고이행을 강제하거
> 나 상대방에게 아무런 권리의무를 형성하지 않으므로 행정심판이나 행정소송의
> 대상으로서의 처분성을 부여할 수 없고, 통고처분에 대하여 이의가 있으면 통고
> 내용을 이행하지 않음으로써 고발되어 형사재판절차에서 통고처분의 위법·부당
> 함을 얼마든지 다툴 수 있기 때문에 관세법 제38조 제 3 항 제 2 호가 법관에 의
> 한 재판을 받을 권리를 침해한다든가 적법절차의 원칙에 저촉된다고 볼 수 없다."
> (헌재 1998. 5. 28. 96헌바4 결정)

> **판례** 〈구 지방세법 제74조 제 1 항 등 위헌소원(위헌, 각하)〉 "지방세 부과처분
> 에 대한 이의신청 및 심사청구의 심의·의결기관인 지방세심의위원회는 그 구성
> 과 운영에 있어서 심의·의결의 독립성과 공정성을 객관적으로 신뢰할 수 있는
> 토대를 충분히 갖추고 있다고 보기 어려운 점, 이의신청 및 심사청구의 심리절차
> 에 사법절차적 요소가 매우 미흡하고 당사자의 절차적 권리보장의 본질적 요소가
> 결여되어 있다는 점에서 지방세법상의 이의신청·심사청구제도는 헌법 제107조

제 3 항에서 요구하는 "사법절차 준용"의 요청을 외면하고 있다고 할 것인데, 지방세법 제78조 제 2 항은 이러한 이의신청 및 심사청구라는 2중의 행정심판을 거치지 아니하고서는 행정소송을 제기하지 못하도록 하고 있으므로 위 헌법조항에 위반될 뿐만 아니라, 재판청구권을 보장하고 있는 헌법 제27조 제 3 항에도 위반된다 할 것이며, 나아가 필요적 행정심판전치주의의 예외사유를 규정한 행정소송법 제18조 제 2 항, 제 3 항에 해당하는 사유가 있어 행정심판제도의 본래의 취지를 살릴 수 없는 경우에까지 그러한 전심절차를 거치도록 강요한다는 점에서도 국민의 재판청구권을 침해한다 할 것이다."(헌재 2001. 6. 28. 2000헌바30 결정)

판례 〈변호사법 제100조 제 4 항 등 위헌제청(위헌)〉 "변호사법 제100조 제 4 항 내지 제 6 항은 행정심판에 불과한 법무부변호사징계위원회의 결정에 대하여 법원의 사실적 측면에 대한 심사를 배제하고 대법원으로 하여금 변호사징계사건의 최종심 및 법률심으로서 단지 법률적 측면의 심사만을 할 수 있도록 하고 재판의 전심절차로서만 기능해야 할 법무부변호사징계위원회를 사실확정에 관한 한 사실상 최종심으로 기능하게 하고 있으므로, 일체의 법률적 쟁송에 대한 재판기능을 대법원을 최고법원으로 하는 법원에 속하도록 규정하고 있는 헌법 제101조 제 1 항 및 재판의 전심절차로서 행정심판을 두도록 하는 헌법 제107조 제 3 항에 위반된다."(헌재 2002. 2. 28. 2001헌가18 결정)

판례 〈도로교통법 제101조의3 위헌소원(합헌)〉 "헌법 제107조 제 3 항 제 2 문은 결정절차의 타당성이 결정내용의 타당성을 확보해 준다는 대표적인 예가 바로 사법절차이며, 사법절차가 준용되지 않는 행정심판절차는 그 결정의 타당성을 담보할 수 없어, 사전적 구제절차로서의 기능을 제대로 이행할 수 없다는 것을 밝히면서, 행정심판절차가 불필요하고 형식적인 전심절차가 되지 않도록 이를 사법절차에 준하는 절차로서 형성해야 할 의무를 입법자에게 부과하고 있는 것이다. 행정심판제도는 재판의 전심절차로서 인정되는 것이지만, 공정성과 객관성 등 사법절차의 본질적인 요소가 배제되는 경우에는 국민들에게 무의미한 권리구제절차를 밟을 것을 강요하는 것이 되어 국민의 권리구제에 있어서 오히려 장애요인으로 작용할 수 있으므로, 헌법 제107조 제 3 항은 사법절차에 준하는 객관성과 공정성을 갖춘 행정심판절차의 보장을 통하여 행정심판제도의 실효성을 어느 정도 확보하고자 하는 것이다."(헌재 2002. 10. 31. 2001헌바40 결정)

판례 〈통고처분취소(기각, 각하)〉 "도로교통법상의 통고처분은 처분을 받은 당사자의 임의의 승복을 발효요건으로 하고 있으며, 행정공무원에 의하여 발하여지는 것이지만, 통고처분에 따르지 않고자 하는 당사자에게는 정식재판의 절차가

보장되어 있다. 통고처분 제도는 경미한 교통법규 위반자로 하여금 형사처벌절차
에 수반되는 심리적 불안, 시간과 비용의 소모, 명예와 신용의 훼손 등의 여러
불이익을 당하지 않고 범칙금 납부로써 위반행위에 대한 제재를 신속·간편하게
종결할 수 있게 하여주며, 교통법규 위반행위가 홍수를 이루고 있는 현실에서 행정
공무원에 의한 전문적이고 신속한 사건처리를 가능하게 하고, 검찰 및 법원의 과중
한 업무 부담을 덜어 준다. 또한 통고처분제도는 형벌의 비범죄화 정신에 접근하는
제도이다. 이러한 점들을 종합할 때, 통고처분 제도의 근거규정인 도로교통법 제
118조 본문이 적법절차원칙이나 사법권을 법원에 둔 권력분립원칙에 위배된다거나,
재판청구권을 침해하는 것이라 할 수 없다."(헌재 2003. 10. 30. 2002헌마275 결정)

(2) 法律에 의한 裁判을 받을 權利

국민은 법률에 의한 재판을 받을 권리를 가진다. 법률에 의한 재판이라 함
은 합헌적인 실체법과 절차법에 따라 행해지는 재판을 말한다.

> **판례** 〈「반국가행위자의 처벌에 관한 특별조치법」제 5 조 등 및 헌법재판소법
> 제41조 등에 대한 헌법소원(위헌)〉 "법률에 의한 재판을 받을 권리는 법관의 자
> 의를 배제하고 합헌적인 법률로 정한 내용과 절차(실체법과 절차법)에 따라 행하
> 여지는 재판을 받을 권리를 말한다."(헌재 1993. 7. 29. 90헌바35 결정)

법률의 범위는 재판의 유형에 따라 다르다. 형사재판의 경우는 죄형법정주
의의 원칙이 적용되므로 실체법은 형식적 의미의 법률에 한정되나(헌법 제76조의
긴급명령·긴급재정경제명령 포함), 민사재판·행정재판의 경우는 그러한 제한이 없
으므로 실체법은 모든 성문법과 관습법·조리와 같은 불문법을 포함한다. 그러
나 재판의 종류를 불문하고 절차법에 관한 한 형식적 의미의 법률에 의하여야
한다. 다만 대통령의 긴급명령과 긴급재정경제명령 및 헌법 제108조에 따라 소
송절차를 정하는 대법원규칙과 헌법 제113조 제 2 항에 따라 심판절차를 정하는
헌법재판소규칙은 예외가 된다.

> **판례** 〈등사신청 거부처분 취소(인용 = 위헌확인)〉 "헌법 제27조에서의 법률에
> 의한 재판이라 함은 형사재판에 있어서는 적어도 그 기본원리인 죄형법정주의와
> 절차의 적법성뿐만 아니라 절차의 적정성까지 보장 되는 적법절차주의에 위반되
> 지 않는 실체법과 절차법에 따라 규율되는 재판으로 피고인의 방어활동이 충분히
> 보장되고 실질적 당사자대등이 이루어진 공정한 재판을 의미한다."(헌재 1997.
> 11. 27. 94헌마60 결정. 또한 헌재 1994. 7. 29. 90헌바35 결정 참조)

(3) 迅速한 公開裁判을 받을 權利

1) 신속한 재판을 받을 권리

　　모든 국민은 신속한 재판을 받을 권리를 가진다(제27조 제 3 항 제 1 문). 신속한 재판을 받을 권리는 일차적으로는 피고인의 이익을 보호하고 부차적으로는 실체적 진실발견, 소송경제, 재판에 대한 국민의 신뢰와 형벌목적의 달성과 같은 공공의 이익과도 관계를 가지는 기본권이다. 신속한 재판이란 지연되지 않은 재판을 말한다. 그러나 어떤 경우에 재판이 지연되었는가는 사건의 내용, 심리의 곤란여부, 지연의 원인과 정도, 피고인에 대한 불리한 영향 등을 종합적으로 판단하여야 한다.

605. 신속한 재판을 받을 권리

> **판례** 〈국가보안법 제19조에 대한 헌법소원(일부위헌)〉 "가벼운 사건들까지도 구속기간을 최장 50일까지 연장할 수 있도록 규정한 국보위법 제19조의 일부규정은 신속한 재판을 받을 권리의 침해이다."(헌재 1992. 4. 14. 90헌마82 결정)

> **판례** 〈재판의 지연 위헌확인(각하)〉 "재판이 지연된 까닭이 재판부구성원의 변경, 재판의 전제성과 관련된 본안심리의 필요성, 청구인에 송달불능 등인 경우에는 법원이 재판을 특별히 지연시킨 것이 아니다."(헌재 1993. 11. 25. 92헌마169 결정)

> **판례** 〈소송기록 송부지연 등에 대한 헌법소원(위헌)〉 "신속한 재판을 받을 권리는 주로 피고인의 이익을 보호하기 위하여 인정된 기본권이지만 동시에 실체적 진실발견, 소송경제, 재판에 대한 국민의 신뢰와 형벌목적의 달성과 같은 공공의 이익에도 근거가 있기 때문에 어느 면에서는 이중적인 성격을 갖고 있다고 할 수 있어, 형사사법체제 자체를 위하여서도 아주 중요한 의미를 갖는 기본권이다."(헌재 1995. 11. 30. 92헌마44 결정)

> **판례** 〈소송기록 송부지연 등에 대한 헌법소원(위헌)〉 "형사소송의 구조를 당사자주의와 직권주의 중 어느 것으로 할 것인가의 문제는 입법정책의 문제로서 우리나라 형사소송법은 그 해석상 소송절차의 전반에 걸쳐 기본적으로 당사자주의 소송구조를 갖는 것으로 이해된다. 당사자주의에 충실하려면 제 1 심 법원에서 항소법원으로 소송기록을 바로 송부함이 바람직하다. 그런데 형사소송법 제361조 제 1 항, 제 2 항은 그 입법목적을 달성하기 위하여 형사소송법의 다른 규정만으로

충분한데도 구태여 항소법원에의 소송기록 송부시 검사를 거치도록 함으로써 피고인의 헌법상 기본권을 침해하고 법관의 재판상 독립에도 영향을 주는 것으로 과잉금지의 원칙에 반하여 피고인의 신속·공정한 재판을 받을 권리를 침해하는 것으로 위헌이다."(헌재 1995. 11. 30. 92헌마44 결정)

판례 〈재판의 지연 위헌확인(각하)〉 "법원은 민사소송법 제184조에서 정하는 기간 내에 판결을 선고하도록 노력해야 하겠지만, 이 기간 내에 반드시 판결을 선고해야 할 법률상의 의무가 발생한다고 볼 수 없으며, 헌법 제27조 제 3 항 제 1 문에 의거한 신속한 재판을 받을 권리의 실현을 위해서는 구체적인 입법형성이 필요하고, 신속한 재판을 위한 어떤 직접적이고 구체적인 청구권이 이 헌법규정으로부터 직접 발생하지 아니하므로, 보안관찰처분들의 취소청구에 대해서 법원이 그 처분들의 효력이 만료되기 전까지 신속하게 판결을 선고해야 할 헌법이나 법률상의 작위의무가 존재하지 아니한다."(헌재 1999. 9. 16. 98헌마75 결정)

판례 〈민사집행법 제102조 제 1 항 위헌소원(합헌)〉 "신속한 재판을 받을 권리의 실현을 위해서는 구체적인 입법형성이 필요하며, 다른 사법절차적 기본권에 비하여 폭넓은 입법재량이 허용된다고 할 것이다. 당사자처분권주위는 민사소송절차에서와 마찬가지로 민사집행절차에서도 기본원칙에 해당하지만, 부동산에 관한 강제집행절차에 있어서는 다수의 이해관계자들의 효과적인 권리보호를 위하여 잉여주의가 중요한 기본원칙으로 기능하고 있다. 민사집행절차에서는 위의 두 원칙 모두 충분히 존중되어야 할 공익적 요청이며 구체적인 절차에서 당사자처분주의와 잉여주의를 어떻게 조화시킬 것인가는 입법형성의 문제라고 할 수 있다."(헌재 2007. 3. 29. 2004헌바93 결정)

판례 〈민사집행법 제102조 제 1 항 위헌소원(합헌)〉 "신속한 재판을 받을 권리의 실현을 위해서는 구체적인 입법형성이 필요하며, 다른 사법절차적 기본권에 비하여 폭넓은 입법재량이 허용된다고 할 것이다(헌재 1999. 9. 16. 98헌마75, 판례집 11-2, 364, 371). 당사자처분권주의는 민사소송절차에서와 마찬가지로 민사집행절차에서도 기본원칙에 해당하지만, 부동산에 관한 강제집행절차에 있어서는 다수의 이해관계자들의 효과적인 권리보호를 위하여 잉여주의가 중요한 기본원칙으로 기능하고 있다. 민사집행절차에서는 위의 두 원칙 모두 충분히 존중되어야 할 공익적 요청이며 구체적인 절차에서 당사자처분권주의와 잉여주의를 어떻게 조화시킬 것인가는 입법형성의 문제라고 할 수 있다."(헌재 2007. 3. 29. 2004헌바93 결정)

2) 공개재판을 받을 권리

우리 헌법은 형사피고인에게만 공개재판을 받을 권리를 보장하고 있다(제27
조 제 3 항 제 2 문). 그러나 공개재판을 받을 권리는 일반국민의 권리이기도 하다
는 데 학설은 일치되어 있다. 공개재판이란 재판의 공정성을 확보하기 위하여
재판의 심리와 판결을 이해관계가 없는 제 3 자에게도 공개하는 재판을 말한다.
그러나 국가의 안전보장 또는 안녕질서를 방해하거나 선량한 풍속을 해할 염
려가 있을 때에는 심리에 한하여 공개하지 않을 수도 있다(제109조 단서). 그러
나 심리를 비공개로 하는 경우에도 판결(선고)은 반드시 공개하여야 한다(제109
조 1문).

606. 공개재판을 받
을 권리

> **[판례]** 〈재판의 지연 위헌확인(각하)〉 "법원이 법정의 규모·질서의 유지·심리의
> 원활한 진행 등을 고려하여 방청을 희망하는 피고인들의 가족·친지 기타 일반국
> 민에게 미리 방청권을 발행하게 하고 그 소지자에 한하여 방청을 허용하는 등의
> 방법으로 방청인의 수를 제한하는 조치를 취하는 것이 재판공개주의의 취지에 반
> 하는 것은 아니다."(대법원 1990. 6. 8. 90도646 판결. 또한 대법원 1975. 4. 8. 74
> 도3323 판결 참조)

(4) 公正한 裁判을 받을 權利

공정한 재판이란 정당한 재판을 말한다. 정당한 재판이란 신속하고 공개된
법정의 법관의 면전에서 당사자주의와 구두변론주의가 보장되어 있는 재판을 말
한다. 따라서 공정한 재판을 받을 권리에는 법적 분쟁의 당사자가 법원의 결정
이전에 판단근거가 된 사실관계와 법률관계에 대하여 법원에서 진술할 기회를
가질 권리를 내용으로 하는 청문청구권이 당연히 포함된다 할 것이며, 순수한
소송사건에서 권리·의무의 종국적 확정은 공개법정에서 대심(對審)구조에 의하
여야 한다.

607. 공정한 재판을
받을 권리

> **[판례]** 〈형사소송법 제221조의2 위헌소원(위헌)〉 "헌법 제27조가 보장하고 있는
> 공정한 재판을 받을 권리 속에는 신속하고 공개된 법정의 법관의 면전에서 모든
> 증거자료가 조사·진술되고 이에 대하여 피고인이 공격·방어할 수 있는 기회가
> 보장되는 재판, 즉 원칙적으로 당사자주의와 구두변론주의가 보장되어 당사자가
> 공소사실에 대한 답변과 입증 및 반증하는 등 공격·방어권이 충분히 보장되는
> 재판을 받을 권리가 포함되어 있다. 피고인 등의 반대심문권을 제한하고 있는 법

제221조의2 제5항의 제1회 공판전 증인심문제도는 피고인들의 공격·방어권을 과다히 제한하는 것으로서 그 자체의 내용이나 대법원의 제한적 해석에 의하더라도 그 입법목적을 달성하기에 필요한 입법수단으로서의 합리성 내지 정당성이 인정될 수 없다고 할 것이므로, 헌법상 적법절차의 원리 및 공정한 재판을 받을 권리를 침해하여 위헌이다."(헌재 1996. 12. 26. 94헌바1 결정)

판례 〈「한나라당 대통령후보 이명박의 주가조작 등 범죄혐의의 진상규명을 위한 특별검사의 임명 등에 관한 법률」 위헌확인(위헌, 기각)〉 "우리 헌법은 명문으로 '공정한 재판'이라는 문구를 두고 있지는 않으나, 학자들 사이에는 우리 헌법 제27조 제1항 또는 제3항이 '공정한 재판을 받을 권리'를 보장하고 있다고 하는 점에 이견이 없으며, 우리 재판소도 "헌법 제12조 제1항·제4항, 제27조 제1항·제3항·제4항을 종합하면, 우리 헌법이 '공정한 재판'을 받을 권리를 보장하고 있음이 명백하다"라고 판시하는 등, '공정한 재판'을 받을 권리가 국민의 기본권임을 분명히 하고 있다(헌재 1994. 4. 28. 93헌바26, 판례집 6-1, 348, 355-364; 헌재 1996. 1. 25. 95헌가5, 판례집 8-1, 1, 14 참조).

'공정한 재판'이란 헌법과 법률이 정한 자격이 있고, 헌법 제104조 내지 제106조에 정한 절차에 의하여 임명되고 신분이 보장되어 독립하여 심판하는 법관으로부터 헌법과 법률에 의하여 그 양심에 따라 적법절차에 의하여 이루어지는 재판을 의미한다(헌재 2001. 8. 30. 99헌마496, 판례집 13-2, 238, 244). 여기서 적법절차의 원칙이라 함은 절차뿐만 아니라 실체적 법률내용이 합리성과 정당성을 갖춘 것이어야 한다는 원리로, 우리 재판소의 판례에서도 법률의 위헌여부에 대한 심사기준으로서 그 적용대상은 형사소송절차에 국한하지 않고 모든 국가작용 특히 입법작용 전반에 대하여 문제된 법률의 실체적 내용이 합리성과 정당성을 갖추고 있는지 여부를 판단하는 기준으로 적용되고 있다(헌재 1995. 3. 23. 92헌가14, 판례집 7-1, 307, 318-319)."(헌재 2008. 1. 10. 2007헌마1468 결정)

그러나 비송사건절차, 가사소송절차, 파산절차 등과 같이 실체적 권리·의무의 존재를 전제로 하여 법원이 후견적·감독적 입장과 합목적성의 견지에서 재량권을 행사하여 사인간의 법률관계의 내용을 구체적으로 형성하는 경우에는 임의적 구두변론주의를 택한다 하더라도 그것만으로 정당한 재판을 받을 권리를 침해하는 것은 아니다.

또한 정당한 재판은 원칙적으로 관할권을 가진 법원에서 하는 재판이어야 한다.

(5) 刑事被害者의 裁判上(裁判節次, 公判節次)陳述權

1) 헌법규정

우리 헌법은 "형사피해자는 법률이 정하는 바에 의하여 당해사건의 재판절차에서 진술할 수 있다"(제27조 제5항)고 하여 형사피해자의 재판상진술권을 규정하고 있다. 헌법 제27조 제5항에서 형사피해자의 재판절차진술권을 독립된 기본권으로 보장한 취지는 피해자 등에 의한 사인소추를 전면 배제하고 형사소추권을 검사에게 독점시키고 있는 현행 기소독점주의의 형사소송체계 아래에서 형사피해자로 하여금 당해 사건의 형사재판절차에 참여할 수 있는 청문의 기회를 부여함으로써 형사사법의 절차적 적정성을 확보하기 위한 것이다.

608. 형사피해자의 재판상 진술권에 대한 헌법규정

> **판례** 〈형법 제9조 위헌확인 등(기각)〉 "헌법 제27조 제5항에서는 '형사피해자는 법률이 정하는 바에 의하여 당해 사건의 재판절차에서 진술할 수 있다'라고 규정하여 형사피해자의 재판절차진술권을 보장하고 있다. 이러한 형사피해자의 재판절차진술권은 범죄로 인한 피해자가 당해 사건의 재판절차에 증인으로 출석하여 자신이 입은 피해의 내용과 사건에 관하여 의견을 진술할 수 있는 권리를 말하는데, 이는 피해자 등에 의한 사인소추를 전면 배제하고 형사소추권을 검사에게 독점시키고 있는 현행 기소독점주의의 형사소송체계 아래에서 형사피해자로 하여금 당해 사건의 형사재판절차에 참여하여 증언하는 이외에 형사사건에 관한 의견진술을 할 수 있는 청문의 기회를 부여함으로써 형사사법의 절차적 적정성을 확보하기 위하여 이를 기본권으로 보장하는 것이다."(헌재 2003. 9. 25. 2002헌마533 결정)

2) 형사피해자의 개념

형사피해자는 문제된 범죄행위로 말미암아 법률상 불이익을 받게 되는 자이다. 형사피해자는 당해사건의 재판절차에 증인으로 출석하여 자신이 입은 피해의 내용과 사건에 관하여 의견을 진술할 수 있다. 제27조 제5항의 형사피해자는 모든 범죄행위로 인한 피해자이기 때문에, 생명과 신체에 대하여 피해를 입은 헌법 제30조(범죄피해자구조청구권)의 범죄피해자보다 넓은 개념이다.

609. 형사피해자의 개념

> **판례** 〈검사의 공소권행사에 관한 헌법소원(각하) — 검사의 불기소처분에 대하여 고발인이 제기한 헌법소원의 적법여부〉 "범죄피해자가 아닌 고발인에게는 개인적·주관적인 권리나 재판절차진술권 등의 기본권이 허용될 수 없으므로 검사가

자의적인 불기소처분을 하였다고 하여 달리 특별한 사정이 없으면 헌법소원심판의 청구요건인 자기관련성이 없다."(헌재 1989. 12. 22. 89헌마145 결정).

판례 〈불기소처분에 대한 헌법소원(기각)〉 "위증죄가 직접적으로 개인적 법익에 관한 범죄가 아니고 그 보호법익은 원칙적으로 국가의 심판작용의 공정이라 하여도 이에 불구하고 위증으로 인하여 불이익한 재판을 받게 되는 사건당사자는 재판절차진술권의 주체인 형사피해자가 된다고 보아야 할 것이고, 따라서 검사가 위증의 피의사실에 대하여 불기소처분을 하였다면 헌법소원을 제기할 수 있는 청구인적격을 가진다고 할 것이다."(헌재 1992. 2. 25. 90헌마91 결정)

판례 〈불기소처분에 대한 헌법소원(기각)〉 "위 헌법조항의 형사피해자의 개념은 반드시 형사실체법상의 보호법익을 기준으로 한 피해자개념에 한정하여 결정할 것이 아니라 형사실체법상으로는 직접적인 보호법익의 향유주체로 해석되지 않는 자라 하더라도 문제된 범죄행위로 말미암아 법률상 불이익을 받게 되는 자의 뜻으로 풀이하여야 한다."(헌재 1993. 3. 11. 92헌마48 결정)

판례 〈불기소처분에 대한 헌법소원(기각)〉 "교통사고로 사망한 사람의 부모는 형사소송법상 고소권자의 지위에 있을 뿐만 아니라, 비록 교통사고처리법상의 보호법익인 생명의 주체는 아니라고 하더라도, 그 교통사고로 자녀가 사망함으로 인하여 극심한 정신적 고통을 받는 법률상 불이익을 입게 된 자임이 명백하므로, 헌법상 재판절차진술권이 보장되는 형사피해자의 범주에 속한다."(헌재 1993. 3. 11. 92헌마48 결정)

판례 〈고발권불행사 위헌확인(기각)〉 "청구인은 청구외 회사와의 사이에 존재하였던 대리점계약의 일방당사자로서 청구외 회사의 이 사건 불공정거래행위라는 범죄로 인하여 대리점계약상의 지위를 상실하는 법률상 불이익을 받고 있으므로, 청구인이 비록 공정거래법이라는 형사실체법상의 보호법익의 주체는 아니라고 하더라도 헌법상재판절차진술권의 주체인 피해자에는 해당된다고 보아야 한다."(헌재 1995. 7. 21. 94헌마136 결정)

6. 裁判請求權의 效力

610. 재판청구권의
효력

재판청구권은 대국가적 효력이 인정된다.

소권은 사인의 국가에 대한 공권이므로 당사자의 합의로 국가에 대한 공권을 포기할 수 없다.[1] 그러나 부제소(不提訴)의 합의나 불항소의 합의는 가능하다.

> **판례** 〈공권력행사 위헌확인(인용＝위헌확인)〉 "교도소장은 수형자가 출정비용을 예납하지 않았거나 영치금과의 상계에 동의하지 않았다고 하더라도, 우선 수형자를 출정시키고 사후에 출정비용을 받거나 영치금과의 상계를 통하여 출정비용을 회수하여야 하는 것이지, 이러한 이유로 수형자의 출정을 제한할 수 있는 것은 아니다. 그러므로 피청구인이, 청구인이 출정하기 이전에 여비를 납부하지 않았거나 출정비용과 영치금과의 상계에 미리 동의하지 않았다는 이유로 이 사건 출정제한행위를 한 것은, 피청구인에 대한 업무처리지침 내지 사무처리준칙인 이 사건 지침을 위반하여 청구인이 직접 재판에 출석하여 변론할 권리를 침해함으로써, 형벌의 집행을 위하여 필요한 한도를 벗어나서 청구인의 재판청구권을 과도하게 침해하였다고 할 것이다."(헌재 2012. 3. 29. 2010헌마475 결정)

7. 裁判請求權의 制限 및 限界

(1) 一般的 制限

1) 헌법에 의한 제한

헌법은 국회의 자율권을 존중하는 취지에서 국회에서 행한 국회의원에 대한 자격심사와 징계 및 제명처분에 대해서는 법원에 제소할 수 없도록 하고 있다 (제64조 제4항).

611. 헌법에 의한 재판청구권의 제한

2) 법률에 의한 제한과 그 한계

재판청구권은 헌법 제37조 제2항에 따라 제한될 수 있다. 그러나 제한하는 경우에도 본질적 내용을 침해하여서는 안 된다. 예컨대 법관에 의하여 적어도 한 차례의 사실확정과 법률의 해석적용의 기회가 보장될 것과 그 접근기회가 사실상 가능할 것은 재판청구권의 본질적 내용에 속하므로 제한될 수 없다. 그 밖에도 재판청구권을 제한하는 경우에는 비례의 원칙[2]과 명확성의 원칙[3] 등을 준수하여야 한다.

612. 법률에 의한 재판청구권의 제한

[1] 대법원 1995. 9. 15. 94누4455 판결.
[2] 헌재 1992. 4. 14. 90헌마82 결정〈국가보안법 제19조에 대한 헌법소원(일부위헌)〉 참조.
[3] 헌재 1992. 7. 23. 90헌바2 등 병합결정〈국가기본법 제56조 제2항 등에 대한 헌법소원(위헌)〉 참조.

판례 〈소액사건심판법 제 3 조에 대한 헌법소원(합헌)〉 "재판이란 사실확정과 법률의 해석적용을 본질로 함에 비추어 법관에 의하여 사실적 측면과 법률적 측면의 한 차례의 심리검토의 기회는 적어도 보장되어야 할 것은 물론, 또 그와 같은 기회에 접근하기 어렵도록 제약이나 장벽을 쌓아서는 안 된다 할 것인바, 만일 그러한 보장이 제대로 안 되면 헌법상 재판을 받을 권리의 본질적 침해의 문제가 생길 수 있다 할 것이다."(헌재 1992. 6. 26. 90헌바25 결정)

판례 〈「반국가행위자의 처벌에 관한 특별조치법」 제 5 조 등에 대한 헌법소원(위헌)〉 "반국가행위자처벌법상의 반국가행위자, 즉 형법상 내란·외환의 죄를 범하거나 국가보안법을 위반하고 외국에서 귀국하지 않은 자에 대하여 상소권을 박탈할 수 있도록 한 규정은 헌법이 보장한 적법절차의 원칙에 대한 위반인 동시에 국민의 기본권인 재판청구권을 본질적으로 침해한 것이다."(헌재 1993. 7. 29. 90헌바35 결정)

판례 〈특허법 제186조 제 1 항 등 위헌제청(헌법불합치)〉 "법관에 의한 재판을 받을 권리를 보장한다고 함은 결국 법관이 사실을 확정하고 법률을 해석·적용하는 재판을 받을 권리를 보장한다는 뜻이고, 그와 같은 법관에 의한 사실확정과 법률의 해석적용의 기회에 접근하기 어렵도록 제약이나 장벽을 쌓아서는 아니 된다고 할 것이며, 만일 그러한 보장이 제대로 이루어지지 아니한다면 헌법상 보장된 재판을 받을 권리의 본질적 내용을 침해하는 것으로서 우리 헌법상 허용되지 아니한다."(헌재 1995. 9. 28. 92헌가11 등 병합결정).

판례 〈변호사법 제100조 제 4 항 등 위헌제청(위헌)〉 "헌법 제27조 제 1 항은 "모든 국민은 헌법과 법률이 정한 법관에 의하여 법률에 의한 재판을 받을 권리를 가진다"고 규정함으로써 모든 국민은 헌법과 법률이 정한 자격과 절차에 의하여 임명되고(헌법 제101조 제 3 항, 제104조, 법원조직법 제41조 내지 제43조), 물적독립(헌법 제103조)과 인적독립(헌법 제106조, 법원조직법 제46조)이 보장된 법관에 의하여 합헌적인 법률이 정한 내용과 절차에 따라 재판을 받을 권리를 보장하고 있다. 한편, 재판이라 함은 구체적 사건에 관하여 사실의 확정과 그에 대한 법률의 해석적용을 그 본질적인 내용으로 하는 일련의 과정이다. 따라서 법관에 의한 재판을 받을 권리를 보장한다고 함은 결국 법관이 사실을 확정하고 법률을 해석·적용하는 재판을 받을 권리를 보장한다는 뜻이고, 만일 그러한 보장이 제대로 이루어지지 아니한다면, 헌법상 보장된 재판을 받을 권리의 본질적 내용을 침해하는 것으로서 우리 헌법상 허용되지 아니한다. 그런데 이 사건 법률조항은 변호사에 대한 징계결정에 대하여 불복이 있는 경우에도 법관에 의한 사실확정 및 법률적용의 기회를 주지 아니하고, 단지 그 결정이 법령에 위반된 것을 이유로 하는 경우에 한하여 법률심인 대법원에 즉시항고할 수 있도록 하고 있는 바, 대한변호사협회변호사징계위원회나 법무부변호사징계위원회의 징계에 관한 결정은 비록 그 징계위원중 일부로 법관이 참여한다고 하더라도(변호사법 제74조 제 1 항, 제75조 제 2 항 참조) 이를 헌법과 법률이 정한 법관에 의한 재판이라고 볼 수 없다. 그렇다면 결국 이 사건 법률조항은 법관에 의한 사실확정 및 법률적용의 기회를 박탈한 것으로서 헌법상 국민에게 보장된 "법관에 의한" 재판을 받을 권리의 본질적 내용을 침해하는 위헌규정이다."(헌재 2002. 2. 28. 2001헌가18 결정)

재판청구권을 제한하는 법률로는 법원조직법, 헌법재판소법, 민사소송법, 형사소송법, 행정소송법, 군사법원법, 소액사건심판법 등이 있다.

613. 재판청구권을 제한하는 법률들

(2) 特別한 制限

군인과 군무원 등은 일반법원이 아닌 군사법원에 의한 재판을 받는다(제110조). 이는 특별관계에 의하여 헌법 제27조의 재판을 받을 권리가 제한되는 경우이다.

614. 재판청구권의 특별한 제한

판례 "군번을 받아야만 군인신분을 인정받아 군대에 입대하였다 할 수 있고, 위의 신분을 취득하기 전에는 군인이 아니므로, 군번을 받기 전의 범죄행위는 일반법원에 그 관할권이 있다."(대법원 1962. 12. 6. 62조4 재결)

판례 "실역에 소집되어 복무중인 보충역인 방위병에 대하여 군법회의는 관할권을 가진다."(대법원 1982. 10. 12. 82도1969 판결)

판례 〈군사법원법 제 6 조 등 위헌소원(합헌)〉 "아무리 군사법원의 조직 권한 및 재판관의 자격을 일반법원과 달리 정할 수 있다고 하여도 그것이 아무런 한계 없이 입법자의 자의에 맡겨 질 수는 없는 것이고 사법권의 독립 등 헌법의 근본원리에 위반되거나 헌법 제27조 제 1 항의 재판청구권, 헌법 제11조 제 1 항의 평등권, 헌법 제12조의 신체의 자유 등 기본권의 본질적 내용을 침해하여서는 안될 헌법적 한계가 있다고 할 것이다."(헌재 1996. 10. 31. 93헌바25 결정)

판례 〈군사법원법 제 2 조 제 2 항 위헌소원 등(합헌, 각하)〉 "군대는 각종 훈련 및 작전수행 등으로 인해 근무시간이 정해져 있지 않고 집단적 병영(兵營) 생활 및 작전위수(衛戍)구역으로 인한 생활공간적인 제약 등, 군대의 특수성으로 인하여 일단 군인신분을 취득한 군인이 군대 외부의 일반법원에서 재판을 받는 것은 군대 조직의 효율적인 운영을 저해하고, 현실적으로도 군인이 수감 중인 상태에서 일반법원의 재판을 받기 위해서는 상당한 비용·인력 및 시간이 소요되므로 이러한 군의 특수성 및 전문성을 고려할 때 군인신분 취득 전에 범한 죄에 대하여 군사법원에서 재판을 받도록 하는 것은 합리적인 이유가 있다. … 이와 같은 군대의 특수성으로 인하여 일단 군인신분을 취득한 군인이 군대 외부의 일반법원에서 재판을 받는 것은 군대 조직의 효율적인 운영을 저해한다고 할 것이다. 또한, 현실적으로도 군인이 수감 중인 상태에서 일반법원의 재판을 받기 위해서는 동행·감시자, 차량 등의 지원이 필요하므로 상당한 비용·인력 및 시간이 소요되고, 일반법원의 재판 일정을 군대사정에 맞추어 조정하도록 하지 않으면 훈련 등의 일정에 차질이 생기게 된다. 이러한 사정은 군인신분 취득 이후에 죄를 범한 경우와 군인 신분을 취득한 자가 군 입대 전에 범한 죄에 대하여 재판을 받는 경우와 다르지 않으므로, 군인신분 취득 전에 범한 죄에 대하여 군사법원에서 재판을 받도록 하는 것은 합리적인 이유가 있다."(헌재 2009. 7. 30. 2008헌바162 결정)

또한 비상사태시 법원의 권한에 대하여 특별한 조치를 하는 경우 국민의 재판청구권이 제한될 수 있다. 특히 비상계엄하에서는 일반국민도 군사법원의 재판을 받아야 하며, 상소까지 제한당하는 경우가 있다(제27조 제2항, 제77조 제3항, 제110조 제3항 참조).

第4節 刑事補償請求權

1. 憲法規定 및 沿革

(1) 憲法規定

615. 형사보상청구권에 대한 헌법규정: 헌법 제28조

헌법 제28조는 "형사피의자 또는 형사피고인으로서 구금되었던 자가 법률이 정하는 불기소처분을 받거나 무죄판결을 받은 때에는 법률이 정하는 바에 의하여 국가에 정당한 보상을 청구할 수 있다"고 하여 형사보상청구권을 규정하고 있다.

(2) 沿革

616. 형사보상청구권의 연혁

형사보상청구권은 1849년 프랑크푸르트헌법에서 처음으로 규정된 것으로

알려져 있다. 우리 헌법은 형사피고인에 대한 보상은 건국헌법부터 규정하였고, 형사피의자에 대한 보상은 제 9 차 개정헌법에서 신설하였다.

2. 刑事補償請求權의 槪念

　　형사보상청구권이란 형사피의자나 형사피고인으로 구금되었던 자가 불기소처분이나 무죄판결을 받은 경우 그가 입은 정신적·물질적 손실을 국가에 대해 청구할 수 있는 권리를 말한다.

617. 형사보상청구권의 개념

3. 刑事補償의 本質 및 刑事補償請求權의 法的 性格

(1) 刑事報償의 本質

1) 학　　설

　　형사보상의 본질과 관련해서는 손실보상설, 손해배상설, 이분설 등 견해의 대립이 있다.

618. 형사보상의 본질에 관한 학설

　　손실보상설은 형사보상을 국가의 형사사법작용으로 인해 야기된 인권침해의 결과에 대한 책임을 국가에게 지움으로써 사후적으로나마 국민의 권리를 구제해 주려는 무과실·결과책임으로서의 손실보상이라고 한다. 손해배상설은 형사보상을 구금되었던 자가 무죄판결을 받은 것은 국가에게 객관적인 위법행위가 있다고 보아야 하기 때문에 공무원의 고의·과실을 따질 필요 없이 국가가 그 손해를 배상해 주는 일종의 불법행위책임의 특수형태라고 한다. 이분설은 형사보상을 오판(誤判)에 대한 보상과 구금에 대한 보상으로 나누어 전자는 위법행위에 입각한 손해배상이지만, 후자는 적법행위에 바탕을 둔 손실보상이라고 한다. 손실보상설이 국내다수설의 입장이다.[1]

2) 사　　견

　　우리 헌법은 제29조에서 국가배상제도를 규정하여 국가에 대하여 불법행위책임을 인정하고 있다. 우리 헌법이 제29조와는 분리하여 제28조에서 형사보상청구권을 인정하는 것은 제29조와는 다른 책임, 곧 국가에 대하여 원인행위의

619. 형사보상의 본질에 대한 사견

---

1) 김철수, 헌법학개론, 804쪽; 권영성, 헌법학원론, 581쪽; 허영, 한국헌법론, 360쪽; 계희열, 헌법학(중), 597쪽.

비난가능성과는 관계없이 결과책임을 지우는 것으로 해석하여야 한다. 형사보상 청구권을 구체화한 형사보상법 제5조가 형사보상을 청구한 사람도 손해배상을 청구할 수 있도록 하고 있는 것은 이러한 뜻을 분명히 한 것이라고 할 수 있다. 따라서 국내 다수설의 입장은 타당하다 하겠다.

(2) 刑事補償請求權의 法的 性格

620. 형사보상청구권의 법적 성격에 대한 학설

형사보상청구권의 법적 성격과 관련해서는 프로그램적 규정설과 직접적 효력규정설이 대립되어 있다. 형사보상에 관한 법률이 제정되어 있지 않더라도 직접적으로 형사보상을 청구할 수 있다는 직접적 효력규정설이 다수설이다.[1] 그러나 헌법 제28조는 "법률이 정하는 불기소처분"이라고 정하고 있으므로, 형사보상청구의 구체적인 대상과 내용 및 절차는 법률이 정하는 바에 따른다.

4. 刑事補償請求權의 主體

621. 형사보상청구권의 주체

형사피고인, 형사피의자, 그 상속인(청구하지 않고 사망하였거나 사망한 자에 대하여 재심 등에서 무죄판결이 있었을 경우) 및 외국인이 주체가 된다. 법인은 성질상 주체가 될 수 없다.

5. 刑事補償請求權의 內容

(1) 刑事補償請求權의 成立要件

622. 형사보상청구권의 성립요건

형사보상청구권이 성립되기 위해서는 첫째, 형사피의자 또는 형사피고인으로서 미결구금, 형집행으로 구금이 되었을 것을 요한다. 이 때의 구금에는 형의 집행을 위한 구치나 노역장유치의 집행이 포함된다. 그러나 불구속으로 조사를 받거나 기소된 자는 형사보상을 청구할 수 없다.

둘째, 형사피의자인 경우는 법률이 정하는 불기소처분을 받아야 한다. 이 때의 불기소처분은 협의의 불기소처분, 곧 무혐의 · 범죄불성립 · 공소권 없음의 경우에 한정되고, 기소유예처분이나 기소중지처분은 제외된다(형사보상법 제27조 제1항). 왜냐하면 기소유예처분이나 기소중지처분은 범죄가 성립되고 혐의가 충분함에도 불구하고 기소편의주의에 따라 여러 가지 상황을 고려하여 기소를 유

---

1) 김철수, 헌법학개론, 805쪽; 권영성, 헌법학원론, 581쪽; 허영, 한국헌법론, 360쪽; 계희열, 헌법학(중), 601쪽.

예하거나 중지한 경우이기 때문이다. 협의의 불기소처분의 경우에도 허위자백, 구금기간 중 다른 사실에 대한 범죄성립, 보상이 선량한 풍속에 반하는 경우는 보상에서 제외될 수 있다(동법 제27조 제 2 항).

셋째, 형사피고인인 경우에는 무죄판결을 받아야 한다. 무죄재판은 형사소송법에 따른 일반절차 또는 상소권회복에 의한 상소, 재심이나 비상상고와 같은 절차에서 무죄재판을 받을 경우를 포함한다(동법 제 2 조). 또한 면소 또는 공소기각의 재판을 받은 자도 면소 또는 공소기각의 재판을 할 만한 사유가 없었더라면 무죄재판을 받을 만한 현저한 사유가 있었을 때에는 국가에 대하여 구금에 대한 보상을 청구할 수 있다(동법 제26조).

무죄재판의 경우에도 형법 제 9 조(미성년자) 및 제10조 제 1 항의 사유(심신장애자의 행위)로 무죄재판을 받은 경우, 본인이 수사 또는 심판을 그르칠 목적으로 거짓 자백을 하거나 또는 다른 유죄의 증거를 만듦으로써 기소, 미결구금 또는 유죄재판을 받게 된 것으로 인정된 경우, 1개의 재판으로 경합범의 일부에 대하여 무죄재판을 받고 다른 부분에 대하여 유죄재판을 받았을 경우에는 법원은 재량에 의하여 보상청구의 전부 또는 일부를 기각할 수 있다(동법 제 4 조).

넷째, 형사보상책임은 무과실의 결과책임이므로 관계기관의 고의나 과실을 필요로 하지 않는다.

(2) 刑事補償의 內容

형사보상은 정당한 보상, 곧 형사보상청구권자가 입은 손실액의 완전한 보상이어야 한다. 재산적 손해, 정신적 고통 등과 같은 구금 중에 받은 적극적 손해는 물론 구금되지 않았다면 얻을 수 있는 이익의 상실과 같은 소극적 손해 모두 보상되어야 한다. 형사보상법은 보상액에 관해 보상청구의 원인이 발생한 연도의 최저임금법에 따른 일급 최저임금액 이상 대통령령으로 정하는 금액 이하의 비율에 의한 보상금을 지급하도록 하였고(제 5 조), 동법 시행령은 1일당 보상청구의 원인이 발생한 해의 최저임금법에 따른 일급 최저임금액의 5배로 한다고 규정하고 있다(제 2 조).

623. 형사보상의 내용: 정당한 보상, 곧 완전한 보상

> **판례** "공무원의 위법행위로 인한 국가배상법의 손해배상과 형사보상법에 의한 형사보상은 그 근거를 달리하므로 국가배상법의 손해배상액을 산정함에 있어서 형사보상법상의 보상기준에 의하여야 한다고 볼 수 없다."(대법원 1994. 1. 14. 93다28515 판결)

> 판례 〈형사보상법 제19조 제1항 등 위헌확인 등(위헌, 기각)〉 "1. 형사보상청구권은 헌법 제28조에 따라 '법률이 정하는 바에 의하여' 행사되므로 그 내용은 법률에 의해 정해지는바, 형사보상의 구체적 내용과 금액 및 절차에 관한 사항은 입법자가 정하여야 할 사항이다. 이 사건 보상금조항 및 이 사건 보상금 시행령조항은 보상금을 일정한 범위 내로 한정하고 있는데, 형사보상은 형사사법절차에 내재하는 불가피한 위험으로 인한 피해에 대한 보상으로서 국가의 위법·부당한 행위를 전제로 하는 국가배상과는 그 취지 자체가 상이하므로 형사보상절차로서 인과관계 있는 모든 손해를 보상하지 않는다고 하여 반드시 부당하다고 할 수는 없으며, 보상금액의 구체화·개별화를 추구할 경우에는 개별적인 보상금액을 산정하는데 상당한 기간의 소요 및 절차의 지연을 초래하여 형사보상제도의 취지에 반하는 결과가 될 위험이 크고 나아가 그로 인하여 형사보상금의 액수에 지나친 차등이 발생하여 오히려 공평의 관념을 저해할 우려가 있는바, 이 사건 보상금조항 및 이 사건 보상금시행령조항은 청구인들의 형사보상청구권을 침해한다고 볼 수 없다.
> 2. 보상액의 산정에 기초되는 사실인정이나 보상액에 관한 판단에서 오류나 불합리성이 발견되는 경우에도 그 시정을 구하는 불복신청을 할 수 없도록 하는 것은 형사보상청구권 및 그 실현을 위한 기본권으로서의 재판청구권의 본질적 내용을 침해하는 것이라 할 것이고, 나아가 법적안정성만을 지나치게 강조함으로써 재판의 적정성과 정의를 추구하는 사법제도의 본질에 부합하지 아니하는 것이다. 또한, 불복을 허용하더라도 즉시항고는 절차가 신속히 진행될 수 있고 사건수도 과다하지 아니한데다 그 재판내용도 비교적 단순하므로 불복을 허용한다고 하여 상급심에 과도한 부담을 줄 가능성은 별로 없다고 할 것이어서, 이 사건 불복금지조항은 형사보상청구권 및 재판청구권을 침해한다고 할 것이다."(헌재 2010. 10. 28. 2008헌마514 등 병합결정)

사형에 대한 보상은 집행 전 구금에 대한 보상금 외에 3천만원 이내에서 모든 사정을 고려하여 법원이 타당하다고 인정하는 금액을 더하여 보상하며, 이 경우 본인의 사망으로 인하여 발생한 재산상의 손실액이 증명되었을 때에는 그 손실액도 보상한다(동법 제5조 제3항). 그 밖에도 벌금 또는 과료의 집행·노역장유치의 집행·몰수집행·추징금 등에 대한 보상에 대해서는 별도의 규정이 있다(동법 제5조 제4항·제5항·제6항·제7항).[1]

---

1) 그러나 이러한 액수는 구금으로 인한 여러 가지 피해를 보상하기에는 부족하기 때문에 그 액수를 현실화할 것이 요구되고 있다. 김철수, 헌법학개론, 808쪽; 허영, 한국헌법론, 362쪽 참조.

(3) 刑事補償請求의 節次와 方法

형사피의자의 경우에는 검사로부터 공소를 제기하지 아니하는 처분의 고지 또는 통지를 받은 날로부터 3년 이내에(동법 제28조 제 3 항) 그 검사가 소속하는 지방검찰청의 심의회에 보상을 청구하여야 하고(동법 제28조 제 1 항), 형사피고인의 경우에는 무죄재판이 확정된 사실을 안 날부터 3년, 무죄재판이 확정된 때부터 5년 이내에(동법 제 8 조) 무죄재판을 한 법원에 청구하여야 한다(동법 제 7 조).

형사보상청구가 있으면, 피의자에 대한 보상은 지방검찰청의 심의회가 결정하며(동법 제28조 제 1 항), 피고인에 대한 보상은 법원의 합의부에서 재판한다(동법 제 4 조). 피의자보상에 있어 심의회의 결정에 대하여는 행정심판이나 행정소송을 제기할 수 있다(동법 제28조 제 4 항). 피고인보상의 경우에는 법원의 결정에 대하여는 1주일 이내에 즉시항고를 할 수 있으며, 청구를 기각한 결정에 대하여는 즉시항고를 할 수 있다(동법 제20조).

법원은 보상결정의 확정 후 2주일 내에 보상결정의 요지를 관보에 게재하여 공고해야 하며, 보상결정을 받은 사람은 관보공시 이외에 2종 이상의 일간신문을 지정하여 공시하도록 신청할 수 있고, 이 경우 신청일로부터 30일 이내에 그 신문에 공시해야 한다(동법 제25조). 또 무죄재판을 받은 자의 실질적 명예회복을 위해 무죄재판을 받아 확정된 사건의 피고인은 무죄재판이 확정된 때부터 3년 이내에 확정된 무죄재판서를 법무부 인터넷 홈페이지에 게재하도록 해당 사건을 기소한 검사가 소속된 지방검찰청에 청구할 수 있다(동법 제32조).

第 5 節　國家賠償請求權

1. 憲法規定 및 沿革

(1) 憲法規定

헌법 제29조는 다음과 같은 2개 항을 두어 국가배상청구권을 규정하고 있다. "① 공무원의 직무상 불법행위로 손해를 받은 국민은 법률이 정하는 바에 의하여 국가 또는 공공단체에 정당한 배상을 청구할 수 있다. 이 경우 공무원 자신의 책임은 면제되지 아니한다. ② 군인·군무원·경찰공무원 기타 법률이 정하는 자가 전투·훈련 등 직무집행과 관련하여 받은 손해에 대하여는 법률이 정

624. 형사보상의 절차와 방법

625. 국가배상청구권에 대한 헌법규정: 헌법 제29조

하는 보상 외에 국가 또는 공공단체에 공무원의 직무상 불법행위로 인한 배상은 청구할 수 없다."

헌법 제29조를 구체화한 법으로 국가배상법이 제정·시행되고 있다.

(2) 沿　革

626. 국가배상청구권의 연혁

공무원의 직무행위로 인한 손해에 대하여 국가 또는 공공단체가 책임을 지는가 하는 문제는 국가에 따라 다르다. 독일에서는 1919년 바이마르헌법 제131조에서 국가대위책임을 인정하였고, 프랑스에서는 1873년 블랑코 *Blanco*사건에서 국가의 책임을 인정하였다. 그에 반하여 영미법계에서는 국가의 책임을 인정하지 않는 것이 일반적이었다. 그러나 영국의 경우에는 1947년의 '국왕소추법'(Crown Proceedings Act)에서, 미국의 경우에는 1946년의 '연방불법행위배상청구법'(Federal Tort Claims Act)에서 일정한 범위 내의 국가책임을 인정하고 있다.

우리나라는 건국헌법 이래 국가배상청구권을 규정하고 있다.

2. 國家賠償請求權의 意義

(1) 國家賠償請求權의 槪念

627. 국가배상청구권의 개념

국가배상청구권이란 국민이 공무원의 직무상 불법행위로 손해를 받은 경우에 국가 또는 공공단체에 대하여 손해의 배상을 청구할 수 있는 권리이다.

(2) 國家賠償請求權의 意義

628. 국가배상청구권의 의의

국가배상청구권은 정의·공평의 이념에 따라 국가에게도 불법행위의 책임을 인정하는 것이며(국가무책임사상의 지양), 공무원 개인의 책임만으로는 충분한 손해배상을 기대하기 어렵기 때문에 인정되는 것으로,[1] 법치주의의 원리를 구현하기 위하여 인정된 기본권이다.[2]

3. 國家賠償請求權의 法的 性格

629. 국가배상청구권

국가배상청구권의 법적 성격과 관련해서는 프로그램규정설과 직접효력규정

---

1) 김철수, 헌법학개론, 809쪽.
2) 권영성, 헌법학원론, 566쪽.

설, 청구권설과 재산권설 및 절충설, 사권설과 공권설이 대립되어 있다.

　　프로그램규정설은 이 조항이 구체적이 아니기 때문에 법률에 의하여 보완되지 않는 한 입법자에 대한 명령에 불과하다고 한다. 직접효력규정설은 '법률이 정하는 바에 의하여'란 구체적인 기준과 방법을 규정한다는 의미일 뿐이고[1] 청구권 자체는 헌법에서 직접 도출된다고 보아 이 규정에서 직접 국가배상을 청구할 수 있다고 한다.[2]

　　청구권설은 헌법 제29조는 공무원의 직무상 불법행위로 손해를 받은 국민은 국가 또는 공공단체에 배상을 청구할 수 있다고 규정하여, 공무원의 불법행위로 손해를 받은 국민은 그 신분에 관계없이 누구든지 국가 또는 공공단체에 그 불법행위로 인한 손해 전부의 배상을 청구할 수 있는 기본권을 보장한 것이라고 한다.[3] 재산권설은 헌법 제29조에서 인정한 손해배상청구권은 헌법 제23조에서 말하는 재산권의 범주에 속하는 것이라고 한다.[4] 절충설은 국가배상청구권은 재산권적 성격과 청구권적 성격을 아울러 가진 것이라고 한다.

　　사권설은 국가배상청구권은 국가의 고권적 지위에서 지는 배상의무가 아니고 사인과 같은 비권력적인 지위의 국고(國庫)로서 지는 책임으로 보아 국가배상청구권을 사권으로 본다.[5] 공권설은 헌법규정에 의해서 직접효력이 인정되는 헌법상의 주관적 공권이며,[6] 국가배상법이 권리의 양도성 등을 제한하고 있기 때문에 국가배상청구권을 공권이라고 한다.

　　직접효력규정설, 청구권설, 공권설이 다수설이다. 그러나 판례는 국가배상법을 사법으로 보고 국가배상에 관한 소송을 민사소송의 절차에 따르도록 하고 있다.

> **판례** "국가 또는 공공단체에 대하여 그의 불법행위를 이유로 손해배상을 구함은 국가배상법이 정하는 바에 따른다 하여도 이 역시 민사상의 손해배상책임을 특별법인 국가배상법이 정한 데 불과하다."(대법원 1972. 10. 10. 69다701 판결)

---

1) 허영, 한국헌법론, 554쪽은 '법률에 의하여'란 표현은 기본권실현적 내지 행사절차적 법률유보이지, 기본권의 존부확인적 성격의 법률유보가 아니라고 설명한다.
2) 김철수, 헌법학개론, 810쪽; 대법원 1971. 6. 22. 70다1010 판결.
3) 김철수, 헌법학개론, 811쪽; 대법원 1971. 6. 22. 70다1010 판결의 다수견해.
4) 대법원 1971. 6. 22. 70다1010 판결의 소수견해.
5) 김철수, 헌법학개론, 811쪽.
6) 허영, 한국헌법론, 556쪽.

<blockquote>
판례 〈국가배상법 제 8 조 위헌소원(합헌) — 국가배상법 제 8 조가 국가배상청구권에도 소멸시효제도를 적용하도록 한 것이 헌법에 위배되는지 여부〉 "헌법상 국가배상청구권에 관한 규정은 단순한 재산권보장규정만을 의미하는 것이 아니고 국가배상청구권을 청구권적 기본권으로 보장하고 있는 것이다."(헌재 1997. 2. 20. 96헌바24 결정)
</blockquote>

4. 國家賠償請求權의 主體와 客體

(1) 主　體

630. 국가배상청구권의 주체

원칙적으로 자연인인 국민과 법인에게 주체성이 인정된다. 외국인의 경우에는 호혜주의(상호주의)원칙에 따라 주체성이 인정된다(국가배상법 제 7 조). 군인과 군무원에게는 이중배상이 금지된다(헌법 제29조 제 2 항).

(2) 客　體

631. 국가배상청구권의 객체

국가배상책임을 지는 것은 국가와 공공단체, 곧 국가기관, 지방자치단체, 공공조합, 영조물법인 등이다. 그러나 외국공관원은 국가기관이 아니므로 국가는 외국공관원의 불법행위에 대하여 책임을 지지 아니한다.[1]

5. 國家賠償請求權의 內容

(1) 國家賠償請求權의 成立要件

632. 국가배상청구권의 성립요건

국가배상청구권이 성립하기 위하여는 공무원의 직무상 불법행위로 손해가 발생하여야 한다(헌법 제29조 제 2 항, 국가배상법 제 2 조 제 1 항).

1) 공 무 원

633. 국가배상청구권의 성립요건으로서의 공무원의 행위 중 공무원의 범위: 최광의의 공무원

여기서 공무원은 최광의의 공무원, 곧 널리 공무를 위탁받아 이에 종사하는 모든 자를 말한다. 이 때의 공무원은 일반적으로 기관구성원인 자연인을 의미하지만 기관 자체가 포함되는 경우도 있다. 판례는 소집중인 향토예비군, 시청소방차운전수, 철도건널목간수, 철도차장, 소방원, 통장, 집달관 등은 공무원으로 보나, 의용소방대원, 시영버스운전수, 자원봉사자는 공무원이 아니라고 한다.[2]

---

1) 대법원 1997. 4. 25. 96다16940 판결.

> **판례** "국가배상법 제 2 조에서 말하는 공무원은 국가공무원법 또는 지방공무원
> 법에서 말하는 신분을 가진 자에 한하지 않고 널리 공무를 위탁받아 실질적으로
> 공무에 종사하고 있는 자도 포함된다."(대법원 1970. 11. 24. 70다2253 판결)

> **판례** 〈국가배상법 제 2 조에 관한 헌법소원(각하)〉 "6·25 사변시 적과 교전 중
> 에 포탄을 맞아 부상한 청구인은 공무원의 직무상 불법행위로 손해를 받은 국민
> 에 해당될 수 없어 국가 또는 공공단체에 대한 손해배상청구권을 가지지 못하므
> 로 국가배상법 제 2 조 제 1 항에 대한 본건 헌법소원은 헌법소원 제기이익이 없는
> 자에 의하여 제기된 것이어서 부적법하여 각하한다."(헌재 1989. 7. 28. 89헌마61
> 결정)

2) 직무상 행위

① 직무의 범위

직무의 범위와 관련하여 권력행위만을 의미한다는 협의설, 권력행위와 관리행위를 포함한다는 광의설, 권력행위와 관리행위 외에 사법상의 행위(국고작용)까지를 포함한다는 최광의설[1] 등 견해의 대립이 있다.

권력행위 외에 관리행위까지를 포함하는 것으로 보는 광의설이 통설·판례의 입장이며, 또한 옳다고 생각된다. 왜냐하면 헌법상 권력행위에 한한다는 명문규정이 없을 뿐만 아니라, 국가배상법 제 5 조는 "도로, 하천 기타 공공의 영조물의 설치 또는 관리에 하자가 있기 때문에 타인에게 손해를 발생하게 하였을 때"에도 국가 또는 지방자치단체에 배상책임을 인정하고 있고, 국가의 사법상의 작용에 의한 손해발생에 대하여는 권리구제의 방법이 따로 있기 때문이다.[2]

634. 국가배상청구권
의 성립요건으로서의
공무원의 직무상 행
위 중 직무의 범위에
대한 학설

> **판례** "영조물시설의 하자라 함은 영조물의 축조에 불완전한 점이 있어 이 때문
> 에 영조물 자체가 통상 갖추어야 할 안전성을 갖추지 못한 상태에 있음을 말한다
> 고 할 것인바, 영조물설치의 하자유무는 객관적 견지에서 본 안전성의 문제이고,
> 재정사정 등은 안전성을 결정지을 절대적 요건이 되지 못한다."(대법원 1967. 2.
> 21. 66다1723 판결)

---

2) 대법원 1970. 5. 26. 70다471 판결; 대법원 1968. 5. 7. 68다326 판결; 대법원 1971. 6. 4. 70
 다2955 판결; 대법원 1966. 10. 11. 66다1456 판결; 대법원 1970. 6. 9. 70다696 판결; 대법
 원 1970. 7. 28. 70다961 판결; 대법원 1966. 6. 28. 66다808 판결; 대법원 1991. 7. 9. 91다
 5570 판결 등 참조.
1) 김철수, 헌법학개론, 814쪽.
2) 허영, 한국헌법론, 557쪽.

> **판례** "국가 또는 지방자치단체라도 공권력의 행사가 아니고 순전히 대등한 지위에 있어서의 사경제의 주체로 활동하였을 경우에는 그 손해배상책임에 국가배상법이 적용될 수 없다."(대법원 1969. 4. 22. 68다2225 판결)

> **판례** "국가배상청구의 요건인 '공무원의 직무'에는 권력적 작용만이 아니라 비권력적 작용도 포함되며 단지 행정주체가 사경제주체로서 하는 활동만 제외된다."(대법원 2001. 1. 5. 98다39060 판결)

② '직무를 집행함에 당하여'(국가배상법 제 2 조 제 1 항)의 의미

635. 직무를 집행함에 당하여의 의미에 대한 학설

'직무를 집행함에 당하여'의 해석과 관련하여 주관설과 객관설(외형설)이 대립되어 있다.

그 범위에 직무행위 자체와 직무행위의 외형을 갖춘 행위를 포함하면서, 주관적 의사와 관계 없이 외관을 객관적으로 관찰하여 직무행위의 여부를 판단하려는 객관설이 통설·판례의 입장이다.

> **판례** "공무원의 직무행위가 구체적으로 직무집행에 관한 절차에 위배되었다 하더라도 객관적으로 직무의 범위 내에 속한 행위이거나 직무와 밀접히 관련된 행위로 인정되는 경우에는 이를 역시 국가배상법의 공무원의 직무행위라고 봄이 타당할 것이다."(대법원 1960. 3. 3. 4292민상510 판결)

> **판례** "행위의 외관을 객관적으로 관찰하여 공무원의 직무행위로 보일 때에는 비록 그것이 실질적으로 직무집행행위이거나 아니거나 또는 행위자의 주관적 의사에 관계없이 그 행위는 공무원의 직무집행행위라 볼 것이며, 이러한 행위가 실질적으로 공무집행행위가 아니라는 사정을 피해자가 알았다 하더라도 이에 대한 국가의 배상책임은 부정할 수 없다."(대법원 1966. 3. 22. 66다117 판결. 또한 대법원 1968. 6. 25. 68다850 판결 참조)

> **판례** "국가배상법 제 2 조 제 1 항 소정의 '직무를 집행함에 당하여'라 함은 직접 공무원의 직무집행행위이거나 그와 밀접한 관계에 있는 행위를 포함하고, 이를 판단함에 있어서는 행위 자체의 외관을 객관적으로 관찰하여 공무원의 직무행위로 보여질 때에는 비록 그것이 실질적으로 직무행위에 속하지 않는다 하더라도 그 행위는 공무원이 '직무행위를 집행함에 당하여' 한 것으로 보아야 한다."(대법원 2001. 1. 5. 98다39060 판결)

3) 불법행위

불법행위란 고의·과실(책임성)에 의하여 법령에 위반한(위법성) 행위를 말한다. 불법행위의 유형으로는 작위·부작위·행위의 지체 등이 있다. 법령위반에 있어서 법령은 법률·명령·관습법을 불문한다. 국가배상청구권은 그 성립요건으로 고의·과실을 요한다는 점에서 고의·과실을 요구하지 않는 재산상 손실보상청구권 및 형사보상청구권과 다르다. 따라서 고의·과실에 대한 입증책임은 피해자에게 있다.

636. 국가배상청구권의 성립요건으로서의 불법행위

판례 "군·경·공무원이 3차에 걸친 간첩출현신고를 묵살하고, 즉시 출동하지 아니한 직무유기행위로 인하여 피해자가 공비에 의하여 살해된 경우에는 국가배상책임이 성립한다."(대법원 1971. 4. 6. 71다124 판결)

판례 "구속피의자에 대한 변호사의 접견신청이 수사기관에 의하여 거부당한 경우에 국가는 피해자가 입은 정신적 피해에 대하여 위자료를 지급하여야 한다."(서울 민사지법 1991. 9. 19. 91가단24555 판결)

판례 "우리 헌법이 채택하고 있는 의회민주주의하에서는 국회는 다원적 의견이나 갖가지 이익을 반영시킨 토론과정을 거쳐 다수결의 원리에 따라 통일적인 국가의사를 형성하는 역할을 담당하는 국가기관으로서 그 개개인의 권리에 대응하여 법적 의무를 지는 것은 아니므로 국회의원의 입법행위는 그 입법내용이 헌법의 문언에 명백히 위반됨에도 불구하고 국회가 굳이 당해 입법을 한 것과 같은 특수한 경우가 아닌 한 국가배상법 제 2 조 제 1 항 소정의 위법행위에 해당된다고는 볼 수 없다 할 것이다."(대법원 1997. 6. 13. 96다56115 판결)

판례 "공무원의 부작위로 인한 국가배상책임을 인정할 것인지 여부가 문제되는 경우에 관련 공무원에 대하여 작위의무를 명하는 법령의 규정이 없는 때라면 공무원의 부작위로 인하여 침해되는 국민의 법익 또는 국민에게 발생하는 손해가 어느 정도 심각하고 절박한 것인지, 관련 공무원이 그와 같은 결과를 예견하여 그 결과를 회피하기 위한 조치를 취할 수 있는 가능성이 있는지 등을 종합적으로 고려하여 판단하여야 한다."(대법원 2012. 7. 26. 2010다95666 판결)

4) 타인에 대한 손해의 발생

637. 국가배상청구권
의 성립요건으로서의
타인에 대한 손해의
발생

손해는 재산적 · 정신적 · 소극적 · 적극적 손해를 모두 포함하며, 가해자인 공무원과 가세한 자 이외의 타인에게 발생하여야 한다(손해의 타인성). 손해의 발생과 불법행위사이에는 상당인과관계가 있어야 한다.[1]

> **판례** "공무원이 법령에서 부과된 직무상 의무를 위반한 것을 계기로 제3자가 손해를 입은 경우에 제3자에게 손해배상청구권이 발생하기 위하여는 공무원의 직무상 의무 위반행위와 제3자의 손해 사이에 상당인과관계가 있지 아니하면 아니되는 것이고, 상당인과관계의 유무를 판단함에 있어서는 일반적인 결과발생의 개연성은 물론 직무상 의무를 부과한 법령 기타 행동규범의 목적이나 가해행위의 태양 및 피해의 정도 등을 종합적으로 고려하여야 할 것인바, 공무원에게 직무상 의무를 부과한 법령의 보호목적이 사회 구성원 개인의 이익과 안전을 보호하기 위한 것이 아니고 단순히 공공일반의 이익이나 행정기관 내부의 질서를 규율하기 위한 것이라면, 가사 공무원이 그 직무상 의무를 위반한 것을 계기로 하여 제3자가 손해를 입었다 하더라도 공무원이 직무상 의무를 위반한 행위와 제3자가 입은 손해 사이에는 법리상 상당인과관계가 있다고 할 수 없다."(대법원 2001. 4. 13. 2000다34891 판결)

> **판례** "일반적으로 국가 또는 지방자치단체가 권한을 행사할 때에는 국민에 대한 손해를 방지하여야 하고, 국민의 안전을 배려하여야 하며, 소속 공무원이 전적으로 또는 부수적으로라도 국민 개개인의 안전과 이익을 보호하기 위하여 법령에서 정한 직무상의 의무에 위반하여 국민에게 손해를 가하면 상당인과관계가 인정되는 범위 안에서 국가 또는 지방자치단체가 배상책임을 부담하는 것이지만, 공무원이 직무를 수행하면서 그 근거되는 법령의 규정에 따라 구체적으로 의무를 부여받았어도 그것이 국민의 이익과는 관계없이 순전히 행정기관 내부의 질서를 유지하기 위한 것이거나, 또는 국민의 이익과 관련된 것이라도 직접 국민 개개인의 이익을 위한 것이 아니라 전체적으로 공공 일반의 이익을 도모하기 위한 것이라면 그 의무에 위반하여 국민에게 손해를 가하여도 국가 또는 지방자치단체는 배상책임을 부담하지 아니한다."(대법원 2006. 4. 14. 2003다41746 판결)

---

1) 대법원 1970. 3. 24. 70다152 판결. 또한 대법원 1969. 1. 21. 68다1153 판결과 대법원 1974. 12. 10. 72다1774 판결도 참조.

(2) 國家賠償責任의 本質

국가 또는 지방자치단체가 지는 배상책임의 본질과 관련해서는 대위책임설 (법인의제설), 자기책임설, 중간설(절충설) 등 견해의 대립이 있다.

638. 국가배상책임의
본질에 대한 학설

대위책임설은 국가배상책임의 본질을 국가가 피해자구제를 위해 공무원을 대신하여 부담하는 책임으로 본다.[1] 자기책임설은 국가의 배상책임은 국가가 공무원의 책임을 대신 지는 것이 아니라 기관의 행위를 통해 지는 자기책임이라고 한다. 중간설은 공무원의 위법행위가 고의나 중과실에 기한 경우에는 기관행위로 볼 수 없으므로 대위책임이나, 경과실에 의한 경우에는 자기책임으로 본다.

이러한 여러 가지 견해 중에서 자기책임설이 다수설이다. 연혁적으로도 국가배상책임은 국가무책임의 원칙에서 국가책임의 원칙으로, 대위책임의 원칙에서 자기책임의 원칙으로 발전하여 왔다. 그러나 대법원은 중간설의 입장에 있다.[2]

> **판례** 〈국가배상법 제 2 조 제 1 항 단서 위헌소원(한정위헌)〉 국가배상법 제 2 조 제 1 항 단서 중 "일반국민이 직무집행 중인 군인과의 공동불법행위로 직무집행 중인 다른 군인에게 공상을 입혀 그 피해자에게 공동불법행위로 인한 손해를 배상한 다음 공동불법행위자인 군인의 부담부분에 관하여 국가에 대하여 구상권을 행사하는 것을 허용하지 않는다고 해석하는 한 헌법에 위반된다."(헌재 1994. 12. 29. 93헌바21 결정)

> **판례** "[다수의견] 국가배상법 제 2 조 제 1 항 본문 및 제 2 항의 입법 취지는 공무원의 직무상 위법행위로 타인에게 손해를 끼친 경우에는 변제자력이 충분한 국가 등에게 선임감독상 과실 여부에 불구하고 손해배상책임을 부담시켜 국민의 재산권을 보장하되, 공무원이 직무를 수행함에 있어 경과실로 타인에게 손해를 입힌 경우에는 그 직무수행상 통상 예기할 수 있는 흠이 있는 것에 불과하므로, 이러한 공무원의 행위는 여전히 국가 등의 기관의 행위로 보아 그로 인하여 발생한 손해에 대한 배상책임도 전적으로 국가 등에만 귀속시키고 공무원 개인에게는 그로 인한 책임을 부담시키지 아니하여 공무원의 공무집행의 안정성을 확보하고, 반면에 공무원의 위법행위가 고의·중과실에 기한 경우에는 비록 그 행위가 그의

---

1) 김철수, 헌법학개론, 818쪽.
2) 대법원 1996. 2. 15. 95다38677 판결(*1994년의 예외적 판례 있음). 이 판결에 대한 평석으로는 정하중, 국가책임과 공무원책임 ─ 대법원판결 1996년 2월 15일 선고, 96다38677에 대하여 ─, 현대행정법학이론(우제 이명구박사 화갑기념논문집 Ⅱ), 1996, 329쪽 이하 참조.

직무와 관련된 것이라고 하더라도 그와 같은 행위는 그 본질에 있어서 기관행위로서의 품격을 상실하여 국가 등에게 그 책임을 귀속시킬 수 없으므로 공무원 개인에게 불법행위로 인한 손해배상책임을 부담시키되, 다만 이러한 경우에도 그 행위의 외관을 객관적으로 관찰하여 공무원의 직무집행으로 보여질 때에는 피해자인 국민을 두텁게 보호하기 위하여 국가 등이 공무원 개인과 중첩적으로 배상책임을 부담하되 국가 등이 배상책임을 지는 경우에는 공무원 개인에게 구상할 수 있도록 함으로써 궁극적으로 그 책임이 공무원 개인에게 귀속되도록 하려는 것이라고 봄이 합당하다(＊ 절충설의 입장).

[별개의견] 국가배상법 제 2 조 제 2 항의 입법취지가 공무원의 직무집행의 안정성 내지 효율성의 확보에 있음은 의문이 없는 바이나, 위 법 조항은 어디까지나 국가 등과 공무원 사이의 대내적 구상관계만을 규정함으로써, 즉 경과실의 경우에는 공무원에 대한 구상책임을 면제하는 것만으로써 공무집행의 안정성을 확보하려는 것이고, 대외적 관계 즉 피해자(국민)와 불법행위자(공무원) 본인 사이의 책임관계를 규율하는 취지로 볼 수는 없다. 그것은 국가배상법의 목적이 그 제 1 조가 밝히고 있는 바와 같이 국가 등의 손해배상책임과 그 배상절차 즉 국가 등과 피해자인 국민 간의 관계를 규정함에 있고 가해자인 공무원과 피해자인 국민 간의 관계를 규정함에 있는 것이 아닌 점에 비추어 보아도 명백하다(＊ 자기책임설의 입장).

[반대의견] 헌법 제29조 제 1 항 및 국가배상법 제 2 조 제 1 항의 규정이 공무원의 직무상 불법행위에 대하여 자기의 행위에 대한 책임에서와 같이 국가 또는 공공단체의 무조건적인 배상책임을 규정한 것은, 오로지 변제자력이 충분한 국가 또는 공공단체로 하여금 배상하게 함으로써 피해자 구제에 만전을 기한다는 것에 그치는 것이 아니라, 더 나아가 국민 전체에 대한 봉사자인 공무원들로 하여금 보다 적극적이고 능동적으로 공무를 수행하게 하기 위하여 공무원 개인의 배상책임을 면제한다는 것에 초점이 있는 것으로 보아야 한다(＊ 대위책임설의 입장).”
(대법원 1996. 2. 15. 95다38677 판결)

(3) 賠償責任者

1) 국가책임과 공무원책임

① 학　　설

639. 배상책임자에 대한 학설

피해자는 국가 또는 지방자치단체에 대해서만 배상을 청구할 수 있는가 아니면 국가 또는 공공단체와 공무원의 양쪽에 대하여 선택적으로 청구할 수 있는가에 대하여 선택적 청구권설(긍정설)과 대국가적 청구권설(부정설)이 대립되어 있다.

선택적 청구권설은 헌법 제29조 단서, 곧 ‘공무원 자신의 책임은 면제되지 아니한다'를 근거로 피해자는 국가 또는 공공단체에 대한 청구권과 공무원에 대한 청구권을 선택적으로 행사할 수 있다고 한다. 대국가적 청구권설은 헌법 제29조 단서의 공무원의 민사상 책임은 국가배상법 제 2 조 제 2 항에 의하여 공무원이 국가·공공단체에 대한 내부적 구상책임이라는 형태로 구체화되었다고 볼 수 있고, 또 동법은 피해자구제의 만전을 구하기 위해 배상자력의 담보에 그 취지가 있는 만큼 충분한 배상능력을 가진 국가 또는 공공단체만을 배상책임자로 규정한 것으로 이해하여야 한다고 한다.

② 판　례

대법원은 선택적 청구권을 인정하였다가 그 후에는 선택적 청구권을 부정하였다. 그러나 최근에는 종전의 입장을 바꾸어 공무원 개인이 경과실인 경우는 국가에 대해서만 청구할 수 있고, 공무원 개인이 고의 또는 중과실이고 또 그 행위를 직무수행으로 볼 수 있는 경우에는 국가와 공무원에 대하여 선택적으로 청구할 수 있다고 한다.

640. 배상책임자에 대한 판례

> **판례** "헌법 제26조 단서는 국가 또는 공공단체가 불법행위로 인한 손해배상책임을 지는 경우, 공무원 자신의 책임은 면제되지 아니한다고 규정하여 공무원의 직무상 불법행위로 손해를 받은 국민이 공무원 자신에 대해서도 직접 그의 불법행위를 이유로 손해배상을 청구할 수 있음을 규정하고 있다."(대법원 1972. 10. 10. 69다701 판결)

> **판례** "공무원의 직무상 불법행위로 인하여 손해를 받은 사람은 국가 또는 공공단체를 상대로 손해배상을 청구할 수 있고, 이 경우에 공무원에게 고의 또는 중대한 과실이 있는 때에는 국가 또는 공공단체는 그 공무원에게 구상할 수 있을 뿐, 피해자가 공무원 개인을 상대로 손해배상을 청구할 수 없다."(대법원 1994. 4. 12. 93다11807 판결)

> **판례** "국가배상법 제 2 조 제 1 항 본문 및 제 2 항의 입법취지는 공무원의 직무상 위법행위로 타인에게 손해를 끼친 경우에는 변제자력이 충분한 국가 등에게 선임감독상 과실여부에 불구하고 손해배상책임을 부담시켜 국민의 재산권을 보장하되, 공무원이 직무를 수행함에 있어 경과실로 타인에게 손해를 입힌 경우에는 그 직무 수행상 통상 예기할 수 있는 흠이 있는 것에 불과하므로, 이러한 공무원의 행위는 여전히 국가 등의 기관의 행위로 보아 그로 인하여 발생한 손해에 대한 배상책임도 전적으로 국가 등에만 귀속시키고 공무원 개인에게는 그로 인한

책임을 부담시키지 아니하여 공무원의 공무집행의 안정성을 확보하고, 반면에 공무원의 위법행위가 고의·중과실에 기한 경우에는 비록 그 행위가 그의 직무와 관련된 것이라고 하더라도 그와 같은 행위는 그 본질에 있어서 기관행위로서의 품격을 상실하여 국가 등에게 그 책임을 귀속시킬 수 없으므로 공무원 개인에게 불법행위로 인한 손해배상책임을 부담시키되, 다만 이러한 경우에도 그 행위의 외관을 객관적으로 관찰하여 공무원의 직무집행으로 보여질 때에는 피해자인 국민을 두텁게 보호하기 위하여 국가 등이 공무원 개인과 중첩적으로 배상책임을 부담하되 국가 등이 배상 책임을 지는 경우에는 공무원 개인에게 구상할 수 있도록 함으로써 궁극적으로 그 책임이 공무원 개인에게 귀속되도록 하려는 것이라고 봄이 합당하다."(대법원 1996. 2. 15. 95다38677 판결)

③ 사　　견

641. 배상책임자에 대한 사견

배상책임자가 누구인가 하는 문제는 결국 배상책임의 성질을 어떻게 보느냐의 문제로 환원된다. 앞에서 배상책임의 성질을 자기책임으로 보았기 때문에 피해자는 국가 또는 공공단체에 대하여만 청구권을 행사할 수 있다고 생각한다.

④ 국가책임과 구상권

642. 국가책임과 구상권

국가나 공공단체가 손해를 배상한 경우에는 고의나 중과실을 한 공무원에게 구상권을 청구할 수 있다. 자기책임설에 따른다 하더라도 공무원의 직무상 불법행위로 말미암아 공무원에게 형사책임 또는 정치적 책임이 발생한 경우까지 국가가 그 책임을 질 수는 없기 때문이다.[1] 그러나 가해공무원에게 경과실이 있는데 지나지 아니한 경우에는 구상권을 행사할 수 없다.

> **판례** "국가 또는 지방자치단체의 산하 공무원이 그 직무를 집행함에 당하여 중대한 과실로 인하여 법령에 위반하여 타인에게 손해를 가함으로써 국가 또는 지방자치단체가 손해배상책임을 부담하고 그 결과로 손해를 입게 된 경우에는 국가 등은 당해 공무원의 직무내용·당해 불법행위의 상황·손해발생에 대한 공무원의 기여정도·당해 공무원의 평소근무태도·불법행위의 예방이나 손실분산에 관한 국가 또는 지방자치단체의 배려의 정도 등 제반사정을 참작하여 손해의 공평한 분담이라는 견지에서 신의칙상 상당하다고 인정되는 한도 내에서만 당해 공무원에 대하여 구상권을 행사할 수 있다고 봄이 상당하다. 등기공무원이 착오로 인하여 근저당권자와 근저당권설정자의 등재를 맞바꿔 기재함으로써 국가가 2천 7백여만원을 배상한 사건에 대해 등기공무원은 국가에 5백만원을 상환함이 상당하다."(대법원 1991. 5. 10. 91다6764 판결)

---

1) 허영, 한국헌법론, 560쪽.

2) 선임·감독자와 비용부담자가 다를 경우

국가 또는 지방자치단체에 대하여 배상을 청구함에 있어 공무원의 선임·감독자가 봉급급여 등 비용부담자와 다를 경우에는 피해자는 선택적으로 청구할 수 있다(국가배상법 제 6 조 제 1 항).

선임·감독자와 비용부담자가 다를 경우에는 손해를 배상한 자가 내부관계에서 손해를 배상할 책임이 있는 자에 대하여 구상권을 행사할 수 있다(국가배상법 제 6 조 제 2 항), 내부관계에서 손해를 배상할 책임이 있는 자는 가해공무원을 선임·감독하는 자로 보아야 한다.

643. 선임·감독자와 비용부담자가 다를 경우의 배상책임자와 구상권

(4) 賠償請求의 節次·賠償의 範圍·消滅時效

1) 배상청구의 절차

① 배상청구의 절차

국가배상법 제 9 조는 "이 법에 의한 손해배상의 소송은 배상심의회에 배상신청을 하지 아니하고도 이를 제기할 수 있다"고 규정하고 있다. 따라서 당사자는 배상심의회에 배상신청을 하여 그 결과에 불복할 경우 소송을 제기할 수도 있고, 바로 법원에 소송을 제기할 수도 있다. 후자의 경우 일반법원에 민사소송법에 의한 손해배상청구소송을 제기하는 것이 원칙이나, 예외적으로 행정소송법(제10조)에 따라 행정소송진행 중 변론이 종결될 때까지 소송병합절차에 따라 손해배상청구소송을 병합할 수도 있다.

644. 배상청구의 절차

> **판례** 〈국가배상법 제 9 조 위헌소원(합헌)〉 "국가배상법에 의한 손해배상청구에 관한 시간, 노력, 비용의 절감을 도모하여 배상사무의 원활을 기하며 피해자로서도 신속, 간편한 절차에 의하여 배상금을 지급받을 수 있도록 하는 한편, 국고손실을 절감하도록 하기 위한 이 사건 법률조항에 의해 달성되는 공익과, 배상절차의 합리성 및 적정성의 정도, 그리고 한편으로는 배상신청을 하는 국민이 치루어야 하는 수고나 시간의 소모를 비교하여 볼 때, 이 사건 법률조항이 헌법 제37조의 기본권제한의 한계에 관한 규정을 위배하여 국민의 재판청구권을 침해하는 정도에는 이르지 않는다."(헌재 2000. 2. 24. 99헌바17 등 병합결정)

② 배상심의회

배상심의회에는 일반배상심의회와 특별배상심의회(국방부)가 있고, 일반배상심의회에는 지구배상심의회와 본부배상심의회(법무부)가 있다(국가배상법 제10조).

645. 배상심의회

지구배상심의회는 신청일로부터 4주일 이내에 배상금의 지급·기각 또는 각하의 결정을 하여야 한다(동법 제13조 제 1 항).

2) 배상의 범위

① 정당한 배상

646. 배상의 범위:
정당한 배상

배상의 범위는 정당한 배상, 곧 당해 불법행위와 상당인과관계에 있는 모든 손해이다. 국가배상법 제 3 조는 라이프니츠 *Leibniz*식에 의한 배상을 규정하고 있다. ① 생명의 해를 입은 때의 월급액이나 월실수액 또는 평균임금에 장래의 취업가능기간을 곱한 액의 유족배상과 장례비, ② 신체의 해를 입힌 경우에는 요양비와 요양기간 중의 손실액의 휴업배상 및 장해배상, ③ 물건에 해를 입힌 경우에는 그 물건의 교환가액이나 수리비, 휴업배상, ④ 생명·신체에 대한 침해 및 물건의 멸실·훼손으로 인한 손해 이외의 손해는 불법행위와 상당인과관계가 있는 범위 내에서의 배상 등. 그러나 국가배상법의 규정은 하나의 기준을 제시한 것이지 배상의 상한선을 제시한 것은 아니라 할 것이다.[1]

② 국가배상권청구권과 양도·압류 여부

647. 국가배상청구권
과 양도·압류 여부

생명·신체의 침해로 인한 국가배상청구권은 양도·압류하지 못한다(동법 제 4 조). 그러나 재산의 침해에 대한 국가배상청구권은 양도가 가능하다.

3) 소멸시효

648. 국가배상청구권
의 소멸시효

국가배상법에는 소멸시효에 관한 규정이 없고 동법 제 8 조의 규정에 의해서 민법상의 소멸시효를 준용한다.

> **[판례]** 〈국가배상법 제 8 조 위헌소원(합헌)〉 "국가배상청구권에 민법상 손해배상청구권의 소멸시효를 준용하도록 되어 있는 국가배상법 제 8 조는 그것이 헌법 제29조 제 1 항이 규정하는 국가배상청구권을 일부 제한하고 있다 하더라도 일정한 요건하에 그 행사를 제한하고 있는 점에서 그 본질적 내용에 대한 침해라고는 볼 수 없을 뿐더러, 그 제한의 목적과 수단 및 방법에 있어서 정당하고 상당한 것이며, 그로 인하여 침해되는 법익과의 사이에 입법자의 자의라고 볼 정도의 불균형이 있다고 볼 수도 없어서 기본권제한의 한계를 규정한 헌법 제37조 제 2 항에 위반된다고 볼 수도 없다."(헌재 1997. 2. 20. 96헌바24 결정)

---

1) 대법원 1970. 1. 29. 69다1203 판결.

6. 國家賠償請求權의 制限

(1) 憲法 제29조 제 2 항에 의한 制限

1) 헌법 제29조 제 2 항에 의한 국가배상청구권의 제한

헌법 제29조 제 2 항은 "군인·군무원·경찰공무원 기타 법률이 정한 자가 전투·훈련 등 직무집행과 관련하여 받은 손해에 대하여는 법률이 정하는 보상 외에 국가 또는 공공단체에 공무원의 직무상 불법행위로 인한 배상은 청구할 수 없다"고 하여 군인·군무원·경찰공무원 기타 법률이 정한 자의 국가배상이중청구를 금지하고 있다.

또한 헌법 제29조 제 2 항을 구체화한 국가배상법 제 2 조 제 1 항 단서도 "군인·군무원·경찰공무원 또는 향토예비군대원이 전투·훈련 기타 직무집행과 관련하거나 국방 또는 치안유지의 목적상 사용하는 시설 및 자동차·함선·항공기 기타 운반기구 안에서 전사·순직 또는 공상을 입은 경우에 본인 또는 그 유족이 다른 법령의 규정에 의하여 재해보상금·유족연금·상이연금 등의 보상을 지급받을 수 있을 때에는 이 법 및 민법의 규정에 의한 손해배상을 청구할 수 없다"고 규정하고 있다.

649. 헌법 제29조 제 2 항에 의한 국가배상청구권의 제한

2) 국가배상법 제 2 조 제 1 항 단서의 위헌성여부

국가배상법 제 2 조 제 1 항 단서에 대해서는 한정위헌결정과 단순합헌결정이 함께 내려져 있다. 그러나 국가배상법 제 2 조 제 1 항은 보상과 배상의 차이, 곧 사회보장적 성격의 보상과 불법행위적 책임의 성격을 가진 배상의 차이를 간과한 것으로 문제가 있는 규정이라 할 것이다.[1] 대법원은 경찰관이 숙직실에서 숙직하다가 연탄가스중독으로 사망한 경우 공무원연금법에 의한 순직연금 외에도 손해배상청구소송이 가능하다는 판례를 남기고 있다.[2]

650. 국가배상법 제 2 조 제 1 항 단서의 위헌성여부

> **판례** "국가배상법 제 2 조 제 1 항 단행의 입법이유의 하나는 군인 군속이 공무수행 중에 신체 또는 생명에 피해를 입은 경우에는 군사원호보상법, 군사원호보

---

1) 허영, 한국헌법론, 562·563쪽; 홍정선, 국가배상청구권의 강화와 국가배상법의 개정, 고시계(1996. 4.), 67쪽 이하(76·77쪽)는 "국가배상법에 따른 배상은 불법에 대한 배상이며, 다른 법령에 의한 보상은 국가 등에 바친 헌신에 대한 보상이라 할 수 있는바, 양자는 목적을 달리하는 것이라 하겠고, 따라서 양자는 선택적인 관계에 있다고 보기는 어렵다. 따라서 이중배상배제조항은 폐지되어야 할 것"이라고 한다.

2) 대법원 1979. 1. 30. 77다2389 판결.

상급여금법, 군인연금법, 군인재해보상규정, 군인사망급여금규정 등에 의하여 재해보상금, 유족일시금, 또는 유족연금 등을 지급받게 되어 있음으로 불법행위로 인한 손해배상도 받게 하면 이중이 된다는 것이나, 위 법들의 규정에 의한 재해보상금 등은 군인 군속 등의 복무 중의 봉사 및 희생에 대하여 이를 보상하고서 퇴직 후의 생활 또는 유족의 생활을 부조함에 그 사회보장적 목적이 있고 손해배상제도는 불법행위로 인한 손해를 전보하는 데 그 목적이 있으므로 그 제도의 목적이 다르며, … 군인 또는 군속이 공무원의 직무상 불법행위의 피해자인 경우에 그 군인 또는 군속에게 이로 인한 손해배상청구권을 제한 또는 부인하는 국가배상법 제2조 제1항 단행은 헌법 제26조에서(*현행헌법 제29조) 보장된 국민의 기본권인 손해배상청구권을 헌법 제32조 현행헌법 제37조) 제2항의 질서유지 또는 공공복리를 위하여 제한할 필요성이 없이 제한한 것이고 또 헌법 제9조(*현행헌법 제11조)의 평등의 원칙에 반하여 군인 또는 군속인 피해자에 대하여서만 그 권리를 부인함으로써 그 권리자체의 본질적 내용을 침해하였으며 기본권제한의 범주를 넘어 권리 자체를 박탈하는 규정이므로 이는 헌법 제26조, 같은 법 제8조(*현행헌법 제10조), 같은 법 제9조 및 같은 법 제32조 제2항에 위반한다 할 것이다."(대법원 1971. 6. 22. 70다1010 판결)

판례 〈국가배상법 제2조 제1항 단서 위헌소원(한정위헌)〉 "국가배상법 제2조 제1항 단서규정은 일반국민이 직무집행중인 다른 군인에게 공상을 입혀 그 피해자에게 공동의 불법행위로 인한 손해를 배상한 다음 공동불법행위자인 군인의 부담부분에 관하여 국가에 대하여 구상권을 행사하는 것은 허용되지 아니한다고 해석하는 한 위헌이다."(헌재 1994. 12. 29. 93헌바21 결정)

판례 〈국가배상법 제2조 제1항 위헌소원(일부각하, 일부합헌)〉 "국가배상법 제2조 제1항 단서는 헌법 제29조 제1항에 의하여 보장되는 국가배상청구권을 헌법 내재적으로 제한하는 헌법 제29조 제2항에 직접 근거하고, 실질적으로 그 내용을 같이하는 것이므로 헌법에 위반된다고 할 수 없다. 다만 위와 같은 결론은 이 사건 관련소송에서와 같이 국가배상법 제2조 제1항 단서가 피해자인 군인과 국가 사이에 직접 적용되는 경우에 관한 것으로서, 일반국민이 직무집행중인 군인과의 공동불법행위로 직무집행중인 다른 군인에게 공상을 입혀 그 피해자에게 공동의 불법행위로 인한 손해를 배상한 다음 공동불법행위자인 군인의 부담부분에 관하여 국가에 대하여 구상권을 행사하는 경우에 관하여 국가배상법 제2조 제1항 단서가 한정위헌이라고 판시한 헌법재판소 1994. 12. 29. 선고, 93헌바21 결정에는 아무런 영향을 미치는 것이 아니라는 점을 첨언한다."(헌재 1995. 12. 28. 95헌바3 결정)

군인 등에 대한 이중배상금지에 관한 규정이 일반인에게도 적용되는지의 문제에 대하여 종래 대법원은 이중배상금지를 이유로 일반인에 의한 국가에 대한 구상권행사를 부인하였다. 그 후에 헌법재판소는 군인 등의 이중배상금지규정은 국가의 불법행위 자체를 절대적으로 배제하는 규정이 아니라 피해자 군인 등과 국가 사이에서만 국가배상청구권을 상대적으로 소멸시키는 규정으로 해석하였다. 헌법재판소의 이러한 결정 후 대법원은 종래의 판례를 변경하여 민간인이 공동불법행위자로 부담하는 책임은 공동불법행위의 일반적인 경우와 달리 모든 손해에 대한 것이 아니라 귀책비율에 따른 부분으로 한정한다고 하고, 그 이상의 부담에 대해서는 구상을 청구할 수 없다고 하였다.

> **판례** 〈국가배상법 제 2 조 제 1 항 단서 위헌확인(한정위헌)〉 "국가배상법 제 2 조 제 1 항 단서 중 군인에 관련되는 부분을, 일반국민이 직무집행 중인 군인과의 공동불법행위로 직무집행 중인 다른 군인에게 공상을 입혀 그 피해자에게 공동의 불법행위로 인한 손해를 배상한 다음 공동불법행위자인 군인의 부담부분에 관하여 국가에 대하여 구상권을 행사하는 것을 허용하지 않는다고 해석한다면, 이는 위 단서 규정의 헌법상 근거규정인 헌법 제29조가 구상권의 행사를 배제하지 아니하는데도 이를 배제하는 것으로 해석하는 것으로서 합리적인 이유 없이 일반국민을 국가에 대하여 지나치게 차별하는 경우에 해당하므로 헌법 제11조, 제29조에 위반되며, 또한 국가에 대한 구상권은 헌법 제23조 제 1 항에 의하여 보장되는 재산권이고 위와 같은 해석은 그러한 재산권의 제한에 해당하며 재산권의 제한은 헌법 제37조 제 2 항에 의한 기본권제한의 한계 내에서만 가능한데, 위와 같은 해석은 헌법 제37조 제 2 항에 의하여 기본권을 제한할 때 요구되는 비례의 원칙에 위배하여 일반국민의 재산권을 과잉제한하는 경우에 해당하여 헌법 제23조 제 1 항 및 제37조 제 2 항에도 위반된다."(헌재 1994. 12. 29. 93헌바21 결정)

> **판례** "헌법 제29조 제 2 항, 국가배상법 제 2 조 제 1 항 단서의 입법 취지를 관철하기 위하여는, 국가배상법 제 2 조 제 1 항 단서가 적용되는 공무원의 직무상 불법행위로 인하여 직무집행과 관련하여 피해를 입은 군인 등에 대하여 위 불법행위에 관련된 일반국민(법인을 포함한다. 이하 '민간인'이라 한다)이 공동불법행위책임, 사용자책임, 자동차운행자책임 등에 의하여 그 손해를 자신의 귀책부분을 넘어서 배상한 경우에도, 국가 등은 피해 군인 등에 대한 국가배상책임을 면할 뿐만 아니라, 나아가 민간인에 대한 국가의 귀책비율에 따른 구상의무도 부담하지 않는다고 하여야 할 것이다. 그러나 위와 같은 경우, 민간인은 여전히 공동불법행위자 등이라는 이유로 피해 군인 등의 손해 전부를 배상할 책임을 부담하도록 하면서 국가 등에 대하여는 귀책비율에 따른 구상을 청구할 수 없도록 한다

면, 공무원의 직무활동으로 빚어지는 이익의 귀속주체인 국가 등과 민간인과의 관계에서 원래는 국가 등이 부담하여야 할 손해까지 민간인이 부담하는 부당한 결과가 될 것이고(가해 공무원에게 경과실이 있는 경우에는 그 공무원은 손해배상책임을 부담하지 아니하므로 민간인으로서는 자신이 손해발생에 기여한 귀책부분을 넘는 손해까지 종국적으로 부담하는 불이익을 받게 될 것이고, 가해 공무원에게 고의 또는 중과실이 있는 경우에도 그 무자력 위험을 사용관계에 있는 국가 등이 부담하는 것이 아니라 오히려 민간인이 감수하게 되는 결과가 된다), 이는 위 헌법과 국가배상법의 규정에 의하여도 정당화될 수 없다고 할 것이다. 이러한 부당한 결과를 방지하면서 위 헌법 및 국가배상법 규정의 입법 취지를 관철하기 위하여는, 피해 군인 등은 위 헌법 및 국가배상법 규정에 의하여 국가 등에 대한 배상청구권을 상실한 대신에 자신의 과실 유무나 그 정도와 관계 없이 무자력의 위험부담이 없는 확실한 국가보상의 혜택을 받을 수 있는 지위에 있게 되는 특별한 이익을 누리고 있음에 반하여 민간인으로서는 손해 전부를 배상할 의무를 부담하면서도 국가 등에 대한 구상권을 행사할 수 없다고 한다면 부당하게 권리침해를 당하게 되는 결과가 되는 것과 같은 각 당사자의 이해관계의 실질을 고려하여, 위와 같은 경우에는 공동불법행위자 등이 부진정연대채무자로서 각자 피해자의 손해 전부를 배상할 의무를 부담하는 공동불법행위의 일반적인 경우와 달리 예외적으로 민간인은 피해 군인 등에 대하여 그 손해 중 국가 등이 민간인에 대한 구상의무를 부담한다면 그 내부적인 관계에서 부담하여야 할 부분을 제외한 나머지 자신의 부담부분에 한하여 손해배상의무를 부담하고, 한편 국가 등에 대하여는 그 귀책부분의 구상을 청구할 수 없다고 해석함이 상당하다 할 것이고, 이러한 해석이 손해의 공평·타당한 부담을 그 지도원리로 하는 손해배상제도의 이상에도 맞는다 할 것이다."(대법원 2001. 2. 15. 96다42420 판결)

(2) 法律에 의한 制限

651. 법률에 의한 국가배상청구권의 제한

국가배상청구권은 헌법 제37조 제2항에 따라 국가안전보장·질서유지 또는 공공복리를 위하여 필요한 경우에 법률로써 제한할 수 있다. 그러나 이 경우에도 평등의 원칙·비례의 원칙 등 헌법상의 원칙을 지켜야 하며, 국가배상책임의 내용과 범위, 국가배상청구권의 절차 등의 문제에 국한되어야지,[1] 국가배상청구권의 본질적 내용을 제한해서는 안 된다. 예컨대 국가배상책임을 전면적으로 부인하는 입법과 배상기준을 지나치게 낮게 규정하는 입법[2]은 국가배상청구권의

---

1) 헌법재판소는 국가배상청구권에 대해서 민법상의 소멸시효기간을 준용하는 것은 정당한 제한이지 본질적 내용의 침해가 아니라고 한다(〈헌재 1997. 2. 20. 96헌바24 결정〉〈국가배상법 제8조 위헌소원(합헌)〉).

2) 예컨대 철도법 제4장, 우편법 제5장, 우편물운송법 제1조, 공중전기통신사업법 제90조 등은 각각 배상책임의 범위를 상당히 제한하고 있다.

본질적 내용을 침해하는 것으로 재고되어야 할 것이다.

(3) 緊急命令에 의한 制限

국가배상청구권은 예외적으로 제76조에 의해서도 제한될 수 있다.

652. 긴급명령에 의한 국가배상청구권의 제한

第6節　犯罪被害者救助請求權

1. 憲法規定 및 沿革

(1) 憲法規定

헌법 제30조는 "타인의 범죄행위로 인하여 생명·신체에 대한 피해를 받은 국민은 법률이 정하는 바에 의하여 국가로부터 구조를 받을 수 있다"고 하여 범죄피해자구조청구권을 규정하고 있다.

653. 범죄피해자구조청구권에 대한 헌법 규정: 헌법 제30조

(2) 沿　　革

범죄피해자가 입은 손해에 대하여 국가가 이를 도와주어야 한다는 주장은 일찍이 여러 사상가들(*Bentham, Garofalo, Ferry, Hentig, Mendessohn, Fry*)에 의하여 주장되었다. 1929년과 1936년에 멕시코와 쿠바에서 범죄피해자보상제도가 입법화된 바 있지만 그렇게 커다란 영향을 주지는 못하였다. 세계각국의 범죄피해자구조제도에 커다란 영향을 미친 것은 1963년 뉴질랜드에서 제정된 형사재해보상법으로 알려져 있다. 그 후 미국, 호주, 캐나다, 스위스, 독일, 일본 등이 그 뒤를 따랐다. 그러나 범죄피해자구조청구권을 규정하고 있는 헌법은 드물다.

우리 헌법은 제9차 개정헌법에서 범죄피해자구조청구권을 신설하였다. 이를 구체화한 범죄피해자구조법이 1988년 7월 1일(1990. 12. 31. 개정)부터 시행되고 있다.

654. 범죄피해자구조청구권의 연혁

2. 犯罪被害者救助請求權의 法的 性格

(1) 學　　說

범죄피해자구조제도의 본질에 대해서는 국가책임설, 사회보장설, 사회분담

655. 범죄피해자구조

제도의 본질에 대한
학설

설 등 견해의 대립이 있다. 국가책임설은 국가는 범죄발생의 예방·진압에 관한
책임이 있으므로 범죄로 말미암아 피해를 입은 국민에게는 마땅히 배상책임을
져야 한다는 입장에서 그 배상책임은 무과실의 자기책임이라고 한다. 사회보장
설은 범죄로 인한 피해를 피해자 개인에게 전담시킨다는 것은 사회국가의 이념
에 위배되므로 국가는 사회보장적 차원에서 범죄피해를 구조해야 한다고 한다.
사회분담설은 범죄피해자구조는 세금에 대한 보험의 형태를 통하여 국가가 범죄
로 인한 피해라는 위험을 사회구성원에게 분담시키는 것이라고 한다.[1]

(2) 私　見

656. 범죄피해자구조
제도에 대한 사견과
범죄피해자구조청구
권의 법적 성격

　　그러나 범죄피해자구조제도의 본질을 국가책임설, 사회보장설, 사회분담설
등 어느 하나의 학설만으로 설명할 수는 없다고 생각한다. 왜냐하면 범죄피해자
구조제도는 범죄발생에 대한 국가책임이론과 사회책임이론에 그 근거를 두고 있
고, 범죄자(가해자)의 배상능력이 없음을 전제로 하는 보충적인 성질을 갖는 제
도이기 때문이다.[2] 그러한 한에서 범죄피해자구조청구권의 법적 성격은 사회보
장적 성격이 농후한 청구권으로 볼 수 있을 것이다.[3]

　　헌법재판소도 범죄피해자구조청구권은 사회권적 성격을 가진다고 판시하
였다.

> **판례** 〈검사의 공소권행사에 관한 헌법소원(각하)〉 "국가가 존립하기 위한 최소
> 요건은 영토와 국민의 보전이다. 국가는 이를 위해 국민에게 국방의 의무와 납세
> 의 의무를 부과함과 아울러 국민에 대하여 국가 외부에서 초래되는 외적의 침입
> 과 국가 내부에서 초래되는 범죄의 발생을 예방하고 이를 물리칠 의무를 스스로
> 부담하고 있는 것이다. 따라서 국가는 이미 범죄가 발생한 경우에는 범인을 수사
> 하여 형벌권을 행사함으로써 국민을 보호하여야 할 것이고, 형벌권을 행사하지
> 아니하는 경우에도 최소한 형벌권을 행사하지 아니하는 것이 오히려 보다 더 나
> 은 결과를 초래할 수 있다고 기대되는 경우에 한정되어야 할 것이다. 그런데, 헌
> 법은 위에서 본 바와 같이 범죄로부터 국민을 보호하여야 할 국가의 의무를 이와
> 같은 소극적 차원에서만 규정하지 아니하고 이에 더 나아가 범죄행위로 인하여
> 피해를 받은 국민에 대하여 국가가 적극적인 구조행위까지 하도록 규정하여 피해

---

1) 권영성, 헌법학원론, 581쪽.
2) 허영, 한국헌법론, 566쪽.
3) 김철수, 헌법학개론, 824쪽은 생존권적 성격을 띤 청구권적 기본권으로, 권영성, 헌법학원론,
　581쪽은 국가배상적 사회보장청구권으로, 허영, 한국헌법론, 566쪽은 사회보상적 성질의
　구체적인 청구권으로 이해하고 있다.

자의 기본권을 생존권적 기본권의 차원으로 인정하였다."(헌재 1989. 4. 17. 88
헌마3 결정)

3. 犯罪被害者救助請求權의 主體

헌법 제29조는 범죄피해자구조청구권의 주체를 '타인의 범죄로 인하여 생
명·신체에 대한 피해를 받은 국민'이라고만 규정하고 있다. 그러나 이를 구체화
한 범죄피해자구조법에 따르면 그 주체는 타인의 범죄행위로 인하여 사망한 자
의 유족이나 중장해를 당한 자이다(동법 제1조). 이때의 유족은 배우자와 자녀,
부모, 손, 조부모, 형제자매의 순이며(동법 제5조), 태아는 유족의 범위를 정함에
있어서 이미 출생한 것으로 본다(동법 제5조 제2항). 외국인의 경우는 상호보증
이 있는 경우에 한하여 주체가 될 수 있다. 범죄피해자구조청구권은 대한민국의
주권이 미치는 영역에서 발생한 범죄행위로 인한 피해자만이 주체가 될 수 있다
(동법 제2조).

**657. 범죄피해자구조
청구권의 주체**

> **판례** "폭행치상범행으로 인하여 사망한 피해자의 처는 그 범행의 피의자에 대
> 한 검사의 불기소처분에 대하여 헌법소원심판을 청구할 자격이 있다."(헌재 1996.
> 10. 31. 95헌마74 결정)

그 밖에도 자기 또는 타인의 형사사건의 수사 또는 재판에 있어서 수사단
서의 제공·진술·증언 또는 자료제출과 관련하여 피해를 입은 자 또는 그 유족
에게도 구조금을 지급하도록 하고 있다(동법 제3조 제1항).

4. 犯罪被害者救助請求權의 內容

(1) 犯罪被害者救助請求權의 槪念

범죄피해자구조청구권이란 타인의 범죄행위로 인하여 생명·신체에 대한 피
해를 입은 경우에 국가에 대해 경제적 구조를 청구할 수 있는 권리를 말한다.

**658. 범죄피해자구조
청구권의 개념**

(2) 被害者救助金

구조금은 유족구조금과 장해구조금이 있다. 유족구조금의 경우 유족 중에서

659. 피해자구조금

선순위자에게 지급하고, 동순위의 유족이 2인 이상인 때에는 균분하여 지급한다. 구조금은 일시금으로 지급한다(동법 제 4 조). 구조금의 금액은 피해자 또는 유족의 생계유지상황과 정도를 참작하여 대통령령으로 정한다(동법 제 9 조). 구조금의 지급을 받을 권리는 그 구조결정이 당해 신청인에게 송달된 날로부터 2년간 행사하지 아니하면 시효소멸한다(동법 제17조).

(3) 犯罪被害者救助請求權의 成立要件

1) 성립요건

660. 범죄피해자구조
청구권의 성립요건

　　범죄피해자구조청구권이 성립되기 위해서는 다음과 같은 세 가지 요건을 충족하여야 한다. 첫째, 타인의 범죄행위로 피해자가 사망 또는 중장해를 입어야 한다. 따라서 긴급피난의 경우는 청구가 가능하나, 정당행위·정당방위·과실에 의한 행위로 발생한 피해는 청구할 수 없다(동법 제 2 조). 둘째, 가해자가 불명하거나 무자력하여 피해의 전부 또는 일부를 배상받지 못하여야 한다(동법 제 3 조). 셋째, 피해자의 생계유지가 곤란해야 한다(동법 제 3 조). 다만 형사절차에 대한 협조와 관련하여 범죄피해자가 된 경우에는 생계유지 곤란여부를 불문한다.

> **판례** 〈범죄피해자구조법 제 2 조 제 1 호 등 위헌확인(기각)〉 "국가의 주권이 미치지 못하고 국가의 경찰력 등을 행사할 수 없거나 행사하기 어려운 해외에서 발생한 범죄에 대하여는 국가에 그 방지책임이 있다고 보기 어렵고, 상호보증이 있는 외국에서 발생한 범죄피해에 대하여는 국민이 그 외국에서 피해구조를 받을 수 있으며, 국가의 재정에 기반을 두고 있는 구조금에 대한 청구권 행사대상을 우선적으로 대한민국의 영역 안의 범죄피해에 한정하고, 향후 해외에서 발생한 범죄피해의 경우에도 구조를 하는 방향으로 운영하는 것은 입법형성의 재량의 범위 내라고 할 것이다. 따라서 범죄피해자구조청구권의 대상이 되는 범죄피해에 해외에서 발생한 범죄피해의 경우를 포함하고 있지 아니한 것이 현저하게 불합리한 자의적인 차별이라고 볼 수 없어 평등원칙에 위배되지 아니한다."(헌재 2011. 12. 29. 2009헌마354 결정)

2) 구조금을 지급하지 아니할 수 있는 경우

661. 범죄피해자구조
금을 지급하지 않을
수 있는 경우

　　적극적 요건이 충족된 경우에도 구조금을 지급하지 아니할 수 있는 경우가 있다. 곧 친족간의 범죄인 경우, 피해자에게 귀책사유가 있는 경우, 기타 사회통념상 구조금의 전부 또는 일부를 지급하지 아니함이 상당하다고 인정되는 경우에는 구조금의 일부 또는 전부를 지급하지 않을 수 있다(동법 제 6 조).

3) 범죄피해자구조금의 환수

국가는 구조금을 받은 자가 ① 사위 기타 부정한 방법으로 구조금의 지급을 받은 경우, ② 구조금을 지급받은 후 구조금을 지급하지 아니할 수 있는 사유가 발견된 경우, ③ 과오급된 경우에 해당될 때에는 심의회의 결정을 거쳐 그가 받은 구조금의 전부 또는 일부를 환수할 수 있다(동법 제16조).

662. 범죄피해자구조금의 환수

4) 다른 급여나 배상과의 관계(범죄피해자구조청구권의 보충성)

피해자가 범죄피해를 원인으로 하여 국가배상법 기타 법령에 의한 급여 등을 지급받을 수 있는 경우에는 구조금을 지급하지 아니하며(동법 제7조), 이미 다른 방법으로 손해배상 등을 받은 경우에는 그 받은 금액의 한도 내에서 지급하지 아니한다(동법 제9조).

663. 범죄피해자구조청구권의 보충성

(4) 犯罪被害者救助金 請求節次

범죄피해자구조금은 당해 범죄피해의 발생을 안 날로부터 1년 이내 또는 당해 범죄피해가 발생한 날로부터 5년 이내에 주소지·거주지 또는 범죄발생지를 관할하는 지방검찰청에 설치된 범죄피해구조심의회에 신청하여야 한다(동법 제12조). 신청을 받은 심의회는 신청인·관계인의 조사, 피해자건강상태의 진단, 행정기관 기타 필요단체에의 조회 등 필요한 조사를 하고(동법 제15조), 신속하게 신청의 인용여부를 결정해야 한다(동법 제13조). 이 때 피해정도의 불명 등 신속하게 결정할 수 없는 사정이 있는 때에는 대통령령이 정하는 금액의 범위 내에서 가구조금의 지급을 결정할 수 있다(동법 제14조). 심의회가 피해의 구조를 결정하면 피해자는 구조금을 지급받을 권리를 취득한다. 구조금수령권은 양도·압류·담보로 제공할 수 없다.

664. 범죄피해자구조금 청구절차

5. 犯罪被害者救助請求權의 效力

범죄피해자청구권은 대국가적 효력을 가진다.

665. 범죄피해자구조청구권의 효력

6. 犯罪被害者救助請求權의 制限

범죄피해자구조청구권은 헌법 제37조 제2항에 따라 국가안전보장, 질서유

666. 범죄피해자구조

청구권의 제한   지, 공공복리를 위하여 필요한 경우에는 법률로써 제한할 수 있다. 그러나 범죄피해자에 대한 국가구조책임을 부인하는 입법은 범죄피해자구조청구권의 본질적 내용의 침해이기 때문에 어떤 경우에도 허용되지 않는다고 보아야 할 것이다.

第6章　國民의 基本義務

第1節　國民의 基本義務一般論

1. 國民의 基本義務의 槪念

의무(obligatio, officium)는 권리에 반대되는 개념이다. 의무는 객관적 법질서에 근거를 두며, 명령을 이행하거나 금지를 존중할 구속력을 가지는 요청을 의미한다. 권리가 '해도 된다'(dürfen) 또는 '할 수 있다'(können)라는 형태를 띰에 반하여, 의무는 '하여야 한다'(sollen)의 형태를 띤다. 의무와 권리는 매우 밀접한 관계가 있다. 그렇다고 해서 의무가 반드시 권리의 존재를 전제하는 것은 아니다. 그러나 권리가 존재하고 실효성을 가지기 위해서는 법공동체의 기관이 권리를 보장할 의무가 전제되지 않으면 안 된다.

법의 영역에서 의무의 이행을 요구하기 위해서는 그에 해당하는 법적 근거가 있어야 한다. 그렇다고 해서 법이 실정법 이전의 인간생활과 법규범 이외의 타 규범에 대하여 무관하다는 것은 아니다. 왜냐하면 개개의 법적 의무들은 궁극적으로는 인간을 인격으로 대우하는 데 그 근거를 가지고 있기 때문이다. 그래서 이미 오래 전에 헤겔 *G. W. F. Hegel*은 다음과 같이 말한 바 있다. "법적 명령은 하나의 인격을 다른 인격과 마찬가지로 존중하라는 것이다."[1]

법적 의무의 구속성은 의무자의 내적 동의에 따라 좌우되는 것이 아니다. 법적 의무의 구속성은 법질서가 가지는 객관적 효력에 근거를 두고 있는 것이다. 달리 표현하면, 법적 의무의 이행은 합법성의 한도 내에 그칠 수밖에 없다. 그러나 법이 존엄과 자유를 통하여 특징지어지는 인간의 인격성에 근거를 두고 있는 한, 법적 의무를 오로지 타율적 강제의무라고 생각하는 것은 아마도 법실증주의의 잘못이라고 할 수 있을 것이다. 따라서 우리가 법적 의무를 이행하는 것은 그것이 동시에 윤리적인 요청이기 때문이며, 그러한 한에서 법은 자유로운

667. 국민의 기본의무의 개념: 국가에 대한 국민의 헌법적 의무

---

1) G. W. F. Hegel, *Grundlinien der Philosophie des Rechts*, 5. Aufl.(1995), §36.

윤리적 의무이행에 반드시 필요한 조건이라고 할 수 있다.

의무에 대한 이러한 일반론적인 고찰을 바탕으로 하여 기본의무의 개념을 다음과 같이 정의할 수 있다. 국민의 기본의무란 국민의 기본권에 대응하는 개념으로서, 국민이 국가구성원으로서 부담하는 여러 의무 가운데서 특히 헌법이 규정하고 있는 의무,[1] 즉 국가에 대한 국민의 헌법적 의무를 말한다.[2] 이러한 개념정의에 따를 때 시민 상호간의 의무와 국가기관의 의무 및 (개별 법률에서 기본의무라는 용어를 사용하고 있다 하더라도) 개별 법률상의 의무는 기본의무가 아니다.[3]

개념사적으로 기본의무는 크게 두 과정을 거쳐 오늘날의 형태로 확정되었다. 즉 기본의무의 개념은 자연적 의무에서 시민적 의무로 변천하였다.

2. 國民의 基本義務의 沿革

(1) 啓蒙主義 사상가들과 인간의 自然的 義務

668. 계몽주의 사상가들과 인간의 자연적 의무

기본의무에 선행하는 인간의 자연적 의무라는 개념은 근대계몽주의의 산물이다. 계몽주의시대의 국가사상가들은 국가공동체는 권리와 의무로 구성된 것으로 생각하였다. 특히 그로티우스, 푸펜도르프, 토마지우스, 크리스티안 볼프 등의 자연법이론은 시민 상호간의 평화유지의무, 사회적으로 권위 있는 기관에 의하여 제정·공포된 법률의 준수의무 등과 같은 인간의 자연적 의무를 언급하고 있다.[4]

669. 페더에 의한 기본권과 기본의무의 체계상 대비

그러나 기본권과 기본의무라는 용어를 사용하면서 처음으로 양자를 체계상 대응되는 것으로 이해한 이는 페더 *J. G. H. Feder*였다.[5] 페더는 기본의무를 원

---

1) G. Jellinek, *System der subjektiven öffentlichen Rechte*, 2. Aufl.(1964), S. 81ff.; C. Schmitt, *Verfassungslehre*, 1928, S. 174; D. Merten, Grundpflichten im Verfassungssystem der Bundesrepublik Deutschland, BayVBL. 1979, S. 554ff.(555); R. Stober, *Grundpflchten und Grundgesetz*, 1979, S. 12ff.; Th. Schramm, *Staatsrecht*, Bd. Ⅲ, 3. Aufl.(1985), S. 17.

2) V. Götz, Grundpflichten als verfassungsrechtliche Dimension, *VVDStRL* Heft 41(1983), S. 7ff.(12)는 기본의무를 헌법에 의하여 요청된 공공복리에 대한 기여의무로 정의한다. 그리고 K. Stern, *Das Staatsrecht der Bundesrepublik Deutschland*, Bd.Ⅲ/2, 1994, S. 999는 기본의무를 인간과 국민에 대하여 헌법에서 확정된, 개인의 기본지위를 한정하는, 공동체를 위하여 특별한 의미를 가지며 공동체에 의하여 요구될 수 있는 법적 의무로 정의한다.

3) C. Gusy, Grundpflichten und Grundgesetz, JZ 1982, S. 657ff.(657).

4) Th. Maunz/R. Zippelius, *Deutsches Staatsrecht*, S. 173.

5) J. G. H. Feder, *Lehrbuch der praktischen Philosophie*, 1771.

초적인 법적 평등으로부터 결과되는 개인의 무제한한 소극적 의무로 이해하였
다. 기본의무란 한 사람이 자연상태의 권리를 주장함에 있어 다른 사람을 해쳐
서는 안 되는 의무, 곧 타인의 생명을 해치거나, 타인의 발전을 방해하거나, 타
인을 중상하거나 기만해서는 안 되는 의무라는 것이다. 페더가 사용한 기본의무
는 동시대의 사람들이 시민의 의무와는 정반대의 의미로 사용한 인간의 의무 또
는 자연적 의무에 상응한다.[1] 공동체를 이성법적으로 이해하는 이론에 따르면
'본래의 의무'(ursprüngliche Pflicht)는 기본적 자유권의 내재적 한계와 동일한 개
념이다.

(2) 國民의 義務의 憲法規範化

그러나 인간의 자연적 의무가 국민의 법적 의무로 된 것은 근대국가의 등
장과 함께 하는 것으로 볼 수 있다. 근대국가 이전에는 국왕은 법률규정의 유무
와 관계없이 납세를 강제함으로써 국민의 재산권을 부당히 침해하였고 또 국민
의 신체를 구속하여 병역 등을 강제하였다. 그 후 영국에서 국왕의 자의적인 조
세징수나 강제적인 징병을 억제하기 위하여 의회의 승인에 의한 과세와 징병의
원칙이 확립됨으로써 의무는 입법사항으로 되었다.

18세기 초 프랑스와 북미대륙에서 인권과 시민권을 선언하는 데 앞장섰던
이들은 인간에게는 기본적인 사회적·정치적 의무가 있다는 것을 자명한 것으로
생각하였다. 따라서 그들은 여러 헌법문서에서 사람들이 생명과 자유와 재산을
보호받을 권리를 가진다면 그러한 권리를 가진 사람들은 그 권리를 보호하는 기
관에서 소요되는 비용을 부담해야 한다고 선언하였다.[2] 그리고 그러한 의무는
부분적으로 인권선언에 포함되기도 하였다.[3] 이러한 의무들은 시민인 인간에게
부과된 의무로서 더 이상 모든 사람의 평등한 자유를 확보하기 위하여 없어서는
안 될 개인적 권리들의 내재적 자기제한(제약)으로 이해되지 않고, 외부적으로,
즉 공동체의 기구에 의하여 부과된 의무로 이해되었다. 그 결과 18세기 초부터
헌법문서에 기본권 외에도 충성의무, 국방의 의무, 납세의무, 재산양도의무 등이
규정되기 시작하였다. 우리는 오늘날 이러한 의무들을 고전적 기본의무라 부르
고 있다.

670. 국민의 의무의
헌법규범화 — 1791년
의 프랑스헌법에서
간접적으로 납세의
의무를 규정한 것이
처음

---

1) H. Hofmann, Grundpflichten und Grundrechte, in: *Handbuch des Staatsrechts*, Bd. V.,
 S. 321ff.(325).
2) 예컨대 1780년 매사추세츠주헌법 제10조 참조.
3) 예컨대 1776년 버지니아권리장전 제15조와 제16조 참조.

그러나 국민의 의무가 헌법규범화된 것은 1789년의 프랑스인권선언과 프랑
스인권선언의 내용을 그대로 받아들인 1791년의 프랑스헌법에서 간접적으로 납
세의 의무를 규정한 것[1]이 처음이라고 할 수 있다. 1795년의 프랑스헌법은 '인
간과 시민의 권리·의무의 선언'을 규정하고 사회의 방위의무, 법률에의 복종의
무 등의 내용으로 구성된 9개조의 의무목록을 규정하였다. 1919년의 바이마르헌
법은 나우만 *Friedrich Naumann* 등의 주장을 받아들여 종래의 납세의무와 병
역의무 외에도 새로운 의무에 대하여 자세한 규정을 두어[2] 국가의 사회적 성격
을 강조하고 '자유의 개인주의원칙'(das individualistische Prinzip der Freiheit)을 수
정한 최초의 헌법[3]으로 알려져 있다. 오늘날 국민의 기본의무에 대하여는 각국
헌법이 대부분 규정하고 있으나, 그 구체적 내용은 나라마다 다르다. 그러나 독일
기본법처럼 국민의 기본의무에 대하여 의식적으로 침묵하고 있는 헌법도 있다.[4]

---

1) 1791년 프랑스헌법 제13조: "병력을 유지하고 행정비용을 감당하기 위해서는 일반적인 조
   세가 필수적이다. 조세는 국민의 재산상황을 고려하여 모든 국민에게 평등하게 부담시켜야
   한다."
2) 바이마르헌법은 양친의 자녀의 교육의무(제120조), 명예직활동을 받아들일 의무(제132조),
   병역의무(제133조), 공적 부담을 분담할 의무(제134조), 취학의무(제145조), 재산권의 공공
   복리적합의무(제153조), 근로의 의무(제163조), 토지를 경작하고 충분히 이용할 의무·토지
   에 대한 노동 또는 자본의 투입 없이 생긴 지가의 상승을 전체를 위하여 이용하는 의무
   (제155조 제3항) 등을 규정하였다.
3) C. Schmitt, *Verfassungslehre*, S. 174f.; R. Thoma, Die juristische Bedeutung der
   grundrechtlichen Sätze, in: Nipperdey(Hg.), *Die Grundrechte und Grundpflichten der
   Reichsverfassung I*, 1929, S. 28ff.(28f.); P. Badura, Grundpflichten als verfassungsrecht-
   liche Dimension, DVBl. 1982, S. 861ff.(865).
4) 물론 독일기본법에도 부분적으로는 기본의무로 볼 수 있는 규정이 있다. 예컨대 기본법 제
   5조 제3항 제2문(교수의 자유는 헌법에 대한 충성으로부터 벗어나지 못한다), 동 제14
   조 제2항(재산권의 행사는 의무를 수반한다. 그 행사는 동시에 공공복리에 봉사하여야 한
   다), 동 12조a 제1항(만18세 이상의 남자에게는 군대, 연방국경수비대 또는 민방위대에
   복무할 의무를 지울 수 있다) 등이 그 예에 속한다. 그러나 독일의 헌법학자들은 이들을
   국민의 기본의무로 간주하고 있지는 않다. 이렇듯 기본법이 국민의 기본의무를 규정하지 않
   은 데 대하여 마운츠 *Maunz*는 국민의 '기본의무를 극도로 서자취급'(die höchst stiefmütter-
   liche Behandlung der Grundpflclchten)하였다고 그 부당성을 지적하고 있다. 그러나 기본
   법이 기본의무에 대하여 의식적으로 침묵하고 있는 것은 기본법의 아버지들이 기본의무는
   자명한 것으로 헌법에 언급할 필요가 없다고 생각했으며(J. Isensee, Die verdrängten
   Grundpflichten des Bürgers, DÖV 1982, S. 609ff, 611; O. Kimminich, *Deutsche
   Verfassungsgeschichte*, 1970, S. 393; R. Stober, 주 859, S. 20) 법적 의무는 구체적으로
   언급되어야지 표어식으로 표현되어서는 안 되기 때문에 헌법보다는 법령에 의해서 규정되
   는 것이 바람직한 것으로 생각한 데 그 이유가 있다는 것이 일반적인 독일학자들의 견해
   이다. K. Löw, *Die Grundrechte*, S. 49 참조.

(3) 우리 憲法에 規定된 國民의 基本義務

우리 헌법은 국민의 기본의무로서 제38조에서 납세의 의무를, 제39조 제 1 항에서 국방의 의무를, 제31조 제 2 항에서 교육을 받게 할 의무를, 제32조 제 2 항에서 근로의 의무를, 제35조 제 1 항에서 환경보전의 의무를, 제23조 제 2 항에서 재산권행사의 공공복리적합의무를 규정하고 있다. 우리 헌법은 헌법과 법률의 준수의무·국가수호의 의무에 대해서는 규정하고 있지 않으나, 이는 자명한 것으로 받아들여지고 있다.[1]

671. 우리헌법에 규정된 국민의 기본의무

3. 國民의 基本義務의 法的 性格

국민의 기본의무의 법적 성격과 관련해서는 전국가적 의무로 보는 견해와 실정법상의 의무로 보는 견해가 나누어져 있다.

672. 국민의 기본의무의 법적 성격에 대한 학설

그러나 국민의 기본의무를 전국가적 의무라고 보는 경우 그것은 무제한의 의무를 의미하고, 무제한의 의무라는 것은 헌법국가와 법치국가의 원리에 위반되게 된다. 따라서 기본의무라고 하는 것은 국가공동체를 형성하고 유지하기 위한 국민의 실정법상의 의무에 지나지 않는다고 하는 것이 다수설의 입장이다.[2]

또한 국민의 기본의무의 법적 성격과 관련하여 그것이 직접적인 효력을 갖는 것인지, 헌법윤리적인 선언적 효력만을 갖는 것인지에 대해서 견해가 나누어져 있다. 그러나 개인적으로는 기본의무는 프로그램적 성격과 원칙규범으로서의 성격 및 입법위임규정으로서의 성격을 가진다고 본다. 이를 분설하면 다음과 같다.

673. 국민의 기본의무의 법적 성격에 대한 사견

헌법에 기본의무가 규정되어 있다고 해서 기본의무가 곧바로 현실화되는 것은 아니다. 곧 기본의무는 자동집행력을 갖지 못한다.[3] 기본의무가 법적으로 강제될 수 있는 의무가 되기 위해서는 전적으로 입법자에 의한 구체화가 필요하

---

1) 근대시민들도 최소한 국민국가의 형성을 위하여 필요한 국민의 의무를 당연한 것으로 전제하였다고 볼 수 있으며(P. Badura, Grundpflichten als verfassungsrechtliche Dimension, S. 861), 이를 민주국가·국민 국가에 있어서의 국민의 당연한 의무, '선험적 기본의무'(aporirische Grundpflicht)로 부를 수 있을 것이다(J. Isensee, Die verdrängten Grundpflichten des Bürgers, S. 612f.; R. Thoma, Die juristische Bedeutung der grundrechtlichen Sätze, S. 29f.). 이를 허영, 한국헌법론, 561쪽은 국가창설적 국민의 의무라 부르고 있다.

2) 그러나 안용교, 국민의 헌법상의 기본의무, 고시계(1974. 12.), 42쪽은 국민의 기본의무를 국민의 의무와 인간의 의무로 나누고 있다.

3) J. Isensee, Die verdrängten Grundpflichten des Bürgers, S. 613.

다. 그러한 한에서 법구조적으로 기본의무는 사회적 기본권과 비슷한 구조를 띠고 있다. 따라서 기본의무는 동시에 입법을 행할 헌법위임규정과 연관되어 있을 뿐만 아니라 프로그램적 성격을 가지고 있으며,[1] 항상 성문화되지 않은 '법률유보'(Gesetzesvorbehalt)를 내용으로 한다.[2] 또한 기본의무는 자유를 제한하는 처분적 성격을 가지기 때문에 '법률의 유보'(Vorbehalt des Gesetzes)하에 있다.[3] 따라서 입법자가 기본의무를 구체화하는 입법행위를 하지 않으면 기본의무는 '불완전한 법'(leges imperfecta)에 지나지 않는다. 그러나 법률에 대한 복종의무는 이에 대한 예외가 되며, 그것은 법의 효력의 선험적 조건이 된다는 것은 뒤에서 살필 것이다.

다음으로, 기본의무는 원칙규범으로서의 성격을 가지고 있다. 즉 기본의무는 그 의무를 구체화한다는 의미에서 의회가 법률규정을 의무적으로 정립할 것을 내용으로 하는 원칙을 선언하고 있다. 이에 대한 표준적인 예는 교육의무와 병역의무에서 찾아볼 수 있다.

끝으로, 기본의무는 입법위임규정으로서의 성격을 가진다. 즉 헌법상의 프로그램을 현실화시키는 것은 전적으로 입법자에게 위임되어 있다. 물론 기본의무가 공동체의 이익을 제도화시키고 있는 한, 기본의무가 특히 기본권분야에서 권리를 해석하고 적용하는 데 있어 원칙을 제공한다는 것은 부인할 수 없다. 그러나 이 말은 행정청과 법원이 법적 구속력을 가진 법률의 하위규범에 의해 기본의무를 구체화시킬 수 있다는 것을 의미하지는 않는다. 왜냐하면 기본의무의 존재를 인정하는 것은 기본권을 모든 국가기관에 의하여 실현될 수 있는 사회의 무성의 유보하에 두는 것을 부정하기 때문이며, 대의민주제적 헌법하에서 개개인의 자유와 의무를 호혜주의원칙과 모든 이의 평등한 자유의 원칙에 따라 조정하는 것은 입법자의 임무이기 때문이다.[4]

---

1) H. Hofmann, Grundpflichten als verfassungsrechtliche Dimension, in: *VVDStRL* Heft 41(1983), S. 42ff.(77).

2) H. Bethge, Die verfassungsrechtliche Problematik der Grundpflichten, JA 1985, S. 249ff.(257). 그에 반하여 R. Stober, *Grundpflichten und Grundgesetz*, S. 14는 기본의무와 법률유보의 유사성을 인정하면서도 법률유보는 단지 기본권을 제한할 뿐이지 독자적인 헌법상의 기본의무의 근거가 되지 못한다고 한다.

3) C. Gusy, Grundpflichten und Grundgesetz, JZ 1982, S. 657ff.(662); J. Isensee, Die verdrängten Grundpflichten des Bürgers, S. 612; D. Merten, Grundpflichten im Verfassungssystem der Bundesrepublik Deutschland, S. 556.

4) H. Hofmann, Grundpflichten als verfassungsrechtliche Dimension, S. 78f.

4. 國民의 基本義務의 類型 및 그 特徵

(1) 國民의 基本義務의 類型

1) 분류방법

국내에서는 국민의 기본의무를 고전적 기본의무와 현대적 기본의무로 분류하는 방법이 일반화되어 있다. 그러나 기본의무는 여러 가지 방법으로 분류할 수 있다.[1] 예컨대 기본의무를 복종의무, 충성의무 및 급부의무로 분류하는 학자가 있는가 하면,[2] 기본의무를 정치적 기본의무와 사회적 기본의무로 나눈 후 그것을 더욱 세분하는 학자도 있고,[3] 기본의무를 일반적 의무와 개별적 의무로 구분하고 있는 학자도 있으며,[4] 기본의무를 구속의 강도에 따라 나누는 학자도 있다.[5]

674. 국민의 기본의 무의 분류방법

그러나 모든 기본의무를 이러한 분류방법의 어느 하나만으로 완벽하게 분류할 수는 없다. 왜냐하면 어느 분류방법에도 속하지 않는 기본의무도 있을 뿐만 아니라 동시에 여러 가지 속성을 가진 의무도 있을 수 있기 때문이다. 따라서 여기에서는 기본의무를 단일한 기준에 따라 분류하는 방법을 택하지 않고 기본의무를 여러 가지 기준에 따라 진정기본의무와 부진정기본의무, 인간의 의무와 국민의 의무, 선험적 의무와 비선험적 의무 및 고전적 의무와 현대적 의무로 분류하기로 한다.

2) 진정기본의무와 부진정기본의무

진정기본의무란 헌법이 직접적으로 특정의 법적 결과를 언급하고 있는 기본

675. 진정기본의무

---

1) 예컨대 권영성, 헌법학원론, 659·660쪽은 민주국가국민의 일반적 의무와 헌법상의 의무로 나누며, 허영, 한국헌법론, 569쪽 이하는 국가창설적인 국민의 의무, 기본권에 내포된 국민의 윤리적 의무, 헌법이 정하는 국민의 기본적 의무로 나누고 있다. 그러나 이러한 분류방법은 국민의 의무라는 제목하에서라면 타당할지 모르겠으나, 국민의 기본의무라는 제목하에서는 문제가 있다고 생각한다. 왜냐하면 이러한 분류는 국민의 기본의무를 헌법에 규정된 의무로 개념정의하는 것과는 모순되기 때문이다.

2) H. Saffert, *Geschichte der Grundpflichten*, Diss. iur. Würzburg, 1959, S. 30ff.

3) J. Detjen, Grundpflichten – ein Thema für die politische Bildung?, Politische Studien 38(1987), S. 179ff.(189).

4) K. Stern, *Das Staatsrecht der Bundesrepublik Deutschland*, Bd. III/2, S. 1018ff.

5) H. Bethge, Die verfassungsrechtliche Problematik der Grundpflichten, S. 258. 어느 정도의 효력을 요구할 수 있느냐에 따라 기본의무를 윤리적 의무, 불완전한 법적 의무 및 완전한 법적 의무로 분류하는 T. I. Schmidt, *Grundpflichten*, 1999, S. 120ff.도 이 분류에 속한다고 할 수 있다.

의무를 말하고, 부진정기본의무란 그렇지 않은 의무를 말한다.

진정기본의무의 대표적인 예로서 기본법 제 6 조 제 2 항 제 1 문을 들 수 있다. 기본법 제 6 조 제 2 항 제 1 문에 따르면 "자녀의 부양과 교육은 양친(兩親)의 자연적 권리이고 일차적으로 그들에게 부과된 의무이다."[1] 즉 양친에게 자녀의 부양과 교육은 권리이자 동시에 의무로서 부과되고 있다.[2] 진정기본의무의 경우에는 입법자는 기본의무를 구체화하고 헌법의 범주 내에서 더 구체화시킬 수 있을 뿐이다.

부진정기본의무의 대표적인 예는 기본법 제14조 제 2 항에서 찾아볼 수 있다. "재산권은 의무를 수반한다"는 제14조 제 2 항 제 1 문은 직접적인 법적 결과를 추론해내기에는 지나치게 관념적이고 비현실적이며, 매우 불확정적이다. 이 규정으로부터는 재산권자가 지켜야 할 것이 무엇이고, 국가가 재산권자에게 무엇을 요구할 수 있는지를 확정지을 수 없다. 즉 "재산권은 의무를 수반한다"는 기본법규정은 입법자가 재산권이 무엇에 대하여 의무를 지는가 하는 것을 규정하지 않는 한 재산권자에게 어떠한 것도 명할 수 없다. 따라서 이 규정을 구체화시키는 법률이 존재하지 않는다면, 기본법 제14조 제 2 항이 정하고 있는 사회적 의무성은 개인에게는 도덕적 촉구 이상의 것이 될 수 없다.[3] 제 1 문을 그에 따르는 제 2 문, 즉 "그 행사는 동시에 공공복리에 봉사하여 한다"와 관련시켜 해석하더라도 기본의무의 내용을 만족할 정도로 명백하게 확정할 수 없다. 그러한 한에서 기본법 제14조 제 2 항은 독자적인 기본의무를 규정하고 있는 것이 아니라, 입법자에게 공공복리를 위하여 재산권사용의 한계를 구체화시킬 권한을 부여하고 있을 뿐이다. 기본권이론적으로는 기본법 제14조 제 2 항은 재산권의 특정영역에 대한 '제한유보'(Schrankenvorbehalt)로 이해되고,[4] 그러한 한에서 법률유보에 속한다.[5]

---

1) C. Gusy, Grundpflichten und Grundgesetz, S. 658은 이 조항을 고전적 기본의무로 이해한다.

2) 그러나 기본법 제12조 제 2 항에 따르면 "모든 사람에게 평등한 전통적이고 일반적인 공적(公的) 병역의무를 제외하고는 누구도 일정한 노동을 강요당하지 않는다." 따라서 병역의무는 헌법상의 기본의무라는 견해도 있다(V. Götz, Grundpflichten als verfassungsrechtliche Dimension, S. 23 및 그곳에 인용된 문헌 참조).

3) T. Maunz, *Deutsches Staatsrecht*, 23. Aufl.(1980), §22 I 3; D. Merten, Grundpflichten im Verfassungssystem der Bundesrepublik Deutschland, S. 558; J. Isensee, Die verdrängten Grundpflichten des Bürgers, S. 613.

4) O. Kimminich, Art. 14(Drittbearbeitung) Rdnrn. 104-110, in: *Bonner Kommentar*, 1976.

5) J. Isensee, Die verdrängten Grundpflichten des Bürgers, S. 612f.

3) 인간의 의무와 국민의 의무

기본권이 그 주체에 따라 인간의 권리와 국민의 권리로 나누어지듯이, 기본
의무도 인간의 의무[1]와 국민의 의무로 나누어질 수 있다. 기본법에 규정되어 있
는 기본의무는(제12a조 제 1 항[2]의 의무유보를 포함하여)[3] 헌법이 적용될 수 있는
모든 인간을 대상으로 한다. 이를 인간의 의무라 한다.

외국인에게 병역의무를 부과하는 것이 가능하기는 하다. 그러나 그러한 일
이 헌법에 의하여 요청되는 것은 아니다.[4] 따라서 공무원법과 병역법을 근거로
한 병역의무는 원칙적으로 독일인에게만 적용된다. 이를 국민의 의무라 한다.

676. 인간의 의무와
국민의 의무

4) 선험적 기본의무와 비선험적 기본의무

기본의무를 앞에서처럼 국민이 국가구성원으로서 부담하는 여러 의무 가운
데서 특히 헌법이 규정하고 있는 의무라고 개념 규정하는 경우 원칙적으로 헌법
에 규정되지 않은 선험적 기본의무란 존재할 수 없다. 그러나 이에는 예외가 있
다. 그것은 합헌적 법률과 합법률적 집행행위에 복종할 의무이다. 예컨대 토마
*R. Thoma*는 "유일하게 법적인 기본의무는 법규범과 합규범적 국가행위에 복종
할 의무"라고 하고 있다.[5] 모든 법률은 복종될 것을 전제한다. 따라서 복종의무
는 법률이 전제하고 있는 것이지, 법률에서 복종의무를 별도의 항목으로 규정할
성질의 것이 아니다. 또한 이 의무는 헌법에 규정될 필요도 없다. 이 의무는 법
률에 의하여 지배하는 법치국가적 민주주의의 자명한 조건이기도 하다. 따라서
이러한 기본의무는 가장 엄격한 법률실증주의자라 하더라도 인정할 수밖에 없는
자연법적 규범이다.[6]

677 . 선험적 기본의
무와 비선험적 기본
의무

1) 인간의 의무를 어떻게 이해하여야 하는가 하는데 대해서는 의견이 일치되어 있지 않다. 그
러나 인간의 의무를 자연법적 효력을 갖는 의무로 이해하는 견해가 가장 일반적이다.
2) 기본법 제12a조 제 1 항은 다음과 같은 내용이다. "만 18세 이상의 남자에게는 군대, 연방
국경수비대 또는 민방위대에 복무할 의무를 지울 수 있다."
3) 그러나 R. Stober, *Grundpflichten und Grundgesetz*, S. 44는 외국인이 국가를 인정하지도
않을 뿐만 아니라 국가도 외국인에게 모든 기본권의 주체성을 인정하지 않는다는 이유로
병역의무를 독일인에 한정시켜야 한다고 한다.
4) V. Götz, Grundpflichten als verfassungsrechtliche Dimension, S. 24 및 그곳에 인용된
문헌 참조.
5) R. Thoma, Die juristische Bedeutung der grundrechtlichen Sätze, S. 29. 같은 내용의 이
야기를 W. Jellinek, Die Verfassung des Landes Hessen, DRZ 1947, S. 4는 다음과 같이
표현하고 있다. 의무는 예외없이 "모든 사람은 법률에 복종하라!"라는 말로 표현될 수 있
다. 여기서는 P. Badura, Grundpflichten als verfassungsrechtliche Dimension, S. 867에서
재인용.
6) J. Isensee, Die verdrängten Grundpflichten des Bürgers, S. 612. 그러나 H. Bethge,

그에 반하여 법률에 복종할 의무를 제외한 나머지 의무는 비선험적 의무에 속한다.

5) 고전적 기본의무와 현대적 기본의무

678. 고전적 기본의무와 현대적 기본의무

공화정적 시민의 의무라는 의미에서 본래의 헌법적 기본의무를 고전적 기본의무라 한다. 이러한 의무들은 18세기 말부터 헌법문서에 등장하기 시작하였으며, 바이마르헌법 말기에는 그들에게 기본의무라는 명칭이 부여되었다. 그러한 기본의무에 속하는 것으로는 법률에 복종할 의무, 병역의 의무, 납세의 의무 및 (법률에서 정의된 공적 필요성이 존재하는 경우에 인정되는) 재산양도의무를 들 수 있다.[1] 이들은 개인적 권리의 제한이 아니라 공동체에 대한 실정적 의무부여로 생각되었다.

그에 반하여 바이마르헌법에서부터 규정되기 시작한 의무를 현대적 의무라 한다. 현대적 의무에는 교육의 의무, 환경보전의 의무, 재산권행사의 공공복리적합의무 등이 속한다는 것이 국내 다수설의 입장이다.

여기서 한 가지 짚고 넘어가야 할 것은 교육의무가 고전적 의무에 속하는가 아니면 현대적 의무에 속하는가 하는 점이다. 예를 들어 후버 *E. R. Huber*는 병역의무, 납세의무 및 교육을 받을 의무를 고전적 의무에 속하는 것으로 보고 있다.[2] 그러나 교육을 받을 의무를 강조하는 것은 독일적 측면을 역사적으로 강조하는 것에 지나지 않는다.[3] 왜냐하면 바이마르헌법 이전의 헌법들에서 교육의무를 언급하는 경우 그것은 바이마르헌법 제145조와는 달리 아동의 '취학의무'(Schulbesuchspflicht)가 아니라 수업에의 강제를 의미하는 '교수의무'(Uterrichts-

---

Grundpflichten als verfassungsrechtliche Dimension, NJW 1982, S. 2145ff.(2150)는 법률에 복종할 의무는 기본권을 통하여 정당화된 합헌적 질서에 개인이 구속된다는 것을 표현하는데 지나지 않는다고 하면서, '평화유지의무'(die Friedenspflicht)를 일반적으로 법률에 복종할 의무에 속한다고 보고 있다. 그런가 하면 O. Bachof, Diskussionsbeitrag, *VVDStRL* Heft 41(1981), S. 99는 법률에 복종할 의무 외에 '연대적 행동의 의무'(Pflichten des Sich-solidarisch Verhaltens)를 인정하고, 후자를 선험적 기본의무라고 하고 있다.

1) H. Hofmann, Grundpflichten als verfassungsrechtliche Dimension, S. 62; P. Saladin, *Verantwortung als Staatsprinzip*, 1984, S. 214f.; E. R. Huber, *Deutsche Verfassungsgeschichte*, Bd. 3, 2. Aufl.(1970), S. 101은 병역의 의무, 납세의 의무, 일반적 교육의무를 근대국가의 본질에 속하는 국민의 3대 기본의무라 부르고 있다. 그리고 이미 H. Schulze, *Das Preussische Staatsrecht*, 1. Bd., 1872, S. 365는 복종의무, 병역의무 그리고 납세의무를 명시적으로 기본의무라 부른 바 있다.

2) E. R. Huber, *Deutsche Verfassungsgeschichte*, Bd. 3, S. 101.

3) H. Hofmann, Grundpflichten als verfassungsrechtliche Dimension, S. 65.

pflicht)를 뜻하기 때문이다.[1]

(2) 國民의　基本義務의　特徵

　　고전적 의무의 특징은 국가권력의 남용을 억제하고 국가권력의 발동을 제한　　679. 국민의 기본의
한다는 의미에서 소극적이고 방어적이었다. 그러나 이러한 고전적 의무도 현대　　무의 특징
민주국가에서는 소극적이고 방어적인 의미만을 가지는 것이 아니라, 주권자인
국민이 스스로 국가의 존립과 안전을 위하여 병력을 유지하고 국가의 재정을 위
하여 조세를 납부한다는 적극적 의미를 아울러 가지고 있다. 그에 반하여 현대
적 의무는 권리와 의무가 혼합된 형태를 띠고 있으며, 사회국가·문화국가·환경
국가이념을 구현한다는 의미를 가지고 있다.

　　결국 오늘날 기본의무는 (그것이 고전적인 것이든 현대적인 것이든) 수세적인
측면에서만 고찰할 것이 아니라 정치적 통일체로서의 국가에의 적극적인 참여와
구성이라는 측면에서도 고찰할 필요성이 요청된다 하겠다.[2]

5. 基本義務와　관련된　그　밖의　문제들

(1) 基本義務의　受範者

　　국가는 영토고권을 가지고 있으므로, 국가는 그 영토 내에 거주하고 있는　　680. 기본의무의 수
모든 사람, 즉 국민, 외국인 및 무국적자에게 의무를 부과할 수 있다.[3] 따라서　　범자
외국인이 어떤 나라의 영토 내에서 영리행위를 하거나 재산을 보유하고 있다면
납세의무의 주체가 된다. 영미법계 국가에서는 체류국가에 대한 외국인의 특별
한 충성의무(성실의무)를 요구하는 경우(소위 local allegiance)가 일반적임에 반하
여, 독일의 경우는 평등원칙이 적용되기 때문에 그러한 특별한 의무를 추론해
낼 수는 없다.[4] 또한 본질상 사법상의 법인에게도 기본의무의 주체성은 인정된
다. 법인의 기본의무 주체성은 물적·금전적 급부의무의 경우에 두드러진다. 그
에 반해서 외국인에게 병역의무를 부과하는 것이 논리적으로 금지된 것은 아니
지만, 외국인은 병역의무의 주체가 되지 않는다는 것이 일반적인 견해이다.[5]

---

1) H. Hofmann, Grundpflichten als verfassungsrechtliche Dimension, S. 66 및 그곳에 인용
　된 문헌 참조.
2) J. Isensee, Die verdrängten Grundpflichten des Bürgers, S. 616f.; R. Stober, *Grund-*
　pflichten und Grundgesetz, S. 447f. 또한 허영, 한국헌법론, 570쪽도 참조.
3) C. Schmitt, *Verfassungslehre*, S. 197.
4) R. Stober, *Grundpflichten und Grundgesetz*, S. 51.

(2) 基本義務의 效力

681. 기본의무의 효력

기본의무는 원칙적으로 대국가적 효력을 가진다. 즉 기본의무는 국가와 지방자치단체에 효력을 미친다. 그렇다고 해서 기본의무의 제 3 자적 효력이 전적으로 부정되는 것은 아니다. 예컨대 기본의무의 제 3 자적 효력은 명예직공무수행의무의 경우 분명하다. 왜냐하면 노동자가 명예직공무를 수행하여야 할 의무의 주체가 되는 경우, 그 의무는 그 노동자를 채용하고 있는 기업주의 협력이 있어야만 가능하기 때문이다.

(3) 基本權과 基本義務의 衝突

682. 기본권과 기본의무의 충돌

기본의무는 헌법 내에서 고립된 존재가 아니다. 기본의무를 현실적인 것으로 만들기 위해서는 종종 법률에 의한 구체화가 필요하다. 그렇기 때문에 기본의무를 구체화하는 과정에서 기본권과 충돌하는 현상이 있을 수 있다. 양심의 자유와 병역의무의 충돌이 그 대표적인 예이다.

이 문제와 관련하여 독일연방헌법재판소는 개인의 양심을 병역의무보다 우선시키고 있다. 따라서 개인은 자신의 양심에 반하여 집총병역의무를 강제받지 아니한다. 다만 동 재판소는 언제 군무(軍務)에 반하는 양심상의 결정이 있는지에 대해서는 침묵하고 있다.[1]

이 문제를 법익형량에 따라 해결하는 것이 바람직하다는 견해도 있다.[2] 그리고 법이론적으로는 권리와 의무의 관계를 권리우선으로 보는 견해[3]와 의무우

---

5) W. Weber, Dienst- und Leistungspflichten der Deutschen, in: E. R. Huber(Hrsg.), *Idee und Ordnung des Reiches- Gemeinschaftsarbeit deutscher Staatsrechtslehrer*, 1943, S. 128.

1) BVerfGE 12, 45(54); 48, 127(162ff.).

2) T. Oppermann, Diskussionsbeitrag, *VVDStRL* Heft 41(1982), S. 144.
   국내에서는 다음과 같은 한수웅, 헌법학, 1063쪽의 입장이 여기에 속한다. "일부학자(가령, 홍성방, "국민의 기본의무", 공법연구 34집 4호 1권(2006. 6), 331면)는 기본권과 기본의무의 관계를 '기본의무 우선의 원칙'으로 표현하고 있다. 그러나 헌법이 기본의무를 규정한 것은 기본권에 대한 우위를 인정한 것이 아니다. 헌법은 기본권과 기본의무의 관계를 헌법적 차원에서 이미 우위관계를 확정함으로써 해결하는 것이 아니라, 기본의무의 실현이 법률유보의 형태로 이루어지게 함으로써 입법자로 하여금 구체적인 경우마다 양자의 관계를 조화시키도록 위임하고 있는 것이다."

3) 다음과 같은 국내학자들의 입장은 원칙적으로 권리 우선주의에 속한다고 할 수 있다.
   1. 계희열, 헌법학(중), 807·808쪽: "논리적으로나 헌법이론적으로 기본권과 기본의무는 등가치적인 관계에 있는 것이 아니라 오히려 전자가 후자에 대하여 우월성을 갖는다. 그렇지만, 실정헌법에서 권리와 의무는 자유로운 질서의 존립조건이 실정화된 것으로서

선으로 보는 견해 및 양자를 대칭관계로 보는 견해가 있을 수 있고, 각 견해
는 나름대로 합당한 근거를 제시하고 있다. 그리고 그에 따라 현실적인 국가
도 권리우선주의를 지향하는 민주적 헌법국가, 의무우선주의를 추구하는 히틀
러 치하의 독일 및 권리와 의무의 일치성을 주장하는 구 사회주의 국가가 있을
수 있다.

비록 민주적 헌법국가가 제 1 유형에 속하는 국가라 하더라도 기본권과 기
본의무가 충돌하였을 때는 기본의무우선의 원칙(특히 선험적 기본의무, 즉 합헌적
법률과 합법률적 집행행위에 복종할 의무[1])에 따라 기본의무를 강제하는 것이 바람

동등한 가치와 동등한 지위를 갖는다. 만인에게 평등한 자유가 보장되기 위해서는 자유는
결국 법률에 의하여 한정될 수밖에 없다. 그런데 법률을 존중하여야 할 의무의 서열이 권
리에 비하여 열등하다면 결국 자유의 원리는 헌법적으로 형해화되고 만다. 다른 시민과 공
동체 전체에 대한 의무는 법치국가적 자유민주주의가 생명을 유지하기 위한 기본조건이다.
국가에 대한 부정과 개인의 권리만 가지고는 국가가 창설되고 유지될 수 없다.

그에 따라 헌법에 의하여 정당화되고 또 헌법의 테두리 안에서 법률에 의하여 현실화된
기본의무는 구체적인 경우 모든 자유권에 대하여 관철될 수 있다. 즉 헌법상의 의무는 기
본권에 대하여 헌법상의 법률유보와 유사한 작용을 한다.

한편 기본의무는 그 부과이유와 효과에 따라 원칙적으로 무제한적인 것도 있고, 원칙적
으로 제한적인 것도 있다. 평화존중의무를 포함하는 법률존중의무는 부작위를 그 의무의
내용으로 하는 한 원칙적으로 무제한적이다."

2. 장영수, 헌법학, 923·924쪽: "헌법적으로 볼 때 기본권의 우월성이 인정되며, 국가의
조직과 권한 및 국가에 대한 국민의 의무는 기본권을 효과적으로 보장하기 위해서 필요한
범위 내에서만 정당화되는 것이다. … 그렇다고 해서 기본권이 기본의무에 대해 무조건
우위에 있는 것으로 인정될 수는 없다. 그것은 기본권보장의 실현구조를 생각할 때 보다
분명하게 이해될 수 있다. 모든 개인이 기본권의 주체로서 각자의 기본권을 주장하고 행사
할 때 이들의 기본권 상호간에 충돌이 발생되는 것은 불가피하다. 그렇기 때문에 모든 사
람의 기본권을 동시에 최대한 보장하기 위하여, 즉 기본권의 효과적인 보장을 위하여 기본
권에 대하여 일정한 제한이 가하여질 필요가 인정된다. 이러한 기본권의 제한은 국가에 의
하여, 즉 국가에 의하여, 즉 국회에서 제정한 법률에 근거한 각종 국가기관의 활동에 의하
여 행해진다. 따라서 기본권을 보장하는 국가기관의 활동은 물론 기본권을 제한하는 활동
도 ─ 적어도 그것이 정당한 권한범위 내에서 정상적으로 행해지고 있는 한 ─ 기본권의 내
용과 효력을 구체화시키는 작용으로서 인정되는 것이다.

마찬가지로 기본의무도 국가의 존속과 활동을 가능케 함으로써 궁극적으로는 기본권의
보장에 기여한다는 측면을 갖고 있다. 즉 기본권 ─ 국가 ─ 기본의무가 궁극적으로는 공동
의 목적을 추구한다는 동질성을 갖고 있으며, 정상적인 국가공동체의 존속과 활동을 전제
로 비로소 올바른 기본권의 실현도, 기본의무의 부담도 이야기될 수 있는 것이다."

1) 저자의 생각을 오해하는 이가 있는 듯하여 괄호 내의 부분은 새롭게 삽입되었다. 다음과
같은 생각들도 저자와 같은 생각이라 이해된다.

1. 허영, 한국헌법론, 2011, 618쪽: "아무튼 국가의 법질서에 대한 순종의무는 민주국가
가 존립하기 위한 국가창설적인 의무가 아닐 수 없다. 모든 국민이 법질서에 순종함으로써
법적 평화는 유지될 수 있기 때문에 국민의 법질서에 대한 순종의무는 또 다른 시각에서
국민의 '평화의무'를 당연히 내포한다고 볼 수 있다. …현대국가의 헌법은 국민의 '순종의

직할 것이다. 그렇지 않을 경우 자유보장을 궁극적인 목적으로 하고, "독재적인 인간이 아니라 공동체 내에 존재하기 때문에 국가에 대하여도 의무를 부담하는 인격"을 가진 인간[1]을 전제하고 있는 자유민주적 법치국가, 즉 헌법국가는 종말을 고하게 될지도 모르기 때문이다.[2]

(4) 基本義務의 競合

683. 기본의무의 경합

기본의무의 경합은 예컨대 동시에 여러 기본의무가 여러 국가에 대하여 성립하는 경우에 존재한다. 어떤 사람이 두 개의 국적을 가지고 있기 때문에 이중적으로 납세의 의무와 병역의무를 지는 경우가 있을 수 있다. 따라서 기본의무의 경합은 한 사람이 동시에 여러 국가에 대하여 기본의무를 부담하고 있는 경우에 성립한다.

기본의무가 경합되는 경우 그 문제를 어떻게 해결할 것인가에 대해서 헌법은 침묵하고 있다. 따라서 이 문제는 학설의 문제로 될 수밖에 없으나, 이 문제에 대해서 아직까지는 이렇다 할 해결책을 제시하고 있지 못하다. 즉 이 문제와 관련해서는 한 국가의 헌법 체계 내에서 기본의무가 충돌하는 경우와 관련하여 학자들은 기본의무 사이에 우열을 설정하는 방법이나 이익형량의 방법에 의하여 해결할 것을 제시하고 있는 정도이다.[3]

그러나 기본의무가 전형적으로 경합하는 경우, 즉 국제사회에서 기본의무의 경합이 발생하는 경우에는 다음과 같이 말할 수 있을 것이다. 국제법에서는 만국평등의 원칙이 지배하기 때문에 어느 국가가 다른 국가에 대하여 우선권을 가진다고 할 수 없다. 따라서 기본의무의 주체는 이중적으로 납세의 의무를 지고

무'와 '평화의무'를 헌법에 구태여 명문화하지 않는 경향이 있는데, 그 이유는 명문규정의 유무를 떠나 그것은 국가존립의 당연한 이념적인 기초를 뜻하기 때문이다."

2. 계희열, 헌법학(중), 808·809쪽: "평화존중의무를 포함하는 법률존중의무는 부작위를 그 의무의 내용으로 하는 한 원칙적으로 무제한적이다. … 기본의무는 … 국가조직을 형성·유지하기 위한 최소한의 조건들인 것이다."

3. 장영수, 헌법학, 924쪽: "마찬가지로 기본의무도 국가의 존속과 활동을 가능케 함으로써 궁극적으로는 기본권의 보장에 기여한다는 측면을 갖고 있다. 즉 기본권—국가—기본의무가 궁극적으로는 공동의 목적을 추구한다는 동질성을 갖고 있으며, 정상적인 국가공동체의 존속과 활동을 전제로 비로소 올바른 기본권의 실현도, 기본의무의 부담도 이야기될 수 있는 것이다."

[1] BVerfGE 12, 45(51).
[2] H. Hofmann, Diskussionsbeitrag, *VVDStRL* Heft 41(1982), S. 146.
[3] W. Weber, Dienst und Leistungspflichten der Deutschen, S. 130ff.; R. Stober, Grundpflichten als verfassungsrechtliche Dimension, NVwZ 1982, S. 473ff.(479).

병역의무를 수행해야 하는 것이 원칙이라고 할 수 있다. 그러나 국제실무에서는 이러한 과중된 의무이행을 협정에 의하여 완화시키고 있는 것이 일반화된 경향이다.

第 2 節　個別的　基本義務

1. 納稅의　義務

(1) 憲法規定 및 沿革

1) 헌법규정

우리 헌법 제38조는 "모든 국민은 법률이 정하는 바에 의하여 납세의 의무를 진다"고 하여 납세의 의무를 규정하고 있다.

684. 납세의 의무에 대한 헌법규정: 헌법 제38조

2) 연　혁

납세의 의무는 1789년의 프랑스인권선언을 그대로 수용한 1791년 프랑스 헌법에서 최초로 규정된 것으로 알려져 있다.

685. 납세의 의무의 연혁

(2) 納稅의　義務의　法的　性格

납세의 의무는 자의적 과세로부터 재산권을 침해당하지 아니한다는 소극적 성격과 국민이 주권자로서 스스로 국가공동체의 재정력을 부담한다는 적극적 성격을 공유하고 있다.

686. 납세의 의무의 법적 성격

(3) 納稅의　義務의　主體

납세의 의무의 주체는 국민이다. 국민에는 자연인과 법인이 포함된다. 또한 납세의무에 대응하는 과세권의 발동은 모든 경제주체를 그 대상으로 하기 때문에 외국인이라 할지라도 국내에 재산을 가지고 있거나 조세의 대상이 되는 행위를 할 때에는 납세의 의무를 진다. 다만 치외법권이 있는 경우나 조약에 특별한 규정이 있는 경우에는 납세의 의무가 면제된다.

687. 납세의 의무의 주체

(4) 納稅의 義務의 內容

1) 조세의 개념

688. 조세의 개념

　　납세란 조세의 납부를 말한다. 조세란 반대급부 없이 국가가 부과하는 일체의 강제적·일방적인 경제적 부담을 말한다.[1][2] 따라서 일정한 반대급부를 내용으로 하는 사용료나 수수료의 징수, 전매수입, 공채수입 등은 조세에 해당되지 않는다.

> **판례** 〈지방세법 제31조에 대한 위헌심판(위헌)〉 "조세는 국가재정수입의 주원천으로서 국가 또는 지방자치단체 등 공권력의 주체가 그 과세권에 의하여 재정조달의 목적으로 반대급부없이 일반국민으로부터 강제적으로 부과·징수하는 과징금을 말한다."(헌재 1991. 11. 25. 91헌가6 결정)

> **판례** 〈구 「상속세 및 증여세법」 제53조 제1항 제2호 등 위헌 소원(합헌)〉 "오늘날의 조세는 국가의 재정수요를 충족시킨다고 하는 본래적인 기능 외에도 소득의 재분배, 자원의 적정배분, 경기의 조정 등 여러 가지 다양한 기능을 가지고 있으므로, 국민의 조세부담을 정함에 있어서는 재정·경제·사회정책 등 국정 전반에 걸친 종합적인 정책판단을 필요로 할 뿐만 아니라, 과세요건을 정함에 있어서 극히 전문적·기술적인 판단을 필요로 하고, 따라서 조세법규를 어떠한 내용으로 규정할 것인지에 관하여는 입법자가 국가재정, 사회경제, 국민소득, 국민생활 등의 실태에 관하여 정확한 자료를 기초로 하여 정책적·기술적인 판단에 의하여 정하여야 하는 문제이므로, 이는 입법자의 입법형성적 재량에 기초한 정책적·기술적인 판단에 맡겨져 있다고 할 수 있다(헌재 1996. 8. 29. 95헌바41, 판례집 8-2, 107, 116-117; 헌재 2001. 12. 20. 2000헌바54, 판례집 13-2, 819, 824; 헌재 2003. 1. 30. 2002헌바65, 판례집 15-1, 121, 128-129 등 참조)."(헌재 2008. 7. 31. 2007헌바13 결정)

---

1) 이러한 조세의 정의는 1919년의 독일조세법(Reichsabgabenordnung)과 1977년의 독일조세법(Abgabenordnung)의 조세에 대한 정의를 참고로 하고 있는 것으로 생각된다. 조세의 개념에 대해서 자세한 것은 Kl. Tipke, *Steuerrecht*, 1985, S. 60ff. 참조.

2) 조세가 반대급부를 수반하지 않는 강제적·일방적인 것이므로 국민의 정치적·심리적 저항을 유발하는 요소가 되었을 뿐만 아니라 또한 공공경비를 배분하기 위한 일정한 기준을 설정하기 위해서도 조세의 근거를 제시할 필요가 있었다. 이에 재정학 쪽에서 조세에 대한 근거론이 제시되었다. 그 중요한 것으로는 공수설(公需說, 17세기 독일관방학파), 보험설, 이익설(중농학파, *A. Smith*), 의무설(*J. S. Mill, A. H. G. Wagner*), 신이익설(*K. Wickel*) 등이 있다.

2) 과세의 원칙

납세의 의무는 가장 기본적인 국민의 의무이다. 그러나 납세의 의무는 국민의 재산권에 대한 일종의 제한이기 때문에[1] 헌법 제11조에 의거 국민의 담세능력에 따라 공평하게 부과되어야 하며(조세공평주의), 국회가 제정한 형식적 의미의 법률에 따라서만 부과할 수 있다(조세법률주의).[2] 헌법 제59조는 '조세의 종목과 세율은 법률로 정한다'고 규정하고 있다. 그러나 그 밖에도 납세의무자 · 과세물건 · 과세표준 등의 과세요건과 납세의 시기 · 방법 등 징세절차 등도 법률로 정하여야 할 것이다. 결국 조세법률주의는 과세요건이 법률로 명확히 규정되어야 할 것뿐만 아니라, 조세법의 목적이나 내용이 기본권보장이라는 헌법이념과 그를 뒷받침하는 헌법상의 원칙들에 합치할 것을 요구한다 하겠다.[3]

납세의무를 구체화하는 대표적인 법률로는 국세기본법과 국세징수법이 있다.

> **판례** 〈구 소득세법 제20조 제1항 제1호 다목 위헌소원(합헌)〉 "헌법 제38조, 제59조의 조세법률주의는 납세의무자, 과세물건, 과세표준, 과세기간 등의 과세요건을 국민의 대표기관인 국회가 제정한 법률로 규정하도록 하여 국민의 재산권을 보장하고, 과세요건을 명확하게 규정하여 과세관청의 자의적인 해석과 집행을 배제함으로써 국민생활의 법적 안정성과 예측가능성을 보장하고자 하는 것으로 그 핵심적인 내용은 과세요건 법정주의와 과세요건 명확주의이다(헌재 1989. 7. 21. 89헌마38, 판례집 1, 131, 138-139 ; 헌재 2002. 1. 31. 2001헌바13, 판례집 14-1, 36, 44 참조)."(헌재 2009. 3. 26. 2005헌바107 결정)

2. 國防의 義務

(1) 憲法規定

우리 헌법 제39조는 "① 모든 국민은 법률이 정하는 바에 의하여 국방의 의무를 진다. ② 누구든지 병역의무의 이행으로 인하여 불이익한 처우를 받지 아니한다"고 하여 국방의 의무를 규정하고 있다.

(우측 여백 주석)
689. 과세의 원칙: 조세공평주의 · 조세법률주의

690. 납세의 의무를 구체화하는 법률

691. 국방의 의무에 대한 헌법규정: 헌법 제39조

---

1) 재산권과 조세의 관계에 대하여 자세한 것은 P. Kirchhof/H. H. v. Arnim, *Besteuerung und Eigentum*, *VVDStRL* Heft 39(1981), S. 213ff. 참조.
2) 조세법률주의에 대하여 자세한 것은 H.-J. Papier, *Der finanzrechtliche Gesetzesvorbehalt und das grundgesetzliche Demokratieprinzip*, 1973; H. Hahn, *Die Grundsätze der Gesetzmäßigkeit der Besteuerung und der Tatbestandsmäßigkeit der Besteuerung in rechtsvergleichender Sicht*, 1984 참조.
3) 헌재 1998. 12. 24. 97헌바33 등 병합결정〈구 소득세법 제82조 제1항 등 위헌소원(합헌)〉.

(2) 國防의 義務의 法的 性格

692. 국방의 의무의
법적 성격

국방의 의무는 법률에 의하지 아니하고는 국방의 의무를 부과하지 못하게 하여 국민의 신체의 자유를 보장하는 소극적 측면과 주권자인 국민이 국토를 보위하여 국가를 보존하려는 적극적 측면을 병유하고 있는 의무이다. 국방의 의무는 납세의 의무와는 달리 타인에 의한 대체적 이행이 불가능한 일신전속적 성격을 가진 의무이다.

(3) 國防의 義務의 內容

1) 국방의 의무의 개념

693. 국방의 의무의
개념

국방의 의무란 외국 또는 외적의 침략에 대하여 국가의 독립을 유지하고 영토를 보전하기 위한 국가방위의 의무를 말한다.

> **판례** "병역의무는 국가수호를 위해 전국민에게 과하여진 헌법상의 의무로서 그 의무를 부과함에 있어서는 형평성을 유지하여야 함은 물론 그 면탈을 방지하도록 하여야 할 공익적 필요성이 매우 크다."(대법원 1995. 2. 28. 94누7713 판결)

2) 국방의 의무의 범위

694. 국방의 의무의
범위

국방의 의무의 범위에 대하여는 협의설과 광의설이 대립되어 있다. 협의설은 국방의 의무는 병역제공의 의무만을 의미한다고 한다. 광의설은 국방의 의무는 원래 직접적인 병력제공의 의무만을 의미했으나, 전쟁이 고도로 복잡화한 현대에 있어서는 병력제공의 의무 외에 방공·방첩·전시근무 등 국방에 필요한 모든 의무를 포함한다고 한다. 광의설이 다수설의 입장이며, 또한 옳다고 생각한다. 헌법재판소도 병역의 의무를 광의로 해석하여 전투경찰공무원으로 복무하는 것도 병역의무이행의 일환으로 보고 있다.[1]

> **판례** 〈구 병역법 제71조 제1항 단서 위헌소원(합헌)〉 "국방의 의무는 외부 적대세력의 직·간접적인 침략행위로부터 국가의 독립을 유지하고 영토를 보전하기 위한 의무로서, 현대전이 고도의 과학기술과 정보를 요구하고 국민전체의 협력을 필요로 하는 이른바 총력전인 점에 비추어 ① 단지 병역법에 의하여 군복무에 임

---

1) 헌재 1995. 12. 28. 91헌마80 결정〈전투경찰대설치법 등에 대한 헌법소원(일부각하, 일부기각)〉. 이 결정에 대해서는 반대하는 소수견해(재판관 김문희, 황도연, 이재화, 조승형)가 있다.

하는 등의 직접적인 병력형성의무만을 가리키는 것이 아니라, ② 병역법, 향토예
비군설치법, 민방위기본법, 비상대비자원관리법 등에 의한 간접적인 병력형성의무
및 ③ 병력형성이후 군작전명령에 복종하고 협력하여야 할 의무도 포함하는 개념
이다.

일반적으로 국방의무를 부담하는 국민들 중에서 구체적으로 어떤 사람을 국군
의 구성원으로 할 것인지 여부를 결정하는 문제는 이른바 '직접적인 병력형성의
무'에 관련된 것으로서, ① 원칙적으로 국방의무의 내용을 법률로써 구체적으로
형성할 수 있는 입법자가 국가의 안보상황, 재정능력 등의 여러가지 사정을 고려
하여 국가의 독립을 유지하고 영토를 보전함에 필요한 범위내에서 결정할 사항이
고, ② 예외적으로 국가의 안위에 관계되는 중대한 교전상태 등의 경우에는 대통
령이 헌법 제76조 제 2 항에 근거하여 법률의 효력을 가지는 긴급명령을 통하여
결정할 수도 있는 사항이라고 보아야 한다."(헌재 2002. 11. 28. 2002헌바45 결정)

> **판례** 〈예비군훈련비용 지급처분취소(각하)〉 "국방의 의무는 외부 적대세력의
> 직·간접적인 침략행위로부터 국가의 독립을 유지하고 영토를 보전하기 위한 의
> 무로서, 헌법에서 이러한 국방의 의무를 국민에게 부과하고 있는 이상 향토예비
> 군설치법에 따라 예비군훈련소집에 응하여 훈련을 받는 것은 국민이 마땅히 하여
> 야 할 의무를 다하는 것일 뿐, 국가나 공익목적을 위하여 특별한 희생을 하는 것
> 이라고 할 수 없다."(헌재 2003. 6. 26. 2002헌마484 결정)

3) 국방의 의무의 법률주의

국방의 의무는 법률이 정하는 바에 의하여만 부과되어야 한다. 국방의 의무
를 구체화하는 법률로는 군복무의무를 규정한 병역법, 예비군복무의무를 규정한
향토예비군설치법, 민방위에 관한 민방위기본법 등이 있다.

695. 국방의 의무의
법률주의

> **판례** 〈「1959년 12월 31일 이전에 퇴직한 군인의 퇴직급여금 지급에 관한 특별법」
> 제 1 조 위헌확인(기각, 각하)〉 "헌법 제39조 제 1 항에 규정된 국방의 의무는 외
> 부 적대세력의 직·간접적인 침략행위로부터 국가의 독립을 유지하고 영토를 보
> 전하기 위한 의무로서, 헌법에서 이러한 국방의 의무를 국민에게 부과하고 있는
> 이상 병역법에 따라 군복무를 하는 것은 국민이 마땅히 하여야 할 이른바 신성한
> 의무를 다 하는 것일 뿐, 국가나 공익목적을 위하여 개인이 특별한 희생을 하는
> 것이라고 할 수 없다. 국민이 헌법에 따라 부과되는 의무를 이행하는 것은 국가
> 의 존속과 활동을 위하여불가결한 일인데, 그러한 의무를 이행하였다고 하여 이
> 를 특별한 희생으로 보아 일일이 보상하여야 한다고 할 수는 없는 것이다."(헌재
> 2008. 5. 29. 2005헌마1173 결정)

4) 병역의무의 이행으로 인한 불이익처우금지

696. 병역의무의 이
행으로 인한 불이익
처우금지

헌법 제39조 제 2 항은 병역의무의 이행으로 인한 불이익처우금지를 규정하고 있다. 이와 관련하여 우리 헌법재판소는 군법무관이었던 자가 전역 후 변호사개업을 함에 있어서 개업지를 제한한 변호사법 제10조 제 2 항을 헌법 제39조 제 2 항에 위반된다고 선언한 바 있다.[1] 그러나 전투경찰대원으로 전임되는 것은 헌법 제39조 제 2 항에 위반되지 않는다고 하였다.[2]

> **판례** 〈「1959년 12월 31일 이전에 퇴직한 군인의 퇴직급여금 지급에 관한 특별법」 제 1 조 위헌확인(기각, 각하)〉 "헌법 제39조 제 2 항은 병역의무를 이행한 사람에게 보상조치를 취하거나 특혜를 부여할 의무를 국가에게 지우는 것이 아니라, 법문 그대로 병역의무의 이행을 이유로 불이익한 처우를 하는 것을 금지하고 있을 뿐이다. 그리고 이 조항에서 금지하는 "불이익한 처우"라 함은 단순한 사실상, 경제상의 불이익을 모두 포함하는 것이 아니라 법적인 불이익을 의미하는 것으로 보아야 한다. 그렇지 않으면 병역의무의 이행과 자연적 인과관계를 가지는 모든 불이익 — 그 범위는 헤아릴 수도 예측할 수도 없을 만큼 넓다고 할 것인데 — 으로부터 보호하여야 할 의무를 국가에 부과하는 것이 되어 이 또한 국민에게 국방의 의무를 부과하고 있는 헌법 제39조 제 1 항과 조화될 수 없기 때문이다(헌재 1999. 12. 23. 98헌마363, 판례집 11-2, 770, 783-784)."(헌재 2008. 5. 29. 2005헌마1173 결정)

(4) 國防의 義務의 主體

697. 병역의 의무의
주체

국방의 의무는 모든 국민이 주체가 된다. 국방의 의무는 크게 직접적인 병력제공의무와 간접적인 병력형성의무 및 방공의 의무로 구별할 수 있고, 그에 따라 주체도 다르다고 할 수 있다. 곧 직접적인 병력제공의무는 병역법 제 2 조에 따라 남자인 국민만 주체가 되며 그 의무주체는 연령에 따라 그 범위가 제한된다. 이에 대하여 간접적인 병력형성의무는 남녀를 가리지 아니하고 모든 국민이 부담하며, 방공의 의무는 외국인을 포함하는 모든 자연인이 주체가 된다.[3]

---

1) 헌재 1989. 11. 20. 89헌마102 결정〈변호사법 제10조 제 2 항에 대한 위헌심판(위헌)〉.
2) 헌재 1995. 12. 28. 91헌마80 결정. 또한 헌재 1999. 12. 23. 98헌마363 결정(「제대군인지원에 관한 법률」 제 8 조 제 1 항 등 위헌확인) 참조.
3) 권영성, 헌법학원론, 663쪽. 그러나 김철수, 헌법학개론, 853쪽은 외국인은 방공의 의무의 주체가 되지 않는다고 한다.

> **판례** "대한민국국적으로 외국의 영주권을 얻은 자는 본적지 병무청장의 병역면제 처분을 기다릴 것 없이 당연히 병역이 면제된다."(대법원 1974. 8. 20. 93누248 판결)

> **판례** 〈구 병역법 제71조 제 1 항 단서 위헌소원(합헌)〉 "국방의 의무는 외부적 대세력의 직·간접적인 침략행위로부터 국가의 독립을 유지하고 영토를 보전하기 위한 의무로서, 현대전이 고도의 과학기술과 정보를 요구하고 국민전체의 협력을 필요로 하는 이른바 총력적인 점이 비추어 ① 단지 병역법에 의하여 군복무에 임하는 등의 직접적인 병력형성의무만을 가리키는 것이 아니라, ② 병역법, 향토예비군설치법, 민방위기본법, 비상대비자원관리법 등에 의한 간접적인 병력형성의무 및 ③ 병력형성 이후 군작전명령에 복종하고 협력하여야 할 의무도 포함하는 개념이다.
> 　일반적으로 국방의무를 부담하는 국민들 중에서 구체적으로 어떤 사람을 국군의 구성원으로 할 것인지 여부를 결정하는 문제는 이른바 '직접적인 병력형성의무'에 관련된 것으로서, ① 원칙적으로 국방의무의 내용을 법률로써 구체적으로 형성할 수 있는 입법자가 국가의 안보상황, 재정능력 등의 여러 가지 사정을 고려하여 국가의 독립을 유지하고 영토를 보전함에 필요한 범위 내에서 결정할 사항이고, ② 예외적으로 국가의 안위에 관계되는 중대한 교전상태 등의 경우에는 대통령이 헌법 제76조 제 2 항에 근거하여 법률의 효력을 가지는 긴급명령을 통하여 결정할 수도 있는 사항이라고 보아야 한다.
> 　한편, 징집대상자의 범위를 결정하는 문제는 그 목적이 국가안보와 직결되어 있고, 그 성질상 급변하는 국내외 정세 등에 탄력적으로 대응하면서, '최적의 전투력'을 유지할 수 있도록 합목적적으로 정해야 하는 사항이기 때문에, 본질적으로 입법자 등의 입법형성권이 매우 광범위하게 인정되어야 하는 영역이다."(헌재 2002. 11. 28. 2002헌바45 결정)

3. 敎育을 받게 할 義務

(1) 憲法規定

　헌법 제31조 제 2 항은 "모든 국민은 그 보호하는 자녀에게 적어도 초등교육과 법률이 정하는 교육을 받게 할 의무가 있다"고 하여 교육을 받게 할 의무를 규정하고 있다.

698. 교육을 받게 할 의무에 대한 헌법규정: 헌법 제31조 제 2 항

(2) 敎育을 받게 할 義務의 意義

1) 교육을 받게 할 의무의 개념

699. 교육을 받게 할
의무의 개념

교육을 받게 할 의무란 친권자나 후견인이 보호하는 자녀에게 적어도 초등
교육과 법률이 정하는 교육을 받게 할 의무를 말한다.

2) 교육을 받게 할 의무의 의의

700. 교육을 받게 할
의무의 의의

교육을 받게 할 의무는 헌법 제31조 제1항의 교육을 받을 권리의 실효를
기하기 위한 것으로, 모든 국민으로 하여금 생존에 필요한 최소한의 교양과 능
력을 함양하게 하는 측면과 문화국가이념을 실현하기 위한 제2세 교육이라는
측면도 가지고 있다.

(3) 敎育을 받게 할 義務의 法的 性格

701. 교육을 받게 할
의무의 법적 성격

교육을 받게 할 의무의 법적 성격에 대해서는 윤리적 의무설과 법적 의무
설이 대립되어 있다. 법적 의무설이 다수설의 입장이며, 또한 옳다고 생각된다.
따라서 교육기본법과 초·중등교육법은 초등학교에 취학시킬 의무를 이행하지
않은 보호자가 의무이행의 독려를 받고도 이행하지 않은 경우에 100만원 이하의
과태료에 처하도록 규정하고 있다(초·중등교육법 제68조).

(4) 敎育을 받게 할 義務의 主體

702. 교육을 받게 할
의무의 주체

교육을 받게 할 의무의 주체는 학령아동의 친권자 또는 후견인이다. 보호자
의 적령아동을 취학케 하는 의무는 적령아동의 신고와 초등교육과 법률이 정하
는 교육에 필요한 최소한의 협조를 하는 의무로 해석된다.[1] 그러나 외국인이 학
령아동을 보호하고 있는 경우 — 자발적으로 우리의 의무교육을 받게 하기를 원
하는 경우에 거부할 이유는 없겠지만 — 교육의무의 주체가 된다고는 볼 수 없을
것이다. 왜냐하면 의무교육은 공민교육이기 때문이다.

---

1) 한동섭, 헌법, 139쪽.

4. 勤勞의 義務

(1) 憲法規定

헌법 제32조 제 2 항은 "모든 국민은 근로의 의무를 진다. 국가는 근로의 의무의 내용과 조건을 민주주의원칙에 따라 법률로 정한다"라고 하여 근로의 의무를 규정하고 있다.

703. 근로의 의무에 대한 헌법규정: 헌법 제32조 제 2 항

(2) 勤勞의 義務의 意義

근로의 의무란 국민이 노동을 통하여 국가의 부를 증식하는 데 기여할 의무를 말한다. 근로의 의무는 인간다운 생활보장의 법률상의 전제로서의 의의를 가진다. 근로란 육체적 노동과 정신적 노동을 포함하는 넓은 의미의 근로를 말한다.

704. 근로의 의무의 의의

(3) 勤勞의 義務의 法的 性格

1) 학　설

근로의 의무의 법적 성격에 대해서는 법적 의무설과 윤리적 의무설이 대립되어 있다. 법적 의무설은 근로의 의무란 국가가 공공필요에 의해 근로할 것을 명할 때 이에 복종해야 할 의무로 본다. 윤리적 의무설은 근로의 의무는 근로의 능력이 있음에도 불구하고 근로하지 않는 자에 대해서 가해지는 윤리적·도의적인 비난이며 근로의 의무는 근로의 강제를 뜻할 수 없으나, 다만 제32조 제 2 항 제 2 문에 의해 특정한 경우 근로의 의무의 내용과 조건을 법률로 정한 때에만 법적 의무가 되고 이때에도 선택적 이행을 제시할 필요가 있다고 한다. 윤리적 의무설이 국내 다수설의 입장이다.[1]

705. 근로의 의무의 법적 성격에 대한 학설

2) 사　견

근로의 의무의 법적 성격은 국가체제와 다른 헌법규정과 관련하여 이해하여야 한다. 기본권이해에 있어서 권리와 의무의 일치성을 강조하는 사회주의국가에서와는 달리,[2] 인간으로서의 존엄과 가치가 존중되고(제10조) 강제노역이 금지

706. 근로의 의무의 법적 성격에 대한 사견

---

1) 김철수, 헌법학개론, 856쪽; 권영성, 헌법학원론, 668쪽; 허영, 한국헌법론, 577쪽.
2) 사회주의국가에서의 기본권이해에 대하여는 홍성방, 북한헌법하의 기본권과 기본권이론, 한림과학원 편, 「남북한 통합 그 접근방법과 영역」(하), 도서출판 소화, 1996, 32쪽 이하 (37-39쪽)와 그곳에 인용된 문헌 참조.

되며(제12조 제 1 항), 사회재산제가 보장되는(제23조 제 1 항) 우리 헌법하에서는 근로의 의무는 제32조 제 2 항 제 2 문의 경우를[1] 제외하고는 윤리적·도의적 의무로 이해하여야 할 것이다.[2]

(4) 勤勞의 義務의 主體

707. 근로의 의무의 주체

근로의 의무의 주체는 대한민국국민에 한정된다.

(5) 勤勞의 義務의 內容

708. 근로의 의무의 내용

근로의 의무의 내용은 국민의 자유나 권리를 침해하지 않도록 민주주의원칙에 따라 법률로써 정하여야 한다(제32조 제 2 항 제 2 문).

5. 環境保全義務

(1) 憲法規定

709. 환경보전의무에 대한 헌법규정: 헌법 제35조 제 1 항 후단

헌법 제35조 제 1 항 후단은 "국가와 국민은 환경보전을 위하여 노력하여야 한다"라고 하여 환경보전의 의무를 규정하고 있다.

(2) 環境保全義務의 法的 性格

710. 환경보전의무의 법적 성격

환경보전의무의 법적 성격에 대해서는 윤리적·도의적 의무설과 법적 의무설이 대립되고 있다. 법적 의무설이 다수설의 입장이며, 옳다고 생각한다. 환경보전의무는 특히 권리대응적 성격이 강한 의무이다.

(3) 環境保全義務의 主體

711. 환경보전의무의 주체

환경보전의무는 인류의 의무이다. 따라서 국민은 물론 외국인과 법인도 환경보전의무의 주체가 된다.

---

1) 권영성, 헌법학원론, 668쪽은 이 경우의 근로의 의무도 그 내용을 법률로써 규정하되, 국가비상시에만 예외적으로 부과하는 것이어야 하고, 대체이행이 허용되어야 하며, 의무불이행에 대한 제재도 금전벌에 그쳐야 하고 자유형을 과하지 아니하는 것이어야 한다고 한다.
2) 근로의 의무는 이미 바이마르헌법 하에서 윤리적인 것이며, 법적인 것은 아니라고 이해되었다. H. Heller, Grundrechte und Grundpflichten(1924), in: M. Drath/G. Niemeyer/ O. Stammer/F. Borinski(Hrsg.), *Hermann Heller: Gesammelte Schriften*, 2. Bd., 1971, S. 281ff.(314).

(4) 環境保全義務의 內容

　환경보전의무는 환경을 오염시키지 않을 의무, 공해방지시설을 할 의무 등을 내용으로 한다. 개인 또는 기업이 환경을 오염시키거나 공해방지시설을 해태한 경우에는 국민은 그 배제를 청구할 수 있고, 국가도 그에 대한 제재를 가할 수 있다. 이러한 의무들에 대해서는 환경정책기본법·자연환경보전법·해양오염방지법·수질환경보전법·대기환경보전법·환경개선비용부담법 등에서 규정되어 있다.

　712. 환경보전의무의 내용

6. 財産權行使의 公共福利適合義務

(1) 憲法規定

　우리 헌법 제23조 제 2 항은 "재산권의 행사는 공공복리에 적합하도록 하여야 한다"고 하여 재산권행사의 공공복리적합의무를 규정하고 있다.

　713. 재산권행사의 공공복리 적합의무에 대한 헌법규정: 헌법 제23조 제 2 항

(2) 財産權行使의 公共福利適合義務의 法的 性格

1) 학　설

　재산권행사의 공공복리 적합의무의 법적 성격에 대해서는 윤리적 의무설(재산권제한설), 법적 의무설(재산권행사의무설), 헌법원리설이 대립되어 있다.

　윤리적 의무설은 재산권행사의 공공복리 적합의무를 공의무가 아니라 재산권행사의 내용으로 보아 단순한 윤리적 의무에 불과하다고 본다.

　법적 의무설은 재산권은 사회적 제약을 내포하고 있는 것이며 재산권의 행사는 공공복리의 증진을 위하여 행사되어야 하므로 헌법적 의무이며 법률로써 강제할 수 있다고 한다.

　헌법원리설은 재산권행사의 공공복리 적합의무를 재산권 자체에 필연적으로 수반되는 내재적 제약성을 명문화한 헌법적 원리라고 한다.

　714. 재산권행사의 공공복리 적합의무의 법적 성격에 대한 학설

2) 사　견

　그러나 재산권 행사의 공공복리 적합의무는 헌법에 의한 재산권의 제한으로 보아야 할 것이다.[1]

　715. 재산권 행사의 공공복리 적합의무의 법적 성격에 대한 사견: 헌법에 의한 재산권제한

---

1) 허영, 한국헌법론, 579쪽도 이를 재산권의 사회기속성 내지는 재산권의 헌법적 한계로 보고 있다.

(3) 財産權行使의 公共福利適合義務의 內容

1) 제23조 제2항의 공공복리의 의미

① 헌법 제23조 제2항의 공공복리의 의미

716. 헌법 제23조 2항의 공공복리의 의미

헌법 제23조 제2항에서 말하는 공공복리는 헌법 제37조 제2항의 공공복리와는 다른 의미를 가진다. 곧 제37조 제2항의 공공복리는 모든 기본권에 대하여 헌법이 일반적으로 유보하고 있는 제약이기 때문에 그 의미내용은 엄격하게 해석되어야 한다. 그에 반하여 제23조 제2항의 공공복리는 특별한 법률에 의한 유보를 의미하기 때문에 그 의미내용은 재산권의 사회성·의무성을 전제로 하는 것으로 정책적 제약까지도 인정하는 것으로 이해된다.[1]

② 판 례

717. 공공복리 적합의무의 범위 내에서는 보상이 요구되지 않는가 여부에 대한 판례

대법원은 공공복리 적합의무의 범위 내에서는 보상이 요구되지 않는다고 한다.

> **판례** "도시계획법 제21조의 규정에 의하여 개발제한구역 안에 있는 토지의 소유자는 재산상의 권리행사에 많은 제한을 받게 되고 그 한도 내에서 일반 토지소유자에 비하여 불이익을 받게 됨은 명백하지만, '도시의 무질서한 확산을 방지하고 도시주변의 자연환경을 보전하여 도시민의 건전한 생활환경을 확보하기 위하여 또는 국방부장관의 요청이 있어 보안상 도시의 개발을 제한할 필요가 있다고 인정되는 때'(도시계획 법 제21조 제1항)에 한하여 가하여지는 그와 같은 제한으로 인한 토지소유자의 불이익은 공공의 복리를 위하여 감수하지 아니하면 안 될 정도의 것이라고 인정되므로, 그에 대하여 손실보상의 규정을 두지 아니하였다 하여 도시계획법 제21조의 규정을 헌법 제23조 제3항, 제11조 제1항 및 제37조 제2항에 위배되는 것으로 볼 수 없다."(대법원 1996. 6. 28. 94다54511 판결)

그러나 헌법재판소는 개발제한구역제도 자체는 합헌이나, 개발제한구역의 지정으로 말미암아 토지소유자에게 사회적 제약의 범위를 넘는 가혹한 부담이 발생하는 예외적인 경우에 대하여 보상규정을 두지 않은 것은 위헌이라고 한다.

> **판례** 〈도시계획법 제21조에 대한 위헌소원(헌법불합치결정)〉 "도시계획법 제21조에 규정된 개발제한구역제도 그 자체는 원칙적으로 합헌적인 규정인데, 다만

---

1) 한동섭, 헌법, 169쪽.

개발제한구역의 지정으로 말미암아 일부 토지소유자에게 사회적 제약의 범위를 넘는 가혹한 부담이 발생하는 예외적인 경우에 대하여 보상규정을 두지 않은 것에 위헌성이 있는 것이고, 보상의 구체적 기준과 방법은 헌법재판소가 결정할 성질의 것이 아니라 광범위한 입법형성권을 가진 입법자가 입법정책적으로 정할 사항이므로, 입법자가 보상입법을 마련함으로써 위헌적인 상태를 제거할 때까지 위 조항을 형식적으로 존속케 하기 위하여 헌법불합치결정을 하는 것인바, 입법자는 되도록 빠른 시일 내에 보상입법을 하여 위헌적 상태를 제거할 의무가 있고, 행정청은 보상입법이 마련되기 전에는 새로 개발제한구역을 지정하여서는 아니 되며, 토지소유자는 보상입법을 기다려 그에 따른 토지재산권의 제한 그 자체의 효력을 다투거나 위 조항에 위반하여 행한 자신들의 행위의 정당성을 주장할 수는 없다."(헌재 1998. 12. 24. 89헌마214 등 병합결정)

2) 재산권행사의 공공복리 적합의무의 내용

① 재산권행사의 공공복리 적합의무의 내용

재산권행사의 공공복리 적합의무의 내용으로는 토지를 적극적으로 이용·개발할 의무, 재산권을 남용하지 않을 의무 등이 있다. 헌법은 국토의 이용·개발과 보전을 위하여 법률로써 개간을 명하고, 토지소유권과 묘지의 면적 등을 법률로써 제한할 수 있도록 하고 있다.

718. 재산권행사의 공공복리 적합의무의 내용

② 재산권행사의 공공복리 적합의무를 구체화하는 법률

민법은 권리남용을 금지하고 있다(동법 제 2 조). 재산권행사의 공공복리 적합의무를 구체화하고 있는 법률로는 농지법, 농어촌정비법, 국토이용관리법 등이 있다.

719. 재산권행사의 공공복리 적합의무를 구체화하는 법률

대한민국헌법

전 문

　유구한 역사와 전통에 빛나는 우리 대한국민은 3·1운동으로 건립된 대한민국임시정부의 법통과 불의에 항거한 4·19민주이념을 계승하고, 조국의 민주개혁과 평화적 통일의 사명에 입각하여 정의·인도와 동포애로써 민족의 단결을 공고히 하고, 모든 사회적 폐습과 불의를 타파하며, 자율과 조화를 바탕으로 자유민주적 기본질서를 더욱 확고히 하여 정치·경제·사회·문화의 모든 영역에 있어서 각인의 기회를 균등히 하고, 능력을 최고도로 발휘하게 하며, 자유와 권리에 따르는 책임과 의무를 완수하게 하여, 안으로는 국민생활의 균등한 향상을 기하고 밖으로는 항구적인 세계평화와 인류공영에 이바지함으로써 우리들과 우리들의 자손의 안전과 자유와 행복을 영원히 확보할 것을 다짐하면서 1948년 7월 12일에 제정되고 8차에 걸쳐 개정된 헌법을 이제 국회의 의결을 거쳐 국민투표에 의하여 개정한다.

1987년 10월 29일

제1장 총 강

제1조 ① 대한민국은 민주공화국이다.
　② 대한민국의 주권은 국민에게 있고, 모든 권력은 국민으로부터 나온다.
제2조 ① 대한민국의 국민이 되는 요건은 법률로 정한다.
　② 국가는 법률이 정하는 바에 의하여 재외국민을 보호할 의무를 진다.
제3조 대한민국의 영토는 한반도와 그 부속도서로 한다.
제4조 대한민국은 통일을 지향하며, 자유민주적 기본질서에 입각한 평화적 통일 정책을 수립하고 이를 추진한다.
제5조 ① 대한민국은 국제평화의 유지에 노력하고 침략적 전쟁을 부인한다.

　② 국군은 국가의 안전보장과 국토방위의 신성한 의무를 수행함을 사명으로 하며, 그 정치적 중립성은 준수된다.
제6조 ① 헌법에 의하여 체결·공포된 조약과 일반적으로 승인된 국제법규는 국내법과 같은 효력을 가진다.
　② 외국인은 국제법과 조약이 정하는 바에 의하여 그 지위가 보장된다.
제7조 ① 공무원은 국민전체에 대한 봉사자이며, 국민에 대하여 책임을 진다.
　② 공무원의 신분과 정치적 중립성은 법률이 정하는 바에 의하여 보장된다.
제8조 ① 정당의 설립은 자유이며, 복수정당제는 보장된다.
　② 정당은 그 목적·조직과 활동이 민주적이어야 하며, 국민의 정치적 의사형성에 참여하는데 필요한 조직을 가져야 한다.

③ 정당은 법률이 정하는 바에 의하여 국가의 보호를 받으며, 국가는 법률이 정하는 바에 의하여 정당운영에 필요한 자금을 보조할 수 있다.

④ 정당의 목적이나 활동이 민주적 기본질서에 위배될 때에는 정부는 헌법재판소에 그 해산을 제소할 수 있고, 정당은 헌법재판소의 심판에 의하여 해산된다.

제9조 국가는 전통문화의 계승·발전과 민족문화의 창달에 노력하여야 한다.

제 2 장 국민의 권리와 의무

제10조 모든 국민은 인간으로서의 존엄과 가치를 가지며, 행복을 추구할 권리를 가진다. 국가는 개인이 가지는 불가침의 기본적 인권을 확인하고 이를 보장할 의무를 진다.

제11조 ① 모든 국민은 법 앞에 평등하다. 누구든지 성별·종교 또는 사회적 신분에 의하여 정치적·경제적·사회적·문화적 생활의 모든 영역에 있어서 차별을 받지 아니한다.

② 사회적 특수계급의 제도는 인정되지 아니하며, 어떠한 형태로도 이를 창설할 수 없다.

③ 훈장등의 영전은 이를 받은 자에게만 효력이 있고, 어떠한 특권도 이에 따르지 아니한다.

제12조 ① 모든 국민은 신체의 자유를 가진다. 누구든지 법률에 의하지 아니하고는 체포·구속·압수·수색 또는 심문을 받지 아니하며, 법률과 적법한 절차에 의하지 아니하고는 처벌·보안처분 또는 강제노역을 받지 아니한다.

② 모든 국민은 고문을 받지 아니하며, 형사상 자기에게 불리한 진술을 강요당하지 아니한다.

③ 체포·구속·압수 또는 수색을 할 때에는 적법한 절차에 따라 검사의 신청에 의하여 법관이 발부한 영장을 제시하여야 한다. 다만, 현행범인인 경우와 장기 3년 이상의 형에 해당하는 죄를 범하고 도피 또는 증거인멸의 염려가 있을 때에는 사후에 영장을 청구할 수 있다.

④ 누구든지 체포 또는 구속을 당한 때에는 즉시 변호인의 조력을 받을 권리를 가진다. 다만, 형사피고인이 스스로 변호인을 구할 수 없을 때에는 법률이 정하는 바에 의하여 국가가 변호인을 붙인다.

⑤ 누구든지 체포 또는 구속의 이유와 변호인의 조력을 받을 권리가 있음을 고지받지 아니하고는 체포 또는 구속을 당하지 아니한다. 체포 또는 구속을 당한 자의 가족 등 법률이 정하는 자에게는 그 이유와 일시·장소가 지체없이 통지되어야 한다.

⑥ 누구든지 체포 또는 구속을 당한 때에는 적부의 심사를 법원에 청구할 권리를 가진다.

⑦ 피고인의 자백이 고문·폭행·협박·구속의 부당한 장기화 또는 기망 기타의 방법에 의하여 자의로 진술된 것이 아니라고 인정될 때 또는 정식재판에 있어서 피고인의 자백이 그에게 불리한 유일한 증거일 때에는 이를 유죄의 증거로 삼거나 이를 이유로 처벌할 수 없다.

제13조 ① 모든 국민은 행위시의 법률에 의하여 범죄를 구성하지 아니하는 행위로 소추되지 아니하며, 동일한 범죄에 대하여 거듭 처벌받지 아니한다.

② 모든 국민은 소급입법에 의하여 참정권의 제한을 받거나 재산권을 박탈당하지 아니한다.

③ 모든 국민은 자기의 행위가 아닌 친족의 행위로 인하여 불이익한 처우를 받지 아니한다.

제14조 모든 국민은 거주·이전의 자유를 가진다.

제15조 모든 국민은 직업선택의 자유를 가진다.

제16조 모든 국민은 주거의 자유를 침해받지 아니한다. 주거에 대한 압수나 수색을 할 때에는 검사의 신청에 의하여 법관이 발부한 영장을 제시하여야 한다.

제17조 모든 국민은 사생활의 비밀과 자유를 침해받지 아니한다.

제18조 모든 국민은 통신의 비밀을 침해받지

아니한다.

제19조 모든 국민은 양심의 자유를 가진다.

제20조 ① 모든 국민은 종교의 자유를 가진다.

② 국교는 인정되지 아니하며, 종교와 정치는 분리된다.

제21조 ① 모든 국민은 언론·출판의 자유와 집회·결사의 자유를 가진다.

② 언론·출판에 대한 허가나 검열과 집회·결사에 대한 허가는 인정되지 아니한다.

③ 통신·방송의 시설기준과 신문의 기능을 보장하기 위하여 필요한 사항은 법률로 정한다.

④ 언론·출판은 타인의 명예나 권리 또는 공중도덕이나 사회윤리를 침해하여서는 아니된다. 언론·출판이 타인의 명예나 권리를 침해한 때에는 피해자는 이에 대한 피해의 배상을 청구할 수 있다.

제22조 ① 모든 국민은 학문과 예술의 자유를 가진다.

② 저작자·발명가·과학기술자와 예술가의 권리는 법률로써 보호한다.

제23조 ① 모든 국민의 재산권은 보장된다. 그 내용과 한계는 법률로 정한다.

② 재산권의 행사는 공공복리에 적합하도록 하여야 한다.

③ 공공필요에 의한 재산권의 수용·사용 또는 제한 및 그에 대한 보상은 법률로써 하되, 정당한 보상을 지급하여야 한다.

제24조 모든 국민은 법률이 정하는 바에 의하여 선거권을 가진다.

제25조 모든 국민은 법률이 정하는 바에 의하여 공무담임권을 가진다.

제26조 ① 모든 국민은 법률이 정하는 바에 의하여 국가기관에 문서로 청원할 권리를 가진다.

② 국가는 청원에 대하여 심사할 의무를 진다.

제27조 ① 모든 국민은 헌법과 법률이 정한 법관에 의하여 법률에 의한 재판을 받을 권리를 가진다.

② 군인 또는 군무원이 아닌 국민은 대한민국의 영역 안에서는 중대한 군사상 기밀·초병·초소·유독음식물공급·포로·군용물에 관한 죄 중 법률이 정한 경우와 비상계엄이 선포된 경우를 제외하고는 군사법원의 재판을 받지 아니한다.

③ 모든 국민은 신속한 재판을 받을 권리를 가진다. 형사피고인은 상당한 이유가 없는 한 지체없이 공개재판을 받을 권리를 가진다.

④ 형사피고인은 유죄의 판결이 확정될 때까지는 무죄로 추정된다.

⑤ 형사피해자는 법률이 정하는 바에 의하여 당해 사건의 재판절차에서 진술할 수 있다.

제28조 형사피의자 또는 형사피고인으로서 구금되었던 자가 법률이 정하는 불기소처분을 받거나 무죄판결을 받은 때에는 법률이 정하는 바에 의하여 국가에 정당한 보상을 청구할 수 있다.

제29조 ① 공무원의 직무상 불법행위로 손해를 받은 국민은 법률이 정하는 바에 의하여 국가 또는 공공단체에 정당한 배상을 청구할 수 있다. 이 경우 공무원 자신의 책임은 면제되지 아니한다.

② 군인·군무원·경찰공무원 기타 법률이 정하는 자가 전투·훈련 등 직무집행과 관련하여 받은 손해에 대하여는 법률이 정하는 보상 외에 국가 또는 공공단체에 공무원의 직무상 불법행위로 인한 배상은 청구할 수 없다.

제30조 타인의 범죄행위로 인하여 생명·신체에 대한 피해를 받은 국민은 법률이 정하는 바에 의하여 국가로부터 구조를 받을 수 있다.

제31조 ① 모든 국민은 능력에 따라 균등하게 교육을 받을 권리를 가진다.

② 모든 국민은 그 보호하는 자녀에게 적어도 초등교육과 법률이 정하는 교육을 받게 할 의무를 진다.

③ 의무교육은 무상으로 한다.

④ 교육의 자주성·전문성·정치적 중립성 및 대학의 자율성은 법률이 정하는 바에 의하여 보장된다.

⑤ 국가는 평생교육을 진흥하여야 한다.

⑥ 학교교육 및 평생교육을 포함한 교육제도와 그 운영, 교육재정 및 교원의 지위에 관한 기본적인 사항은 법률로 정한다.

제32조 ① 모든 국민은 근로의 권리를 가진다. 국가는 사회적·경제적 방법으로 근로자의 고용의 증진과 적정임금의 보장에 노력하여야 하며, 법률이 정하는 바에 의하여 최저임금제를 시행하여야 한다.

② 모든 국민은 근로의 의무를 진다. 국가는 근로의 의무의 내용과 조건을 민주주의원칙에 따라 법률로 정한다.

③ 근로조건의 기준은 인간의 존엄성을 보장하도록 법률로 정한다.

④ 여자의 근로는 특별한 보호를 받으며, 고용·임금 및 근로조건에 있어서 부당한 차별을 받지 아니한다.

⑤ 연소자의 근로는 특별한 보호를 받는다.

⑥ 국가유공자·상이군경 및 전몰군경의 유가족은 법률이 정하는 바에 의하여 우선적으로 근로의 기회를 부여받는다.

제33조 ① 근로자는 근로조건의 향상을 위하여 자주적인 단결권·단체교섭권 및 단체행동권을 가진다.

② 공무원인 근로자는 법률이 정하는 자에 한하여 단결권·단체교섭권 및 단체행동권을 가진다.

③ 법률이 정하는 주요방위산업체에 종사하는 근로자의 단체행동권은 법률이 정하는 바에 의하여 이를 제한하거나 인정하지 아니할 수 있다.

제34조 ① 모든 국민은 인간다운 생활을 할 권리를 가진다.

② 국가는 사회보장·사회복지의 증진에 노력할 의무를 진다.

③ 국가는 여자의 복지와 권익의 향상을 위하여 노력하여야 한다.

④ 국가는 노인과 청소년의 복지향상을 위한 정책을 실시할 의무를 진다.

⑤ 신체장애자 및 질병·노령 기타의 사유로 생활능력이 없는 국민은 법률이 정하는 바에 의하여 국가의 보호를 받는다.

⑥ 국가는 재해를 예방하고 그 위험으로부터 국민을 보호하기 위하여 노력하여야 한다.

제35조 ① 모든 국민은 건강하고 쾌적한 환경에서 생활할 권리를 가지며, 국가와 국민은 환경보전을 위하여 노력하여야 한다.

② 환경권의 내용과 행사에 관하여는 법률로 정한다.

③ 국가는 주택개발정책 등을 통하여 모든 국민이 쾌적한 주거생활을 할 수 있도록 노력하여야 한다.

제36조 ① 혼인과 가족생활은 개인의 존엄과 양성의 평등을 기초로 성립되고 유지되어야 하며, 국가는 이를 보장한다.

② 국가는 모성의 보호를 위하여 노력하여야 한다.

③ 모든 국민은 보건에 관하여 국가의 보호를 받는다.

제37조 ① 국민의 자유와 권리는 헌법에 열거되지 아니한 이유로 경시되지 아니한다.

② 국민의 모든 자유와 권리는 국가안전보장·질서유지 또는 공공복리를 위하여 필요한 경우에 한하여 법률로써 제한할 수 있으며, 제한하는 경우에도 자유와 권리의 본질적인 내용을 침해할 수 없다.

제38조 모든 국민은 법률이 정하는 바에 의하여 납세의 의무를 진다.

제39조 ① 모든 국민은 법률이 정하는 바에 의하여 국방의 의무를 진다.

② 누구든지 병역의무의 이행으로 인하여 불이익한 처우를 받지 아니한다.

제 3 장 국　　회

제40조 입법권은 국회에 속한다.

제41조 ① 국회는 국민의 보통·평등·직접·비밀선거에 의하여 선출된 국회의원으로 구성한다.

② 국회의원의 수는 법률로 정하되, 200인 이상으로 한다.

③ 국회의원의 선거구와 비례대표제 기타 선거에 관한 사항은 법률로 정한다.

제42조 국회의원의 임기는 4년으로 한다.

제43조 국회의원은 법률이 정하는 직을 겸할 수 없다.

제44조 ① 국회의원은 현행범인인 경우를 제외하고는 회기중 국회의 동의없이 체포 또는 구금되지 아니한다.

② 국회의원이 회기 전에 체포 또는 구금된 때에는 현행범인이 아닌 한 국회의 요구가 있으면 회기중 석방된다.

제45조 국회의원은 국회에서 직무상 행한 발언과 표결에 관하여 국회 외에서 책임을 지지 아니한다.

제46조 ① 국회의원은 청렴의 의무가 있다.

② 국회의원은 국가이익을 우선하여 양심에 따라 직무를 행한다.

③ 국회의원은 그 지위를 남용하여 국가·공공단체 또는 기업체와의 계약이나 그 처분에 의하여 재산상의 권리·이익 또는 직위를 취득하거나 타인을 위하여 그 취득을 알선할 수 없다.

제47조 ① 국회의 정기회는 법률이 정하는 바에 의하여 매년 1회 집회되며, 국회의 임시회는 대통령 또는 국회재적의원 4분의 1 이상의 요구에 의하여 집회된다.

② 정기회의 회기는 100일을, 임시회의 회기는 30일을 초과할 수 없다.

③ 대통령이 임시회의 집회를 요구할 때에는 기간과 집회요구의 이유를 명시하여야 한다.

제48조 국회는 의장 1인과 부의장 2인을 선출한다.

제49조 국회는 헌법 또는 법률에 특별한 규정이 없는 한 재적의원 과반수의 출석과 출석의원 과반수의 찬성으로 의결한다. 가부동수인 때에는 부결된 것으로 본다.

제50조 ① 국회의 회의는 공개한다. 다만, 출석의원 과반수의 찬성이 있거나 의장이 국가의 안전보장을 위하여 필요하다고 인정할 때에는 공개하지 아니할 수 있다.

② 공개하지 아니한 회의내용의 공표에 관하여는 법률이 정하는 바에 의한다.

제51조 국회에 제출된 법률안 기타의 의안은 회기중에 의결되지 못한 이유로 폐기되지 아니한다. 다만, 국회의원의 임기가 만료된 때에는 그러하지 아니하다.

제52조 국회의원과 정부는 법률안을 제출할 수 있다.

제53조 ① 국회에서 의결된 법률안은 정부에 이송되어 15일 이내에 대통령이 공포한다.

② 법률안에 이의가 있을 때에는 대통령은 제1항의 기간 내에 이의서를 붙여 국회로 환부하고, 그 재의를 요구할 수 있다. 국회의 폐회중에도 또한 같다.

③ 대통령은 법률안의 일부에 대하여 또는 법률안을 수정하여 재의를 요구할 수 없다.

④ 재의의 요구가 있을 때에는 국회는 재의에 붙이고, 재적의원과반수의 출석과 출석의원 3분의 2 이상의 찬성으로 전과 같은 의결을 하면 그 법률안은 법률로서 확정된다.

⑤ 대통령이 제1항의 기간 내에 공포나 재의의 요구를 하지 아니한 때에도 그 법률안은 법률로서 확정된다.

⑥ 대통령은 제4항과 제5항의 규정에 의하여 확정된 법률을 지체없이 공포하여야 한다. 제5항에 의하여 법률이 확정된 후 또는 제4항에 의한 확정법률이 정부에 이송된 후 5일 이내에 대통령이 공포하지 아니할 때에는 국회의장이 이를 공포한다.

⑦ 법률은 특별한 규정이 없는 한 공포한 날로부터 20일을 경과함으로써 효력을 발생한다.

제54조 ① 국회는 국가의 예산안을 심의·확정한다.

② 정부는 회계연도마다 예산안을 편성하여 회계연도 개시 90일 전까지 국회에 제출하고, 국회는 회계연도 개시 30일 전까지 이를 의결하여야 한다.

③ 새로운 회계연도가 개시될 때까지 예산안이 의결되지 못한 때에는 정부는 국회에서 예산안이 의결될 때까지 다음의 목적을 위한 경비는 전년도 예산에 준하여 집행할 수 있다.

1. 헌법이나 법률에 의하여 설치된 기관 또는 시설의 유지·운영
2. 법률상 지출의무의 이행
3. 이미 예산으로 승인된 사업의 계속

제55조 ① 한 회계연도를 넘어 계속하여 지

출할 필요가 있을 때에는 정부는 연한을 정하여 계속비로서 국회의 의결을 얻어야 한다.

② 예비비는 총액으로 국회의 의결을 얻어야 한다. 예비비의 지출은 차기국회의 승인을 얻어야 한다.

제56조 정부는 예산에 변경을 가할 필요가 있을 때에는 추가경정예산안을 편성하여 국회에 제출할 수 있다.

제57조 국회는 정부의 동의없이 정부가 제출한 지출예산 각항의 금액을 증가하거나 새 비목을 설치할 수 없다.

제58조 국채를 모집하거나 예산 외에 국가의 부담이 될 계약을 체결하려 할 때에는 정부는 미리 국회의 의결을 얻어야 한다.

제59조 조세의 종목과 세율은 법률로 정한다.

제60조 ① 국회는 상호원조 또는 안전보장에 관한 조약, 중요한 국제조직에 관한 조약, 우호통상항해조약, 주권의 제약에 관한 조약, 강화조약, 국가나 국민에게 중대한 재정적 부담을 지우는 조약 또는 입법사항에 관한 조약의 체결·비준에 대한 동의권을 가진다.

② 국회는 선전포고, 국군의 외국에의 파견 또는 외국군대의 대한민국 영역 안에서의 주류에 대한 동의권을 가진다.

제61조 ① 국회는 국정을 감사하거나 특정한 국정사안에 대하여 조사할 수 있으며, 이에 필요한 서류의 제출 또는 증인의 출석과 증언이나 의견의 진술을 요구할 수 있다.

② 국정감사 및 조사에 관한 절차 기타 필요한 사항은 법률로 정한다.

제62조 ① 국무총리·국무위원 또는 정부위원은 국회나 그 위원회에 출석하여 국정처리상황을 보고하거나 의견을 진술하고 질문에 응답할 수 있다.

② 국회나 그 위원회의 요구가 있을 때에는 국무총리·국무위원 또는 정부위원은 출석·답변하여야 하며, 국무총리 또는 국무위원이 출석요구를 받은 때에는 국무위원 또는 정부위원으로 하여금 출석·답변하게 할 수 있다.

제63조 ① 국회는 국무총리 또는 국무위원의 해임을 대통령에게 건의할 수 있다.

② 제1항의 해임건의는 국회재적의원 3분의 1 이상의 발의에 의하여 국회재적의원 과반수의 찬성이 있어야 한다.

제64조 ① 국회는 법률에 저촉되지 아니하는 범위 안에서 의사와 내부규율에 관한 규칙을 제정할 수 있다.

② 국회는 의원의 자격을 심사하며, 의원을 징계할 수 있다.

③ 의원을 제명하려면 국회재적의원 3분의 2 이상의 찬성이 있어야 한다.

④ 제2항과 제3항의 처분에 대하여는 법원에 제소할 수 없다.

제65조 ① 대통령·국무총리·국무위원·행정각부의 장·헌법재판소 재판관·법관·중앙선거관리위원회 위원·감사원장·감사위원 기타 법률이 정한 공무원이 그 직무집행에 있어서 헌법이나 법률을 위배한 때에는 국회는 탄핵의 소추를 의결할 수 있다.

② 제1항의 탄핵소추는 국회재적의원 3분의 1 이상의 발의가 있어야 하며, 그 의결은 국회재적의원 과반수의 찬성이 있어야 한다. 다만, 대통령에 대한 탄핵소추는 국회재적의원 과반수의 발의와 국회재적의원 3분의 2 이상의 찬성이 있어야 한다.

③ 탄핵소추의 의결을 받은 자는 탄핵심판이 있을 때까지 그 권한행사가 정지된다.

④ 탄핵결정은 공직으로부터 파면함에 그친다. 그러나, 이에 의하여 민사상이나 형사상의 책임이 면제되지는 아니한다.

제4장 정 부

제1절 대 통 령

제66조 ① 대통령은 국가의 원수이며, 외국에 대하여 국가를 대표한다.

② 대통령은 국가의 독립·영토의 보전·국가의 계속성과 헌법을 수호할 책무를 진다.

③ 대통령은 조국의 평화적 통일을 위한 성실한 의무를 진다.

④ 행정권은 대통령을 수반으로 하는 정부에 속한다.

제67조 ① 대통령은 국민의 보통·평등·직접·비밀선거에 의하여 선출한다.

② 제1항의 선거에 있어서 최고득표자가 2인 이상인 때에는 국회의 재적의원 과반수가 출석한 공개회의에서 다수표를 얻은 자를 당선자로 한다.

③ 대통령후보자가 1인일 때에는 그 득표수가 선거권자 총수의 3분의 1 이상이 아니면 대통령으로 당선될 수 없다.

④ 대통령으로 선거될 수 있는 자는 국회의원의 피선거권이 있고 선거일 현재 40세에 달하여야 한다.

⑤ 대통령의 선거에 관한 사항은 법률로 정한다.

제68조 ① 대통령의 임기가 만료되는 때에는 임기만료 70일 내지 40일 전에 후임자를 선거한다.

② 대통령이 궐위된 때 또는 대통령 당선자가 사망하거나 판결 기타의 사유로 그 자격을 상실한 때에는 60일 이내에 후임자를 선거한다.

제69조 대통령은 취임에 즈음하여 다음의 선서를 한다. "나는 헌법을 준수하고 국가를 보위하며 조국의 평화적 통일과 국민의 자유와 복리의 증진 및 민족문화의 창달에 노력하여 대통령으로서의 직책을 성실히 수행할 것을 국민 앞에 엄숙히 선서합니다."

제70조 대통령의 임기는 5년으로 하며, 중임할 수 없다.

제71조 대통령이 궐위되거나 사고로 인하여 직무를 수행할 수 없을 때에는 국무총리, 법률이 정한 국무위원의 순서로 그 권한을 대행한다.

제72조 대통령은 필요하다고 인정할 때에는 외교·국방·통일 기타 국가안위에 관한 중요정책을 국민투표에 붙일 수 있다.

제73조 대통령은 조약을 체결·비준하고, 외교사절을 신임·접수 또는 파견하며, 선전포고와 강화를 한다.

제74조 ① 대통령은 헌법과 법률이 정하는 바에 의하여 국군을 통수한다.

② 국군의 조직과 편성은 법률로 정한다.

제75조 대통령은 법률에서 구체적으로 범위를 정하여 위임받은 사항과 법률을 집행하기 위하여 필요한 사항에 관하여 대통령령을 발할 수 있다.

제76조 ① 대통령은 내우·외환·천재·지변 또는 중대한 재정·경제상의 위기에 있어서 국가의 안전보장 또는 공공의 안녕질서를 유지하기 위하여 긴급한 조치가 필요하고 국회의 집회를 기다릴 여유가 없을 때에 한하여 최소한으로 필요한 재정·경제상의 처분을 하거나 이에 관하여 법률의 효력을 가지는 명령을 발할 수 있다.

② 대통령은 국가의 안위에 관계되는 중대한 교전상태에 있어서 국가를 보위하기 위하여 긴급한 조치가 필요하고 국회의 집회가 불가능한 때에 한하여 법률의 효력을 가지는 명령을 발할 수 있다.

③ 대통령은 제1항과 제2항의 처분 또는 명령을 한 때에는 지체없이 국회에 보고하여 그 승인을 얻어야 한다.

④ 제3항의 승인을 얻지 못한 때에는 그 처분 또는 명령은 그때부터 효력을 상실한다. 이 경우 그 명령에 의하여 개정 또는 폐지되었던 법률은 그 명령이 승인을 얻지 못한 때부터 당연히 효력을 회복한다.

⑤ 대통령은 제3항과 제4항의 사유를 지체없이 공포하여야 한다.

제77조 ① 대통령은 전시·사변 또는 이에 준하는 국가비상사태에 있어서 병력으로써 군사상의 필요에 응하거나 공공의 안녕질서를 유지할 필요가 있을 때에는 법률이 정하는 바에 의하여 계엄을 선포할 수 있다.

② 계엄은 비상계엄과 경비계엄으로 한다.

③ 비상계엄이 선포된 때에는 법률이 정하는 바에 의하여 영장제도, 언론·출판·집회·결사의 자유, 정부나 법원의 권한에 관하여 특별한 조치를 할 수 있다.

④ 계엄을 선포한 때에는 대통령은 지체없이 국회에 통고하여야 한다.

⑤ 국회가 재적의원 과반수의 찬성으로 계엄의 해제를 요구한 때에는 대통령은 이를 해제하여야 한다.

제78조 대통령은 헌법과 법률이 정하는 바에 의하여 공무원을 임면한다.

제79조 ① 대통령은 법률이 정하는 바에 의하여 사면·감형 또는 복권을 명할 수 있다.

② 일반사면을 명하려면 국회의 동의를 얻어야 한다.

③ 사면·감형 및 복권에 관한 사항은 법률로 정한다.

제80조 대통령은 법률이 정하는 바에 의하여 훈장 기타의 영전을 수여한다.

제81조 대통령은 국회에 출석하여 발언하거나 서한으로 의견을 표시할 수 있다.

제82조 대통령의 국법상 행위는 문서로써 하며, 이 문서에는 국무총리와 관계 국무위원이 부서한다. 군사에 관한 것도 또한 같다.

제83조 대통령은 국무총리·국무위원·행정각부의 장 기타 법률이 정하는 공사의 직을 겸할 수 없다.

제84조 대통령은 내란 또는 외환의 죄를 범한 경우를 제외하고는 재직중 형사상의 소추를 받지 아니한다.

제85조 전직대통령의 신분과 예우에 관하여는 법률로 정한다.

제 2 절 행 정 부

제 1 관 국무총리와 국무위원

제86조 ① 국무총리는 국회의 동의를 얻어 대통령이 임명한다.

② 국무총리는 대통령을 보좌하며, 행정에 관하여 대통령의 명을 받아 행정각부를 통할한다.

③ 군인은 현역을 면한 후가 아니면 국무총리로 임명될 수 없다.

제87조 ① 국무위원은 국무총리의 제청으로 대통령이 임명한다.

② 국무위원은 국정에 관하여 대통령을 보좌하며, 국무회의의 구성원으로서 국정을 심의한다.

③ 국무총리는 국무위원의 해임을 대통령에게 건의할 수 있다.

④ 군인은 현역을 면한 후가 아니면 국무위원으로 임명될 수 없다.

제 2 관 국무회의

제88조 ① 국무회의는 정부의 권한에 속하는 중요한 정책을 심의한다.

② 국무회의는 대통령·국무총리와 15인 이상 30인 이하의 국무위원으로 구성한다.

③ 대통령은 국무회의의 의장이 되고, 국무총리는 부의장이 된다.

제89조 다음 사항은 국무회의의 심의를 거쳐야 한다.

1. 국정의 기본계획과 정부의 일반정책
2. 선전·강화 기타 중요한 대외정책
3. 헌법개정안·국민투표안·조약안·법률안 및 대통령령안
4. 예산안·결산·국유재산처분의 기본계획·국가의 부담이 될 계약 기타 재정에 관한 중요사항
5. 대통령의 긴급명령·긴급재정경제처분 및 명령 또는 계엄과 그 해제
6. 군사에 관한 중요사항
7. 국회의 임시회 집회의 요구
8. 영전수여
9. 사면·감형과 복권
10. 행정각부간의 권한의 획정
11. 정부안의 권한의 위임 또는 배정에 관한 기본계획
12. 국정처리상황의 평가·분석
13. 행정각부의 중요한 정책의 수립과 조정
14. 정당해산의 제소
15. 정부에 제출 또는 회부된 정부의 정책에 관계되는 청원의 심사
16. 검찰총장·합동참모의장·각군참모총장·국립대학교총장·대사 기타 법률이 정한 공무원과 국영기업체관리자의 임명
17. 기타 대통령·국무총리 또는 국무위원이 제출한 사항

제90조 ① 국정의 중요한 사항에 관한 대통령의 자문에 응하기 위하여 국가원로로 구성되는 국가원로자문회의를 둘 수 있다.

② 국가원로자문회의의 의장은 직전대통령이 된다. 다만, 직전대통령이 없을 때에는 대통령이 지명한다.

③ 국가원로자문회의의 조직·직무범위 기타 필요한 사항은 법률로 정한다.

제91조 ① 국가안전보장에 관련되는 대외정책·군사정책과 국내정책의 수립에 관하여 국무회의의 심의에 앞서 대통령의 자문에 응하기 위하여 국가안전보장회의를 둔다.

② 국가안전보장회의는 대통령이 주재한다.

③ 국가안전보장회의의 조직·직무범위 기타 필요한 사항은 법률로 정한다.

제92조 ① 평화통일정책의 수립에 관한 대통령의 자문에 응하기 위하여 민주평화통일자문회의를 둘 수 있다.

② 민주평화통일자문회의의 조직·직무범위 기타 필요한 사항은 법률로 정한다.

제93조 ① 국민경제의 발전을 위한 중요정책의 수립에 관하여 대통령의 자문에 응하기 위하여 국민경제자문회의를 둘 수 있다.

② 국민경제자문회의의 조직·직무범위 기타 필요한 사항은 법률로 정한다.

제 3 관 행정각부

제94조 행정각부의 장은 국무위원 중에서 국무총리의 제청으로 대통령이 임명한다.

제95조 국무총리 또는 행정각부의 장은 소관사무에 관하여 법률이나 대통령령의 위임 또는 직권으로 총리령 또는 부령을 발할 수 있다.

제96조 행정각부의 설치·조직과 직무범위는 법률로 정한다.

제 4 관 감 사 원

제97조 국가의 세입·세출의 결산, 국가 및 법률이 정한 단체의 회계검사와 행정기관 및 공무원의 직무에 관한 감찰을 하기 위하여 대통령 소속하에 감사원을 둔다.

제98조 ① 감사원은 원장을 포함한 5인 이상 11인 이하의 감사위원으로 구성한다.

② 원장은 국회의 동의를 얻어 대통령이 임명하고, 그 임기는 4년으로 하며, 1차에 한하여 중임할 수 있다.

③ 감사위원은 원장의 제청으로 대통령이 임명하고, 그 임기는 4년으로 하며, 1차에 한하여 중임할 수 있다.

제99조 감사원은 세입·세출의 결산을 매년 검사하여 대통령과 차년도국회에 그 결과를 보고하여야 한다.

제100조 감사원의 조직·직무범위·감사위원의 자격·감사대상공무원의 범위 기타 필요한 사항은 법률로 정한다.

제 5 장 법 원

제101조 ① 사법권은 법관으로 구성된 법원에 속한다.

② 법원은 최고법원인 대법원과 각급법원으로 조직된다.

③ 법관의 자격은 법률로 정한다.

제102조 ① 대법원에 부를 둘 수 있다.

② 대법원에 대법관을 둔다. 다만, 법률이 정하는 바에 의하여 대법관이 아닌 법관을 둘 수 있다.

③ 대법원과 각급법원의 조직은 법률로 정한다.

제103조 법관은 헌법과 법률에 의하여 그 양심에 따라 독립하여 심판한다.

제104조 ① 대법원장은 국회의 동의를 얻어 대통령이 임명한다.

② 대법관은 대법원장의 제청으로 국회의 동의를 얻어 대통령이 임명한다.

③ 대법원장과 대법관이 아닌 법관은 대법관회의의 동의를 얻어 대법원장이 임명한다.

제105조 ① 대법원장의 임기는 6년으로 하며, 중임할 수 없다.

② 대법관의 임기는 6년으로 하며, 법률이 정하는 바에 의하여 연임할 수 있다.

③ 대법원장과 대법관이 아닌 법관의 임기는 10년으로 하며, 법률이 정하는 바에 의하여 연임할 수 있다.

④ 법관의 정년은 법률로 정한다.

제106조 ① 법관은 탄핵 또는 금고 이상의 형의 선고에 의하지 아니하고는 파면되지 아니하며, 징계처분에 의하지 아니하고는 정직·감봉 기타 불리한 처분을 받지 아니한다.

② 법관이 중대한 심신상의 장해로 직무를 수행할 수 없을 때에는 법률이 정하는 바에 의하여 퇴직하게 할 수 있다.

제107조 ① 법률이 헌법에 위반되는 여부가 재판의 전제가 된 경우에는 법원은 헌법재판소에 제청하여 그 심판에 의하여 재판한다.

② 명령·규칙 또는 처분이 헌법이나 법률에 위반되는 여부가 재판의 전제가 된 경우에는 대법원은 이를 최종적으로 심사할 권한을 가진다.

③ 재판의 전심절차로서 행정심판을 할 수 있다. 행정심판의 절차는 법률로 정하되, 사법절차가 준용되어야 한다.

제108조 대법원은 법률에서 저촉되지 아니하는 범위 안에서 소송에 관한 절차, 법원의 내부규율과 사무처리에 관한 규칙을 제정할 수 있다.

제109조 재판의 심리와 판결은 공개한다. 다만, 심리는 국가의 안전보장 또는 안녕질서를 방해하거나 선량한 풍속을 해할 염려가 있을 때에는 법원의 결정으로 공개하지 아니할 수 있다.

제110조 ① 군사재판을 관할하기 위하여 특별법원으로서 군사법원을 둘 수 있다.

② 군사법원의 상고심은 대법원에서 관할한다.

③ 군사법원의 조직·권한 및 재판관의 자격은 법률로 정한다.

④ 비상계엄하의 군사재판은 군인·군무원의 범죄나 군사에 관한 간첩죄의 경우와 초병·초소·유독음식물공급·포로에 관한 죄 중 법률이 정한 경우에 한하여 단심으로 할 수 있다. 다만, 사형을 선고한 경우에는 그러하지 아니하다.

제 6 장 헌법재판소

제111조 ① 헌법재판소는 다음 사항을 관장한다.

1. 법원의 제청에 의한 법률의 위헌여부 심판

2. 탄핵의 심판

3. 정당의 해산 심판

4. 국가기관 상호간, 국가기관과 지방자치단체간 및 지방자치단체 상호간의 권한쟁의에 관한 심판

5. 법률이 정하는 헌법소원에 관한 심판

② 헌법재판소는 법관의 자격을 가진 9인의 재판관으로 구성하며, 재판관은 대통령이 임명한다.

③ 제 2 항의 재판관 중 3인은 국회에서 선출하는 자를, 3인은 대법원장이 지명하는 자를 임명한다.

④ 헌법재판소의 장은 국회의 동의를 얻어 재판관 중에서 대통령이 임명한다.

제112조 ① 헌법재판소 재판관의 임기는 6년으로 하며, 법률이 정하는 바에 의하여 연임할 수 있다.

② 헌법재판소 재판관은 정당에 가입하거나 정치에 관여할 수 없다.

③ 헌법재판소 재판관은 탄핵 또는 금고 이상의 형의 선고에 의하지 아니하고는 파면되지 아니한다.

제113조 ① 헌법재판소에서 법률의 위헌결정, 탄핵의 결정, 정당해산의 결정 또는 헌법소원에 관한 인용결정을 할 때에는 재판관 6인 이상의 찬성이 있어야 한다.

② 헌법재판소는 법률에 저촉되지 아니하는 범위안에서 심판에 관한 절차, 내부규율과 사무처리에 관한 규칙을 제정할 수 있다.

③ 헌법재판소의 조직과 운영 기타 필요한 사항은 법률로 정한다.

제 7 장 선거관리

제114조 ① 선거와 국민투표의 공정한 관리 및 정당에 관한 사무를 처리하기 위하여 선거관리위원회를 둔다.

② 중앙선거관리위원회는 대통령이 임명하는 3인, 국회에서 선출하는 3인과 대법원장이 지명하는 3인의 위원으로 구성한다. 위원장은 위원중에서 호선한다.

③ 위원의 임기는 6년으로 한다.

④ 위원은 정당에 가입하거나 정치에 관여할 수 없다.

⑤ 위원은 탄핵 또는 금고 이상의 형의 선고에 의하지 아니하고는 파면되지 아니한다.

⑥ 중앙선거관리위원회는 법령의 범위 안에서 선거관리·국민투표관리 또는 정당사

무에 관한 규칙을 제정할 수 있으며, 법률에 저촉되지 아니하는 범위 안에서 내부규율에 관한 규칙을 제정할 수 있다.

⑦ 각급 선거관리위원회의 조직·직무범위 기타 필요한 사항은 법률로 정한다.

제115조 ① 각급 선거관리위원회는 선거인명부의 작성 등 선거사무와 국민투표사무에 관하여 관계 행정기관에 필요한 지시를 할 수 있다.

② 제1항의 지시를 받은 당해 행정기관은 이에 응하여야 한다.

제116조 ① 선거운동은 각급 선거관리위원회의 관리하에 법률이 정하는 범위 안에서 하되, 균등한 기회가 보장되어야 한다.

② 선거에 관한 경비는 법률이 정하는 경우를 제외하고는 정당 또는 후보자에게 부담시킬 수 없다.

제8장 지방자치

제117조 ① 지방자치단체는 주민의 복리에 관한 사무를 처리하고 재산을 관리하며, 법령의 범위 안에서 자치에 관한 규정을 제정할 수 있다.

② 지방자치단체의 종류는 법률로 정한다.

제118조 ① 지방자치단체에 의회를 둔다.

② 지방의회의 조직·권한·의원선거와 지방자치단체의 장의 선임방법 기타 지방자치단체의 조직과 운영에 관한 사항은 법률로 정한다.

제9장 경 제

제119조 ① 대한민국의 경제질서는 개인과 기업의 경제상의 자유와 창의를 존중함을 기본으로 한다.

② 국가는 균형있는 국민경제의 성장 및 안정과 적정한 소득의 분배를 유지하고, 시장의 지배와 경제력의 남용을 방지하며, 경제주체간의 조화를 통한 경제의 민주화를 위하여 경제에 관한 규제와 조정을 할 수 있다.

제120조 ① 광물 기타 중요한 지하자원·수산자원·수력과 경제상 이용할 수 있는 자연력은 법률이 정하는 바에 의하여 일정한 기간 그 채취·개발 또는 이용을 특허할 수 있다.

② 국토와 자원은 국가의 보호를 받으며, 국가는 그 균형있는 개발과 이용을 위하여 필요한 계획을 수립한다.

제121조 ① 국가는 농지에 관하여 경자유전의 원칙이 달성될 수 있도록 노력하여야 하며, 농지의 소작제도는 금지된다.

② 농업생산성의 제고와 농지의 합리적인 이용을 위하거나 불가피한 사정으로 발생하는 농지의 임대차와 위탁경영은 법률이 정하는 바에 의하여 인정된다.

제122조 국가는 국민 모두의 생산 및 생활의 기반이 되는 국토의 효율적이고 균형있는 이용·개발과 보전을 위하여 법률이 정하는 바에 의하여 그에 관한 필요한 제한과 의무를 과할 수 있다.

제123조 ① 국가는 농업 및 어업을 보호·육성하기 위하여 농·어촌종합개발과 그 지원 등 필요한 계획을 수립·시행하여야 한다.

② 국가는 지역간의 균형있는 발전을 위하여 지역경제를 육성할 의무를 진다.

③ 국가는 중소기업을 보호·육성하여야 한다.

④ 국가는 농수산물의 수급균형과 유통구조의 개선에 노력하여 가격안정을 도모함으로써 농·어민의 이익을 보호한다.

⑤ 국가는 농·어민과 중소기업의 자조조직을 육성하여야 하며, 그 자율적 활동과 발전을 보장한다.

제124조 국가는 건전한 소비행위를 계도하고 생산품의 품질향상을 촉구하기 위한 소비자보호운동을 법률이 정하는 바에 의하여 보장한다.

제125조 국가는 대외무역을 육성하며, 이를 규제·조정할 수 있다.

제126조 국방상 또는 국민경제상 긴절한 필요로 인하여 법률이 정하는 경우를 제외하고는, 사영기업을 국유 또는 공유로 이전하거나 그 경영을 통제 또는 관리할 수 없다.

제127조 ① 국가는 과학기술의 혁신과 정보

및 인력의 개발을 통하여 국민경제의 발전에 노력하여야 한다.

② 국가는 국가표준제도를 확립한다.

③ 대통령은 제 1 항의 목적을 달성하기 위하여 필요한 자문기구를 둘 수 있다.

제10장 헌법개정

제128조 ① 헌법개정은 국회재적의원 과반수 또는 대통령의 발의로 제안된다.

② 대통령의 임기연장 또는 중임변경을 위한 헌법개정은 그 헌법개정 제안 당시의 대통령에 대하여는 효력이 없다.

제129조 제안된 헌법개정안은 대통령이 20일 이상의 기간 이를 공고하여야 한다.

제130조 ① 국회는 헌법개정안이 공고된 날로부터 60일 이내에 의결하여야 하며, 국회의 의결은 재적의원 3분의 2 이상의 찬성을 얻어야 한다.

② 헌법개정안은 국회가 의결한 후 30일 이내에 국민투표에 붙여 국회의원선거권자 과반수의 투표와 투표자 과반수의 찬성을 얻어야 한다.

③ 헌법개정안이 제 2 항의 찬성을 얻은 때에는 헌법개정은 확정되며, 대통령은 즉시 이를 공포하여야 한다.

부 칙

제 1 조 이 헌법은 1988년 2월 25일부터 시행한다. 다만, 이 헌법을 시행하기 위하여 필요한 법률의 제정·개정과 이 헌법에 의한 대통령 및 국회의원의 선거 기타 이 헌법시행에 관한 준비는 이 헌법시행 전에 할 수 있다.

제 2 조 ① 이 헌법에 의한 최초의 대통령선거는 이 헌법시행일 40일 전까지 실시한다.

② 이 헌법에 의한 최초의 대통령의 임기는 이 헌법시행일로부터 개시한다.

제 3 조 ① 이 헌법에 의한 최초의 국회의원선거는 이 헌법공포일로부터 6월 이내에 실시하며, 이 헌법에 의하여 선출된 최초의 국회의원의 임기는 국회의원선거 후 이 헌법에 의한 국회의 최초의 집회일로부터 개시한다.

② 이 헌법공포 당시의 국회의원의 임기는 제 1 항에 의한 국회의 최초의 집회일 전일까지로 한다.

제 4 조 ① 이 헌법시행 당시의 공무원과 정부가 임명한 기업체의 임원은 이 헌법에 의하여 임명된 것으로 본다. 다만, 이 헌법에 의하여 선임방법이나 임명권자가 변경된 공무원과 대법원장 및 감사원장은 이 헌법에 의하여 후임자가 선임될 때까지 그 직무를 행하며, 이 경우 전임자인 공무원의 임기는 후임자가 선임되는 전일까지로 한다.

② 이 헌법시행 당시의 대법원장과 대법원판사가 아닌 법관은 제 1 항 단서의 규정에 불구하고 이 헌법에 의하여 임명된 것으로 본다.

③ 이 헌법 중 공무원의 임기 또는 중임제한에 관한 규정은 이 헌법에 의하여 그 공무원이 최초로 선출 또는 임명된 때로부터 적용한다.

제 5 조 이 헌법시행 당시의 법령과 조약은 이 헌법에 위배되지 아니하는 한 그 효력을 지속한다.

제 6 조 이 헌법시행 당시에 이 헌법에 의하여 새로 설치될 기관의 권한에 속하는 직무를 행하고 있는 기관은 이 헌법에 의하여 새로운 기관이 설치될 때까지 존속하며 그 직무를 행한다.

판례색인

[獨逸聯邦行政法院判例]

[獨逸聯邦行政法院判例]

사항색인

저자약력

1952년 제주 출생
고려대학교 법과대학 및 동 대학원 석사·박사과정 수료
독일 Köln대학교에서 법학박사학위(Dr. iur.) 취득
한림대학교 교수(1988~1997)
독일 쾰른 대학교 법과대학 '국가철학 및 법정책연구소' 객원교수(1994~1995)
제 7 회 한국헌법학회 학술상 수상(2005)
사법시험 및 각종 국가시험위원, 한국공법학회 부회장, 한국헌법학회 부회장,
　한독법률학회 부회장, 안암법학회 부회장, 한국가톨릭사회과학연구회 회장,
　한국환경법학회 부회장 역임
현재 서강대학교 법학전문대학원 교수

주요 저서 및 논문

Soziale Rechte auf der Verfassungsebene und auf der gesetzlichen Ebene, Diss. Köln(1986)
해방과 정치계몽주의, 도서출판 새남, 1988(M. Kriele, *Befreiung und politische Aufklärung*, 1980)
민주주의 세계혁명, 도서출판 새남, 1990(M. Kriele, *Die demokratische Weltrevolution*, 1987)
법과 실천이성, 한림대학교출판부, 1992(M. Kriele, *Recht und praktische Vernunft*, 1979)
법발견론, 한림대학교출판부, 1994(M. Kriele, *Theorie der Rechtsgewinnung*, 2. Aufl. 1976)
마르크스주의와 수정사회주의, 도서출판 새남, 1996(B. Gustaffson, *Marxismus und Revisionismus*,
　1972)
국가론, 민음사, 1997(H. Heller, *Staatslehre*, 6. Aufl. 1983)
헌법 I , 현암사, 1999
헌법정해, 신영사, 1999
헌법요론, 신영사, 1999(2005: 제 4 판)
환경보호의 법적문제, 서강대학교 출판부, 1999
헌법 II , 현암사, 2000
객관식헌법, 신영사, 2000(2005: 제 4 판)
헌법재판소결정례요지(편), 법문사, 2002
헌법학, 현암사, 2002(2009: 개정 6판)
헌법과 미래(공저), 인간사랑, 2007
법학입문, 신론사, 2007
헌법국가의 도전, 두성사, 2007(M. Kriele, *Die Herausforderungen des Verfassungsstaates*, 1970)
7급객관식헌법, 두성사, 2008
헌법학(상), 박영사, 2010(2013: 제 2 판)
헌법학(하), 박영사, 2010(2014: 제 3 판)
프롤레타리아 계급독재, 신론사, 2011(Karl Kautsky, *Die Diktatur des Proletariats*, 1918)
국가의 법적 기본질서로서의 헌법, 유로, 2011(Werner Kägi, *Die Verfassung als rechtliche Grund-*
　ordnung des Staates, 2. Aufl. 1971)
국가형태, 유로, 2011(Max Imboden, *Die Staatsformen*, 1959)
소외론, 유로, 2011(Friedrich Müller, *Entfredung*, 2. Aufl. 1985)
법발견의 이론, 유로, 2013(M. Kriele, *Theorie der Rechtsgewinnung*, 2. Aufl. 1976)
법과 실천이성, 유로, 2013(M. Kriele, *Recht und praktische Vernunft*, 1979)
정의의 판단기준, 유로, 2014(M. Kriele, *Kriterien der Gerechtigkeit*, 1963)
법률과 판결, 유로, 2014(Carl Schmitt, *Gesetz und Urteil*, 1912, 2. Aufl. 1969)
법관법, 유로, 2014(Friedrich Müller, *Richterrecht*, 1986)
헌법소송법, 박영사, 2015
'사회국가 해석모델에 관한 비판적 검토', '자연의 권리주체성', '독일의 헌법과 행정법에 있어서의
　환경보호' 등 논문 다수

제 2 판
憲法學(中)

초판발행   2010년 2월 28일
제 2 판 인쇄   2015년 7월 20일
제 2 판 발행   2015년 7월 30일

지은이   홍성방
펴낸이   안종만

편 집   김선민·한두희
기획/마케팅   박세기
표지디자인   김문정
제 작   우인도·고철민

펴낸곳   ㈜ **박영사**
          서울특별시 종로구 새문안로3길 36, 1601
          등록 1959. 3. 11. 제300-1959-1호(倫)
전 화   02)733-6771
f a x   02)736-4818
e-mail   pys@pybook.co.kr
homepage   www.pybook.co.kr
ISBN   979-11-303-2771-6 94360
          978-89-6454-568-3(세트)

정 가   32,000원